SOZIALREFORMER, MODERNISIERER, BANKMANAGER

SOZIALREFORMER, MODERNISIERER, BANKMANAGER

Biografische Skizzen
aus der Geschichte
des Kreditgenossenschaftswesens

Herausgegeben vom Institut für
bankhistorische Forschung e.V., Frankfurt am Main
im Auftrag der DZ BANK AG
Deutsche Zentral-Genossenschaftsbank, Frankfurt am Main

C.H.BECK

Mit 16 Abbildungen

Gesetzt aus der Minion Pro bei der Janß GmbH, Pfungstadt
Druck und Bindung: CPI – Eber & Spiegel, Ulm
Umschlaggestaltung: Kunst oder Reklame, München
Umschlagabbildung: oben v. l. n. r.: Hermann Schulze-Delitzsch,
Friedrich Wilhelm Raiffeisen, Johannes von Miquel
unten v. l. n. r.: Andreas Hermes, Georg Draheim, Ulrich Brixner

Gedruckt auf säurefreiem, alterungsbeständigem Papier
(hergestellt aus chlorfrei gebleichtem Zellstoff)
Printed in Germany
ISBN 978 3 406 68357 2

www.beck.de

INHALT

Anhang

Bernd Rudolph

VORWORT

Dieses Buch wurde im Auftrag der DZ BANK AG verfasst. Es zielt auf eine biografische Annäherung an Persönlichkeiten ab, die die kreditgenossenschaftliche Spitzenorganisation seit ihrem Entstehen im 19. Jahrhundert entscheidend gestaltet und geprägt haben.

Die Idee zu diesem Buch, das in wissenschaftlicher Unabhängigkeit verfasst wurde, entstand im Anschluss an das Werk zur Geschichte einer der heute führenden Großbanken, der DZ BANK AG und ihrer Vorgängerinstitute. In dieser grundlegenden Arbeit standen die Institution und ihre Entwicklung im Vordergrund. Vom Generalverdacht, der lange Zeit auf dem biografischen Ansatz lastete, es gehe darum, Geschichte auf das Handeln ‹großer Männer› zu reduzieren, dürfte dieses Vorhaben somit ausgenommen sein. Absicht des Sammelwerks ist es vielmehr, die in der ‹Geschichte der DZ BANK› vorherrschende Perspektive der Organisation als Ganzes und der ihr innewohnenden Dynamik um die biografische Komponente zu erweitern. Während der Arbeit an dem Buch über die DZ BANK war deutlich geworden, wie stark die Kreditgenossenschaften nicht nur über die Reichweite ihrer Organisation, sondern auch über ihre führenden Akteure mit der großen Politik und ihren Themen verknüpft waren und wie wenig – mit vereinzelten Ausnahmen – über diese Persönlichkeiten bekannt ist.

Im Sinne eines modernen biografischen Ansatzes geht es in diesem Buch darum, Handeln und Äußerungen der betrachteten Personen mit der tatsächlichen Entwicklung der Institution, für die sie tätig waren, zu spiegeln und sie in den Kontext der gesellschaftlichen, wirtschaftlichen und politischen Rahmenbedingungen einzuordnen. Viele der Beiträge dieses Buches sind daher weniger narrativer als analytischer Natur – in der Erwartung, dass auch dem Leser daran gelegen ist, über den biografischen Schlüssel die Entstehung bestimmter institutioneller Strukturen des Genossenschaftssektors nachvollziehen zu können. Diese Strukturen haben ihre Wurzeln zum Teil im 19. Jahrhundert, sind aber auch in der Folgezeit verankert.

Durch den gewählten Ansatz vermag der Band auch zu vergleichsweise bekannten Akteuren Neues zu bieten: Während zu den Galionsfiguren der Genossenschaftsgeschichte Hermann Schulze-Delitzsch, Friedrich Wilhelm Raiffeisen und Wilhelm Haas meist hagiografisch anmutende Erzählungen im Umlauf sind, bietet dieser Band verdichtete und dennoch nuancierte biografische Skizzen auf neuestem wissenschaftlichen Stand. Die Impulse eines der wichtigsten Politiker im Kaiserreich, Johannes von Miquel, zur Gründung und frühen Entwicklung des kreditgenossenschaftlichen Spitzeninstituts werden erstmals differenziert in den Kontext seiner weitreichenden gesellschafts- und agrarpolitischen Aktivitäten eingeordnet. Nicht nur in den Biografien dieser Gründergestalten wird deutlich, wie stark die Geschichte der kreditgenossenschaftlichen Spitzenorganisation mit der politischen Ebene verwoben war. Dies gilt nicht nur für das Kaiserreich, sondern auch, wie der Beitrag zu Otto Klepper zeigt, für die Weimarer Republik und selbst für die frühe Bundesrepublik (siehe den Beitrag zu Andreas Hermes). Bei einer Reihe der hier dargebotenen Biografien handelt es sich um die ersten wissenschaftlichen, quellenbasierten Darstellungen überhaupt, wie zum Beispiel bei den Beiträgen zu Alwin Sörgel und Eduard Rudolf Parrisius, Carl Heiligenstadt, Karl Korthaus und Hans Crüger.

Einige der Autoren standen vor dem Problem einer sehr bruchstückhaften Überlieferung. Auch für die biografischen Skizzen aus der jüngeren Geschichte der Kreditgenossenschaften war die Quellenlage – nicht zuletzt aufgrund der noch geltenden Sperrfristen – eine Herausforderung, wobei immerhin auf Zeitzeugeninterviews zurückgegriffen werden konnte. Vor diesem Hintergrund setzen die biografischen Skizzen unterschiedliche Akzente, rücken zuweilen auch die institutionelle Perspektive stärker in den Vordergrund. Die Heterogenität der Beiträge ist jedoch vom Herausgeber durchaus gewollt, handelt es sich doch bei diesem Buchprojekt nicht in erster Linie um ein biografisches Nachschlagewerk. Dies möge sich der Leser auch im Hinblick auf die hier getroffene Auswahl der Biografien vergegenwärtigen. Folgende Auswahlkriterien wurden zugrunde gelegt: Erstens wurden nur zum Zeitpunkt des Projektstarts verstorbene Persönlichkeiten einbezogen. Zweitens handelt es sich ausschließlich um Personen, die an der Spitze der kreditgenossenschaftlichen Organisation standen. Und schließlich wurden drittens die wichtigsten Entwicklungsetappen der Organisation mit entsprechenden Biografien berücksichtigt. Dass diese Auswahl noch um zahlreiche Biografien zu erweitern wäre, steht außer Frage und lässt Raum für weitere Forschungen, die durch dieses Buch angeregt werden sollen oder – konkret zum Beispiel zur Biografie Theodor Sonnemanns – bereits angestoßen wurden, aber in diesem Band nicht mehr berücksichtigt werden können.

Da es sich um eine erste und begrenzte Auswahl handelt, darf von dieser Biografiensammlung keine Typologie des führenden Genossenschaftsbankers im Wandel der Zeiten erwartet werden, der vom Typus des öffentlich-rechtlichen oder privaten Bankiers beziehungsweise Bankmanagers abzugrenzen wäre. Der Titel des Buches ‹Sozialreformer – Modernisierer – Bankmanager› sollte daher auch nicht als Abfolge verschiedener Typen verstanden werden, wenngleich sich zweifellos mit dem Rückzug des Staats aus dem genossenschaftlichen Spitzeninstitut und dessen Entwicklung zu einer modernen Großbank das Profil seiner führenden Manager wandeln musste. Auch heute ist es im Gefolge der Finanzkrise aber durchaus aktuell, die in vielen dieser Biografien sich manifestierende Verbindung visionären genossenschaftlichen, sozialreformerischen Engagements mit den eigentlichen Managementaufgaben aufzugreifen.

Für die fortgesetzt gute Zusammenarbeit mit dem Auftraggeber dieses Buches, der DZ BANK AG, ihre große Aufgeschlossenheit gegenüber finanzhistorischer Forschung und wissenschaftliche Neugierde sei an dieser Stelle sehr herzlich gedankt. Die stets wohlwollende Begleitung dieses Projekts durch ihren Vorstandsvorsitzenden Wolfgang Kirsch und den Leiter der Unternehmenskommunikation Martin Roth, flankiert von der fachkundigen Unterstützung durch Michael Stappel und die Mitarbeiter der Bibliothek der DZ BANK, kamen den Autoren, die wissenschaftlich unabhängig arbeiteten, sehr zugute. Ihnen allen gilt unser sehr herzlicher Dank ebenso wie dem Leiter der Stiftung GIZ · Genossenschaftshistorisches Informationszentrum, Dr. Peter Gleber, für die archivalischen Auskünfte. Vor allem aber danke ich den Autoren dieses Buches, die sich für ihre Beiträge auf zuweilen zeitaufwändige Recherchearbeiten eingelassen haben.

Danken möchte ich auch Gerald Braunberger für die Einleitung, die einen Überblick über die einzelnen Biografien bietet. Für das gewohnt zuverlässige Management des Projekts, Lektorat und Redaktion danke ich der Geschäftsführerin des Instituts für bankhistorische Forschung e. V. Hanna Floto-Degener und dem wissenschaftlichen Redakteur Frank Dreisch. Schließlich sei die gute Zusammenarbeit mit dem Verlag C. H.Beck, insbesondere dem Team um Sebastian Ullrich erwähnt, das die Drucklegung geduldig und engagiert begleitet hat.

München, im Juli 2015

Gerald Braunberger

EINLEITUNG

Ein Buch über bedeutende Personen aus der Geschichte des deutschen Genossenschaftswesens kann ein erhebliches historisches Interesse beanspruchen. Es ist gleichzeitig aber auch ein sehr aktuelles Unterfangen. Denn seit dem Ausbruch der Finanz- und Wirtschaftskrise ist das Bewusstsein für die Solidität und Zuverlässigkeit der genossenschaftlichen Finanzgruppe erheblich gewachsen. Zudem gewinnt in einer Epoche, die durch einen wachsenden Staatseinfluss auf die Wirtschaft gekennzeichnet ist, das Bewusstsein für zentrale genossenschaftliche Werte wie die private wirtschaftliche Tätigkeit und die Hilfe zur Selbsthilfe erheblich an Bedeutung. Das deutsche Genossenschaftswesen hat seit seiner Etablierung vor rund eineinhalb Jahrhunderten nicht wenige politische, wirtschaftliche und gesellschaftliche Veränderungen erlebt, manchmal erlitten, immer aber auch überlebt und sich anzupassen verstanden.

Die wichtigsten Quellen, aus denen die Genossenschaften ihre Kraft beziehen, sind diese grundsätzlichen Werte und Ideen. Aber es kann auch kein Zweifel daran bestehen, dass die führenden Persönlichkeiten des deutschen Genossenschaftswesens einen prägenden Einfluss auf den Gang der Ereignisse nahmen. Der vorliegende Band beschreibt 16 einflussreiche und erinnerungswürdige Persönlichkeiten, angefangen von den überragenden Gründerfiguren Hermann Schulze-Delitzsch und Friedrich Wilhelm Raiffeisen bis hin zu den Schöpfern der modernen genossenschaftlichen Finanzgruppe in der Nachkriegszeit. So unterschiedlich die 16 Personen mit Blick auf ihre Herkunft, ihre Lebensentwürfe und ihr Temperament auch sein mögen, so waren sie alle von einer Leidenschaft getrieben, die Spuren in der Entwicklung des deutschen Genossenschaftswesens hinterlassen hat. Die Beiträge dieses Buches erzählen von Ambitionen, von Hoffnungen, von vorübergehenden wie von nachhaltigen Resultaten harter Arbeit, von Triumphen und, gelegentlich, auch von Tragödien. Angesichts der Brüche in der deutschen Geschichte der vergangenen eineinhalb Jahrhunderte kann auch eine Geschichte des deutschen Genossenschaftswesens und seiner führenden Repräsentanten nicht frei von Brüchen sein. Diese Einleitung reißt die von kundigen Historikern verfassten Porträts an, um den Leser zur ihrer ausführlichen Lektüre zu verführen. Sie kann und will diese Lektüre aber nicht ersetzen.

Am Beginn dieser Geschichte stehen zwei furchtlose, visionäre ebenso wie tatkräftige Männer, die nicht nur den genossenschaftlichen Grundgedanken der wirtschaftlichen Freiheit, des unternehmerischen Handelns und der Hilfe durch Selbsthilfe propagierten, sondern selbst Hand anlegten, indem sie die Gründung von Genossenschaften begleiteten und Institutionen schufen, die der jungen Bewegung Halt gaben. Diese beiden Männer, die um ihrer Überzeugung willen auch schwere Konflikte mit politischen Gegnern nicht scheuten und sogar miteinander rangen, waren Hermann Schulze-Delitzsch (1808–1883) und Friedrich Wilhelm Raiffeisen (1818–1888). Ihre Namen haben ihre Lebenszeit überdauert und schmücken noch heute viele Straßen, Plätze und Schulen. Ihre Gedanken prägen das deutsche Genossenschaftswesen noch heute.

Der junge Hermann Schulze aus der nördlich Leipzigs gelegenen Kreisstadt Delitzsch hatte eigentlich andere Pläne. «*Vom Richter zum Revolutionär*» überschreibt Rita Aldenhoff-Hübinger in ihrem einfühlsamen Porträt das Kapitel über die frühen Jahre des Sachsen, der nach dem Jurastudium in Leipzig und Halle-Wittenberg dem Vater folgte und eine Laufbahn als Richter in seiner Heimatstadt einschlug. Ein beschauliches Leben schien Schulze vorbestimmt, bis auch ihn die revolutionäre Welle des Jahres 1848 ergriff und ihn die Bürger des Kreises Delitzsch in die Nationalversammlung nach Berlin entsandten. Seitdem nannte er sich Schulze-Delitzsch und sein Einsatz galt politischen und sozialen Reformen, aber seine politische Karriere fand ein rasches Ende, als die Monarchie ihre alte Macht wiedererlangte und gegen die Reformer vorging. Schulze-Delitzsch musste nicht, wie manche andere Befürworter einer Demokratisierung, das Land verlassen. Aber er verlor seine Richterstelle in seiner Heimatstadt und wurde stattdessen als Hilfsrichter in die Provinz Posen versetzt. Als man ihm dort das Gehalt kürzte und ihm gelegentliche Aufenthalte in Delitzsch erschwerte, hatte der Sachse die Botschaft verstanden. Er suchte eine neue Herausforderung als Begründer, juristischer Berater und Publizist des in Entstehung befindlichen Genossenschaftswesens. Schon in den Jahren 1849/50 half er bei der Gründung erster Genossenschaften in Delitzsch, deren Prinzipien und Organisationsstatuten er in Schriften beschrieb, die sich weit über seine sächsische Heimat hinaus verbreiteten.

Der Genossenschaftsgedanke lag damals sozusagen in der Luft. Die industrielle Revolution sorgte für einen erheblichen Veränderungsdruck in Wirtschaft, Staat und Gesellschaft. Im Zuge von Liberalisierungen waren die Leibeigenschaft der Bauern und das Zunftwesen verschwunden; viele Menschen hatten dadurch Freiheit gewonnen, aber auch ihre soziale und wirtschaftliche Verankerung verloren. Gleichzeitig schuf die Industrialisierung mit ihren Fabriken eine nicht selten in elenden Verhältnissen lebende Arbeiterschaft, die von revolutionären sozialistischen Denkern zur Revolution aufgerufen wurde. Die Bevölkerung nahm stark zu, die Städte wuchsen, viele Menschen befanden sich auf der Suche nach Halt und Orientierung. Rastlosigkeit war ein Kennzeichen dieser Wirtschafts- und Gesellschaftsform, die der deutsche Ökonom und Soziologe Werner Sombart ein paar Jahrzehnte später als Kapitalismus bezeichnete.

Schulze-Delitzsch erwies sich in dieser turbulenten Zeit als ein Mann von Maß und Mitte, als «*Vertreter des mittelständischen Liberalismus, der die Entstehung einer sozial abgeschotteten bürgerlichen Klassengesellschaft ablehnte und stattdessen das Modell einer für alle Schichten offenen Bürgergesellschaft mittlerer Existenzen favorisierte*» (Aldenhoff-Hübinger). Der Sachse führte ebenso Kontroversen mit dem linken Arbeiterführer Ferdinand Lasalle, dessen Sozialismus er entschieden ablehnte, wie mit den preußischen Nationalliberalen um Otto von Bismarck, die ihm zu konservativ waren. Die Genossenschaft bildete für Schulze-Delitzsch eine Organisationsform, in der Menschen zum allseitigen Nutzen zusammenarbeiten konnten in Unabhängigkeit vom Staat und von großen Unternehmen und unbedrängt von sozialistischer Revolutionsrhetorik. «*Damit ist sowohl dem Mammonismus wie dem Pauperismus eine Grenze gezogen, diesen unseligen Auswüchsen unsrer Industrie, in denen wir zwei gleich feindliche Mächte wahrer Kultur erblicken*», schrieb Schulze-Delitzsch.

Bis zum Jahre 1859 entstanden in Deutschland und Österreich rund 300 Genossenschaften, überwiegend Kreditvereine, die Vorläufer der heutigen Volksbanken. Mitglieder dieser Genossenschaften waren überwiegend Handwerker und andere Gewerbetreibende. Schulze-Delitzschs Hoffnungen auf eine Einbindung der Arbeiterschaft erfüllten sich nicht und die Landwirtschaft ging, wie wir noch sehen werden, einen anderen Weg. Unter Führung Schulze-Delitzschs entstanden die ersten Verbände der neuen Genossenschaften, darunter der von ihm geleitete Allgemeine Verband der auf Selbsthilfe beruhenden deutschen Erwerbs- und Wirtschaftsgenossenschaften. Aber noch fehlte eine gesetzliche Grundlage, die den Genossenschaften Rechtssicherheit und Unabhängigkeit von staatlicher Willkür sicherte. Abhilfe schuf das wesentlich von Schulze-Delitzsch beeinflusste Genossenschaftsgesetz, das der Preußische Landtag im Jahre 1867 verabschiedete; ab 1873 war es in ganz Deutschland gültig. Schulze-Delitzsch hatte einige Jahre zuvor die Gelegenheit genutzt, sich wieder politisch zu betätigen. Er war nach Potsdam gezogen, engagierte sich in der Deutschen Fortschrittspartei und wurde Mitglied erst im preußischen Parlament und später im Reichstag.

Schulze-Delitzsch hatte von Beginn an für eine dezentrale Organisation des Genossenschaftswesens gekämpft. An ihrer Basis stand die lokale Genossenschaft, deren Mitglieder sich kannten und daher füreinander einstehen konnten. Einen zentralistischen Überbau, der in das Leben der lokalen Genossenschaften hineinregierte und deren Mitglieder für finanzielle Fehltritte einer Zentrale haftbar machte, lehnte Schulze-Delitzsch entschieden ab. Mit der Entstehung zahlreicher weiterer Kreditgenossenschaften in den Sechzigerjahren des 19. Jahrhunderts stellte sich gleichwohl aus betriebswirtschaftlicher Sicht die Frage nach regionalen oder gar nationalen Zentralkassen. Manche lokale Kreditgenossenschaften wiesen Zahlungsüberschüsse aus, weil die von ihnen verwalteten Ersparnisse die vergebenen Kredite übertrafen; andere Kreditgenossenschaften besaßen einen Bedarf an Zahlungsmitteln. Schulze-Delitzsch erkannte die Notwendigkeit, hier Abhilfe zu schaffen und so entstand im Jahre 1864 die Deutsche Genossenschaftsbank von Soergel, Parrisius und Co. KG auf Actien, kurz ‹Soergelbank› genannt. Ihre beiden Gesellschafter Alwin Soergel und Eduard Rudolf Parrisius hafteten persönlich, aber die Haftung der an der Bank beteiligten Kreditgenossenschaften beschränkte sich auf die Summe der gezeichneten Aktien.

Als Hermann Schulze-Delitzsch am 29. April 1883 im Alter von 75 Jahren starb, begleiteten mehr als 10 000 Trauergäste den Sarg auf seinem Weg zum Friedhof. Er hatte für das deutsche Genossenschaftswesen Unermessliches geleistet und ein wuchtiges Fundament hinterlassen, auf dem sich aufbauen ließ. Noch Jahrzehnte später wurde auf Genossenschaftstagen ein vom Namensgeber stammender ‹Schulze-Delitzsch-Humpen› mit Rheinwein gefüllt und unter den Teilnehmern herumgereicht. Freilich, auf dem Lande hatte Schulze-Delitzsch zu seinen Lebzeiten nur wenig Wirkung hinterlassen: Um der Geschichte der ländlichen Genossenschaften auf die Spur zu kommen, ist es notwendig, sich auf eine Reise in den Westerwald zu begeben.

Friedrich Wilhelm Raiffeisen wurde 1818 in dem Dorf Hamm im Westerwald in eine kinderreiche Familie geboren. Als junger Mann trat er zunächst für mehrere Jahre in das Militär ein, aber ihm stand nicht der Sinn nach einer Karriere als Offizier; vielmehr entschied er sich für eine Karriere in der Verwaltung, die ihn in das Bürgermeisteramt mehrerer Gemeinden in seiner Heimatregion führte. Michael Kopsidis schildert Raiffeisen als einen durch einen «*Dualismus von höchstem religiösen Idealismus und nüchternem Wirklichkeitssinn*» geprägten Mann, der für seine tiefreligiösen Überzeugungen lebte und stritt. Hatte Schulze-Delitzsch den Sozialstaat seinem liberalen Denken und seinen schlechten Erfahrungen mit der preußischen Obrigkeit entsprechend abgelehnt, so bekämpfte Raiffeisen den Sozialstaat, weil nach seiner Ansicht die Armen Anspruch auf Nächstenliebe und Seelsorge, aber nicht auf finanzielle Unterstützung durch den Staat hatten. So gelangten beide Männer mit unterschiedlichem geistigen Rüstzeug zum Prinzip der Hilfe durch Selbsthilfe.

Als Bürgermeister kleiner Orte im Westerwald sah Raiffeisen das Elend vieler Bauern aus der Nähe, aber er war nicht bereit, es als selbstverständlich zu akzeptieren. Vom Westerwald aus war es nicht weit zu den urbanen Zentren am Niederrhein, deren Nachfrage nach Lebensmitteln als Folge einer rasch wachsenden Bevölkerung kräftig zunahm. Hier war ein vielversprechender Absatzmarkt, aber viele Bauern besaßen nicht genügend Geld für Investitionen in eine nachhaltige Viehwirtschaft. Eine gut organisierte Kreditversorgung existierte auf dem Lande nicht, da Kredit häufig nur kurzfristig zu erhalten war, der Aufbau einer nachhaltigen Landwirtschaft aber Zeit erforderte. So schickte sich Raiffeisen an, diese Lücke durch die Gründung von Kreditgenossenschaften – Raiffeisen verwendete den Begriff Darlehenskassenvereine – zu schließen. Im Jahre 1849 gründete er den ‹Flammersfelder Hülfsverein zur Unterstützung unbemittelter Landwirthe›, der in den Jahren 1850 bis 1854 immerhin 507 Kredite über eine Gesamtsumme von 11 735 Talern vergab. Das war Basisarbeit, wie Kopsidis konstatiert: *«Bei durchschnittlich 23 Talern pro Kredit, dem Preis für ein Fettschwein im nahen Wetzlar, handelte es sich somit um Mikrokredite.»*

Aus den Flammersfelder Erfahrungen leitete Raiffeisen Prinzipien für Kreditgenossenschaften ab, die nur zum Teil mit den Prinzipien Schulze-Delitzschs übereinstimmten. Für Raiffeisen musste der Aktionsradius einer Genossenschaft übersichtlich bleiben. Um eine hohe Kreditwürdigkeit bei Geldgebern zu erlangen, mussten alle Mitglieder einer Kreditgenossenschaft unbeschränkt für die von der Genossenschaft aufgenommenen Mittel haften. Besonders bemerkenswert war die Forderung, dass von der Genossenschaft erzielte Gewinne ausschließlich in einen Reservefonds eingezahlt werden mussten, während das Management der Genossenschaft, von Verwaltungsaufwendungen abgesehen, ehrenamtlich vorgenommen werden sollte. *«Ich konnte mich von der Idee nur ungern trennen, dass solche Vereine nicht auf Eigennutz, sondern auf Christenpflicht und Nächstenliebe gegründet werden und fortbestehen müssten»*, schrieb Raiffeisen. Das Prinzip der Gewinnmaximierung lehnte er rigoros ab, weil es dazu verleite, zu riskante Geschäfte einzugehen. Gewinnorientierte Vergütungen des Managements waren zwar in den gewerblichen Kreditgenossenschaften verbreitet, die sich an den liberalen Prinzipien Schulze-Delitzschs ausrichteten. Raiffeisen lehnte sie entschieden ab.

Raiffeisen geriet aber noch in einer anderen Frage in einen erheblichen Gegensatz zu Schulze-Delitzsch. War der Sachse ein Anhänger des Subsidiaritätsprinzips, das den Kreditgenossenschaften an der Basis ihre Unabhängigkeit beließ und notwendige Zentralkassen in erster Linie als Dienstleister für die Kreditgenossenschaften verstand, so war Raiffeisen ein Zentralist. Aus seiner Sicht bedurfte es Zentralbanken nicht alleine aus betriebswirtschaftlichen Gründen, sondern auch, um durch sie die lokalen Kreditgenossenschaften zur peinlich genauen Einhaltung der Prinzipien Raiffeisens zu verpflichten. Diese Forderung blieb unter den lokalen Instituten jedoch höchst umstritten und führte schließlich zur Spaltung des landwirtschaftlichen Kreditgenossenschaftswesens in zwei konkurrierende Verbände. «*Die bis zu seinem Tod hin sich noch verfestigende Starrheit seines an sich schon autoritären Charakters ließ nicht nur langjährige Freundschaften und fruchtbare Arbeitsbeziehungen mit altgedienten Mitarbeitern im Streit enden, sie hatte auch massive Folgen für die ganze Raiffeisenbewegung*» (Kopsidis). Im Jahr 1872 entstand mit der Rheinischen landwirtschaftlichen Genossenschaftsbank die erste regionale Zentralkasse, die Raiffeisens zentralistischen Geist atmete. Sie unterschied sich von Schulze-Delitzschs Soergelbank durch eine unbeschränkte Haftpflicht der ihr angeschlossenen Kreditgenossenschaften. Diese Konstruktion verstieß gegen das Genossenschaftsgesetz, und auf Betreiben Schulze-Delitzschs wurde die Rheinische landwirtschaftliche Genossenschaftsbank ebenso wie drei andere zwischenzeitlich von Raiffeisen gegründete regionale Zentralkassen für rechtswidrig erklärt. Daraufhin wurden die vier Regionalkassen im Jahr 1876 in die als Aktiengesellschaft verfasste Landwirtschaftliche Central-Darlehnskasse für Deutschland überführt – und so besaßen auch die ‹Raiffeisenbanken› eine Zentralkasse.

Raiffeisen hatte es weder sich selbst noch anderen leicht gemacht. Wegen seiner schwachen Gesundheit musste er schon als Mittvierziger in den Ruhestand treten, aber auch danach schonte er sich nicht, sondern arbeitete unermüdlich an seiner Genossenschaftsidee weiter. Währenddessen klagten auch wohlmeinende Kritiker über seinen religiösen Fundamentalismus. Darüber darf jedoch nicht vergessen werden, dass auch Raiffeisen eine Erfolgsgeschichte schrieb. In seinem Todesjahr 1888 gehörten dem Dachverband der Raiffeisen'schen Kreditgenossenschaften 423 Institute an. Kopsidis gelangt zu dem Schluss, dass Raiffeisen reüssierte, weil er der Landwirtschaft ein wirtschaftliches Entwicklungsmodell zeigte, dass die ländlichen Siedlungsformen und Lebensweisen festigte und nicht zu überwinden versuchte. Insofern leisteten die ländlichen Kreditgenossenschaften einen wichtigen Beitrag zu einem nachhaltigen Wirtschaftswachstum in häufig eher strukturschwachen Regionen. Während die städtisch-gewerblichen Kreditgenossenschaften Schulze-Delitzschs überwiegend kurz- bis mittelfristige Betriebsmittelkredite vergaben, taten sich die ländlichen Kreditgenossenschaften Raiffeisens in der langfristigen Investitionsfinanzierung hervor.

Was würden die Nachfolger der beiden großen Männer mit dem Erbe Schulze-Delitzschs und Raiffeisens anfangen? Beginnen wir mit den wichtigsten Männern der 1864 in Berlin mit Billigung Schulze-Delitzschs gegründeten

Deutschen Genossenschaftsbank von Soergel, Parrisius und Co. KG auf Actien. Als Alwin – eigentlich Albin – Soergel (1815–1875) im Alter von 30 Jahren ein Auswandererschiff in Richtung Vereinigte Staaten von Amerika bestieg, hatte er mit Deutschland abgeschlossen. In Houston (Texas) angekommen, setzte er sich an die Spitze eines Auswanderertrecks und bemühte sich anschließend drei Jahre lang um den Aufbau einer Siedlung. Resigniert kehrte Soergel im Jahre 1848 nach Preußen zurück, wo er sich unversehens in einer Revolution wiederfand, mit deren Zielen er stark sympathisierte. Soergel setzte sich in seiner Heimatstadt Eisleben und in vielen Schriften für Freiheit, Demokratie und eine Verfassung nach amerikanischem Muster ein, musste aber froh sein, dass er nach dem Scheitern der Revolution auf freiem Fuß blieb. Immerhin aber hatte er während dieser wilden Monate Hermann Schulze-Delitzsch kennengelernt, der ihm seine Begeisterung für die Genossenschaftsidee vermitteln konnte. Soergel, dessen Vita im Beitrag von Harald Wixforth erstmals ausführlich geschildert wird, stürzte sich in Theorie und Praxis. In Eisleben gründete und leitete er eine Kreditgenossenschaft, die nach einer Anlaufzeit sehr erfolgreich arbeitete und Soergel den Ruf eines kundigen Bankmanagers bescherte. Gleichzeitig schrieb Soergel viele Fachartikel für genossenschaftliche Publikationen, in denen er unter anderem betriebswirtschaftliche Themen behandelte.

So war es wenig erstaunlich, dass Schulze-Delitzsch seinen Weggefährten Soergel als persönlich haftenden Gesellschafter für die 1864 gegründete Deutsche Genossenschaftsbank vorschlug. Ihm zur Seite wurde Eduard Rudolf Parrisius (1818–1905) gestellt, ein Jurist aus Brandenburg, der mit Schulze-Delitzschs politischen Ideen sympathisierte, aber nicht als Finanzfachmann gelten konnte. Parrisius gehörte der Leitung der Bank bis zum Jahre 1901 an, aber es scheint, als habe er sich überwiegend im Hintergrund gehalten. In den ersten Jahren wurde die Bank jedenfalls von Soergels Aktivismus dominiert, und so etablierte sich in diesen Jahren die Bezeichnung Soergelbank. Ihre Macher standen von Beginn an vor einer Frage, die in der Geschichte der deutschen genossenschaftlichen Spitzeninstitute immer wiederkehrte und im Laufe der Zeit unterschiedliche Antworten fand: Soll sich eine genossenschaftliche Zentralbank in erster Linie als Dienstleister für ihre Basis verstehen oder soll sie geschäftspolitisch weiter ausgreifen? Soergel optierte beherzt für die zweite Möglichkeit, kritisch beäugt von den Kreditgenossenschaften, aber zumindest anfangs mit großem Erfolg. Soergel betrieb unter anderem Wertpapiergeschäfte mit vermögenden Kunden, die nicht der Genossenschaftsbewegung angehörten, er eröffnete eine Filiale in Frankfurt am Main und er erwarb Beteiligungen an mehreren anderen Banken. Seine Strategie begründete Soergel mit einer notwendigen Diversifizierung der Geschäfte: «*Die Deutsche Genossenschaftsbank ist keineswegs auf die Geschäftsverbindung mit den Vorschuss-*

vereinen beschränkt. Sie ist ein Bank- und Kommissionsgeschäft, errichtet für alle Zweige des Bankgeschäfts, und es kann ihr nun im höchsten Grade erwünscht sein, in Verbindung zu treten.»

Solange die Deutsche Genossenschaftsbank Dividenden an die Kreditgenossenschaften ausschüttete, hielt sich deren Murren in Grenzen, auch wenn sich manche kleine Kasse an der Basis eine großzügigere Kreditgewährung durch ihre Zentralbank gewünscht hätte. In der Krise nach der Gründung des Deutschen Reiches verlor die Deutsche Genossenschaftsbank mit dem Projekt einer Berliner Stadtbank viel Geld; außerdem nahm die Kritik durch die Kreditgenossenschaften zu. Alwin Soergel, gesundheitlich schon lange angeschlagen, starb im Jahr 1875. Die Deutsche Genossenschaftsbank blieb anschließend noch fast drei Jahrzehnte am Markt, ehe teure Fehlspekulationen und ein in der gesamten Branche spürbarer Zwang zu größeren Einheiten ihre Unabhängigkeit unterminierten. 1904 wurde die Deutsche Genossenschaftsbank von der Dresdner Bank übernommen, die damit die Rolle einer Zentralbank für viele gewerbliche Kreditgenossenschaften übernahm. Im Jahr darauf starb hochbetagt Eduard Rudolf Parrisius. Für die landwirtschaftlichen Kreditgenossenschaften hatte sich unterdessen die preußische Regierung eine andere Lösung einfallen lassen.

Nach der Gründung des Deutschen Reiches im Jahr 1871 hatte die Regierung unter Kanzler Otto von Bismarck zunächst eine überwiegend wirtschaftsliberale Politik verfolgt; die Mark als neue Währung war wenige Jahre später Mitglied des informellen internationalen Goldstandards geworden. Die liberale Ausrichtung der deutschen Politik hatte jedoch keinen Bestand, weil mit Blick auf die politische Stabilität und die Interessen einzelner Wirtschaftszweige zunehmend Partikularpolitik betrieben wurde. Eine aggressivere Zollpolitik war ebenso Ausdruck dieses Wandels wie die Sozialistengesetze. In Preußen wurden die landwirtschaftlichen Kreditgenossenschaften von der Politik als ein Instrument zur Stabilisierung von Politik und Wirtschaft entdeckt. Der Architekt dieser Politik war der preußische Finanzminister Johannes von Miquel (1828–1901), und ihr sichtbarer Ausdruck war die Gründung der Preußischen Central-Genossenschaftskasse, kurz ‹Preußenkasse› genannt.

In der Geschichtsschreibung ist von Miquel kein Unbekannter; Wolfgang J. Mommsen bezeichnete ihn einst als *«eine der großen Persönlichkeiten der Reichsgründungszeit»*. In seinem Beitrag für diesen Band arbeitet Dieter Lindenlaub die von Miquel forcierte Gründung der Preußenkasse als Bestandteil einer auf Systemerhalt durch Förderung des Mittelstands ausgelegten Politikkonzeption heraus. Vor allem zwei Entwicklungen sorgten damals Politiker wie von Miquel: Zum einen war es trotz der Sozialistengesetze keineswegs gelungen, den Vormarsch der damals noch marxistisch ausgerichteten Sozialdemokratischen Partei aufzuhalten. Zum anderen befand sich die als Wirtschaftsfaktor noch bedeutende Landwirtschaft in einer schweren Krise, sichtbar an fallenden Preisen für Agrarprodukte und einer steigenden Verschuldung vieler Landwirte. Diskutiert wurden diese Probleme seinerzeit unter dem Begriff der Agrarfrage. In Preußen, dem mit weitem Abstand größten und bevölkerungsreichsten Teil des Deutschen Reiches, empfand die Politik diese Probleme als besonders dringlich.

Von Miquel hatte als junger Student der Rechtswissenschaften durchaus Sympathie für eine sozialistische Revolution, hatte dann aber den Liberalismus für sich entdeckt und eine politische Laufbahn eingeschlagen, lediglich unterbrochen von einigen Jahren, in denen er als Bankier für die Berliner Disconto-Gesellschaft gearbeitet hatte. Als Politiker brachte er es zum Oberbürgermeister von Osnabrück und Frankfurt am Main, zum Abgeordneten im Preußischen Abgeordnetenhaus, zum Mitglied des Preußischen Herrenhauses sowie des Deutschen Reichstags und zum Minister in Preußen. Von Miquel war ein einflussreicher Mann, auch wenn ihm das höchste Ziel, das Amt des Reichskanzlers, verwehrt blieb. Eine enge Beziehung zum Genossenschaftswesen besaß er nicht, auch wenn er Schulze-Delitzsch persönlich kannte und schätzte und er als junger Politiker Kreditgenossenschaften als «*wunderbar*» bezeichnet hatte.

Die Gründung der Preußenkasse war eine Maßnahme unter mehreren, mit denen von Miquel die Agrarfrage anpacken wollte. Sie sollte «*die Mittelklasse in Stadt und Land fördern*», das heißt «*diejenigen Klassen, welche auf eigenes Risiko mit mäßigem Kapital und eigener Arbeit tätig sind*». Diese «*für unser Staatsleben so werthvollen Bestandteile des Volkes*» sollten gestärkt werden. Konkret ging es darum, mit Hilfe des Staates ein Kreditinstitut zu schaffen, das vor allem den Landwirten mit so genannten Personalkrediten helfen konnte. Personalkredite waren kurz- bis mittelfristige Ausleihungen zum Beispiel zur Finanzierung von Betriebsmitteln, die nicht durch Grundschulden abgesichert wurden. Die Idee war, dass ein staatliches preußisches Kreditinstitut zu niedrigen Zinsen regionalen genossenschaftlichen Zentralkassen Geld gäbe, das von diesen Regionalkassen dann weitergeleitet würde. Von Miquel hoffte, dass die Stärkung des Mittelstandes im Laufe der Zeit auch zu einer etwas gleichmäßigeren Bodenverteilung besonders in den Ostprovinzen führen würde, wo die Bedeutung der Großgrundbesitzer erheblich war. Über die Prioritäten bei der Finanzierung der Landwirtschaft war ihm klar: «*Realkredit taugt (nur) für die Langfristfinanzierung von Erbabfindungen, Gutserwerb, Bau von Scheunen und Ställen etc., Personalkredit (nur) zur vorübergehenden Finanzierung des Betriebskapitals etwa bis zur nächsten Ernte; keine der beiden Kreditarten hatte jeweils im anderen Bereich etwas zu suchen*» (Lindenlaub).

Eine staatliche Zentralkasse für private Kreditgenossenschaften! Schulze-Delitzsch und Raiffeisen hätten sich vermutlich im Grabe herumgedreht. Wie kam von Miquel, der doch lange als Liberaler angesehen wurde, auf einen solchen Gedanken? Lindenlaub bescheinigt ihm eine *«Areligiosität gegenüber den großen Doktrinen seiner Zeit»*, immer wieder habe er *«Geschichte»* und *«Erfahrungen»* gerade gegen die Dogmen des Wirtschaftsliberalismus ins Felde geführt, um Fall-zu-Fall-Entscheidungen zu begründen. Die Zweckmäßigkeit eines politischen Eingriffs musste sehr wohl begründet werden, aber mit Verweis auf die Erhaltung der Staats- und Wirtschaftsordnung ließen sich solche Eingriffe nach Ansicht von Miquels sehr wohl rechtfertigen. Im Jahre 1895 wurde die Preußenkasse gegründet. *«Miquel war die treibende Kraft, aber nicht alle wesentlichen Konstruktionselemente der Kasse kamen von ihm»* (Lindenlaub). Sein Wunsch, die Genossenschaften mögen sich unter der Obhut der Preußenkasse so gut entwickeln, dass sie die Preußenkasse eines Tages nicht mehr brauchten, wurde so schnell nicht wahr.

Karl Korthaus (1859–1933) gehörte zu jenen Männern, die der Regierung in Berlin als Ratgeber bei der Gründung der Preußenkasse zur Verfügung standen. Noch Jahrzehnte später erinnerte er sich an jene Zeit: *«Gegen Mitte der neunziger Jahre des vergangenen Jahrhunderts durchlebte* [...] *die deutsche Landwirtschaft eine schwere Krise. Insofern hatten die damaligen Verhältnisse mit der Jetztzeit große Aehnlichkeit. Durch die Verarmung der Landwirtschaft wurde der Innenmarkt, für den das Handwerk fast ausschließlich arbeitet, in hohem Maße verödet. Die Kaufkraft der Landwirtschaft hatte in bedenklichem Maße abgenommen. Von diesem Umstande war die Lage des Handwerks sehr abhängig.»* Auch wenn die Preußenkasse in erster Linie der Landwirtschaft helfen sollte, bedeutete dies nicht, dass ihre Gelder ausschließlich landwirtschaftlichen Genossenschaften zugute kommen sollten. Schließlich befand sich die Landwirtschaft nicht in einem luftleeren Raum. Vielmehr waren von ihrem wirtschaftlichen Wohlergehen auch andere Wirtschaftszweige abhängig, darunter das Handwerk. Karl Korthaus, stimmungsvoll beschrieben von Marcel Boldorf, war in jener Zeit der wichtigste Förderer der handwerklichen Genossenschaften. Und er agierte mit Unterstützung der Preußenkasse.

Auch das Handwerk stand Ende des 19. Jahrhunderts unter erheblichem Veränderungsdruck. Alte Zweige verloren an Bedeutung, neue kamen hinzu. Weil mehr Handwerker für die boomende Industrie arbeiteten, wuchs die durchschnittliche Betriebsgröße: Die Zahl der Beschäftigten im Handwerk nahm zu, aber die Zahl der Betriebe nahm ab. Kreditgenossenschaften, die sich besonders an Handwerker richteten, galten jedoch als komplizierte Konstruktionen. Korthaus erklärte die Zurückhaltung vieler Handwerker gegenüber der Genossenschaft als Ausdruck eines Widerwillens, wirtschaftliche Aufgaben gemeinsam mit dem Konkurrenten durchzuführen. Korthaus verzagte jedoch nicht, weil er ein ungewöhnlich talentierter Redner war: Gab man ihm das Wort, vermochte er zu überzeugen, denn er konnte nicht nur reden, sondern war vom Fach. Im Unterschied zu vielen anderen führenden Vertretern des deutschen Genossenschaftswesens besaß der Niedersachse keine höhere Bildung, wohl aber eine Ausbildung im Malerhandwerk. Er begeisterte sich für das Genossenschaftswesen, unternahm viele Vortragsreisen und beteiligte sich im Jahr 1896 an der Gründung der Vereinsbank in Osnabrück, deren Vorstand er einige Jahre angehörte.

Seine größte Bedeutung erlangte Korthaus als Verbandsfunktionär. Im Jahr 1901 gründete er mit Hilfe des preußischen Staates den Hauptverband der deutschen gewerblichen Kreditgenossenschaften, der damit in Konkurrenz zu dem noch von Schulze-Delitzsch gegründeten Allgemeinen Verband trat und rasch viele Kredit- und Handwerksgenossenschaften anzog. Denn Korthaus' Hauptverband wusste zu locken: «*Im Unterschied zu Schulze-Delitzsch legte Korthaus weder auf ein großes Eigenkapital der Genossenschaften noch auf die unbeschränkte Haftpflicht großen Wert, mit Rücksicht darauf, dass es sich bei seiner Klientel der Handwerksgenossenschaften um kleine, wenig kapitalstarke Verbände handelte*» (Boldorf). Es kann nicht erstaunen, dass der von dem studierten Juristen Hans Crüger (1859–1927) geleitete Allgemeine Verband heftige Kritik an der neuen Konkurrenz äußerte. Das Verhältnis zwischen Korthaus und dem überzeugten Liberalen und Mittelstandspolitiker Crüger, der vor verheerenden Folgen einer Annäherung der Genossenschaften an den Staat warnte und daher auch die Gründung der Preußenkasse verurteilte, war notorisch schlecht. Crüger wird häufig vor allem als eine Art Nachlassverwalter Schulze-Delitzschs gesehen, zumal er sich bei seinem Amtsantritt verpflichtet fühlte, «*seine ganze Kraft dem Amte im Geiste des unvergesslichen Schulze-Delitzsch zu widmen*». Boris Gehlen wendet sich in seinem Beitrag gegen eine einseitige Interpretation Crügers und bescheinigt ihm, in seiner Amtszeit Tradition mit Moderne verbunden zu haben. Aber die Tonlage zwischen den beiden Männern änderte sich. Der Erste Weltkrieg wurde von vielen Menschen als ein Epochenbruch angesehen, und dieser Eindruck entstand auch in der Welt der deutschen Genossenschaftsverbände. Noch während des Krieges fanden Gespräche über eine Annäherung des Hauptverbands an den Allgemeinen Verband statt. Auf dem Allgemeinen Genossenschaftstag in Bad Nauheim im Jahr 1920 war es dann so weit: Korthaus' Hauptverband trat dem Allgemeinen Verband bei und es entstand der Deutsche Genossenschaftsverband.

Mit diesem Ereignis des Jahres 1920 sind wir jedoch der Zeit ein wenig vorausgeeilt. Denn wir müssen noch einmal zurückkehren in die frühe Zeit der ländlichen Genossenschaften, die im Jahr 1876 mit der durch Raiffeisen initiierten Gründung einer Zentralkasse, der ‹Landwirtschaftlichen Central-Darlehnskasse›, einen vorläufigen Höhepunkt erreichte. Raiffeisen hatte aber mit seinem zentralistischen Ansatz und seiner Einmischung in die Basisarbeit auch viele ländliche Kreditgenossenschaften verärgert. Diese waren offen für

Konkurrenzangebote, und ein solches kam von einem Mann, den man mit Fug und Recht und keineswegs abwertend als Tausendsassa bezeichnen darf: Wilhelm Haas (1839–1913), ein, wie es in der Genossenschaftsliteratur heißt, «*Genie der Arbeitsteilung, eine Unternehmerpersönlichkeit von beispielhafter Dynamik und einem seltenen Gespür für die Erfordernisse der Zukunft*». Frauke Schlütz beschreibt in einem lebhaften Beitrag eine Person, die bisweilen als «*dritter Mann*» im Schatten von Schulze-Delitzsch und Raiffeisen bezeichnet worden ist.

Haas war ein erfolgreicher Jurist aus Hessen, den es nach seinem Studium in die Verwaltung zog. Dort brachte er es bis zum Geheimen Regierungsrat. Haas war ein Politiker, der einige Jahre ein Mandat im Reichstag in Berlin wahrnahm. Präsenter war er in seiner Heimat. Dort gehörte er 25 Jahre lang der hessischen Zweiten Kammer an, darunter 14 Jahre lang als deren Präsident. Scherzhaft wurde er als «*Vizegroßherzog Haas*» bezeichnet. Haas war Ehemann, Vater und ein Mann, der das Leben liebte und seinen Freunden zugetan war. Bis ins hohe Alter habe er das gesellige Beisammensein mit fröhlichen Freunden geliebt, heißt es, und seine Tischreden hätten «*allergrößte Heiterkeit*» entfesselt. Schließlich und nicht zuletzt war Haas eine der bedeutendsten Personen in der Geschichte des deutschen Genossenschaftswesens.

Seine Leidenschaft war die Beschäftigung mit der Landwirtschaft und diese Beschäftigung führte ihn zu den Genossenschaften. Wie Raiffeisen habe Haas früh erkannt, dass die Gründung von Genossenschaften nicht nur mit wirtschaftlichen Vorteilen verbunden sei, sondern auch soziale Vorteile durch die Bewahrung des Bauernstandes habe, schreibt Schlütz. Im Jahr 1879 wurde Haas Präsident des Verbands der landwirtschaftlichen Kreditgenossenschaften im südlichen und westlichen Deutschland; 1883 folgte die Gründung der Vereinigung der deutschen landwirtschaftlichen Genossenschaften (später Reichsverband der deutschen landwirtschaftlichen Genossenschaften genannt), die als nationale Interessensorganisation nach außen fungieren sollte. Die durch Haas inspirierten Verbände boten vielen Genossenschaften eine attraktive Alternative zur Raiffeisen-Organisation, deren Wachstum deutlich zurückblieb. Denn Haas schätzte zwar Raiffeisen, aber er lehnte dessen zentralistisches Denken ab. Stattdessen stand er der Auffassung Schulze-Delitzschs nahe, die sich gegen eine Zentralisierung wandte.

Aber auch für die Haas nahestehenden Kreditgenossenschaften stellte sich die Frage nach regionalen und nationalen Zentralkassen. Regionale Zentralkassen entstanden, darunter im Jahre 1883 in Darmstadt die Landwirtschaftliche Genossenschaftsbank AG. «*Diese arbeiteten zwar nach den vom Reichsverband erarbeiteten Grundsätzen, waren aber ansonsten in der Ausgestaltung ihrer Arbeit frei.*» (Schlütz). Die Gründung der Preußenkasse, die mit den regionalen Kassen zusammenarbeiten wollte, sah Haas anfangs positiv, auch wenn er sich gegen Versuche der Politik wandte, über die Preußenkasse Einfluss auf die Genossenschaftsbewegung zu nehmen. Im Laufe der Zeit verschlechterte sich jedoch das Verhältnis zwischen Haas und der Preußenkasse erheblich. Die Folge war im Jahr 1902 die Gründung der Landwirtschaftlichen Reichsgenossenschaftsbank eGmbH als nationale Zentralkasse durch den Reichsverband. Die Preußenkasse verstand diese Gründung als Kampfansage und begab sich in eine Auseinandersetzung um die Gunst der regionalen Kassen, die im Jahr 1902 mit der Liquidation der Landwirtschaftlichen Reichsgenossenschaftsbank endete. Dies war eine der wenigen Niederlagen, die Haas einstecken musste.

Haas' Widersacher in dieser Fehde war Carl Heiligenstadt (1860–1920) gewesen, der zweite Präsident der Preußenkasse. Heiligenstadt war ein Mann, der aus der Warte eines hochrangigen Staatsdieners auf die Welt der Genossenschaftsbanken hinabblickte und keinerlei Hehl aus seiner Geringschätzung machte. Patrick Bormann zeigt in seinem Porträt bündig und unverblümt, aus welchem Holz Heiligenstadt geschnitzt war. *«Als außerhalb der genossenschaftlichen Organisation stehend»* habe er sich betrachtet, als ein Mann, der es als seine Aufgabe angesehen habe, *«die Genossenschaften zu sachgemäß nüchternen, die Verhältnisse scharf auffassenden Geschäftsleuten zu erziehen»* und der die Ansicht äußerte, Genossenschaften hätten *«immer einen großen Mund und keine Geschäftskenntnis»*. Es bedarf keiner besonderen Erwähnung, dass Heiligenstadt im Genossenschaftslager auf Kritik und Ablehnung stieß, die ihn wiederum nicht kümmerte. Denn die Preußenkasse stand unter Kontrolle ihres Eigentümers, des Staates Preußen, und Heiligenstadt erfreute sich in der Regierung stets eines hohen Maßes an Unterstützung. Vertreter der Gewerkschaften saßen in einem Ausschuss, in dem sie mit dem Präsidenten reden konnten, aber Einfluss auf die Geschäftspolitik der Kasse vermochten sie nicht zu nehmen.

Gleichwohl wusste Heiligenstadt, dass es nicht reichte, nur die Backen aufzublasen. Die Preußenkasse selbst stand nicht zwingend auf festem Grund. Ihre Schöpfer wie von Miquel hatten sie als ein notwendiges Vehikel betrachtet, das zur Stärkung der Landwirtschaft vorübergehend notwendig sei, aber sie hatten die Hoffnung geäußert, dass es der Preußenkasse nicht zu lange bedürfen würde. Zweitens musste die Preußenkasse selbst annehmbare Ergebnisse erzielen; der preußische Staat besaß kein Interesse, eine defizitäre Kasse lange durchzufüttern. Und drittens musste Heiligenstadt im eigenen Interesse darauf achten, dass ihm die Genossenschaften nicht durch die Schaffung erfolgreicher eigener Zentralkassen das Wasser abgruben. Dies gelang ihm indessen. Nicht nur schwächte er die von Haas errichtete Landwirtschaftliche Reichsgenossenschaftsbank so sehr, dass diese bald unterging. Die von Raiffeisen geschaffene Landwirtschaftliche Central-Darlehnskasse erlitt ebenfalls

Einbußen, auch wenn Heiligenstadt keine Anstrengung unternahm, sie vollständig vom Markt zu vertreiben.

Heiligenstadt war alles andere als ein typischer Vertreter der Genossenschaften. «*Seine Überzeugungen waren etatistisch, er verteidigte stets die preußische Zentralgewalt gegen die aus lokaler und regionaler Perspektive denkenden und handelnden Genossenschaftsvertreter*», schreibt Bormann. Und doch gehört Heiligenstadt unbedingt in dieses Buch, denn insgesamt war sein Wirken sehr erfolgreich – auch im Interesse der Genossenschaftsbanken. Erstaunlich war dies angesichts der Kenntnisse und Erfahrungen dieses Mannes nicht. Er hatte als junger Mann Landwirtschaft und Nationalökonomie studiert und eine Doktorarbeit über ein landwirtschaftliches Thema verfasst. Danach sammelte er praktische Bankerfahrung im Privatbankhaus A. Busse & Co. sowie in der großen Disconto-Gesellschaft. Nach einem Intermezzo in der Reichsbank trat Heiligenstadt 1895 in die Führung der Preußenkasse ein, deren Präsidentschaft er im Jahre 1900 übernahm. Heiligenstadt hegte großes Interesse an währungspolitischen Fragen, über die er mehrere Fachaufsätze schrieb. Das ist ein Grund, warum ihm nachgesagt wurde, eigentlich wäre er gerne Präsident der Reichsbank geworden. Bis zu seinem plötzlichen Tod im Jahre 1920 blieb Heiligenstadt jedoch bei der Preußenkasse.

Im Kaiserreich war die Preußenkasse politisch unangefochten gewesen, aber in der politisch und wirtschaftlich instabilen Weimarer Republik änderte sich dies erheblich und das Institut geriet in den Fokus machtpolitischer Auseinandersetzungen zwischen dem von der gemäßigten Linken regierten Preußen und einer Reichsregierung, die im Laufe der Jahre auch unter dem Einfluss der landwirtschaftlichen Großgrundbesitzer in den Ostprovinzen konservativer wurde. Die Politisierung der Preußenkasse vollzog sich in einer Zeit, in der sie wirtschaftlich angeschlagen war und in Auseinandersetzungen über die Behandlung einer schweren Agrarkrise hineingezogen wurde. Dieses Minenfeld betrat im Januar 1928 Otto Klepper (1888–1957) als neuer Präsident der Preußenkasse – ohne Furcht vor der Aufgabe und ohne Furcht vor den Auseinandersetzungen, die auf ihn warteten. Klepper war ein bemerkenswerter Mann und bemerkenswert schildert ihn Astrid von Pufendorf im vorliegenden Band.

Nach einem Studium der Rechts- und Staatswissenschaften arbeitete Klepper als Syndikus einer Vereinigung mittlerer und größerer Grundbesitzer in Bad Nauheim; nur wenig später gründete er die Deutsche Pächterkreditbank, eine Genossenschaftsbank, die von der Preußenkasse unterstützt wurde. Klepper legte großen Wert auf eine genaue betriebswirtschaftliche Prüfung von Kreditanfragen und machte sich so bald einen Namen als Bankexperte. Klepper vertrat freiheitliche Auffassungen und war der Ansicht, dass auch die Landwirtschaft nach den Prinzipien einer Marktwirtschaft funktionieren sollte. Damit wandte er sich unter anderem gegen Privilegien der Großgrundbesitzer, die Klepper prompt als ‹Agrarbolschewisten› schmähten. Als Klepper, der selbst parteipolitisch ungebunden war und anscheinend vor allem wegen seiner Sachkenntnisse berufen worden war, Anfang 1928 die Präsidentschaft der Preußenkasse übernahm, sahen konservative Kräfte darin einen Coup der preußischen Linksregierung.

Klepper packte gleich drei Probleme an. Erstens musste die in den vergangenen Jahren von seinem Vorgänger Carl Semper heruntergewirtschaftete Preußenkasse wieder auf ein festes Fundament gestellt werden. Zweitens musste das Agrarkreditwesen reorganisiert werden. Und drittens bedurfte das Genossenschaftswesen einer Rationalisierung. Die Sanierung der Preußenkasse erforderte eine kräftige Kapitalerhöhung, die eine Entwicklung in Gang setzte, über die man schon früher nachgedacht hatte: die Einbindung des Deutschen Reiches in die Preußenkasse, der damit die Option eröffnet wurde, sich später einmal in eine Zentralkasse für das ganze Deutsche Reich zu verwandeln. Im ersten Schritt kam es nach langen Verhandlungen zu einer Kapitalbeteiligung des Reiches, aber Preußen gelang es noch einmal, die Kontrolle über seine Kasse zu bewahren. Ein weiteres Element der Sanierung der Preußenkasse war die Einführung strenger betriebswirtschaftlicher Kontrollen bei der Kreditvergabe.

Zur gewünschten Konsolidierung in der Vergabe von Agrarkrediten kam es, als die Zentralkasse der Raiffeisen verbundenen Kreditgenossenschaften in eine existenzielle Krise kam und liquidiert werden musste. Und schließlich fanden auch die beiden lange Zeit rivalisierenden Verbände unter den landwirtschaftlichen Kreditgenossenschaften, der auf Raiffeisen und der auf Haas zurückgehende Verband, im so genannten Frankfurter Frieden unter einem Dach zusammen. Im Februar 1930 entstand der gemeinsame ‹Reichsverband der deutschen landwirtschaftlichen Genossenschaften (Raiffeisen)›. Klepper zeigte sich über diese Entwicklung sehr zufrieden und sein Ansehen stieg noch weiter, als er die Preußenkasse unbeschadet durch die schwere Bankenkrise des Jahres 1931 führte. Auch Gegner – und Klepper besaß viele Gegner – mussten zugeben, dass sie es mit einem tatkräftigen und kundigen Mann zu tun hatten. Umso größer war die Überraschung, als Klepper im Herbst 1931 von der Spitze der Preußenkasse an die Spitze des preußischen Finanzministeriums wechselte.

Kleppers weiterer Lebensweg soll hier nicht verschwiegen werden. Er hatte schon früh, unter anderem durch einen geheimen Sonderfonds, Schritte gegen eine Machtübernahme der Nationalsozialisten ergriffen und dafür mussten er und seine Familie nach 1933 bitter bezahlen. Kleppers Suche nach einer dauerhaft sicheren Bleibe führte ihn nacheinander nach Finnland, Frankreich, China, in die Vereinigten Staaten, wieder nach Frankreich, nach Spanien, noch einmal nach Frankreich und schließlich nach Mexiko. Nach dem Ende des Zweiten Weltkriegs kehrte er nach Deutschland zurück, wo er Mitglied der Wirtschaftspolitischen Gesellschaft wurde, die bei der Gründung der Frankfurter Allgemeinen Zeitung eine wesentliche Rolle spielte. Doch Klepper wurde in Deutschland nicht mehr richtig heimisch und im Jahr 1957 starb er, ebenso ermüdet wie verbittert.

Nachdem Klepper die Präsidentschaft der Preußenkasse unerwartet verlassen hatte, blieb die Position einige Monate unbesetzt, und nach der faktischen Entmachtung der preußischen Regierung durch das Deutsche Reich im Frühjahr 1932 dauerte es noch einmal ein paar Monate, ehe Hans Helferich (1891–1945) die Führung der Preußenkasse übernahm. Wiederum wenige Monate später, am 21. Oktober 1932, wurde die Preußenkasse durch eine Notverordnung des Reichspräsidenten Paul von Hindenburg in ein Institut des Deutschen Reiches verwandelt. Ihr neuer Name war Deutsche Zentralgenossenschaftskasse; meist wurde sie nur kurz ‹Deutschlandkasse› genannt. Für Helferich war dies eine gute Nachricht, aber sie konnte ihn nicht von den komplizierten Aufgaben ablenken, vor denen er stand. Denn die Landwirtschaft befand sich vor allem in den Ostprovinzen immer noch in einer schweren finanziellen Krise, die auch auf die regionalen Genossenschaftskassen und damit indirekt auch auf die Deutschlandkasse ausstrahlte. Helferich trat daher für eine weitere Kapitalerhöhung ein, die mit einer Kostenoptimierung einhergehen sollte. Er forderte aber auch finanzielle Hilfen des Reiches für die Genossenschaftskassen, die sich gegenüber den in der Bankenkrise mit Hilfsgeldern versehenen privaten Banken benachteiligt fühlten. Die finanzielle Unterstützung der Genossenschaftskassen durch den Staat blieb jedoch gering und auch ein weiterer Plan ließ sich nicht leicht umsetzen. Helferich hätte seiner Deutschlandkasse gerne das Genossenschaftsgeschäft der Dresdner Bank eingegliedert, deren Genossenschaftsabteilung seit dem Ende der Soergelbank als Zentralkasse für die gewerblichen Genossenschaftskassen fungierte. Die Bankenkrise von 1931 hatte die Dresdner Bank schwer getroffen, aber sie vermochte es dennoch, das Ansinnen der Deutschlandkasse zurückzuweisen.

Obgleich Helferich nicht alles gelang, erfreute er sich doch großer Beliebtheit im Genossenschaftslager, wo sie ihn, ganz anders als Heiligenstadt oder Klepper, als einen der Ihren betrachteten. Helferich hatte in seiner Jugend Rechtswissenschaften studiert und anschließend promoviert. Danach trat er in das preußische Finanzministerium ein, in dem er rasch aufstieg. Dennoch wechselte er 1925 als Landrat in das nahe Hamburg gelegene Harburg. Von dort zog es ihn vier Jahre später in die Freie Stadt Danzig, wo er Direktor der Raiffeisen-Handelsgesellschaft wurde und führende Positionen in Danziger Genossenschaftsbanken übernahm. *«Durch seine Tätigkeit in Danzig erwarb Helferich zudem weitere detaillierte Kenntnisse sowohl über die Lage der Landwirtschaft im Osten Deutschlands und in den Teilungsgebieten als auch über die innere Organisationsstruktur der Genossenschaftsverbände und die Ziele des Genossenschaftswesens schlechthin»*, schreibt Harald Wixforth in seinem Beitrag. Nach einem kurzen Zwischenspiel im Reichsarbeitsministerium rückte Helferich an die Spitze der Preußenkasse.

Der 30. Januar 1933 änderte auch für Helferich und die Deutschlandkasse die Koordinaten; der Einfluss des neuen Regimes wurde auch hier spürbar. Helferich entließ nicht nur jüdische Beamte und Angestellte, sondern nutzte die Gelegenheit für einen weiteren, darüber hinausreichenden rigorosen Stellenabbau. Im Laufe der Dreißigerjahre nahm die Kreditnachfrage der Genossenschaftskassen ab. Die Deutschlandkasse verzeichnete daher hohe Einlagenüberschüsse, die sie zum Teil für den Kauf von Staatsanleihen nutzte. Helferich verstand darunter einen «*Akt nationalpolitischer Notwendigkeit, hinter dem Reichsregierung und Partei stehen*». Anfang 1939 gelang es der Deutschlandkasse dann doch noch, die Genossenschaftsabteilung der Dresdner Bank einzugliedern. Damit war sie Zentralkasse für alle deutschen Genossenschaftskassen; der alte Dualismus zwischen gewerblichen und landwirtschaftlichen Kassen war aufgehoben. Es bedurfte für diesen Schritt keinerlei Zwangs, da die Dresdner Bank das Genossenschaftsgeschäft aus freien Stücken aufgab.

Mit der gewaltsamen geografischen Expansion des Deutschen Reiches versuchte auch die Deutschlandkasse, wie andere große deutsche Banken, zu expandieren. Die Ergebnisse waren je nach Land sehr unterschiedlich, aber «*Ende 1943 sahen sich Helferich und die Deutschlandkasse als Spitzeninstitut eines europaweit operierenden Genossenschaftskonzerns*» (Wixforth). Eine eindeutige Bewertung der Rolle Helferichs im NS-Regime fällt nach Wixforths Ansicht schwer; er zeigte sich weder als fanatischer Anhänger noch als aktiver Widerstandskämpfer. Helferich entschied sich aus Pflichtbewusstsein, das Kriegsende in Berlin zu verbringen, obgleich viele Vorstände anderer Banken rechtzeitig in den Westen flüchteten und er mit Sanktionen gegen seine Person rechnete. Tatsächlich wurde Helferich von den neuen sowjetischen Machthabern inhaftiert und in ein Lager nach Posen gebracht, in dem er Ende September 1945 verstarb.

Das Ende des Zweiten Weltkriegs bedeutete für viele Menschen so etwas wie eine ‹Stunde null›, und für zahlreiche Mitarbeiter des deutschen Genossenschaftswesens war dies wohl nicht anders. Eine Ausnahme bildete Andreas Hermes (1878–1964), der, kaum einer Todeszelle der Nationalsozialisten glücklich entkommen, sich für den Wiederaufbau Deutschlands zur Verfügung stellte. Hermes, ein rheinischer Katholik mit konservativer Weltsicht, hat als Widerstandskämpfer gegen das nationalsozialistische Regime Eingang in die Geschichtsbücher gefunden. Als Mann vieler Talente hat er, wie Joachim Scholtyseck kundig beschreibt, vor wie nach dem Zweiten Weltkrieg eine bedeutende Rolle im landwirtschaftlichen Genossenschaftswesen gespielt. Hermes' Mutter entstammte einem großen Bauernhof und der junge Andreas hatte Landwirtschaft studiert und sich mit einer Arbeit über Fruchtfolgen einen Doktorhut verdient. Eine erste Arbeitsstelle fand er bei der Deutschen Landwirtschaftsgesellschaft. Nach dem Ersten Weltkrieg hatte es Hermes zunächst in die Politik verschlagen und in den frühen Zwanzigerjahren diente er als Mitglied der konservativen Zentrumspartei in mehreren Reichsregierungen sowohl als Landwirtschafts- wie als Finanzminister.

Ende der Zwanzigerjahre finden wir Hermes dann, unterstützt durch Otto Klepper, den Präsidenten der Preußenkasse, an prominenter Stelle beim Zusammenschluss der beiden führenden landwirtschaftlichen Genossenschaftsverbände. Klepper hielt Hermes für einen *«energischen, zielbewussten und eminent fleißigen Mann»*. Die Machtübernahme der Nationalsozialisten beendete Hermes' Laufbahn erst einmal, der bald mit einer fadenscheinigen Begründung in Untersuchungshaft kam. Im Jahre 1936 verließ er mit seiner Familie das Deutsche Reich, um sich im fernen Kolumbien niederzulassen, aber bei einem Deutschland-Besuch im Jahr 1939 gelang es Hermes nicht mehr, das Land vor Ausbruch des Zweiten Weltkriegs wieder zu verlassen. Im Zweiten Weltkrieg näherte sich Hermes dem Widerstand um Carl Goerdeler an, in dessen Schattenkabinett er als Landwirtschaftsminister vorgesehen war. Nach dem 20. Juli 1944 wurde Hermes verhaftet und zum Tode verurteilt; lediglich das Kriegsende verhinderte die Ausführung des Urteils.

Schon im Sommer 1945 mischte Hermes beim Gründungsparteitag der Ost-CDU in der sowjetischen Besatzungszone mit, auf dem er zum Vorsitzenden gewählt wurde. Allerdings geriet er bald in Streit mit der Besatzungsmacht und so wandte sich Hermes in den Westen, wo sich sein Machtanspruch in der CDU jedoch an den Ambitionen Konrad Adenauers rieb. Hermes nahm Adenauer anfangs nicht recht ernst, musste dann aber einsehen, dass er gegen den langjährigen Kölner Oberbürgermeister keine Chance besaß. Sein Widerstand gegen eine Westbindung der jungen Bundesrepublik trug zu seiner Isolation bei. Nun gab Hermes seine parteipolitischen Ambitionen auf, um sich der westdeutschen landwirtschaftlichen Genossenschaftsbewegung zu widmen, in der er in der frühen Nachkriegszeit eine bedeutende Rolle im Wiederaufbau spielte. Hermes wurde Präsident des Bauernverbandes ebenso wie Präsident des Raiffeisenverbandes. Damit wirkte er auch bei der Gründung der neuen Zentralkasse, der Deutschen Genossenschaftskasse, im Jahr 1949 mit, die an die Stelle der untergegangenen Deutschlandkasse trat. Das notwendige Eigenkapital für die Deutsche Genossenschaftskasse konnten die Genossenschaften anfangs nicht alleine aufbringen. Daher wurde der Staat Minderheitsaktionär mit einem Anteil von anfangs knapp 40 Prozent, der bis Mitte der Siebzigerjahre auf ein Prozent schrumpfte. Hermes führte den Verwaltungsrat der Kasse bis zum Sommer 1963. Wenige Monate später verstarb er.

Die Nachfolge von Hermes im Verwaltungsrat übernahm Rudolf Hartmann, der die Bank zuvor unter der Bezeichnung Präsident operativ geführt hatte. Die Nachfolge Hartmanns wurde mit Georg Draheim (1903–1972) einem Mann angeboten, den viele Beobachter nicht auf der Rechnung hatten, der aber aufgrund seiner beruflichen Erfahrungen und seiner Kenntnisse für die Position sehr gut geeignet war. Draheim verschrieb der Genossenschaftskasse ebenso wie dem gesamten genossenschaftlichen Kreditwesen eine Modernisierungskur, die angesichts des langsam auslaufenden ‹Wirtschaftswunders›, zunehmender Konkurrenz im Bankgeschäft und des Beginns einer Automatisierung von Geschäftsprozessen dringend notwendig schien. «*Draheim war ein idealtypisches Beispiel für die Verzahnung von theoriegeleiteter Forschung und strukturgestaltender unternehmerischer Praxis*», schreibt Christopher Kopper in seinem Beitrag für diesen Band. Draheim hatte eine Lehre in der Preußenkasse absolviert und anschließend neben seiner beruflichen Tätigkeit das Abitur nachgeholt, ein betriebswirtschaftliches Studium absolviert und eine Doktorarbeit geschrieben. Sowohl unter Otto Klepper wie auch unter Hans Helferich rückte Draheim in der Kasse weiter auf, deren Geschäftsführung er schließlich angehörte. Unmittelbar nach Kriegsende half Draheim, in Gotha untergebrachte Akten der Deutschlandkasse nach Marburg zu bringen, wo die operativ nicht mehr tätige Kasse eine vorläufige Bleibe gefunden hatte.

Seine eigene Zukunft suchte Draheim in der frühen Nachkriegszeit in der britischen Besatzungszone. Dort wurde er im Jahre 1948 in den Vorstand einer regionalen landwirtschaftlichen Zentralkasse, der Landesgenossenschaftsbank eGmbH in Hannover, berufen. Gleichzeitig nahm er an der Universität Lehraufträge wahr; einen Ruf auf einen Lehrstuhl lehnte er indessen ab. In seinen wissenschaftlichen Arbeiten betonte Draheim eine Doppelfunktion der Genossenschaften als Personenvereinigung Gleichgesinnter und als gemeinschaftliches Unternehmen. Durch die Betonung der Unternehmensfunktion wollte Draheim die oft sehr kleinen und wenig effizient arbeitenden Genossenschaften animieren, profitabler zu werden, ohne sich dem Gebot der Gewinnmaximierung zu unterwerfen. Kopper verweist in seinem Beitrag darauf, dass im Jahr 1953 87 Prozent der damals mehr als 11 000 ländlichen Kreditgenossenschaften in der Bundesrepublik Deutschland eine Bilanzsumme von weniger als einer halben Million D-Mark auswiesen und ehrenamtlich geleitet wurden. Dieses Modell besaß in einem zunehmend kompetitiven Umfeld keine Zukunft.

Renditeschwach waren aber nicht nur viele Genossenschaften an der Basis, sondern auch viele regionale Zentralkassen. In der Jahrzehnte währenden Debatte um die optimale Organisationsform des genossenschaftlichen Kreditwesens war Draheim schon vor dem Zweiten Weltkrieg Anhänger der Zweistufenlösung gewesen, in der regionale Zentralbanken entfallen und eine nationale Zentralkasse direkt mit den Kreditgenossenschaften an der Basis zusammenarbeiten sollte. Zu Draheims Zeit ließ sich der Übergang vom dreistufigen zum zweistufigen System nicht verwirklichen, aber dafür entwickelte er die Deutsche Genossenschaftskasse von einem vorwiegend auf den Liquiditätsausgleich ausgerichteten Institut in Richtung Universalbank und verschaffte ihr damit eine größere Bedeutung. Das Grundkapital, das im Jahr 1965 nur 61 Millionen D-Mark betragen hatte, wuchs bis Draheims Todesjahr 1972 auf 321 Millionen D-Mark. Die Deutsche Genossenschaftskasse baute ihr Geschäft mit langfristigen Finanzierungen aus, sie expandierte im Wertpapier- und Konsortialgeschäft und begann mit dem Aufbau einer Auslandspräsenz. Der Erwerb von Beteiligungen, zum Beispiel an der Bausparkasse Schwäbisch Hall sowie am Vorläufer der heutigen R+V-Versicherung, lässt sich als Beginn des Aufbaus einer genossenschaftlichen Finanzgruppe verstehen.

«*Georg Draheim baute die Deutsche Genossenschaftskasse zielstrebig zu einem universalbankähnlichen Institut aus, um die Leistungspalette der Zentralgenossenschaftskassen und vor allem der Primärbanken – der Volksbanken und Raiffeisenbanken – zu erweitern und ihren Kunden möglichst viele bankentypische Leistungen zu bieten, welche die öffentlich-rechtlichen Konkurrenten (Sparkassen) und die (Groß-)Banken bereits boten*», konstatiert Kopper. Kurz vor seinem Tode erfüllte sich eine lange gehegte Hoffnung Draheims, der die historisch bedingte Unterscheidung zwischen Volksbanken und Raiffeisenbanken, also zwischen städtisch-gewerblichen und ländlichen Kreditgenossenschaften, für längst nicht mehr zeitgemäß hielt. Anfang Januar 1972 entstand aus einem Zusammenschluss der Bundesverband der Deutschen Volksbanken und Raiffeisenbanken. Am 24. August 1972 starb Georg Draheim unter tragischen Umständen. Die Beerdigung seines Vorgängers Hartmann, auf der er die Trauerrede gehalten hatte, nahm ihn so sehr mit, dass er einen Herzschlag erlitt.

Felix Viehoff (1919–1987) setzte das Werk Draheims einerseits fort, indem er die Verwandlung der Deutschen Genossenschaftskasse in eine Universalbank vorantrieb. Aber er war auch ein Manager einer neuen Generation, der die Bedeutung der Kommunikation für die Imagebildung und den Wettbewerb um den Kunden erkannte. Unterstützt wurde Viehoffs Expansionspolitik durch die Umwandlung der Deutschen Genossenschaftskasse in die neue DG BANK Deutsche Genossenschaftsbank. Mit dem Namenswechsel verbunden war eine Änderung der Rechtsform von einer Anstalt öffentlichen Rechts zu einer Körperschaft neuen Rechts. Daraus folgten zwar steuerliche Nachteile, die aber zu ertragen waren, weil die DG BANK nunmehr kaum noch geschäftliche Beschränkungen berücksichtigen musste. Sie durfte ‹Bankgeschäfte aller Art› betreiben, sofern diese der Förderung des Genossenschaftswesens dienten. Viehoff nutzte diesen Freiraum, um vor allem die internationale Expansion der DG BANK voranzutreiben; Friederike Sattler spricht in ihrem Beitrag von einer «*Universalisierung durch Internationalisierung*». Dazu gehörten Präsenzen in New York und Hongkong ebenso wie in Los Angeles, Rio de Janeiro, Tokio und Singapur. In Europa förderte Viehoff die Gründung eines Clubs von Genossenschaftsbanken, den so genannten Unico-Banken, die miteinander kooperieren wollten.

Diese internationale Strategie, die im deutschen Genossenschaftswesen keineswegs unumstritten war, begründete Viehoff mit dem sich daraus ableitenden Nutzen für die Volks- und Raiffeisenbanken sowie die noch existierenden regionalen Zentralbanken. Denn zum einen verstanden sich die Genossenschaftsbanker zunehmend als Adresse für den deutschen Mittelstand, und zum anderen waren sie, da viele mittelständische Unternehmen selbst ins Ausland expandierten, über eine Begleitung durch deutsche Banken nicht unglücklich. Zum anderen verwandelten sich viele Volks- und Raiffeisenbanken durch die Aufnahme von Angestellten und Facharbeitern. Diese brachten den Banken an der Basis viele Spareinlagen, die von der DG BANK zum Teil international angelegt wurden. Der Vorwurf, Viehoff habe über der Expansion ins Ausland seine Heimatbasis vernachlässigt, hätte sich ohnehin nicht aufrechterhalten lassen. Schließlich hatte er neben seiner Tätigkeit bei der DG BANK für drei Jahre die Rolle des Präsidenten des Bundesverbandes der Deutschen Volksbanken und Raiffeisenbanken übernommen, um einen Beitrag zum Zusammenwachsen der beiden großen Zweige des deutschen Genossenschaftswesens zu leisten.

In Viehoffs Amtszeit setzte sich das starke Geschäftswachstum, das schon unter Draheims Führung auffällig war, weiter fort. Die DG BANK wuchs mit einer deutlich höheren Rate als der Durchschnitt der deutschen Banken und rückte damit unter die zehn größten Kreditinstitute der Bundesrepublik Deutschland auf. Das Eigenkapital nahm jedoch nur mit einer geringeren Rate zu. Ernsthafte Zweifel an der Strategie gab es zu Viehoffs Amtszeit, die im Jahr 1981 für viele Beobachter überraschend früh endete, nicht. Viehoff konnte auf eine beeindruckende Karriere zurückblicken, die ihn über ein juristisches Studium und die Promotion, über Tätigkeiten in privaten und genossenschaftlichen Banken sowie in genossenschaftlichen Verbänden schließlich an die Spitze des genossenschaftlichen Kreditwesens geführt hatte.

Viehoffs Nachfolger Helmut Guthardt (1934–2001) hatte sich vorgenommen, die Politik der Expansion weiterzuführen. Sie lag ihm sozusagen im Blut, wie ein Zitat aus dem Jahr 1974 belegt: «*Der Drang und Zwang zur Expansion haben seit dem Beginn des 19. Jahrhunderts die wirtschaftliche Entwicklung besonders in den vergangenen Jahrzehnten mit mächtigen Schritten vorangetrieben. Sie werden mit Sicherheit auch die Wirtschaftsentwicklung der letzten Jahrzehnte unseres Jahrhunderts bestimmen.*» Guthardt führte die DG BANK von 1981 bis 1991. In dieser Zeit vervierfachte sich die Bilanzsumme von 36,5 auf 125,5 Milliarden D-Mark. Die DG BANK rückte unter Guthardt auf den – an der Bilanzsumme gemessen – vierten Platz in der Rangliste der deutschen Banken vor. Zustande kam dieser kräftige Zuwachs aus unterschiedlichen Quellen, wie Stephan Paul in seinem Beitrag aufzählt: aus einer internen Konsolidierung durch Übernahme regionaler Zentralkassen, durch das Ausgreifen auf weitere Standorte, durch die Angebotserweiterung um neue Produkte und das Eingehen zahlreicher Beteiligungen außerhalb der genossenschaftlichen Finanzgruppe.

Auch im Nachhinein lässt sich nicht bestreiten, dass Guthardts Expansionstempo lange Zeit in der Bank wie in der Öffentlichkeit anerkannt wurde; dies umso mehr, als der hemdsärmelige Nordhesse so gar nicht in das Standardbild des Nadelstreifenanzug tragenden Bankmanagers zu passen schien. Guthardt hatte sich energisch nach oben gekämpft. Anstelle eines Jurastudiums mit Doktortitel konnte Guthardt die mittlere Reife, eine Banklehre sowie eine berufsbegleitende Weiterbildung an der in Frankfurt am Main ansässigen Bankakademie vorweisen. Gleichwohl verlief der Aufstieg dieses tatendurstigen und eminent fleißigen Mannes raketenartig: Prokurist der Raiffeisen-Zentralkasse Kurhessen (1960), Vorstandsvorsitz der Gewerbe- und Landwirtschaftsbank Kurhessen (1964), Vorstand der Raiffeisen-Zentralkasse Kurhessen (1966), Vorstand der Deutschen Genossenschaftskasse (1970), Stellvertretender Vorstandsvorsitzender der Deutschen Genossenschaftskasse (1973).

In der zweiten Hälfte der Achtzigerjahre wurde allmählich offenbar, dass Guthardts energischer Expansionskurs unter Inkaufnahme hoher Risiken zustande gekommen war. Zwischen Herbst 1988 und Herbst 1990 wurden die Kosten dieser Strategie offenbar; als verheerend erwies sich vor allem die Verwicklung der Bank in sehr umstrittene Wertpapiergeschäfte mit französischen Banken, die zusätzliche Handelsgewinne bringen sollten, aber mit hohen Risiken verbunden waren und daneben der Selbstbereicherung von Mitarbeitern in der Handelsabteilung dienten. Die Affäre belastete das Ansehen der DG BANK in der Öffentlichkeit stark und führte zu erheblicher Kritik auch unter den Genossenschaftsbanken. Guthardt, der die Bank autokratisch geführt hatte, erklärte seinen Rücktritt mit Wirkung der Hauptversammlung des Jahres 1991. Konkret hatte Guthardt die Bedeutung einer wirksamen Risikokontrolle unterschätzt; für seinen Rückzug entscheidend war allerdings der fehlende Rückhalt in der Genossenschaftsorganisation, um den er zu wenig geworben hatte. Am Ende der Ära Guthardt war die DG BANK ein Sanierungsfall. Nachfolger Guthardts wurde mit Bernd Thiemann (bisher NORD/LB) ein Mann, der einen strikten Konsolidierungskurs ankündigte, verbunden mit einem «*Abschiednehmen vom Gigantomaniedenken früherer Tage*». Thiemann gelang es jedoch nicht dauerhaft, die DG BANK auf einem vorteilhaften Kurs zu halten, und so wurde im Jahre 2001 Ulrich Brixner Nachfolger Thiemanns.

Brixner (1941–2009) erwies sich als ein konsequenter und geradliniger Reformer, der Widerstände nicht zu akzeptieren vermochte. Brixner hatte als Industriekaufmann begonnen, dann Betriebswirtschaftslehre studiert und mit einer Arbeit über ein genossenschaftliches Thema einen Doktortitel erhalten. Anschließend trat er als Trainee in die Deutsche Genossenschaftskasse in Frankfurt am Main ein, wo er einige Zeit Georg Draheim und später dem damals noch sehr jungen Vorstandsmitglied Helmut Guthardt zuarbeitete. «*In dieser Funktion baute er maßgeblich das Auslandsgeschäft der Bank mit auf*», schreibt Paul Thomes in seinem Beitrag. 1978 wechselte Brixner als Vorstandsmitglied zur regionalen Südwestdeutschen Genossenschafts-Zentralbank, in der er 1986 zum Stellvertretenden Vorstandsvorsitzenden und 1993 schließlich zum Vorstandsvorsitzenden aufrückte. Als Vorstandsvorsitzender einer regionalen Zentralbank gehörte Brixner auch dem Aufsichtsrat der DG BANK an, wo er mit Thiemann mehrfach aneinandergeriet. Im Jahre 2000 baute Brixner seine Macht noch einmal aus, als er die Südwestdeutsche Genossenschafts-Zentralbank mit der regionalen Genossenschaftlichen Zentralbank AG aus Stuttgart fusionierte und den Vorstandsvorsitz des gemeinsamen Instituts übernahm.

Schon ein Jahr später war Brixner endgültig am Ziel, als er den Vorstandsvorsitz der aus seiner regionalen Zentralbank und der seinerzeit wieder einmal schwer angeschlagenen DG BANK entstandenen, neueren und größeren DZ BANK übernahm und dabei den ungeliebten Rivalen Thiemann verdrängte. «*Schrecken ließ er sich durch diese Aussichten nicht, hatte er doch lange auf dieses Ziel hingearbeitet und es mit 60 Jahren als Chef der nun größenmäßig an sechster Stelle in Deutschland rangierenden Bank tatsächlich erreicht, ein Triumph der Beharrlichkeit*», schreibt Thomes.

Der neue Koloss musste allerdings saniert werden, und Brixner war ein Sanierer mit sehr harter Hand, der zeitweise für ein «*eisiges Klima*» (Thomes) sorgte und das Tempo der Veränderungen hoch hielt. Brixners Sanierung gelang, und er richtete die Bank neu aus, ohne das von ihm hochgeschätzte Auslandsgeschäft allzu sehr beschneiden zu müssen. Auf einer Reise nach Singapur begegnete Brixner dem damals für die Deutsche Bank arbeitenden Wolfgang Kirsch, den er zur DZ BANK lockte. Im Jahre 2006 folgte Kirsch Brixner als Vorstandsvorsitzender der DZ BANK, die sich nunmehr stärker auf ihre Rolle als Mitglied des großen Finanzverbunds der Genossenschaften konzentriert und in dieser Rolle bis heute reüssiert. Die Geschichte bedeutender Persönlichkeiten des deutschen Genossenschaftswesens ist fraglos nicht beendet.

Rita Aldenhoff-Hübinger

HERMANN SCHULZE-DELITZSCH (1808–1883)

Zu den am meisten zitierten Schriften über Hermann Schulze-Delitzsch gehört die Biografie, die der Berliner Journalist Aaron Bernstein in den späten 1870er-Jahren über ihn verfasste.[1] Bernstein war Schulze-Delitzschs politischer Wegbegleiter und förderte den Begründer des deutschen Genossenschaftswesens durch wortgewaltige Beiträge in der einflussreichen linksliberalen ‹Volks-Zeitung›. Er war auch Schulze-Delitzschs Freund und Bewunderer. Als er 1878 an der vom Dachverband der Genossenschaften in Auftrag gegebenen Biografie zum 70. Geburtstag Schulze-Delitzschs arbeitete, schrieb er in einem Brief an seine Tochter und seinen Schwiegersohn: «... *es ist immer eine erfreuliche Art, das Leben Schulzes in seiner Entwicklung zu studieren und wiederzugeben.* [...] *Während man oft bei näherer Kenntnis eines bedeutsamen Menschen auf Momente stößt, wo er an Nimbus verliert, ist es bei Schulze garnicht der Fall*».[2] Bernsteins von politischer und persönlicher Sympathie getragene Biografie war mit einer Erstauflage von 15 000 Exemplaren schon im Jahr des Erscheinens 1879 vergriffen. Die Genossenschaften hatten das Buch ihren Mitgliedern angeboten. Noch im selben Jahr erschien die ebenfalls bald ausverkaufte zweite Auflage mit 3000 Exemplaren und bereits ein Jahr später die dritte Auflage, die im Sinne des oft als ‹Volksmann› charakterisierten Schulze-Delitzsch preisgünstig für nur eine Mark und dennoch als gebundenes Buch angeboten wurde.[3] Bernsteins breit rezipierte Studie bildete den Auftakt zu einer seitdem anhaltenden Würdigung Schulze-Delitzschs und zur Auseinandersetzung mit seinem Werk.

Leben und Werk Schulze-Delitzschs sind dementsprechend gut erforscht und dicht dokumentiert. Die Herausgabe seiner Schriften, die Erforschung und Deutung seines Lebenswerks waren dabei zuweilen selbst Ausdruck politischer beziehungsweise genossenschaftspolitischer Anliegen. Dies galt für die Rezeption zu Beginn des 20. Jahrhunderts[4] ebenso wie für die Zeit nach dem Zweiten Weltkrieg, als die Grundprinzipien Selbsthilfe und Unabhängigkeit erneut an Bedeutung gewannen.[5] Bei den Fachhistorikern stieß Schulze-Delitzsch erst relativ spät auf Interesse. Als Gegenspieler Ferdinand Lassalles wurde er einerseits zum hoffnungslosen bürgerlichen Fall hochstilisiert, der der entstehenden Sozialdemokratie keinerlei Perspektiven entgegensetzen konnte.[6] Andererseits wurde ihm ein durchaus angemessenes, aber durch den Verzicht auf jegliche Staatshilfe nur begrenzt tragfähiges Konzept zur Lösung der Arbeiterfrage bescheinigt.[7] Ins Zentrum des Interesses rückte Schulze-Delitzsch Mitte der 1970er-Jahre im Zusammenhang mit der Debatte um den sozialen Charakter des Liberalismus. Bei der Kontroverse um die Frage, ob der Liberalismus als Wegbereiter einer bürgerlichen Klassengesellschaft oder einer für den sozialen Aufstieg offenen Bürgergesellschaft zu gelten habe, fiel ihm als Liberalen mit seinem besonderen Genossenschaftsmodell eine Schlüsselstellung zu. Anstatt Schulze-Delitzsch und sein Programm aus der heutigen Perspektive eines voll ausgebildeten Sozial- und Interventionsstaates zu sehen und daran zu messen, wurde er unter Hinzuziehung aller verfügbaren Quellen in den politischen und sozialen Kontext seiner Zeit gesetzt.[8]

Vom Richter zum Revolutionär

Im Rückblick erscheinen Lebenswege oftmals vorgezeichnet. Jedoch war es alles andere als vorhersehbar, dass Hermann Schulze, der erst 1848 als Abgeordneter der preußischen Nationalversammlung den Zusatz ‹Delitzsch› annahm, einmal als Begründer des deutschen Genossenschaftswesens in die Geschichte eingehen würde. Vorgezeichnet war vielmehr, dass er nach seinem Jurastudium in Leipzig und Halle-Wittenberg als Kreisrichter tätig wurde und nach dem Tod seines Vaters dessen Amt als Richter in Delitzsch übernahm. Als Patrimonial- oder Kreisrichter vertrat er die niedere Gerichtsbarkeit im Zivil- und Strafrecht und übte die Polizeiaufsicht aus. Das Amt ermöglichte ihm weitgehende Einblicke in die spezifischen sozialen Problemlagen seines Gerichtsbezirks, der zwar noch überwiegend landwirtschaftlich geprägt war, aber in den beiden Kleinstädten Delitzsch und Eilenburg auch Kleingewerbe und Fabrikarbeit aufzuweisen hatte. In Delitzsch dominierten die in der gesamten preußischen Provinz Sachsen bekannten Schwierigkeiten, die mit der Übersetzung des Handwerks – besonders bei Schneidern, Schuhmachern und Tischlern – verbunden waren. Im benachbarten Eilenburg dagegen verfolgte Schulze auch die Probleme, mit denen die in den Kattundruckereien beschäftigten Lohnarbeiter zu kämpfen hatten. Der mit ihm befreundete Eilenburger Arzt Dr. Anton Bernhardi schuf für diese Lohnarbeiter 1849 einen Krankenunterstützungsverein.[9] Schulze nahm an dem im Vormärz weit verbreiteten Vereinsleben regen Anteil und engagierte sich an führender Stelle im Delitzscher Turnverein und im Gesangsverein. Als es infolge einer Missernte 1846/47 überall in Deutschland zu Versorgungsschwierigkeiten und Unruhen kam, blieb Delitzsch dank seiner Initiative zur Gründung eines speziellen Hilfskomitees verschont. Dieses Komitee verfolgte karitative Ziele: Durch die Sammlung von Spenden wurde Getreide en gros und daher relativ günstig eingekauft und in einer eigens gepachteten Mühle und eingerichteten Bäckerei verarbeitet. So konnte Brot in dem Jahr, in dem Getreide den höchsten Preis innerhalb der rund 60 Jahre zwischen 1817 und 1875 erreichte,[10] verbilligt an Bedürftige abgegeben und der schlimmste Hunger und Unruhen konnten vermieden werden. Als im März 1848 die revolutionäre Welle in Europa auch Preußen erreichte und der König der Forderung nach der Wahl einer verfassunggebenden Nationalversammlung nachgab, entschieden sich die Bürger des Kreises Delitzsch, ihren Richter und Organisator dieses Hilfskomitees in die neue Volksvertretung nach Berlin zu entsenden.

In der preußischen Nationalversammlung und der Handwerkerkommission (1848/49)

Die verfassunggebende Nationalversammlung in Berlin setzte sich mit drei grundlegenden Themenkomplexen auseinander.[11] Von alles überragender Bedeutung war die nationale Frage, das heißt die Frage, wie die deutsche Einheit zu erreichen sei und welche Rolle Preußen dabei als mächtigster Einzelstaat spielen solle. Eng damit verbunden war die Frage nach der Ausgestaltung der preußischen Verfassung, des Wahlrechts und der Stellung des Monarchen. Der dritte große Bereich umfasste die soziale Frage. Es ging um die gesellschaftliche Einbindung eines großen Teils der Bevölkerung, der politisch gänzlich ungebildet war, einen hohen Anteil von Analphabeten aufwies und in wirtschaftlich ungesicherten Verhältnissen sowohl auf dem Lande als auch in den städtischen Gebieten lebte. In der preußischen Nationalversammlung bildeten sich vier Fraktionen, die jeweils unterschiedliche Akzente in der Behandlung dieser Problemfelder setzten. Schulze-Delitzsch schloss sich dem Linken Zentrum an, das den Schwerpunkt auf die Bildung des deutschen Nationalstaats und die Einführung einer parlamentarischen Monarchie legte, wodurch die mächtige Hohenzollern-Dynastie verfassungsmäßig in Preußen und im angestrebten Reich eingebunden werden sollte. Er favorisierte ein Zwei-Kammer-System, bestehend aus einer demokratisch gewählten und einer indirekt aus Kreis- und Gemeindevertretern hervorgegangenen Kammer. Letztere sollte zusammen mit dem Monarchen, der nur ein aufschiebendes Vetorecht bei Gesetzesentscheidungen haben sollte, ein Gegengewicht zur demokratisch gewählten Kammer und zu vorschnellen, unüberlegten Entscheidungen bilden. Innerhalb der politischen Richtungen bewegte sich Schulze-Delitzsch somit in der Mitte zwischen Republikanern, die ein rein demokratisches Wahlrecht und nur eine Kammer anstrebten, und Liberalen, die durch einen hohen Zensus große Teile der Bevölkerung ganz vom Wahlrecht ausschließen wollten. Für Linksliberale wie Schulze-Delitzsch war eine Regierung gemäß dem Willen des Parlaments selbstverständlich. Diese neue Verfassung, und das war für das Linke Zentrum von höchster Bedeutung, sollte weder durch die preußische Nationalversammlung noch durch die Krone alleine ausgearbeitet werden, sondern sie sollte zwischen beiden Instanzen vereinbart werden.

Bildung und Besserung der wirtschaftlichen Lage gehörten für Schulze-Delitzsch zu den unabdingbaren Voraussetzungen für politische Partizipation. Das Linke Zentrum forderte in diesem Sinne Schulreformen. Den wirtschaftlichen Fragen wandte sich Schulze-Delitzsch als Vorsitzender der Handwerkerkommission der preußischen Nationalversammlung zu. Die hier eingegangenen zahlreichen Petitionen ermöglichten ihm tiefere Einblicke in die konkreten Probleme, mit denen das Handwerk in Preußen zu kämpfen hatte. Diese brachten teilweise rückwärtsgerichtete Tendenzen hervor, denn viele Handwerker versprachen sich von einer Rückkehr zum alten Zunftsystem mit seinen Zulassungsbeschränkungen eine Besserung ihrer wirtschaftlichen Lage. Als Liberaler lehnte Schulze-Delitzsch diese Forderungen ab, sie führten ihm jedoch die Notwendigkeit übergreifender Zusammenschlüsse auf freiwilliger Grundlage zur Besserung der ökonomischen Lage im Gewerbe deutlich vor Augen.

Mit der Ernennung eines neuen Kabinetts und der Verlegung der Nationalversammlung von Berlin in die Kleinstadt Brandenburg kündigte der preußische König das vielen Abgeordneten so wichtige Vereinbarungsprinzip auf. Auch der so genannte Steuerverweigerungsbeschluss, den die Abgeordneten am 15. November 1848 fassten, um der neuen Regierung die Einnahmequellen zu entziehen, fruchtete nicht. Eine neue Verfassung wurde verordnet und diese wenig später im konservativen Sinne revidiert. Schulze-Delitzsch zog sich aus dem politischen Leben zurück. Eine für lange Zeit letzte Kostprobe seiner brillanten, juristisch fundierten Rhetorik gab er als Angeklagter in dem Prozess, der just jenen Abgeordneten gemacht wurde, die den Steuerverweigerungsbeschluss getragen hatten. Theodor Fontane zeigte sich damals als Prozessbeobachter vom Gang der Verhandlung gelangweilt; erst durch Schulze-Delitzschs Verteidigungsrede sei sie spannender geworden: *«Die wahrhaft gefolterten Geschworenen sollten Ach und Weh schreien.»*[12] Der Prozess endete mit einem Freispruch aller Angeklagten.

Die ersten Genossenschaften (1850–1859)

Das Jahr 1849 bedeutete nicht nur das vorläufige Ende der politischen Karriere Schulze-Delitzschs, sondern auch einen gravierenden Einschnitt in sein Berufsleben. Das Amt des Patrimonialrichters war in der bisherigen Form abgeschafft worden. Die Gesuche Schulze-Delitzschs, auf ein anderes Richteramt in Delitzsch übernommen zu werden, wurden vom preußischen Justizministerium unter fadenscheinigen Vorwänden abgelehnt. Stattdessen wurde er auf eine weit entfernte Hilfsrichterstelle in der Provinz Posen versetzt. Als ihm auch noch das Gehalt gekürzt und der gelegentliche Aufenthalt in Delitzsch beschnitten wurde, quittierte er den Dienst. Ganz offensichtlich wollten die Behörden ihn von seinem politischen Umfeld trennen und weitere politische Arbeit im Keim ersticken. Zu diesem Zweck wurde er auch in der so genannten Reaktionszeit zwischen 1850 und 1858 polizeilich überwacht. Schulze-Delitzsch stand also beruflich und politisch vor der Herausforderung, sich neue Betätigungsfelder zu erschließen. Diese fand er als Begründer, juristischer Berater und Publizist des sich formierenden Genossenschaftswesens. Dabei ging er diesen Weg auch, um weiterhin seiner sozial-liberalen Gesinnung folgen zu können.

Genossenschaften, oder allgemeiner gesagt ‹Assoziationen›, galten den Zeitgenossen als das wichtigste Mittel im Kampf gegen die soziale Verelendung. Der Vereinzelung, die nach der Auflösung der ständischen Ordnung eingetreten war, wollten Sozialreformer durch freie Assoziationen der unterschiedlichsten Art begegnen und so ein Gegengewicht zu ihr schaffen. Genossenschaften kam dabei besondere Bedeutung zu. Die ersten Genossenschaften in Delitzsch 1849/50 wurden teils auf Initiative Schulze-Delitzschs gegründet, teils von ihm beraten. Lässt man die Kranken- und Sterbekasse beiseite, handelte es sich um Rohstoffgenossenschaften der Tischler beziehungsweise Schuhmacher sowie um einen Vorschussverein. Die sich in der preußischen Provinz Sachsen im Raum Delitzsch und Eilenburg ausbreitenden Genossenschaften erweckten rasch überregionales Interesse und strahlten bis weit nach Süddeutschland aus. Schulze-Delitzsch erreichten zahlreiche Anfragen, die er einerseits durch unmittelbaren Rechtsbeistand, andererseits nur durch eine breite publizistische Tätigkeit beantworten konnte. Neben zahlreichen kleineren Artikeln, die er in den einschlägigen Blättern des gebildeten Bürgertums veröffentlichte, der ‹Gartenlaube› und dem ‹Grenzboten›, waren es vor allem vier Schriften, mit denen er den Grundstein für seinen Ruf als Begründer des deutschen Genossenschaftswesens legte. In den ‹Mitteilungen über gewerbliche und Arbeiter-Assoziationen› von 1850 und dem Band ‹Vorschußvereine als Volksbanken› von 1855 präsentierte er die ersten Delitzscher und Eilenburger Gründungen mit ihren Prinzipien und Organisationsstatuten.[13] Er stellte die Grundlagen der genossenschaftlichen Organisation vor: Selbsthilfe und Solidarität, wobei er besonderes Gewicht auf die unbeschränkte Solidarhaft legte – nur diese schien ihm den Erfolg der noch jungen Kreditvereine zu garantieren. Darüber hinaus erläuterte er detailliert die Organisation der Vorschussvereine, von der Mitgliedschaft über das Betriebskapital, Höhe und Fristen der Vorschüsse bis zur Bildung des Reservefonds, zu Kassenwesen, Buchführung und, falls nötig, auch zur Prozessführung. Das mag im heutigen Bankgeschäft trivial klingen, doch für Schulze-Delitzsch galt es, einem breiten Kreis, der bislang überhaupt nichts mit Bankwesen und Geschäftsführung zu tun hatte, Schwellenängste zu nehmen, den Zugang zu Betriebskrediten zu ermöglichen und ihn somit auch zu befähigen, im Zuge der Industrialisierung gemeinschaftlich mit anderen den eigenen kleinen Handwerksbetrieb zu erhalten. Denn für Schulze-Delitzsch war die Rückkehr zu den alten Zünften keine Alternative; für ihn war das Handwerk nur mit der industriellen Entwicklung lebensfähig und nicht gegen sie. Die beiden anderen Schriften, mit denen Schulze-Delitzsch die Genossenschaften wortgewaltig einführte und ihnen Anerkennung verschaffte, waren nicht praktischen, sondern programmatischen Charakters: das ‹Assoziationsbuch für deutsche Handwerker und Arbeiter› von 1853 sowie ‹Die arbeitenden Klassen und das Assoziationswesen in Deutschland als Programm zu einem deutschen Kongreß› von 1858.[14] Hier schlug er nicht nur den Bogen zur Genossenschaftsbewegung in England und Frankreich, sondern entwickelte auch seine weit über heutige Erwartungen an Genossenschaften hinausgehenden sozialreformerischen Ziele. Er unterschied zwischen Distributiv- und Produktivassoziationen. Zu den ersteren zählte er Rohstoffgenossenschaften, Kreditvereine und Konsumvereine. Der Zusammenschluss in Rohstoffgenossenschaften sollte Handwerkern helfen, die Produktionskosten durch die gemeinsame Beschaffung von Rohstoffen en gros und gegebenenfalls durch gemeinsame Vorrats- und Lagerhaltung (Magazingenossenschaften) zu senken. Konsumvereine zur Beschaffung allgemein benötigter Lebensmittel richteten sich an alle sozialen Gruppen. Auch bei den Kreditvereinen beschränkte sich Schulze-Delitzsch keineswegs auf den gewerblichen Mittelstand, sondern er bezog auch die Arbeiterschaft mit ein. Als «*Gipfelpunkt des Systems*»[15] galten ihm indes Produktivgenossenschaften. Von dem Zusammenschluss von kleinen Handwerkern oder Lohnarbeitern zur gemeinsamen Produktion und Leitung einer Genossenschaft versprach er sich günstige Auswirkungen auf die allgemeine Lohnhöhe, eine Beteiligung am Reingewinn sowie eine generelle Verbesserung der Arbeitsbedingungen, könnten doch die Produktivgenossenschaften mit den traditionellen Arbeitgebern in Konkurrenz um Arbeitskräfte treten. Kleinen Handwerkern werde geholfen, ihre Position gegenüber dem großen Fabrikbetrieb zu stärken. Die Vorteile lägen auf der Hand: Die Entfremdung zwischen Hand- und Kopfarbeit werde in den Produktivgenossenschaften aufgehoben, die Leistungsmotivation der vormaligen reinen Lohnarbeiter werde durch die neue Mitverantwortung steigen, und die gesamte Entwicklung werde sich in Richtung auf eine die sozialen Gegensätze ausgleichende neue Gesellschaft bewegen: «*Während also der Reichtum von der einen Seite etwas bescheidenere Dimensionen annehmen wird, schwindet auf der andern Seite der Notstand mehr und mehr, und die Zustände beginnen sich dem Niveau eines allgemeinen Wohlstandes zu nähern. Damit ist sowohl dem Mammonismus wie dem Pauperismus eine Grenze gezogen, diesen unseligen Auswüchsen unsrer Industrie, in denen wir zwei gleich feindliche Mächte wahrer Kultur erblicken.*»[16]

Schulze-Delitzsch erwies sich hier als Vertreter des mittelständischen Liberalismus, der die Entstehung einer sozial abgeschotteten bürgerlichen Klassengesellschaft ablehnte und stattdessen das Modell einer für alle Schichten offenen Bürgergesellschaft mittlerer Existenzen favorisierte. Warum scheiterte dieses frühe, fast schon utopisch zu nennende Genossenschaftsmodell in der Praxis? Warum konnten sich Produktivgenossenschaften gerade mit diesen weit gesteckten Zielen nicht bewähren? Schulze-Delitzsch lehnte jegliche staatliche Hilfe ab. Dies gehörte zu seinen wirtschaftsliberalen Überzeugungen, die Teil des so genannten Manchesterliberalismus waren, der dominanten wirtschaftspolitischen Strömung der Zeit. Wichtiger noch für sein geradezu zum Dogma stilisiertes Selbsthilfeprinzip aber waren die eigenen Erfahrungen während der Revolutions- und der Reaktionszeit mit politischer Reglementierung und Überwachung. Zeit seines Lebens bewahrte er diese tiefe Skepsis gegenüber dem preußischen Staat. Der zweite Grund für das Scheitern seines gesamtgesellschaftlichen Reformmodells lag in der von ihm unterschätzten Dynamik des wirtschaftlichen Wachstums. Sein Modell hätte allenfalls unter der Bedingung einer noch relativ gering entwickelten Industrie erfolgreich sein können. Stattdessen setzte in Deutschland, besonders in den 1850er-Jahren, eine Phase starken wirtschaftlichen Wachstums ein. In dieser Anschubphase industriellen Wachstums kam der Kreditversorgung zentrale Bedeutung zu. Zugespitzt formuliert: Während die Produktivgenossenschaften zu schwach waren, mit der wirtschaftlichen Entwicklung Schritt zu halten oder gar ein sozial ausgleichendes Gegengewicht zu schaffen, begannen die Kreditvereine unter diesen Bedingungen zu florieren und erwiesen sich zunehmend als eine der zentralen Stützen des gewerblichen Mittelstandes im Übergang zur entwickelten Industriegesellschaft.

1859 war das Gründungsjahr des ‹Centralkorrespondenzbureaus›, aus dem 1862 die ‹Anwaltschaft der deutschen Erwerbs- und Wirtschaftsgenossenschaften› und 1864 der ‹Allgemeine Verband der auf Selbsthilfe beruhenden deutschen Erwerbs- und Wirtschaftsgenossenschaften› unter der Führung Schulze-Delitzschs hervorgingen. In Anspielung auf Handwerkertraditionen begründete Schulze-Delitzsch 1854 als Publikationsorgan ‹Die Innung der Zukunft›; daraus gingen 1866 die ‹Blätter für Genossenschaftswesen› hervor. Bis 1859 waren rund 300 Genossenschaften (unter Einschluss Deutsch-Österreichs) gegründet worden. Zwei Drittel davon waren Kreditvereine, die restlichen nahezu ausschließlich Rohstoffgenossenschaften, wohingegen weder Konsumvereine noch Produktivgenossenschaften in dem von Schulze-Delitzsch erstatteten Jahresbericht erwähnt werden konnten. Neben Kreditvereinen, die ausschließlich Handwerkern vorbehalten waren, begannen sich einige bereits für weitere Angehörige des Mittelstands zu öffnen. Die Höhe der ausgereichten Kredite erreichte nach Angaben Schulze-Delitzschs rund sechs Millionen Taler.[17] Trotz dieses überwältigenden Erfolgs der Vorschussvereine hielt Schulze-Delitzsch an der Bedeutung der Produktivgenossenschaften *«als der vollkommensten Stufe der Genossenschaft»* fest.[18] In seinen frühen Schriften gab es einen sozialutopischen Überschuss, der von Anfang an nicht im Einklang mit der tatsächlichen Entwicklung stand. Als freier Anwalt, Publizist und ehemaliger ‹48er› konnte er mit diesen umfassenden sozialreformerischen Zielen werben, als von den verbandsmäßig organisierten Genossenschaften finanzierter und fest angestellter ‹Anwalt› musste er sich pragmatisch auf den tatsächlichen Verlauf der Entwicklung einstellen.

Die Rückkehr in das politische Leben (1858–1871)

Das Ende der 1850er-Jahre bedeutete auch in anderer Hinsicht einen Wendepunkt in Schulze-Delitzschs Leben.[19] Mit dem Beginn der Prinzregentschaft Wilhelms, der für den erkrankten Friedrich Wilhelm IV. eingesetzt und 1861 zum König gekrönt wurde, änderte sich auch das politische Klima in Preußen. Im Zuge der gemäßigt liberalen Aufbruchsstimmung, die das Ende der Reaktionszeit markierte, traten neue bürgerliche Organisationen auf den Plan, die den Fortgang der wirtschaftlichen und politischen Einigung Deutschlands sowie ihre Partizipation an den politischen Entscheidungsprozessen einforderten. Auf allen Ebenen war Schulze-Delitzsch an führender Stelle engagiert. Dem 1858 gegründeten Volkswirtschaftlichen Kongress, der sich vorrangig den Wirtschaftsliberalismus und die Beseitigung von Zollschranken in Deutschland auf die Fahne geschrieben hatte, trat er bei, um dem Genossenschaftswesen auf nationaler Ebene ein Forum zu schaffen. Der Deutsche Nationalverein, der 1859 gegründet wurde, propagierte vor allem die Einigung Deutschlands; die Deutsche Fortschrittspartei von 1861 vertrat das liberale Bürgertum im preußischen Abgeordnetenhaus. Die größten Abstriche und Zugeständnisse in Bezug auf seine politischen Vorstellungen musste Schulze-Delitzsch, der 1861 wieder in das preußische Abgeordnetenhaus gewählt wurde, bei der Gründung der Fortschrittspartei machen. Während er sie nicht zuletzt als verlängerten Arm des Nationalvereins in Preußen sah und ihr den Namen ‹Nationale Partei› geben wollte, legten seine liberalen Mitstreiter eindeutig den Akzent auf Preußen. Nicht Preußen solle in Deutschland aufgehen und somit auch die preußische Monarchie verfassungsmäßig eingebunden werden, sondern das geeinigte Deutschland solle Garant der Größe Preußens werden. Auch in Bezug auf seine Wahlrechtsvorstellungen musste Schulze-Delitzsch zurückstecken; weder der Nationalverein noch die Fortschrittspartei sprachen sich für das demokratische Wahlrecht aus. Der politische Neubeginn war also für Schulze-Delitzsch von Anfang an von Kompromissen geprägt, die er aber bereit war einzugehen, um nicht die neu gewonnenen politischen Einflussmöglichkeiten aufs Spiel zu setzen. In welchem Ausmaß seine Kompromissbereitschaft in den Jahren bis zur Reichseinigung auf die

Probe gestellt wurde, ist bekannt. Aus den Debatten um eine Heeresreform und die Ausweitung der Wehrpflicht auf drei Jahre entwickelte sich der Verfassungskonflikt, der einseitig von der Krone durch die Berufung Bismarcks gelöst wurde. Unter Missachtung der geltenden Verfassung und des dem Abgeordnetenhaus zustehenden Budgetrechts setzte Bismarck die Reform durch, kritische Stimmen wurden durch die autoritäre ‹Preßordonnanz› vom 1. Juni 1863 unterdrückt. Als er nach den Einigungskriegen gegen Dänemark (1864) und Österreich (1866) das Abgeordnetenhaus rückwirkend um Indemnität bat, also seinem verfassungswidrigen Handeln im Nachhinein Legitimität verschaffen wollte, spaltete sich die Fortschrittspartei in zwei Gruppen, diejenigen, die den Verfassungsbruch im Lichte der angebahnten deutschen Einigung unter preußischer Führung als legitim ansahen, und diejenigen, die sich strikt verweigerten. Schulze-Delitzsch stimmte gegen die Indemnitätsvorlage, er blieb in Opposition zu Bismarck, während der rechte Flügel der Fortschrittspartei dem Vorgehen Bismarcks zustimmte und sich in einer neuen Partei, der Nationalliberalen Partei, zusammenschloss.

Schulze-Delitzsch trat Bismarck weiterhin redegewandt als entschiedener Gegner im preußischen Abgeordnetenhaus und im Reichstag, dem er seit 1867 (Reichstag des Norddeutschen Bundes) angehörte, entgegen. Er zählte zu der Minderheit, die den Verfassungsentwurf für den Norddeutschen Bund ablehnte, denn er fand weder das volle Budgetrecht des Parlaments garantiert noch die Verantwortlichkeit der Minister klar geregelt. Auch beklagte er das Fehlen eines Grundrechtskatalogs. Dass den Abgeordneten weiterhin keine Diäten gezahlt wurden, sah er als soziales Ausschlusskriterium an. Bei der Lesung der endgültigen Verfassung des Deutschen Reiches nach dem dritten Einigungskrieg gegen Frankreich beschränkten er und die kleine Fraktion der linksliberalen Fortschrittspartei sich darauf, Artikel abzuwehren, die eine künftige Liberalisierung der Verfassung verhindern könnten. Dies betraf vor allem die Sonderstellung des Königreichs Bayern. Anträge, die darüber hinausgegangen wären und auf eine grundlegende Modifikation der Reichsverfassung abgezielt hätten, wären sinnlos gewesen, denn sie hätten keine Mehrheit gefunden. Obwohl sich die Fortschrittspartei auch mit dieser moderaten Strategie nicht durchsetzen konnte, stimmte Schulze-Delitzsch im April 1871 für die Annahme der Reichsverfassung. War er inkonsequent? Sicherlich war auch er von den nationalen Erfolgen Bismarcks nicht ganz unbeeindruckt geblieben. Zudem galt es, die Fortschrittspartei angesichts des Jubels über die deutsche Einigung nicht noch weiter ins politische Abseits treiben zu lassen. Der wichtigste Grund war indessen – aus diesem kandidierte er auch weiterhin für den Reichstag –, seine Arbeit auf dem Gebiet des Genossenschafts- und Vereinsrechts fortsetzen und die bisherigen Errungenschaften sichern zu können. Schulze-Delitzsch blieb Mitglied des Reichstags bis zu seinem Tode.

Dort vertrat er den sechsten Berliner, ab 1874 den Wiesbadener Wahlbezirk. Aus dem preußischen Abgeordnetenhaus schied er jedoch 1871 aus.

Arbeiterbewegung und soziales Profil der Genossenschaften (1860er-Jahre)

Bis Anfang der 1860er-Jahre waren die Genossenschaften als Modell für die Lösung der so genannten sozialen Frage nahezu unbestritten. Die frühe Arbeiterschaft bestand noch größtenteils aus kleinen Meisterbetrieben – Meistern, Gesellen, angelernten Arbeitern –, für die die Bewahrung der wirtschaftlichen Selbstständigkeit oder der wirtschaftliche Aufstieg in die Selbstständigkeit das Ziel darstellte. Eine selbstbewusste Fabrikarbeiterschaft, wie sie im industrialisierten England bereits existierte, für die die Lohnarbeit kein reines Durchgangsstadium mehr war, gab es in Deutschland erst in Ansätzen. Für diese frühe Arbeiterschaft besaß das Genossenschaftsmodell eine ungeheure Anziehungskraft und wurde nicht nur von liberaler Seite durch Schulze-Delitzsch, sondern auch von konservativer und sozialistischer Seite in verschiedenen Varianten vertreten. Allen diesen konkurrierenden Modellen, ob sie von den konservativen Sozialreformern Viktor Aimé Huber und Hermann Wagener[20] oder von dem Begründer des Allgemeinen Deutschen Arbeitervereins (ADAV) Ferdinand Lassalle propagiert wurden, war gemeinsam, dass sie die Produktivgenossenschaften als das zentrale Element für die Lösung der Arbeiterfrage betrachteten. Anders als für Schulze-Delitzsch stellte für sie dabei weder die Rückkehr zu einer korporativen und ständischen Ordnung der Gesellschaft (Huber, Wagener) noch die staatliche Hilfe für Genossenschaften (Lassalle) ein Tabu dar. Die entscheidende Angriffsfläche für ihre Kritik an dem bürgerlich-liberalen Modell bot die tatsächliche Entwicklung des Genossenschaftswesens nach den Grundsätzen Schulze-Delitzschs.

Im Jahrzehnt zwischen 1860 und 1870 versiebenfachte sich die Zahl der dem Genossenschaftsverband bekannten Kreditvereine von 257 auf 1864. Von diesen 1864 hatten 740 ihre Abschlüsse dem Verband mitgeteilt; ihre Mitgliederzahl belief sich auf über 300 000. Rohstoff- und Magazingenossenschaften konnten nach wie vor nur geringe Erfolge verbuchen. 1870 konnte Schulze-Delitzsch nur 135 Rohstoffvereine verzeichnen; die Zahl der Magazingenossenschaften war mit 38 im selben Jahr verschwindend gering. Einen Aufschwung gab es bei den Konsumvereinen. 1860 waren Schulze-Delitzsch erst 14 Konsumvereine bekannt, 1865 bereits 157 und fünf Jahre später 739. Während rund die Hälfte der Kreditvereine dem Genossenschaftsverband ihre Abschlüsse mitteilte, waren es bei den Konsumvereinen nur rund ein Fünftel.

Das zeigt die größere Selbstständigkeit der Konsumvereine dem durch die Kreditvereine mittelständisch geprägten Genossenschaftsverband gegenüber. Die Produktivgenossenschaften waren nach wie vor mit 26 (1865) beziehungsweise 74 (1870) faktisch bedeutungslos.[21]

Warum wurde den Produktivgenossenschaften in den zeitgenössischen Debatten zu Beginn der 1860er-Jahre die zentrale Rolle bei der Lösung der sozialen Frage zugemessen, während Konsumvereine unterbewertet wurden? Die Ursache lag in den wirtschaftspolitischen Vorstellungen. Sowohl Schulze-Delitzsch als auch sein Gegenspieler Lassalle hatten eine statische Vorstellung von der volkswirtschaftlichen Entwicklung. Schulze-Delitzsch ging in Anlehnung an vulgärökonomische Theorien davon aus, dass in jeder Volkswirtschaft nur ein starrer ‹Lohnfonds› existiere, aus dem die Arbeiterlöhne gezahlt werden könnten. Lohnerhöhungen seien nur dann effektiv durchzusetzen, wenn die Zahl der Arbeiter und Arbeitssuchenden zurückgehe. Dies sei am besten zu erreichen durch ein Überwechseln der Arbeiter auf die Seite der Arbeitgeber mit Hilfe von Produktivgenossenschaften. Lassalle seinerseits ging vom ‹ehernen Lohngesetz› aus, dem zufolge der Lohn die Grenze des Existenzminimums dauerhaft nicht wesentlich übersteigen könne. Auch hinter dieser Vorstellung steckte im Kern die ‹Lohnfondstheorie›, das heißt die mechanistische Auffassung, dass relativer Wohlstand zu Bevölkerungszunahme führen und sich diese wiederum negativ auf die zu zahlenden Löhne aus dem volkswirtschaftlich zur Verfügung stehenden fixen Lohnfonds auswirken würde. Beiden gemeinsam war daher die Auffassung, dass Streiks, gewerkschaftliche Organisationen und Konsumvereine keinesfalls zu einer wirklichen Besserung der Arbeitsbedingungen führen könnten. Im Zentrum der Auseinandersetzung zwischen Schulze-Delitzsch und Lassalle stand vielmehr die Frage, wie die Bildung von Produktivgenossenschaften gefördert werden könne. Lassalle plädierte vehement für das demokratische Wahlrecht, das ja erst 1867 eingeführt wurde, und für die staatliche Unterstützung von Produktivgenossenschaften, die Schulze-Delitzsch nach wie vor dezidiert ablehnte. Schulze-Delitzschs Haltung gegenüber staatlicher Hilfe, die sich auch auf die rigorose Ablehnung jeglicher Formen staatlicher Sozialpolitik in den folgenden Jahren erstrecken sollte, hatte – wie bereits erwähnt – grundsätzlich zwei Gründe. Er misstraute dem Staat, weil er – erstens – polizeiliche Bespitzelung und Reglementierung des bürgerlichen Lebens an der eigenen Person zwischen 1849 und 1858 erfahren hatte, und zweitens, weil er davon überzeugt war, dass nur derjenige beziehungsweise diejenige Genossenschaft, die allein auf sich gestellt sei, auch wirtschaftliche Höchstleistungen erbringe. Daher rührten seine Vorbehalte Zentralkassen gegenüber, auf die noch einzugehen ist. Als dritter politischer Grund trat auf dem Höhepunkt der Auseinandersetzung mit Lassalle in den Jahren 1863/64, also zur Zeit des Verfassungskonflikts, noch hinzu, dass er eine weitere Schwächung der linksliberalen Opposition durch die Abspaltung einer eigenständigen Arbeiterbewegung befürchtete, die zudem durch den preußischen Staat gefördert werden könnte.

Schulze-Delitzsch kämpfte in Berlin um seine Stellung als bislang unumstrittener linksliberaler Führer der Arbeiterschaft. Seit 1861 wurde er im industriereichen dritten Wahlbezirk von hoch qualifizierten, gut verdienenden Facharbeitern in das Abgeordnetenhaus gewählt; diese Stimmen waren für die Deutsche Fortschrittspartei unverzichtbar. Er hielt daher im Berliner Arbeiterverein eine Reihe von volkswirtschaftlichen Vorträgen, die 1863 unter dem Titel ‹Kapitel zu einem deutschen Arbeiterkatechismus› erschienen und in denen er sich abschließend kritisch mit Lassalle auseinandersetzte.[22] Neben der Ablehnung der Staatshilfe, die für ihn unweigerlich zum staatlichen Bankrott und zu sinkender Arbeitsleistung führen musste, kritisierte er Lassalles Absage an die Kreditgenossenschaften. Vielmehr könnten diese nicht nur den handwerklichen Mittelstand stabilisieren und so helfen, die Zahl der Arbeitssuchenden zu minimieren, sondern selbst Kredite an Produktivgenossenschaften ausgeben. Auch den Konsumvereinen komme mehr Bedeutung zu, als von Lassalle behauptet. Das englische Beispiel zeige, dass durch sie die Lage der Arbeiter durchaus gebessert, wenn auch nicht grundsätzlich geändert werden könne. Strebte Lassalle eine Volkswirtschaft an, die sich nur auf Produktivgenossenschaften gründen sollte, so unterstrich Schulze-Delitzsch deren zwar zentralen, aber nicht ausschließlichen Stellenwert. Die freie Unternehmerinitiative sei nach wie vor unverzichtbar.[23] Schulze-Delitzsch konnte sich in der frühen Arbeiterbewegung zunächst noch behaupten. Der ADAV blieb auch nach Lassalles Tod 1864 eine Splittergruppe. Erst Ende der 1860er-Jahre entstand aus der liberalen Arbeiterbewegung, dem Vereinstag Deutscher Arbeitervereine (VDAV), eine sozialistische Partei mit nennenswertem Gewicht. Die Argumente Schulze-Delitzschs zeigten indes schon 1863 die Sollbruchstelle an. Wie sollten Kreditvereine, die ja autonom waren und deren Mitglieder unbeschränkt und solidarisch füreinander hafteten, also auf Gedeih und Verderb miteinander verbunden waren, dazu gebracht werden, Kredite an riskante Produktivgenossenschaften auszugeben, außer durch moralische Appelle? Zudem zeichneten sich schon 1863 Tendenzen einer sozialen Abgrenzung in einzelnen erfolgreichen Kreditvereinen ab, sodass Schulze-Delitzsch auf dem fünften Vereinstag deutscher Genossenschaften im selben Jahr eindringlich davor warnen musste, wirtschaftlich schwächere Mitglieder aus der Genossenschaft zu drängen.[24] Dass diese Befürchtung nicht unbegründet war, zeigte wenige Jahre später eine statistische Erhebung über die soziale Zusammensetzung der Kredit- und Konsumvereine.

Für das Jahr 1869 ließ der Allgemeine Genossenschaftsverband erstmalig statistische Fragebögen versenden, um sich größere Klarheit über die vertretenen Berufsklassen zu verschaffen, und fand das schon längst offene Geheimnis bestätigt, «*daß die Vorschußvereine, wenn auch ursprünglich zunächst für die kleinen Handwerker gegründet, sich doch mit der Zeit über alle Klassen der Gewerbetreibenden und auch auf das Beamtenthum und den Stand des Rentiers ausgedehnt hatten*».[25] Diese erste systematische statistische Erhebung über die soziale Zusammensetzung der Kreditvereine und Konsumvereine kann als repräsentativ angesehen werden.[26] Demzufolge umfassten die Kredit- und Konsumvereine sämtliche Berufsklassen, aber mit signifikanten Unterschieden. Während selbstständige Handwerker, Landwirte und Kaufleute die Kreditvereine dominierten, waren Arbeiter, um deren Integration es Schulze-Delitzsch ja auch ging, kaum vertreten.[27] Die Konsumvereine dagegen wurden durch einen hohen Arbeiteranteil geprägt.[28] Zudem zählten sie mehr Mitglieder aus der unteren Beamtenschaft und Frauen in ihren Reihen.[29] Diese Statistik ist nicht nur als Reaktion auf die Entstehung der sozialistischen Arbeiterbewegung zu sehen, sie ist darüber hinaus in mehrerer Hinsicht bemerkenswert. Zum einen war es ungewöhnlich, explizit nach der Teilnahme von Frauen zu fragen, zum anderen bewies der Genossenschaftsverband mit dieser statistischen Erhebung, dass er an einer umfassenderen gesellschaftlichen Tendenz teilnahm, die nach 1860 in ganz Europa einsetzte. Diese bestand in zunehmender Selbstbeobachtung und Dokumentation des kulturell Erreichten, etwa durch Verwaltungseinrichtungen und Berufsvereinigungen, und manifestierte sich in der Sammlung von Zahlenreihen und Statistiken, die auch eine Orientierung für künftiges Handeln liefern sollten.[30]

Schulze-Delitzsch hat als Anwalt den Anstoß zur Erstellung der Mitgliederstatistik gegeben, sich inhaltlich mit den Ergebnissen auseinandergesetzt und Konsequenzen für seine Arbeiterpolitik gezogen. Da sich die unterschiedliche Entwicklung, die die Kreditvereine und Konsumgenossenschaften nahmen, schon seit längerer Zeit – also schon vor 1869, dem Jahr der ersten Mitgliederstatistik – abgezeichnet hatte, hatte auch er bereits seit Mitte der 1860er-Jahre begonnen, von seinem ursprünglichen Genossenschaftsprogramm abzurücken. Statt den Produktivgenossenschaften, im Idealfall unterstützt von Kreditvereinen, weiterhin die Schlüsselposition in seinem System zur Lösung der Arbeiterfrage zuzuweisen und an der statischen Lohnfondstheorie festzuhalten, wie er es noch im Streit mit Lassalle getan hatte, gestand er nunmehr Konsumvereinen und gewerkschaftlichen Organisationen eine weitaus größere Bedeutung für die Lösung der Arbeiterfrage zu. Er kämpfte für die Abschaffung der Koalitionsverbote für Arbeiter bei der Reform der Gewerbeordnung, setzte sich für die Anerkennung der liberalen Gewerkvereine und die Streikrechte von Bergarbeitern ein.[31] Seine erst vor einigen Jahren aufgefundenen Korrespondenzen mit dem bürgerlichen Führer der Konsumvereinsbewegung in Bayern Franz Xaver Proebst zwischen 1869 und 1875 und die daraus erschließbaren Kontakte zu Eduard Pfeiffer, dem Führer der südwestdeutschen Konsumvereine, zeigen darüber hinaus die Bedeutung, die er diesem Zweig des Genossenschaftswesens mittlerweile beimaß.[32]

Schulze-Delitzsch war seit 1858/59 wieder unermüdlich politisch aktiv, im Nationalverein, in der Deutschen Fortschrittspartei, im preußischen Abgeordnetenhaus, schließlich im Reichstag. Als linksliberaler Führer der Arbeiterbewegung focht er, nachdem sich die Produktivgenossenschaften nicht, wie von ihm erhofft, hatten durchsetzen können, für die rechtliche Gleichstellung der Arbeiterschaft im Arbeitskampf. Seine Hauptaufgabe aber sah er, ohne als Verbandsfunktionär oder gar Lobbyist gelten zu können, in der Schaffung und Bewahrung einer tragfähigen gesetzlichen Grundlage für die Entwicklung der Genossenschaften.

Die Entstehung des Genossenschaftsgesetzes von 1867/68

Politik bedeutet, um Max Weber zu zitieren, *«ein starkes langsames Bohren von harten Brettern mit Leidenschaft und Augenmaß zugleich»*.[33] Das preußisch-deutsche Genossenschaftsgesetz von 1867/68 gehört *«zu den grundlegenden Wirtschaftsgesetzen des vorigen Jahrhunderts, die trotz aller Wandlungen im Kern noch heute gelten»*.[34] Betrachtet man seine Vorgeschichte mit dem unermüdlichen Kampf Schulze-Delitzschs um Rechtssicherheit und Unabhängigkeit der Genossenschaften von staatlicher Willkür, so kann man Webers Feststellung nur uneingeschränkt zustimmen. Von dem ersten Entwurf Schulze-Delitzschs 1860, den er auf dem zweiten Vereinstag der Vorschuss- und Kreditvereine in Gotha vorlegte, bis zur endgültigen Verabschiedung des Gesetzes im preußischen Landtag vergingen sieben Jahre. 1868 wurde das preußische Gesetz dann auf den Norddeutschen Bund und 1871 auf das Deutsche Reich übertragen. Jedoch erst 1873 wurde das Genossenschaftsrecht für ganz Deutschland vereinheitlicht, als auch Bayern, wo bislang Sonderregelungen gegolten hatten, miteinbezogen wurde.[35]

Die Aufwertung der schwachen rechtlichen Stellung der frühen Genossenschaften musste in den 1850er-Jahren zunächst vor den Gerichten erstritten werden. Erst 1856 wurden die Genossenschaften in Preußen als freie Handelsgesellschaften anerkannt, die keiner behördlichen Konzession mehr bedurften. Dieser neu errungene Status aber war nicht mit der Stellung einer juristischen Person verbunden, diese wiederum hätten die Genossenschaften nur als Korporationen und um den Preis erneuter staatlicher Abhängigkeit durch Konzessionierung erlangen können. Um die Ziele Rechtsfähigkeit, Rechtssicherheit und Freiheit von behördlicher Willkür miteinander zu verbinden, bestand also dringender Handlungsbedarf. Die Erlangung voller rechtlicher Anerkennung war vor allem zum Schutz der Mitglieder bei Liquiditätsproblemen und Konkursen notwendig. Der Zugriff der Gläubiger auf das Privatvermögen der einzelnen Mitglieder sollte zukünftig erst nach Ausschöpfung des Vereinsvermögens möglich sein. Die Anerkennung als selbstständiger Verein sollte dann erfolgen und behördlicherseits nicht verweigert werden können, wenn bestimmte gesetzlich klar definierte Normen – unter anderem das Statut, die Organisationsstruktur, den Vereinssitz und den Eintrag in ein Genossenschaftsregister betreffend – eingehalten wurden. Vorgesehen war ausschließlich die unbeschränkte Solidarhaft. Schulze-Delitzsch legte 1860 in diesem Sinne seinen ersten Entwurf vor. Bevor er ihn 1863 als Gesetzentwurf in das preußische Abgeordnetenhaus einbringen konnte, musste er ihn jedoch überarbeiten, weil inzwischen das Allgemeine Deutsche Handelsgesetzbuch in Kraft getreten war. Sein neuer Entwurf wurde an eine Kommission des Abgeordnetenhauses überwiesen, die seinen grundlegenden Vorstellungen zwar folgte, der von ihr erstellte Entwurf konnte jedoch nicht mehr beraten werden, weil das Abgeordnetenhaus auf dem Höhepunkt des Verfassungskonflikts im Mai 1863 aufgelöst wurde. Inzwischen hatte Schulze-Delitzsch im preußischen Handelsminister, dem wirtschaftsliberal gesonnenen Grafen Heinrich Friedrich August von Itzenplitz, einen Förderer gefunden. Das Handelsministerium erarbeitete in Verbindung mit dem Justizministerium einen Entwurf, der dem Kommissionsentwurf und damit auch indirekt in vielen Punkten Schulze-Delitzschs Vorstellungen folgte und im Dezember 1863 dem Staatsministerium überstellt wurde, das sich der Sache jedoch erst Anfang 1866 annahm. Nachdem auch dieser Regierungsentwurf wegen des Preußisch-Österreichischen Krieges nicht im Landtag abschließend behandelt wurde, brachte Schulze-Delitzsch im August 1866 seinen ersten Entwurf von 1863 in der von der damaligen Kommission überarbeiteten Fassung erneut als Gesetzesvorschlag ein. Die daraufhin gebildete Parlamentskommission beriet jedoch nicht diesen Entwurf, sondern griff auf den unerledigt gebliebenen Regierungsvorschlag vom Februar 1866 zurück, dem sie aber einen in wichtigen Punkten modifizierten eigenen Vorschlag entgegenstellte. Dieser neue Kommissionsentwurf wiederum spiegelte klar die Einwände der bürgerlich-liberalen Parteien und Schulze-Delitzschs gegenüber der Regierungsvorlage wider: Strikt abgelehnt wurde der Konzessionsparagraf (Paragraf 4), der die Zulassung einer Genossenschaft von behördlicher Zustimmung abhängig machte; ebenso Regelungen wie die Verhängung einer Geldbuße für den Fall, dass der Vorstand gegen das Statut verstieß (Paragraf 27) und die Einsicht der Behörden in die Protokollbücher (Paragraf 33). Desgleichen wurde Paragraf 35 zurückgewiesen; dieser sah die Auflösung einer Genossenschaft vor bei gesetzeswidrigen Handlungen oder Unterlassungen, *«durch welche das Gemeinwohl gefährdet»* werde, oder bei Verfolgung anderer als der gemäß den Statuten vorgesehenen geschäftlichen Zwecke.[36]

Angesichts des erfolgreich eingeschlagenen Weges zur deutschen Einigung waren Ende 1866 beide Seiten bemüht, einen Kompromiss zu finden. Schulze-Delitzsch, weil er das abermalige Scheitern des Gesetzes verhindern wollte, die Regierung unter Bismarcks Führung, weil sie der Unterstützung der bürgerlich-liberalen Kreise bei der politischen und wirtschaftlichen Einigung des Reichs bedurfte. Unter diesen Bedingungen erklärte sich die Regierung bereit, den umstrittenen Konzessionsparagrafen ersatzlos zu streichen. Die Abgeordneten mit Schulze-Delitzsch erklärten sich ihrerseits bereit, die übrigen angefochtenen Paragrafen zu akzeptieren. Am 27. März 1867 konnte das Gesetz, nachdem auch das Herrenhaus zugestimmt hatte, endlich veröffentlicht werden.

Ohne Schulze-Delitzschs Gesetzesentwürfe und seine Vorstöße wäre das Genossenschaftsgesetz nicht zustande gekommen. Schulze-Delitzschs Weitsicht manifestierte sich auch in seinem unbeirrbaren, schon damals nicht unumstrittenen Festhalten an der unbeschränkten Solidarhaft als Grundlage der Kreditwürdigkeit der Genossenschaften. Ohne sein Insistieren darauf hätte die Zustimmung der Regierung wahrscheinlich nicht erlangt werden können. Auch der Einfluss des liberalen Handelsministers war für das Zustandekommen von Bedeutung. Die Zustimmung des Abgeordnetenhauses zu Paragraf 35 war nämlich nur dank seiner Intervention möglich geworden, denn er hatte dafür gesorgt, dass bei politischen Verwicklungen eingetragene Genossenschaften nur durch die Gerichte und nicht durch die Verwaltungsbehörden aufgelöst werden konnten. Dies schützte die Genossenschaften vor behördlicher Willkür, zwang sie aber auch, was ihren Geschäften zugutekam, sich auf rein wirtschaftliche Aufgaben zu beschränken. Dass bei politischen Auseinandersetzungen ihre Auflösung nur durch Richterspruch möglich war, sollte sich 1878 bei der Einführung des Sozialistengesetzes, wie noch zu zeigen ist, als großer Vorteil erweisen.

Die Frage der genossenschaftlichen Zentralkassen

Seit Ende der 1850er-Jahre hatte sich in der Genossenschaftsbewegung immer mehr das Bedürfnis herausgebildet, übergeordnete Institute – Zentralbanken oder Zentralkassen – zu gründen. Sie sollten zwischen Kredit suchenden Vereinen einerseits und Anlage suchenden Vereinen, die über hohe Einlagen verfügten, andererseits vermitteln. Es ist zutreffend, dass Schulze-Delitzsch dieser Idee mit Skepsis begegnete. Grundsätzlich aber erkannte auch er die Notwendigkeit an, Vermittlungsinstitutionen regionaler oder nationaler Art zu schaffen, und unternahm entscheidende Schritte in diese Richtung.[37] Bereits 1859 hatte das ‹Centralkorrespondenzbureau›, die spätere ‹Anwaltschaft›, unter seiner Leitung die Aufgabe übernommen, zwischen den einzelnen Vereinen Kredite zu vermitteln. 1863 gründete Schulze-Delitzsch darüber hinaus zur leichteren Beschaffung von Großbankkredit einen Bürgschaftsverein in Berlin, dem wohlhabende Bürger aus dem ‹Zentralverein für das Wohl der arbeitenden Klassen› angehörten, darunter auch der Bankier und spätere Mitbegründer der Deutschen Bank Adelbert Delbrück.[38] Der ‹Zentralverein› war die älteste sozialreformerische Vereinigung Preußens. Delbrück war Schulze-Delitzsch gut bekannt, weil er die Deutsche Fortschrittspartei unterstützte. Der Berliner Verein bürgte für Kredite, die die Genossenschaften bei dem von ihm geführten Bankhaus Delbrück, Leo & Co. aufnehmen konnten. Eine solche Konstruktion war notwendig, da die Genossenschaften bis 1867 keine eigenständige Rechtspersönlichkeit hatten und einzelne Mitglieder nur unter Einsatz ihres gesamten Vermögens für Großbankkredite hafteten. Schon bei Gründung des Bürgschaftsvereins hatte Schulze-Delitzsch weiterführende Schritte geplant. 1864 war es soweit. Angesichts des nahenden ersten Einigungskrieges gegen Dänemark waren Bankkredite so teuer geworden, dass die Notwendigkeit, eine selbstständige, den Genossenschaften aber besonders verbundene übergeordnete Bank zu gründen, unabweisbar wurde. Aus dem Bürgschaftsverein ging die ‹Deutsche Genossenschaftsbank von Soergel, Parrisius & Co. KG auf Actien› hervor.[39] Während die beiden Gesellschafter, Alwin Soergel und Eduard Rudolf Parrisius, persönlich hafteten, wurde die Haftung der sich beteiligenden Kreditvereine auf die Summe der gezeichneten Aktien begrenzt und somit die unbeschränkte Solidarhaft für die Mitglieder der Primärgenossenschaften umgangen. Die Aktienkäufe der Kreditvereine wurden durch deren jeweilige Reservefonds abgesichert. Die ‹Deutsche Genossenschaftsbank›, auch schlicht ‹Soergelbank› genannt, betrieb auch andere Bankgeschäfte; laut Statut waren davon aber ‹Börsenspekulationen› ausgenommen, und sie war verpflichtet, den Kreditvereinen bei der Vermittlung von Kredit untereinander und der Vergabe von Krediten aus ihren eigenen Einlagen so weit wie möglich entgegenzukommen.[40]

Für Schulze-Delitzsch war damit das Problem, wie zwischen den Kreditvereinen vermittelt und ihnen der Zugang zu Großbankkredit erleichtert werden könne, gelöst. Weiter gehende Maßnahmen, wie sie Friedrich Wilhelm Raiffeisen zu Beginn der 1870er-Jahre ergriff, lehnte er nicht nur ab, sondern bekämpfte sie vehement.[41] Bei den ländlichen Genossenschaften ergab sich durch die Mitgliederstruktur die Notwendigkeit, mittel- und langfristige Kredite auszugeben. Anders als bei den städtischen und gewerblich geprägten Vereinen Schulze-Delitzschs, die nur kurzfristige Kredite ausreichten, konnte es somit leichter zum Liquiditätsmangel kommen. Um diesem Problem zu begegnen, begründete Raiffeisen zunächst regionale Zentralkassen, dann eine Dachorganisation auf genossenschaftlicher Basis in Neuwied. Schulze-Delitzsch sah darin einen Verstoß gegen das Genossenschaftsgesetz, da weder die Primärgenossenschaften noch die Zentralkassen über ausreichende eigene Geschäftsanteile verfügten. Darüber hinaus waren den Zentralkassen ausschließlich Primärgenossenschaften und keine natürlichen Personen angeschlossen. Laut Genossenschaftsgesetz war beides nicht zulässig. Die Mitglieder der Primärgenossenschaften waren zudem auf diese Weise zwei Mal dem Risiko der unbeschränkten Solidarhaft ausgesetzt: einmal als Mitglieder der Primärgenossenschaft, ein zweites Mal indirekt als Mitglied der Zentralkasse, auf deren Geschäfte sie aber keinen unmittelbaren Einfluss ausüben konnten. Nachdem Schulze-Delitzsch an die Reichsleitung interpelliert hatte,[42] mussten die betreffenden Primärgenossenschaften eigene Geschäftsanteile bilden, Raiffeisen musste 1876 die von ihm gegründeten Zentralkassen und die Dachorganisation schließen und in eine einzige Aktiengesellschaft, die ‹Landwirtschaftliche Central-Darlehnskasse›, überleiten. Erst im Genossenschaftsgesetz von 1889 wurden die gesetzlichen Rahmenbedingungen für die Gründung von Zentralkassen geschaffen, die beschränkte Solidarhaft zugelassen, die Mitgliedschaft einer Genossenschaft bei einer anderen erlaubt und als zusätzliche Sicherung externe Revisionen eingeführt. Schulze-Delitzsch hatte diesen Neuerungen, als sie im Vorfeld erörtert wurden, skeptisch gegenübergestanden, weil er darin eine Schwächung des Prinzips der Selbsthilfe und der bedingungslosen Selbstverantwortung sah. So erkannte er die Möglichkeit der beschränkten Solidarhaft erst Anfang der 1880er-Jahre an, nachdem deutlich geworden war, dass die Kreditvereine inzwischen zahlreiche wohlhabendere Mitglieder zählten, deren Ausweichen auf andere Kreditinstitute verhindert werden sollte.[43]

Rückzug aus der Politik und Sicherung des Erreichten (1870/71–1883)

Nach der Reichseinigung hatte Schulze-Delitzsch politisch, das heißt in Bezug auf seine liberal-demokratischen Ambitionen, resigniert. Anfang 1871 schrieb er einem Freund, dass er bereits auf sein Mandat für das preußische Abgeordnetenhaus verzichtet habe, dem Reichstag aber treu bleiben werde, um die Vereinsgesetzgebung weiter voranzubringen. An den verfassungsmäßigen *«inneren Ausbau»* des Reiches dagegen werde *«eine spätere Zeit Hand anlegen müssen!»*[44] Tatsächlich konzentrierte sich Schulze-Delitzsch in dem Jahrzehnt nach der Reichsgründung auf wirtschafts- und sozialpolitische Fragen.[45] Er beteiligte sich an den Debatten über das Reichshaftpflichtgesetz, Neuregelungen beim Koalitionsrecht für Arbeiter und das Vereinsrecht. Er verfocht dabei weiterhin einen linksliberalen Kurs. So setzte er sich dezidiert für die Gleichbehandlung von Arbeitnehmern und Arbeitgebern im Lohnkampf ein und bekämpfte Sonderstrafen für Arbeiter. Obwohl er weiterhin strikt anti-sozialistisch und anti-sozialdemokratisch eingestellt war, lehnte er das Sozialistengesetz von 1878 ab. Zuvor war es ihm gelungen, Sonderregelungen für die Genossenschaften durchzusetzen. Eingetragene Genossenschaften durften, anders als andere Vereine, wenn sie unter den Verdacht sozialdemokratischer, sozialistischer oder kommunistischer Bestrebungen gerieten, ausschließlich durch Richterspruch aufgelöst werden. Auf sie musste der Paragraf 35 des Genossenschaftsgesetzes angewendet werden, während alle anderen Vereinigungen durch die Polizeibehörden aufgelöst werden konnten. Da die Konsumvereine mittlerweile zahlreiche sozialdemokratische Mitglieder hatten, die leicht in das Visier der Polizei gerieten, obwohl sie sich als Mitglieder der Konsumvereine auf deren Geschäfte beschränkten, ist diese Ausnahmeregelung in ihrem Wert nicht zu unterschätzen.

Schulze-Delitzsch engagierte sich weiterhin als Vorsitzender der 1871 gegründeten ‹Gesellschaft für Verbreitung von Volksbildung› für die Einrichtung von Bibliotheken und die Veranstaltung von Vorträgen. Auch der 1872 von namhaften Nationalökonomen wie Gustav Schmoller ins Leben gerufene ‹Verein für Socialpolitik› kooptierte ihn, um von seinem Renommee zu profitieren. Allerdings konnte sich Schulze-Delitzsch mit den Zielen dieser neuen Vereinigung, die mit ihren sozialempirischen Erhebungen die Sozialpolitik des Kaiserreichs maßgeblich prägen sollte, nicht identifizieren. Für ihn blieben staatliche Sozialpolitik und Sozialversicherung nicht akzeptabel. Er hielt kategorisch an der Idee der Selbsthilfe fest.

Gegen Ende seines Lebens konnte er auf ein großes Werk zurückblicken. 1880 vereinigte der Allgemeine Verband der Genossenschaften knapp die Hälfte sämtlicher im Deutschen Reich bekannten Kreditvereine, nämlich 900 (von rund 1900). Diese 900 hatten ihre Abschlüsse der Anwaltschaft eingereicht und ermöglichten damit einen Einblick in ihre internen Strukturen. Sie zählten fast eine halbe Million Mitglieder und gaben rund 1,4 Milliarden Mark an Krediten aus.[46] Die Kreditgenossenschaften waren also zu einer wichtigen Organisation und Stütze des Mittelstands geworden, während die übrigen Genossenschaften,[47] mit Ausnahme der Konsumvereine, eine vergleichsweise schwache Rolle spielten. Schulze-Delitzschs Schriften wurden in ganz Europa gelesen. Er wurde Ehrenmitglied in der italienischen Reale Accademia dei Lincei und 1873 von der Juristischen Fakultät der Universität Heidelberg zum Ehrendoktor ernannt.

Schulze-Delitzsch war in den 1850er-Jahren aufgebrochen, durch das Assoziationswesen die gesamte Gesellschaft sozialreformerisch umzugestalten und die sozialen Gegensätze aufzuheben. 1867/68 hatte er mit dem Genossenschaftsgesetz, dem seine Entwürfe und Erfahrungen zugrunde lagen, eine pragmatische Lösung gefunden. Er hatte den formalrechtlichen Rahmen, durch den die Genossenschaften den großen Handels-, Aktien- und Kommanditgesellschaften gleichgestellt wurden, geschaffen und somit eine langfristig tragende Grundlage für ihre wirtschaftliche Entwicklung. Das Gesetz hat einen entscheidenden Beitrag zum Aufschwung des Mittelstandes geleistet, die von Schulze-Delitzsch erhoffte Lösung der Arbeiterfrage aber hat es nicht gebracht. In gewisser Weise schließt sich hier ein Kreis. Max Weber fuhr in seinem bereits zitierten Vortrag ‹Politik als Beruf› nämlich noch weiter fort: *«Es ist ja durchaus richtig, und alle geschichtliche Erfahrung bestätigt es, dass man das Mögliche nicht erreichte, wenn nicht immer wieder in der Welt nach dem Unmöglichen gegriffen worden wäre.»* Nur derjenige, der diese Spannung zwischen Möglichem und Unmöglichem aushalte, der habe den *«‹Beruf› zur Politik»*.[48] Auch wenn Schulze-Delitzsch die Bedeutung und Notwendigkeit staatlicher Sozialpolitik verkannte und dogmatisch am Selbsthilfeprinzip festhielt, ist unbestreitbar, dass er den ‹Beruf› zur Politik hatte.

Michael Kopsidis

FRIEDRICH WILHELM RAIFFEISEN (1818–1888)

Friedrich Wilhelm Raiffeisen gehört zu den wenigen historischen Gestalten der neueren deutschen Geschichte, die von allen weltanschaulichen Lagern vereinnahmt worden sind. Dabei hat er aus seiner christlich-konservativen Gesinnung, die tief im deutschen Protestantismus des 19. Jahrhunderts wurzelt, nie einen Hehl gemacht. Dennoch hat die SED Raiffeisen als einen angeblich aus einer verarmten Bauernfamilie stammenden ‹bedeutenden Humanisten› geehrt, der einem unbewussten Marxismus-Leninismus angehangen habe. So feierte sich die DDR noch kurz vor ihrem Ende als den wahren Vollstrecker des Raiffeisen'schen Genossenschaftsgedankens.[1] Dagegen haben die Nationalsozialisten in ihm einen Vorläufer im ‹Kampf gegen die Juden› zur Rettung des deutschen Bauern gesehen.[2] Im Schrifttum der Raiffeisen'schen Genossenschaftsbewegung genießt Raiffeisen geradezu kultische Verehrung und wird noch 1923 ehrfurchtsvoll als ‹der Meister› tituliert, der den Bauern den Weg aus Armut und Verelendung gewiesen und die ‹soziale Frage› auf dem Land gelöst habe.[3] Doch wer ist dieser Mann wirklich gewesen, und wie ist seine Leistung zu würdigen?

Der junge Raiffeisen – entscheidende Prägungen

Geboren wurde Friedrich Wilhelm Raiffeisen 1818 im Dorf Hamm nahe dem Fluss Sieg im Westerwald als siebtes von neun Kindern. Sein Vater war Bürgermeister, seine Mutter stammte aus der angesehensten Familie des Ortes. Raiffeisens Vorfahren waren Pfarrer, Handwerker und Amtsleute. Sie gehörten schon seit Jahrhunderten in ihren jeweiligen Orten zur gut vernetzten lokal-kommunalen Elite. Durch seine ganze Sozialisierung dürfte Raiffeisen schon früh verinnerlicht haben, welche Rolle lokale Eliten in der Dorfgemeinschaft spielen, was für eine Macht sie besitzen und welcher weitreichenden Verantwortung sie in den Augen der anderen Dorfbewohner gerecht zu werden haben. Vermutlich hat dieses schon früh erworbene ‹soziale Kapital› Raiffeisen beim Aufbau der Darlehenskassenvereine sehr geholfen. Er wusste, wie man im Dorf aufzutreten und vorzugehen hatte, wenn man die Menschen für ein Projekt gewinnen wollte.

Ein Bruder der Mutter arbeitete als Hofrat in gehobener Position in der nach 1815 im Aufbau befindlichen preußischen Verwaltung der Rheinprovinz. Dieser Umstand dürfte neben einer willensstarken Mutter entscheidend dazu beigetragen haben, dass die kurz nach Raiffeisens Geburt erfolgte unehrenhafte Entlassung des Vaters aus seinem Bürgermeisteramt nicht jegliche berufliche Ambitionen des jungen Raiffeisen zunichtemachte. Der Vater hatte Mittel aus der Armenkasse veruntreut und litt unter massiven psychischen Problemen. Auch wenn die Mutter nicht in der Lage war, ihrem Sohn Gymnasium und Studium zu finanzieren, so vermittelte ihm ein Pate am Ort, Pfarrer Georg Wilhelm Seippel, eine über Volksschulniveau hinausgehende Schulbildung. So schaffte es Raiffeisen, die Aufnahmeprüfung zum Militärdienst zu bestehen, um als 17-jähriger Freiwilliger 1835 in die in Köln stationierte Siebte Preußische Artilleriebrigade einzutreten. Ziel des jungen Raiffeisen war aber vermutlich nicht eine Offizierskarriere, obwohl gerade die Artillerie als ausbildungsintensivste Waffengattung Bürgerlichen am ehesten Aufstiegsmöglichkeiten bot. Vielmehr sollte es wohl über diesen Umweg gelingen, auch ohne Studium die höhere Verwaltungslaufbahn einzuschlagen. Denn nach ihrem Ausscheiden aus dem aktiven Dienst wurden in Preußen Offiziere und Unteroffiziere häufig von der Verwaltung übernommen.[4]

Raiffeisen selbst hielt sich beim Militär von seinen Kameraden und dem Kasinoleben fern. Er galt als Eigenbrötler, auch wenn er seine Vorgesetzten überzeugte und nach drei Jahren die Inspektionsschule in Koblenz besuchen durfte und zum Oberfeuerwerker ausgebildet wurde. Er erhielt eine gründliche naturwissenschaftliche Ausbildung auf Abiturniveau. Nach bestandener Prüfung war es von 1841 an seine Aufgabe, in einer staatlichen Eisengießerei bei Koblenz sozusagen als Leiter der Materialprüfung die Munition abzunehmen, eine Tätigkeit, die äußerste Genauigkeit und das tagtägliche pedantische Einhalten bürokratischer Kontrollabläufe verlangte. Auf den ersten Blick war dies nicht gerade die Ausbildung und Berufserfahrung, die auf das Geschäftsleben und die Leitung einer Bank beziehungsweise Bankorganisation vorbereitete – schon gar nicht in einer Zeit des radikalen Umbruchs, wie es die Industrialisierung war.

Enge verwandtschaftliche Bindungen in Koblenz ermöglichten es dem jungen Raiffeisen, ein Leben zu führen, das seinen Neigungen und wohl auch den durch die Erziehung seiner frommen Mutter und Pfarrer Seippel vermittelten Werten entsprach. Raiffeisen war zeit seines Lebens ein tiefreligiöser Mensch. Prägungen seiner Kinder- und Jugendjahre wirkten schon früh dahin, dass ihn mehr als alles andere die soziale Dimension des Christentums berührte. Vermittelt wurde ihm das christliche Konzept der Nächstenliebe als von der Kant'schen Aufklärung geprägte Pflichtethik, die er schon früh verinnerlichte. Sein Erzieher Seippel war selbst in der Armenpflege sehr aktiv und scheute – für einen evangelischen Pfarrer des 19. Jahrhunderts eher ungewöhnlich – hier auch nicht harte Auseinandersetzungen mit den preußischen Behörden, sodass eine ganze ‹Akte Seippel› entstand.[5]

Raiffeisens neuen Freundeskreis in Koblenz bildeten Abiturienten und Studenten, die später alle Pfarrer wurden und der aus der so genannten Erweckungsbewegung entstammenden evangelischen ‹Inneren Mission› mit ihrer Betonung des ‹praktischen Christentums› als Antwort auf die soziale Frage eng verbunden waren. Vor allem im stark religiös geprägten Schülerbund Euterpia, benannt nach der griechischen Muse der Freundschaft, dessen aktives Mitglied Raiffeisen auch ohne Besuch eines Gymnasiums wurde, verfestigte sich sein von der Spätromantik geprägtes christlich-konservatives Weltbild, das in der ‹Entchristlichung› die größte Gefahr der Moderne sah. Gleichzeitig ersehnten die Mitglieder der Euterpia die nationale Einigung Deutschlands unter Preußens Führung.[6]

Im Vorfeld der Revolution von 1848 waren Forderungen nach politischer Partizipation und nach Bürgerrechten beziehungsweise eine Infragestellung der gegebenen Ordnung den Mitgliedern der Euterpia und auch Raiffeisen völlig fremd, ja sogar zuwider. Sie bewegten sich damit völlig im Rahmen staatshöriger evangelischer Orthodoxie und zeitgenössischer freikirchlicher Erweckungsbewegungen, die Liberalismus, geschweige denn Demokratie als Ausgeburt des Bösen ablehnten.[7] Die bestehende Ordnung sei von Gott gegeben und gut. Nur sündhaftes, eigenverantwortliches individuelles Versagen schaffe die Probleme. Eine Analyse gesellschaftlicher Zusammenhänge fehlte völlig. Wenn überhaupt, erfolgte diese in Form eines kruden Antisemitismus, der geradezu ein konstituierendes Element des aufkommenden christlichen Konservativismus darstellte. Raiffeisen bildete in diesem Punkt beileibe keine Ausnahme.[8]

Nicht Sozialpolitik und Rechte, sondern Caritas und Seelsorge bräuchten die Armen. Auch wenn die soziale Frage der Industrialisierung und die nicht nur als entmenschlichend, sondern auch als bedrohlich wachsend wahrgenommene Armut Raiffeisen intensiv beschäftigten, so lehnte er ganz im Sinne der ‹Inneren Mission› zeit seines Lebens staatliche Fürsorge beziehungsweise die Anfänge des Sozialstaates, basierend auf einem Recht der Armen auf Unterstützung, vehement ab. Kirchliche Armenpflege, aufbauend auf dem Konzept der ‹Hilfe zur Selbsthilfe›, und allgemeine Bildung zur Bekämpfung der Unwissenheit als wichtigster Ursache für Armut sollten die Lösung sein. Auf keinen Fall hätten die Armen aber ein Recht beziehungsweise einen begründeten Rechtsanspruch auf die Hilfe der Begüterten. Armenhilfe durfte nach Raiffeisen nicht auf einem irgendwie gearteten staatlichen ‹Unterstützungszwang› beruhen, der nur Anspruchsdenken fördere, sondern müsse, um erfolgreich zu sein, einen Gnadenakt der Begüterten darstellen, der sich allein aus dem göttlichen Gebot der Nächstenliebe ableite.[9] Dieses wichtigste aller Gebote verlange allerdings absolute Hingabe an die Armen, um des eigenen ewigen Heils willen. Den Begüterten warf Raiffeisen vor, dass es insbesondere ihre Abwendung von Christus sei, die die Hauptschuld an der Entstehung der sozialen Frage trage, und dass ihre Weigerung, nach den christlichen Geboten zu leben und die ihnen auferlegte Verantwortung für den Nächsten zu übernehmen, dazu führe, dass die Armen sich der gottlosen Revolution zuwendeten. Diese Überzeugung vertrat Raiffeisen zeit seines Lebens vehement auf zahllosen Genossenschaftsversammlungen und in Vorträgen, sodass sich nicht wenige seiner Zeitgenossen bei seinen Auftritten oft in unangenehmer Weise an Erweckungspredigten erinnert fühlten.[10]

Ein Erbe der Euterpia, wohl auch schon von Pfarrer Seippels Betonung der Gewissensentscheidung und des Christseins im praktischen Handeln vorbereitet, war Raiffeisens Geringachtung konfessioneller Unterschiede und sein fehlendes theologisches Interesse. Dies ermöglichte es Raiffeisen in einer Zeit, in der sich in Deutschland die konfessionellen Gegensätze deutlich verschärften, ohne Ressentiments mit Katholiken zusammenzuarbeiten, sodass die Raiffeisenorganisation auch in katholischen Gegenden Fuß fassen konnte.[11]

Der lange Weg zur ländlichen Kreditgenossenschaft

Dass das religiöse Moment entscheidend für Raiffeisens Motivation war, erklärt zwar, woher Raiffeisen die Kraft nahm, um die Raiffeisenorganisation als schwerkranker Mann in den letzten beiden Jahrzehnten seines Lebens aufzubauen, nicht aber, wieso sein Modell der Darlehenskassenvereine so erfolgreich war. Eine Erklärung liefert sein Biograf Erich-Lothar Seelmann-Eggebert mit der Feststellung: *«Das bedeutsamste in Raiffeisens Wesen ist der Dualismus von höchstem religiösem Idealismus und nüchternem Wirklichkeitssinn.»*[12] Der Letztere offenbarte sich schon sehr bald, nachdem er aufgrund eines Augenleidens im Frühjahr 1843 aus dem Militär ausschied. Bei seinem Onkel erhielt er am Oberpräsidium der preußischen Rheinprovinz, der höchsten Behörde im Rheinland, eine Einführung in die Zivilverwaltung, um schon 1844 zum Landratsamt Mayen zu wechseln. 1845 war er mit 26 Jahren bereits Bürgermeister der Samtgemeinde Weyerbusch nahe seinem Geburtsort mit einem Kirchdorf und 24 Dörfern. Die neue preußische Gemeindeordnung vom 23. Juli 1845 gab nach französischem Vorbild dem durch die Verwaltung ernannten Bürgermeister eine starke Stellung gegenüber dem Gemeinderat, ein Umstand, den Raiffeisen geschickt nutzte. Doch erst einmal heiratete er im September 1845 die 19-jährige Apothekertochter Emilie Storck aus Remagen, die er im Freundeskreis der Euterpia kennengelernt hatte.

Tatsächlich entwickelte Raiffeisen in seiner Verwaltungstätigkeit – trotz seiner weltanschaulich motivierten grundsätzlichen Ablehnung der Moderne als einer alles zersetzenden Dekadenzerscheinung – schon früh ein im Grunde hochmodernes Konzept erfolgreicher bäuerlicher Agrarentwicklung unter den Bedingungen einer kapitalistischen Marktwirtschaft, auch wenn er dieses nie wissenschaftlich ausformuliert hat. Er war beileibe kein theoretischer Kopf und wollte es auch nicht sein. Verstreute schriftliche Äußerungen und noch mehr sein Handeln belegen aber eindeutig, dass er tief davon überzeugt war, dass erfolgreiche Agrarentwicklung mit den Bauern und nicht gegen sie stattfindet. In der Rückschau lässt sich durchaus sagen, dass Raiffeisen mit dieser bahnbrechenden Erkenntnis dem Fach Entwicklungsökonomie um 100 Jahre voraus gewesen ist. Raiffeisen ging klar davon aus, dass Wachstum und bäuerliche Agrarstrukturen keinen Widerspruch darstellen müssten, sondern es auf die Rahmenbedingungen ankomme, damit die breite Masse der ländlich-agrarischen Bevölkerung von expandierenden Märkten profitiere, ohne dass dies auf Kosten von Produktivität und Effizienz gehen müsse. Möglichst vielen Bauern eine erfolgreiche, sprich nachhaltig einkommensmaximierende Betriebsführung zu ermöglichen, war für Raiffeisen geradezu ein religiöses Gebot, wenn nicht der rechte Lohn für ein christliches Leben und somit Ausdruck einer ‹protestantischen Ethik› im Weber'schen Sinne.[13]

Raiffeisen erfasste schon vor der Eisenbahn-Ära die entscheidende Rolle der Infrastruktur beziehungsweise des Straßenbaus für die Marktintegration bisher abgelegener, marktferner und deswegen armer Dörfer.[14] Den Ausbau der Infrastruktur begriff Raiffeisen als staatliche Aufgabe, die er als Bürgermeister im Straßenbau auch sofort energisch anging. Um 1840 war der größte Teil Deutschlands einschließlich des Landkreises Altenkirchen im Westerwald, in dem Raiffeisen wirkte, nur schlecht erschlossen. Prohibitiv hohe Transportkosten verhinderten in diesen Gebieten, dass Bauern für den Markt produzieren konnten. Er begriff, dass sich niedrige landwirtschaftliche Einkommen, die sich im kleinbäuerlich strukturierten südlichen Rheinland oft an der Grenze zur Armut bewegten, stabilisieren, wenn nicht sogar deutlich steigern ließen, sofern es gelänge, Anschluss an den boomenden Markt der stärker industrialisierten Gebiete des Rheintals mit ihrer geradezu unersättlichen Nachfrage nach Nahrungsgütern aller Art zu finden.[15] Erst bei sicheren Absatzperspektiven lohnte auch eine kostspielige Intensivierung des landwirtschaftlichen Betriebs, die als Kernelement eine deutliche Erhöhung des Viehbesatzes beinhaltete. Dabei gilt nach bisherigem wirtschaftshistorischem und entwicklungsökonomischem Forschungsstand für Deutschland während der Industrialisierung, dass selbst kleine bäuerliche Familienwirtschaften gerade in der hochprofitablen intensiven tierischen Veredelungswirtschaft einen klaren Wettbewerbsvorteil besaßen gegenüber auf Lohnarbeit gestützten Großbetrieben, was auf ihre gute Ausstattung mit Arbeit und besonders die hohe Eigenmotivation von Familienarbeitskräften zurückzuführen war.[16]

Um aber ihre Kostenvorteile und potenziellen Gewinne realisieren zu können, benötigten insbesondere Klein- und Mittelbauern endlich einen deutlich verbesserten Zugang zu Krediten, und zwar insbesondere zu ihnen bisher verschlossenen langfristigen Darlehen.[17] Nur diese ermöglichten die sich erst in längerfristiger Perspektive amortisierenden Betriebsumstellungen, um vom Markt profitieren zu können. Zusammenfassend gesagt, nicht staatliche Sozialtransfers, sondern der staatliche Ausbau der Infrastruktur und eine bauernorientierte Weiterentwicklung eines nur mangelhaften ländlichen Kreditmarktes stellten nach Raiffeisen, zusammen mit der Verbesserung der Bildungschancen, die entscheidenden Stellschrauben für eine erfolgreiche und nachhaltige Armutsbekämpfung auf dem Land dar.[18] Bauern helfe es nicht, den Marktmechanismus außer Kraft zu setzen, sondern ihre Fähigkeit, auf Märkten erfolgreich zu agieren, sei zu fördern: Erkenntnisse, die sich die neuere Entwicklungsökonomie und -politik erst wieder mühsam haben erarbeiten müssen.

Raiffeisen konzentrierte sich als Bürgermeister auf zwei Projekte: ein neues Schulgebäude und ein echtes Großprojekt, den Bau einer 60 Kilometer langen gepflasterten Straße hin zum Rhein. Bisher existierten nur Lehmwege, die sich im Frühjahr und Herbst in unpassierbare Schlammstrecken verwandelten. Sein erklärtes Ziel war es, den Bauern neue Verdienstquellen zu erschließen durch einen deutlich verbesserten Marktzugang für ihre Erzeugnisse in den aufstrebenden Gewerbe- und Industriestädten des Rheintals. In allen beteiligten Gemeinden waren Finanzierungsbeschlüsse zu fassen, Zuschüsse der Verwaltung mussten eingeworben werden, die von den einzelnen Gemeinden zu leistenden ‹Frondienste›, so steht es in den Akten, waren zu organisieren. Für die gesamte Region war die ‹Rheinstraße› von zentraler Bedeutung. Sie erst verband den abgelegenen Westerwald mit dem Rheintal. Ihr Bau dauerte mehr als fünf Jahre.[19]

Doch erst einmal war Raiffeisen ganz anders gefordert. Nachdem die Ernte schon 1845 mager gewesen war, kam es 1846 zu einer Jahrhundertmissernte. Die Grundnahrungsmittelpreise stiegen über fast drei Jahre unaufhörlich, bis sie im März 1847 im südlichen Rheinland das Dreieinhalbfache des Normalniveaus erreichten.[20] Gleichzeitig brach eine schwere Wirtschaftskrise aus. Die Menschen in Weyerbusch waren im wahrsten Sinne des Wortes ‹ohne Lohn und Brot›. Auch wenn der preußische Staat aus Angst vor der Revolution gerade im unruhigen Westen mit groß angelegten Arbeitsplatzbeschaffungsprogrammen reagierte, die vornehmlich dem Straßenbau zugutekamen, und Getreide in großem Stil zur Verfügung stellte, war auch Privatinitiative gefragt, um die Ernährungskrise einzudämmen. In keiner preußischen Provinz war die bürgerliche ‹Zivilgesellschaft› so weit entwickelt wie im Rheinland und reagierte in Zusammenarbeit mit dem Staat so entschieden. In Weyerbusch hatten die staatliche und die private Krisenbekämpfung ein und dasselbe Gesicht: Raiffeisen.[21]

Auf seine Initiative hin wurde im Winter 1846/47 ein lokaler ‹Brotverein› gegründet. Entgegen strikter behördlicher Anweisung, aufgrund der angespannten staatlichen Kassenlage das Korn an Bedürftige nur gegen bar zum vollen Marktpreis abzugeben, verkaufte Raiffeisen das Regierungskorn zum halben Preis in bar und schrieb über die fehlenden Summen Schuldscheine aus, die die Bedürftigen später zurückzahlen sollten. Die im Brotverein organisierten wohlhabenden Einwohner Weyerbuschs streckten das Geld an die Staatskasse ‹auf Treu und Glauben› vor und finanzierten im Vertrauen auf ihren Bürgermeister auch in großem Umfang erfolgende private Getreide-

und Saatgutkäufe des Vereins. Wäre der Plan nicht aufgegangen, wäre Raiffeisen ein ruinierter Mann und die längste Zeit preußischer Beamter gewesen. Doch die Bedürftigen beglichen nach Überwindung der Hungerkrise ihre Schulden beim Brotverein zügig und vollständig. Sie waren nicht gezwungen, sich dem ‹Wucher› auszuliefern beziehungsweise den ‹informellen› Kreditmarkt in Anspruch zu nehmen, der die langfristige Gefahr barg, in eine hoffnungslose Verschuldungsspirale zu geraten. Es war die Erfahrung mit dem ‹Brotverein›, der nach Raiffeisens eigenen Angaben die Initialzündung darstellte, seine Genossenschaftsidee auszuarbeiten. Mit seinen eigenen Worten: *«Die günstigen Erfolge des Weyerbuscher Consumvereins hatten indessen dem Verfasser gezeigt, was vereinte Kräfte zu leisten im Stande sind. Hierdurch entwickelte sich bei ihm die Genossenschaftsidee, aus welcher die Darlehnskassen-Vereine hervorgegangen sind.»*[22]

Nach der überstandenen Ernährungskrise begann Raiffeisen in der zweiten Hälfte der Vierzigerjahre, sich intensiv mit Problemen des Agrarkredites zu beschäftigen. Es dauerte dann noch knapp zwei Jahrzehnte, bis Raiffeisen sein Modell der Darlehenskassenvereine als spezifisch ländlich-agrarische Kreditgenossenschaften beziehungsweise als einem neuen Typ von Finanzintermediär zur Reife gebracht hatte. Sein Motiv war es, nicht nur akute Armutskrisen zu bekämpfen, sondern einen Weg zu finden, gegen die weit verbreitete verfestigte ländliche Armut vorzugehen, die er tagtäglich in seiner Gemeinde erlebte. Nach eigener Aussage wurde ihm durch intensiven Kontakt mit der meist kleinbäuerlichen Bevölkerung seiner Gemeinde klar, dass *«unverkennbar ein permanenter Nothstand existire. Dieser bestand in dem nicht befriedigten Creditbedürfnisse der Bevölkerung.»*[23] Im Revolutionsjahr 1848 war die ‹Kreditnot› aller Bauern dann auch eines der wichtigsten Themen der Herbstsitzung des landwirtschaftlichen Vereins des Kreises.

Als Hauptproblem identifizierte Raiffeisen den wucherischen Handel mit Vieh, den er beseitigen wollte. Viehhandel basierte auf Kredit. Ungünstig für die Bauern waren vor allem die oft viel zu kurzen Kreditlaufzeiten im Vergleich zu deutlich längeren Amortisationsphasen bei Investitionen in Vieh. Einmal in Zahlungsrückstand geraten, konnten Bauern schnell in immer stärkere Abhängigkeit geraten. Bäuerliche Überschuldung beziehungsweise die geringe Aussicht, aus einer einmal in Gang gekommenen Verschuldungsspirale bei vorherrschendem Wucher auszubrechen, sah Raiffeisen als wichtigste Ursache für die seiner Meinung nach wachsende ländliche Armut an.

Nach seinem Wechsel als Amtsbürgermeister in die benachbarte größere Gemeinde Flammersfeld gründete Raiffeisen im Dezember 1849 den ‹Flammersfelder Hülfsverein zur Unterstützung unbemittelter Landwirthe›. Er begann mit eigens aufgenommenen Krediten Vieh aufzukaufen und an Landwirte kostendeckend weiterzugeben – bei einer langen Tilgungszeit von fünf

Jahren. Raiffeisen konzentrierte sich aber schon bald auf reine Gelddarlehen, da er einsah, dass der bäuerliche Investitionsbedarf weit über Vieh hinausging und Gebäudeverbesserungen, Bodenmeliorationen, neue Geräte, besseres Saatgut und vieles mehr umfasste. In den Jahren von 1850 bis 1854 vergab der Verein 507 Kredite über eine Gesamtsumme von 11 735 Talern. Bei durchschnittlich 23 Talern pro Kredit, dem Preis für ein Fettschwein im nahen Wetzlar, handelte es sich somit um Mikrokredite.[24]

In die Flammersfelder Zeit fielen entscheidende Neuerungen, die für die Raiffeisen'schen Darlehenskassenvereine prägend wurden und den Kern der so genannten Raiffeisen-Grundsätze ausmachten. Darunter fallen die Beschränkung der Vereinstätigkeit auf eine übersichtliche Gemeinschaft, wie zum Beispiel nur auf eine Gemeinde wie in Flammersfeld, die unbedingt ehrenamtliche Verwaltung des Vereins bis auf eine Aufwandsentschädigung für den so genannten Rechner beziehungsweise Buchhalter. Sämtliche individuelle Gewinnabsicht war ausgeschlossen durch die Regel, alle Überschüsse zur Bildung eines Reservefonds zur Kreditabsicherung zu verwenden. Am wichtigsten war jedoch die Einführung des Prinzips der unbeschränkten Haftung aller Vereinsmitglieder für Kredite, die der Verein aufnahm. Nur durch diese maximale Absicherung war es möglich, selbst in den kommerziell hoch entwickelten nahe gelegenen rheinischen Städten Geld von – wie es in den Quellen heißt – ‹Kapitalisten› geliehen zu bekommen. Zu Anfang verlangten private Geldgeber sogar noch gerichtlich beglaubigte individuelle Bürgschaften der reichsten Vereinsmitglieder. Raiffeisen gelang es trotz des enormen persönlichen Risikos für Vereinsmitglieder, 60 der wohlhabendsten Einwohner für den Verein zu gewinnen. Tatsächlich schaffte er dies nur durch den Appell an zentrale Werte des gemeinsamen christlichen Glaubens, seinen absolut integren Ruf und aufgrund der Solidität seines Konzeptes, die jedes Kreditausfallrisiko so weit als möglich ausschloss. Kredit konnte nur bekommen, wer ihn entweder zweifach hypothekarisch absichern, wer sichere Wertpapiere hinterlegen oder einen Bürgen stellen konnte. Es handelte sich bei den Krediten des Flammersfelder Vereins also nicht um Hilfe für die Ärmsten der Armen, sondern es ging zu einem nicht unerheblichen Teil wohl um Investitionsfinanzierung unter den Bedingungen eines nur mangelhaft funktionierenden ländlichen Kreditmarktes, der aufgrund seiner Defekte die Kreditnachfrage weiter Teile der wirtschaftlich aktiven Bevölkerung trotz ihres hohen ökonomischen Potenzials nicht berücksichtigte.[25]

In der Sprache der Wirtschaftstheorie ausgedrückt, lag auf den damaligen ländlichen Kreditmärkten Marktversagen in dem Sinne vor, dass profitable und einkommenssteigernde Transaktionen auf Güter- und Faktormärkten beziehungsweise in der ‹Realwirtschaft› unterblieben, weil die Kreditkosten bei fehlenden formalen Kreditinstitutionen risikobedingt höher als nötig waren.[26]

Raiffeisens erklärtes Ziel war es, Wege zu finden, die der bäuerlichen Bevölkerung ausreichend Zugang zu Krediten ermöglichten, um so ihr zwangsweise brachliegendes erhebliches Eigenpotenzial zur Verbesserung ihrer wirtschaftlichen Lage zu mobilisieren. Hierunter fiel auch die Finanzierung von Umschuldungen, damit Bauern sich aus ungünstigen Kreditbeziehungen lösen konnten, beziehungsweise ihre ‹Befreiung aus Wucherhänden›. Die massenhafte Überführung von Privatschuldverhältnissen im Rahmen des traditionellen Personalkredits in formalisierte Kreditbeziehungen wird eine der Haupttätigkeiten der späteren Raiffeisen'schen Darlehenskassenvereine darstellen.[27] Die hiermit einhergehende Entschuldung dürfte indirekt in erheblichem Maße zur bäuerlichen Spar- und somit Investitionsfähigkeit beigetragen haben.

Für Privatbanken war das ländliche Kreditgeschäft nicht lohnend, vor allem weil die Informationskosten für die Banken in keiner vertretbaren Relation zu den Kreditsummen standen. Es blieb auf dem Land dann nur der ‹informelle› Personalkredit. In der ökonomischen und wirtschaftshistorischen Literatur wird bisher allerdings nur theoretisch hergeleitet, dass der ländliche Personalkredit vor allem für den Kreditgeber mit enormen Unsicherheiten bei der Rückzahlung behaftet gewesen sei, sodass deshalb die Kreditkosten zu hoch gewesen seien.[28] Die zeitgenössische Literatur verweist auch auf gravierende Probleme des ländlichen Personalkredits auf der Nachfrageseite, die selbst sichere Schuldner betrafen. Diese reichten von hohen Suchkosten bis hin zu viel zu kurzen Kreditlaufzeiten und der jederzeitigen Kündbarkeit der Darlehen.[29]

Auch wenn die meisten Fragen zur Funktionsweise, den Möglichkeiten und Grenzen der oft komplexen ländlichen personalisierten beziehungsweise informellen Kreditmärkte der frühen Neuzeit noch offen sind, so lässt sich doch so viel sagen, dass diese kaum der langfristigen Investitionsfinanzierung gedient haben, die in der zweiten Hälfte des 19. Jahrhunderts für das hauptsächlich von bäuerlichen Betrieben getragene Agrarwachstum immer wichtiger wurde.[30] Es ist davon auszugehen, dass insbesondere in der bäuerlichen Landwirtschaft mit ihrem steigenden Investitionsbedarf die Nachfrage nach formalen Kreditinstitutionen beziehungsweise neuen Finanzintermediären stark zugenommen hat. Diese dienten dem Zweck, ein durch hohe Transaktionskosten bedingtes Kreditmarktversagen durch neue, diese Kosten mindernde institutionelle Regelungen zu beseitigen. In der Konsequenz sanken die Kreditkosten, und ein wesentliches Investitionshemmnis – gerade bei langfristigen Projekten – entfiel.

Raiffeisen stieg die Karriereleiter weiter hoch.[31] Im September 1852 wurde er als Bürgermeister in die nah am Rhein gelegene, mit rund 9000 Einwohnern deutlich größere Gemeinde Heddesdorf bei Neuwied versetzt. Hier hatte die Industrialisierung in einem weiterhin ländlichen Umfeld schon mit aller Macht eingesetzt.[32] Wohl auch als Reaktion auf diese neue, komplexe Situation widmete sich der 1854 von Raiffeisen gegründete ‹Heddesdorfer Wohltätigkeitsverein› einer breiten Palette von Aufgaben, die neben der kreditgenossenschaftlichen Arbeit auch reine Sozialarbeit umfasste, von der Verantwortung für verwahrloste Kinder bis zur Betreuung ehemaliger Sträflinge. Der Verein engagierte sich ebenfalls in der Volksbildung. Für Raiffeisen leitete sich dieser sehr breite Ansatz aus dem Umstand ab, dass für ihn all diese sehr unterschiedlichen Tätigkeitsfelder Aspekte ein und derselben wichtigsten Christenpflicht, der Nächstenliebe, darstellten. Doch außer der kreditgenossenschaftlichen Arbeit gedieh keine der vielfältigen Vereinsaufgaben, und sie wurden nach und nach eingestellt. In seiner zehnjährigen Tätigkeit verlieh der Verein 54 447 Taler an 1467 Personen. Einer weiteren Ausdehnung der Kreditvergabe verweigerten sich die bürgenden Vereinsmitglieder nach heftigen Auseinandersetzungen jedoch, da ihnen die Risiken als zu hoch erschienen. Raiffeisen erwies sich trotz tief empfundener Enttäuschung und persönlicher Rückschläge als lernfähig in der Krise, unterzog die Probleme einer nüchternen Analyse und traf die notwendigen Entscheidungen, um den Darlehenskassenvereinen in weiten Teilen ihre endgültige Gestalt zu geben. Diese legte er dann erstmals in seinem 1866 erschienenen einzigen Buch ‹Die Darlehenskassen-Vereine› dar.

Die Raiffeisen'schen Darlehenskassenvereine als institutionelle Innovation

Angemerkt sei an dieser Stelle, dass Raiffeisen nicht gezwungen war, seine genossenschaftliche Kreditorganisation praktisch aus dem Nichts heraus zu erfinden. Er griff zurück auf die vielfältigen Erfahrungen der ländlichen Gesellschaft mit genossenschaftlichen Organisationsformen. Bäuerliche Genossenschaften kombinierten schon seit Jahrhunderten unter dem Primat der wirtschaftlichen Tragfähigkeit individuelle Selbstverantwortung mit solidarischem Handeln, sei es in der gemeinschaftlichen Bewirtschaftung von Ressourcen oder sei es in der Nothilfe.[33]

Raiffeisen realisierte nun, dass eine Kreditgenossenschaft nur stabil sein konnte, wenn sie sich auf ihr ökonomisches ‹Kerngeschäft› konzentrierte und sich auf das wohlverstandene Eigeninteresse aller Vereinsmitglieder gründete. Sein Nachdenken über effektive, sprich fokussierte und sich wirtschaftlich selbst tragende private Formen der sozialen Wohltätigkeit beschleunigte auch der Umstand, dass gegen den Willen des Neuwieder Kreistages die Regierung des Regierungsbezirks Koblenz jede staatliche Unterstützung in Form einer öffentlichen Haftung für Vereinskredite 1858 endgültig verweigerte.

Bereits zwei Jahre vor Auflösung des ‹Heddesdorfer Wohltätigkeitsvereins› und der Gründung des ersten ‹Heddesdorfer Darlehenskassenvereins› setzte sich 1862 in vier durch Raiffeisen in der Nähe von Neuwied gegründeten Darlehenskassenvereinen, nämlich in Anhausen, Rengsdorf/Bonefeld, Engers und der oberen Grafschaft Wied, erstmals das wichtige Prinzip durch, Kredite nur noch Vereinsmitgliedern zu gewähren.[34] Schuldner mussten Vereinsmitglieder werden. Kreditnehmer und -geber waren so in einer auf unbegrenzter Solidarhaftung aller Beteiligten basierenden Risikogemeinschaft vereint. Aus Erfahrung hatte Raiffeisen gelernt, dass stabile Darlehenskassenvereine nicht nur wohlhabende Honoratioren als Mitglieder haben durften, sondern beide Seiten des Kreditgeschäfts so miteinander zu verbinden waren, dass eine Interessen- und Verantwortungsgemeinschaft entstand. Die vier genannten Darlehenskassen von 1862 waren auch die ersten reinen Darlehenskassenvereine ohne sonstige karitative Aufgaben. Raiffeisen schreibt dazu: «*Ich konnte mich von der Idee nur ungern trennen, dass solche Vereine nicht auf Eigennutz, sondern auf Christenpflicht und Nächstenliebe gegründet werden und fortbestehen müssten.* […] *Das persönliche Interesse ist der Kitt, welcher Vereine der in Rede stehenden Art zusammenhalten muss. Die Mitglieder der vorgedachten Vereine* [Flammersfeld und Heddesdorf, Anm. d. Verf.] *hatten an diesem selbst keinen direkten Vorteil.*»[35]

Dies beinhaltete aber gleichzeitig, dass das Prinzip der unbedingten Einhaltung aller Rückzahlungsverpflichtungen der Schuldner auf keinen Fall aufgeweicht werden durfte, denn nur dann fand wirkliche ‹Hilfe zur Selbsthilfe› statt als das liberale Axiom, auf dem auch nach Raiffeisen jede kreditgenossenschaftliche Solidarität aufbauen musste. Schließlich war es sein erklärtes Ziel, möglichst vielen Landarmen und Kleinstlandwirten beziehungsweise ‹unvermögenden Eingesessenen› zum Sprung in die Selbstständigkeit zu verhelfen als kleine selbstverantwortlich wirtschaftende Vollerwerbsbauern.[36]

1869 wurde der so genannte Erste Heddesdorfer Darlehenskassenverein in vier enger lokalisierte Vereine zerlegt. Dies geschah auch mit anderen größeren Vereinen. Vorbild war hier der 1862 gegründete deutlich kleinere Anhauser Verein. Über fünf Jahre hatte Raiffeisen den großen und finanzstärkeren Heddesdorfer mit dem Anhauser Verein verglichen, bis er sich entschied, das so genannte Lokalisierungsprinzip als einen der tragenden Pfeiler der Raiffeisen'schen Darlehenskassenvereine festzuschreiben. Dieser Grundsatz besagte, dass die Vereinsbezirke – ohne ihre finanzielle Überlebensfähigkeit zu gefährden – so klein wie möglich zu gestalten seien.[37] Die Mitglieder mussten sich persönlich kennen. Raiffeisen empfahl als ideale Basis eine Pfarrei oder Landgemeinde mit ungefähr 1500 Einwohnern.[38]

Nur kleine Vereinsbezirke garantierten eine genaue Kenntnis der Mitglieder untereinander und erzeugten für alle an Kreditgeschäften Beteiligten den notwendigen sozialen Druck, Verpflichtungen einzuhalten. In der Sprache der modernen Transaktionskostentheorie: Deutliche Transaktionskostenvorteile, insbesondere bei der Informationsbeschaffung und Kontrolle, erlaubten es ländlichen Kreditgenossenschaften, noch profitable Geschäfte zu tätigen, wo für Privatbanken die Kreditvergabe nicht mehr lohnend war.[39] Somit beruhte der Erfolg der Raiffeisen'schen Darlehenskassenvereine nicht auf sich schnell verschleißenden altruistischen Motiven aller Beteiligten, sondern auf ihrer betriebswirtschaftlichen Überlegenheit als innovativer Finanzintermediär.

Worin besteht aber nun die innovative Leistung Raiffeisens? Die ältere Geschichtsschreibung definiert Modernisierung auf Kreditmärkten als Überwindung personalisierter ‹vormoderner› Kreditbeziehungen, die für ‹traditionelle Gesellschaften› typisch sind. An ihre Stelle treten ‹moderne›, das heißt von formellen Institutionen gestaltete, eher entpersonalisierte ländliche Kreditbeziehungen.[40] Stellen Raiffeisens Darlehenskassenvereine nun diesen radikalen Entwicklungssprung dar? Tatsächlich kann nach allen Erkenntnissen der neueren Entwicklungsökonomie ländliche Modernisierung, auch auf Kreditmärkten, nur erfolgreich verlaufen, wenn sie auf der gegebenen ruralen Gesellschaft und Ökonomie aufbaut, und nicht, wenn sie gegen die ländliche Bevölkerung erzwungen wird. Timothy Guinnane bietet in diesem Sinn eine Erklärung für den enormen Erfolg Raiffeisens und anderer ländlicher Kreditgenossenschaften während des Kaiserreiches.[41]

Anstatt die sozialen Beziehungen zwischen Schuldnern und Gläubigern zu lösen, machte man sich diese vielmehr zunutze. Kreditmarkttransaktionen blieben weiterhin stark eingebettet in dörfliche Sozialbeziehungen, doch wurden diese geschickt als Basis für eine Institutionalisierung des ländlichen Kreditmarktes genutzt. Dieser wurde leistungsfähiger, weil institutionelle Defizite verschwanden, die eine Rationierung der Kreditnachfrage bedingt hatten. Bindende Satzungen sowie stärker regelgebundene formalisierte Entscheidungs- und Kontrollprozesse sorgten für eine verbesserte Transparenz, von der alle Beteiligten profitierten. Das Dorf beziehungsweise die bäuerliche Gesellschaft wurde nicht zum Opfer von Modernisierung, sie gestaltete sie vielmehr mit. Einen entscheidenden Beitrag hierzu leistete Friedrich Wilhelm Raiffeisen, dem die ländliche Welt und ihre Probleme von Kindesbeinen an vertraut gewesen sind. Ein Banker hätte die ländlichen Kreditgenossenschaften nicht erfinden können. Ihm wären wahrscheinlich schon die sie tragenden Prinzipien fremd gewesen.

Kleine Vereinsbezirke sollten dabei die Führung der Darlehenskassenvereine ausschließlich auf der Basis des Ehrenamtes ermöglichen. Nur Barauslagen waren dem Leitungspersonal eines Darlehenskassenvereins zu ersetzen. Eine Ausnahme bildete die Vergütung für den ‹Rechner› beziehungsweise Buchhalter. Alle vorliegenden Untersuchungen belegen, dass die so genannten

Raiffeisen'schen Grundsätze über das ganze Kaiserreich weitgehend eingehalten wurden und es kein Problem darstellte, dörfliche Eliten wie Gastwirte, Geschäftsinhaber, größere Bauern oder auch Geistliche für die ehrenamtliche Leitung zu gewinnen.[42] Raiffeisen selbst empfahl bei Gründung eines Vereins, erst die führenden Leute im Dorf, die nachweislich oft selbst keine Kredite in Anspruch nahmen, für die Mitarbeit und Solidarhaftung zu gewinnen. Dabei ließen sich durchaus handfeste ökonomische Gründe für potenzielle Bürgen und Gläubiger finden, Darlehenskassenvereinen beizutreten.[43]

Auch wenn Raiffeisen höchsten Wert auf die wirtschaftliche Tragfähigkeit der Darlehenskassenvereine legte, lehnte er vehement jede Orientierung der Darlehenskassenvereine am Prinzip der Gewinnmaximierung als selbstzerstörerisch ab. Dieses Verbot resultierte nicht aus weltanschaulichen Gründen, sondern entsprang seinen Erfahrungen. Allein schon das Prinzip der Solidarhaft aller Mitglieder verlangte nach Raiffeisen die Vermeidung risikoreicher Geschäfte, auch wenn diese in der Regel einen höheren Gewinn verhießen.[44] So sprach sich Raiffeisen kategorisch gegen jede Form der gewinnorientierten Vergütung des Leitungspersonals aus, wie sie bei anderen zeitgenössischen Banken auch vom Genossenschaftstyp, wie zum Beispiel bei Schulze-Delitzsch, üblich war: *«In anderen Geldinstituten erhalten die Vorstände und die Aufsichtsräthe theils sehr hohe Besoldungen, theils hohe Tantiéme (Gewinnantheile)* [...] *ist durch diese Einrichtung die Versuchung nahe gelegt, möglichst viele Geschäfte zu machen und möglichst hohen Gewinn zu erzielen, um das Geschäft auf einen Standpunkt zu bringen, dass die festen Besoldungen fortgezahlt und die Tantiéme möglichst erhöht werden können. Gerade hierin liegt aber die größte Gefahr für das gute Bestehen eines solchen Geldinstituts.* [...] *Es liegt dies einfach in der Natur der Sache, in der Einrichtung selbst. Bei solchen großen Banken müssen die Vorstände,* [...] *gut, ja sehr gut bezahlt werden. Man sollte die Gehälter aber nicht von der Höhe des Gewinnes abhängig machen* [...]. *Nur dadurch allein wird es möglich werden, eine solide Geschäftsführung herbeizuführen und Krachen, wie solche so vielfach vorgekommen sind, vorzubeugen.»*[45]

Die schweren zeitgenössischen Banken- und Spekulationskrisen – Stichwort ‹Gründerkrach› – gingen auch an Teilen der Genossenschaftsbewegung nicht spurlos vorbei. Zu nennen sind hier in erster Linie die Kreditgenossenschaften nach Hermann Schulze-Delitzsch, der als überzeugter Liberaler Dividenden und Tantiemen für den Vorstand zugelassen hatte. Raiffeisen sah sich dadurch bestätigt.[46] Zu Raiffeisens Lebzeiten ging nicht ein einziger seiner Darlehenskassenvereine in Konkurs, vielmehr war das Gegenteil der Fall. Die Zahl der Raiffeisen'schen Kreditgenossenschaften stieg von fünf Ende 1866 auf 77 Ende 1871. In seinem Todesjahr 1888 waren bereits 423 Vereine Mitglieder des in Kurzform so genannten Anwaltsverbandes beziehungsweise Generalverbandes, der 1877 gegründeten Dachorganisation der Raiffeisen'schen Kreditgenossenschaften. 1899 waren hier bereits 3095 Darlehenskassenvereine Mitglied, deren Zahl dann bis 1911 noch auf 4262 anstieg.[47] Die bruchstückhafte Überlieferung der frühen Jahre lässt erkennen, dass bereits in den ersten Jahren ebenfalls die durchschnittliche jährliche Darlehensgewährung pro Verein kräftig anstieg, von circa 6800 Mark (1855) auf rund 17 100 Mark (1875).[48]

Tatsächlich waren die Raiffeisen'schen Darlehenskassenvereine die ersten Kreditgenossenschaften überhaupt, die sich vornehmlich auf den bäuerlichen Bedarf an langfristigen Krediten konzentrierten. Dies lässt sich bereits für die Anfangsphase belegen.[49] Die ländlichen Kreditgenossenschaften insgesamt dürften substanziell zu Agrarintensivierung und -wachstum im Kaiserreich beigetragen haben.[50] Der Anteil der Genossenschaftsbanken am Gesamtvermögen aller Finanzintermediäre stieg bei einem sich allgemein sehr dynamisch entwickelnden deutschen Finanzmarkt von 0,2 Prozent um 1860 auf 6,8 Prozent im Jahr 1913.[51] Kein Finanzintermediär entwickelte sich dabei in Deutschland von 1870 bis 1910 so dynamisch wie die ländlichen Kreditgenossenschaften, die Raiffeisen als erster konzipiert und denen er zum Durchbruch verholfen hatte. Gab es 1870 nur 70 ländliche Kreditgenossenschaften mit 5000 Mitgliedern, so waren es 1910 bei rund 1,5 Millionen Mitgliedern 15 517. Dabei hatte Wilhelm Haas mit seiner 1879 von Raiffeisen abgespaltenen Genossenschaftsorganisation die Führung übernommen.[52]

Es ist kein Zufall, dass sich die Raiffeisen'schen Darlehenskassenvereine zuerst im Rheinland etablierten und flächendeckend ausbreiteten. Die hier vorherrschenden eher finanzschwachen klein- und mittelbäuerlichen Betriebe kennzeichnete ein stark wachsender Investitionsbedarf, um die stetig expandierende Nachfrage nach Fleisch, Milch und Gemüse in den sich dynamisch entwickelnden nahen urban-industriellen Zentren decken zu können. Ein erleichterter bäuerlicher Zugang zu Finanzierungsquellen löste in einer solch günstigen Konstellation unmittelbar Wachstumseffekte aus.[53]

Raiffeisen trug somit durch seine institutionelle Innovation der spezifisch ländlich-agrarischen Kreditgenossenschaft wohl entscheidend zur Entwicklung bauernorientierter, leistungsstarker und wachstumsfördernder Agrarbanken bei. Die Gründung der Darlehenskassen stellte somit keine Sozial-, sondern eine erfolgreiche Wachstumspolitik dar, die das ökonomische Potenzial kleiner Agrarproduzenten erkannte und Wachstumsgewinne breit in die ländliche Gesellschaft streute. So trug die ‹Raiffeisenbewegung› auch dazu bei, einen ländlichen Mittelstand zu schaffen.

Sehr förderlich für die frühe Phase der Expansion der Raiffeisen'schen Darlehenskassenvereine war die enge Zusammenarbeit Raiffeisens mit dem mächtigen ‹Landwirtschaftlichen Verein für Rheinpreußen›, der sich schon früh für die Verbreitung von Genossenschaften in der rheinischen Landwirtschaft einsetzte. In den 1850er-Jahren befürwortete der Verein nachdrücklich die Gründung von Spar- und Kreditvereinen und suchte Anschluss an die dominierende Genossenschaftsbewegung von Schulze-Delitzsch, die auch Raiffeisen bewunderte. Nach dem Erscheinen des Buches von Raiffeisen über sein Konzept ländlicher Darlehenskassenvereine empfahl der Landwirtschaftliche Verein auf seiner 36. Generalversammlung 1867 auf Betreiben des Generalsekretärs Thilmany das ‹System Raiffeisen› bei der Gründung von Kreditvereinen. Mit der offiziellen Unterstützung des Landwirtschaftlichen Vereins startete ein regelrechter Gründungsboom.[54] Ende 1871 existierten im Rheinland bereits 77 Raiffeisen'sche Kreditvereine, was fast den Gleichstand mit der Zahl der Kreditvereine nach dem System Schulze-Delitzschs bedeutete.[55]

Die letzten zwei Jahrzehnte: heftige Anfeindungen und endgültige Anerkennung

Während die 1860er-Jahre den Durchbruch für die Raiffeisen'sche Genossenschaftsbewegung brachten, waren sie für ihn persönlich eine schwere Zeit. Sein altes Augenleiden brach wieder aus, nachdem er sich 1859 während einer Ruhrepidemie trotz aller persönlichen Risiken aktiv an der Krankenpflege beteiligt hatte. Als Folge schwand seine Sehkraft so weit, dass er sich veranlasst fühlte, seine Pensionierung zu beantragen. Im Alter führte dieses Leiden dann zu seiner fast völligen Erblindung. Hinzu kamen weitere gesundheitliche Belastungen wie Rheuma und ein nach dem damals geringen Kenntnisstand der Medizin nicht näher definiertes ‹Nervenfieber›, Letzteres vermutlich hervorgerufen durch die permanente Arbeitsbelastung. Raiffeisen musste oft auf Kuren fahren, um Zustände völliger Erschöpfung zu überwinden. 1863 starb seine Frau mit nur 36 Jahren nach sieben Geburten an ‹schwachem Herzen›. Drei Kinder überlebten die ersten Jahre nicht. Kurz vor dem Tod seiner Frau war Raiffeisen verzweifelt bei vier zu versorgenden Kindern, nahender Arbeitsunfähigkeit und angesichts der Entwicklung des sich in Auflösung befindenden Heddesdorfer Wohltätigkeitsvereins. Er machte sein Testament, fasste sich jedoch wieder, wobei 1865 die Versetzung des 47-jährigen Raiffeisen in den vorzeitigen Ruhestand erfolgte. Trotz offizieller Anerkennung seiner Verdienste erhielt er aufgrund seiner wenigen Dienstjahre jedoch nur eine sehr geringe Pension. Geschäftlich konnte Raiffeisen nach dem gescheiterten Versuch, eine Zigarettenfabrik aufzubauen, mit einer Weinhandlung Fuß fassen. Nun war es ihm möglich, seine Schulden zu bezahlen und ein auskömmliches Leben zu führen. 1868 heiratete er wieder, wobei die Ehe kinderlos blieb.

Trotz schwerster persönlicher Belastungen hatte Raiffeisen in dieser Zeit unermüdlich den Aufbau der Raiffeisenbewegung vorangetrieben und sie zum entscheidenden Durchbruch geführt.[56] Mit der schnellen Expansion der Darlehenskassenvereine entstand das Bedürfnis nach Gründung einer genossenschaftlichen Zentralbank beziehungsweise ‹Zentralkasse›, um die vielfältigen Risiken der einzelnen Primärgenossenschaften aufzufangen. Diese hingen nicht zuletzt damit zusammen, dass ländliche Kreditgenossenschaften zwar langfristige Kredite vergaben, aber für ihre eigene Finanzierung auf kurzfristige Kredite durch andere Banken angewiesen waren. Die hieraus resultierenden temporären Liquiditätsprobleme ließen sich durch Zentralkassen auffangen, die sowohl Überschüsse von Vereinen anlegten als auch Kredite an Vereine vergaben und so als ‹Geldausgleichsstelle› und Sparkasse beziehungsweise Geldanlage der Genossenschaften fungierten. Am 17. Juni 1872 kam es auf Initiative von Raiffeisen zur Gründung der ersten rein genossenschaftlichen Zentralbank, der auf das Rheinland beschränkten ‹Rheinischen landwirtschaftlichen Genossenschaftsbank›. Diese war eine Genossenschaft mit unbeschränkter Haftpflicht der einzelnen Mitgliedsgenossenschaften. Hochproblematisch war diese Konstruktion nicht nur, weil sie die Haftungsrisiken der einzelnen Genossen vor Ort potenzierte, sondern sie verstieß damit auch gegen das erste Genossenschaftsgesetz von 1867. Im Zuge einer Anfrage von Schulze-Delitzsch im Reichstag vom Januar 1876 wurde diese Rechtskonstruktion, nach der auch drei weitere von Raiffeisen gegründete genossenschaftliche Zentralkassen organisiert waren, für rechtswidrig erklärt. Es erfolgte die Überführung aller vier Zentralinstitute in eine einzige Aktiengesellschaft, die am 30. September 1876 gegründete ‹Landwirtschaftlichen Central-Darlehnskasse›, seit 1923 ‹Deutschen Raiffeisenbank AG›. Nur Raiffeisen'sche Darlehenskassenvereine konnten Aktien dieser Bank erwerben.[57]

Für Auseinandersetzungen innerhalb und Abspaltungen von der ‹Raiffeisenbewegung› sorgte der strikte Zentralismus ihres Gründers. Denn die Zentralkassen waren zunächst durchaus so konzipiert, die von Raiffeisen bis ins Detail vorgegebene Organisation der Genossenschaften möglichst für alle Zeiten festzuschreiben. Tatsächlich mussten Genossenschaften, die Mitglieder der Raiffeisenorganisation waren, weit über das Genossenschaftsgesetz hinausgehende kleinliche Bestimmungen einhalten. Raiffeisen war im Alter zunehmend von der Vorstellung beherrscht, dass selbst die kleinste Abweichung von seinen Ideen und Vorgaben seine Genossenschaftsbewegung gefährde und strikt zu unterbinden sei. Seine enorme Willensstärke, die den Aufstieg der Raiffeisenbewegung erst ermöglicht hatte und ihn trotz schwerster gesundheitlicher Beeinträchtigungen ein schier unmenschliches Arbeitspensum absolvieren ließ, hatte ihre eindeutig negativen Seiten. Die zu seinem Tod hin sich noch verfestigende Starrheit seines an sich schon autoritären Charakters ließ nicht nur langjährige Freundschaften und fruchtbare Arbeitsbeziehungen mit altgedienten Mitarbeitern im Streit enden, sie hatte auch massive Folgen für die ganze Raiffeisenbewegung.

Tatsächlich war 1876 nicht einmal die Hälfte der Raiffeisen'schen Darlehenskassenvereine einer Zentralbank angeschlossen, weil die lokalen Darlehenskassenvereine den Zentralisierungsbestrebungen sehr kritisch gegenüberstanden.[58] Ähnliches galt zuerst auch für den am 26. Juni 1877 gegründeten ‹Anwaltsverband ländlicher Genossenschaften›, den späteren ‹Generalverband der deutschen Raiffeisen-Genossenschaften e. V.›, der als Dachorganisation aller Raiffeisengenossenschaften fungierte.

1879 lösten sich unter Führung von Wilhelm Haas und unterstützt von Rudolph Weidenhammer, damals noch leitender Mitarbeiter Raiffeisens, hessische Genossenschaften von Raiffeisen und gründeten ihren eigenen ‹Verband der landwirtschaftlichen Kreditgenossenschaften im südlichen und westlichen Deutschland›. Bis zum Ersten Weltkrieg übernahm dieser die Führung im ländlichen Kreditgenossenschaftswesen. Haas agierte insgesamt pragmatischer und flexibler als die Raiffeisenorganisation und war vermutlich deswegen auch erfolgreicher. Der Hauptgrund der Aufspaltung lag in der Ablehnung der zentralistischen Tendenzen Raiffeisens. Hinzu kam aber auch die von Haas und Weidenhammer eingeforderte weltanschauliche Neutralität der Genossenschaften, mit der die Ablehnung der von ihnen als penetrant und bigott empfundenen ständigen Betonung der ‹christlichen Bruderliebe› einherging. In diesem Zusammenhang wandte sich Weidenhammer in einem Brief vom 1. November 1879 an Raiffeisen auch explizit gegen dessen ausgeprägten Antisemitismus, der ein Merkmal des gesamten christlich-konservativen Lagers darstellte: *«Ich bin auch ein geschworener Feind alles Agrariertums, das ich für demagogisch betrachte und bedaure die gegenwärtige Zeitrichtung der Judenhetze, welche eine vollständige Korruption und Entsittlichung in alle Kreise trägt; beide Tendenzen verschmelzen sich aber heute leider, welche den frommen Schein benutzen»*.[59]

Die ausgeprägte religiöse Motivation Raiffeisens trug auch zur Verschärfung des so genannten Systemstreits zwischen Schulze-Delitzsch und Raiffeisen über die Organisation von Genossenschaften bei.[60] Diese Auseinandersetzung tobte in den 1870er-Jahren und entzündete sich ebenfalls am ausgeprägten Zentralismus Raiffeisens, aber auch an der Weigerung von Schulze-Delitzsch anzuerkennen, dass ländliche Kreditgenossenschaften einer ihrer Klientel angepassten, spezifischen Kreditpolitik bedurften. Der Hauptgrund war aber wohl, dass Schulze-Delitzsch spätestens seit Anfang der 1870er-Jahre die vormals unbedeutenden Raiffeisen'schen Darlehenskassenvereine als bedrohliche Konkurrenz wahrnahm.

Als dritte zentrale Organisation etablierte Raiffeisen noch zu seinen Lebzeiten 1881 die Firma Raiffeisen, Faßbender & Consorten, allerdings als Privatunternehmen in Form einer offenen Handelsgesellschaft. Sie entwickelte sich zu einer Art Zentrale im Einkaufs- und Absatzbereich, denn schon zu Lebzeiten Raiffeisens expandierte seine Organisation durch die Gründung eigener Betriebsgenossenschaften weit über den ländlichen Kredit hinaus.

Raiffeisen war es somit vergönnt, seiner weitverzweigten Genossenschaftsorganisation ein breites Fundament zu geben, das prägend blieb. Sein Genossenschaftsmodell begann sich dabei noch im 19. Jahrhundert über die Grenzen Deutschlands hinaus zu verbreiten. Die von ihm als neue Finanzintermediäre maßgeblich mitbegründeten ländlichen Kreditgenossenschaften standen noch 100 Jahre später Pate beim Aufstieg des Mikrokredits als einem der wichtigsten Instrumente gegenwärtiger Entwicklungspolitik.[61] Am 11. März 1888, kurz vor Vollendung seines 70. Lebensjahres, starb Raiffeisen. Schon während seiner letzten Lebensjahre war er von offizieller Seite hochgeehrt und in der Öffentlichkeit allgemein anerkannt worden. Zeit seines Lebens hatte er die Moderne vehement abgelehnt und ist doch ein großer Modernisierer gewesen.

Harald Wixforth

ALWIN SOERGEL (1815–1875) und EDUARD RUDOLF PARRISIUS (1818–1905)

Mit dem Durchbruch der Industrialisierung in Deutschland entstanden auch neue Finanzinstitutionen, um den wachsenden Kapitalbedarf von Industrie, Handel und Gewerbe zu decken. Weite Teile der Bevölkerung blieben jedoch vom Kundenverkehr mit den neuen Kreditinstituten ausgeschlossen. Für sie waren Alternativen zu schaffen, damit sie ihre Ersparnisse sicher deponieren und im Bedarfsfall Kredite in Anspruch nehmen konnten. Nur durch eigenes Engagement und Selbsthilfe ließen sich fehlende Finanzierungsmöglichkeiten beheben. Die Geburtsstunde der Kreditgenossenschaften war gekommen.[1] Mit dem Aufstieg der Kreditgenossenschaften begannen auch Diskussionen über ihre zukünftige Organisationsstruktur und über die Notwendigkeit, Zentralkassen für die lokal operierenden Institute zu gründen. Diese sollten als Refinanzierer in Krisenzeiten und als Sammelstelle für Depositen fungieren. Die Debatten mündeten 1864 in der Errichtung der ersten großen Bank dieser Art. Alwin Soergel und Eduard Rudolf Parrisius spielten dabei eine entscheidende Rolle.[2]

Herkunft und erste berufliche Tätigkeit

Alwin – eigentlich Albin – Soergel wurde im Mai 1815 in Eisleben geboren, wo sein Vater August Ernst ein Kolonialwarengeschäft betrieb. Nach dem Besuch des dortigen Gymnasiums begann Soergel, zu dessen Jugendfreunden auch Richard Wagner gehörte, eine kaufmännische Lehre, die er zwei Jahre später abschloss. Schon früh strebte er nach Unabhängigkeit und unternehmerischer Selbstverantwortung, weshalb er nicht in das elterliche Geschäft eintrat, sondern 1837 im schlesischen Glogau ein Antiquitätengeschäft eröffnete, dessen Entwicklung jedoch nicht besonders positiv verlief.[3] Zeitgenossen Soergels warfen ihm vor, sich nicht ausreichend um seinen Betrieb gekümmert und sich stattdessen seinen politischen Ambitionen gewidmet zu haben. Sicher ist, dass er immer weniger im Betrieb präsent war und dessen Leitung zunehmend einem Freund überließ, mit dem es aber rasch Dissonanzen wegen der Geschäftsführung gab. In Glogau lernte Soergel auch seine Frau kennen, die er 1843 heiratete. Die Ehe stand allerdings unter keinem guten Stern. Seine Frau wurde schwermütig und musste in ein Heim gebracht werden. Vielleicht war es dieser Schicksalsschlag, der für die wachsende Distanz Soergels gegenüber seiner Tätigkeit als Kaufmann in seinem Geschäft verantwortlich war.[4]

Ein weiterer Punkt kam hinzu: Wie viele Altersgenossen im so genannten Vormärz interessierte sich Soergel bald für Fragen der Politik und Wirtschaft in Deutschland.[5] Er suchte den Kontakt und Gedankenaustausch mit verschiedenen liberalen Politikern. Die Zustände in seiner Heimat empfand er in der ersten Hälfte der 1840er-Jahre zunehmend als bedrückend. Dies dürfte ihn zu der Entscheidung veranlasst haben, nach Amerika auszuwandern. 1845 schiffte er sich auf einem Auswandererschiff mit Ziel Houston in Texas ein. Dort angekommen, führte er einen Treck von Auswanderern in das ihnen zugewiesene neue Siedlungsgebiet. Hier widmete sich Soergel mit großer Energie und erheblichem Engagement dem Aufbau der neuen Siedlerkolonie, zeigte aber auch großes Interesse an der Kultur der einheimischen indianischen Ureinwohner und versuchte, deren Sitten und Gebräuche intensiv kennenzulernen. Dagegen musste er schon bald erkennen, dass die Spannungen und Auseinandersetzungen innerhalb der Siedlerkolonie rasch zunahmen. Sein gesamtes Aufbauwerk in Texas sah er dadurch gefährdet. Nach drei Jahren in der erhofften ‹neuen Heimat› kehrte er der Kolonie den Rücken. Enttäuscht und deprimiert reiste er nach Deutschland zurück, wo er in der aufgeheizten Stimmung des Revolutionsjahres 1848 wieder Kontakt zu ‹fortschrittlichen› und liberalen Politikern aufnahm und sich aktiv an der Bewegung für Demokratie und Parlamentarismus beteiligte.[6]

Im Vergleich zu Soergel verlief der erste Lebensabschnitt von Eduard Rudolf Parrisius bis zur Revolution von 1848 weniger wechselhaft. 1818 in Berlin geboren, begann er nach seiner schulischen Ausbildung das Studium der Rechtswissenschaft. Nach dem ersten Staatsexamen absolvierte er die üblichen Stationen als Referendar und Assessor, bevor er nach dem zweiten Staatsexamen in die preußische Justizverwaltung eintrat. An verschiedenen Standorten arbeitete er hier als Gerichtsassessor. Auch Parrisius gehörte zu den jungen Akademikern in Preußen, die sich während des ‹Vormärz› für neue, fortschrittliche Ideen begeisterten. Auch er suchte die Verbindung zu so genannten freiheitlichen Politikern und Publizisten, las ihre Abhandlungen und schloss sich verschiedenen Diskussionszirkeln an. Ob er sich bereits zu dieser Zeit aktiv an der Verbreitung des neuen politischen Gedankenguts beteiligte, ist allerdings zu bezweifeln. Seine Haltung war eher kennzeichnend für eine Reihe von jungen und reformbereiten Funktionsträgern in der preußischen Verwaltung: Zwar unterstützte man neue politische Ideen, doch überließ man die Initiative zu ihrer Verbreitung eher anderen ‹fortschrittlich› orientierten Kräften.[7]

Liberale Politiker und Publizisten

Die im Frühjahr 1848 anschwellende Bewegung für Demokratie und Parlamentarismus, gespeist aus einer sich zuspitzenden Wirtschafts- und politischen Systemkrise,[8] entlud sich in revolutionären Unruhen. Zu dieser Zeit kam es auch zu ersten Berührungspunkten im Leben von Soergel und Parrisius. Beide sahen in den Aufständen im März 1848 das Fanal für gravierende politische Umwälzungen sowie für die Möglichkeit, eigene politische Ambitionen in die Tat umzusetzen. Parrisius schloss sich zum Beispiel dem ‹Konstitutionellen Verein in Naumburg› an, einer *«freisinnigen und demokratischen Gesellschaft»*, die sich für eine Verfassungsreform und die Einführung einer konstitutionellen Monarchie in Preußen einsetzte. Hier gewann er politisch an Profil, sodass er 1848 in die Zweite Kammer des preußischen Landtags gewählt wurde. Politisch zählte man ihn zu den so genannten linken Kräften, worunter in dieser Zeit demokratische und liberale Abgeordnete fielen. Im Landtag nahm er zu verschiedenen Fragen der politischen Zukunft des Landes Stellung, aber auch zu wichtigen Personalentscheidungen in der preußischen Regierung. So beteiligte er sich etwa an der Debatte über den Rücktritt der preußischen Regierung unter David Hansemann und Ludolf Camphausen im Juni 1848, die für umfangreiche Reformen in Politik und Wirtschaft Preußens sorgen wollten, im Sommer 1848 aber am Widerstand der Nationalversammlung und des preußischen Landtags scheiterten.[9]

Die vergeblichen Bemühungen, eine neue Verfassung zu verabschieden, sowie das eher klägliche Ende der Revolution sorgten auch bei Parrisius für eine große Enttäuschung. Er zog sich in das Privatleben zurück und wurde 1850 Kreisrichter in Brandenburg, wo er zwei Jahre später zum Kreisgerichtsrat avancierte. Diese Position behielt er bis 1864. Zudem ließ er den Kontakt zu liberalen Politikern und *«demokratisch-fortschrittlichen Kräften»* nicht abreißen, auch wenn er als Funktionsträger nicht mehr hervortrat. Stattdessen engagierte er sich in der Genossenschaftsbewegung und wurde in einige ihrer Ausschüsse gewählt.[10]

Als nachhaltiger erwies sich dagegen das politische Engagement Alwin Soergels. Nach seiner Rückkehr aus Amerika übernahm er in Eisleben das elterliche Geschäft, da sein Bruder, der es bis dahin geführt hatte, kurz zuvor verstorben war. Die geregelte Tätigkeit als Kaufmann genügte ihm aber nicht, sodass es ihn schnell wieder in die politische Arena zog. Nach seiner großen Enttäuschung in Texas schien er hier in der aufgeheizten Stimmung des Revolutionsjahres 1848 seine Erfüllung zu finden. Er gründete am 17. April 1848 mit dem ‹Volksverein› eine Partei für die ‹Demokraten und freisinnigen Kräfte› der Stadt Eisleben und ihrer Umgebung. Während der Revolutionsjahre 1848/49 war er einer der politischen Führer des neuen Vereins und versuchte, liberale und demokratische Ziele und Gedanken auch in der Lutherstadt Eisleben umzusetzen. Zudem entfaltete er eine rege publizistische Tätigkeit, indem er in einer Reihe von Zeitungen Mitteldeutschlands Artikel zur zukünftigen politischen Entwicklung veröffentlichte, etwa in der ‹Wahlzeitung für den Mansfelder Seekreis› und im ‹Volksblatt für die Grafschaft Mansfeld›. Hier setzte er sich für die Errichtung einer verfassunggebenden Nationalversammlung sowohl für ganz Deutschland in Frankfurt am Main als auch für Preußen in Berlin ein. Erstere sollte eine Verfassung verabschieden, die sich mit weitreichenden persönlichen Freiheitsrechten an die amerikanische anlehnte. Preußen sollte eine konstitutionelle Monarchie mit einem aus zwei Kammern bestehenden Parlament werden.[11]

Wegen seiner politischen Aktivitäten wurde Soergel zusammen mit neun weiteren Personen aus Eisleben, die ebenfalls aus dem liberalen und ‹freisinnigen› Spektrum stammten, im Frühjahr 1849 angeklagt. Ihnen wurde vorgeworfen, als Mitglieder eines im November 1848 in Eisleben eingesetzten Sicherheitsausschusses die öffentliche Ordnung gefährdet zu haben, indem sie zum Widerstand gegen die Staatsgewalt und zum ‹Aufruhr› aufgerufen hätten. Soergel wurde als einer der Rädelsführer eingestuft, sodass ihm bei einer Verurteilung eine langjährige Haftstrafe drohte. Ein Schwurgericht in Halle an der Saale sprach ihn und seine Mitstreiter jedoch frei, da es die Tätigkeit der Sicherheitsausschüsse während des Revolutionsjahres 1848 im Einzelnen für schwer rekonstruierbar hielt. Allerdings machte das Gericht Soergel zur Auflage, in Zukunft auf politische Aktivitäten zu verzichten.[12]

Der Ausgang der Revolution von 1848 enttäuschte auch Soergels politische Hoffnungen und Ambitionen. Auf seine publizistische Tätigkeit wollte er aber nicht verzichten. Zudem intensivierte er seine Kontakte zu anderen führenden Liberalen aus Mitteldeutschland. Während der Revolutionszeit hatte er zum Beispiel Hermann Schulze-Delitzsch kennengelernt, mit dem er seitdem in engem Meinungs- und Gedankenaustausch stand. Schulze-Delitzsch erkannte rasch Soergels Fähigkeiten und sein politisches Talent, sodass er zu einem seiner engen Vertrauten wurde. Auf einem Kongress führender liberaler Persönlichkeiten und ‹freisinniger› Vereine 1849 in Cöthen konnte Schulze-Delitzsch, ebenfalls wegen seines Verhaltens während der Revolution 1848 angeklagt, Soergel davon überzeugen, sich für Genossenschaften als Organisationen zur Selbsthilfe für den Mittelstand und das Handwerk zu engagieren. Schulze-Delitzsch, der trotz Freispruchs durch Schikanen gegen seine Person aus dem preußischen Justizdienst gedrängt wurde, ließ sich Anfang der 1850er-Jahre in seiner Heimatstadt Delitzsch als Anwalt nieder und betrieb von dort aus die Gründung neuer Genossenschaften. In Soergel fand er dabei einen Unterstützer.[13]

Zudem animierte er ihn, in einer von ihm herausgegebenen Zeitschrift zu Fragen der Genossenschaftsbewegung mitzuarbeiten. Nach den ersten Genossenschaftstagen in den 1850er-Jahren bestand zu vielen Fragen der Organisationsstruktur und des operativen Geschäfts von Genossenschaften erheblicher Diskussionsbedarf. Aktuelle Fragen wurden in der Genossenschaftsbewegung nahestehenden Zeitschriften, etwa der ‹Deutschen Gewerbezeitung› oder in der im Jahr 1861 von dieser abgetrennten und von Schulze-Delitzsch verlegten Zeitschrift ‹Innung der Zukunft›, diskutiert. Hier veröffentlichte Soergel im Februar 1862 auch seinen ersten Artikel, in dem er sich kritisch mit der Praxis der Rechnungslegung und der Bilanzerstellung bei den Genossenschaften auseinandersetzte.[14] Die positive Resonanz ermunterte ihn zu weiteren Abhandlungen über Probleme der Genossenschaftsbewegung. Nach dem vierten Genossenschaftstag in Potsdam 1862 befasste er sich in einem Beitrag ausführlich mit den inzwischen intensiv diskutierten Fragen, wie hoch das Verhältnis von Eigenkapital zu fremden Mitteln einer Genossenschaft sein solle und wer in welchem Umfang die Haftung für ihr Kapital übernehmen müsse. Soergel vertrat die Meinung, dass das Eigenkapital einer Genossenschaft 30 Prozent des gesamten Betriebskapitals betragen solle. Er glaubte, damit im Einklang mit den zuvor auf Genossenschaftstagen gefassten Beschlüssen zu stehen. Schulze-Delitzsch musste dies jedoch als Irrtum aufklären, indem er mit Nachdruck darauf verwies, dass das Eigenkapital mindestens ein Drittel des gesamten Betriebskapitals betragen müsse. Die Frage des richtig bemessenen Eigenkapitals von Genossenschaften blieb auch in den folgenden Jahren, ebenso wie das Problem der Haftung, einer der zentralen Diskussionspunkte in der Genossenschaftsbewegung.[15]

Trotz des Dissenses mit Schulze-Delitzsch blieb Soergel einer der wichtigen Autoren für die ‹Innung der Zukunft›. In einigen Aufsätzen befasste er sich erneut mit der korrekten Rechnungsführung von Genossenschaften, warnte bereits 1862 auch davor, dass sich Kreditgenossenschaften zu sehr bei privaten Banken für ihr eigenes Geschäft refinanzierten. Der Hintergrund dafür war, dass in der Genossenschaftsbewegung zu diesem Zeitpunkt immer öfter darüber debattiert wurde, ob und wie sich Kreditgenossenschaften in Krisenzeiten die benötigten Gelder beschaffen sollten, aber auch, wie sie eventuelle Überschüsse möglichst effizient anlegen konnten. Eine erste Lösung hoffte man dadurch zu finden, dass eine der in den 1850er-Jahren bereits existierenden großen Aktienbanken, die Allgemeine Deutsche Creditanstalt in Leipzig (ADCA), als Refinanzierer fungieren sollte. Wie sich schon bald herausstellen sollte, waren Soergels Warnungen vor diesem Modell allzu berechtigt.[16]

Daher blieben für Soergel die Refinanzierung der Kreditgenossenschaften und die Errichtung einer ‹Zentralstelle› für ihr operatives Geschäft wichtige Themen, die er 1863 in einem weiteren Artikel ausführlich behandelte. Für ihn bestand dringender Handlungsbedarf, da auf einer Zusammenkunft der sächsischen Vorschuss- und Kreditvereine 1862 in Chemnitz bereits ein Entwurf für die Gründung einer ‹Zentralstelle› vorgelegt worden war. Dieses für das Königreich Sachsen zuständige Organ sollte die Kapital- und Kreditvermittlung zwischen den einzelnen Kredit- und Vorschussvereinen übernehmen. Soergel artikulierte gegen das Projekt in der vorliegenden Form seine Bedenken, machte aber zugleich deutlich, dass er keineswegs die guten Gründe für die Errichtung von Zentralstellen in Zweifel zog. Vielmehr blieb für ihn bisher ungeklärt, welche Befugnisse die Leitung einer solchen ‹Zentralstelle› besitzen solle, welche Rechtsstellung ihr Vorstand tatsächlich bekommen werde und wie ihre Einbindung in die Struktur von Verbänden und Organisationen aussehen könne. Eine Absage erteilte er zudem dem Ansinnen, ein solches Organ zu einer für viele deutsche Staaten zuständigen Bank mit einem differenzierten Geschäftsprofil zu machen, da dieses den Prinzipien der Genossenschaftsbewegung widerspreche. Die Notwendigkeit, eine Institution für die Verbesserung des Geschäftsverkehrs unter einzelnen Kreditgenossenschaften zu gründen, konnte jedoch auch Soergel nicht verkennen. Für ihn blieb noch festzulegen, ob ein solcher Schritt jeweils in einzelnen Staaten oder gar überstaatlich durchzuführen sei.[17]

Mit seinem Artikel griff Soergel wesentliche Punkte auf, die in der Genossenschaftsbewegung zu dieser Zeit mit Blick auf die Errichtung von ‹Zentralkassen› diskutiert wurden. In der ‹Innung der Zukunft› äußerten sich in Reaktion auf seinen Artikel mehrere Autoren, die kontrovers zu einem solchen Projekt Stellung bezogen. Schulze-Delitzsch lehnte etwa die Gründung einer überregionalen großen ‹Zentralkasse› als mit den Prinzipien der Genossenschaftsbewegung unvereinbar ab, vor allem mit Hinweis auf das Credo der dezentralen Hilfe durch Selbsthilfe. Zudem war für ihn nicht geklärt, wer in einem solchen Institut die Haftung für dessen operatives Geschäft übernehmen solle – einzelne Genossenschaften, genossenschaftliche Verbände und Organisationen oder gar Einzelpersonen. Soergels Artikel sorgten dafür, dass die Diskussion über die Gründung von überregionalen Instanzen für die Refinanzierung von Kreditgenossenschaften binnen weniger Monate an Intensität gewann. Durch seine publizistische Tätigkeit und durch seine Zusammenarbeit mit führenden Persönlichkeiten der Genossenschaftsbewegung stieg Soergels Bekanntheitsgrad deutlich an. Anfang der 1860er-Jahre schien es, als habe er die Enttäuschung über sein gescheitertes politisches Engagement verwunden. Nun widmete er sich mit Elan dem weiteren Ausbau der Genossenschaftsbewegung.[18]

Erfahrungen im Bankgeschäft

Während Parrisius in den 1850er-Jahren und zu Beginn der 1860er-Jahre die intensiven Diskussionen in der Genossenschaftsbewegung scheinbar aus einer gewissen Distanz verfolgte, befand sich Soergel in ihrem Zentrum. Aber nicht nur als Publizist und Diskussionsteilnehmer, sondern auch als Bankpraktiker gewann er in der Genossenschaftsorganisation an Profil. 1854 hatte er in seiner Heimatstadt Eisleben einen Vorschussverein gegründet, wobei er sich an dem Statut und dem Geschäftsmodell der vorher von Schulze-Delitzsch ins Leben gerufenen Vereine orientierte. Im Umkreis der Stadt Delitzsch war der Vorschussverein die viertälteste Finanzinstitution dieser Art. Wie bei seinen Pendants, etwa in Eulenburg oder Zörbig, waren auch die Anfänge des Vereins in Eisleben bescheiden. 1855 vergab er Kredite und *«baare Vorschüsse»* an insgesamt 101 Mitglieder in Höhe von 6416 Talern, wofür er Zinseinnahmen in Höhe von 136 Talern erwirtschaften konnte. Der Reingewinn war mit 81 Talern so niedrig, dass Soergel und andere Mitarbeiter des Vereins auf eine Aufwandsentschädigung verzichten mussten. 1856 entbrannte ein Konflikt mit den Aufsichtsbehörden, die vom Verein forderten, sich eine Konzession für seine Tätigkeit zu verschaffen. Daran knüpften sie die Bedingung, dass der Verein bei jeder größeren Darlehensvergabe die Genehmigung des Eislebener Magistrats einzuholen habe. Soergel reagierte auf diese einschneidenden Forderungen sofort. Er setzte durch, dass sich der Verein im Oktober 1856 auflöste und als Nachfolger die ‹Eislebener Disconto-Gesellschaft› in der Rechtsform einer offenen Handelsgesellschaft entstand.[19] Ihr Statut sah vor, *«für gemeinschaftliche Rechnung»* in Eisleben ein Bankiersgeschäft in verschiedenen Sparten zu betreiben, wofür sie auch die Konzession erhielt. Die Disconto-Gesellschaft konnte sich in Eisleben und im Umland der Stadt bald den Rang einer der führenden Banken erkämpfen, blieb aber ihrem Geschäftsmodell nach eine Genossenschaft und betrieb ihre Geschäfte streng nach den Grundsätzen der Genossenschaftsbewegung. Den größten Teil ihres operativen Geschäfts bildeten zunächst der Diskont von Wechseln und die Vergabe von Darlehen gegen Hinterlegung von Wechseln oder anderen Wertpapieren. Bereits im Geschäftsbericht des Instituts für das Jahr 1856 hieß es jedoch: *«Nach der bewirkten Umwandlung hat das Geschäft sofort einen bedeutenden Aufschwung genommen.»*[20] Ende der 1850er-Jahre eröffnete sie für die Gewerbetreibenden aus der Region um Eisleben auch Kontokorrentkonten, die sich schnell einer wachsenden Beliebtheit erfreuten. Dieser Aufschwung in der Geschäftstätigkeit war sicherlich in erster Linie Soergels Verdienst.[21] Die Einführung des deutschen Handelsgesetzbuches bedeutete für die Eislebener Disconto-Gesellschaft eine weitere Herausforderung, da es Vorschussvereine und Volksbanken in der Rechtsform einer Handelsgesellschaft nicht vorsah. Das Institut musste sich daher in eine Kommanditgesellschaft auf Aktien umwandeln, was nach einem Beschluss ihrer Mitglieder per 1. März 1862 geschah. Ihren Namen konnte die Bank allerdings behalten. Jedoch änderten sich die Haftungsbedingungen. An die Stelle der Solidarhaftung der Mitglieder des alten Vorschussvereins trat nun allein die Haftung der Geschäftsführer.[22]

Soergel war bei diesen Schritten die treibende Kraft. Zudem gewann er in allen bankrechtlichen und -kaufmännischen Fragen zunehmend an Expertise, auf die auch Schulze-Delitzsch bei ähnlichen Problemen anderer Vorschussvereine und Kreditgenossenschaften zurückgriff. An der Spitze der Eislebener Disconto-Gesellschaft stand Soergel bis Ende 1864, dann löste ihn sein Freund Otto Meißner in dieser Funktion ab. Die Geschäftsentwicklung blieb jedoch weiter positiv. Eine Änderung in ihrem Statut 1881 bestimmte, dass sie auf unbestimmte Dauer fortbestehen, zudem weitere Sparten des Bankgeschäfts betreiben solle. Ab dieser Zeit nahm das Institut immer mehr den Charakter einer lokal operierenden Universalbank an und verlor dadurch seine genossenschaftlichen Wurzeln. Nach dem Ende des Ersten Weltkriegs geriet es 1919 in finanzielle Schwierigkeiten, die es nach Anlehnung bei der Commerz- und Disconto-Bank, die in dieser Zeit nach Mitteldeutschland expandieren wollte, suchen ließen. Soergel hatte jedoch in seiner Heimatstadt Eisleben die Grundlagen für die Etablierung einer leistungsstarken Volksbank gelegt. Die Tätigkeit an ihrer Spitze verschaffte ihm selbst das Fundament für profunde bankkaufmännische und -rechtliche Kenntnisse. Zusammen mit seiner publizistischen Tätigkeit prädestinierte ihn dies für einen weiteren Karriereschritt in der deutschen Genossenschaftsorganisation.[23]

Die Gründung der Deutschen Genossenschaftsbank von Soergel, Parrisius & Co. KG auf Actien[24]

Auf den Genossenschaftstagen Ende der 1850er- und Anfang der 1860er-Jahre wurde immer lebhafter über die Frage eines ‹Zentralinstituts› für die Kreditgenossenschaften diskutiert. Erste Versuche in diese Richtung in Sachsen lösten eine lebhafte Debatte darüber aus. Zudem zeigte sich, dass der Geschäftsverkehr mit der ADCA Probleme aufwarf. Das Gleiche galt für die Geschäftsbeziehungen zwischen Kreditgenossenschaften und privaten Banken in Frankfurt am Main und Elbing, die ebenfalls als Sammelstellen für Depositen von Kreditgenossenschaften dienen sollten, sowie für die Geschäftsverbindungen mit der Preußischen Staatsbank, bei der sich einige kleinere genossenschaftliche Vorschussvereine in Preußen refinanzieren wollten.[25] Als wesentliches Problem entpuppte sich dabei die Rechtsform der Genossenschaften. Viele von ihnen waren Vereine mit einer Solidarhaftung der Mitglieder. Mit Rechtssubjekten dieser Art wollten die großen privaten und staatlichen Kreditinstitute immer weniger Geschäftstransaktionen abwickeln. Sie verlangten, dass die Vorsitzenden der genossenschaftlichen Vereine für die korrekte Durchführung von Geschäften haften sollten, wozu diese nur bedingt bereit waren. Das Problem, auf das Soergel in seinen Schriften mehrfach hingewiesen hatte, war nun offenkundig.[26]

Seine Haltung zur Gründung von Zentralkassen war Anfang der 1860er-Jahre noch eher skeptisch. Außer der ungeklärten Frage, wer für ein Zentralinstitut die Haftung übernehmen solle, sah Soergel in einem solchen Schritt noch einen Widerspruch zu den ursprünglichen Intentionen der Genossenschaftsbewegung, deren Ziel vor allem die Befriedigung des Kreditbedürfnisses von Handwerk und Gewerbe auf lokaler Ebene sei: «*Unsere Vorschussvereine werden und sollen sich langsam zu wahren Volksbanken umgestalten. Aber sie sollen und werden nur dem Lokalbedürfnisse zu dienen haben. Dem Angebot und der Nachfrage des großen Geldmarkts Genüge zu leisten, sind die großen Zettel- und Depositenbanken berufen und durch eigene mächtige Fonds befähigt* […]. *Statt mit einer Zentralkasse das vorübergehende Übel des Geldüberflusses oder -mangels zu einer beständigen Verbildung der Organe zu machen, sollten wir uns bestreben, die Ursachen und den Sitz des Übels zu erkennen und unsere besten Kräfte aufwenden, die Ursachen des Übels zu beseitigen.*»[27]

Soergels Ansicht war zu dieser Zeit repräsentativ für eine Hälfte der Genossenschaftsbewegung, während die andere immer mehr die Errichtung einer Zentralkasse forderte. Schulze-Delitzsch versuchte, diese Wünsche 1863 in der Gründung eines ‹Bürgschaftsvereins› zu kanalisieren, dessen Zweck es sein sollte, «*den auf Selbsthilfe beruhenden deutschen Erwerbs- und Wirtschaftsgenossenschaften der Handwerker und Arbeiter gegen die gewöhnlichen Zinsen und Provisionen die nötige Barschaft unter der Garantie seiner Mitglieder zu verschaffen*». Am Bürgschaftsverein beteiligten sich einige wohlhabende Berliner Kaufleute und Bankiers, darunter auch das renommierte Privatbankhaus Delbrück, Leo & Co. Nach den Vorstellungen von Schulze-Delitzsch sollte der Verein sogar den ‹Nucleus› für eine mögliche spätere Zentralkasse bilden, doch ließ sich dieser Plan nicht realisieren. Eine größere Geschäftstätigkeit entfaltete der Verein nicht, bereits Anfang 1864 wurde er wieder aufgelöst.[28]

In diesem Jahr mussten die Genossenschaften und ihre Verbände die Erfahrung machen, dass private Banken in Zeiten von Finanzmarktkrisen keine verlässlichen Partner waren. Der Ausbruch des Kriegs zwischen Preußen und Dänemark im Jahr 1864 löste an den Börsen Turbulenzen aus. In Reaktion darauf reduzierten sowohl die ADCA als auch andere private Banken ihre Geschäftskontakte mit Kreditgenossenschaften erheblich. Vor diesem Hintergrund wurden die Rufe nach eigenen Zentralkassen immer lauter, die Diskussionen über die dafür notwendigen Schritte immer intensiver.[29] Schulze-Delitzsch warb im Frühjahr 1864 auf dem Genossenschaftstag in Mainz intensiv für das Vorhaben und stellte den Antrag, in Berlin eine Deutsche Genossenschaftsbank als Zentralkasse für die gesamte Genossenschaftsbewegung zu errichten. Das neue Institut sollte ein Eigenkapital von 250 000 Talern bekommen, das von den einzelnen Genossenschaften zu zeichnen war. Zwar wurde sein Antrag auf dem Genossenschaftstag angenommen, doch ließ sich das für die Gründung der neuen Bank notwendige Kapital nicht wie erhofft aufbringen. Die Skepsis in der Genossenschaftsbewegung gegenüber einem solchen Schritt ließ sich trotz der Börsenkrise nicht vollständig beseitigen. Einerseits wurden die Rufe nach einer schnellen Gründung lauter, andererseits blieben die Bedenken mit Blick auf den Geschäftsbetrieb und die Besetzung von Leitungspositionen bestehen.[30]

Soergel war inzwischen auf die Linie der Befürworter des Projekts eingeschwenkt, konnte er dessen Notwendigkeit doch immer weniger verkennen. Mit Schulze-Delitzsch arbeitete er eng zusammen, zudem galt er als einer der Kandidaten für die Leitung des neuen Instituts. Dennoch zählte er nicht zu den eigentlichen Initiatoren des Projekts. Im Frühjahr 1864 schrieb er jedenfalls an einen Freund: «*Trotz der schlimmen Zeiten für neue Unternehmungen hoffen doch die Herren in Berlin, ihr Projekt durchzubringen. Bei den Genossenschaften findet die Sache viel Anklang und diese haben den Gedanken schon seit langer Zeit mit sich herum getragen.*»[31] Neben mehrfachen Aufrufen in den Genossenschaftszeitungen dachte man sogar daran, auch private Investoren wie etwa Kaufleute und Privatbankiers aus Berlin zur Zeichnung von Anteilen der neuen Bank zu bewegen. Im März 1864 schrieb Schulze-Delitzsch an Soergel: «*Heute verhandle ich nochmals in Berlin mit einigen Kapitalisten, die mir allgemeine Zusagen gemacht haben, bei einem Diner. Wehe den Kerls, wenn ich sie erst beim Champagner habe – so leicht sollen sie sich nicht loswinden.*»[32]

Trotz dieser Anstrengungen dauerte es bis zum Dezember 1864, bis das inzwischen als notwendig erachtete Kapital in Höhe von 270 000 Talern aufgebracht worden war. Zeitgleich mit der Kapitalmobilisierung liefen die Beratungen über die geeignete Rechtsform für die neue Zentralkasse und die Besetzung ihrer Leitungspositionen. Auf einer konstituierenden Generalversammlung am 5. Oktober 1864 wurde beschlossen, die Kommanditgesellschaft auf Aktien als Rechtsform zu wählen – sicherlich ein gewisser Bruch mit genossenschaftlichen Prinzipien. Zudem verabschiedete die Versammlung das erste Statut der neuen Bank. Danach war ihr Geschäftszweck der «*Betrieb von Bank- und Kommissionsgeschäften aller Art, jedoch ist es insbesondere ihre Aufgabe, dem Bedürfnis der auf Selbsthilfe beruhenden deutschen Erwerbs- und Wirtschaftsgenossenschaften nach Bankkredit so viel als möglich entgegenzukommen*». Die Suche nach Leitern für das neue Institut gestalte sich schwierig. Auf Drängen von Schulze-Delitzsch ließ sich Soergel überzeugen, als persönlich haftender Gesellschafter in die Bank einzutreten und ihre Leitung zu übernehmen. Aufgrund seiner Erfahrungen als Direktor der Eislebener Disconto-Gesellschaft hielten nicht nur Schulze-Delitzsch, sondern auch andere prominente Persönlichkeiten aus der Genossenschaftsbewegung Soergel für prädestiniert, diesen Posten zu übernehmen. Für die Stelle eines weiteren persönlich haftenden Gesellschafters, der sich mit den Verhältnissen am Finanzplatz Berlin auskennen sollte, standen mehrere Kandidaten zur Debatte. Einige von ihnen winkten jedoch im Herbst 1864 ab, da sie angesichts der sich verschärfenden Wirtschaftskrise die Zukunft der neuen Bank skeptisch beurteilten und hier nicht ihr persönliches Kapital binden wollten. Erst Mitte November 1864 ließ sich Eduard Rudolf Parrisius, zu dieser Zeit Kreisgerichtsrat in Brandenburg und politischer Weggefährte von Schulze-Delitzsch, dazu überreden, diesen Posten anzunehmen. Im Vergleich zu Soergel war er in der Genossenschaftsbewegung weniger bekannt, sodass sich gegen seine Wahl sofort Bedenken artikulierten. Andererseits drängte die Zeit, wollte man das gesamte Projekt und die dafür noch laufende Kapitalmobilisierung nicht gefährden. Zudem brachte Parrisius als Jurist die notwendige Expertise für die Ausarbeitung einer Geschäftsordnung und für die rechtlich korrekte Durchführung von Geschäftstransaktionen mit. Seine persönlichen Motive, sich als eine in der Genossenschaftsorganisation vergleichsweise unbekannte Person für den Posten zur Verfügung zu stellen, lassen sich nicht rekonstruieren. Wahrscheinlich dürfte es nicht zuletzt das ‹Antichambrieren› von Schulze-Delitzsch gewesen sein, das ihn schließlich dazu bewegte. Mit seiner Wahl und der eines Aufsichtsrats war das Führungspersonal der Bank komplett. Zum Jahreswechsel 1864/65 konnte die Deutsche Genossenschaftsbank von Soergel, Parrisius & Co. KG auf Actien ihr operatives Geschäft beginnen.[33]

Die Entwicklung der Deutschen Genossenschaftsbank unter Soergel und Parrisius

Bald nach ihrer Gründung zeigte sich, dass Soergel in der Leitung der Deutschen Genossenschaftsbank zum eigentlichen Entscheidungsträger avancierte, während Parrisius eher im Hintergrund wirkte. Ein ausgearbeitetes Programm für das operative Geschäft des neuen Instituts besaß Soergel jedoch nicht. Vielmehr orientierte er sich an seinen Erfahrungen bei der Leitung der Eislebener Disconto-Gesellschaft, aber auch an der Geschäftstätigkeit bereits existierender Institute, etwa der Berliner Disconto-Gesellschaft und der Berliner Handels-Gesellschaft.[34] Eine zu starke Konzentration des operativen Geschäfts auf die Genossenschaften lehnte Soergel schon bald ab. Vielmehr plädierte er immer wieder dafür, möglichst alle Sparten des Bankgeschäfts durch die Deutsche Genossenschaftsbank betreiben zu lassen, darunter auch das Effektengeschäft für wohlhabende Kunden, die nicht aus der Genossenschaftsorganisation stammten. Eine Diversifizierung des Risikos sei ebenso notwendig wie eine Ausweitung der Kundschaft, so Soergel in Briefen an Schulze-Delitzsch und den Privatbankier Adelbert Delbrück, der Mitglied im Verwaltungsrat der Deutschen Genossenschaftsbank war. Angesichts dieser Zielsetzung sah sich Soergel schon rasch der Kritik durch Einzelgenossenschaften ausgesetzt. Zum einen bemängelten sie, dass die Deutsche Genossenschaftsbank in ihrer Kreditvergabe zu restriktiv verfahre, zum anderen forderten sie eine stärkere Konzentration auf das Geschäft mit der Genossenschaftsorganisation. Auf den Genossenschaftstagen der Jahre 1865/66 musste sich Soergel dieser Kritik stellen. Seine Argumentation zeigte jedoch Wirkung, wurde doch der Beschluss gefasst, dass die Geschäftsführung der Bank keinen Anlass «*zum Tadel biete*». Im Gegenteil: Die Versammlung stellte die Weichen für die Realisierung von zwei Anliegen Soergels. Zum einen sprach sie sich dafür aus, möglichst rasch das Kapital des Instituts zu erhöhen, zum anderen genehmigte sie die Errichtung einer Dependance in Frankfurt am Main, um die Kreditversorgung von Genossenschaften in Süddeutschland zu verbessern.[35]

Dieser Schritt ließ sich jedoch nicht so schnell realisieren. Es erwies sich als schwierig, die dafür notwendigen Kapitalien in der Genossenschaftsorganisation aufzubringen, zudem verhinderten der Ausbruch des Deutsch-Österreichischen Kriegs 1866 und der Krieg gegen Frankreich 1870 das Projekt. In dieser Zeit war die Deutsche Genossenschaftsbank mehrfach gezwungen, ihre Mittel für die Refinanzierung anderer Genossenschaften einzusetzen. Nicht zuletzt aufgrund der umsichtigen Leitung Soergels gelang es jedoch immer, die Turbulenzen auf dem Finanzmarkt und die massive Beanspruchung des Instituts durch Einzelgenossenschaften zu meistern. Dies wurde sicherlich dadurch begünstigt, dass die Generalversammlung der Bank Anfang 1868 die Erhöhung des Kapitals auf 500 000 Taler genehmigte, wodurch sich ihr finanzieller Handlungsspielraum deutlich erweiterte. Während die Bank in den Geschäftsjahren 1866/67 kleine Verluste verbuchen musste, war sie bereits in den folgenden Jahren in der deutschen Finanzwelt derart etabliert, dass sie an ihre Anteilseigner stets Dividenden auszahlen konnte. Dies war sicherlich auch ein Verdienst der vor allem von Soergel festgelegten Unternehmensstrategie. Angesichts dieser Entwicklung ebbte die zuvor aufgekommene Kritik an seiner Art der Geschäftsführung und am Geschäftsmodell der Deutschen Genossenschaftsbank ab. Wie richtig Soergels vorsichtige Kreditvergabe war, zeigte sich immer wieder. Einige Genossenschaften waren überschuldet, verlangten jedoch häufig neue Kredite für ihren Geschäftsbetrieb. Hätte Soergel diesen Wünschen leichtfertig entsprochen, hätte er sicherlich die Substanz der Deutschen Genossenschaftsbank gefährdet.[36]

Soergels Autorität sorgte auch dafür, dass ab 1867 eine weitere Maßnahme zur Verbesserung des Geschäftsverkehrs unter einzelnen Kreditgenossenschaften in Angriff genommen und mit der neuen ‹Zentralkasse› in die Tat umgesetzt wurde. Auf seine Anregung hin wurde für das Inkasso von Wechseln, das ‹Clearing› von offenen Forderungen sowie den Überweisungsverkehr einzelner Vorschussvereine und Kreditgenossenschaften ein eigener Verband errichtet. Bereits kurz nach ihrer Gründung hatte die Deutsche Genossenschaftsbank in mehreren Schreiben an Genossenschaften auf diese Notwendigkeit hingewiesen, doch waren diese ersten Appelle verhallt. Erst auf weiteres Drängen Soergels wurde die Gründung des ‹Giroverbandes der Deutschen Genossenschaften› 1867 in die Tat umgesetzt, dem sich in den folgenden Jahren Schritt für Schritt immer mehr Vorschussvereine und Kreditgenossenschaften anschlossen. Die deutsche Genossenschaftsorganisation fand dadurch mit Blick auf die Errichtung von Finanzinstitutionen und -organen – wie Schulze-Delitzsch es 1868 formulierte – *«ihren Schlussstein»*.[37]

Vor diesem Hintergrund und angesichts der ‹Haussestimmung› auf dem deutschen Finanzmarkt nach dem gewonnenen Krieg gegen Frankreich ließ sich im Sommer 1871 endlich die Eröffnung einer Dependance für das süddeutsche Geschäft in Frankfurt am Main verwirklichen. Zu ihrem Leiter wurde Otto Meißner berufen, der als Nachfolger Soergels die Eislebener Disconto-Gesellschaft geleitet hatte. Soergel hatte sich vehement für diese Personalentscheidung ausgesprochen. Dadurch veränderte sich die Führungsstruktur der Deutschen Genossenschaftsbank insgesamt, da Meißner zusammen mit Soergel und Parrisius zum dritten persönlich haftenden Gesellschafter wurde. Mit diesen Entscheidungen war die Basis für das operative Geschäft der Bank während des Kaiserreiches geschaffen worden.[38] Angestoßen durch die Errichtung der Frankfurter Niederlassung, forderten auch die Genossenschaften in Sachsen Anfang der 1870er-Jahre mit Nachdruck die Eröffnung einer Dependance in Leipzig. Diesem Wunsch widersetzte sich Soergel entschieden. Er hielt ein solches Projekt erst dann für realisierbar, wenn die sächsischen Genossenschaften dafür das notwendige Kapital zur Verfügung stellen würden. Dies gelang jedoch nicht, trotz intensiver Werbung bei Einzelgenossenschaften und privaten Investoren. Die Deutsche Genossenschaftsbank verzichtete vor dem Hintergrund dieser Erfahrungen auf weitere Expansionsschritte in andere Teile Deutschlands. Sie beteiligte sich allerdings am Kapital von Banken in Osnabrück und Koblenz, die aus genossenschaftlichen Vorschussvereinen hervorgegangen waren.

Ein anderes Projekt Soergels wurde jedoch in die Tat umgesetzt. Angesichts der wachsenden Bedeutung des Finanzplatzes Berlin nach Gründung des Kaiserreichs entschied sich die Leitung der Deutschen Genossenschaftsbank 1872, für das ‹Stadtgeschäft in Berlin› ein eigenes Institut unter dem Namen ‹Stadtbank› zu errichten. Das Kapital in Höhe von 500 000 Talern befand sich im Besitz der Deutschen Genossenschaftsbank, die auch die Leitung des neuen Berliner Instituts in Personalunion übernahm. Dieses Projekt stand jedoch unter keinem guten Stern. Durch die im Herbst 1873 einsetzende ‹Gründerkrise› geriet es schnell in finanzielle Schwierigkeiten und musste kurze Zeit später liquidiert werden.[39] Soergel empfand dies persönlich als eine bittere Niederlage, zumal er in der Genossenschaftsorganisation wegen dieses ‹Stadtbank›-Projekts bereits in die Kritik geraten war. Nicht nur dieser Fehlschlag, sondern auch der Druck auf die Geschäftsleitung der Deutschen Genossenschaftsbank infolge der durch die Krise ausgelösten Verwerfungen auf dem deutschen Finanzmarkt belasteten ihn zusehends. Immer häufiger musste er sich in dieser Zeit für die Geschäftspolitik der Deutschen Genossenschaftsbank rechtfertigen. An seinem Credo hielt er jedoch unbeirrt fest: «*Die Deutsche Genossenschaftsbank ist keineswegs auf die Geschäftsverbindung mit den Vorschussvereinen beschränkt. Sie ist ein Bank- und Kommissionsgeschäft, errichtet für alle Zweige des Bankgeschäfts, und es kann ihr nun im höchsten Grade erwünscht sein, in Verbindung zu treten.*»[40] Gerade die von ihm forcierte Öffnung der Geschäftspolitik der Bank wurde innerhalb der Genossenschaftsorganisation moniert, in der man vor allem eine bessere finanzielle Unterstützung der Einzelgenossenschaften forderte. Dass diese Strategie allerdings richtig war, zeigte sich gerade in der Krise. Während konkurrierende Zentralkassen im Rheinland, in Berlin und in Pommern nach kurzer Existenz in erhebliche finanzielle Schwierigkeiten geraten und in Konkurs gegangen waren, konnte die Deutsche Genossenschaftsbank diese Zeit vergleichsweise gut überstehen und ihren Anteilseignern sogar eine Dividende zahlen.[41]

Der wachsende Rechtfertigungsdruck beeinträchtigte Soergels Engagement für die Geschäfte seiner Bank. Seit seiner Übersiedlung von Eisleben nach Berlin immer wieder gesundheitlich angeschlagen, sah er sich diesem Szenario immer weniger gewachsen. Im Alter von 60 Jahren verstarb er am 16. November 1875 in Berlin. Seine Bedeutung und sein Engagement für die Genossenschaftsorganisation im Allgemeinen und die Deutsche Genossenschaftsbank im Speziellen wurden offenbar erst nach seinem Tod ausreichend gewürdigt, unter anderem von Schulze-Delitzsch in einem langem Nachruf. Unter großer Anteilnahme der Berliner Bevölkerung sowie in Anwesenheit auch zahlreicher Repräsentanten der Genossenschaftsorganisation wurde Soergel auf dem Friedhof der Dorotheenstädtischen Kirche in Berlin beigesetzt.[42]

Die Geschäftsleitung der Deutschen Genossenschaftsbank musste nach Soergels Tod neu besetzt werden. Außer Parrisius und Meißner bestand der Kreis der persönlich haftenden Gesellschafter lange Zeit noch aus Siegmund Weill aus Berlin, Friedrich Thorwart aus Bremen und Carl Siebert, der ursprünglich aus Osnabrück stammte. Nach Überwindung der Gründerkrise verlief die Geschäftsentwicklung des Instituts außerordentlich positiv. Sein Kapital wuchs von 1875 bis 1903 von 5,5 Millionen Mark auf 20 Millionen Mark, das der Frankfurter Dependance von zwei Millionen Mark auf zehn Millionen Mark. Der Umsatz der Berliner Zentrale ließ sich im gleichen Zeitraum von 620 Millionen Mark bis auf über 1,8 Milliarden Mark steigern, während er in der Frankfurter Dependance von 280 Millionen Mark auf über 1,2 Milliarden Mark wuchs. Der Geschäftserfolg der Deutschen Genossenschaftsbank wurde auch dadurch honoriert, dass das Institut 1887 in das so genannte Preußenkonsortium aufgenommen wurde, eine Vereinigung der großen Berliner Banken, die sich zur Übernahme und Platzierung von Anleihen Preußens und des Deutschen Reichs gebildet hatte.[43] Äußerer Ausdruck der positiven Geschäftsentwicklung war auch der Bau eines eigenen Büro- und Geschäftshauses in Frankfurt am Main für die dortige Dependance, das während der Jahre 1898 bis 1900 errichtet wurde.[44]

Mit Blick auf das Leitungspersonal lässt sich nicht erkennen, dass Parrisius hier eine herausragende Stellung besaß. Vielmehr drängt sich der Eindruck auf, dass vor allem Weill und Thorwart in Berlin und Meißner in Frankfurt das Geschäft der Bank prägten. Parrisius blieb dagegen bei vielen Entscheidungen und Transaktionen im Hintergrund. Die wenigen Informationen über die Geschäftspolitik des Instituts nach dem Tod Soergels legen den Schluss nahe, dass er als gelernter Jurist eher die rechtliche Seite der Geschäftstransaktionen bearbeitete, während seine Vorstandskollegen die Richtungsentscheidungen für das operative Geschäft trafen, wobei jeder in seinem Verantwortungsbereich relativ freie Hand besessen zu haben scheint. Dies barg Risiken, wie sich Anfang des 20. Jahrhunderts zeigen sollte. Ein Vorstandsmitglied hatte offenbar für die Deutsche Genossenschaftsbank Industriebeteiligungen erworben, die sich zu diesem Zeitpunkt als völlig überteuert beziehungsweise sogar als wertlos erwiesen. Diese Transaktionen, die dem Charakter einer Bank zur Finanzierung von Genossenschaften widersprachen, wurden ihr auch zum Verhängnis.[45]

Zu diesem Zeitpunkt war Parrisius allerdings nicht mehr Mitglied des Vorstands. Aufgrund seines hohen Alters schied er im März 1901 aus dem Gremium aus. Anteilseigner und Aufsichtsrat dankten ihm für seine Arbeit: *«Volle sechsunddreißig Jahre hat Herr Parrisius der Leitung unserer Bank angehört. Seiner Tatkraft und Umsicht und nicht minder seinem persönlichen Ansehen ist es zu danken, dass unser Institut aus den kleinsten Anfängen zu seiner jetzigen Bedeutung heran gewachsen ist. Der Name Rudolph Parrisius wird in unserer Firma ein dauerndes Merkzeichen bleiben für seine treue Mitarbeit an dem Werk unseres Schulze-Delitzsch.»*[46] Bei aller Wertschätzung seiner Person zeigte bereits die bei seiner Verabschiedung gewählte Diktion, dass man ihn in der Genossenschaftsbewegung eher als einen zuverlässigen Mitarbeiter der wirklich bedeutenden Entscheidungsträger in der Deutschen Genossenschaftsbank und nicht als einen befähigten Bankier einstufte. Viel Zeit, seinen Ruhestand zu genießen, hatte Parrisius nicht. Hochbetagt starb er im Frühjahr 1905 im Alter von 87 Jahren.

Die positive Entwicklung der Deutschen Genossenschaftsbank und ihre geschäftliche Expansion stießen nach der Wende vom 19. zum 20. Jahrhundert an Grenzen. Die Finanzkrise des Jahres 1901 gab einen weiteren Anstoß für die Konzentration im deutschen Bankgewerbe und leitete die Übernahme zahlreicher lokal und regional operierender Institute durch die Berliner Großbanken ein. Diesem Prozess musste sich auch die Deutsche Genossenschaftsbank stellen. Außerdem sah sie sich mit sinkenden Erträgen trotz eines steigenden Umsatzes konfrontiert. Daher war absehbar, dass das operative Geschäft des Instituts immer unrentabler und seine Kapitalbasis aufgezehrt werden würde.[47]

Hinzu kamen gravierende interne Schwierigkeiten. Einer der persönlich haftenden Gesellschafter hatte über mehrere Jahre hinweg den Wert der von der Deutschen Genossenschaftsbank gehaltenen Beteiligungen zu hoch angesetzt. Warum seine Kollegen aus der Geschäftsleitung und der Aufsichtsrat dies nicht monierten, lässt sich nicht eindeutig klären. Die Deutsche Genossenschaftsbank sah sich jedoch mit einem erheblichen Abschreibungsbedarf bei einigen Bilanzposten konfrontiert. Versuche, bei anderen genossenschaftlichen Zentralkassen, etwa der Preußischen Central-Genossenschaftskasse, finanzielle Unterstützung zu erhalten, scheiterten ebenso wie die Bemühungen, die Deutsche Genossenschaftsbank durch eine personelle Umbildung der Geschäftsleitung wieder auf ein sicheres Gleis zu führen.[48]

Vor diesem Hintergrund entschieden sich die Anteilseigner der Deutschen Genossenschaftsbank auf den Generalversammlungen vom 3. und 25. Juni 1904, eine Übernahmeofferte der Dresdner Bank anzunehmen. Demnach sollte das gesamte Vermögen der Deutschen Genossenschaftsbank auf die Dresdner Bank übergehen, wobei die Anteilseigner für 1800 Mark an Aktien der Genossenschaftsbank 1200 Mark an Aktien der Dresdner Bank erhalten sollten. Die Dresdner Bank, die zu diesem Zeitpunkt durch den Ausbau des Mittelstandsgeschäfts neue Kunden gewinnen wollte, plante, die Geschäfte der Deutschen Genossenschaftsbank in einer gesonderten Genossenschaftsabteilung weiterzuführen. Zwei ehemalige persönlich haftende Gesellschafter des Instituts sollten deren Leitung übernehmen, die übrigen in den Aufsichtsrat der Dresdner Bank wechseln. Mit der Unterzeichnung des Übernahmevertrags durch beide Parteien im Sommer 1904 endete die Geschichte der Deutschen Genossenschaftsbank, deren Gründung und Geschäftsentwicklung in den ersten Jahren entscheidend von Alwin Soergel vorangetrieben und geprägt worden war und in deren Leitung Rudolf Eduard Parrisius im Verbund mit seinen Vorstandskollegen ebenfalls eine wichtige Rolle gespielt hatte.[49]

Dieter Lindenlaub

JOHANNES VON MIQUEL (1828–1901)

Die Preußenkasse im politischen Leben Johannes von Miquels: Stellung und Zusammenhang

Der preußische Finanzminister Johannes Miquel (ab 1897: Johannes von Miquel) gilt als der Initiator und Gründer der Preußischen Central-Genossenschaftskasse (kurz: Preußenkasse), des ältesten Vorläufers der DZ BANK als kreditgenossenschaftliches Spitzeninstitut.[1] Im Unterschied zu allen anderen in diesem Sammelband dargestellten Personen war er nie ein Spitzenfunktionär des Genossenschaftswesens, sondern ‹nur› in der kommunalen Verwaltung, im privaten Bankwesen und (parlamentarisch und – ab 1890 – als Minister) in der Politik tätig. Als Abgeordneter und Minister war die große Politik sein Feld – von den zahlreichen innenpolitischen Bemühungen zur Reichseinigung seit den 1860er-Jahren über die Eindämmung beziehungsweise Einbindung der Sozialdemokratie bis zur Steuer- und Haushalts-, Agrar-, Außenhandels- und Kolonialpolitik. Die Förderung der Kreditgenossenschaften bildete einen sichtbaren Teil seiner politischen Arbeit nur in der zweiten Hälfte seiner Ministertätigkeit (1895 bis 1901).

Der Parlamentarier und Minister Miquel hat seinen Platz in der Literatur zur allgemeinen Geschichte des deutschen Kaiserreiches.[2] Sie nennt ihn *«eine der großen Persönlichkeiten der Reichsgründungszeit»*[3] und (als preußischer Minister) *«eine der mächtigsten Gestalten der deutschen Politik»*.[4] Über die Entwicklung seiner politischen und wirtschaftspolitischen Ausrichtung lautet das – fast – übereinstimmende Urteil: Aus dem ursprünglich liberalen wurde ein zunehmend konservativer Parlamentarier und dann Minister; maßgebend für dieses Urteil ist vor allem Miquels Tätigkeit als Initiator und führender Kopf einer politischen Sammlungsbewegung, die in zwei Anläufen (insbesondere von 1887 bis 1890 und von 1897 bis zu seinem Tode im Jahr 1901) versuchte, die liberalen und konservativen Parteien zum Kampf gegen den politischen und gesellschaftlichen ‹Umsturz› zusammenzuschweißen. Neben dieser gesamtpolitischen Tätigkeit stellt die allgemeine Geschichtsschreibung Miquels Steuerreformen in Preußen (1891–1893), besonders die progressive Einkommensteuer, als den Anfang eines modernen Steuerwesens in Deutschland heraus. Die Gründung der Preußenkasse, auf die Miquel selbst mit besonderer Genugtuung zurückblickte,[5] findet in den großen jüngeren Gesamtdarstellungen keine Erwähnung.

Den Gesamtdarstellungen zur deutschen Geschichte stehen Spezialstudien zur preußischen Steuerreform[6] und zur Gründung der Preußenkasse,[7] also den beiden Gesetzgebungen mit Langzeitwirkung, gegenüber. In ihnen ist immer auch von den spezifischen Vorstellungen Miquels die Rede. Aber die Texte zur Gründung der Preußenkasse, die der Ausgangspunkt dieser biografischen Skizze ist, beschränken sich dabei im Wesentlichen auf die Erörterung der debattierten genossenschaftsorganisatorischen Alternativen (Zentralinstitut ja oder nein? Staatshilfe ja oder nein und wie?). Zusammenhänge mit den allgemeinen politischen und wirtschaftspolitischen Vorstellungen Miquels werden bestenfalls angedeutet.

Eine tiefer gehende Erklärung für Miquels Preußenkasse-Initiativen ab 1895 steht insofern aus. In diese Lücke will dieser Aufsatz stoßen. Er ist keine Biografie, die das politische Leben Miquels Station für Station nachzeichnet;

in dieser Hinsicht begnügt er sich – einführend – mit einer Hintergrundskizze.[8] Dieser Aufsatz will vielmehr zeigen, inwiefern Miquels Preußenkassentätigkeit auf situationsgebundenen oder im Laufe der Zeit entwickelten Überlegungen beruhte. Die einzelnen Lebensstationen kommen dabei nur noch dann zum Vorschein, wenn sie für diese Überlegungen von Bedeutung sind. Ausgangspunkt soll der Versuch sein, den Anteil zu bestimmen, den Miquel an der Gründung und Anfangsentwicklung der Preußenkasse eigentlich hatte. Es zeigt sich, dass Miquel an einigen wenigen Grundsätzen (Förderung des Personalkredits, genossenschaftlicher Geldausgleich, staatliche Leitung) beharrlich festhielt, deren Ausgestaltung und andere Bauelemente der Kasse hingegen von wechselnden Zweckmäßigkeitserwägungen abhängig machte. Die Erklärung von Miquels Preußenkasse-Engagement geht in vier Schritten vor: Der erste Schritt geht der Frage nach, warum sich Miquel ausgerechnet im Jahr 1895 mit der Errichtung eines kreditgenossenschaftlichen Zentralinstituts beschäftigte. Die These ist, dass die Preußenkasse den als monarchieerhaltend angesehenen bäuerlichen Mittelstand zu einem Zeitpunkt kräftigen sollte, als dieser einerseits wirtschaftlich gefährdet, andererseits aber als Gegengewicht gegen den ‹Umsturz› durch die Sozialdemokratie besonders erforderlich schien. Der zweite Erklärungsschritt stellt das Preußenkasse-Engagement Miquels in den Zusammenhang eines umfassenden agrarpolitischen Reformprogramms, das vor allem die Ausdehnung des Anerbenrechts und die Errichtung von Rentengütern umfasste. Gemeinsamer Nenner dieses Reformprogramms war die Eindämmung der ländlichen Realverschuldung. Die tiefe Abneigung gegen die Realverschuldung erklärt zum guten Teil Miquels Engagement für den genossenschaftlichen Personalkredit. Der dritte Erklärungsschritt führt die Genossenschafts- und Staatsfundierung der Preußenkasse auf das individualismusskeptische Grundbekenntnis Miquels zurück, dass die Wirtschaftsentwicklung durch Zusammenschlüsse und Staatseingriffe beeinflusst werden könne und müsse. Ein vierter Erklärungsschritt stellt die These auf, dass Miquel für weite Teile seines wirtschafts- und agrarpolitischen Programms Bestätigung und damit Sicherheit bei moderat konservativen Nationalökonomen seiner Zeit, vor allem bei Gustav Schmoller, finden konnte. Das Schlusskapitel fasst die Ergebnisse zusammen, erörtert vor deren Hintergrund die verbreitete zeitgenössische Kritik an Miquels Grundsatzlosigkeit und skizziert einige Nah- und Fernwirkungen seiner Tätigkeit.

An unveröffentlichten Quellen nutzt der Aufsatz – vor allem in Bezug auf die Errichtung und Tätigkeit der Preußenkasse – die Akten der preußischen Ministerien für Finanzen und Landwirtschaft.[9] An veröffentlichten Primärquellen standen die informativ kommentierte vierbändige Sammlung der Reden Miquels,[10] die in dieser Sammlung nicht enthaltenen Reden Miquels vor allem in den beiden Häusern des preußischen Landtags[11] und Memoirenliteratur zur Verfügung. Zur Literatur: Die Grundlage aller Erörterungen über Miquel ist die monumentale, auf einer immensen Quellenauswertung beruhende Biografie von Hans Herzfeld.[12] Fast jeder in diesem Aufsatz erörterte Gesichtspunkt kommt bereits in der Herzfeld'schen Biografie zumindest andeutungsweise zur Sprache. Dieser Aufsatz verdichtet die Herzfeld'sche Materialfülle – diese ergänzend, thesenbildend und zuspitzend – auf die Erklärung von Miquels Preußenkassenengagement.

Miquels Berufsweg: Stationen und Arbeitsgebiete

Johannes Franz Miquel wurde am 19. Februar 1828 in Neuenhaus (Grafschaft Bentheim) im Königreich Hannover geboren. Preuße wurde er erst durch die Annexion des Königreichs durch Preußen im Jahr 1866. Außergewöhnlich war auch, dass nicht eine normale Beamtenlaufbahn, sondern kommunale und parlamentarische Tätigkeiten ihn schließlich im Jahr 1890 in ein preußisches Ministeramt führten.[13] Und schließlich hoben das Ausmaß der politischen Positionswechsel und die Vielfalt der bis in das Detail beherrschten und vertretenen Themen Miquel deutlich von seinen preußischen Ministerkollegen ab.

Miquel wuchs in einem bürgerlichen, gemischt-konfessionellen Elternhaus (katholisch, protestantisch-reformiert) auf. Während seines juristischen Studiums in Heidelberg und Göttingen (1846–1850) gehörte er zum revolutionär-republikanisch aktiven Flügel der Studentenschaft.[14] Nach dem Scheitern der demokratischen wurde er für einige Jahre Anhänger der sozialistischen Revolution. Von 1850 bis 1857 unterhielt er Briefkontakt mit Karl Marx.[15] Der Drang nach praktischer politischer Tätigkeit lenkte den jungen Anwalt jedoch bald in die Gestaltungsbereiche bürgerlicher Politik. Im Jahr 1857 wurde er (bis 1865) Vorsteher der Göttinger Stadtverordnetenversammlung – mit einem Tätigkeitsschwerpunkt in der Gewerbeförderung.[16] Und jenseits der kommunalen Ebene wirkte er (bis 1864) führend in dem 1859 von ihm mitbegründeten Deutschen Nationalverein mit, der Liberale und gemäßigte Demokraten vereinigte und sich für eine liberale, kleindeutsche Reichseinigung unter preußischer Führung einsetzte.

Von der Mitte der 1860er-Jahre bis zu seinem Amtsantritt als Minister hatte der Berufsweg Miquels durchgehend zwei Stränge, einmal den des Bürgermeisters und Bankiers, zum anderen – parallel dazu – den des Parlamentariers. Miquel war von 1865 bis 1869 und von 1876 bis 1880 Bürgermeister (ab 1869 Oberbürgermeister) in Osnabrück und von 1880 bis 1890 Oberbürgermeister in Frankfurt am Main. Zwischen den beiden Osnabrücker Ämtern lag seine Tätigkeit als Geschäftsmitinhaber und Direktor beziehungsweise Verwaltungsratsvorsitzender der Disconto-Gesellschaft (1869–1873), einer unter anderem in der Industrie-, Eisenbahn- und Staatsfinanzierung tätigen Berliner Großbank. Er trennte sich von dieser – lukrativen – Tätigkeit vor allem, um sich als Parlamentarier nicht weiter dem Verdacht der politisch-kommerziellen Interessenverquickung auszusetzen. Als Abgeordneter im Reichstag und im preußischen Abgeordnetenhaus hatte er immer wieder mit Initiativen zu tun (Aktien- und Gewerbegesetzgebung, Anlage von Staatsfonds in Eisenbahnaktien), die auch die Interessen der Bank berührten.[17] In der Bank eignete sich Miquel für seine spätere Ministertätigkeit nützliche bankgeschäftliche (Preußenkasse) und finanzpolitische (Kriegsfinanzierung)[18] Kenntnisse an. In den kommunalen Spitzenämtern machte Miquel sich mit Fragen der Steuerpolitik im Detail vertraut; eine sparsame Haushaltsführung wurde sein Prinzip und Markenzeichen. Gestalterische Schwerpunkte waren in Osnabrück die Förderung des gewerblichen Mittelstandes, in Frankfurt der Ausbau der kommunalen Infrastruktur und die Reform des Armenwesens.[19]

Neben dem Bürgermeister und Bankier steht der Parlamentarier Miquel. Im Jahr 1863 wurde er – mit Erreichen des passiven Wahlrechts im Alter von 35 Jahren – Abgeordneter der Zweiten Hannoverschen Kammer (bis 1866). Von 1867 bis 1877 und wieder von 1887 bis 1890 gehörte er als Abgeordneter der rechtsliberalen Nationalliberalen Partei dem Deutschen Reichstag (bis 1870 Reichstag des Norddeutschen Bundes), von 1867 bis 1882 dem preußischen Abgeordnetenhaus an. In den Jahren von 1882 bis 1890 war er in seiner Eigenschaft als Frankfurter Oberbürgermeister Mitglied des preußischen Herrenhauses. In den preußischen Kammern äußerte er sich von Anfang an beständig zur Ordnung der unteren Verwaltungsebenen,[20] zur Aufsicht über Schule und Kirche, zu den Staatsfinanzen, vor allem aber auch zur Agrarverfassung. Im Reichstag war die innere Reichseinigung sein großes Thema: Er wirkte an der Gewerbeordnung, am Aktiengesetz, insbesondere aber an der Reichsverfassung von 1867/71 mit. Das jährliche Budgetbewilligungsrecht (Artikel 71) und die Ermöglichung von (also auch direkten) Reichssteuern (Artikel 70, ‹Clausula Miquel›) gehen auf ihn zurück.[21] Vor allem aber die 1873 und 1876 beschlossenen Gesetze zur deutschen Rechtseinheit tragen seinen Stempel: Dem Gesetz von 1873, welches das gesamte Bürgerliche, Straf- und Gerichtsverfahrensrecht der Reichskompetenz unterstellte, lag ein unter anderem von ihm eingebrachter Antrag zugrunde; und die Gesetzesvorlagen zur Gerichtsverfassung, Zivil- und Strafprozessordnung wurden in der Justizkommission des Reichstages unter seiner Leitung (1874–1876) nach kontroverser Diskussion verabschiedungsfähig gemacht.[22]

Als einer ihrer führenden Köpfe war Miquel bestrebt, der Nationalliberalen Partei die Einheit und die Position als Mehrheitspartei im Bismarck'schen

Staat zu erhalten. Beides gelang nicht mehr, als Bismarck Ende der 1870er-Jahre wirtschafts- und sozialpolitisch einen zunehmend konservativen Kurs einschlug.[23] Als die linksliberalen Gruppen sich 1884 zur Deutschen Freisinnigen Partei zusammenschlossen, versuchte er, die Nationalliberale Partei erneut zur Regierungspartei zu machen. Sein ‹Heidelberger› Parteiprogramm (1884) rückte die Partei wieder an die Seite Bismarcks (Zustimmung zu Schutzzoll, staatlicher Sozialversicherung und zur Abwehr von Umsturzgefahren).[24] Gleichzeitig unterstützte Miquel Bismarck beim Abbau der Kulturkampfgesetze[25] und in der Kolonialpolitik.[26] Im Jahr 1887 betrieb er das Wahlkampfkartell der Nationalliberalen Partei und der beiden konservativen Parteien zur siebenjährigen Bewilligung des Reichsmilitäretats.[27] Das Kartell erwies sich jedoch weder als erfolgreich[28] noch als inhaltlich geschlossen. Außerdem entfernten sich in dieser Zeit vor allem die sozialpolitischen Reformvorstellungen Miquels – und des jungen Kaisers (Wilhelms II.) – immer mehr von denen Bismarcks.[29] Nach Bismarcks Sturz ernannte Wilhelm II. Miquel am 23. Juni 1890 zum preußischen Finanzminister.

Nicht unmittelbar das Reich, aber das mit zwei Dritteln der Fläche und etwa 60 Prozent der Einwohnerzahl dominierende[30] Preußen blieb von nun an für Miquel das Feld tatsächlicher politischer Wirksamkeit. Als Finanzminister hatte er schon institutionell eine hervorgehobene Stellung, da er bei Bedenken gegen Beschlüsse des ansonsten kollegial verfassten Staatsministeriums die Entscheidung des Königs anrufen durfte.[31] Zudem wurde er 1897 Vizepräsident des Staatsministeriums. Er äußerte sich zu den vielfältigsten Fragen der Fachressorts. Und auf seine Initiative beziehungsweise Mitinitiative entstanden die wirkungsstarken Gesetze zur Steuer- und Haushaltsordnung, zur Agrarpolitik – und zur Preußenkasse.

Im Reich dagegen verfügte Miquel über eher beschränkte Einflussmöglichkeiten, obwohl er über weite Strecken *«das Ohr des Kaisers»* besaß und auch noch fast zuletzt als Kanzlerkandidat galt.[32] Die Reichsgesetze wurden ab 1879 im Allgemeinen in den Reichsämtern, jedoch nicht mehr in den preußischen Ministerien (die sie nur noch über Preußens Stimme im Bundesrat beeinflussen konnten) entworfen.[33] Und als Miquel 1895 alle Etatanforderungen des Reichshaushalts vorab mit dem preußischen Finanzministerium beraten wissen wollte, wurde er auch vom Kaiser scharf zurückgewiesen.[34] Vor allem aber hatte Miquel im Reichstag nicht – wie im preußischen Abgeordnetenhaus – die konservativ-liberale Mehrheit, die er oft für seine Gesetzesvorhaben benötigte. Das unterschiedliche Wahlrecht (allgemeines, gleiches Wahlrecht im Reich, Dreiklassenwahlrecht in Preußen) hatte dazu geführt, dass die beiden konservativen Parteien und die Nationalliberalen im preußischen Abgeordnetenhaus durchgehend etwa 60 Prozent, im Reichstag dagegen 1893 nur 39 Prozent[35] und 1898 32 Prozent der Sitze einnahmen. Der zu erwartende mangelnde Rückhalt im Reichstag gab auch den Ausschlag dafür, dass Miquel 1897 das Angebot, Staatssekretär des Reichsamts des Innern zu werden, ablehnte und in Preußen blieb.[36] Jedenfalls musste er in den späten 1890er-Jahren seinen reichsweiten Versuch zur Sammlung der produktiven Stände in der Handels-, Handwerks- und Sozialpolitik aus der *«Nebenposition des preußischen Finanzministers»*[37] betreiben.

Miquel wurde im Mai 1901 zum Abschied gedrängt, nachdem es ihm nicht gelungen war, rechtzeitig den Widerstand der Konservativen gegen den von Wilhelm II. enthusiastisch gewünschten Bau eines Mittellandkanals (vom Rhein zur Elbe) zu brechen.[38] Wenige Monate später, am 9. November 1902, erlag er in Frankfurt am Main einem Herzschlag.

Der Anteil Miquels an Gründung und Anfangsentwicklung der Preußenkasse

Gründung

Die Preußenkasse wurde mit Gesetz vom 31. Juli 1895 gegründet: zur Förderung insbesondere des genossenschaftlichen Personalkredits; mit staatlichem Eigenkapital und staatlicher Oberaufsicht, aber ohne Schuldenhaftung des Staates; mit Geschäftsbeziehungen nicht mit den Primärgenossenschaften, sondern mit den – von ihr unabhängig agierenden – Verbandskassen; mit der Möglichkeit, im Rahmen ihrer Hauptaufgabe auch andere Bankgeschäfte zu betreiben; mit einem beratenden Ausschuss, dem insbesondere auch Mitglieder der geschäftlich verbundenen Genossenschaftsverbände beziehungsweise Verbandskassen angehören sollten; und mit der Möglichkeit, künftig auch die Genossenschaftsverbände am Eigenkapital zu beteiligen und den Geschäftskreis auf die Sparkassen auszudehnen. Diese Bestimmungen erscheinen in den Darstellungen der Preußenkasse überwiegend als geschlossener Block, hervorgegangen aus dem Miquel'schen Finanzministerium. Aber war das so? Was war Miquels Anteil an dieser Konstruktion? Und wie hat Miquel als Aufsichtsorgan die so konstruierte Preußenkasse in ihren ersten sechs Jahren beeinflusst?

Die These ist: Miquel war tatsächlich die treibende Kraft hinter der Gründung der Preußenkasse. Deren Bauelemente kamen aber nur zu einem – wenn auch wesentlichen[39] – Teil aus dem Finanzministerium. Miquel gab einige wenige Grundsätze vor und hielt an ihnen fest. Einige andere Vorschläge nahm er bereitwillig auf. Einige weitere – ihm für den Anfang unzuträglich erscheinende – Anträge kamen, damit auch die Antragsteller ruhigstellend, als Zukunftsoptionen in das Gesetz. Die Gründung der Preußenkasse wurde zwischen Finanzministerium, Landwirtschaftsministerium, Staatsministerium, Reichsbank und dem Abgeordnetenhaus ausgehandelt – insofern war sie auch eine taktisch-diplomatische Leistung Miquels. Was die Aufsicht über die Preußenkasse nach der Gründung angeht: Miquel nahm sie trotz seiner anderweitigen (Haupt-)Belastungen ernst. Er führte sie straff und die disziplinarischen Befugnisse der Preußenkasse anreichernd aus, ohne allerdings seine Ziele voll zu erreichen.

Miquel hatte im Jahr 1895 die Gründung der Preußenkasse mit höchster Eile vorangetrieben und wollte dazu notfalls auch die Landtagssession verlängern.[40] Tatsächlich hat er auch von der ersten Planung bis zum Erlass des Gesetzes nur fünf Monate benötigt. Mit Überlegungen, den genossenschaftlichen Personalkredit mit staatlicher Hilfe zu fördern, trug Miquel sich schon seit Herbst 1894.[41] Konkrete organisatorische Überlegungen setzten aber erst im März 1895 ein, getrieben wohl auch von dem am 17. März 1895 im Abgeordnetenhaus eingebrachten Antrag des konservativen Abgeordneten Heinrich von Mendel-Steinfels, die Staatsregierung möge den landwirtschaftlichen Genossenschaften ein Darlehen von 20 Millionen Mark zur Verfügung stellen.[42] Miquel beriet die Förderungsfrage mit dem Zentrumsabgeordneten, Gutsbesitzer und Genossenschaftsführer Carl von Huene,[43] den er wenige Monate später zum ersten Präsidenten der Preußenkasse machte. Huene schlug im Preußischen Staatsrat, der vom 12. bis 16. und vom 19. bis 21. März tagte, eine Landeskreditanstalt unter dem Dach der Preußischen Seehandlung – der für die Finanzgeschäfte der Regierung zuständigen, dem Finanzministerium unterstellten Staatsbank – vor.[44] Daraufhin wird das Bemühen Miquels deutlich, das Heft für den Fortgang der Dinge in der Hand zu behalten. Im Staatsministerium ließ er sich am 25. März ermächtigen, zusammen mit dem Landwirtschafts- und dem Handelsminister eine Vorlage zur Errichtung einer Zentralanstalt ohne Anlehnung an bestehende Institute auszuarbeiten.[45] Als der Landwirtschaftsminister Ernst von Hammerstein-Loxten ihm am 9. April 1895 empfahl, durch *«Verhandlung ein vorläufiges Projekt für die Einrichtung eines derartigen Finanzinstituts aufstellen zu lassen»*,[46] reagierte Miquel mit dem Entwurf einer ‹Skizze› und von ‹Grundzügen› der zu errichtenden Zentralanstalt, die er am 17. und 24. April an Hammerstein schickte.[47] Hammerstein antwortete Miquel am 7. Mai.[48] Neue Beratungen, auch mit der Reichsbank, führten zu einem überarbeiteten Entwurf, dessen Hauptpunkte am 18. Mai einer Diskussion mit Sachverständigen, vor allem aus dem Genossenschaftsbereich, unterzogen wurden und der dann am 1. Juni im Staatsministerium beraten wurde.[49] Das Abgeordnetenhaus beriet den Entwurf (der ihm am 7. Juni zuging) am 18. Juni, verwies ihn an die Budgetkommission[50] und verabschiedete ihn am 2. und 3. Juli in zweiter und dritter Lesung mit großer

Mehrheit; das Herrenhaus folgte am 6. Juli. Der König unterzeichnete am 31. Juli 1895. Die Kasse nahm ihren Geschäftsbetrieb am 1. Oktober 1895 auf.

Miquel hatte die Entwürfe und Vorlagen in den entscheidenden Verhandlungen (Staatsministerium, Sachverständigenanhörung, Abgeordnetenhaus am 18. Juni 1895, Budgetkommission) persönlich vertreten: vorwärtsdrängend, in der großen Begründung mit Leidenschaft, in der Einzelberatung versiert. Es war aber ein Glück für ihn, dass er als Referenten im Finanzministerium Freiherr Georg von Rheinbaben zur Seite hatte. Rheinbaben arbeitete die Entwürfe und Vorlagen aus, führte wohl die zwischenbehördlichen Verhandlungen und bestritt mit Miquel zusammen Sachverständigenanhörung, Sitzung des Staatsministeriums (am 1. Juni 1895), Kommissionsberatung und Landtagsdebatten; im Abgeordnetenhaus am 2. und 3. Juli vertrat er den abwesenden Miquel. Im Folgenden wird von den Vorstellungen, soweit sie aus dem Finanzministerium kamen, immer von Vorstellungen Miquels gesprochen; was dabei auf Überlegungen Rheinbabens zurückging, muss offen bleiben. Jedenfalls dürfte Rheinbaben sich bei der Gründung der Preußenkasse einen Teil der Sporen verdient haben, die ihn 1899 zum preußischen Innenminister, 1901 dann – als Nachfolger Miquels – zum preußischen Finanzminister werden ließen.

Inwieweit haben die genannten Verhandlungen das ursprüngliche Preußenkasse-Konzept Miquels verändert? Den ersten Entwurf in der Aktenüberlieferung des Finanzministeriums stellen die ‹Skizze› und die ‹Grundzüge› vom 17. April 1895 dar. Sie enthalten die Eckpfeiler der Miquel'schen Überlegungen: Eine staatsfinanzierte Zentralanstalt fördert den landwirtschaftlichen und handwerklichen Personalkredit, indem sie den Verbänden beziehungsweise Verbandskassen der Kreditgenossenschaften billige Darlehen gibt. Neu an diesem Konzept gegenüber allen Vorüberlegungen war, dass es die Staatshilfe einer von bestehenden Instituten unabhängigen Anstalt überantwortete. Denn die Vorschläge der Vorjahre, besonders aber der Vormonate, hatten eine umstrukturierte Reichsbank oder die Preußische Seehandlung zum Stützpfeiler des genossenschaftlichen Personalkredits machen wollen;[51] beide Institute waren auch in den Augen Miquels zur Wahrnehmung dieser Aufgabe nicht geeignet, da sie aus geldpolitischen und Liquiditätsgründen nur kurzfristige und im Umfang begrenzte Kredite vergeben konnten.[52] Das Grundkonzept Miquels sprach jedoch von einem staatlichen Darlehen statt von einer staatlichen Kapitaleinlage. Darin war auch nichts zu lesen von Kapitalbeteiligung und Ausschusstätigkeit der angeschlossenen Genossenschaftsverbände, von einer weitergehenden allgemeinen Banktätigkeit der Kasse und von einer Einbeziehung der Sparkassen in den Geschäftskreis. Diese Punkte wurden aber – für die Geschäftstätigkeit oder Diskussion der Folgejahre wichtige – Konstruktionselemente des Gesetzes. Wie kamen sie hinein?

Der Landwirtschaftsminister wollte (in seinem Schreiben vom 9. Mai), um die Kasse mit eigenem Vermögen auszustatten, das staatliche Darlehen (von 20 Millionen Mark) durch eine staatliche Kapitaleinlage (von fünf Millionen Mark) ersetzen; Miquel war sehr einverstanden.[53] Hammerstein bemängelte aber zudem die «*rein bureaukratische*» Verwaltung. Er empfahl, die Kapitalbeteiligung der Genossenschaftsverbände zuzulassen und dem Direktorium einen beratenden Ausschuss aus Genossenschaftsmitgliedern zur Seite zu stellen. Miquel akzeptierte den Ausschuss, aber ausdrücklich nur als «*beiräthlich*»; eine in der Budgetkommission beantragte Streichung dieser Einschränkung wies er scharf zurück.[54] Die Kapitalbeteiligung lehnte er für die Gegenwart brüsk ab; Paragraf 5 des Gesetzes verschob sie in die Zukunft und machte sie dort vom Gutdünken des Finanzministeriums (als Aufsichtsbehörde) abhängig. Die Erlaubnis zu allgemeinen Bankgeschäften mit jedermann kam, von Miquel offenbar bereitwillig akzeptiert, auf Drängen der Reichsbank[55] in das Gesetz (Paragrafen 2 und 3 bis 8); die Reichsbank hielt die Kasse nur so für überlebensfähig. Dass diese Geschäfte nur insoweit erlaubt wurden, als sie zur Erfüllung der Hauptaufgabe (Förderung des genossenschaftlichen Personalkredits) notwendig waren, ging auf ein Votum des Staatsministeriums zurück;[56] die privaten Banken sollten vor staatlicher Konkurrenz geschützt werden. Den vielfachen Anträgen, auch die Sparkassen in den bevorzugten Kundenkreis der Preußenkasse einzubeziehen, widersetzte sich Miquel energisch.[57] Seine Konzession war schließlich, diese Entscheidung einer späteren Königlichen Verordnung zu überlassen (Paragraf 2, Schlussbestimmung).

Was offenbaren die Verhandlungen über die Ziele, was über die Rolle des Staates, die Miquel mit der Errichtung der Preußenkasse verband? In der Literatur ist zuletzt hervorgehoben worden, Miquel habe der Preußenkasse im Unterschied zu anderen Befürwortern nicht die Aufgabe einer Ausgleichsstelle (zwischen Genossenschaften mit Überschuss und Mangel an Geldmitteln), sondern einer Entwicklungsbank (zur Gründung von Genossenschaften in den preußischen Ostprovinzen) zugedacht.[58] Die beiden Aufgaben stehen in den Überlegungen Miquels jedoch in einem inneren Zusammenhang. Die Preußenkasse sollte den genossenschaftlichen Personalkredit fördern. Miquel verstand darunter, dass die Kasse billigen Kredit aus zwei Quellen geben sollte: einmal aus den ihr als zentraler Ausgleichsstelle von den Genossenschaften zufließenden Geldern, zum anderen aus zinsgünstigen staatlichen Mitteln.[59] Der innergenossenschaftliche Geldausgleich war ein wesentlicher Bestandteil auch der Miquel'schen Aufgabenbestimmung für das Institut.[60] Einen Zusatz im Gesetzentwurf, dass die Preußenkasse «*hauptsächlich der Geldausgleichung dienen soll*», strich das Staatsministerium am 1. Juni 1895 nur deswegen wieder, weil er als zu allgemein und unnötig, nicht aber etwa als unzutreffend befunden wurde.[61] Der aus Geldausgleich und Staatsmitteln gespeiste günstige

Kredit sollte *«zugleich ein mächtiger Hebel zur weiteren Ausbreitung der Genossenschaftsbewegung»* sein.[62] Diese Ausbreitung diente ihrerseits wiederum dem Geldausgleich; Geldausgleich und Entwicklungstätigkeit standen insofern in der Absicht Miquels in einem gegenseitigen Ziel-Mittel-Verhältnis.

Die Konzentration auf die Förderung des Personalkredits hatte außerdem die bereits angesprochene Folge, dass Miquel die Preußenkasse – zumindest vorerst – zur Geldausgleichsstelle nur für die Genossenschaften, nicht aber auch für die öffentlichen Sparkassen machen wollte. Er hatte gegen die Einbeziehung der Sparkassen in den (durch billigen Kredit) bevorzugten Geschäftskreis der Preußenkasse eine Reihe von Einwänden: einmal die Überforderung der Kasse, dann die hohen Gewinnspannen der Sparkassen, die Verwendung der Überschüsse für kommunale Zwecke (statt für die einzelnen Mitglieder), generell die *«wahre Anarchie»* bei Geschäftsgebarung und Kreditgrundsätzen. Insbesondere aber stieß er sich daran, dass die Sparkassen vor allem Realkredit gäben; die Preußenkasse sei ein Institut für den Personalkredit.[63]

Welche Rolle hat Miquel dem Staat bei der Tätigkeit der Preußenkasse zugedacht, und wie hat er diese begründet? Es sticht hervor, wie sehr Miquel die Aktionsmöglichkeiten der kreditgenossenschaftlichen Verbände beziehungsweise Verbandskassen unter dem Dach der Preußenkasse betonte. Seine ständige Versicherung, in die Eigenständigkeit der Genossenschaften nicht eingreifen zu wollen, hat zwar nicht den Widerstand der jeden staatlichen Eingriff (als unnötig und kontraproduktiv) ablehnenden Schulze-Delitzsch'schen Genossenschaften und der linksliberalen Fortschrittspartei gebrochen, trug aber dazu bei, dass die meisten landwirtschaftlichen Kreditgenossenschaftsverbände und die anderen Parteien der Gründung der Preußenkasse zustimmten. Aber Miquel war gleichzeitig sorgsam darauf bedacht, dem Staat die Kontrolle über den Gründungsvorgang und die Geschäftstätigkeit in der ersten absehbaren Zukunft zu erhalten. Die Kapitalbeteiligung der Genossenschaftsverbände an der Preußenkasse (die dann einer künftigen Entscheidung der Aufsichtsbehörde vorbehalten wurde) bezeichnete er schließlich als grundsätzlich durchaus erwünscht;[64] aber zu solchen Einlagen fehle es den Verbänden gegenwärtig an Kapital und angesichts der eilbedürftigen Gründung an Zeit.[65] Beim Ausschuss beharrte Miquel auf dessen beratendem Charakter (der Hauptträger des Kapitals sei vorerst der Staat), bot aber im Gegenzug die ‹Erfahrung› an, dass auch beratende Gremien, ohne Stimmrecht, einen weitgehenden Einfluss auf den Geschäftsgang auszuüben imstande wären.[66]

Zur Kontrolle gehörte für Miquel auch die Möglichkeit situationsbedingter Entscheidungen. Er hat dieses Prinzip zwar außer Acht gelassen, als er kundtat, die *«Freiheit der Genossenschaften»* respektieren und die Verbandskassen nicht verpflichten zu wollen, ihre Überschüsse an die Preußenkasse abzuliefern;[67] diese Zusage hat die Preußenkasse indessen nicht eingehalten, als sie

1898 das Ausschließlichkeitsprinzip einführte. Was die Kreditkonditionen betrifft, hatte Miquel dem Finanzminister von vornherein die Möglichkeit offengehalten, diskretionär über den Zinssatz zu entscheiden, zu dem die Regierung der Preußenkasse Darlehen gewährte. Es war die Absicht aller Beteiligten, den Zins so niedrig wie möglich zu halten, um dem bäuerlichen und gewerblichen Mittelstand ähnlich günstige Konditionen zu gewähren, wie dies die Reichsbank gegenüber Großindustrie und Handel tat. Aber Miquel wehrte sich mit Erfolg gegen eine gesetzliche Garantie, diesen Zinssatz am Reichsbankdiskontsatz[68] oder an dem jeweils niedrigeren Satz von Reichsbank-Privatdiskont und dem Zinssatz für preußische Staatsanleihen auszurichten.[69] Und was das Innenverhältnis zwischen dem Finanzminister als Aufsichtsbehörde und dem Direktorium der Preußenkasse angeht: Miquel behielt (in Paragraf 8 des Gesetzes) dem Finanzminister – gegen einen Kommissionsantrag – ausdrücklich die Möglichkeit vor, dem Direktorium im Einzelfall Weisung zu erteilen;[70] auch wenn die Preußenkasse eine eigene juristische Person sei, trage der Staat für sie die «*moralische Verantwortung*».[71]

Aufsicht

Miquel hat sich der Aufsicht über die Preußenkasse engagiert gewidmet, vielleicht mit etwas nachlassender Kraft in seinen beiden letzten Amtsjahren. Er verteidigte die Kasse mit Vehemenz im Landtag bei den Beratungen über den preußischen Staatshaushalt 1896, 1897 und 1900, bei den Kapitalerhöhungen 1896 und 1897; im Ausschuss der Kasse trat er zwei Mal (1895 und 1896) auf. Er nutzte seine Weisungsbefugnis gegenüber der Kasse tatsächlich zur Einflussnahme auf deren Richtungs- und wichtige Einzelentscheidungen. Im November 1897 verzichtete Miquel zwar darauf, künftig die Entscheidung über Krediterhöhungen für die Verbandskassen selbst zu treffen, verlangte aber vom Direktorium der Preußenkasse regelmäßige Berichte darüber.[72] Die Mitsprache der Genossenschaftsverbände hielt er sich fern: Auf eine entsprechende Anfrage der preußischen Oberrechnungskammer entgegnete er 1899 brüsk, er beabsichtige nicht, per Erlass die Bedingungen für eine Kapitalbeteiligung der Verbände bekanntzugeben; eine solche Beteiligung hänge unter anderem von der finanziellen Lage und dem Geschäftsgebaren der Verbände ab, außerdem seien solche Anträge auf absehbare Zeit nicht zu erwarten.

Wie bei der Gründung hatte Miquel allerdings auch bei der Aufsicht über die Preußenkasse im Finanzministerium einen hochkarätigen Referenten an seiner Seite: Ähnlich wie Rheinbaben an der Gründung beteiligte sich der Geheime Oberfinanzrat Rudolf Havenstein[73] als zuständiger Kommissar des Finanzministers von 1896 bis 1900 an der Weiterentwicklung der Preußenkasse. Ähnlich wie auch bei Rheinbaben stand für Havenstein die Kommissarstätigkeit in Sachen Preußenkasse am Anfang einer bemerkenswerten Karriere; Miquel machte ihn 1900 zum Präsidenten der Königlichen Seehandlung, 1907 wurde er Präsident der Reichsbank (bis 1923). Havenstein vertrat das Finanzministerium (mit Miquel oder alleine) im Ausschuss der Preußenkasse, in Landtag und Budgetkommission; Miquel war dabei für die Rechtfertigung der Tätigkeit der Kasse im Großen, Havenstein für Erwiderungen auf Einzeleinwände zuständig. Über Havenstein lief die gesamte die Preußenkasse betreffende Korrespondenz des Finanzministers; seine zahlreichen Briefentwürfe zeichnete Miquel praktisch ohne Korrekturen ab. Offenbar harmonierten beider Auffassungen miteinander.

In welche Richtung und mit welchem Erfolg hat Miquel seinen Einfluss ausgeübt? Er hat seine mit der Preußenkasse verknüpften kreditpolitischen Nahziele, den billigen Personalkredit und mit ihm die Genossenschaften zu fördern und diesen billigen Kredit durch den Geldausgleich innerhalb des Genossenschaftsbereichs herzustellen, nur eingeschränkt erreicht. Die Kasse nahm zwar von Anfang an einen rasanten Aufschwung. Die Zahl der angeschlossenen genossenschaftlichen Verbandskassen beziehungsweise Verbände stieg von elf (mit 786 Genossenschaften) im November 1895 auf 21 (mit mehr als 3600 Genossenschaften) im April 1896 und 40 (mit 6097 angeschlossenen Genossenschaften) im März 1898; damit gehörten 65 Prozent der preußischen Genossenschaften der Preußenkasse an. Hoch war auch die Zahl neu gegründeter Genossenschaften; bereits von Oktober 1895 bis Januar 1896 waren es 500,[74] von 1895 bis 1897 stieg sie zum Beispiel in Ost- und Westpreußen um jährlich 28 Prozent.[75] Mit den Mitgliederzahlen wuchsen die Darlehen, welche die Preußenkasse an die Verbandskassen ausreichte. Das Problem indessen war, dass die Rückflüsse und die von den Verbandskassen der Preußenkasse überlassenen Depositen mit den Darlehenssummen nicht Schritt hielten. Schon im Januar 1896 standen Darlehen in laufender Rechnung von 8,5 Millionen Mark Rückzahlungen und Guthaben der Verbandskassen von nur 5,1 Millionen Mark gegenüber; das Missverhältnis setzte sich fort. Der Geldausgleich zwischen geldannehmenden und geldabgebenden Verbandskassen versagte.[76]

Für die liberale Kritik, die auch in allen Etat- und Kapitalerhöhungsdebatten des preußischen Abgeordnetenhauses zutage trat, lag die Erklärung für diese Vorgänge auf der Hand: Der durch das staatliche Grundkapital und weitere staatliche Vorschüsse zu (in den ersten Jahren) 2½ Prozent ermöglichte niedrige Zins von drei Prozent (ab 1899 3½ Prozent), zu dem die Preußenkasse den Verbandskassen Kredit in laufender Rechnung gab und der stets deutlich unter dem Reichsbankdiskont lag, sei für die zahllosen Neugründungen verantwortlich. Er erzeuge eine ungesunde «*Treibhauskultur*»; von den 1500 seit

Oktober 1895 neu gegründeten Genossenschaften seien 1000 *«taube Nüsse»*.[77] Und in dem zweiten Bestandteil der verfehlten Zinspolitik, dem viel zu niedrigen Einlagenzins von 2½ Prozent (ab 1899 drei Prozent), erkannte man die Ursache für die mangelnde Bereitschaft der Verbandskassen, Überschüsse an die Preußenkasse zu überweisen.

Miquel dagegen begrüßte die rasche Zunahme der Genossenschaften besonders in den bisher genossenschaftsschwachen preußischen Ostprovinzen. Die Ermöglichung von Neugründungen sei – bei solidem Geschäftsbetrieb – gerade die Aufgabe der Kasse.[78] Wenn es bei der Versorgung der Landwirtschaft mit günstigem Personalkredit versage, so habe das ganze Institut keine Bedeutung.[79] Aber das heißt nicht, dass Miquel das Ziel des Geldausgleichs aus dem Auge verloren hätte; es blieb vielmehr für ihn Dauerthema. Die Kasse könne ihren Zweck, den Genossenschaften als Ausgleichsstelle auf dem Geldmarkt zu dienen, nur erfüllen, erklärte er Anfang 1896, wenn ihr überflüssige Gelder der Genossenschaften in ausreichendem Maße zufließen würden.[80] 1898 betonte er, die Kasse sei *«zu nichts weniger gegründet, als um den Genossenschaften dauernd ihr Betriebskapital ganz oder überwiegend vorzuhalten»*.[81] Dass der angestrebte Geldausgleich nicht zustande kam, hatte Miquel nicht erwartet. Er hatte offenbar mit der Solidarität der Genossenschaften gerechnet, der Kasse Geld auch zu einem niedrigeren Einlagenzins zur Verfügung zu stellen, als der Geldmarkt ihn hergab.[82] Die Erklärung für den unzureichenden Geldausgleich fand er vor allem in dem Kapitalmangel der neu gegründeten Genossenschaften, der in der ersten Zeit bei hohem Kreditbedürfnis die Bildung von Überschüssen noch nicht erlaube; es handle sich also um eine Übergangserscheinung. Im Jahr 1896 sah Miquel eine Vermehrung der Genossenschaften und damit eine starke Beanspruchung der staatlichen Fördermittel auch für die kommenden Jahre voraus: *«allein hier kommt der Ausgleich»*.[83] Im Jahr 1900 erklärte er dann eine weitere Kapitalerhöhung für entbehrlich, weil *«das, wofür wir die Centralgenossenschaftskasse in Wahrheit bestimmt haben, daß sie ein Ausgleich sein soll zwischen Überfluß und Mangel im Lande und bei den einzelnen Genossenschaftsverbänden, mehr und mehr zur Wahrheit wird»*.[84] Diese Interpretation erlaubte es Miquel, für einen begrenzten Zeitraum in begrenztem Ausmaß den unzureichenden Geldausgleich zugunsten der Entwicklungsförderung in Kauf zu nehmen. In begrenztem Ausmaß deshalb, weil er das Versagen des Geldausgleichs zum Teil doch auch auf anfängliche Fehler in der Geschäftspolitik, besonders einer zu großzügigen Kreditpolitik, der Preußenkasse zurückführte.[85] Diese Mängel waren also behebbar, auch wenn die Neugründung von Genossenschaften weiter verfolgt wurde. Die Preußenkasse war bemüht, zum Teil den fehlenden genossenschaftlichen Geldausgleich durch Ausschöpfung anderer Refinanzierungsquellen (Staat, Sparkassen, Reichsbank) zu kompensieren, zum Teil den Geldausgleich durch Änderungen in der Geschäftspolitik herzustellen. Miquel als Aufsichtsorgan hat in der ersten Beziehung eine teilweise bremsende, in der zweiten eine treibende Rolle gespielt.

Miquels Bremserrolle äußerte sich indirekt bei der Gewährung von Staatsgeldern, direkt und kräftig bei der Geschäftsaufnahme mit den Sparkassen, nicht dagegen bei der Entwicklung des Diskontverkehrs mit der Reichsbank. Die zur Ausdehnung des Geschäftsbetriebes vom Direktorium der Preußenkasse beantragten Staatsgelder, laufende Darlehen und die Erhöhung des Grundkapitals auf 20 Millionen Mark 1896 sowie auf 50 Millionen Mark 1897/98[86] hat er im Prinzip bereitwillig zugestanden. Aber die Gewährung der Darlehen hat er mehrfach mit der Mahnung versehen, die Kasse müsse auf Dauer für eigene Einlagen sorgen;[87] und die 1897 beantragte Kapitalerhöhung verschob er um ein Jahr, um sich der Dauerhaftigkeit des Bedarfs zu vergewissern.[88] Außerdem waren die Geldbewilligungsanträge im Juni 1897 für Miquel der Anlass, energisch auf eine – weiter unten zu besprechende – Reorganisation des Kreditverkehrs hinzuwirken.

Dem Geschäftsverkehr mit den Sparkassen stand Miquel mit weit größerer Reserve gegenüber. Das galt nicht für die Depositen, welche die Sparkassen an die Preußenkasse gaben. Auch Miquel hielt sie angesichts des unzureichenden innergenossenschaftlichen Geldausgleichs zur Refinanzierung der Kredite für notwendig. Und vermutlich machten sie schon rasch den Hauptteil der Depositen der Preußenkasse aus;[89] ab 1904, seitdem liegen Zahlen vor, waren es 50 bis 60 Prozent.[90] Miquels Vorbehalt galt aber – in Fortführung seiner Einwände in der Gründungsphase 1895 – sehr wohl den günstigen Lombarddarlehen auf Wertpapiere, welche die Preußenkasse den Sparkassen im Gegenzug gewähren wollte und zum Teil auch gewährte: Solange es eine Königliche Verordnung zur Einbeziehung der Sparkassen in den genossenschaftlichen Geldausgleichsmechanismus nicht gebe (und es gab sie nicht), dürfe die Kasse Lombarddarlehen an die Sparkassen nur vergeben, soweit es überschüssige Kassenbestände erlaubten. Darüber hinausgehende Darlehen entzögen dem Hauptzweck der Kasse, dem Personalkredit, die Mittel zugunsten des Realkredits, den die Sparkassen hauptsächlich betrieben.[91] Außerdem maß Miquel dem Lombardkredit – trotz des niedrigen Einlagenzinses von 2½ Prozent, den die Preußenkasse auch den Sparkassen nur zubilligte – ein geringeres Gewicht bei; die Einlagen bei der Preußenkasse seien durch ihre Sicherheit, Provisionsfreiheit und leichte Verfügbarkeit (zum Beispiel auch über Schecks) attraktiv.[92] Diese Annahme war nur bedingt richtig. Zwar suchten die Sparkassen besonders für den Krisen- oder Kriegsfall nach einer sicheren und liquiden Anlage für ihre wachsenden Spareinlagen.[93] Aber es war auch im Finanzministerium klar, dass es ohne Lombardkreditgewährung keine Einlagen der Sparkassen geben würde.[94]

Aus diesem Dilemma heraus hat Miquel das Sparkassengeschäft, vom Direktorium der Preußenkasse vehement vorangetrieben, mit Widerstreben, aber auch mit einer gewissen Ohnmacht begleitet. Die Geschäftsaufnahme mit den Sparkassen erfolgte im März 1896 über seinen Kopf hinweg: Die Druckschrift, in der den Sparkassen Einlagenmöglichkeit und Lombardkredit zu den Vorzugsbedingungen für die Genossenschaftsverbände angeboten wurden, ging an die Sparkassen heraus, bevor eine Zustimmung Miquels eingetroffen war. Miquel nahm von einer Rücknahme dieses Angebots Abstand, um die Preußenkasse nicht zu desavouieren.[95] Er forderte die Kasse lediglich auf, die Lombardkredite auf die «*Nutzbarmachung der Kassenbestände*» zu beschränken.[96] Miquel bezog dann den Sparkassenverkehr ein, als er Mitte 1897 die allgemeine Straffung des Kreditverkehrs in Angriff nahm. Um Mittel für den Personalkredit, den Hauptzweck der Anstalt, frei zu bekommen, verfügte er, dass Lombardkredite nur noch im Umfang von 25 Prozent der Sparkasseneinlagen gewährt werden sollten; bis dahin waren das meist 50 Prozent, Ende 1896 sogar über 70 Prozent gewesen. Außerdem sollte der Zinssatz für Lombarddarlehen nun dem entsprechenden Reichsbanksatz folgen. Von der zum 1. April 1897 eingegangenen Verpflichtung, den Kurswert der im Sparkassenbesitz befindlichen Wertpapiere bis zu zehn Prozent zu beleihen, sollte wieder Abstand genommen werden. Das Direktorium setzte diese Anordnung zum 1. Oktober 1897 um.[97] Wie nachhaltig sie war, geht aus den Quellen nicht hervor;[98] 1899 jedenfalls wurden wiederum Lombardkredite an Sparkassen zu einem halben Prozent unter Reichsbanksatz gegeben.[99]

Was die Refinanzierung der Preußenkasse durch die Reichsbank betraf, trat Miquel bei innovativen Initiativen des Direktoriums als – vermutlich wirkungsvoller – Förderer auf. Die Preußenkasse wurde gegründet, nachdem die Reichsbank als ausreichende Finanzierungsquelle für den mittelständischen und den genossenschaftlichen Personalkredit verworfen worden war.[100] Besonders den landwirtschaftlichen Kreditgenossenschaften fehlte es an kurzfristigen und soliden Handelswechseln in ausreichendem Umfang, welche die Reichsbank hätte diskontieren, und an Wertpapieren, die sie hätte lombardieren können. Außerdem hielt die Reichsbank nur das Stammkapital und die Reserven der Genossenschaften für geeignet, um als kurzfristig mobilisierbare Sicherheit bei Ausfall der Wechsel (die zur Aufrechterhaltung der Notendeckung benötigt wurden) dienen zu können. Dieses Genossenschaftsvermögen war aber meist sehr gering, sodass schon dadurch (auch bei Vorliegen reichsbankfähiger Wechsel) der Umfang des Reichsbankkredits begrenzt war. Der Privatdiskontkredit, den die Reichsbank 1894 der vermögensstarken Landwirtschaftlichen Central-Darlehnskasse für Deutschland einräumte, war die – seinerzeit viel zitierte – Ausnahme.[101] Die persönliche Haftpflicht der Genossenschaftsmitglieder veranlasste die Reichsbank zwar, den Genossenschaften – als Vorzugskondition – eine besonders hohe Quote des Genossenschaftsvermögens (nämlich bis zur Hälfte) als Kredit einzuräumen; aber die Bemessungsgrundlage für den ‹Normalkredit› war ebendieses Genossenschaftsvermögen, nicht die als illiquide geltende, von den Genossenschaftsmitgliedern übernommene Haftpflichtsumme.[102]

Gerade in diesem Punkt gelang der Preußenkasse in Miquels Amtszeit eine gewisse Lockerung der Reichsbankgrundsätze. Auch Miquel erwartete von der Preußenkasse, dass sie nicht nur fehlenden Reichsbankkredit ersetze, sondern auch den Zugang zum Reichsbankkredit erleichtere. Zum guten Teil aus diesem Grunde war ihm wichtig, dass der Preußenkasse das Wechselgeschäft ermöglicht wurde.[103] Der Wechselkredit, den die Reichsbank der Preußenkasse einräumte, beschränkte sich zunächst, bisherigen Gepflogenheiten entsprechend, auf einen Teilbetrag des Grundkapitals und der Reserven der Preußenkasse. Dann aber kamen zwei Kreditlinien hinzu, in denen – erstmals – die persönliche Haftpflicht der Genossenschaftsmitglieder zur Bemessungsgrundlage wurde.

Ab Frühjahr 1898 gewährte die Reichsbank der Preußenkasse Wechsellombardkredit auf das in den neu errichteten genossenschaftlichen Kornlagerhäusern eingelagerte Getreide.[104] Die Reichsbank gab damit in zweifacher Hinsicht bisherige Liquiditätsgrundsätze preis: Sie verzichtete beim Diskont nicht nur auf den Handelswechsel, der einen kurzen Einlösungszeitraum festlegte. Sie gestand außerdem zu, dass das Gesamtvermögen der girierenden Genossenschaftsmitglieder zur Bemessungsgrundlage der Wechselsumme gemacht wurde; der Kredit konnte bis zu zehn Prozent dieses Vermögens gewährt werden. Miquel hatte dieses Ansinnen des Direktoriums mit dem Gewicht seines Namens an den Reichsbankpräsidenten Richard Koch weitergeleitet und mit der Zusage strikter Kontrolle der Verwendung und Rückzahlung der Kredite versehen; Koch seinerseits stellte Bedenken im Vertrauen auf die unter Aufsicht Miquels stehende strenge Kontrolle der Preußenkasse zurück.[105]

Das Jahr 1901 brachte der Preußenkasse die volle Anerkennung des Haftsummenprinzips beim Reichsbankkredit. Im Raume stand eine von der Preußenkasse eigentlich nicht gewünschte weitere Kapitalerhöhung. In dieser Situation trug Heiligenstadt, als Nachfolger des 1900 verstorbenen Präsidenten der Preußenkasse Freiherrn von Huene, Reichsbankpräsident Koch im Auftrage Miquels einen Plan zur Erweiterung des Diskontkredits vor, dem Koch dann auch zustimmte: Die Reichsbank gewährte der Preußenkasse – in einer zusätzlichen Kreditlinie – einen Diskontkredit im Umfange von einem Drittel der nachgewiesenen vertretbaren Haftsummen der Verbandskassen.[106]

Mit der Aktivierung externer Geldquellen konnte der fehlende Geldausgleich zum Teil wettgemacht werden. Das brachte aber die Kasse nicht dem Ziel des innergenossenschaftlichen Geldausgleichs näher. Dies aber konnte wiederum, sollte das Prinzip der marktwidrig billigen Kreditversorgung nicht aufgegeben werden, nur über eine stärkere Kontrolle und Regulierung der innergenossenschaftlichen Geldeingänge und -ausgänge erreicht werden. In dieser Hinsicht zeigte sich Miquel als die treibende Kraft, deutlich sichtbar bei der Entwicklung der im Januar 1898 erlassenen neuen Geschäftsgrundsätze der Preußenkasse. Für den 2. Juli 1897 rief er das Direktorium zu einer Besprechung zusammen, um fortgesetzte Schwierigkeiten der Preußenkasse (Kreditengagement bei den Verbandskassen weit über die verfügbaren Mittel hinaus, völliges Versagen des Geldausgleichs) zu besprechen;[107] die Schwierigkeiten waren, wie Miquel indirekt einräumte, auch dadurch verursacht, dass die Preußenkasse de facto auch *«Pumpgesellschaften»* gefördert hatte, die *«in der Form des Personalkredits»* lediglich Realkreditbedürfnisse befriedigen wollten.[108] Ergebnis dieser Besprechung war unter anderem die Aufforderung Miquels an das Direktorium, die Kredite an die Verbandskassen, auch bei Hinzutreten neuer Genossenschaften, zunächst (das heißt bis zu einer Kapitalerhöhung) gar nicht und danach nur äußerst vorsichtig zu erhöhen.[109]

Eine zweite Initiative folgte. *«Verschiedene bedenkliche Mißstände bei einzelnen Verbandskassen»*, zum Beispiel bei der Provincial-Genossenschaftskasse in Posen, veranlassten Miquel im November 1897, das Direktorium zu einer Prüfung von Maßnahmen aufzufordern, *«um eine genaue Kontrolle der Verbandskassen und ihrer Kreditfähigkeit sowie allgemein eine gesunde, mit den Bestrebungen des Direktoriums Hand in Hand gehende Geschäftsführung der Verbandskassenleistungen zu sichern»*.[110] Ergebnis dieser Prüfung waren die neuen Geschäftsgrundsätze, die Miquel und das Direktorium gegen den anfänglichen Widerstand vieler der angeschlossenen Verbandskassen und ohne vorherige Anhörung des Ausschusses[111] festlegten. Sie verpflichteten die Verbandskassen einmal zur regelmäßigen Beibringung von Informationen, die der Preußenkasse ein Urteil über deren Solidität erlaubten: Vierteljahresberichte mit Nachweisungen der eingeräumten Kreditgrenzen und der tatsächlichen Kredite und Rückzahlungen; Jahresberichte der einzelnen Genossenschaften; gerichtliche Bescheinigung der Mitgliederlisten der Genossenschaften; Nachweis der Vermögensverhältnisse der Genossenschafter laut Ergänzungssteuerveranlagung. Zum anderen zwangen die neuen Bestimmungen die Verbandskassen de facto auf einen Weg in Richtung Geldausgleich: Wenn sie nicht eine Ausschließlichkeitserklärung unterschrieben, gingen ihnen die volle Zumessung des ‹Normalkredits› oder die Vorzugszinssätze der Preußenkasse verloren. Die Ausschließlichkeit bedeutete, dass die Verbandskassen überschüssige Gelder nur an die Preußenkasse zu geben und Kredite nur von dieser zu nehmen hatten.[112] Es war augenscheinlich Miquel, der die Ausschließlichkeitserklärung forciert hatte. Denn einen ersten, ihm vom Direktorium und von seinem Dezernenten Havenstein vorgelegten Entwurf der neuen Grundsätze wollte er um die schriftliche Verpflichtung der Verbandskassen ergänzt wissen, *«bei Vermeidung einer Kürzung des Kredites und nöthigenfalls von Konventionalstrafen eine Bankverbindung nur mit der Preuß. Central-Genossenschafts-Kasse zu unterhalten».*[113] Offenbar aus Sorge um den wider Erwarten missglückten Geldausgleich nahm Miquel Abschied von der bei der Gründung bekundeten Absicht, eine Ablieferung der Überschüsse an die Preußenkasse von den Verbandskassen nicht zu verlangen und deren Handlungsspielraum dadurch einzuengen. Und auch ein verwandtes, von Miquel noch im Frühjahr 1897 als unentbehrlich bezeichnetes Gründungsprinzip,[114] das der dezentralen Kontrolle der einzelnen Genossenschaften durch die Verbände, wurde in den neuen Geschäftsgrundsätzen verwässert: Die Verbandskassen mussten, um die Vorzugskonditionen in Anspruch nehmen zu können, neben der Ausschließlichkeitserklärung den Charakter von ‹Buchkassen› annehmen. Die Buchkassen traten aber nicht nur – kostensparend – den gesamten Zahlungsverkehr mit den Genossenschaften an die Preußenkasse ab, sondern ermöglichten dieser dadurch auch die Kontrolle über die Geschäftsgebarung der einzelnen Genossenschaften.[115]

Mit der Erziehung zum innergenossenschaftlichen Geldausgleich argumentierte Miquel auch, als die Preußenkasse vom 1. Oktober 1898 bis zum 31. März 1899 den Zins für Kredite auf laufende Rechnung von drei auf vier Prozent und für Einlagen von 2½ Prozent auf drei Prozent erhöhte (um diese Zinsen dann wieder – dauerhaft – auf 3½ Prozent beziehungsweise drei Prozent zu senken). Drei Jahre lang hatte die Preußenkasse – ungeachtet schwankender und meist deutlich höherer Reichsbankdiskontsätze – an dem niedrigen Kreditzins von drei Prozent festgehalten. Der einzelne Kreditnehmer erhielt dadurch das Geld zu vier bis 4½ Prozent, während der Schulze-Delitzsch'sche Genossenschaftler, der nicht an die Preußenkasse angeschlossen war, überwiegend mehr als fünf Prozent Zinsen zahlte.[116] Als der Reichsbankdiskont aber im Herbst 1898 auf fünf bis sechs Prozent stieg, ließen sich diese Zinsen nicht halten, wollte die Kasse noch Einlagen heranziehen und im normalen Bankgeschäft Erträge erwirtschaften. Aber die Beibehaltung der niedrigen, zu weit unter Geldmarktkonditionen liegenden Zinssätze hätte auch, so Miquel gegen die Beschwerden von agrarischer Seite, zu falschen Anreizen geführt. Sie hätte unter anderem zu unvorsichtigen Genossenschaftsgründungen verleitet und die Genossenschaften abgehalten, selbst billige Spar- und Depositeneinlagen heranzuziehen.[117]

Der innergenossenschaftliche Geldausgleich gelang auch in den Folgejahren nicht, und die Ausschließlichkeitsverpflichtungen wurden vielleicht häufig umgangen.[118] Aber selbst Hans Crüger, als erster Sekretär des Schulze-Delitzsch'schen Genossenschaftsverbandes Traditionsgegner der Preußenkasse, zollte dem Spagat zwischen billiger Kreditversorgung und Geldausgleich, den Miquel versuchte, bei den Etatberatungen 1900 indirekt Anerkennung: Zwar dürfe die Landwirtschaft an den billigen Zinsfuß der Preußenkasse nicht gewöhnt werden, aber er glaube, in der letzten Zeit beobachtet zu haben, dass die Kasse, an deren Existenzgrundlagen er nicht rütteln wolle, bei der Neugründung von Genossenschaften mit «*ziemlicher Vorsicht*» vorgehe.[119]

Warum 1895? Die Gründung der Preußenkasse im sozialpolitischen Zusammenhang

Mit Überlegungen zur Förderung des allgemeinen landwirtschaftlichen Kredits (ohne zwischen Real- und Personalkredit zu unterscheiden) trug sich Miquel bereits in den frühen 1880er-Jahren. So findet sich in den Erläuterungen zu seinem (Heidelberger) nationalliberalen Parteiprogramm von 1884 auch der Wunsch, die Einzelstaaten sollten sich um die Errichtung von Kreditinstituten kümmern, die den gegenwärtig niedrigen Zinsfuß vor allem auch dem mittleren landwirtschaftlichen Grundbesitz zugutekommen lassen.[120] Aber wirkungsmächtigen Vorrang hatten diese Ideen für ihn auch dann noch nicht, als er 1890 preußischer Finanzminister geworden war und über größere Machtmittel verfügte. Warum trieb Miquel dann 1895 die Errichtung der Preußenkasse in so drängender Eile voran? Die hier vertretene These ist, dass der bäuerliche Mittelstand ab 1892 wirtschaftlich als besonders gefährdet angesehen wurde, gleichzeitig aber als Gegengewicht gegen den ‹Umsturz› durch die Sozialdemokratie besonders erforderlich schien; der Personalkredit der Preußenkasse sollte vor allem den bäuerlichen (aber auch den gewerblichen) Mittelstand kräftigen. Die Preußenkasse ist insofern das Produkt einer doppelten, einer agrar- und einer sozialpolitischen Krise.

Miquel wollte mit der Preußenkasse «*die Mittelklasse in Stadt und Land*» fördern, das heißt «*diejenigen Klassen, welche auf eigenes Risiko mit mäßigem Kapital und eigener Arbeit tätig sind*».[121] Sie war für ihn «*ein wichtiges Mittel zur Erhaltung und Stärkung*» dieser «*für unser Staatsleben so werthvollen Bestandteile des Volkes*».[122] Wertvoller Bestandteil des Volkes war der besitzende bäuerliche und gewerbliche Mittelstand für Miquel, weil er ihm eine Stütze des monarchischen Systems und der auf Privateigentum beruhenden Gesellschaftsordnung zu sein schien; seine Erhaltung – zum Schutz gegen den ‹Umsturz› – war eine hohe staatspolitische Aufgabe. Die Sorge um die Festigung des mittelständischen Klein- und Mittelbesitzes ist ein Merkmal der Miquel'schen Politik seit den 1860er-Jahren. Seit 1884 war es sein – vergeblich angestrebtes – Ziel, die Nationalliberale Partei zu einer auch den Mittelstand –

Handwerk und Bauerntum – integrierenden Partei und nicht zu einer rein bürgerlichen, industriell ausgerichteten Partei werden zu lassen.[123] Dabei konzentrierte sich sein Interesse immer mehr auf den landwirtschaftlichen Teil des Problems. Im Jahr 1879 mahnte er die Regierung besonders an, «*in Zeiten revolutionärer Agitation gegen die Grundlagen unserer gesellschaftlichen Ordnung*» das Handwerk nicht zu vernachlässigen.[124] Später stellte er dann vor allem den ländlichen Grundbesitz als «*wichtige Grundfeste unseres Volkes*», «*unsere Staatsfundamente*» oder «*die dauernde Grundlage des ganzen Staatslebens*»[125] heraus.

Dieses ‹Staatsfundament› schien ab 1892 ins Wanken, die Landwirtschaft in eine tiefe Krise zu geraten. Als sichtbarstes Merkmal der Krise wurde ein dramatischer Getreidepreisverfall wahrgenommen. Die Getreidepreise waren schon seit den 1870er-Jahren infolge eines zunehmenden Überangebots auf dem Weltgetreidemarkt stetig zurückgegangen, in der zweiten Hälfte der 1880er-Jahre nur kurz unterbrochen durch das Zusammenfallen schlechter Ernten und die Anhebung der deutschen Getreidezölle. Aber von Anfang bis Ende 1892 ging der Preis pro Tonne Weizen in Berlin von 214 auf 149 Mark zurück; 1893 und 1894 setzte sich die Abwärtsbewegung – in etwas verringertem Maße – fort. Im Jahresdurchschnitt fiel der Berliner Weizenpreis von 224 Mark (1891) auf 176 Mark (1892), 152 Mark (1893) und 126 Mark (1894); ähnlich ging der Roggenpreis zurück. Die Preise erreichten 1894 ihren Tiefststand, ab 1895 zogen sie langsam wieder an.[126] In der Literatur ist strittig, inwieweit dieser zunächst stetige und dann abrupte Getreidepreisverfall die Reinerträge der landwirtschaftlichen Betriebe beeinträchtigt hat, ob er infolge bleibend hoher Produktionskosten die Gewinnsituation verschlechtert, die Verschuldung erhöht und nicht wenige Landwirte in den Ruin getrieben hat,[127] oder ob er die bäuerlichen Betriebe kaum tangiert und beim Großgrundbesitz, der seine Produktivität steigern und billige Saisonarbeiter beschäftigen konnte, bleibende und sogar steigende Reinerträge nicht verhindert hat.[128] Übereinstimmend wird jedoch eine Zunahme der hypothekarischen Verschuldung des ländlichen Grundbesitzes in Preußen konstatiert. Klaus Hess gibt sie zwischen 1883 und 1896 mit 18 Prozent beim Großgrundbesitz, 37 Prozent beim großbäuerlichen Besitz und 55 Prozent beim mittelbäuerlichen Besitz an.[129]

Der Anstieg der Verschuldung war auch der Ausgangspunkt aller agrarpolitischen Überlegungen im preußischen Staatsministerium. Der Landwirtschaftsminister Wilhelm von Heyden sah sich in der Sitzung am 8. Dezember 1893 zwar zu dem Beweis außerstande, dass «*in naher Frist*» zahlreiche Landwirte zusammenbrächen. Nähere Einblicke in die Verschuldungssituation seien erst mit der Vermögensteuerveranlagung 1895 möglich, aber «*die tiefgreifende Erregung bei Landwirthen jeder Besitzgröße*» beruhe auf der Erkenntnis, dass die «*Fortdauer der jetzigen Verhältnisse zum Ruin führen muss*».[130]

Und Miquel urteilte, der mittlere, namentlich der bäuerliche Grundbesitz sei zwar zurzeit nur zu etwa einem Drittel des Bodenwertes verschuldet. Aber es gelte, eine Verschlimmerung zu hemmen, eine Steigerung der Reinerträge und der Bodenwerte sei in der nächsten Zeit nicht zu erwarten.[131]

Die als existenzbedrohend wahrgenommene Verschuldung bot schon für sich ein Motiv, kreditpolitische Abhilfemaßnahmen in Angriff zu nehmen, denn mit der Existenzbedrohung konnte – neben der Zahl – auch die Staatstreue der Landwirte sinken. Diese Gefahr aber schätzte Miquel gerade in diesen Jahren deshalb als besonders groß ein, weil die monarchie- und gesellschaftskritische Sozialdemokratie wider seine Erwartungen an Anziehungskraft nichts eingebüßt hatte. Neben der drohenden ländlichen Überschuldung erklären die enttäuschten sozialpolitischen Erwartungen die Energie, mit der Miquel ab 1893/94 agrarpolitische Reformen betrieb beziehungsweise unterstützte. Wie haben sich seine sozialpolitischen Vorstellungen entwickelt?

Nach dem Urteil seines Biografen Hans Herzfeld erfasste Miquel *«den für das Jahrhundert schicksalsvollen»* sozialen und politischen Zusammenhang der Arbeiterfrage nicht. Er sei *«der fruchtbarsten Möglichkeit seiner marxistischen Durchgangsperiode»*, den Arbeiter für *«den noch wesentlich bürgerlichen Staat»* zu gewinnen, nicht gerecht geworden.[132] Hinter diesem Urteil steht die Beobachtung, dass Miquel unter Sozialreform vor allem die – soziales Wohlwollen hervorrufende – Vermehrung des kleinen und mittleren Besitzes begriff,[133] den sozialen und politischen Mitwirkungsrechten der Arbeiter beziehungsweise der *«großen Masse»* jedoch mit Reserve (beziehungsweise ohne Engagement) gegenüberstand. Das Ausmaß dieser Reserve änderte sich – für die vorliegende Betrachtung bedeutsam – jedoch mit Ablauf der Zeit. Bis in seine ersten Ministerjahre befand sich Miquel in etwa im Einklang mit seinen rechtsliberalen Parteifreunden, dann wurde er wohl für wenige Jahre liberaler und schließlich restriktiver als diese. Von den parlamentarisch ausgerichteten Parteien der Sozialdemokratie, des Zentrums und des linksliberalen Freisinns hob er sich immer restriktiv ab.

Was den ersten Zeitraum angeht, gestand Miquel den Arbeitern das Koalitionsrecht, wie es in der Gewerbeordnung von 1869/71 verwirklicht wurde, zu, da es die öffentliche Ordnung nicht gefährde;[134] ein zentrales Thema wurde es für ihn nicht. Dem allgemeinen, gleichen Wahlrecht begegnete er, ganz in der Linie des bürgerlichen Mittelstandsliberalismus, seit den 1860er-Jahren voller Misstrauen. Das gleiche Stimmrecht in der Verfassung des Norddeutschen Bundes und des Deutschen Reiches akzeptierte er, Bismarck folgend, vorübergehend nur, weil die nationale Notlage die Geschlossenheit aller Klassen gegen den Partikularismus und das Ausland verlange.[135] Eine Abschwächung des preußischen Dreiklassenwahlrechts, welches das Stimmrecht nach der Steuerleistung gewichtete, lehnte er seit den frühen 1870er-Jahren durchgehend ab.[136]

Und dem Sozialistengesetz, das der große innenpolitische Streitpunkt der 1880er-Jahre wurde, setzte er keinen aktiven Widerstand entgegen. Bismarck hatte dieses Ausnahmegesetz gegen die Sozialdemokratie im Jahr 1878 – nach zwei Attentaten auf Kaiser Wilhelm I., die den Sozialdemokraten angedichtet wurden – im Reichstag durchgebracht. Es schloss nicht die Wahl von Sozialdemokraten in den Reichstag aus. Aber es verbot unter anderem alle Vereine, Versammlungen und Druckschriften, die *«durch sozialdemokratische, sozialistische und kommunistische Bestrebungen den Umsturz der bestehenden Staats- und Gesellschaftsordnung»* bezweckten oder dadurch den öffentlichen Frieden gefährdeten. Agitatoren konnten durch die Landespolizeibehörde aus einzelnen Bezirken und Ortschaften ausgewiesen werden, über Letztere konnten die Bundesstaaten auch den *«kleinen Belagerungszustand»* verhängen.[137] Miquel begleitete dieses Gesetz offenbar, weil unnütz, nur voll inneren Widerstrebens, aber er akzeptierte es doch mitsamt seinen Verlängerungen (alle drei Jahre), auch in seinem Heidelberger nationalliberalen Parteiprogramm von 1884. Die Nähe zur Reichsregierung und schließlich die Erhaltung des liberalkonservativen Wahlbündnisses schienen ihm zu wichtig, und seine eigentliche Ablehnung galt nur dem Ausweisungsparagrafen.[138]

In der zweiten Hälfte der 1880er-Jahre änderte Miquel jedoch seinen sozialpolitischen Kurs, wohl eingedenk der Tatsache, dass das Sozialistengesetz den Aufstieg der Sozialdemokratie kaum gebremst hatte. Bei den Reichstagswahlen stieg ihr Stimmenanteil von 6,1 Prozent (1881) auf 9,7 Prozent (1884), 10,7 Prozent (1887) und 19,8 Prozent (1890). Nun wurde es – allmählich – sein Programm, die *«berechtigten Forderungen der arbeitenden Klassen bereitwillig»* zu erfüllen, um diese zu spalten und *«das Chaos auf die Reform»* zu verweisen.[139] In der Wahlrechtsfrage blieb seine Haltung unverändert restriktiv. Aber er bejahte jetzt nicht nur das – liberalem Denken eigentlich widerstrebende – staatliche Sozialversicherungsprogramm Bismarcks, sondern ging mit seinen Forderungen zum Ausbau der Arbeiterschutzgesetzgebung weit über Bismarck hinaus. Die vom preußischen Handelsminister Hans Hermann von Berlepsch initiierten sozialpolitischen Gesetze des ‹Neuen Kurses› in den ersten beiden Nach-Bismarck-Jahren (1890/91) sind mit der vollen Unterstützung des Reichstagsabgeordneten Miquel zustande gekommen:[140] Die Gewerbeordnungsnovelle von 1891 verbot die Sonntagsarbeit und die Fabrikarbeit von Kindern, begrenzte die tägliche Arbeitszeit von Frauen und Jugendlichen und ermächtigte den Bundesrat, einen sanitären Maximalarbeitstag auch für männliche Arbeiter zu bestimmen; ein gleichzeitiges Gesetz erlaubte es den Gemeinden, mit Arbeitnehmern und -gebern besetzte Gewerbegerichte zur Schlichtung von Arbeitsstreitigkeiten einzusetzen.[141] Auch die (im Folgenden noch zu besprechende) preußische Steuerreform Miquels hatte bedeutende soziale Elemente. Vor allen Dingen setzte sich Miquel nun für Berufsvereine zur Wahrnehmung der Arbeiterinteressen ein, die durch einzelbetriebliche Arbeiterausschüsse keinesfalls ersetzt werden könnten.[142] Und als das preußische Staatsministerium am 13. Juli 1890 beriet, wie nach dem Außerkrafttreten des (1890 nicht verlängerten) Sozialistengesetzes zur Bekämpfung der Sozialdemokratie zu verfahren sei, waren es nur der gerade ernannte Finanzminister Miquel und Berlepsch, die ein erneutes Spezialgesetz gegen die Sozialdemokratie nicht für nötig hielten. Unter Verweis auf französische und englische Erfahrungen hielt Miquel *«einen Umschwung in der Stimmung der arbeitenden Klassen nicht für ausgeschlossen. Wie andere revolutionäre Ideen, so hätten auch die sozialdemokratischen Lehren doktrinär angefangen, allmählich verblasse die Doktrin, die Menge verlange nach Verbesserungen, nehme sie von dort an, von wo sie sie erhalte und wende sich von den Führern ab, welche nichts Reales zu bieten vermöchten»*.[143]

Es ist für die Erklärung der Preußenkasse-Gründung von Bedeutung, dass Miquel diese Linie der Versöhnungs- und Spaltungspolitik nach wenigen Jahren wieder verließ – voller Enttäuschung darüber, dass deren Erfolg augenscheinlich ausblieb. Die Sozialdemokratische Partei erhöhte ihren Stimmenanteil bei den Reichstagswahlen 1893 noch einmal auf 23,4 Prozent; außerdem weckten Anarchisten-Versammlungen in Berlin 1893 und anarchistische Attentate auf den italienischen Ministerpräsidenten Francesco Crispi und den französischen Staatspräsidenten Marie François Sadi Carnot im Sommer 1894 Revolutionsfurcht. Miquel gewann seit 1893 die Überzeugung, dass die soziale Reformpolitik weder die Arbeiterschaft zur Staatstreue erziehen noch die Sozialdemokratie spalten könne;[144] an die Ernsthaftigkeit und Durchsetzungsfähigkeit des Revisionismus innerhalb der Sozialdemokratie glaubte er nicht. Soweit sie sich an die Adresse der Arbeiterschaft wandte, wurde seine Politik jetzt reine Abwehr-, Kampfpolitik. Sie führte nicht zu Erfolgen in der Gesetzgebung,[145] kennzeichnete aber seinen Sinneswandel. In der Wahlrechtsfrage äußerte sich dieser darin, dass Miquel nun eine Änderung des Reichstagswahlrechts vorschlug: Ein Viertel des Reichstags sollte durch die (auf qualifiziertem Stimmrecht beruhenden) Einzellandtage gewählt, die Wahlberechtigung sollte von einem höheren Wahlalter und einem mehrjährigen festen Wohnsitz abhängig gemacht werden; *«unser monarchischer Staat könne sich mit dem allgemeinen Wahlrecht auf die Dauer nicht vertragen»*.[146]

Im preußischen Staatsministerium wurde Miquel zwar nicht die treibende Kraft (das waren die Innenminister Ernst von Köller und Eberhard von der Recke), aber doch der einflussreiche Unterstützer der Bestrebungen, die nun den Handlungsspielraum der Sozialdemokratie wieder einschränken und die Ausdehnung gewerkschaftlicher Aktivitäten verhindern wollten. Die so genannte Umsturzvorlage, die ab Oktober 1894 beraten wurde und am 11. Mai 1895 im Reichstag verworfen wurde, trug Miquel voll mit. Sie wollte unter anderem die Aufreizung zum Klassenhass, Angriffe auf Familie und Eigentum und die Verächtlichmachung des Staates stärker bestrafen als bisher.[147] Desgleichen stimmte er einer Novellierung des preußischen Vereins- und Versammlungsgesetzes zu, die ab Februar 1895 im Staatsministerium beraten und schließlich als ‹kleines Sozialistengesetz› 1897 im Abgeordnetenhaus abgelehnt wurde. Nach diesem Gesetz hätte die Polizei Vereine und Versammlungen auflösen können, die – sehr dehnbar – den öffentlichen Frieden und die Staatssicherheit gefährdeten.[148] Am deutlichsten kam die gegenüber 1890/91 gewandelte Lagebeurteilung zum Ausdruck, als das Staatsministerium am 2. Februar 1895 über die Frage beriet, ob die seit 1869 zugelassenen Gewerkschaften nun auch gesetzlich anerkannt werden sollten. Erst diese Rechtsfähigkeit hätte den Gewerkschaften zum Beispiel den Erwerb von Grundeigentum (etwa eines Gewerkschaftshauses), die Einrichtung von Unterstützungskassen oder Einklagungen vor Gericht ermöglicht. Miquel lehnte die gesetzliche Anerkennung in der laufenden Landtagssession ab. Sie passe nicht zu einem Zeitpunkt, «*wo die Forderungen einer positiven Sozialpolitik einigermaßen zurücktreten müßten gegen das Interesse der Sicherheit des Staats und wo die Grundstimmung der besitzenden Klassen, deren man zur Durchsetzung der für nothwendig erachteten Repressivbestimmungen nicht entrathen könne*», gegen eine solche Anerkennung sei. Außerdem müsse die gesetzliche Anerkennung mit Kautelen gegen Missbrauch versehen werden, die weniger als früher entbehrt werden könnten, «*weil die sozialdemokratischen Ideen tiefer in die Massen eingedrungen seien*».[149]

Ein letzter repressiver Versuch, dem Umsturz vorzubeugen, war die vom Kaiser in Gang gesetzte so genannte Zuchthausvorlage zum Arbeitswilligenschutz, die am 20. November 1899 im Reichstag scheiterte. Sie sollte Arbeiter, die andere Arbeiter mit physischer und psychischer Gewalt zur Teilnahme an Streiks und Gewerkschaften zwangen, schärfer bestrafen (zum Beispiel auch das bloße Streikpostenstehen), als die Gewerbeordnung dies bisher tat. Miquel hat dieses Gesetz in der Tendenz gebilligt, allerdings nicht die bei besonders schweren Fällen drohende Zuchthausstrafe, deren Einfügung auf ein Votum des Kaisers zurückging.[150] Die Zuchthausvorlage ist bereits der Sammlungspolitik im engeren Sinne zuzurechnen, mit der Miquel ab 1897 die staatserhaltenden, produktiven Stände – das heißt Landwirtschaft, Industrie, Handel und Mittelstand – gegen die Kräfte des Umsturzes einigen wollte. Diese Sammlungspolitik führte – nach Miquels Ausscheiden aus dem Amt – in wirtschaftlichen und militärischen Fragen (Zölle, Mittellandkanal, Flottenbau) tatsächlich zu Kompromisslösungen; in ihrer eigentlichen Stoßrichtung, schon in der Einigung auf Repressivmaßnahmen und erst recht in der Niederhaltung der Sozialdemokratie, blieb sie ohne Erfolg.[151]

Die Kampfmaßnahmen gegen die Sozialdemokratie waren indessen nur die eine Konsequenz, die Miquel (mit anderen) aus den enttäuschten Hoffnungen in die Wirkungen der 1890 forcierten Sozialpolitik zog; sie sollten die sozialdemokratische ‹Agitation› eindämmen. Die andere Konsequenz war, die Widerstandsfähigkeit des bäuerlichen und gewerblichen Mittelstandes gegen diese Agitation zu stärken. Sozialpolitik wurde für Miquel nun in erster Linie Mittelstandspolitik.[152] Die übergeordnete Aufgabe auch der Preußenkasse war es, zur «*Wohlfahrt für den Kleinbesitz in Stadt und Land*» beizutragen.[153] Ausgangs- und Schwerpunkt dieser Mittelstandsförderung war eine agrarische Reformpolitik, welche die überschuldungsbedrohte bäuerliche Bevölkerung kräftigen sollte.[154] Solche Reformmaßnahmen wurden ab 1893 im preußischen Staatsministerium erörtert. Es war Miquel, der dort am 8. Dezember 1893 die große agrarische Sachverständigenkonferenz anregte, die dann vom 28. Mai bis 2. Juni 1894 stattfand.[155] Im November 1894 fand er Gelegenheit, seine agrarpolitischen Pläne dem Kaiser darzulegen – in Reaktion auf eine Rede, die Georg von Vollmar, der dem moderaten, revisionistischen Flügel der Sozialdemokratischen Partei angehörte, auf dem Frankfurter Parteitag gehalten hatte. Vollmar hatte sich gegen die sozialdemokratische Orthodoxie für den Schutz des bäuerlichen Privateigentums eingesetzt: Solange der Boden sich im Besitz des bäuerlichen Produzenten befinde, brauche er auch nicht vergesellschaftet zu werden; der Staat müsse ihn gegen Überschuldung und Enteignung schützen.[156] Miquel warnte den Kaiser: Vollmar verheimliche die eigentlichen Ziele der revolutionären Partei, nämlich die Vergesellschaftung auch der bäuerlichen Produktionsmittel. In Anbetracht der gegenwärtig ungünstigen Lage des Grundbesitzes doppelt notwendig, müssten nun aber umfassende Reformen zur Erhaltung von dessen Leistungsfähigkeit in Angriff genommen werden, damit «*die revolutionären Wühlereien an dem harten Schädel des deutschen Bauern scheitern müssen*». Schon demnächst werde er den König um Zustimmung bitten, den staatlichen Kredit «*einer besseren Organisation des bäuerlichen Kredits und der Bekämpfung der Überschuldung des Grundbesitzes überhaupt*» zur Verfügung zu stellen.[157] In dieses Programm fiel dann die Errichtung der Preußenkasse; sie war für Miquel eines der Mittel, mit denen der Umsturz verhindert werden sollte. Die Kasse entstand in den Monaten des Jahres 1895, in denen auch die repressiv ausgerichteten Gesetzesentwürfe gegen den Umsturz und zum preußischen Vereinsrecht beraten wurden. Zugespitzt kann man sagen: Die drohende Überschuldung in der Landwirtschaft setzte bereits einen starken Reformimpuls. Aber ohne die Umsturzbefürchtung hätte es die ungeduldige Konzentration auf die seit Ende 1893 betriebene ‹agrarpolitische Reformaktion› und die Preußenkasse auch nicht gegeben.[158]

Warum Förderung des Personalkredits? Die Preußenkasse im agrarpolitischen Zusammenhang

In den Darstellungen zur Genossenschaftsgeschichte erscheint die Gründung der Preußenkasse geradezu als ein Einzelereignis im freien Raum. Dabei bleibt außer Acht, dass die Preußenkasse in der Sicht ihres Gründers lediglich ein Teil – wenn auch vielleicht der (wichtige) Schlussstein – eines mehrteiligen agrarpolitischen Programms war. Dieses Programmpaket enthielt so genannte kleine Mittel zur Überwindung der Agrarkrise: Maßnahmen zur Produktivitätssteigerung (zum Beispiel Landwirtschaftskammern), zur Errichtung klein- und mittelbäuerlicher Besitzungen (Rentengüter), zur Reform des Erbrechts und zur Organisation des Personalkredits (Preußenkasse, Kornhausgenossenschaften). In diese Maßnahmen brachte Miquel seit seiner Göttinger Zeit gewachsene, nun aber verstärkt umgesetzte Überzeugungen ein. Die ‹kleinen Mittel› hoben sich von den ‹großen Mitteln› ab, die der Bund der Landwirte, eine im Frühjahr 1893 gegründete agrarische Interessenvertretung, zur Bekämpfung der Agrarkrise propagierte: Hochschutzzölle, staatliches Getreidehandelsmonopol, Verbot des Terminhandels (Börsenreform), Abschaffung des Goldstandards (Doppelwährung). ‹Große› und ‹kleine› Mittel unterschieden sich in mehrfacher Hinsicht: Die ‹großen› Mittel setzten an der Nachfrage nach den landwirtschaftlichen Produkten an; sie wollten – kurzfristig – die Ertragslage durch Anhebung des Preisniveaus verbessern. Die ‹kleinen› Mittel zielten auf eine – nachhaltige – Verbesserung der strukturellen Angebotsbedingungen. Die ‹großen› Mittel waren an die gesamte Landwirtschaft adressiert, kamen aber in erster Linie dem Großgrundbesitz zugute; die ‹kleinen› Mittel galten in erster Linie der Entwicklung und Kräftigung der bäuerlichen Betriebe, also nicht des Großgrundbesitzes.

Miquel stellte sich durchaus nicht prinzipiell gegen alle ‹großen› Mittel, im Gegenteil sympathisierte er mit einem dieser Mittel zeitweise, mit einem anderen durchgehend. Aber Mitte der 1890er-Jahre schienen sie ihm allesamt nicht erfolgversprechend zu sein. Keine Sympathien entwickelte Miquel für den Antrag des Konservativen Hans Graf von Kanitz, den Einkauf ausländischen Getreides zu verstaatlichen und die Verkaufspreise für Getreide auf einem mittleren Niveau festzulegen: Der Antrag fiel zweimal, 1894 und 1896, im Reichstag durch. Miquel zweifelte an der Fähigkeit des Staates, den Getreidehandel zu regulieren,[159] wie er ohnehin Staatsmonopolen skeptisch gegenüberstand.[160] Nur zur Sicherung der Getreideversorgung im Kriegsfall hielt er die staatliche Mengen- und Preisregulierung für gerechtfertigt, wie seine Reaktion auf eine entsprechende Interpellation des Grafen Kanitz im Jahr 1898 zeigt.[161] Auf der gleichen Linie lagen die Sondermaßnahmen, die er 1898 zur finanziellen Kriegsvorbereitung vorschlug (zum Beispiel einen Zwangskurs der Mark und die Erhöhung des Kapitals der Reichsbank, um – unabhängig vom Saldo der Leistungsbilanz – zur Stärkung der Goldreserven Gold kaufen zu können[162]). Dem Gedanken, Silber (ergänzend zum Gold) wieder als Währungsmetall zuzulassen, damit die Deckungsgrundlage für die Ausgabe der Banknoten zu erweitern und über die Ausweitung der Geldmenge die Getreidepreise zu erhöhen, neigte Miquel anfangs offenbar zu. Der Freikonservative Wilhelm von Kardorff berichtete, Miquel habe sich 1892/93 vom Bimetallismus überzeugen lassen, der unausbleiblich sei, wenn die deutsche Landwirtschaft «*und das ganze deutsche Reich*» gerettet werden sollten.[163] Miquels Stellungnahmen im Jahr 1895 vermittelten dann jedoch, in scharfem Gegensatz zu den agrarischen Auffassungen (und vor dem Hintergrund der Goldfunde in Transvaal), ein anderes Bild: Deutschland habe vielleicht das am wenigsten dringliche Bedürfnis nach einer Änderung des Weltwährungssystems; und die Frage müsse im Benehmen mit den großen Mächten, vor allem England, geklärt werden.[164] Da England aber beim – den internationalen Handel begünstigenden – Goldstandard blieb, erledigte sich auch für Deutschland die Frage eines Währungswechsels.

Mit ganz anderem Nachdruck setzte Miquel sich für einen schärferen agrarischen Zollschutz ein, aber erst ab 1897, nicht schon in der Zeit der Preußenkasse-Gründung. Er hatte sich nach 1879 in die Bismarck'schen Einfuhrzölle auf Getreide und Eisen gefügt, auch in deren drastische Erhöhungen 1885 und 1887, und zwar entschiedener als seine nationalliberalen Parteikollegen, wobei er die Erhaltung des liberal-konservativen Kartells im Auge hatte.[165] Als nach dem Abgang Bismarcks und mit dem Auslaufen der bestehenden Handelsverträge im Jahr 1892 die neue Reichsregierung unter dem Kanzler Leo von Caprivi zu einer Politik exportfördernder Handelsverträge mit deutlich niedrigeren Zollsätzen überging, folgte Miquel dem nur widerwillig. In Bezug auf den zuletzt abgeschlossenen Handelsvertrag mit Russland (1894) musste er schließlich einräumen, dass die Aufrechterhaltung der hohen Getreidezölle die billigen russischen Getreideimporte – über Österreich – nicht verhindert habe;[166] und es war klar, dass die Schutzzölle, so hoch sie auch waren, für den Einbruch der Getreidepreise ab 1892 nicht verantwortlich waren. Miquels handelspolitische Aktivitäten beschränkten sich in dieser Zeit auf Maßnahmen zur Kompensation des Zollabbaus. Gemeinsam mit dem Landwirtschaftsminister erreichte er 1894 eine indirekte Exportsubvention vor allem für die ostelbischen Getreideproduzenten: Getreideexporteure erhielten frei handelbare ‹Einfuhrscheine›, mit denen bei Getreideimporten die Zollgebühren für die gleiche Menge Getreide bezahlt werden konnten.[167] Die neuen Handelsverträge liefen erst ab 1903 wieder aus. Schon ab 1897 allerdings bereitete Miquel, zusammen mit dem Staatssekretär des Reichsamts des Innern, Arthur von

Posadowsky-Wehner, deren Revision im agrarprotektionistischen Sinne vor; es war dies ein Hauptfeld seiner Sammlungspolitik. Das Ergebnis, das erst 1902, nach Miquels Abgang, durch die Vermittlung des Reichskanzlers Bernhard von Bülow zustande kam, war ein Kompromiss zwischen Export- und Zollschutzinteressen, der hinter den Agrarschutzwünschen Miquels zurückblieb, aber auch die Forderungen der Agrarier nicht befriedigte: Nur für die wichtigsten Getreidearten wurde die Idee Miquels und Posadowskys verwirklicht, neben einem allgemeinen (hohen) Zolltarif einen Mindesttarif einzuführen, der auch in Handelsverträgen nicht unterschritten werden durfte. Das Handelsvertragssystem Caprivis blieb insofern – abgesehen von den deutlich erhöhten Zollsätzen – für viele landwirtschaftliche Produkte intakt.[168]

Die ‹großen Mittel› schienen Miquel letztlich untauglich, oder sie waren – zunächst – nicht zur Hand. Das trug dazu bei, dass Miquel sich Mitte der 1890er-Jahre ganz auf die ‹kleinen Mittel› zur Stabilisierung der bäuerlichen Betriebe konzentrierte. Aber dass er sich bei den ‹kleinen Mitteln› auch dann weiter engagierte, als er ab 1897 die Revision der liberalen Caprivi'schen Handelsverträge betrieb, zeigt, welches Eigengewicht diese agrarstrukturellen Reformmaßnahmen für ihn hatten. Sie waren das Kernstück von Miquels agrarpolitischem Denken und in ihrer Breite bei keinem seiner Minister- und Politikerkollegen zu finden.

Miquels ‹kleine Mittel› zur Kräftigung des bäuerlichen Besitzes setzten an zwei Punkten an: an der Besitzumschichtung zulasten des Großgrundbesitzes und an der Verschuldungsverhütung. Die Umrisse dieses Programms sind bereits in den frühen 1870er-Jahren deutlich erkennbar.[169] Die Verschuldungsfrage war das zentrale Thema der Agrarkonferenz vom Mai/Juni 1894; für Miquel lieferte diese Diskussion zum Teil die Bestätigung älterer Überlegungen, sorgte aber wohl auch für deren Weiterentwicklung.

Miquel hielt in all diesen Jahrzehnten den Großgrundbesitz im östlichen Preußen für überdimensioniert, den Mittel- und Kleinbesitz für zu wenig entwickelt. Zwar verlor sich die anfängliche politische Aversion gegen die Gutsbesitzer, nachdem er als Minister auf die parlamentarische Unterstützung der Konservativen angewiesen war;[170] auch galten sie ihm 1899 *«noch heute als die nothwendigen Kulturträger in diesem Lande»*.[171] Aber das Urteil über die ungünstige Bodenverteilung war geblieben. Ein Teil des Großgrundbesitzes sei wirtschaftlich nicht dauerhaft lebensfähig. Der Klein- und Mittelbesitz hingegen sei wichtig als Gegengewicht gegen die *«großen sozialen Bewegungen gefährlicher Art»*.[172] Da er dem lebensfähigen Teil des Großgrundbesitzes Arbeitskräfte zuführe, sei seine Ausdehnung auch das wirksamste Mittel zur Beseitigung des landwirtschaftlichen Arbeitskräftemangels; nur wenn man ihm die Hoffnung auf eigenes Eigentum gebe, könne man den Landarbeiter der Landwirtschaft erhalten.[173]

Die Ursache der übermäßigen ländlichen Verschuldung fand Miquel vor allem in dem Vordringen individualistischer römisch-rechtlicher Vorstellungen im landwirtschaftlichen Besitzrecht, in den Kaufverträgen, insbesondere aber im Erbrecht: in der Wertbemessung der Güter (gleich dem städtischen/gewerblichen Kapital) nach dem Verkehrs- oder Kaufwert, nicht nach dem – der Landwirtschaft allein zuträglichen, meist niedrigeren, dauerhaften – Ertragswert, in der freien Teilbarkeit des Vermögens und im Erbfall in der gleichen Bedenkung aller Erben.[174] Bei gleichem Erbrecht konnte der Erbfall über die Naturalteilung oder über die Geldabfindung der Miterben zu gleichen Teilen geregelt werden. Miquel hielt die Naturalteilung für vertretbar zum Beispiel in den stadtnahen, intensiv wirtschaftenden Spaten-, Garten- und Weinkulturen der Rheinebene, nicht aber etwa in den großflächigen Getreideanbaugebieten des preußischen Ostens. Dort musste die Gleichbehandlung aller Erben entweder zu unwirtschaftlicher Zersplitterung oder zur Überschuldung der Hoferben führen. In der Empfehlung der Stein-Hardenberg'schen Agrarreformen nach 1807, die Verschuldung durch ‹Abverkauf› von Grundstücken zu vermeiden, sah er eine verhängnisvolle Fiktion.[175] Die gleiche Geldabfindung unter Zugrundelegung des Kaufwertes (also nicht des Ertragswertes) aber privilegiere, so Miquel zum Beispiel im Abgeordnetenhaus 1896, die erste Erbengeneration: Der Hoferbe könne schon diese Schulden nicht tilgen, er vererbe sie seinerseits. In der nächsten Generation bekämen die Erben schon weniger, *«denn es ist weniger zu teilen da. Und schließlich ist das Gut so verschuldet, daß trotz des gleichen, schönen, humanen römischen Erbrechts nichts mehr zu teilen übrig bleibt»*.[176] Die ländliche Verschuldung war nach Miquels Beobachtung dort am höchsten, wo – wie zum Beispiel im preußischen Osten – Realteilung praktiziert wurde, obwohl die wirtschaftlichen Voraussetzungen (und die entsprechenden Traditionen) dafür fehlten.[177]

Wie war die Bodenverteilung gleichmäßiger zu gestalten, wie die Verschuldung zu vermindern? Miquels zentrale Antwort in der Bodenverteilungsfrage war die Errichtung von bäuerlichen Rentengütern zulasten des Großgrundbesitzes. In der Verschuldungsfrage lautete sie: Verstopfung der Verschuldungsquelle im Erbrecht, das heißt Ausdehnung des Anerbenrechts. In beiden Fällen waren die Konsequenzen des römischen Besitzrechts zu vermeiden. Rentengut hieß in seiner letzten Ausformung, dass der Übernehmer weder den Preis – nach Kaufwert berechnet – bar erlegen (was kaum jemandem möglich war) noch eine vom Gläubiger kündbare Hypothek aufnehmen, sondern lediglich eine langjährige, aber amortisable und nach Ertragswert berechnete Rente zahlen musste; während der Rentenlaufzeit durfte er das Gut aber auch nicht veräußern oder parzellieren.[178] Anerbenrecht bedeutete schließlich, dass der Hoferbe die Miterben nur nach dem Ertragswert abzufinden brauchte und außerdem – als Entgelt für sein Risiko und seine Arbeitskraft – ein Drittel des Grundvermögens als ‹Voraus› für sich einbehalten konnte. Leitvorstellung dabei war, dass der Hoferbe seine Erbschulden in seiner Lebenszeit selbst tilgen können musste.[179] Eigentum sollte (gegen Überschuldung) gesichert werden, indem es Verfügungsbeschränkungen unterworfen wurde; die preußische Agrarreform (1807–1850) dagegen hatte das bäuerliche Eigentum mit voller Verfügungsfreiheit, also auch der Verschuldungsfreiheit, ausgestattet.[180]

Bei der (zaghaften) Neuorientierung der preußischen Agrarverfassungspolitik seit den 1870er-Jahren (der staatlichen Korrektur der Bodenbesitzverteilung und Rückkehr zu gebundenen Eigentumsformen) spielte Miquel eine prominente Rolle. Im Jahr 1874 trug er als Landtagsabgeordneter wesentlich dazu bei, das Höferecht in der Provinz Hannover durchzusetzen; (nur) sofern er sich in eine Höferolle eintragen ließ, galt für den Eigentümer nun das Intestat-Anerbenrecht.[181] Seine Umverteilungsversuche starteten 1873 mit dem erfolgreichen, wenn auch bescheidenen Antrag an die Regierung, einige staatliche Domänen in bäuerliche Besitzungen zu zerlegen.[182] Im Jahr 1886 gelang es ihm, das Rentengut-Prinzip in die preußische Gesetzgebung einzuführen. Als Miquel auf Wunsch Bismarcks zur Begutachtung der Plan vorgelegt wurde, zur Stärkung des Deutschtums in Posen und Westpreußen notleidende polnische Güter aufzukaufen und an deutsche Siedler aufzuteilen, gab er ihm eine neue, von Bismarck gutgeheißene und Rechtskraft erlangende Wendung: Die Regierung stellte nicht nur zehn Millionen, sondern 100 Millionen Mark für diese Ansiedlung zur Verfügung; die ‹Ansiedlungsgüter› sollten nicht, wie ursprünglich vorgesehen, in Zeitpacht oder als freies Eigentum, sondern als Rentengut vergeben werden.[183] Drei Jahre später unterstützte er dann lebhaft konservative Anträge im Landtag, die Umwandlung von Gutsland in Rentengüter auf den gesamten (also nicht nur polnischen) privaten Großgrundbesitz auszudehnen. Mit dem Rentengutsgesetz vom 27. Juni 1890 trat die von staatlichen ‹Generalkommissionen› gelenkte allgemeine Rentengutsbildung neben diejenige aus polnischem Besitz, die von der ‹Ansiedlungskommission› durchgeführt wurde. Die Rentengutsbildung kam aber erst in Gang, nachdem die Regierung durch das zweite, schon in die Ministerzeit Miquels fallende Rentengutsgesetz (vom 7. Juli 1891; das erste war am 27. Juni 1890 erlassen worden) massive finanzielle Mitwirkung bereitgestellt hatte: Die staatlichen Rentenbanken zahlten den an schnellem Geld gelegenen Rentengutsverkäufern den Ertragswert des Gutes in einer Summe aus und wurden an deren statt Empfänger der jährlichen (ablösbaren) Rentenzahlungen der Rentengutskäufer; außerdem stellten sie den Gutsübernehmern Siedlungskredite für die Ersteinrichtung der Güter zur Verfügung.[184]

Als 1893 die agrar- und sozialpolitische Doppelkrise ausbrach, schienen jedoch die ‹kleinen› Abwehrmittel höchst unvollkommen ausgebildet. Der quantitative Erfolg der Rentengutsbildung war ungewiss. Die Verankerung des Anerbenrechts über die freiwillige Eintragung in eine ‹Höferolle› hatte sich – auch in den Augen Miquels – als Misserfolg herausgestellt.[185] Und schließlich wurden nun zunehmend auch die Einführung einer Verschuldungsgrenze und die Förderung des Personalkredits als Maßnahmen zur Verminderung der Realkreditverschuldung wahrgenommen. Das agrarpolitische Programm zur Stärkung des bäuerlichen Mittelstandes, das Ende 1893 ins Auge gefasst, von Miquel maßgeblich mitbetrieben und großenteils auf der Agrarkonferenz im Mai/Juni 1894 erörtert wurde, umfasste daher Maßnahmen, die intensiviert (Rentengut), wieder aufgenommen (Anerbenrecht) und erstmals in Angriff genommen (Verschuldungsgrenze, Personalkredit) werden mussten. In der organisatorischen Mitwirkung und Propagierung dieses Reformpakets sah Miquel auch den eigentlichen Zweck der neuen Landwirtschaftskammern; daher setzte er sich – gegen den Widerstand des zuständigen Landwirtschaftsministers – 1893/94 auch für deren sofortige obligatorische, nicht nur fakultative Einrichtung ein.[186] Wie hatte er die Durchführung des Reformprogramms betrieben, wie gliederte sich darin die Förderung des Personalkredits ein?

Die Einführung des Intestat-Anerbenrechts – ohne die Notwendigkeit der Eintragung in eine Höferolle – startete zügig. Das Recht wurde zuerst (1896), um deren Erhalt über Generationen zu sichern, für die staatlich finanzierten Renten- und Ansiedlungsgüter eingeführt und in beiden Häusern des Landtags von Miquel lebhaft verteidigt.[187] Die besondere Förderung durch den Staat bestand darin, dass die Rentenbanken – wie schon 1891 die Kaufrenten – nun auch die Erbabfindungen in einer Summe auszahlen und sich selbst zu den Rentenberechtigten machen konnten.[188] Die weitere Ausdehnung des Anerbenrechts stockte dann allerdings. Das mag zum Teil daran gelegen haben, dass Miquel nicht bereit war, staatliche Mittel für Erbabfindungen jenseits der Renten- und Ansiedlungsgüter bereitzustellen.[189] Außerdem erwies sich der liberale Widerstand gegen die im Anerbenrecht liegende Bindung des Eigentums als schwer überwindbar, wie sehr Miquel auch betonte, das Anerbenrecht nicht gegen Tradition und Willen der Bevölkerung durchsetzen zu wollen. Die Einführung des Intestat-Anerbenrechts gelang nur noch im Jahr 1898 für die Provinz Westfalen.

Auch die Rentengutsbildung stockte bald. Die Zahl der jährlichen Neugründungen sank von einem Höchststand von 1962 (1894) kontinuierlich auf einen Tiefststand von 311 (1902).[190] Die Regierung reagierte mit einer Erleichterung für die Rentengutsverkäufer, indem sie ihnen ab 1900 für die Dauer des Aufteilungsverfahrens (bis zum Eingang der Zahlungen der Ansiedler) einen Zwischenkredit zur Schuldenablösung und zum Aufbau der Ansiedlergehöfte zur Verfügung stellte.[191] Das Zwischenkreditgesetz vom 12. Juli 1900 war gleichzeitig die Antwort Miquels auf den konservativen Antrag Anfang 1899 an den Landtag, die Regierung möge Maßnahmen gegen die ‹Leutenot› in der ostelbischen Großlandwirtschaft ergreifen.[192] Die Vermehrung des bäuerlichen Klein- und Mittelbesitzes schien Miquel – neben der Produktivitätssteigerung über Maschinisierung der Landwirtschaft – nach wie vor das wichtigste Mittel dazu zu sein.[193] Die Großgrundbesitzer votierten dagegen für die Verlängerung der Jahresarbeitszeiten der billigen Saisonarbeitskräfte aus Russisch-Polen und Galizien. Dem setzte Miquel jedoch das nationale Interesse an einer «*Verhinderung einer slawischen Überfluthung unseres Ostens*» entgegen.[194] Sein Eintreten für die Ausdehnung des bäuerlichen Eigentums hatte ab Mitte der 1890er-Jahre neben dem sozialpolitischen auch (wieder) ein nationalpolitisches Motiv. Vorher, in den Jahren des ‹Neuen Kurses›, hatte auch er einen Versöhnungskurs gegenüber den Polen gesteuert. Er glaubte an die staatsbürgerliche Einschmelzung nicht nur der Arbeiterschaft, sondern auch der Polen Westpreußens und Polens in den preußischen Staat. Dieses Vertrauen verlor sich, als er nun eine großpolnische Agitation wirken sah, die zur Loslösung dieser Provinzen von Preußen führen konnte.[195] Der bis dahin üblichen Praxis der Generalkommissionen, Rentengüter auch an Polen zu vergeben, wurde ein Riegel vorgeschoben.[196] Und die Mittel der 1886 errichteten Ansiedlungskommission, die Rentengüter (wenn sie auch großenteils aus deutschem, nicht polnischem Besitz kamen) nur an deutsche Siedler vermittelte, wurden durch Gesetz vom 20. April 1898 auf 200 Millionen Mark verdoppelt. Miquel trug die Hauptlast bei der parlamentarischen Begründung dieses Gesetzes.[197] Auf polnischer und linksliberaler Seite galt er nun als ein Haupttreiber der konfliktverschärfenden Polenpolitik der Regierung.[198] Aber in seinen – leidenschaftlichen – Landtagsreden ab 1898 stellte er sich als Vertreter einer im Rahmen des Nationalstaatsdenkens des ausgehenden 19. Jahrhunderts moderaten Germanisierungspolitik dar. Er stritt, um die deutsche Dominanz in Posen und Westpreußen zu erhalten beziehungsweise herzustellen, für die Vergabe von Ansiedlerstellen nur an Deutsche und für Zweisprachigkeit der Polen; aber die Ausweisungspraxis der 1880er-Jahre und die Enteignungspolitik und Sprachendiskriminierung des Jahres 1908 lagen ihm fern.[199]

Zu keinem Ergebnis während Miquels Amtszeit als Minister führten die Beratungen der Agrarkonferenz vom Mai/Juni 1894 über die – dort im Prinzip mehrheitlich befürwortete – Einführung einer Verschuldungsgrenze. Die Meinungen gingen im Einzelnen stark auseinander. Man war sich uneinig, ob sie für den gesamten Realkredit, nur für die Erbabfindungen (was Miquel allein für realistisch hielt) oder auch für den Personalkredit eingezogen werden sollten;[200] außerdem befürchtete man sinkende Verkaufspreise und Erschwerungen beim Verkauf der Güter. Das Abgeordnetenhaus lehnte eine Verschuldungsgrenze, die der Regierungsentwurf zum Anerbengesetz von 1896 enthielt, ab.[201] Zur gesetzlichen Eintragungsmöglichkeit einer Verschuldungsgrenze kam es erst 1906 – mit begrenztem Erfolg.[202]

Welchen Platz hatte die Förderung des Personalkredits bei der Eindämmung der Realkreditverschuldung? Auch für Miquel stand fest: Der Realkredit tauge (nur) zur Langfristfinanzierung von Erbabfindungen, Gutserwerb, Bau von Scheunen und Ställen etc., der Personalkredit (nur) zur vorübergehenden Finanzierung des Betriebskapitals etwa bis zur nächsten Ernte; keine der beiden Kreditarten habe im jeweils anderen Bereich etwas zu suchen. Nun hatte Miquel als eine oder die Hauptursache der hohen Realkreditverschuldung die Belastung mit Erbabfindungen und Kaufresten ausgemacht;[203] daher das Gewicht, das er auf die Verbreitung des Anerbenrechts legte. Spielte also die Inanspruchnahme von Realkredit, wo Personalkredit eigentlich zuständig war, nur eine Nebenrolle bei der Realkreditverschuldung? Es ist entscheidend für die Errichtung der Preußenkasse, dass Miquel diesen Schluss nicht zog. Ob widersprüchlich oder nicht: Die hypothekarische Verschuldung zum Zweck vorübergehender Betriebsfinanzierung wurde ihm bedeutend genug, um mit der Förderung des Personalkredits dagegen anzugehen. Und dies umso mehr, als er dem Personalkredit einen besonderen moralischen Wert beimaß: *«Der Personalkredit* […] *ist regelmäßig der Kredit der ordentlichen Leute, wo der Mensch, die Person das Vertrauen verdient durch seine Sparsamkeit, durch sein verständiges Arbeiten, während nur zu häufig der Realkredit der Kredit derjenigen ist, die diese Eigenschaften nicht besitzen, die unbekümmert um das Wohl und Wehe der Familie und ihrer Nachkommen den Grund und Boden selbst verschulden.»*[204]

Die moralisch beflügelte Wertschätzung des rasch zurückzuzahlenden Personalkredits gegenüber dem gegebenenfalls die nachfolgenden Generationen belastenden Realkredit schuf Distanz zu den Realkredit betreibenden Sparkassen.[205] Sie motivierte Miquel zur Gründung der Preußenkasse ebenso wie – auch dies ein ‹kleines Mittel› – zum wirksamen Engagement für die Errichtung von Kornhausgenossenschaften (1896): Vom Staat errichtete, aber genossenschaftlich betriebene Kornlagerhäuser sollten den klein- und mittelbäuerlichen Betrieben die Möglichkeit geben, über Gemeinschaftslagerung und -verkauf den Getreidepreis in gewissen Grenzen zu beeinflussen und sich unabhängiger vom Zwischenhandel zu machen.[206] Die Preußenkasse entwickelte für die Kornhausgenossenschaften das Kreditinstrument des Wechsellombards[207] und legte den Verbandskassen nahe, bei der Weitergabe dieser Kredite an die Kornhausgenossenschaften die Zinsspanne von einem halben Prozent auf ein Viertel Prozent zu ermäßigen.[208]

Miquel verfolgte bei der inneren Kolonisation zeitweise auch nationalpolitische Ziele. Verband er auch mit der Preußenkasse nationalpolitische Absichten – zusätzlich zu den oben erörterten sozialpolitischen Motiven? Miquel hat die Preußenkasse als Instrument zur Abwehr des Polentums nur sehr zurückhaltend eingesetzt. Sein Prinzip war, dass die Preußenkasse alle Genossenschaften im Staat gleichmäßig bedenken, Kreditkündigungen nur aus wirtschaftlichen Gründen vornehmen sollte. Als der Landwirtschaftsminister Hammerstein ihn im Juni 1896 ersuchte, die Geschäftsverbindungen mit der Vereinsbank der Polnischen Erwerbs- und Wirtschaftsgenossenschaften, die ausschließlich polnische Agitationszwecke verfolge, einzustellen, lehnte er ab. Die Bedingungen, welche die Preußenkasse der Vereinsbank schließlich ab dem 1. April 1898 für die Weitergewährung ihrer Vorzugskredite stellte, dienten eher der Behauptung auch der deutschen als der Verdrängung der polnischen Sprache: Zulassung deutscher Mitglieder in den angeschlossenen Genossenschaften; Verwendung der deutschen Sprache gegenüber Deutschen; Veröffentlichungen auch in deutscher Sprache; Protokolle auch in deutscher Sprache, sofern es deutsche Mitglieder gab. Noch zu Amtszeiten Miquels begann die Preußenkasse aber offenbar – Zeichen des zunehmenden Nationalitätenkonflikts –, die Vereinsbank bei der Kreditvergabe zu benachteiligen.[209]

Warum Genossenschaften und Staatseingriffe? Miquels ‹Hilfe zur Selbsthilfe›-Konzept

Warum eignete sich in Miquels Augen die staatliche Förderung des genossenschaftlichen Personalkredits als Bestandteil eines umfassenden agrarpolitischen Programms dazu, einem politischen Umsturz vorzubeugen? Die Erklärung ist in einigen Grundüberzeugungen zu finden, die Miquel von weitverbreiteten liberalen wie sozialistischen Anschauungen seiner Zeit abhoben: in einer aktivistischen Weltsicht und der Vorstellung, dass die Einflussnahme auf das Wirtschaftsleben ‹subsidiär›, in der Stufenfolge Individuum – Gemeinde und (zum Beispiel genossenschaftliche) Vereinigung – Staat, zu erfolgen habe.

Aktivistisches Weltbild bedeutet, dass Miquel die Behauptung unabwendbarer, unbeeinflussbarer Entwicklungen im Wirtschaftsleben nicht einfach hinnahm. Besonders in der Frage, ob gewerbliche und bäuerliche Mittelbetriebe sich in Zeiten fortgesetzter Produktivitätssteigerung halten ließen, betonte er diese Sicht immer wieder. Seit den frühen 1860er-Jahren, nach seiner marxistischen Lebensphase, trat er entschieden der sozialistischen Annahme vom unabwendbaren Untergang der Mittelbetriebe im Kapitalismus entgegen. Immer und immer wieder – es wurde ein Hauptthema seiner politischen Tätigkeit – kehrte er hervor, dass deren Überleben nicht nur notwendig, sondern auch möglich sei. Was die Durchhaltefähigkeit der bäuerlichen Betriebe, die zunehmend in den Mittelpunkt seines Interesses rückte, betraf, war die Begründung – zunächst – zweistufig. Sie bezog sich auf die Einflussmöglichkeiten einmal der Einzelpersonen, zum anderen von genossenschaftlichen Vereinigungen.

In den Augen Miquels beruhte die Konkurrenzfähigkeit des bäuerlichen Klein- und Mittelbesitzes gegenüber dem landwirtschaftlichen Großbetrieb einmal darin, dass der Bauer selbst mitarbeite und seinen eigenen Lohn verdiene: «*der gelehrte Bauer* [allerdings], *der auf die Jagd geht usw., richtet sich in der Regel bald zugrunde*».[210] In den Jahren sinkender Agrarpreise, aber stagnierender oder steigender Landarbeiterlöhne trat (ab 1889) das Argument hinzu, dass der Bauer im Unterschied zum Großgrundbesitzer keine teuren Arbeitskräfte beschäftigen müsse und den Großteil seiner Produkte selbst verzehre.[211] Dieses Argument erweckt den Eindruck, dass Miquel nur die Subsistenzbetriebe (bis zu fünf Hektar Nutzfläche), nicht aber auch die bäuerlichen Mittel- und Großbetriebe, die erheblich für den Markt produzierten,[212] für überlebensfähig hielt. Dies war aber nicht der Fall. Und dies umso weniger, als er den zweiten Pfeiler seines mittelständischen Überlebenskonstrukts in den Genossenschaften sah, deren Kredite die Bauern ja nur mit Erlösen aus verkauften Produkten zurückzahlen konnten. Der verwirrende, wechselnde Sprachgebrauch – mal sprach er von Klein-, mal von Mittelbetrieben, mal von beiden – lässt darauf schließen, dass Miquel im Prinzip das gesamte Spektrum bäuerlichen Besitzes für überlebensfähig hielt.

Seinen Genossenschaftsenthusiasmus bezog Miquel ursprünglich von Hermann Schulze-Delitzsch, mit dem er von 1859 bis 1865 im Nationalverein zusammenarbeitete. Dessen «*wunderbare*» Vorschussvereine setzte er als Abgeordneter der Zweiten Hannoverschen Kammer Mitte der 1860er-Jahre den sozialistischen Klassenkampfideen entgegen; die Solidarhaft aller mache das Kleingewerbe kredit- und überlebensfähig.[213] Etwas später propagierte er den genossenschaftlichen Zusammenschluss auch für die bäuerlichen Klein- und Mittelbetriebe, die durch solidarische Kreditvergabe und zum Beispiel gemeinsame Maschinennutzung die diesbezüglichen Vorteile des Großgrundbesitzes kompensieren könnten. Ab Mitte der 1870er-Jahre sah Miquel in beiden Bereichen, im Handwerk wie in der Landwirtschaft, die Selbsthilfe-Vereinigungen als Voraussetzungen für den Erhalt des Mittelbesitzes an.[214] Diese jahrzehntelange Wertschätzung erklärt Miquels Bereitschaft, 1895 für die staatliche Mittelstandsfinanzierung das organisatorische Fundament der Genossenschaften zu nutzen. Und die Kornhausgenossenschaften, deren Errichtung er 1896 mitbetrieb, hatten für ihn ihren besonderen Reiz darin, dass sie – als Verkaufsgenossenschaften – einen Schlussstein der Genossenschaftsentwicklung bildeten, die bei den Kreditgenossenschaften begann.[215]

Der Staat, der dritte Pfeiler im Miquel'schen Handlungsgefüge, sollte eigentlich nur hilfsweise in das Wirtschaftsleben eingreifen. Anlässlich der Kapitalerhöhung der Preußenkasse 1898 formulierte Miquel sein seit Langem gehegtes Stufenkonzept so: «*Was nur der Staat thun kann, soll der Staat thun; was nur die Gemeinde oder der Verein thun kann, das sollen sie thun, was das Individuum thun kann, soll allein das Individuum thun, und wenn es das Individuum kann, so ist es am besten gethan*». Maßgebend für den staatlichen Eingriff sollte seine Zweckmäßigkeit sein, die jeweils gerechtfertigt werden musste.[216] Zweckmäßig war Miquel eine Maßnahme dann, wenn sie der Erhaltung der bestehenden Staats- und Gesellschaftsordnung diente. Dabei war es ihm gleichgültig, ob sie sich mit der liberalen oder der staatssozialistischen Wirtschaftsauffassung deckte. Die Areligiosität gegenüber den großen Doktrinen seiner Zeit ist der Grundzug von Miquels wirtschaftspolitischem Denken.[217] So begrenzt ihm die Fähigkeiten des Staates zur Übernahme wirtschaftlicher Tätigkeiten schienen, so wenig teilte er die wirtschaftsliberalen Maximen der absoluten individuellen Verfügungsrechte und der Verbrauchersouveränität. Immer wieder führte er für seine Entscheidungen «[v]*on Fall zu Fall*» gegen die nationalökonomischen Doktrinen, besonders den Wirtschaftsliberalismus, die «*Geschichte*» und die «*Erfahrung*» ins Feld.[218] Die heftigen Attacken des «*Geschichtskenners*» Miquel gegen die lediglich aus der Manchesterdoktrin deduzierenden Linksliberalen wie Ludolf Parisius und Eugen Richter zogen sich durch Miquels Landtagsreden der 1890er-Jahre.[219] Hintergrund (jenseits des wissenschaftstheoretischen Disputs zwischen Theorie und Erfahrung) war aber die Überzeugung Miquels, dass sich die automatische Befolgung der liberalen Wirtschaftsdoktrin zur Erreichung seiner staats- und gesellschaftspolitischen Ziele nicht eigne, bedarfsweise der Staat vielmehr eingreifen müsse.

Wie stark wollte Miquel den Staat tatsächlich in das Wirtschaftsleben eingreifen lassen? Seine beiden Biografen stritten darüber, ob er sich wirtschaftspolitisch vom «*Liberalen*» zum «*Konservativen*» gewandelt habe (Herzfeld) oder ob auch der Minister immer noch «*liberalen Ansätzen verhaftet*» geblieben sei (Wilhelm Mommsen).[220] Dieser Aufsatz kommt zu einer Mischung aus beiden Urteilen: Miquel hielt Staatseingriffe zunehmend für notwendig. Aber er hat bis zuletzt stark auf die Eigenverantwortlichkeit der Wirtschaftssubjekte gesetzt; die Staatseingriffe sollten lediglich die adressierten Wirtschaftsgruppen dauerhaft wettbewerbsfähiger machen.

In den 1860er-Jahren hatte Miquel Staatseingriffe in das Wirtschaftsleben für wenig effizient gehalten. In den Jahrzehnten nach der Bismarck'schen Reichsgründung wuchs jedoch seine Skepsis gegen die Selbstorganisationsfähigkeit der Wirtschaft – angesichts zunehmender ausländischer Konkurrenz, steigender Sorge um die Stabilität des Staates und der ihn tragenden gesellschaftlichen Gruppen und nach den inzwischen gemachten Verwaltungserfahrungen. Miquel war weit davon entfernt, mit Hilfe staatlicher Eingriffe die Entwicklung Deutschlands zum Industriestaat umkehren zu wollen.[221] Seine Sammlungspolitik zielte auf den Ausgleich der Interessen von Handel, Industrie und Landwirtschaft. Aber um dem ländlichen Besitz, auch dem Großgrundbesitz – als tragendem Pfeiler der Staats- und Gesellschaftsordnung –, ein möglichst großes Gewicht im Industriestaat zu erhalten, redete er neben der Produktivitätssteigerung auch steigenden, den ausländischen Wettbewerb mindernden Schutzzöllen das Wort. Zur Kräftigung des staatstragenden ländlichen Mittelstandes warf er den Staat ins Gefecht, indem er ihm die Korrektur der Bodenbesitzverteilung und – in Gestalt der Preußenkasse – die Förderung des genossenschaftlichen Kredits übertrug; dies war eine Abwendung von Maximen der 1860er-Jahre, als er mit Schulze-Delitzsch Staatshilfen für die Genossenschaften für schädlich hielt.[222] Schließlich hatte die Verwaltungserfahrung ihn gelehrt, bei der Errichtung schlagkräftiger zentraler Organisationen dem Freiwilligkeitsprinzip zu misstrauen; daher sein Eintreten für obligatorische Landwirtschaftskammern 1894,[223] für Zwangsinnungen im Handwerk 1897[224] und für die Fundierung der Preußenkasse auf staatliches Eigenkapital, statt auf eine Beteiligung der genossenschaftlichen Verbandskassen zu warten.

Aber die agrar- und gewerbepolitischen Initiativen beziehungsweise Stellungnahmen des Ministers Miquel enthalten eben auch eine Menge liberaler Elemente. Wettbewerbsfeindliche – mittelständlerische – Forderungen nach dem Großen Befähigungsnachweis, der das Führen eines Handwerksbetriebes von dem Erwerb eines Meisterbriefes abhängig machte, fanden bei ihm – nach wie vor – ebenso wenig Gehör[225] wie der agrarische Ruf nach staatlichen Tabak- oder Getreidehandelsmonopolen. Das – nur gebietsweise einzuführende – Anerbenrecht ließ dem Erblasser die volle Testierfreiheit. Beim Rentengut konnte die Rentenzahlung abgelöst, also das volle Eigentum erworben werden; Privateigentum blieb für ihn die Grundlage der Gesellschaftsordnung, auch wenn er die Verfügungsrechte – vorübergehend – erheblich einschränken wollte. Vor allen Dingen blieb es auch für den Minister Miquel zentral, dass alle staatlichen Eingriffe, so ausgedehnt sie auch waren, nur ‹subsidiär› der Stärkung der Eigenkräfte der Wirtschaftenden dienten; nur so waren sie auch zu rechtfertigen. Die Erbrechts- und die Rentengutsinitiative galten der Bewahrung und Errichtung selbstständiger und lebensfähiger bäuerlicher Wirtschaften. Miquel lehnte es daher auch ab, die ganze Kolonisationstätigkeit «*mit einem neuen Beamtenheer*» in staatliche Regie zu übernehmen.[226] Schutzzölle begründete er – auch im List'schen Sinne – mit deren Erziehungsfunktion.[227] Mit der Errichtung der Kornhäuser und der Preußenkasse wollte er – lediglich und letztlich – nur eine Anschubaufgabe wahrnehmen, so autoritär er die Preußenkasse als Aufsichtsorgan auch führte: «*Wenn man die Entwickelung des Staatswesens, der wirtschaftlichen und sozialen Verhältnisse, studirt, ist diese Befürchtung, daß bei jeder Förderung der privaten und gemeinnützigen genossenschaftlichen Thätigkeit durch den Staat das Prinzip der Selbsthülfe untergraben würde, ein Gespenst. Die Centralgenossenschaft soll die Selbsthülfe entwickeln, fördern, stützen und über die ersten Schwierigkeiten des Anfanges hinwegbringen*». Und die Praxis, meinte er, habe die Befürchtung namentlich des Freisinns, dass die Preußenkasse die Selbsthilfe erdrücke, auch vollständig widerlegt.[228]

Miquels wirtschaftspolitisches System blieb eine Mischung aus freiheitlichen und staatsinterventionistischen Elementen. Und wie sollte der Staat, der die subsidiären Aufgaben wahrzunehmen hatte, finanziell organisiert werden? In Miquels Finanzpolitik werden drei Schwerpunkte sichtbar: der Versuch, Reich und Einzelstaaten finanziell voneinander unabhängig zu machen, die Bemühung um einen schuldenarmen Haushalt mit einer stetigen, schwankungsunabhängigen Ausgabefähigkeit in Preußen und die Durchsetzung einer fiskalisch ergiebigeren und sozial ausgewogeneren Steuerlastverteilung in Preußen. Die beiden ersten Initiativen trugen deutlich liberale Züge, im dritten Bereich mischten sich liberale und sozialstaatliche Elemente.

Im föderalistischen deutschen Bundesstaat hatte das Reich den Einzelstaaten einen bestimmten Teil seiner Einnahmen aus Zöllen, indirekten Steuern und Betriebseinnahmen zu überweisen, erhielt aber im Gegenzug auch so genannte Matrikularbeiträge von den Einzelstaaten; insofern wurde es ‹Kostgänger› der Einzelstaaten. Miquel hatte diesen gegenseitigen Transfer schon als Reichstagsabgeordneter bekämpft und in der Reichsverfassung den Artikel 70 («Clausula Miquel») durchgesetzt, der dem Reich die Erhebung eigener, das heißt auch direkter Steuern ermöglichte. Dazu ist es jedoch auch in den 1890er-Jahren nicht gekommen. Miquel scheiterte 1893/94 mit einer Reichsfinanzreform, die das Reich mit mehr eigenen Einnahmen versehen, die Einzelstaaten von den Schwankungen der Reichsüberweisungen befreien sollte. Allerdings verbaute er sich den Weg zu den – 1867/70 ins Auge gefassten und allein fiskalisch wirksamen – direkten Reichssteuern, indem er – nach der preußischen Steuerreform – direkte Steuern für die Einzelstaaten reservierte.[229]

Eine schuldenarme, vorsichtige Haushaltspolitik war Miquels Credo seit Oberbürgermeisterzeiten. In ihr spiegelte sich dasselbe Motiv, mit dem er auch die mäßigen Erbabfindungen bei Rentengut und Anerbenrecht und letztlich auch die Ersetzung des Realkredits durch den Personalkredit begründet hatte: Die nachfolgenden Generationen nicht mit Schulden zu belasten und sich nicht um «*die Lage unserer Nachkommen*» zu kümmern, so trat er 1896 Eugen Richter entgegen, sei «*eine ganz klägliche Finanzpolitik*».[230] Anfang 1897 gelang ihm ein Gesetz, das den preußischen Staatshaushalt mit einer obligatorischen Schuldentilgung versah; mit dem Vorschlag eines Konjunkturausgleichsfonds kam er indessen nicht durch.[231] Ein Jahr später brachte er schließlich, nach langem kaiserlichen, ministeriellen und parlamentarischen Widerstand in Preußen, ein Haushaltsgesetz durch, das unter anderem ordentliche und außerordentliche sowie dauernde und einmalige Ausgaben transparent machte, die Kronrechte fixierte und die ministeriellen Sonderetats der Aufsicht des Finanzministers unterwarf.[232] Auch dieses Gesetz hatte einen liberalen Charakter und war – neben der günstigen, soliden Haushaltslage Preußens nach 1894[233] – ein Erfolgsmerkmal der Miquel'schen Finanzpolitik.

Die preußische Steuerreform der Jahre 1891 bis 1893 gilt als die bemerkenswerteste Leistung des Finanzministers Miquel.[234] Bisher hatte sich der preußische Staat hauptsächlich auf eine Klassen- und klassifizierte Einkommensteuer gestützt, bei der die Einkommen behördlich nach groben Merkmalen geschätzt und einem progressiven Steuertarif (Endstufe: drei Prozent bei 3000 Mark) unterworfen wurden; daneben erhob der Staat Grund-, Gebäude- und Gewerbesteuern. Die Gemeinden finanzierten sich über Zuschläge auf diese Steuern, vor allem auf die Einkommensteuer. Nun wurden – in der Einkommensteuerreform 1891 – der Einschätzung der Leistungsfähigkeit individuellere Merkmale zugrunde gelegt. Zum anderen wurde der Steuertarif sozialer ausgestaltet: Zwar verharrte das steuerfreie Existenzminimum bei einem Einkommen von 900 Mark. Aber die Progression wurde gestreckt; drei Prozent wurden erst bei 9500 Mark erreicht, die Endstufe war vier Prozent bei 100 000 Mark. Schließlich wurden die Steuerpflichtigen zur – behördlich kontrollierbaren – Selbstdeklaration ihres Einkommens verpflichtet. In der zweiten Stufe der Steuerreform wurde 1893 ergänzend und erstmals eine Vermögensteuer (‹Ergänzungsteuer›) eingeführt. Außerdem wurden die Gemeindefinanzen auf eigene Füße gestellt: Der Staat, der sich fortan – steuerlich – nur durch die Personalsteuern finanzierte, überließ den Gemeinden die Realsteuern (Grund-, Gebäude- und Gewerbesteuer); die Zuschläge zu den Personalsteuern, welche die Gemeinden auch weiterhin erheben durften, wurden begrenzt.[235]

Die Steuerreform war geschichtsträchtig, weil ihre Grundelemente bis heute fortleben. Und ihre parlamentarische Durchsetzung war bemerkenswert, weil trotz eines allgemeinen Einvernehmens über die Grundzüge einer Einkommen- und Gemeindesteuerreform in zahlreichen Einzelfragen unterschiedliche Interessen zu einem Kompromiss gebracht werden mussten. Aber hat die Reform (bei den Personalsteuern) die Leistungsfähigkeit und (bei den Ertragsteuern) die Leistungspflicht der Wirtschaftenden auch angemessen erfasst und hat sie nicht den ländlichen Großgrundbesitz deutlich begünstigt?[236] Und vor allem: Welche Position hat Miquel in diesen Fragen eingenommen?

- Die Einkommensteuerreform senkte die Belastung der Einkommen bis 9500 Mark und erhöhte die Belastungen der darüber liegenden Einkommen; sie erhöhte auch zunächst den Anteil der besser Verdienenden am gesamten Einkommensteueraufkommen.[237] Wenn es nach Miquel gegangen wäre, hätte es diese soziale Belastungsverschiebung nicht gegeben. Sein – im Abgeordnetenhaus abgeänderter – Gesetzentwurf sah den alten Spitzensteuersatz von drei Prozent und eine steilere Progression vor. Er schätzte die fiskalischen Ertragswirkungen einer Änderung zugunsten der kleineren und mittleren Einkommen ungünstig ein.[238] Aber für Miquel ruhte der soziale Charakter der Einkommensteuer auch eher in der Steuersystematik als in der bloßen Ausgestaltung des Tarifs: Und hier hatte der von seinem Amtsvorgänger übernommene Gesetzentwurf ein grundsätzliches Problem. Denn er besteuerte im Prinzip nur Erträge aus regelmäßig fließenden Erwerbsquellen, nicht aber aus Gelegenheitsgeschäften oder Eigennutzungen. Der Besteuerung nach der tatsächlichen persönlichen Leistungsfähigkeit, wie sie in der sächsischen Einkommensteuer von 1878 verwirklicht worden war, hätte es hingegen entsprochen, die Steuerpflichtigen nach ihren Verbrauchsmöglichkeiten einzuschätzen, gleichviel auf welchen Einkommensquellen diese beruhten.[239] Miquel scheiterte mit dem Versuch, dem Verbrauchsgesichtspunkt durch einen Zusatzparagrafen im Einkommensteuergesetz Geltung zu verschaffen.[240] Nachdem er ein ähnliche Ziele verfolgendes Erbschaftsteuergesetz ebenfalls nicht durchgebracht hatte, gelang ihm 1893 das Vermögensteuergesetz, das die Vermögen aus Stadt und Land, in Kapital und Grundstücken, ohne Rücksicht auf deren produktive Verwendung und Ertrag (also auch zum Beispiel Liebhabereien wie Parks oder Jagdschlösser) besteuerte. Allerdings wurde die Vorlage insofern nur ein Teilerfolg, als der Landtag aus der Pflicht zur Selbstdeklaration nur ein Recht darauf machte.[241] Damit war Steuerumgehung der Vermögenden programmiert; außerdem entfiel die Vermögensteuer als Kontrollinstrument für die Einkommensteuer.[242]
- Als Hauptbeleg für eine agrarische Schlagseite der Steuerreform gilt das ‹Steuergeschenk› an die ostelbischen Rittergutsbesitzer im Rahmen der Realsteuerüberweisung an die Gemeinden: Da die 15 162 Rittergutsbezirke als selbstständige Gemeinden fungierten, hatten die Eigentümer nun die Realsteuern an sich selbst zu zahlen. Das sei einer Realsteuerbefreiung gleichgekommen.[243] Eine solche Selbstbefreiung ist möglich. Zumindest ihr Ausmaß muss aber offen bleiben, solange nicht untersucht ist, inwieweit die Gutsbesitzer nicht nach wie vor Schul-, Armen- und Wegelasten trugen; diese Aufgaben fielen ja nicht einfach weg, auch wenn das Gesetz sie nicht ausdrücklich zu Verwendungszwecken der Realsteuern bestimmte.[244] Miquel hatte zunächst versucht, die Steuerhoheit der Gutsbesitzer zu verhin-

dern. Der Versuch, Gutsbezirke und Gemeinden in Samtgemeinden zusammenzulegen, scheiterte jedoch schon im Staatsministerium.[245] Dann hatte er die Sonderstellung der Gutsbezirke offenbar notgedrungen in Kauf genommen, um nicht die ganze zweite Stufe der Steuerreform am Widerstand der Konservativen scheitern zu lassen. Denn neben der Ergänzungssteuer war es in der ganzen Steuerreform die Dezentralisierung der Realsteuern, auf deren Durchsetzung er persönlich die größte Anstrengung verwandt hatte.[246] Die Grund-, Gebäude- und Gewerbesteuer, die im Unterschied zur Einkommensteuer das Äquivalenzprinzip verkörperte, sah er in der Hand der Gemeinden am ehesten am Platze, weil ihre Zahler dort auch die Empfänger der öffentlichen Leistungen waren.[247] Die Übertragung der Realsteuern an die Gemeinden war mit der Selbstdeklaration bei den Personalsteuern gleichzeitig ein wichtiges liberales Element in der Steuerreform.

Alles in allem stand hinter der Steuerreform die Absicht Miquels, die Wirtschaftenden nach dem Leistungsfähigkeitsprinzip (Personalsteuern) und dem Äquivalenzprinzip (kommunale Realsteuern) jenseits der Vorzugsbehandlung einzelner Gruppen (Agrarier, Mittelstand, mobiles Kapital) zu besteuern;[248] erreicht wurde sie nur zum Teil.

Anregung und Absicherung: Die Suche nach Rückhalt in der Wissenschaft

Personalkredit, Rentengut und Anerbenrecht, mannigfache Staatseingriffe in die Wirtschaft, Schuldenabbau und finanzielle Zukunftsvorsorge, Leistungsfähigkeits- und Äquivalenzprinzip in der Besteuerung: Stets hat der Minister Miquel seine Pläne und Auffassungen in Staatsministerium und Parlament mit außerordentlicher Festigkeit vertreten. Diese hat einen wesentlichen Grund wohl darin, dass er immer das Gefühl hatte, mit besonderer Sachkunde zu argumentieren. Um sich über seine vielfältigen praktischen Erfahrungen hinaus sachkundig zu machen, las er viel, unterzog sich zum Beispiel in seiner Göttinger Zeit eingehenden nationalökonomischen und historischen Literaturstudien beziehungsweise Vorlesungen.[249] Zum anderen holte er – gleichermaßen zur Anregung und Absicherung des Urteils – den Rat von Fachleuten außerhalb des eigenen Berufskreises ein. Und in diesen Kreis von Fachleuten bezog er in außergewöhnlichem Maße die akademische Nationalökonomie mit ein. Zur Beratung speziell der Preußenkasse-Gründung am 18. Mai 1895 lud er insbesondere Genossenschafter ein; um deren Zustimmung zu dem Projekt war ihm zu tun.[250] Für die von ihm initiierte Agrarkonferenz im

Mai/Juni 1894, welche die umfassende agrarpolitische Aktion vorbereiten sollte, hatte er jedoch zur «*Hinzuziehung einiger Gelehrter von Ruf*» geraten; sie sollten mithelfen, dem Projekt «*eine gewisse autoritative Zustimmung*» zu sichern.[251] Und bis zu Beginn seiner Ministerzeit war Miquel aktives Mitglied des 1872 gegründeten Vereins für Socialpolitik, des Zusammenschlusses sozialreformerisch ausgerichteter Universitätslehrer (‹Kathedersozialisten›) und gleichgesinnter Männer in Wirtschaft, Politik und Verwaltung. In den 1880er-Jahren, als Miquel Oberbürgermeister in Frankfurt war, fanden alle Tagungen des Vereins dort statt. Auf all diesen Tagungen wurden auch Agrarfragen (Erbrecht, Erhaltung des bäuerlichen Grundbesitzes, bäuerlicher Kredit) verhandelt.[252] Miquel, damals «*nahezu*» der «*Mittelpunkt*» des Vereins, hat sich fast an all diesen Debatten engagiert beteiligt.[253] Eine Kluft zum Verein tat sich allerdings auf, als Miquel nach 1895 Arbeitersozialpolitik nur noch als Repressivpolitik betrieb.

Unter den Mitgliedern des Vereins für Socialpolitik, der unter dem Mantel des sozialen Klassenausgleichs im Rahmen der bestehenden Gesellschaftsordnung tief gehende Meinungsverschiedenheiten barg, hat Miquel in dem Berliner Nationalökonomen Gustav Schmoller die kräftigste Stütze seiner Überzeugungen gefunden. Mit ihm, dem Mitbegründer und (ab 1890) Vorsitzenden des Vereins und ungekrönten Haupt der jüngeren historischen Schule der Nationalökonomie, stand er bis an sein Lebensende in guten persönlichen Beziehungen. In den ersten fünf Jahren seiner Ministerzeit, das heißt in den Geburtsjahren der Steuer- und Agrarreformen, sind sich beide in zahlreichen – offenbar von Miquel erbetenen – Gesprächen besonders nahe gekommen.[254] Diese Sonderstellung Schmollers war zuallererst in Gemeinsamkeiten prinzipieller Art begründet. Schmoller teilte mit Miquel einmal die Vorstellung, dass das politische Ziel der Zusammenhalt von Staat und Gesellschaft in ihrer gegenwärtigen Verfassung sei, auch wenn dabei der Einzelne nicht in jedem Augenblick zu seinem Recht komme. Und zum anderen fand sich Miquel in seinem undogmatischen Tatsachendenken bestätigt, indem er es an Schmoller rühmte:[255] Auch Schmoller hatte ein aktivistisches, Naturnotwendigkeiten und Entwicklungsgesetze negierendes Weltbild; und auch er hielt den Staat (besonders den monarchisch-preußischen) zu – abgewogenen, immer die konkreten Wirkungen beachtenden – Eingriffen in die Wirtschaft befähigt und verpflichtet.[256]

Diese Auffassungen hoben Schmoller wie Miquel von Karl Marx ab. Bei Miquel ist in den späteren Jahrzehnten von den frühen marxistischen Überzeugungen, sieht man von einem allgemeinen sozialen Mitgefühl ab, nichts übrig geblieben. Seine ganze agrarpolitische Tätigkeit zum Beispiel ist geradezu der Versuch, die Marx'schen Thesen vom entwicklungsnotwendigen Untergang des bäuerlichen Mittelbesitzes zu widerlegen. Die genannten Auffassungen hoben Miquel aber auch von zwei anderen namhaften, eher doktrinär ausgerichteten Nationalökonomen im Vereins für Socialpolitik ab, mit denen er in Berührung kam: von dem Berliner ‹Staatssozialisten› Adolf Wagner, der die Eingriffe des Staates in die Wirtschaft bereits dogmatisch aus dem von ihm aufgestellten Gesetz der Ausdehnung der Staatstätigkeit herleiten konnte, und von dem Münchener Liberalen Lujo Brentano, für den Gleichberechtigung und Freiheit des einzelnen Individuums das natürliche Ordnungssystem bildeten, aus dem alle wirtschafts- und sozialpolitischen Maßnahmen abzuleiten waren.[257]

Die Nähe Schmollers zu Miquel wird in dessen großen Reformvorhaben sichtbar, so schon bei der preußischen Steuerreform. Die Überweisung der Realsteuern an die Gemeinden, aber unter Beibehaltung von Einkommensteuerzuschlägen als deren weitere Finanzierungsquelle war auch durch Schmoller vorgezeichnet.[258] Und was die Personalbesteuerung betrifft: Als geistiger Vater des Miquel'schen Einkommensteuergesetzes gilt gemeinhin Adolf Wagner. Das trifft insofern zu, als er die Systematik des Gesetzentwurfs, an dem er früh (1884) mitarbeitete und den Miquel von seinem Amtsvorgänger übernahm, maßgeblich bestimmte: Einer dogmatisch-juristischen Wissenschaftsauffassung verpflichtet, unterwarf er das Gesetz dem Quellenprinzip, das zum Beispiel außerordentliche, nicht aus einer regelmäßigen Quelle fließende Einkünfte von der Einkommensteuer freistellte. Die Bemühungen Miquels indessen, die gesamten Verbrauchsmöglichkeiten der Steuerpflichtigen zur Bemessung der Einkommen- und Vermögensteuer heranzuziehen, gehen auf frühe Überlegungen Schmollers zurück, die schon das sächsische Einkommensteuergesetz von 1878 beeinflusst hatten: Anders als Wagner (und der klassischen Nationalökonomie) ging es Schmoller bei der Beurteilung von Leistungsfähigkeit und Einkommen nicht um die juristische Abgrenzung von Einkunftsarten aus dem Produktionsprozess, sondern um den wirtschaftlichen Gesamttatbestand der Fähigkeit zur Bedürfnisbefriedigung.[259] Schmoller hat dann auch Realsteuerdezentralisierung und Vermögensteuer (Letztere enthusiastisch) begrüßt.[260]

Noch klarer tritt der Zuspruch Schmollers in Miquels Agrarreformprogramm zutage. In der Wissenschaft wird aber auch die liberale Gegenposition zu Miquels Programm deutlich: Keiner hat dieses Programm so scharf und grundsätzlich angegriffen wie der liberale Nationalökonom Brentano. Für Brentano war (ungeachtet der eigentlichen Zuständigkeit des Landwirtschaftsministers) Miquel die *«treibende Seele»* der antiliberalen Agrarreform und sein *«Hauptgegner»* im *«Norden»*.[261] Für die Rentengutsgesetze von 1890/91 und die Anerbenrechtsgesetze von 1896 und 1898, mit denen Miquel den bäuerlichen Mittelbesitz stabilisieren wollte, hatte er nichts übrig: Rentengut? Nein, denn dies bedeute (auch wenn die Renten schließlich einmal abgelöst werden sollten) den Rückfall in Obereigentum und feudale Abhängigkeit.[262]

Anerbenrecht? Nein, denn dies verschärfe den – preissteigernden – Monopolcharakter des Bodens und verletze die Gleichberechtigung der Miterben. Verschuldung wegen Freiteilbarkeit? Nein, denn es seien ja – betriebswirtschaftlich heilsame – Teilverkäufe möglich. Ertragswert statt Marktwert bei der Wertbemessung eines Gutes? Nein, denn der Marktwert sei kein fiktiver Wert. Realschuldengrenze? Nein, denn sie behindere den tüchtigen Landwirt.[263]

Miquel hat Brentanos «*Gegenagitation*» im preußischen Landtag als «*Verkehrtheiten*» voll Zorn zurückgewiesen.[264] Aber er konnte sich eben auch auf das Urteil vor allem, aber nicht nur konservativer Nationalökonomen, allesamt aktive Mitglieder des Vereins für Socialpolitik, darunter Schmoller, stützen: Der Breslauer, dann Leipziger Nationalökonom August von Miaskowski setzte sich seit 1882 nachhaltig für das Intestat-Anerbenrecht ein. Der Schmoller-Schüler Max Sering machte ab Anfang der 1890er-Jahre das Anerbenrecht und die innere Kolonisation zu Schwerpunkten seiner agrarpolitischen Publizistik. Der junge Heidelberger Nationalökonom Max Weber kommentierte das Anerbengesetz von 1896 mit Zustimmung und propagierte – mit außergewöhnlich starkem nationalpolitischen Zungenschlag – die Etablierung gesunder bäuerlicher Betriebe als bestes Mittel gegen die ostelbische ‹Leutenot›.[265] Auf der großen Agrarkonferenz im Mai/Juni 1894 plädierten neben Schmoller Max Sering, Georg Friedrich Knapp, Georg von Gierke, Adolf Wagner und auch der liberalere Johannes Conrad – mit Unterschieden im Einzelnen – für Anerbenrecht und Verschuldungsgrenze. Und alle genannten Ökonomen stimmten – meist unausgesprochen – zumindest im Ergebnis mit den Überlegungen des Rittergutsbesitzers, Sozialtheoretikers und Staatssozialisten Carl von Rodbertus-Jagetzow aus dem Jahre 1869 überein, die auch ein Lieblingsargument Miquels bildeten: Dass der landwirtschaftliche Betrieb Schuldverpflichtungen nur in Form von Renten, die außerdem nach dem Ertragswert, nicht dem Verkaufswert des Gutes berechnet seien, tragen könne. Rodbertus hatte, so Schmoller, 1869 «*die Augen darüber geöffnet, daß vier Fünftel aller Grundschulden rückständige Kaufgelder und eingetragene Erbportionen*» waren, und dadurch den grundlegenden Auffassungswechsel, an dem auch Miquel teilnahm, eingeleitet: von der Erleichterung zur Erschwerung und Umgestaltung des Realkredits und hin zu einer stärkeren Nutzung des Personalkredits.[266]

Unter den vielen ähnlichen Stellungnahmen dürfte die Stimme Schmollers für Miquel besonderes Gewicht gehabt haben – kraft des Vertrauensverhältnisses und des Einvernehmens zwischen beiden Männern in grundsätzlichen Fragen und kraft der wissenschaftlichen Autorität Schmollers. Beide einte die Vorstellung, dass sich die gewünschte, ausgewogene Bodenbesitzverteilung (zwischen Klein-, Mittel- und Großgrundbesitz) bei Geltung des römischen Rechts nicht von selbst herstelle und erhalte. Zur Rentengutsbildung machte

Schmoller 1886, kurz nach Erlass des Ansiedlungsgesetzes, in Gegenwart Miquels einen radikalen Vorschlag: Der Staat solle ein Siebtel bis ein Achtel (das heißt rund eine Million Hektar) des Großgrundbesitzes in den preußischen Ostprovinzen aufkaufen und in Klein- und Mittelbetriebe überführen; die Renten sollten in ein bis zwei Generationen ablösbar sein.[267] Schmoller wiederholte diesen Vorschlag 1895 als Mittel zur Behebung der Agrarkrise und als Antwort auf den Plan des Grafen Kanitz, den Getreidehandel zu verstaatlichen; der Kanitz'sche Plan sei im Klasseninteresse der ostelbischen Großgrundbesitzer gedacht, der seine (weil der Slawisierung und Entvölkerung im deutschen Osten entgegenwirkend) im Staatsinteresse.[268] Miquel, im Ziel zustimmend, aber schon 1886 vorsichtiger, schreckte 1895 vor der Radikalität des Vorschlags zurück. Der Widerstand der Rechten schien ihm zu groß, die Schwächung des Großgrundbesitzes zu stark, der Verwaltungseingriff des Staates zu massiv. Schmoller gegenüber reagierte er auf die Zusendung des «*Anti-Kanitz*» am 13. April 1895 mit der Bitte um ein baldiges «*Plauderstündchen über Agrarfragen*»;[269] es waren dies die Tage, in denen im Finanzministerium auch die ersten ‹Grundzüge› der Preußenkasse entworfen wurden. Das Intestat-Anerbenrecht hielt auch Schmoller für ein wesentliches Mittel, um der Realverschuldung der Bauerngüter vorzubeugen. Er wollte es an die Stelle des weniger bindenden Höferechts setzen[270] – ein Wechsel, der mit dem Anerbengesetz für Rentengüter 1896 dann auch vollzogen wurde. Ebenfalls fand – mit Abstrichen – eine von ihm auf der Agrarkonferenz 1894 mitverfasste Resolution Eingang in dieses Gesetz, für die Erbabfindungen Amortisationsrenten vorzusehen, die durch die Rentenbank kapitalisiert werden konnten.[271] Und schließlich rückte Schmoller den Personalkredit als Voraussetzung für eine von ihm ebenfalls befürwortete Realschuldengrenze in den Vordergrund. Der Personalkredit müsse den Realkredit an Bedeutung ablösen. Die «*Verweisung auf Personalkredit*» sei «*Kreditlosigkeit*» nur «*für den Unfähigen, für den schlechten Wirth*». Der «*fähige, tüchtige Mann*» könne, so Schmoller auf der Agrarkonferenz 1894, «*wenn die Personalkredit-Organisation richtig gelungen ist*», jederzeit Kredit finden.[272] Dieses Arguments, dass der Personalkredit dem Realkredit moralisch und erzieherisch überlegen sei, hat sich Miquel später, wie schon beschrieben, dann auch bedient. Weder Schmoller noch andere haben auf der Agrarkonferenz die konkrete Organisationsform der Preußenkasse vorweggenommen; aber ihre Voten dürften Miquel zumindest darin bestärkt haben, einer Neuorganisation des Personalkredits näher zu treten.

Die agrarpolitische Nähe Schmollers zu Miquel äußerte sich dann darin, dass er als einziger Hochschullehrer in den Ausschuss der Preußenkasse berufen wurde. Schmoller hat im Nachhinein die Wirkung der Kasse auf die «*Demokratisierung gesunden Kreditwesens*» günstig beurteilt, aber auch Fragezeichen hinter den billigen Zins und die staatliche Leitung gesetzt.[273] Dementsprechend hat er im Ausschuss liberale Positionen vertreten: Er verteidigte scharf (mit Miquel) die marktkonformen Zinserhöhungen des Jahres 1898/99, befürwortete aber (gegen Miquel) 1901 eine raschere Beteiligung der Genossenschaftsverbände am Kapital und an den Entscheidungen der Kasse.[274]

Es muss hier offen bleiben, inwieweit die Stellungnahmen der Mitglieder des Vereins für Socialpolitik das Agrarreformprogramm des Ministers Miquel (und auch des preußischen Landwirtschaftsministeriums) angeregt oder die Überlegungen der Entscheidungsträger ‹nur› bestätigt haben, unter welchem ‹Einfluss› zum Beispiel die regionsspezifische Gestaltung des Erbrechts, das Intestat-Anerbenrecht (anstelle des Höferechts), die Ablösbarkeit der Renten, die wechselnde Rolle von Klein- und Mittelbesitz als Förderobjekt oder die Hinwendung zur Förderung des Personalkredits (auch) für Miquel Programmpunkte geworden sind. Diese Positionen haben sich bei Miquel entwickelt, während der Verein sie diskutierte. Auf jeden Fall haben die Stellungnahmen der Nationalökonomen ihm (und den anderen Agrarreformern) ein Stück Argumentationssicherheit vermittelt.[275]

Bilanz

Was hat die Untersuchung zur Einflussnahme Miquels auf die Preußenkasse und ihren Hintergrund ergeben? Wie steht Miquel in der zeitgenössischen und geschichtswissenschaftlichen Kritik? Welche Nahwirkungen, welche Fernwirkungen hatte seine Tätigkeit? Die Darstellung zeigt: Das Preußenkasse-Engagement füllt zeitlich und sachlich nur einen kleinen Ausschnitt im politischen Leben Miquels. Aber es ist nur aus der gesamten politischen Gedankenwelt Miquels zu erklären:

- Miquel war die treibende Kraft hinter der Gründung der Preußenkasse. Aber nicht alle wesentlichen Konstruktionselemente der Kasse kamen von ihm. Sein Ziel war es, den Mittelstand, vor allem die bäuerlichen Betriebe, mit Personalkredit zu versorgen. Letztendlich sollte das über den innergenossenschaftlichen Geldausgleich gelingen. Zunächst aber mussten die – zum Teil neu zu gründenden – Genossenschaften durch billigen Staatskredit dazu befähigt werden. So sehr Miquel die Selbsthilfe als Ziel ansah, so wenig hielt er für absehbare Zeit eine staatliche Kontrolle der Kreditgewährung für verzichtbar. Kapitalbeteiligung und beratender Ausschuss der Verbandskassen kamen in seinem Ursprungsentwurf nicht vor. Und auf sein Konto gingen die verschärften Geschäftsgrundsätze, die im Januar 1898 in Enttäuschung über den ausgebliebenen Geldausgleich erlassen wurden, unter anderem die Ausschließlichkeitsverpflichtung einführten und sozusagen einen Versuch darstellten, durch den billigen Kredit bewirkte Fehlanreize bankaufsichtlich zu korrigieren.

- Die Gründung der Preußenkasse gehörte zur Reaktion Miquels auf eine ab 1892/93 wahrgenommene Doppelkrise: Der als ‹Staatsfundament› geltende ländliche Grundbesitz, gerade auch der Mittelbesitz, schien sich in Richtung auf eine existenzgefährdende Verschuldung zu bewegen, und dies zu einem Zeitpunkt, in dem seine Widerstandsfestigkeit besonders gefragt war: Miquel hatte den in den Anfangsjahren des ‹Neuen Kurses› gehegten Glauben verloren, Sozialdemokratie und Arbeiterschaft könnten für den monarchischen Staat gewonnen werden; und auch beim Bauernstand fürchtete er Umsturzanfälligkeit. An die Stelle der Arbeiter-Sozialpolitik traten nun eine Repressionspolitik und eine (vor allem bäuerliche) Mittelstandspolitik.
- Die Preußenkasse zur Förderung des Personalkredits war nur ein Element, wenn auch vielleicht das Schlussstück, innerhalb eines umfassenden agrarischen Reformprogramms zur Befestigung des bäuerlichen Mittelbesitzes. Dieses Programm enthielt Maßnahmen zur Besitzumschichtung vom Groß- auf den Mittel- und Kleinbesitz (Rentengüter) und zur Bekämpfung der Realverschuldung (durch Anerbenrecht, Schuldengrenze und Gewichtsverlagerung vom Real- auf den Personalkredit). Gemeinsam war diesen ‹kleinen Mitteln›, dass sie die Angebotsbedingungen in der Landwirtschaft verbessern sollten, während die von Agrarierseite propagierten ‹großen Mittel› zur Krisenbekämpfung (staatliches Getreidehandelsmonopol, Zölle, Doppelwährung) lediglich auf kurzfristige Anhebung des Preisniveaus zielten. In dem Programm der ‹kleinen Mittel› gipfelten alte Überlegungen Miquels. Den Personalkredit stattete er dabei mit einer moralischen Vorzugswürdigkeit gegenüber dem Realkredit aus, da er die Nachkommen nicht belaste. Seine Aversion gegen den Realkredit machte sich dann auch in dem Widerstand dagegen bemerkbar, die vor allem Realkredit gewährenden Sparkassen in den Kreis des genossenschaftlichen Geldausgleichs einzubeziehen.
- Die Preußenkasse vereinigte institutionell Genossenschaften und Staat zum Zwecke der Personalkreditförderung. Aber waren beide dazu geeignet? Seit der Bekanntschaft mit Schulze-Delitzsch Ende der 1850er-Jahre entwickelte Miquel die Vorstellung, dass der gewerbliche und ländliche Mittelstand nur mit Hilfe der Genossenschaften erhalten werden könne. Und den Staat hielt er, areligiös gegenüber den liberalen und staatssozialistischen Wirtschaftsdoktrinen seiner Zeit, für befähigt und verpflichtet, nach Bedarf (nämlich zur Sicherung der bestehenden Staats- und Gesellschaftsordnung) in das Wirtschaftsgeschehen einzugreifen. Miquel schätzte die Notwendigkeit des Staatseingriffs in seinen letzten beiden Jahrzehnten (zum Beispiel auch bei

den Zöllen) immer stärker ein, behielt aber als Zweck der Maßnahmen immer die Stärkung der Eigenverantwortlichkeit und Wettbewerbsfähigkeit der Adressaten im Auge. Den Staat, den er mit diesen Aufgaben betraute, versuchte er finanziell solide auszustatten: mit einer auf Transparenz und Sparsamkeit bedachten Haushaltsführung und einer Steuerordnung, die in Teilen letztlich auch seine speziellen Vorstellungen zum Beispiel von der individuellen Leistungsfähigkeit der Steuerpflichtigen (nämlich deren tatsächliche Verbrauchsmöglichkeiten) widerspiegelte.

- Miquel vertrat sein Steuer- und Agrarreformprogramm im Landtag und Staatsministerium mit außerordentlicher Überzeugungskraft. Er verdankte seine Sicherheit zum guten Teil dem Bewusstsein, einen Rückhalt in der akademischen Nationalökonomie zu haben. Er war – lange Zeit – Mitglied des Vereins für Socialpolitik, der Versammlung deutscher ‹Kathedersozialisten›. An den Verhandlungen der 1880er-Jahre, die ganz überwiegend Themen der Agrarreform (und zwar in seinem Sinne) erörterten, beteiligte er sich rege, von ihnen erhielt er Anregung und/oder Bestätigung. In seiner Ministerzeit konnte Miquel steuer- und agrarpolitische Anregung und Bestätigung insbesondere bei dem Vorsitzenden des Vereins, Gustav Schmoller, finden, der ihm vor allem wohl wegen seines undoktrinären Tatsachendenkens besonders nahe stand. Die Bemerkungen über die soziale Agrarpolitik in Schmollers ‹Grundriß›[276] lesen sich wie die Agenda der Miquel'schen Agrarreform.
- In Miquels aktivistisches Weltbild passte die Behauptung unabwendbarer, unbeeinflussbarer Entwicklungen im Wirtschaftsleben nicht hinein. Man kann die gesamte Agrarreform als Bemühung auffassen, die marxistische These vom unabweisbaren Untergang des Mittelstandes im Kapitalismus zu widerlegen. Aus der aktivistischen Weltsicht folgte, verbunden mit einem speziellen politischen Temperament, aber auch, dass er die Dinge, die er im Sinne des Staatsganzen für notwendig hielt, mit außergewöhnlicher Energie vorwärtstrieb. Am 8. Juli 1895, nachdem das Gesetz zur Gründung der Preußenkasse gerade (am 6. Juli) das Herrenhaus in dritter Lesung passiert hatte, trug er sich mit der Absicht, sich in das Privatleben zurückzuziehen: «*Aber immer kommen mir neue Gedanken, welche ich im Interesse des Landes noch durchführen möchte. Ich fühle immer, daß wenn ich als Treiber fehle, alles wieder einschlafen würde*».[277] Es kommt nicht von ungefähr, dass er in der Außenwelt als Motor des agrarpolitischen Aktionsprogramms galt, obwohl er die Federführung ja nur bei der Gründung der Preußenkasse hatte. Auf der anderen Seite machte Miquel sich zum Grundsatz, immer die Erreichbarkeit der Ziele im Blick zu behalten; es galt immer, die politische Durchsetzung, aber auch die Leistungsfähigkeit der jeweiligen Maßnahmen zu prüfen. Man werde immer nur «*Schritt*

vor Schritt weitergehen können. Die Welt springt überhaupt nicht, sie geht», meinte er 1890, bezogen auf die Möglichkeiten der sozialen Reform.[278] Diese Haltung erklärt auch seine vorsichtige Vorgehensweise in der Agrarreform, so das Zurückschrecken vor den radikalen Vorschlägen Schmollers zur Bodenbesitzumverteilung, so zum Teil auch die zunächst nur geringe Kapitalausstattung der Preußenkasse.[279]

Wie steht Miquel in der allgemeinen Kritik von Mit- und Nachwelt? Das Urteil der Zeitgenossen über Miquel reicht von Bewunderung bis zu Empörung, das der historischen Forschung von der differenzierenden Bewertung[280] über den Vorwurf der Grundsatzlosigkeit[281] bis zur pauschalen Einstufung des späten Ministers als stockkonservativen, adelsfreundlichen Agrarier.[282] Die Bewunderung bezog sich auf die Grundlagen seiner parlamentarischen Erfolge: auf die Vereinigung von Idealismus und Nüchternheit, auf den scharfen analytischen Verstand und das reiche – auch historische – Sachwissen, auf die grenzenlose Aufnahmefähigkeit, das Vermittlungsgeschick und den Vermittlungswillen, schließlich auf eine fast beispiellose Rednergabe.[283] Die Empörung gründete zum Teil auf der Enttäuschung darüber, dass – ein Verrat an der Sache – aus dem liberalen Abgeordneten ein konservativer Minister geworden sei. Wie oben dargestellt, fand diese konservative Wendung – eine Folge seines doktrinenfeindlichen wirtschaftspolitischen Denkens – aber nur bedingt statt. Und seinem Votum für hohe Schutzzölle und der möglichen faktischen Bevorzugung der Rittergutsbesitzer bei der Dezentralisierung der Realsteuern stand eine Reihe von Fällen gegenüber, in denen er es auf einen offenen Konflikt mit den agrarischen Konservativen ankommen ließ: so bei seinem Eintreten für Beibehaltung der bei der Errichtung von Fideikommiss-Gütern zu entrichtenden Stempelgebühr (1895),[284] für die Freizügigkeit jugendlicher deutscher Landarbeiter in Ostelbien (1899),[285] für die Aufenthaltsbegrenzung ausländischer Saisonarbeiter oder bei der Zinserhöhung der Preußenkasse (1898/99). Dies und den Umstand, dass es ihm bei der Agrarförderung vor allem um den bäuerlichen Mittelstand ging, berücksichtigt nicht, wer den späten Miquel einfach als Vertreter der Junker-Ideologie charakterisiert. Er war auch nicht aus persönlichem Interesse ‹Agrarier› geworden, nachdem und weil seine Tochter Elisabeth 1894 den schlesischen Rittergutsbesitzer Rudolf von Scheliha geheiratet hatte. Seine agrarpolitischen Neigungen (auch sein Eintreten für Zollschutz) hatten, wie beschrieben, alte Wurzeln.

Der Minister Miquel war parteipolitisch heimatlos,[286] was aber seinem *«Ideal einer gleichmäßigen Berücksichtigung aller Klassen»*,[287] das heißt auch der Überparteilichkeit, entsprochen haben dürfte. Den Grundsatz der Überparteilichkeit verfolgte er auch bei der Preußenkasse: Kriterium für die Kreditgewährung war, solange der Staat nicht bedroht schien, die Kreditfähigkeit, nicht die politische Richtung. Die eher linksliberalen Schulze-Delitzsch-Genossenschaften waren ebenso willkommen wie die Raiffeisen-Genossenschaften.[288] Wenn Erstere fern blieben, dann unter anderem deshalb, weil ihnen die Staatshilfe prinzipiell widerstrebte.

Mehr als der Wandel der Auffassung ist Miquel die gleichzeitige Vertretung widersprechender Anschauungen, verbunden mit einer *«Freude am taktischen Spiel»*, verübelt worden.[289] Auch der ihm wohlgesinnte Gustav Schmoller beobachtete bei Miquel, als ein Produkt seiner *«grenzenlosen Aufnahmefähigkeit»*, dessen Befähigung, im Gespräch *«jeden Standpunkt zu begreifen und zu würdigen»*, sodass jeder *«den Eindruck bekam: Der Minister ist ja ganz deiner Meinung, auch wenn das nicht der Fall war»*.[290] Diese irritierende, überzeugungsstarke Beweglichkeit war das Gegenstück zu Miquels Vermittlungsgeschick. Bismarck hielt ihn deswegen nicht für ministrabel: *«Bei dem rutscht plötzlich die Erde ab, auf die man bauen zu können glaubte – ein zuverlässiger Mann, wie er zum Minister erforderlich ist, ist er nicht.»*[291] Schmoller akzeptierte in der praktischen Politik Miquels Fähigkeit und Nüchternheit, *«zeitweilig einen Teil seiner Ideale und Freunde auf die Seite in eine Ecke zu stellen»*.[292] Andere sahen in Miquels Kunst des erfolgsorientierten politischen Lavierens die Grenzen des Erlaubten überschritten und erkannten auf Mangel an Charakter und grundsatzlosen Opportunismus.[293] Sofern dieses Urteil Miquel das Fehlen von Prinzipien und eine politische Orientierung ausschließlich an den Gegebenheiten des Tages unterstellt,[294] lässt es allerdings die beständigen Kernüberzeugungen außer Acht, die dieser Aufsatz als konstitutiv für Miquels Agrarreformprogramm herausgestellt hat: Dass es gelte, die bestehende Staats- und Gesellschaftsordnung zu erhalten (nicht den Staat konstitutionell in Richtung auf die politischen Mitwirkungsrechte aller auszubauen), dass dazu der (bäuerliche) Mittelstand stabilisiert werden müsse, dass dazu wiederum der Staat eingreifen müsse und dass das römische Recht in der Agrarverfassung fehl am Platze sei.

Welchen unmittelbaren Erfolg haben die Initiativen Miquels gehabt, wie haben sie in der weiteren Zukunft nachgewirkt? Die Bilanz ist gemischt. Langfristig erwiesen sich dabei einige Problemeinschätzungen (in allgemeiner Sicht) als dauerhaft, einige Institutionen als bestandsfest. Es zeigt sich, wie verhalten die von Miquel ins Auge gefassten Staatseingriffe in das Wirtschaftsleben, gemessen an späteren Entwicklungen, waren.

Die Miquel'sche Steuerreform, seinerzeit – trotz der Umgehungsprobleme – sozial und fiskalisch ein Erfolg, wirkt bis heute nach. In der Einkommensbesteuerung gilt das 1891 verwirklichte Prinzip der Quellenbesteuerung mit Abzügen, die die persönliche Leistungsfähigkeit beeinträchtigen, auch heute noch, ebenso – in Form der Steuererklärung – die Selbstdeklaration. Die Miquel'sche Vermögensteuer ist – wegen Verletzung des Gleichheitsgrundsatzes – 1997 gefallen, ebenso 1980 der 1925 in das deutsche Einkommensteuerrecht eingeführte Ersatztatbestand der Besteuerung nach Verbrauch. Auch heute finanzieren sich die Gemeinden aus einer Mischung von Steuerarten; Grund- und Gewerbesteuer sind nach wie vor den Gemeinden vorbehalten.[295]

Die Stützung des Mittelstandes, um eine tragende Säule des Staates zu festigen, war Thema nicht nur des wilhelminischen Kaiserreichs und der politischen Gedankenwelt Miquels. Dem bäuerlichen Mittelstand, auf den Miquel sich vor allem konzentrierte, wurde im ‹Dritten Reich›, zumindest in der NS-Propaganda, eine ähnliche Bedeutung für die Systemerhaltung zugemessen. In der Bundesrepublik steht der mittlere bäuerliche Besitz, schon wegen seines relativ abnehmenden quantitativen Gewichts, nicht mehr im Zentrum der staatlichen Fürsorge. Diese Rolle nimmt eher der beschäftigungsintensive gewerbliche Mittelstand ein. Aber die Landwirtschaft als Ganzes genießt weiterhin staatlichen Schutz. Der gemeinsame europäische Agrarmarkt geht mit seinem Zollschutz nach außen und seinen Stützungskäufen im Innern (wenn auch rückläufig) über das hinaus, was Miquel an ‹großen Mitteln› zur Preisstabilisierung für vertretbar hielt. Und die unter maßgeblicher Mitwirkung Miquels errichteten, unter anderem mit der Berufsausbildung betrauten, öffentlich-rechtlichen Landwirtschaftskammern und Handwerkskammern sind auch heute organisatorische Eckpfeiler in ihren Sektoren.[296] Die speziellen Initiativen Miquels (im Bereich der Agrarverfassung) zur Kräftigung des bäuerlichen Besitzes, die Umschichtung des Bodenbesitzes und die Ausbreitung des Anerbenrechts, hatten eine begrenzte Wirkung und wechselhafte Zukunft:

– Bis Ende 1919 wurden (aufgrund der Rentengutsgesetzgebung) 23 781 Rentengüter mit einer Fläche von 258 928 Hektar, bis Ende 1918 (aufgrund der Ansiedlungsgesetzgebung) 21 749 Ansiedlerstellen mit insgesamt 309 139 Hektar geschaffen.[297] Dieses Ergebnis war, gemessen an manchen Wunschvorstellungen, quantitativ enttäuschend; es entsprach etwa der Hälfte dessen, was zum Beispiel Schmoller an Großgrundbesitz umverteilt wissen wollte.[298] In Pommern etwa ging der Großgrundbesitz nur um 5,7 Prozent zurück.[299] Deutlich verschoben sich die Anteile an der landwirtschaftlichen Nutzfläche zwischen 1882 und 1907 nur in Westpreußen: Der Anteil des Großgrundbesitzes ging von 47,1 Prozent auf 36,5 Prozent zurück, der des mittelbäuerlichen Besitzes (fünf bis 20 Hektar) stieg von 14 Prozent auf 23,6 Prozent.[300] Und was die Abwehr des ‹Polentums› betrifft: Die bis 1906 von der Ansiedlungskommission angekauften Güter kamen mehrheitlich aus deutschem, nicht aus polnischem Besitz;[301] die Bevölkerung verschob sich nicht zugunsten des deutschen Anteils.[302] – Sehr viel radikaler als die preußischen Gesetze (und die Miquel'schen Absichten) wollte 1919 das sozialdemokratisch und bodenreformerisch inspirierte Reichssiedlungsgesetz in die Bodenbesitzverteilung eingreifen. Zur Entlastung des städtischen Arbeitsmarktes (später auch zur Abwehr polnischer Zuwanderung) sollte (mit der Möglichkeit der Enteignung) ein Drittel des Großgrundbesitzes in Siedlerstellen umgewandelt werden. Der Umfang der bis 1933 zur Siedlung abgegebenen Nutzfläche (939 000 Hektar) war indessen kaum größer als der des aufgrund der preußischen Gesetze angekauften Gutslandes (916 560 Hektar).[303] Nach dem Zweiten Weltkrieg fasste man nur noch für kurze Zeit – zur Verminderung der Arbeitslosigkeit – Bodenumverteilungsprogramme ins Auge. Auch der gebundenen Eigentumsform des Rentenguts war keine Zukunft beschieden. Das preußische Rentengutsgesetz von 1891 wurde 1927 aufgehoben. Und mit dem Kontrollratsbeschluss Nummer 45 vom 25. Februar 1947 wurden (auch) die Rentengüter in volles, ungebundenes Eigentum überführt.[304] Der (Miquel'sche) Gedanke, Eigentum zu sichern, indem man es beschränkt, war wieder fallen gelassen worden.

– Das Anerbenrecht wurde im ‹Dritten Reich› ein wichtiger Programmpunkt zur Kräftigung des deutschen Bauernstandes. Im (1947 wieder aufgehobenen) Reichserbhofgesetz vom 29. September 1933 sah Hans Herzfeld die Vollendung Miquel'scher Vorstellungen. Es habe «*mit einem entschlossenen Schlage den Miquel'schen Traum des gebundenen Erbrechts zum Siege*» geführt.[305] Aber das ist eine Fehldeutung. Das Reichserbhofgesetz, das im Prinzip alle Höfe zwischen 7,5 und 125 Hektar einem Zwangsanerbenrecht unterwarf und ihre Unveräußerlichkeit, Unteilbarkeit und Unbelastbarkeit mit dinglichen Schulden erklärte,[306] ging erheblich über die Vorstellungen Miquels hinaus. Miquel wollte nie die Realteilungsgebiete mit dem Anerbenrecht vergewaltigen, die Testierfreiheit beseitigen, jegliche dingliche Verschuldung (auch Rentenschulden waren dingliche Schulden) verbieten und die Abfindung der Miterben auf Ausbildungsleistungen beschränken. Die Festlegung auf Unveräußerlichkeit, Unteilbarkeit und Unverschuldbarkeit durch alle Generationen bedeutete für ihn «*die Herrschaft des Toten über den Lebendigen*».[307] Heute ist das Anerbenrecht als landwirtschaftliches Sondererbrecht durch einige Landesgesetze ermöglicht. Nach wie vor stehen sich in der Diskussion der Gleichheitsgrundsatz und der Wunsch, Zersplitterung und Überschuldung des Grundbesitzes (aus welchen Gründen auch immer) zu verhindern, gegenüber. Nach wie vor wird in den Anerbenregelungen bei der Berechnung der Abfindungsansprüche der weichenden Erben nicht der Verkaufs- beziehungsweise der Verkehrswert, sondern der niedrigere Ertragswert angesetzt.[308]

War die Errichtung der Preußenkasse, der Schlussstein des agrarpolitischen Reformprogramms, ein Erfolg? Miquel selbst wertete die Kasse als eine seiner besten Leistungen.[309] Die zeitgenössische und spätere liberale Kritik sah dies anders: Der subventionierte billige Staatskredit habe zur Gründung vieler eigentlich nicht lebensfähiger Genossenschaften und Verbandskassen geführt und damit das Genossenschaftswesen eher geschwächt als gestärkt.[310] Das klingt einleuchtend, ist aber schwer überprüfbar, da die Neugründungen in einem vertretbaren Beobachtungszeitraum nicht in den freien Markt entlassen wurden. Stellt man die Absicht Miquels in Rechnung, mit der Preußenkasse nur Anschubaufgaben wahrnehmen zu wollen, so könnte man hilfsweise prüfen, ob sich Zusammensetzung und Finanzstatus der Neugründungen nach einer gewissen Zeit so entwickelt hatten, dass eine Existenzfähigkeit ohne Staatshilfe erwartbar gewesen wäre; dazu fehlen aber detaillierte Unterlagen. Aus den verfügbaren Akten geht indessen hervor, dass die Preußenkasse Verbandskassen, die sie nicht für überlebensfähig hielt, rigoros aus ihrer Förderung strich;[311] das dürfte Fehlanreizwirkungen der Staatshilfe vermindert haben.

Die Preußenkasse hat ihren Gründungsanlass, zur Bekämpfung der Umsturzgefahr in der Monarchie beizutragen, überdauert. In ihrer Langlebigkeit steht sie neben der Steuerreform Miquels. Sie verdankt diese Langlebigkeit zum Teil ihrer Größe und Machtstellung, die Miquel mit dem Rückhalt staatlichen Kapitals und Kredits und mit autoritärer Hand begründete. Diese Machtstellung führte auch dazu, dass die Kasse bei staatlichen Finanzierungsvorhaben oder bei Umgründungen im Genossenschaftssektor lange Zeit auch rechtlich nicht umgangen werden konnte. Dabei nahm sie zuweilen Aufgaben wahr, die ihre Existenz sichern halfen, sie aber von ihren Gründungsabsichten wegführten. So wurde nach der Inflation (1923) die Durchleitung öffentlicher Gelder an die Landwirtschaft zeitweise die Hauptaufgabe der Preußenkasse,[312] was nicht den Gründungszielen Miquels entsprach. Im ‹Dritten Reich› erhielt die Deutschlandkasse (der Nachfolger der Preußenkasse) nicht nur als Kapitalsammelstelle für die Staatsfinanzierung einen zielfremden Bedeutungszuwachs: Durch das Reichserbhofgesetz waren die Erbhofbauern zumindest im Prinzip vom Hypothekarkredit abgeschnitten und nun ganz auf den Personalkredit (und den Früchtepfandkredit) der Kreditgenossenschaften angewiesen. Die Deutschlandkasse vergab nun, wovor Miquel dringend gewarnt hatte, kurzfristigen Personalkredit auch für mittel- und langfristige Realkreditbedürfnisse.[313] Nach dem Zweiten Weltkrieg, als die Deutsche Genossenschaftskasse zwar nicht die rechts-, aber doch die Funktionsnachfolge der Deutschlandkasse angetreten hatte, lebten besonders auch die staatsunabhängigen Bauelemente weiter, mit denen Miquel die Preußenkasse, wenn zum Teil auch nur perspektivisch, versehen hatte: die Etablierung eines mehrstufigen Aufbaus des Kreditgenossenschaftssektors mit relativ großer Selbstständigkeit der Primärgenossenschaften,[314] das Ziel des innergenossenschaftlichen Geldausgleichs, die Kapitalbeteiligung der Verbandskassen und die Möglichkeit, normale Bankgeschäfte zu betreiben. Miquel wünschte der Preußenkasse bei ihrer Gründung, die Genossenschaften möchten sich unter ihr so gut entwickeln, dass sie selbst überflüssig werde.[315] Mit der von staatlicher Kapitaleinlage und Einflussnahme freien DZ BANK wäre Miquel also am Ziel seiner Wünsche angelangt.

Marcel Boldorf

KARL KORTHAUS (1859–1933)

Ein Grundkonflikt

Die Jahrzehnte nach der Geburt von Karl Korthaus stuft die wirtschaftshistorische Forschung als einen Zeitabschnitt wirtschaftlicher Prosperität ein.[1] Seit den 1880er-Jahren stiegen die Reallöhne der Arbeiter, und diese Entwicklung hielt auch über Phasen wie die 1890er-Jahre an, die die Wirtschaftshistoriker eher als ‹Stockungsspanne› denn als wirtschaftliche Rezession einordnen. Die Periode war von einem wirtschaftlichen Ausbau geprägt, der auf den schwerindustriellen Sektoren basierte, allen voran die Eisen- und Stahlindustrie sowie der Maschinenbau. Andere aufstrebende Wirtschaftsbereiche waren die Chemie- und die Elektroindustrie, die beide ebenfalls meist in Großbetrieben organisiert waren. Zusammenfassend lässt sich feststellen, dass «*die deutsche Volkswirtschaft zwischen Reichsgründung und Weltkrieg deutlich wuchs, sich das Einkommen pro Kopf signifikant erhöhte und sich die Wirtschaftsstruktur vom Agrar- zum Industriestaat wandelte*».[2]

Der Strukturwandel zur industriellen Gesellschaft vollzog sich allerdings nicht reibungslos. Er implizierte zugleich einen Niedergang des ‹Alten Handwerks› oder zumindest einen Wandel seiner Funktion: Der Schuster, der früher selbstständiger Warenproduzent gewesen war, wurde zum Flickschuster, der nur noch für die Reparatur von Schuhen zuständig war. Auch die Landwirtschaft, deren Produktivität ständig wuchs, war betroffen, denn die Produktivitätsgewinne auf der einen Seite bedeuteten auf der anderen Seite einen Abbau der Beschäftigung. Von den Betroffenen wurde der Umstrukturierungsprozess vielfach als ‹Krise› wahrgenommen und entsprechend gedeutet. Karl Korthaus äußerte sich noch 1927 als 68-Jähriger pessimistisch über die von ihm als Zeitgenosse erlebte Zeitspanne: «*Gegen Mitte der neunziger Jahre des vergangenen Jahrhunderts durchlebte* […] *die deutsche Landwirtschaft eine schwere Krise. Insofern hatten die damaligen Verhältnisse mit der Jetztzeit große Aehnlichkeit. Durch die Verarmung der Landwirtschaft wurde der Innenmarkt, für den das Handwerk fast ausschließlich arbeitet, in hohem Maße verödet. Die Kaufkraft der Landwirtschaft hatte in bedenklichem Maße abgenommen. Von diesem Umstande war die Lage des Handwerks sehr abhängig. Es kam hinzu, daß auch die Industrie damals lange Zeit mit einer schlechten Wirtschaftslage zu kämpfen hatte. So konnte nicht ausbleiben, daß sich im Handwerk eine weit verbreitete Mutlosigkeit entwickelte.*»[3] Diese in vielerlei Hinsicht zu kurz greifende Rückschau zeigt vor allem eines: eine Unzufriedenheit, gepaart mit einem anhaltenden Pessimismus, der die soziale Gruppe der Handwerker auszeichnete.

Der skizzierte Grundkonflikt zwischen empirisch feststellbarer Wachstumsentwicklung und subjektiv empfundener Krisensituation war typisch für die soziale Gruppe der Handwerker, der Korthaus entstammte. Er kennzeichnete sowohl seine mentale und soziale Prägung als auch seine Selbstwahrnehmung. Auf dieser Basis entwickelte er in seinen Schriften Perspektiven für eine Restrukturierung der Gesellschaft, insbesondere die Reorganisation des Mittelstandes. Gleichzeitig erwuchsen aus dem Grundkonflikt seine praktischen Vorstellungen von Selbsthilfe, die sein Wirken hinsichtlich der Errichtung von Organisationsstrukturen zur Stärkung des deutschen Genossenschaftswesens prägten.

Der Weg zum genossenschaftlichen Verbandsfunktionär

Karl Korthaus wurde am 26. September 1859 als Sohn des Lehrers Johann Heinrich Korthaus in Holsten, Kreis Osnabrück, geboren.[4] Er erlernte das Malerhandwerk und besuchte anschließend eine Kunstgewerbeschule. Nach seiner Heirat fand er im Malergeschäft seines Schwiegervaters seine erste Anstellung. Als einfacher Handwerker rangierte er in der sozialen Schichtung weit unterhalb der städtischen Oberschicht. Er entstammte auch nicht, wie etwa Hermann Schulze-Delitzsch, einem gehobenen bürgerlichen Haushalt. Entsprechend fehlte es ihm im Gegensatz zu vielen anderen Protagonisten der Genossenschaftsbewegung an einer akademisch-universitären Ausbildung. Allerdings war ein rascher sozialer Aufstieg in der frühen Genossenschaftsbewegung nicht ungewöhnlich; beispielsweise gehörten 1853 dem Vorstand und Ausschuss des ‹Delitzschen Vorschussvereins› mehrheitlich Handwerksmeister an. Die Faszination für die Genossenschaftsbewegung entwickelte Korthaus über die praktische Anschauung der Leistungen landwirtschaftlicher Genossenschaftskassen.[5]

Korthaus' anfängliche Karriere hatte einen stark regionalen Zuschnitt. Sie begann in der nahe seinem Geburtsort gelegenen Kreisstadt Osnabrück, die Mitte der 1890er-Jahre rund 45 000 Einwohner zählte, aber im Zuge der Hochindustrialisierung mit drei bis vier Prozent Bevölkerungswachstum pro Jahr eine starke Dynamik aufwies. Als 35-Jähriger wurde er 1894 Vorsitzender des dortigen Innungsausschusses und Sekretär der Handwerkskammer. Korthaus wurde eine Begabung zur öffentlichen Rede nachgesagt. In öffentlichen Veranstaltungen setzte er sich für die Interessen seines Berufsstandes ein und erlangte dadurch einen überregionalen Bekanntheitsgrad. 1895 zog ihn der preußische Staat bei der Gründung der ‹Preußischen Central-Genossenschaftskasse› (kurz: ‹Preußenkasse›) zurate. Sie sollte das zentrale staatliche Bankinstitut für das Genossenschaftswesen werden, und Korthaus gehörte fortan ihrem ‹Engeren Ausschuss› an, der allerdings nur beratende Funktion hatte.

In den 1890er-Jahren wirkte Korthaus als Multiplikator für die Verbreitung des Genossenschaftsgedankens. Seine Vortragsreisen führten ihn schwerpunktmäßig ins Rheinland und ins benachbarte Westfalen, aber auch nach Sachsen und Schlesien sowie in die östlichen preußischen Provinzen. Sein Engagement wurde als ‹Feldzug› zur Gründung genossenschaftlicher Handwerkerkreditkassen bezeichnet.[6] Er propagierte nicht nur die Idee des handwerklichen Zusammenschlusses, sondern leistete selbst Hilfestellung bei der Selbstorganisation des Handwerkerstandes, indem er mit Rat und Tat bei der Gründung solcher Kassen mitwirkte.

1896 gab der preußische Staat Modellstatuten für die Gründung von Kreditgenossenschaften heraus.[7] Die Institute hatten Bankgeschäfte «*zum Zwecke der Förderung des Erwerbs und der Wirtschaft der Mitglieder*» zu betreiben, namentlich durch Kreditgewährung, Annahme und Verzinsung verfügbarer Ersparnisse, Einziehung geschäftlicher Forderungen, Regulierung bei Ausfällen sowie Gewährung von Rechtsschutz. Nur in Ausnahmefällen sollten sie auch Spareinlagen von Nichtmitgliedern annehmen. Der Erwerb der Mitgliedschaft, um die Bankleistungen nutzen zu können, beschränkte sich auf den Kreis der Handwerker, die der Innung des Bezirks angehörten, sowie auf Frauen, die Inhaber eines selbstständigen Handwerksbetriebs waren. Nicht der Innung Angehörige durften beitreten, sofern sie Mitglieder des Vorstandes oder Aufsichtsrats einer anderen Genossenschaft waren. Darüber hinaus wurden Einzelpersonen in besonderen Fällen bei Zustimmung des Aufsichtsrates zugelassen. Um Mitglied zu werden, war ein Eintrittsgeld zu entrichten. Mit dem Beitritt verband sich die Anerkennung eines Pflichtenkatalogs, den die Geschäftsordnungen näher bestimmten.

Die erste Gründung, an der sich Korthaus beteiligte, war 1896 die Vereinsbank in Osnabrück, deren Vorstand er bis 1903 angehörte. In der Folge wirkte er vielfach an der Bildung von Gründungskomitees mit, auf deren Basis viele Kassen ihren Geschäftsbetrieb eröffneten. Korthaus erwarb sich in der Praxis ein umfangreiches Know-how über kreditgenossenschaftliche Geschäfte. In dieser Phase der Werbung geriet er mit «*Dr. Crüger aus Charlottenburg*», das heißt dem Vorsitzenden des ‹Allgemeinen Verbandes der auf Selbsthilfe beruhenden deutschen Erwerbs- und Wirtschaftsgenossenschaften›, in dem die Genossenschaften nach Schulze-Delitzsch organisiert waren, in Konflikt.[8] Hans Crüger trat, obwohl selbst Protagonist einer genossenschaftlichen Organisation, auf seinen Reisen, wie zum Beispiel 1894 im Regierungsbezirk Bromberg, «*wiederholt und mit großer Entschiedenheit gegen die Gründung von Handwerkerkreditgenossenschaften*» auf. In dieser Sache ließ der Oberpräsident der Provinz Posen das Bromberger Regierungspräsidium wissen, dass die preußische Regierung es ablehne, die Kosten für die «*Agitationsreisen des Dr. Crüger auf Staatsfonds zu übernehmen*», weil dieser «*für den betreffenden Zweck nicht geeignet*» sei.[9]

Zum Verständnis dieser Konfliktlage im Zusammenhang mit den Genossenschaftsgründungen ist ein Blick auf die Situation des Handwerks um die Jahrhundertwende hilfreich. Die genossenschaftliche Kritik am Verdrängungswettbewerb, den man Großindustrie und -gewerbe anlastete, bezog sich immer wieder darauf, dass er zur Entstehung von Kümmerexistenzen im alten

Handwerk führe. Jedoch ist darauf hinzuweisen, dass im Zuge der Urbanisierung viele neue, gut bezahlte Berufe aus dem alten Handwerk erwuchsen, zum Beispiel Gas- und Wasserinstallateure oder Klempner. Für ältere Berufe wie Metallhandwerker, aber beispielsweise auch für Schlosser, eröffneten sich neue Betätigungsfelder.[10] Umorientierung bedeutete keineswegs in allen Fällen Verarmung, sondern häufig das Ergreifen der Chancen im aufkommenden Reparatur- und Zulieferungshandwerk. Während diese gewandelten Handwerksberufe auf die Industrie ausgerichtet waren, machten sich andere Handwerksbereiche die steigende Kaufkraft zunutze. Insgesamt stieg damit die Beschäftigung im Handwerk, die Zahl der Betriebe ging jedoch zurück.[11] Die aufstrebenden Kleinunternehmer forderten die Partizipation an den bestehenden kreditwirtschaftlichen Finanzierungswegen ein, die für einen Ausbau ihrer Geschäfte notwendig waren.

Die Ideenwelt des genossenschaftlichen Zusammenschlusses stieß indes auf starke Widerstände im Handwerkermilieu, denen Korthaus in seinen Werbevorträgen entgegentrat. Noch 1928 vermuteten Experten die Gründe in mangelnder Aufklärung: *«Es war ein schwieriges Beginnen, da die Berufsvertretungen des Handwerks in jener Zeit den Wert der genossenschaftlichen Organisation nicht verstanden.»*[12] In gleicher Weise argumentierte Korthaus 1927 in seinen Erinnerungen, als er einen *«Trieb des selbständigen Handwerks zur beruflich-fachlichen Organisation»* konstatierte, gleichzeitig aber einen *«Widerwillen»* erkannte, *«wirtschaftliche Aufgaben gemeinsam mit dem Konkurrenten durch[zu]führen»*.[13] Der Wunsch nach beruflicher Organisation, der fälschlicherweise als Festhalten am ‹alten Innungsgedanken› gedeutet wurde, beruhte um die Wende zum 20. Jahrhundert in der Praxis darauf, dass einige gemeinschaftlich zu lösende Aufgaben, wie die Herstellung zertifizierter Ausbildungswege, die Wahrung von Qualitätsstandards oder die Kreation von Handelsmarken (‹trade marks›), letztlich im Interesse aller etablierten Handwerksbetriebe lagen. Diese partielle Interessenübereinstimmung änderte nichts daran, dass die Handwerker ihr Produktions- und Geschäftswissen für sich behalten und nicht mit der Konkurrenz teilen wollten. Als verbindender Faktor blieb der von allen geteilte Wunsch übrig, bessere Möglichkeiten für die Finanzierung der geschäftlichen Expansion zu schaffen.

In diesem Bereich kam die Schwierigkeit hinzu, dass den Kleinunternehmern die im 19. Jahrhundert aufgebauten Finanzierungswege des Bankensystems nicht ohne Weiteres offenstanden. Die auf Werbung und Initiative von Korthaus gegründeten Handwerkergenossenschaften schlossen sich zu regionalen Verbänden zusammen. Ihr vorrangiges Ziel war es, einen institutionellen Rahmen für die Bildung von Kreditgenossenschaften zur Verfügung zu stellen, die sich ihrerseits regional zu genossenschaftlichen Zentralkassen zusammenschlossen. Von Korthaus beeinflusst, erfolgte die erste

Gründung 1893 in Niedersachsen.[14] Die Zentralkassen waren die geeignete Organisation, um mit der Preußenkasse in geschäftliche Verbindungen zu treten.[15] Die Preußenkasse sollte als zentrales Bankinstitut – vermittelt über die bestehenden oder neu zu errichtenden regionalen Zentralkassen – überregional den Ausbau des Genossenschaftswesens fördern. Der preußische Staat hatte Korthaus, wie erwähnt, in ihren Gründungsvorgang beratend einbezogen.

Korthaus wurde zum Leiter des Hannoverschen Verbandes der Handwerkergenossenschaften. In seiner Praxis als Verbandsaktivist hob er den von ihm selbst rückblickend thematisierten Widerspruch der Handwerkerzusammenschlüsse auf. Die Genossenschaftsgründungen distanzierten sich durchweg von der früheren Gedankenwelt der Zünfte und zielten auf die Finanzierung wirtschaftlicher Eigenständigkeit. Korthaus, dem als leidenschaftlichem Verfechter des Genossenschaftsgedankens viele dieser Gründungen zu pragmatisch erschienen, urteilte, dass die beruflich-fachliche Organisation und die Kreditgenossenschaften *«einander völlig entfremdet»* seien. Doch dank des Pragmatismus verbreitete sich das Modell vor dem Ersten Weltkrieg stark, sodass die Finanzierung von Kleinunternehmen durch Genossenschaftsbanken zur Normalität wurde. Demzufolge fiel Korthaus' späteres Fazit positiv aus: *«Wer einer Kreditgenossenschaft angehörte, fühlte sich im sicheren Besitz einer Bankverbindung, deren Leistungen zu den Selbstverständlichkeiten des Lebens gerechnet wurden.»*[16] Im Gegensatz zu Schulze-Delitzsch legte Korthaus weder auf ein großes Eigenkapital der Genossenschaften noch auf die unbeschränkte Haftpflicht großen Wert, mit Rücksicht darauf, dass es sich bei seiner Klientel der Handwerkergenossenschaften um kleine, wenig kapitalstarke Verbände handelte. Stattdessen setzte er auf die beschränkte Haftpflicht und auf die Festlegung einer Haftsumme, die nur einen verhältnismäßig kleinen Kapitalstock erforderte.[17] Diese Perspektiven machten für viele kleine Handwerker, die auf Kredite der Preußenkasse hofften, den Eintritt in die Genossenschaften attraktiv.

Zur Zusammenfassung der gewerblichen Genossenschaften gründete sich 1901 mit Hilfe des preußischen Staates der ‹Hauptverband der deutschen gewerblichen Kreditgenossenschaften›.[18] Korthaus wurde Direktor und Anwalt und übernahm außerdem die Leitung der ‹Zentralstelle zur Förderung des gewerblichen Genossenschaftswesens›. 1903 verlegte der Hauptverband seinen Sitz nach Berlin, und auch Korthaus siedelte um. Das Berliner Ministerium für Handel und Gewerbe unterstützte fortan die Arbeit der Geschäftsstelle mit jährlichen Beträgen von 12 000 bis 16 000 Mark.[19] In der Hauptstadt war Korthaus in der Lage, seine Lobbyarbeit zu verstärken. Die Organisation blieb indessen dezentral, das heißt, Unterverbände hatten Revisionsrecht und verfügten über weitgehende Selbstständigkeit.[20] Wie im Allgemeinen Verband dominierten auch bei der Gründung des Hauptverbandes 1901 die Kreditgenossenschaften, doch ging ihr anteiliges Gewicht bis 1912 merklich zurück. Die Dominanz der Kreditgenossenschaften war am Vorabend des Ersten Weltkriegs im Allgemeinen Verband (63,7 Prozent) nur ein wenig stärker ausgeprägt als im Hauptverband (54,4 Prozent).[21] Insgesamt bleibt festzuhalten, dass die Bedeutung von Korthaus' Hauptverband binnen kurzer Zeit merklich zunahm.

Genossenschaftstypen im Hauptverband der deutschen gewerblichen Kreditgenossenschaften

	Kreditgenossenschaften	Handwerkergenossenschaften
1901	65	19
1912	448	375

Quelle: Faust, Geschichte, S. 281.

Die Streitigkeiten mit dem Allgemeinen Verband entzündeten sich vor allem am Problem der staatlichen Förderung. Crüger warnte als Anwalt des Allgemeinen Verbandes vor «*staatlichen Eingriffen in das Genossenschaftswesen*».[22] Eine gängige Meinung war, dass «*mit staatlicher Unterstützung gebildete Genossenschaften* [...] *allzubald die Neigung und die Kraft zu eigenverantwortlicher Betätigung*» verlören.[23] Subventionen könnten bei den Handwerkern die irrige Vorstellung bekräftigen, dass es Pflicht und Aufgabe des Staates sei, ihnen die Sorge für ihr wirtschaftliches Vorwärtskommen abzunehmen. Im Kern ging es auch um die Frage, ob die Handwerkerschaft überhaupt Kredite annehmen solle, die staatlicherseits zum Beispiel durch die Preußenkasse angeboten beziehungsweise abgesichert wurden. Der Hauptverband trat dagegen mit dem Prinzip der beschränkten Haftpflicht für einen Weg ein, der nicht nur die Herabsetzung der Geschäftsanteile der einzelnen Mitglieder, sondern auch den eventuellen Zugriff auf staatliche Unterstützung vorsah.[24] Korthaus entkräftete die Vorwürfe mit folgender Rechnung, die die Bedeutung der ‹Staatshilfe› für seine Organisation relativierte: Der von der Preußenkasse gewährte Kredit habe vor dem Ersten Weltkrieg höchstens neun Millionen Mark betragen. Dem standen 1913 Einlagen in einer Gesamthöhe von 500 Millionen Mark durch die Kreditgenossenschaften gegenüber. Somit war der Staatskredit nur als eine «*Rückendeckung* [...] *beim Eintreten unvorhergesehener Schwierigkeiten*» einzustufen.[25] Von einer Abhängigkeit vom Staat könne keine Rede sein. Im Übrigen lag es den Funktionären des Hauptverbandes wie Korthaus eher fern, sich in Abhängigkeit von staatlicher Hilfe zu begeben.

Obgleich die Preußenkasse der Neugründung des Hauptverbandes prinzipiell wohlwollend gegenüberstand, äußerte ihr Präsident Carl Heiligenstadt doch erhebliche Zweifel hinsichtlich der geschäftlichen Grundlagen.

Bei fast allen handwerklichen Organisationen lägen «*die Revisionsverhältnisse noch sehr im Argen*», und «*mit recht unangenehmen Überraschungen dürfte zu rechnen sein, wenn es hier nicht gelingen sollte, durch den kürzlich gegründeten Hauptverband gewerblicher Genossenschaften Wandel zu schaffen*».[26] Nach Heiligenstadt scheiterte die Gründung größerer leistungsfähiger Handwerkerverbandskassen an ‹lokalpatriotischen Eifersüchteleien›. Währenddessen richtete sich die praktische Arbeit des Hauptverbandes beziehungsweise die Lobbyarbeit von Korthaus darauf, den rechtlichen Rahmen für die Kreditgewährung an handwerkliche Verbandskassen weiter zu verbessern. Die vorgeschlagenen Rationalisierungen und Reformen bezogen sich im Einzelnen auf den Abbau der finanziellen Abhängigkeit von der Preußenkasse, die Verringerung der Diskontkredite gegen Wechsel, die Festsetzung des Zinsfußes auf längere Frist sowie die Vermeidung von ‹Strafzinsen›, wenn eine Verbandskasse um die Erweiterung des Kontokorrentkredits nachsuchte.[27] Die von der Preußenkasse und dem Allgemeinen Verband bei den Berliner Ministerien geschürte Verdacht, dass es weiten Handwerkerkreisen um die Erteilung möglichst bedeutender Staatshilfen gehe, konnte – zumindest bis zum Ersten Weltkrieg – durch die überzeugende Performance der handwerklichen Genossenschaftsbanken zerstreut werden. Korthaus drückte seine Reserven gegenüber den Rivalen mit den Worten aus: «*Der damalige Präsident der Preußenkasse, Dr. Heiligenstadt, war der Meinung, daß das von ihm geleitete Institut nicht nur eine staatliche Bank, sondern eine hohe Behörde sei, der man Vertrauen zu schenken, aber auch Hochachtung zu erweisen habe.*»[28]

Festzuhalten bleibt die Erkenntnis, dass der preußische Staat die Gründung lobbyistischer Verbände begrüßte und finanziell förderte. Somit wurde das für Deutschland im 20. Jahrhundert prägende System der korporativen Verfasstheit von Gruppeninteressen ursprünglich staatlicherseits angestoßen. Es eröffnete der Regierung die Möglichkeit, mit sozialen Großgruppen direkt und eventuell unter Umgehung des Parlaments in Kontakt zu treten und politische Konfliktsituationen einer Einigung zuzuführen. Nicht anders lassen sich die intensiven verbandlichen Kontakte deuten, die auch Korthaus als Anwalt des Hauptverbandes mit den preußischen Regierungsressorts für Finanzen sowie für Handel und Gewerbe unterhielt.

Darüber hinaus verfolgte der Hauptverband das Ziel, die beruflich-fachlichen mit den wirtschaftsgenossenschaftlichen Vertretungen des Handwerks zu vereinen. Dies schloss die Handwerks- und Gewerbekammern ein und sollte eine breite Vertretung der Gruppen gewährleisten, die Korthaus als ‹Mittelstand› kennzeichnete. Als ‹geborener Volksredner› setzte er seine Reisen zur Verbreitung seiner genossenschaftlichen Ideen fort. Kraft seines Amtes reiste er nach Österreich, Frankreich und Schweden, um für seine Konzeptionen zu werben.[29] Die Funktion als Vorsitzender des Hauptverbandes übte er bis 1920 aus, als die Verschmelzung mit dem Allgemeinen Verband stattfand.

Mittelstandsphilosophie im Ersten Weltkrieg: eine kulturpessimistische Verfestigung

Unter den Erschütterungen des Weltkriegs verfestigte sich Korthaus' mittelständische Orientierung zu einem kulturpessimistischen Weltbild. Zeitgenössisch war es üblich, den Begriff ‹Mittelstand› in einem sehr weiten Verständnis zu verwenden, als Bezeichnung für einen Berufsstand, «*der vom Reichskanzler bis zum Briefträger reicht*».[30] Mit dem Bekenntnis der Zugehörigkeit zum Mittelstand wähnte man sich inmitten des Volks, als «*zuverlässiger Träger idealer Volkskraft*», wie es Korthaus in seinem zwei Jahre nach Kriegsausbruch verfassten ‹Volksbüchlein› über die ‹Förderung der Erwerbstätigkeit der in die Heimat zurückgekehrten Kriegsteilnehmer aus dem gewerblichen Mittelstande› ausdrückte.[31] 1916 in einer Auflage von 100 000 Exemplaren erschienen und für 20 Pfennig erhältlich, reihte sich die Publikation in die ‹Schützengrabenbücher für das deutsche Volk› ein. Diese Schriftenreihe war Teil der Kampagne der Obersten Heeresleitung zur Mobilisierung der ‹Heimatfront›. In einer als tiefe Krise wahrgenommenen Situation stilisierte der 57-jährige Korthaus den Mittelstand als ‹ruhenden Pol› in einer Rastlosigkeit. Die Unrast habe auch bereits vor dem Krieg bestanden und sei «*durch die Großindustrie* [...] *in unser Volk hineingetragen*» worden. Dagegen verkörpere insbesondere der landsässige Mittelstand das Prinzip der Bodenständigkeit: «*In der Ständigkeit des Wohnsitzes ruhen doch die starken Wurzeln seiner Kraft.*»[32]

Den tobenden Krieg interpretierte Korthaus als extreme Steigerung der Rastlosigkeit und zugleich als Umbruch. Der Krieg habe «*eine neue Zeit*» gebracht, und selbst der beste Frieden, ein «*deutscher Frieden*», könne «*die alten Verhältnisse*» nicht zurückbringen. Er stellte fest, dass die Kriegssituation die Ansprüche an den Staat im Allgemeinen steigen ließ. In partieller Übereinstimmung mit späteren sozialhistorischen Untersuchungen identifizierte Korthaus den Mittelstand als Hauptleidtragenden des Krieges.[33] Mit speziellem Augenmerk auf kleingewerbliche und Handwerksbetriebe stellte er fest, dass deren Leitung fast ausschließlich in den Händen der Meister oder einzelner Geschäftsleiter liege. Mit dessen Einberufung zum Kriegsdienst sei daher oft die Einstellung der Geschäfte verbunden. Wegen des zusätzlich auftretenden Mangels an Arbeitskräften und Rohstoffen stünden rund 250 000 Betriebe still, eine Angabe, die in der Größenordnung späterer Schätzungen lag.[34] Korthaus betonte die relative Benachteiligung gegenüber dem Großgewerbe. Letzteres werde wegen seiner größeren ‹Kapitalkraft› und festgefügten Organisation leichter Arbeitskräfte finden können. Außerdem seien die Lohnerhöhungen von den großgewerblichen Betrieben leichter zu stemmen. Die Kriegserfahrung verfestigte seine negative Wahrnehmung der Großindustrie, der er einen Verdrängungswettbewerb zulasten des Mittelstandes zuschrieb.

Teilweise müssen Korthaus' Analysen und pessimistische Voraussagen über künftige Entwicklungen als überzogen bezeichnet werden. Zwar hatten die von ihm genannten Berufsgruppen häufig den Stillstand ihrer Betriebe zu beklagen, und Kleingewerbe und Handwerkerschaft konnten weniger an den Kriegsgewinnen partizipieren, weil sie eher in den nicht kriegswichtigen Branchen tätig waren. Zudem gingen ihre Absatzmöglichkeiten wegen der Verbrauchsbeschränkungen im Rationierungssystem zurück. Jedoch konnten die staatlich verfügten Betriebsstilllegungen häufig abgewehrt werden. Rückblickend lässt sich feststellen, dass der Rückgang der handwerklichen Betriebe im langfristigen Trend lag, denn ihre Zahl nahm von 1907 bis 1919 lediglich um acht Prozent ab.[35]

Insgesamt verharrte der Mittelstand wohl nicht, wie Korthaus es einschätzte, *«in kraftloser Vereinzelung»*.[36] Als Ausweg bot sich immerhin die von ihm vehement geforderte ‹Vergenossenschaftung› an. In seiner Broschüre betrachtete er vor allem die Angebotsseite, indem er die Zentralisierung des Einkaufs der Rohstoffe forderte, schenkte dagegen der Nachfrageseite weniger Beachtung. Es war festzustellen, dass sich die Zahl der Handwerkergenossenschaften im Krieg um mehr als 2000 erhöhte. Diese Entwicklung stellte sich vor allem als Adaptionsprozess an die veränderte kriegswirtschaftliche Nachfrage dar: Um in den Genuss der staatlichen Rüstungsaufträge zu kommen, bot sich die Zusammenarbeit beim Absatz an. Dieser Umstand förderte die Entwicklung der bisher wenig in Erscheinung getretenen Liefergenossenschaften. 1919 existierten 1152 Genossenschaften dieses Typs, die Angehörige der Massenhandwerke wie Schneider, Schuster, Sattler oder Schlosser vereinigten.[37] Eine ambivalente Entwicklung erlebten die Kreditgenossenschaften, deren reichsweite Zahl über den Krieg von 1481 auf 1241 leicht zurückging.[38] Durch die Zunahme der Geldmenge infolge der staatlichen Kriegsfinanzierung stiegen ihre Eigenmittel, doch existierte im Gegenzug kaum mehr eine Nachfrage nach Krediten. Letztlich erfüllten sich Korthaus' Prognosen zu den finanziellen Engpässen auf dem Kapitalmarkt nach dem Krieg nicht, allerdings benannte seine Schrift frühzeitig die ernsten Konsequenzen für die persönliche Einkommenssituation der Angehörigen des von ihm umrissenen Mittelstandes.

Wirtschaftliche und politische Arbeit in der Weimarer Republik

Korthaus war politisch als Mitglied der Zentrumspartei aktiv. Von 1910 bis 1918 gehörte er dem Kreistag Teltow an und blickte Mitte der Zwanzigerjahre außerdem auf eine 20-jährige Mitgliedschaft in der Stadtverordnetenversammlung des Berliner Stadtteils Steglitz zurück. Sein Mandat als (stellvertretender) Reichstagsabgeordneter von 1921 bis 1924, wie in einem zeitgenössischen Handbuch nachgewiesen,[39] lässt sich durch andere Quellen nicht bestätigen. Außerdem war Korthaus als Vertreter der Handwerkergenossenschaften Mitglied im Reichswirtschaftsrat, einem Gremium, das über 300 Mitglieder zählte, aber vorwiegend eine beratende Funktion innehatte.

Wesentlich wichtiger blieb seine Verbandstätigkeit, deren nächster Markstein sein Beitrag zur Zusammenführung der konkurrierenden Organe der gewerblichen Genossenschaftsbewegung war. Die Fusion des Allgemeinen Verbandes mit dem Hauptverband mag angesichts der Rivalität vor dem Krieg überraschen. Doch hatte bereits während des Krieges eine Annäherung stattgefunden, denn es gab mehrere Gründe, die zur Überwindung der alten Interessengegensätze geführt hatten und die Bündelung der Kräfte in einem gemeinsamen Verband hatten attraktiv erscheinen lassen.

Entwicklungsstand der städtischen Kreditgenossenschaften im Fusionsjahr 1920

	Allgemeiner Verband	Hauptverband
Zahl der berichtenden Genossenschaften	818	324
Mitgliederzahl	559 218	107 587
Eigenvermögen	411,8 Mio. Mark	82,3 Mio. Mark
Eigenvermögen pro Genossenschaft	503 381 Mark	253 981 Mark
Eigenvermögen pro Genossenschaftsmitglied	736,3 Mark	764,9 Mark
Bilanzsumme	5,03 Mrd. Mark	1,17 Mrd. Mark

Quelle: Korthaus, Zeitbilder, S. 361.

Gewisse Strukturmerkmale der beiden Verbände hatten sich seit der Vorkriegszeit nicht verändert: Das durchschnittliche Eigenvermögen der städtischen Genossenschaften des Hauptverbandes war nur halb so groß wie beim Allgemeinen Verband.[40] Jedoch war die Mitgliederstärke im Allgemeinen Verband größer, sodass der Pro-Kopf-Betrag leicht unter demjenigen des Hauptverbandes lag. Anders als früher fehlte es dessen Mitgliedern nicht mehr an Finanzkraft. Offensichtlich profitierten sie von der durch die Modalitäten der Kriegsfinanzierung allgemein gestiegenen Verfügbarkeit liquider

Mittel, sodass die staatliche Unterstützung an Bedeutung verlor. Obwohl der Hauptverband gegenüber seinem früheren Konkurrenten aufholte, blieb das Ungleichgewicht erhalten. Die Fusion zum ‹Deutschen Genossenschaftsverband› (DGV) im April 1920 vollzog sich daher nicht auf Augenhöhe, vielmehr wurde der jüngere und kleinere Hauptverband dem Allgemeinen Verband einverleibt. Der Gewichtung entsprechend wurde die Spitze des DGV mit Crüger als altgedientem Vorsitzenden des Allgemeinen Verbandes besetzt, während Korthaus stellvertretender Anwalt wurde.[41] Angesichts des großen politischen Gewichts der landwirtschaftlichen Genossenschaften sah Korthaus einen Vorteil der Fusion auch darin, dass sie für das *«Genossenschaftswesen städtischen Charakters»* eine einheitliche Stimme schuf. Nach seiner Einschätzung brauche die Fusion auch kein *«Gefühl der Wehmut»* zu erzeugen, weil der Hauptverband seine Aufgabe der Verankerung der Genossenschaftsidee im handwerklich-kleingewerblichen Sektor zufriedenstellend gelöst habe.[42]

Wie geschildert, hatte der Krieg zur Neugründung zahlreicher Handwerkergenossenschaften geführt, die sich vor allem als Zuliefergemeinschaften für die Kriegsindustrien bildeten. Die Umstellung auf die Friedenswirtschaft entzog ihnen in vielen Fällen die wirtschaftliche Grundlage.[43] Korthaus wollte die besonderen zeitlichen Umstände für diese Veränderung der genossenschaftlichen Verhältnisse nicht wahrhaben und beklagte, *«die Auflösung von Handwerkergenossenschaften ohne triftigen Grund»* sei *«eine gewissenlose Schädigung der Interessen des selbständigen Gewerbes. Die Auflösung lebensfähiger Genossenschaften bereitet dem Gewerbe einen dauerhaften, nicht wiedergutzumachenden Schaden und ist eine sinnlose Vergeudung des Nutzens geleisteter fruchtbringender Arbeit.»*[44] Indes breiteten sich in den Nachkriegsjahren andere Bereiche des Genossenschaftswesens aus, etwa die Baugenossenschaften und vor allem die Warengenossenschaften, zum Beispiel im Einzelhandel die EDEKA-Genossenschaften. Insgesamt erfuhr der Genossenschaftsgedanke eine Aufwertung. Mit Rückblick auf die früheren Konfliktlagen kommentierte Korthaus: *«Den Vertretern des Allgemeinen Verbandes, der gewissermaßen mit einem Kaufkraftüberschuß einsam und auf steiler Höhe stand, wurde es zunächst nicht leicht, sich mit einem starken Zuwachs von Genossenschaften zu befreunden, die zu einem erheblichen Teil unter lebhaftem Widerspruch des Allgemeinen Verbandes gegründet waren.»*[45] Die Trend zur Genossenschaftsbildung setzte sich fort: 1924 umfasste der Deutsche Genossenschaftsverband 4200 Genossenschaften, die sich in rund 1300 Kreditgenossenschaften, 2500 Waren- sowie 400 Bau- und sonstige Genossenschaften mit insgesamt 1,5 Millionen Mitgliedern aufteilten.[46]

Die Konsolidierung der genossenschaftlichen Betriebsformen veranlasste Korthaus zu einer Reflexion über die Neubestimmung ihrer Existenz, die er im September 1924 in einer Rede auf dem Hannoveraner Genossenschaftstag verkündete. Darin knüpfte er teilweise an seine Kriegsüberlegungen an und bezog Stellung gegen das ‹Großkapital›.[47] Diesem warf er reinen Materialismus vor, während er die genossenschaftlichen Organisationen «*durch eine tiefe Kluft von den kapitalistischen Wirtschaftsorganisationen*» getrennt sah. Gleichzeitig wähnte er sie in einem «*Kampf*» gegen «*das verderbliche Streben, nur für sich selbst zu sorgen*». Seine Vorstellung des Kampfes übertrug er auf die Sphäre der Politik und begründete damit sowohl seine Ablehnung des Parlamentarismus als auch des Kommunismus. Da der gewerbliche Mittelstand als Hauptleidtragender der sozialen und wirtschaftlichen Kriegsfolgen anzusehen sei, treffe ihn die Art des politischen Debattierens am schwersten: «*Wir erleben in unsern trüben Tagen den Kampf der politischen Parteien gegeneinander, unter denen die Lebensbedürfnisse der ganzen Nation empfindlich leiden müssen.*» Bis zu einem gewissen Grade gestand er zwar jedem seine politische Meinung zu, «*aber wenn dann diese Meinung mißbraucht wird zu einem Kampfe aller gegen alle, wenn man das Selbstverständliche, Naturnotwendige, das Recht* [,] *das mit uns geboren, dabei nicht mehr achtet, dann ist dieser Kampf nach meiner Ueberzeugung verfehlt.*» In der Praxis gelte es ferner, «*das gewaltsame Eindringen der Kommunisten in die Konsumvereine*» zu verhindern.[48] Diesen für ihn offenkundigen gesellschaftlichen Missständen hielt er den Genossenschaftsgedanken entgegen. Als korporative Einheit rage sie aus dem politischen Geschehen heraus: «*Unsere Genossenschaften sind in ihren wirtschaftlichen Leistungen nicht gebunden an die Staatsform und an die politische Tagesmeinung.*» Die Gemeinschaft («*einer für alle, alle für einen*») verhelfe dazu, «*den Kreis der Mitglieder zu heben und zu fördern*». Der Unterschied zum materialistischen Gewinnstreben liege in der Formel: «*Für die unsrigen – nicht für uns*».[49] Angesichts der fortschreitenden Kartellierung der Wirtschaft sei die Genossenschaftsbildung eine Strategie der Selbstbehauptung. Zu Recht wies Korthaus dabei auf die fortbestehende Machtposition der Kartelle in der Wirtschaft hin, die bereits vor dem Ersten Weltkrieg als ‹Kinder der Not› bezeichnet wurden. Nach Kriegsende änderte sich an der Kartellierung nichts, im Gegenteil, gegenüber dem Vorkriegsstand von 700 machte Korthaus eine Schätzung von 5000 Kartellen und Syndikaten in der deutschen Wirtschaft geltend.[50] Seine Einschätzungen entsprangen der Gedankenwelt des Korporatismus, der auch in seinem wirtschaftlichen Ordnungsdenken Niederschlag fand.

Die korporatistischen Vorstellungswelten äußerten sich auch in den Formen der Vergesellschaftung, die sich am deutlichsten bei den drei- bis viertägigen Genossenschaftstagen zeigten. Für diese Veranstaltungen zeichneten Jahr für Jahr unterschiedliche deutsche Städte verantwortlich. Als gut dokumentierte Beispiele können hier der 61. Genossenschaftstag in Hannover (September 1924) und der 68. Genossenschaftstag in Dortmund (August 1932) dienen. Sie liefern Einblicke in die genossenschaftliche Mentalität sowie das Selbstverständnis der Aktivisten und Führungspersönlichkeiten wie Karl Korthaus.

Die Ausrichtung eines Genossenschaftstages war für die gastgebende Kommune ein besonderes Ereignis: «*Die Stadt hatte Festschmuck angelegt und die Vorbereitungen der gastgebenden Genossenschaften Hannovers waren einem Massenbesuch der Genossenschafter aller Gaue gewachsen.*»[51] Auch Dortmund suchte sich acht Jahre später als attraktiver Gastgeber zu präsentierten. Für die Veranstaltungen und das gesellschaftliche Rahmenprogramm wurden Orte gewählt, die als Sinnbild ihrer Modernität galten: das Stadttheater von 1904, die Westfalenhalle (1925), das Westfalenhaus (1928) sowie das Haus der Jugend (1929). Erkennbar ist die bodenständige Komponente, die auch in dem vorgeschlagenen kulturellen Begleitprogramm Ausdruck fand, das den Besuch einer der acht Großbrauereien vorschlug und die Umrahmung des Genossenschaftstages durch den Dortmunder Männergesangverein vorsah.[52]

Versammlungen wie der Begrüßungsabend unterlagen einer Gruppenordnung, die sich auf die räumliche Gestaltung niederschlug. Die Sitzaufteilung war landsmannschaftlich organisiert, das heißt, die einzelnen Tische für das gemeinschaftliche Essen waren Vorstandsbezirken zugeordnet, zum Beispiel saßen die Westfalen neben den Sachsen, Thüringern und Pommern auf dem Balkon der Westfalenhalle. Auch die Verpflegung der Gäste gab sich regional und bodenständig. Empfohlen wurde vor allem das Stammessen im Gasthaus ‹Zum Reinoldus›, das zum Handwerkskammergebäude gehörte: Der Vorschlag «*Kalte Pökelzunge mit Butter und Brot*» kostete den teilnehmenden Genossenschaftler eine Reichsmark, dazu konnte er für 32 Pfennig einen halben Liter Exportbier trinken. Anders zusammengestellt war das Festmahl, das den Höhepunkt des Genossenschaftstages darstellte. Die Speisenfolge im Goldsaal der Westfalenhalle war festgelegt auf «*Ochsenschwanzsuppe – Rheinsalm – Junger Kapaun mit Salat, Kompott und Pommes Frites – Fürst Pückler Bombe*». Auch diese kulinarische Zusammenstellung versprach eine gehobene, aber vertraute Genusswelt aus heimatlichen Gefilden.

Zu der Inszenierung der genossenschaftlichen Vergesellschaftung zählten symbolische Handlungen, denen eine lange Tradition zugeschrieben wurde.

Dazu gehörte 1924 das *«historische Abschiedsmahl»* im Parkhaus zu Hannover, *«bei dem auch der von Schulze-Delitzsch vor 60 Jahren zum Umtrunk bestimmte Humpen wieder die Runde machte».*[53] Auch 1932 in Dortmund wurde an der Festtafel der Schulze-Delitzsch-Krug gereicht, der dem *«Wunsche des Altmeisters»* gemäß mit *«köstlichem Rheinwein gefüllt»* war. Die Berichte über die Genossenschaftstage in den ‹Blättern für Genossenschaftswesen› hoben die Wiederholung dieses symbolischen Rituals gesondert hervor.

In der Weimarer Zeit standen solche Symbolisierungen mehr denn je für das korporative Selbstbild des Deutschen Genossenschaftsverbandes. 1932 wurde Karl Korthaus in diese Schaffung genossenschaftlicher Symbole einbezogen. Wie vielen Genossenschaftlern bekannt, galt der stellvertretende Anwalt als großer Zigarrenliebhaber. Zu seinen Ehren wurde anlässlich des 68. Genossenschaftstages in Dortmund eine Zigarrenspezialserie vorgestellt, die seinen Namen und sein Bildnis trug. Als so genannte Sumatra-Zigarre wurde sie in vier Preislagen angeboten: die Marke ‹Selbsthilfe› zu zehn Pfennig, die ‹Selbstverwaltung› für 15 Pfennig, die ‹Selbstverantwortung› für 20 Pfennig und eine ‹Sonderklasse› für 25 Pfennig – *«Wo in genossenschaftlichem Sinne gearbeitet wird, soll eine Korthaus-Zigarre nicht fehlen.»* Mit der Serie sollte *«zugleich unter Beweis gestellt werden, was genossenschaftliche Arbeit im Zigarrenhandel zu leisten vermag.»*[54]

Zu den eingeübten Handlungsroutinen gehörte auch die Ehrerbietung für Führungspersönlichkeiten aus den eigenen Reihen. Politische Bekenntnisse waren dabei explizit eingeschlossen, wenn zum Beispiel 1924 ein *«Huldigungstelegramm»* an Generalfeldmarschall von Hindenburg abgesandt wurde, *«welches denselben als den besten Deutschen feierte».*[55] Auch der im gleichen Jahr *«mit größtem Beifall aufgenommene Vortrag von Direktor Korthaus»* zur *«Bedeutung des Genossenschaftswesens für Gegenwart und Zukunft»* wurde als *«ein ausgezeichnetes Mittel»* angesehen, *«das Interesse für das Genossenschaftswesen nicht nur bei den Mitgliedern, sondern in ihrem ganzen Geschäftskreis, zu wecken und zu stärken».* Es erging die Empfehlung, den Vortrag zu verbreiten, er sei besonders als Beilage zu den Lokalblättern geeignet, für diesen Zweck könne er *«in farbigem Prospektpapier geliefert werden».*[56] Die Öffentlichkeitsarbeit rund um die Genossenschaftstage diente der Popularisierung der genossenschaftlichen Idee und situierte den Verband in der politischen Landschaft der Weimarer Republik.

Wandel der Korthaus'schen Genossenschaftsidee

Gegen Ende seines Lebens hielt Korthaus noch zwei bedeutende Vorträge zur Genossenschaftsidee, jeweils auf den heimatlichen niedersächsischen Verbandstagen in Oldenburg (Mai 1928) und auf Borkum (Mai 1933). Der Zweitgenannte war einer seiner letzten, zugleich aber aufschlussreichsten öffentlichen Auftritte, bei dem er in der Frühphase des nationalsozialistischen Regimes seine Begeisterung für die ‹nationale Revolution› bekundete. Der Kontrast zwischen beiden Referaten beleuchtet einen mentalen Wandel im letzten Abschnitt von Korthaus' Karriereweg. Im Alter neigte Karl Korthaus zur Überhöhung des Genossenschaftsgedankens, den er von einer *«hohen sittlichen Idee»*[57] getragen sah. Sein Vortrag in Hannover nahm 1928 die vier Jahre zuvor formulierte korporatistische Verortung der Genossenschaftsidee auf. Indem er einen *«guten Kenner des Genossenschaftswesens»* anonym zitierte, verlieh er genossenschaftlichen Geschäften eine besondere Weihe, denn sie seien *«gewissermaßen gesalbt mit einem Tropfen sozialen Öles»*. Ihre Besonderheit begründe sich in ethischen, moralischen und sittlichen Gesichtspunkten.

Seine Argumentation knüpfte beim ‹Altmeister› Schulze-Delitzsch und dessen Begriffstrilogie ‹Selbsthilfe›, ‹Selbstverantwortung› und ‹Selbstverwaltung› an. Diese drei *«inhaltsschweren Worte»* seien die Leitsätze, *«das Programm, das tief in unser Gewissen und unsere Seele geschrieben war»*.[58] Sein Appell an die Selbsthilfe als Inbegriff genossenschaftlicher Tugend sei von einer negativen Wahrnehmung der Zeitumstände begleitet gewesen: *«Man darf wohl sagen, dass in dem Wirtschaftskörper Deutschlands vielfach, aber auch wohl in der Auffassung weiter Kreise unserer Volksgenossen, das Wort von der Selbsthilfe heute kein Verständnis mehr findet.»* Früher sei Deutschland ein Rechtsstaat gewesen, heute ein Wohlfahrtsstaat. Da Millionen glaubten, der Staat sei in erster Linie für ihr Wohlergehen verantwortlich, sei Selbsthilfe als *«sittliche Idee»* anzusehen.[59] Vom früheren Kulturpessimismus geleitet, setzte er seine Ausführungen fort: *«Ich will nicht sagen, daß heute alles schlecht ist; aber daß die Neigung zur Verantwortungslosigkeit heute größer ist als früher, steht für mich fest.»* Korthaus appellierte deshalb an die ‹Selbstverantwortung› und beklagte, wie bereits früher, den vorherrschenden Materialismus: *«Wir sind in die wirtschaftliche Welt hineingestellt, in der man mit Idealismus nicht sehr weit kommt.»* Seine Hoffnung zur Überwindung dieses Zustandes gründete auf Tradition und Nation: *«Es muß doch noch etwas in der deutschen Volksseele stecken, was an vergangene große Zeiten erinnert, was uns auch heute noch beflügelt, was heute noch so stark zu wirken vermag, daß in der Tat unsere genossenschaftliche Betätigung anerkannt werden muß und bei unseren Gegnern sowie bei denen, die uns freundschaftlich nahestehen, Anerkennung findet.»*[60] Seine Hoffnungen ruhten auf der Führungskraft starker Männer: *«Alles, was groß gewesen ist in der Welt* [...] *ist gewiß letzten Endes der Führung großer Menschen zu verdanken.»* Dabei seien *«Volksart und Rasse»* entscheidend. Seine Ausführungen endeten mit einer Huldigung seines *«hannoverschen Landes»*, seiner Heimat: *«Ich stehe immer noch in dem Lande der Niedersachsen, in allen Arten und Gruppen der Bevölkerung ein starkes deutsches Geschlecht.»*[61] Korthaus' Rede zeugte von einer Annäherung an den völkischen Diskurs sowie einer Einschreibung des genossenschaftlichen Gedankens in eine lange Traditionslinie. Insgesamt blieb der Tenor aber negativ und von einer pessimistischen Grundhaltung zur zeitgenössischen Welt geprägt.

Wie im Deutschen Genossenschaftsverband üblich, bekleidete Korthaus seine Position weiterhin, weil sie sozusagen als Lebensstellung angesehen wurde. Erst als im Februar 1932, nach dem Tod des Vorsitzenden Philipp Stein, eine Neubesetzung der Verbandsvorsitzes anstand, wurde Korthaus wegen seines vorgerückten Alters bei der Kandidatenwahl aussortiert und dem Juristen Johann Lang als Interimsvorsitzendem der Vorzug gegeben.[62] Seine Stellung als Mitglied der Anwaltschaft behielt Korthaus auch über die nationalsozialistische Machtübernahme vom Januar 1933 hinweg. Einen guten Monat nach Hitlers Machtantritt, kurz vor Annahme des Ermächtigungsgesetzes durch den Reichstag, schrieb Korthaus unter dem Titel ‹Schicksalswende› einen Artikel zur veränderten politischen Situation. Mit Blick auf die *«wuchtige*[n] *Geschehnisse der Gegenwart»* konstatierte er einen *«gewaltigen Umschwung»*: *«Die neue Bewegung greift schneller um sich, als es sich die Anhänger des alten Systems jemals haben träumen lassen»*. Sein Bekenntnis zur ‹nationalen Revolution› stellte zugleich eine Absage an den Weimarer Parlamentarismus sowie an das *«Morgenrot der Menschheitsverbrüderung»* vom 9. November 1918 dar. Er begrüßte, dass *«auf allen amtlichen und unzähligen privaten Gebäuden die Flaggen der nationalen Freiheitsbewegung wehen»*.[63] Nun herrsche auch Sicherheit für die Wirtschaft, deren *«dauernde Beunruhigung* [...] *durch die wiederkehrenden Neuwahlen, besonders zum Reichstag,* [...] *jetzt einer vergangenen Zeit»* angehörten.[64] Korthaus schrieb seine vollmundigen Bekenntnisse zu einem Zeitpunkt, als andere sich noch merklich zurückhielten oder Hitlers Regime als Übergangsphänomen einstuften.

Der Vorstoß bedeutete für ihn persönlich den Ausbruch aus seiner bisherigen pessimistischen Grundhaltung: *«Wir wußten es in unserer Armut ja schon gar nicht mehr, wie reich wir in Wirklichkeit noch sind.»* Der ‹geistige Umschwung› einer neuen Zeit veranlasste ihn wenig später zu einem veränderten Rückblick auf die Wirtschaftsentwicklung zu seinen Lebzeiten. In Bezug auf die Industrialisierung schrieb er, dass man in den letzten 80 Jahren technisch weiter gekommen sei als vorher in mehreren Jahrhunderten: *«Wir haben das ja zum größten Teil alle mit durchlebt, wir haben es aber nicht so gefühlt.»*[65] Seine

Begeisterung legte Zeugnis ab von einer *«sieghafte*[n], *geistige*[n] *Umbildung»*; er verkündete einen optimistischen Aufbruch, indem er als 73-Jähriger an die *«jugendliche Begeisterung»* appellierte.[66] Offensichtlich bewogen ihn seine Hoffnungen in die ‹nationale Revolution› zur Umkehr seiner bisherigen Skepsis gegenüber der industriellen Revolution, die er nun als deutsche Errungenschaft deutete.

In seiner letzten dokumentierten öffentlichen Rede in Borkum wagte sich Korthaus an die Umdeutung der *«ehrwürdigen Gestalt»* des *«Altmeisters Schulze-Delitzsch»*.[67] Dessen Werk sei *«lebenskräftig und groß»*, er sei *«ein deutscher Mann.* [...] *Selbst seine erbittertsten Feinde haben Zeit seines Lebens den großen deutschen Zug in seinem Wesen anerkennen müssen.»*[68] Schon in Korthaus' Geburtsjahr 1859 sei er für einen Ausbau der Flotte eingetreten, womit Korthaus die Verbindung zum späteren Flottenbauprogramm, dem wichtigen Pfeiler der aggressiven deutschen Außenpolitik um 1900, herstellte. Mit der Idee der Produktivgenossenschaft habe er Arbeiter und Kleingewerbetreibende zusammenbringen wollen, um sich dem internationalen Großkapital entgegenzustellen; er habe gewollt, dass *«alle deutschen Elemente und Kräfte zusammengeschaltet werden»*.[69] Dieser neue Ton in seinen Ausführungen zu Schulze-Delitzsch diente ihm, ungeachtet des Wahrheitsgehaltes, zur Betonung des Deutschtums als Wurzel wirtschaftlicher Kraft. Das ‹Führerprinzip› bedürfe der Anerkennung durch Hunderttausende: *«Deutsche Männer und Frauen, die Zeit ist ernst. Wenn es wahr ist, dass die Männer vom Genossenschaftswesen, wirtschaftlich betrachtet, einen bestimmten großen inneren Wert haben, dann kommt es nun für uns darauf an, diesen Wert zu beweisen.»*[70]

Im April 1933 fanden Beratungen statt, wie sich der Deutsche Genossenschaftsverband angesichts der Bestellung eines Reichskommissars für das Genossenschaftswesen gegenüber dem neuen Regime verhalten solle.[71] In die Sitzung des Gesamtausschusses des Verbands wurde auch ein NSDAP-Aktivist entsandt. Bei der Versammlung erhoben sich aus Vorstandskreisen Stimmen, die eine Anpassung, vor allem eine organisatorische Vereinigung aus freien Stücken forderten. Sie betonten die seit Jahren praktizierte nationale Gesinnung des Verbandes. Korthaus wies darauf hin, dass kein Jude dem Deutschen Genossenschaftsverband als Mitarbeiter angehöre: *«Bei uns arbeiten nur Christenmenschen»*. Als alter NSDAP-Aktivist trat der Genossenschaftler Günther aus Kyritz auf, der bislang eine untergeordnete Rolle im Verband eingenommen hatte. Sein provokantes Auftreten veranlasste Korthaus dazu, sich von dessen Kritik am Verband zu distanzieren. Er wandte sich teilweise in scharfem Ton, teilweise mit Spott an den Neuankömmling. Zumindest konnte Korthaus erahnen, dass sich die von ihm noch kurz zuvor begrüßte nationale Revolution für den Verband nicht konfliktfrei gestalten würde.

Der Genossenschaftstag 1933 war ursprünglich für Baden-Baden im August vorgesehen, doch verlegte man ihn, wegen der «*besonderen Verhältnisse*», wie es im späteren Bericht hieß, kurzfristig nach Berlin. Gegenüber den genossenschaftlichen Interessenten lautete die Begründung, dass «*vor der großen Öffentlichkeit in der Reichshauptstadt unser unerschüttertes Vertrauen zur genossenschaftlichen Idee im besten Sinne des Wortes zum Ausdruck zu bringen*» sei.[72] Was folgte, war nur noch ein Abglanz der Veranstaltungen vergangener Tage. Gemeinsame gesellige und kulturelle Veranstaltungen fanden ebenso wenig wie das abschließende Festessen statt. Zur Abschlussveranstaltung war die Berliner Philharmonie «*reich geschmückt,* [...] *insbesondere die in einen Blumengarten und geziert mit dem vaterländischen Emblem umgewandelte Apsis des gewaltigen Konzertsaales*».[73] Zu Gast waren Reichsjustizminister Franz Gürtner und Staatssekretär Gottfried Feder, der eine Rede zur ‹Schlacht gegen Arbeitslosigkeit› hielt. Hinsichtlich der bankwirtschaftlichen Überlegungen standen die Konsequenzen der Errichtung einer nationalen Wirtschaft und eines nationalen Geld- und Kapitalmarktes im Vordergrund. Als Parteigenosse wurde Walter Kunze in die Anwaltschaft gewählt, der eine Rede hielt zur ‹Stellung der Genossenschaften im nationalsozialistischen Staat und die zukünftigen Aufgaben des Deutschen Genossenschaftsverbandes›.[74] Korthaus stand bei diesem Genossenschaftstag nur noch in zweiter Reihe. Er stellte die Jahresrechnung und den Vermögensstand für 1932 sowie die Budgetplanung für 1934 vor. Die programmatischen Reden hielten der NSDAP angehörige Verbandsmitglieder.

Karl Korthaus starb wenige Monate später im Dezember 1933 eines plötzlichen Todes.[75] Die Erfahrung des weiteren Niedergangs des Deutschen Genossenschaftsverbands blieb ihm erspart. Auch 1934 fand der Deutsche Genossenschaftstag trotz der vorherigen Planung, die ausgefallene Veranstaltung in Baden-Baden nachzuholen, wieder in Berlin statt. Obwohl das 75-jährige Jubiläum des Genossenschaftsverbandes zur Feier anstand, fand nur eine kurze, eintägige Arbeitstagung statt, über die der traditionelle Bericht in den Blättern für Genossenschaftswesen abgedruckt wurde: «*In Anbetracht der ernsten Zeiten wurde von einer großartigen Feier dieses Ereignisses abgesehen.*»[76] Die anfängliche Euphorie war verflogen. Nur der Gedanke der Selbsthilfe ließ sich aufrechterhalten, denn das NS-Regime hatte den Werten der Selbstverantwortung und Selbstverwaltung ein Ende gesetzt. Der Genossenschaftstag schloss mit dem Gesang des Deutschlandliedes und des Horst-Wessel-Liedes. Im Anschluss begab man sich gemeinschaftlich zum Grab von Karl Korthaus und legte Kränze zu seinem Gedenken nieder.

Boris Gehlen

HANS CRÜGER (1859–1927)

Der langjährige Spitzenfunktionär des ‹Allgemeinen Verbands deutscher Erwerbs- und Wirtschaftsgenossenschaften› (kurz: ‹Allgemeiner Verband›; seit 1920 ‹Deutscher Genossenschaftsverband›) Hans Crüger polarisierte nicht nur zu Lebzeiten. Noch in späteren Darstellungen wurde er wahlweise als derjenige geadelt, *«der das Werk von Schulze-Delitzsch vollendet»* habe,[1] oder als *«Verfechter einer uneingeschränkten lokalen genossenschaftlichen Autonomie»*

kritisiert, dessen dogmatische Anschauungen die Weiterentwicklung des Genossenschaftswesens erheblich hätten behindern können.[2]

Beide Wertungen sind im Kern berechtigt. Crüger fungierte von 1896 bis 1925 als Anwalt, das heißt als faktischer Vorsitzender des Allgemeinen Verbandes, war folglich mittelbar Schulze-Delitzschs Nachfolger und verfocht dessen liberale Ideale mit solchem Nachdruck, dass er die eigene Verbandsorganisation wiederholt vor eine Zerreißprobe stellte. In seine Amtszeit fallen nicht von ungefähr die Konkurrenzgründung des ‹Hauptverbandes der deutschen gewerblichen Kreditgenossenschaften› (kurz: ‹Hauptverband›) 1901, die – von Crüger forcierte – Abspaltung von Konsumgenossenschaften 1902 sowie schließlich die Ausgründung der Vereinigung deutscher Baugenossenschaftsverbände 1920.[3]

In den beiden ersten Fällen hatten prinzipielle Erwägungen Crügers Haltung bestimmt. Sie stand zum einen symbolisch für die Interessendivergenzen im Genossenschaftswesen in den Dekaden vor und nach der Jahrhundertwende und zum anderen für einen rasanten Strukturwandel, der tradierte Formen des Wirtschaftens in Frage stellte. Ordnungspolitisch wich zudem die wirtschaftsliberale Euphorie der 1850er- und 1860er-Jahre, von der auch Schulze-Delitzsch beeinflusst worden war, seit den 1870er-Jahren einer weit verbreiteten Skepsis. Weniger individuelle Freiheit war fortan Handlungsmaßstab in Wirtschaft und Politik als vielmehr das Gemeinwohl. Die Zunahme staatlicher Interventionen und die Dominanz paternalistischer Leitbilder begünstigte in den 1880er-Jahren die Gründung partikularer Interessenverbände, die mit unterschiedlichen Methoden und über verschiedene Kanäle versuchten, ihre Interessen in den Politikprozess einzubringen. Dies erforderte professionelle Verbandsführungen sowie neue Einflusstechniken.[4]

Hans Crüger entsprach weitgehend dem Idealtypus des modernen Verbandsgeschäftsführers, aber er lässt sich nicht auf eine bloß verbandsbürokratische Tätigkeit reduzieren. Er war als Anwalt seit 1896 von den Mitgliedern legitimiert und nicht bloß ein ausführendes Organ. Zudem gehörte Crüger, wie seine Vorgänger, mehreren Parlamenten als Abgeordneter an, publizierte eifrig zu genossenschaftlichen Themen und übernahm Lehraufträge an Hochschulen. Sein Betätigungsfeld ging daher weit über die engere Tätigkeit im Verband hinaus und vereinte im Kaiserreich wie in der Weimarer Republik Funktionen als Interessenpolitiker, Intermediär und Interpret des Genossenschaftswesens in einer Person.

Biografisches, Karrierestationen und öffentliche Funktionen

Hans Crüger wurde am 30. Mai 1859 als Sohn eines Buchhalters in Königsberg geboren. Dort besuchte der Protestant das Gymnasium und absolvierte von 1878 bis 1881 ein Studium der Rechts- und Kameralwissenschaft.[5] Am 1. August 1883 wurde er in Göttingen zum Dr. jur. promoviert und leistete – offenbar im Anschluss – seinen Militärdienst als ‹Einjährig-Freiwilliger› ab. Der letzte dokumentierte Dienstgrad des Reserveoffiziers war ‹Oberleutnant der Reserve a. D.›; 1891 erhielt er die Landwehrdienstauszeichnung II. Klasse.[6]

Nach dem Militärdienst begann Crüger sein Rechtsreferendariat beziehungsweise die Assessor-Laufbahn, die er 1886 mit dem Assessor-Examen abschloss.[7] Damit entsprach seine Ausbildung dem typischen Karriereweg preußischer Staatsbeamter; auch führte er den Titel eines Justizrats. Warum er sich dennoch gegen eine Laufbahn im Staatsdienst entschied und 1887 beim Allgemeinen Verband als Erster Sekretär beziehungsweise Syndikus seine berufliche Karriere begann, ist nicht bekannt. Er stieg zu einem Zeitpunkt in der Spitze der Verbandsbürokratie ein, als die deutsche Genossenschaftsbewegung mit dem Genossenschaftsgesetz, das schließlich 1889 erlassen wurde, eine einheitliche Rechtsgrundlage sowie neue Impulse erhielt. Crüger fungierte zunächst als engster Mitarbeiter des Anwalts Friedrich Schenck, der dem Allgemeinen Verband als Nachfolger Schulze-Delitzschs von 1883 bis 1896 vorstand. Dieser war damit zugleich Amtsvorgänger Hans Crügers.[8]

Seit 1917 stand Crüger zudem an der Spitze des freien Ausschusses für das Genossenschaftswesen, der auf seine Initiative zurückgegangen war und der informellen Koordination der Genossenschaftsverbände während des Ersten Weltkriegs diente. Der Ausschuss gab wichtige Impulse zum nachmaligen Zusammenschluss der beiden Verbände gewerblicher Genossenschaften, dem Allgemeinen Verband und dem Hauptverband.[9] Sie vereinigten sich unter Crügers Führung 1920 im Deutschen Genossenschaftsverband.[10] Auch sein Aufsichtsratsmandat bei der Dresdner Bank, das er von 1904 bis zu seinem Tode wahrnahm, hing mit seiner genossenschaftlichen Arbeit zusammen. Die Dresdner Bank hatte 1904 die Deutsche Genossenschaftsbank von Soergel, Parrisius & Co. KG auf Actien (kurz: ‹Soergelbank›) übernommen beziehungsweise als Genossenschaftsabteilung angegliedert. Als langjähriger Aufsichtsrat der Soergelbank, die bis dahin unter anderem als Zentralinstitut der Schulze-Delitzsch'schen Kreditgenossenschaften fungiert hatte, wurde Crüger gleichsam vom Aufsichtsrat der Großbank ‹übernommen›.[11]

Eng mit seiner Haupttätigkeit verknüpft waren auch seine universitären Lehrtätigkeiten in Berlin, Halle und Detmold sowie seine politischen Mandate. Von 1899 bis 1903 und nochmals von 1906 bis 1918 war Crüger Mitglied des preußischen Abgeordnetenhauses sowie anschließend Mitglied der verfassunggebenden preußischen Landesversammlung.[12] Ferner saß er von 1901 bis 1903 sowie von 1919 bis 1921 für die Freisinnige beziehungsweise die Deutsche Demokratische Partei im Reichstag; er vertrat dort, wie seine Vorgänger im Allgemeinen Verband, den Wahlkreis Wiesbaden-Stadt.[13] Weitere Reichstagskandidaturen blieben – nicht zuletzt aufgrund der Schwäche des politischen Liberalismus – indes erfolglos. Beispielsweise kandidierte er wiederholt für den Freisinn beziehungsweise später die Fortschrittliche Volkspartei im zweiten Berliner Wahlkreis sowie im Vorfeld der Reichstagswahl von 1912 im Wahlkreis Hagen – offenbar aufgrund besserer, aber schließlich doch nicht hinreichender Erfolgsaussichten.[14]

Über Crügers Privatleben und seine außerberuflichen Tätigkeiten ist nur wenig bekannt. Er war verheiratet und engagierte sich als Mitglied der Gemeindevertretung Epiphania für die evangelische Kirche in Charlottenburg. Zudem saß er dort – als Vorsitzender der liberalen Fraktion[15] – in der Stadtverordnetenversammlung und unterstützte als Mitglied der Verbandsversammlung des Zweckverbands Groß-Berlin die schließlich 1920 umgesetzte Gebietsreform der Hauptstadt.[16] 1923 erkrankte Hans Crüger und zog sich allmählich aus seinen öffentlichen Funktionen zurück; er starb am 8. Januar 1927 in Berlin.

Prägungen und Überzeugungen

Keine Darstellung, die sich näher mit Hans Crüger beschäftigt, kommt ohne einen Bezug zu Hermann Schulze-Delitzsch aus. In verschiedenen Schattierungen, aber der Sache nach übereinstimmend erscheint Crüger als der Nachlassverwalter des großen Genossenschaftsgründers. Dies ist richtig und falsch zugleich. Richtig ist es, weil sich Crüger die *«urdeutschen»* Ideen und Prinzipien Schulze-Delitzschs[17] zu eigen machte und sich bei seinem Amtsantritt explizit verpflichtete, *«seine ganze Kraft dem Amte im Geiste des unvergeßlichen Schulze-Delitzsch zu widmen»*.[18] Falsch ist diese Deutung insofern, als sich die äußeren Umstände genossenschaftlichen Wirtschaftens in einer Weise gewandelt hatten, die organisatorische Weiterentwicklungen und Anpassungen – und zunehmend auch eine internationale Perspektive[19] – erforderte. In Crügers evolutorischer Sicht war die Genossenschaft dabei keineswegs ein Allheilmittel, um die Probleme der (entstehenden) Industriegesellschaft zu lösen. Vielmehr verwahrte er sich gegen ihre ubiquitäre Verbreitung. Seine besondere Kritik richtete sich gegen *«volkswirtschaftliche Experimente»* sowie jene Unternehmungen, die formal als Genossenschaft gegründet worden waren, aber in erster Linie eigene erwerbswirtschaftliche Ziele verfolgten, statt ihren Mitgliedern zu dienen.[20] Er fürchtete, die etablierten Genossenschaften könnten durch fehlkonstruierte oder untaugliche Nachahmer Schaden nehmen: «*Je sorgfältiger man alles prüft, was sich bereits* [...] *zugetragen, was sich* [...] *bewährt, und was sich als verfehlt herausgestellt hat, desto sicherer werden die Genossenschaften von gefährlichen Experimenten verschont, und desto größer werden die mit ihnen erzielten Erfolge sein.*»[21]

Das Tradierte bewahren, aber der Moderne anpassen – dieser (unausgesprochene) Leitgedanke charakterisiert Crügers Wirken vielleicht am besten. Ihn als reinen ‹Epigonen› Schulze-Delitzschs abzustempeln und ihm, sofern dies pejorativ gemeint ist, implizit zu unterstellen, keine eigenen Ideen entwickelt zu haben, geht an der Sache sicherlich vorbei.[22] Gleichwohl hat Crüger selbst seinen Teil zu dieser Sichtweise beigetragen, wurde er doch nicht müde, auf Schulze-Delitzsch zu verweisen und Kritik an den Prinzipien seines Vorgängers gar nicht erst zuzulassen. Besonders deutlich wird dies in der – vor Crügers Selbstlob nur so strotzenden – Dokumentation der ersten 50 Jahre der Verbandsarbeit.[23]

Für Vertreter der Schulze-Delitzsch'schen Richtung repräsentierten die städtisch-gewerblichen Vorschussvereine den genossenschaftlichen Idealtyp. Diese Kreditgenossenschaften zeichneten sich dadurch aus, dass sie, erstens, minder-, aber keineswegs unbemittelte Selbstständige organisierten. Die Genossenschaftsanteile waren – in durchaus exkludierender Absicht – bei städtischen Kreditgenossenschaften vergleichsweise teuer und trugen so ihren Teil zur Strategie einer eigenkapitalbasierten Vergabe kurzfristiger Personalkredite bei. Deshalb verfochten sie, zweitens, das Prinzip einer unbeschränkten Haftpflicht: Die Genossen hafteten im Fall der Insolvenz auch mit ihrem Privatvermögen und standen mithin für die Solidität der Genossenschaft ein. Drittens waren die Genossenschaften als unabhängige lokale Selbsthilfeorganisationen konzipiert, die nicht notwendigerweise auf (überregionales) Wachstum abzielten. Viertens lehnten sie jegliche Form staatlicher Unterstützung (und Kontrolle) kategorisch ab.[24] Fünftens verwies insbesondere Crüger auf den erzieherischen Charakter von Genossenschaften, die untere Gesellschaftsklassen zu kaufmännischem Handeln anhielten, ihnen überhaupt erst die Teilhabe am Kapitalismus ermöglichten und bei der Bewältigung des Strukturwandels halfen.[25]

Ohne es zu intendieren, stellte das Genossenschaftsgesetz von 1889 diese Prinzipien partiell in Frage. Nur die neu eingeführte Pflichtrevision war unstrittig, da sie die gängige Praxis im Genossenschaftswesen nachvollzog. Für die Haftpflicht und die Zentralkassen sah dies anders aus: Die unbeschränkte Haftpflicht war fortan nur noch eine von drei Optionen – neben einer beschränkten Haftpflicht und einer unbeschränkten Nachschusspflicht. Für Crüger ging es dabei nicht nur um Gläubigerschutz, sondern um den instrumentellen Kern der liberalen Genossenschaft mit ihrer individualistischen Grundausrichtung: Durch die gemeinschaftliche Haftung grenze sich die Genossenschaft von den – haftungsbeschränkten – Kapitalgesellschaften ab: «*In ihrem Grundprinzip ist die Genossenschaft das Gegentheil der Aktiengesellschaft. Die Letztere beruht auf dem Kapital, die erstere auf den Personen.*»[26]

Im Gegensatz zu AG und GmbH war bei einer Genossenschaft der gemeinschaftliche Geschäftsbetrieb maßgeblich, das heißt ein unmittelbares Interesse des Mitglieds an den Leistungen einer Genossenschaft und nicht bloß die Verzinsung des angelegten Kapitals. Bei den Genossenschaften bestand folglich ein engerer Zusammenhang von wirtschaftlichen Eigen- und genossenschaftlichen Gemeinschaftsinteressen. Als Instrument der Selbsthilfe von Selbstständigen galt für sie daher bis zum Genossenschaftsgesetz von 1889 auch das Prinzip der kollektiven Eigenverantwortung, das heißt der gemeinschaftlichen Vollhaftung der Genossenschaftsmitglieder. Wie für viele Liberale erschien es auch für Hans Crüger «*selbstverständlich, daß die physische Person, die Verbindlichkeiten übernimmt, auch mit ihrem ganzen Vermögen für die Erfüllung derselben einzustehen*» habe. Die Gefahr des vollständigen Vermögensverlusts stellte den entscheidenden Anreiz dar, die nötige kaufmännische Vorsicht an den Tag zu legen. Die begrenzte Haftpflicht erschien ihm hingegen wie ein Freibrief für Hasardeure: «*Wer kreditlos ist, ist am wirtschaftlichen Vorwärtskommen behindert, wem die Befriedigung des Kreditbedürfnisses zu leicht gemacht wird, der gerät in die Versuchung, leichtfertig zu wirtschaften.*»[27] Für Crüger war daher Zweck von (Kredit-)Genossenschaften, den «*Kreditwürdigen* […] *kreditfähig*» zu machen; ein allgemeines «*Recht auf Kredit*» lehnte er folgerichtig ab.[28]

Es besteht kein Zweifel daran, dass Hans Crüger, hierin doktrinär liberal eingestellt, Selbsthilfe und Eigenverantwortung für maßgeblich hielt: «*Es ist die persönliche Haftpflicht der Mitglieder, die der Genossenschaft die Kreditbasis gibt.*» Doch Crüger war ebenso wenig wie Schulze-Delitzsch ein grundsätzlicher Gegner der begrenzten Haftpflicht. Sie schien beiden aber lediglich für solche Genossenschaften sinnvoll zu sein, die kaum Kredite in Anspruch nehmen mussten. Dies galt beispielsweise für Konsumvereine, Einkaufs- und Rohstoffgenossenschaften, die durch den Zusammenschluss ihrer Mitglieder einen günstigen Warenbezug sicherstellten, sowie für Baugenossenschaften, die hypothekenbesicherte Kredite erhielten.[29] Den Baugenossenschaften stand Crüger freilich einigermaßen skeptisch gegenüber. Gelegentlich ließ er durchblicken, dass er die GmbH für die sinnvollere Gesellschaftsform hielt.[30]

Mit der gesetzlichen Erlaubnis, dass sich Genossenschaften fortan zu (Zentral-)Genossenschaften zusammenschließen durften, trug der Gesetzgeber 1889 landwirtschaftlichen Vorstellungen Rechnung. Schulze-Delitzsch hatte sich gegen solche Zentralinstitute mit dem Hinweis verwahrt, dass die Mitglieder von kleinen Genossenschaften mittelbar für etwaige Verfehlungen zentraler Instanzen in Regress genommen werden konnten. Crüger übernahm diese Argumentation. Doch auch bei Genossenschaften des Allgemeinen Verbands gab es durchaus Präferenzen für ein zentrales Kreditinstitut.[31]

Schließlich setzte das Genossenschaftsgesetz einen Impuls zur Gründung von Genossenschaften, die sich teils in neuen Wirtschaftsbereichen versuchten. Nicht von ungefähr hob Crüger daher 1898 mit einiger Sorge hervor, dass sich seit Ende der 1880er-Jahre vieles verändert habe: «*Heute ist es nicht mehr so leicht, sich in dem großen Genossenschaftsgebäude zurecht zu finden und unter den Genossenschaften Spreu vom Weizen zu sondern. Die gute Bezeichnung ‹Genossenschaft› deckt viele Gebilde, deren Charakter krasser Egoismus ist, hinter denen politische Bestrebungen nur zu deutlich hervorschauen.*»[32] Es sollte daher gleichsam seine berufliche Lebensaufgabe werden, die Spreu vom Weizen zu sondern und die gute, das heißt Schulze-Delitzsch'sche Genossenschaft, im Kern zu bewahren.

Auch deshalb galt Crüger vielen Beobachtern als Mittelstandsideologe.[33] Fraglos war der gewerbliche Mittelstand für Crüger der geborene Adressat der Genossenschaftsidee – beispielsweise sei die «*Erhaltung eines starken Handwerkerstandes nicht in letzter Reihe zurückzuführen auf die Tätigkeit der Kreditgenossenschaften*»[34] –, aber grundsätzlich prägte weniger ein bürgerliches Mittelstandsideal seine Reden und Schriften, sondern die genossenschaftliche Selbsthilfe selbst bildete den Kern seiner Überzeugungen.[35]

Freilich sah er sich selbst durchaus als Mittelstandspolitiker.[36] Aber er lehnte ideologisch begründete Mittelstandsprogramme ab, da «*die großen Prinzipien des Liberalismus ihm jede Sonderpolitik und Interessenwirtschaft verbieten, daß er vielmehr seine Bestrebung richte auf die Wohlfahrt des ganzen Volkes und aller seiner Teile. Aus diesem Grunde dürfe man von ihm auch kein freisinniges Mittelstandsprogramm erwarten in dem Sinne, daß er irgendwelche Sonderwünsche einzelner Berufsschichten entwickele, welche sich nicht mit den Interessen des ganzen Volks vereinbaren ließen.*»[37] Seine konsequent liberale Sichtweise wurde von konservativen Publizisten wiederholt als Weigerung ausgelegt, notleidenden Landwirtschafts- oder Gewerbebetrieben helfen zu wollen.[38]

Für Crüger war der Kapitalismus keineswegs der Feind des Mittelstandes, sondern dessen Grundlage. Ganz im Sinne Schulze-Delitzschs erblickte er in der Genossenschaft «*das Mittel* [...], *den Kapitalismus denen zugänglich zu machen, welcher seiner am meisten bedürfen*». Sie sei eine kapitalistische Organisationsform und dürfe daher nicht für eine strukturkonservierende Schutzpolitik missbraucht werden. Ihr einzig legitimer Selbstzweck sei die wirtschaftliche Weiterentwicklung.[39]

Hierzu gehörte für Crüger freilich auch, die «*gesunde und natürliche Grundidee*» der Arbeitsteilung nicht zu überdehnen, sondern ruinöser Konkurrenz dort, wo es angebracht war, durch Genossenschaften entgegenzuwirken.[40] Die positiven Wirkungen der Genossenschaften wurden in seinen Augen nicht genügend gewürdigt. So war er enttäuscht, dass die Handwerker-Enquete des Vereins für Socialpolitik die Leistungen der Handwerkergenossenschaften nahezu ignoriert habe.[41]

Hans Crüger als Funktionär des Allgemeinen Verbands: Organisationsräson und -konflikte

Der Allgemeine Verband war 1859 als Vertretung aller Arten von Genossenschaften,[42] die auf Selbsthilfe beruhten, gegründet worden und war einer der ersten modernen Interessenverbände – mit atypischer Organisation: Einen Vorstand im engeren Sinne gab es nicht; der Anwalt stand an der Spitze des Verbands und wurde durch einen engeren Ausschuss beraten, der sich aus den gewählten Vorsitzenden der Landes- oder sonstigen Unterverbände zusammensetzte. Seit 1891 übernahm ein vom Verbandstag, das heißt der Mitgliederversammlung, gewählter siebenköpfiger engerer Ausschuss diese Funktion, während die Versammlung der gewählten Landesvorstände fortan als Gesamtausschuss firmierte. Oberstes Organ der Willensbildung waren zwar die jährlichen Verbandstage, die gleichsam die strategischen Leitlinien festlegten, doch unterjährig kam dem Anwalt eine herausgehobene Führungsrolle zu, mit der größere Verfügungsrechte verbunden waren als bei vielen anderen Verbänden.[43]

Zu den ersten Aufgaben des neuen Syndikus Hans Crüger gehörte es, sich eingehend mit den Entwürfen des Genossenschaftsgesetzes auseinanderzusetzen und Anwalt Friedrich Schenck zuzuarbeiten, der als Experte an den Beratungen des Reichsjustizamts teilnahm.[44] Crügers juristische Expertise selbst floss in einen Kommentar ein, den er mit dem etablierten Kommentator früherer Genossenschaftsgesetze, Ludolf Parisius, 1889 verfasste. Er avancierte zum Standardkommentar mit zahlreichen Folgeauflagen.[45]

Crüger beschränkte sich bereits in seiner frühen Verbandstätigkeit nicht auf die bloße Zuarbeit, sondern trat, im Einverständnis mit Schenck, selbst als Interessenvertreter in Erscheinung. Bemerkenswert war hierbei besonders Crügers Kontroverse mit dem Aachener Handelskammersekretär Richard van der Borght im Rahmen und im Nachgang der Jahrestagung des Vereins für Socialpolitik 1888. Hintergrund war die Frage, ob und inwieweit der Nahrungsmittelhandel Preissteigerungen für Lebensmittel herbeigeführt oder zu verantworten habe. Crüger stellte als Korreferent die Leistungen von Konsumvereinen heraus, besonders ihren Nutzen für die Kunden, die durch die genossenschaftlichen Organisationen ihre Waren günstiger als im regulären Einzelhandel beziehen konnten, wodurch nicht zuletzt auch ein Druck auf dessen Preise ausgeübt werde.[46]

Van der Borght hielt Crüger entgegen, dass die Konsumvereine ihre eigentliche Zielgruppe zugunsten besser gestellter Bevölkerungskreise vernachlässigten, Waren auch an Nicht-Mitglieder verkauften und ihren Kunden Kredite einräumten. Dies schien ihm problematisch, weil Konsumgenossenschaften, die sich auf den Mitgliederverkauf beschränkten, anders als der Einzelhandel von der Gewerbesteuer befreit und somit im Wettbewerb begünstigt waren.[47] Crüger hatte in der Sitzung nur kurz geantwortet und van der Borghts Kritik nicht übermäßig überzeugend gekontert: Der vermeintliche Verkauf an Nicht-Mitglieder sei nicht belegbar, und es gebe kein Gesetz, das die Genossenschaften explizit begünstige.[48] In einer folgenden Schrift verwahrte sich Crüger dann umfassend gegen die ‹Polemik› beziehungsweise die Angriffe auf die Genossenschaften.[49] Doch selbst in den Augen vergleichsweise neutraler Beobachter schoss er über das Ziel hinaus.[50]

Der Gesetzgeber nahm schließlich zum Kern der Kontroverse um den Wettbewerb von Kleinhandel und Konsumvereinen im Genossenschaftsgesetz Stellung. Grundsätzlich formulierte er zwar die Norm, dass das Statut vorsehen könne, den Geschäftsbetrieb auf Nicht-Mitglieder auszudehnen, untersagte dies aber im gleichen Absatz den Konsum- und den Kreditgenossenschaften. Zwar waren hiervon Ausnahmen möglich, und einige Regelungen blieben strittig; sie wurden aber in der Folge konkretisiert. In Preußen unterstellte das Einkommensteuergesetz von 1891 zudem Verkäufe an Nicht-Mitglieder der Gewerbesteuer, und die Novelle des Genossenschaftsgesetzes 1896 führte Strafen bei Verstößen gegen das Verbot ein, die 1889 noch nicht bestanden hatten. Gleichwohl hatten sich auch bis dahin die meisten Konsumgenossenschaften an das Verbot gehalten.[51]

Nach der Verabschiedung des Genossenschaftsgesetzes 1889 glätteten sich zunächst die interessenpolitischen Wogen. Die Verbandsarbeit war fortan vornehmlich nach innen gerichtet. Hans Crüger besuchte beispielsweise – explizit als Vertreter des Anwalts Schenck – die Unterverbandstage, um sich dort mit den Mitgliedern auszutauschen. Der Verband beriet zudem eine Änderung seiner Satzung, überarbeitete Geschäftsanweisungen für die Leitung von Konsumvereinen und passte seine Revisionsbestimmungen an die gewandelten rechtlichen und wirtschaftlichen Anforderungen an. Freilich wurden bereits erste Konflikte zwischen Konsumvereinen und Kreditgenossenschaften auf den Verbandstagen ausgetragen, die Crüger einvernehmlich mit Schenck und Parisius zu mildern versuchte. Als Hauptredner befürwortete er 1892 die Gründung von Rohstoff-, Produktiv- und sonstigen gewerblichen Genossenschaften nachdrücklich, sofern sie die Organisationsprinzipien des Allgemeinen Verbands beachteten und es vor Ort ein Bedürfnis sowie die nötige Eigeninitiative gebe. Sein Antrag wurde mit großer Mehrheit angenommen.[52]

Inzwischen war Crüger weit mehr als Schencks rechte Hand. Dieser war in der Endphase seiner Anwaltschaft aufgrund wiederholter Krankheit führungsschwach, delegierte zahlreiche Aufgaben an die Verbandsbürokratie und kam seinen eigenen Verpflichtungen nur unzureichend nach. Mehrfach wurde er von den Verbandsversammlungen und dem Engeren Ausschuss an seine Pflichten erinnert. Aufgrund des internen Drucks legte Schenck im Frühjahr 1896 sein Mandat nieder. Crüger wurde zunächst kommissarisch mit seiner Nachfolge betraut und im August 1896 als Schencks Nachfolger mit 216 von 249 Stimmen zum Anwalt des Allgemeinen Verbands gewählt. Dieses für eine Wahl ohne Gegenkandidaten nicht übermäßig gute Ergebnis dürfte im Wesentlichen auf die schwelenden Konflikte zwischen Kredit- und Konsumgenossenschaften zurückzuführen sein. Crüger hatte bereits auf dem Stettiner Verbandstag 1893 engagiert gegen den brisanten Antrag des Unterverbandes Hannover Stellung bezogen, die Interessenvertretung von Konsumvereinen und Kreditgenossenschaften voneinander zu trennen. Auch wenn ihm die Verbandsversammlung mit großer Mehrheit folgte, blieben die Interessengegensätze zwischen den beiden bedeutendsten Genossenschaftstypen des Verbands in den Folgejahren ein bestimmendes Thema. 1894 trat Hans Crüger auf dem Gothaer Verbandstag daher explizit für die Verbandseinheit ein.[53] Sein gedruckter Vortrag wurde anschließend den Mitgliedern als Argumentationshilfe gegen die zunehmende öffentliche Kritik an die Hand gegeben.[54]

Solche sinnstiftenden Formen der Verbandskommunikation nahmen in den Folgejahren zu. Crüger war hierbei die maßgebliche Kraft. So animierte er den Augsburger Verbandstag 1895 zu einem Beschluss, der «*das Festhalten an den ewig wahren wirtschaftlichen und sittlichen Grundsätzen der Selbsthilfe, Selbstverwaltung und Selbstverantwortung zur Pflicht macht*». Die erste Verbandsversammlung als (kommissarischer) Anwalt in Wiesbaden nutzte Crüger schließlich 1896 zu einer umfassenden Positionsbestimmung. Er verwahrte sich gegen das «*Streben nach Staatshilfe*», bezog zur Haftpflicht Stellung und diskutierte Probleme der Konsumvereine. Wenn auch vermutlich nicht beabsichtigt, hatte Crüger damit gleichsam sein ‹Regierungsprogramm› formuliert.[55]

Im Jahr zuvor hatte der preußische Fiskus die ‹Preußische Central-Genossenschaftskasse› (kurz: ‹Preußenkasse›) gegründet. Sie sollte die Genossenschaftsidee (besonders im ländlichen Raum) fördern und zu diesem Zweck günstige Darlehen vergeben. Die Preußenkasse war in der Genossenschaftsbewegung umstritten. Die ländlichen Genossenschaften befürworteten ein solches Zentralinstitut tendenziell, die städtischen Vorschussvereine sowie der Allgemeine Verband lehnten sie tendenziell ab.[56] Hans Crüger schwang sich zum wohl wortgewaltigsten Kritiker des Instituts auf, gegen das schon sein Vorgänger Schenck agitiert hatte. Crüger missfiel, erstens, der mit der Preußenkasse verbundene grundsätzliche Staatseinfluss auf das Genossenschaftswesen, zweitens die politische Motivation des Vorhabens, die Genossenschaften als Mittel der positiven Staatsintegration zu nutzen, und drittens befürchtete er erhebliche Fehlanreize für genossenschaftliches Wirtschaften – und damit eine Infragestellung genossenschaftlicher Ideale insgesamt. Der letzte Kritikpunkt entzündete sich an der Kreditvergabepraxis der Preußenkasse. Als Maßstab für die Kredite galten ihr die Haftungssummen, die einzelne Genossenschaften (mit beschränkter Haftung) festlegen konnten. Crüger kritisierte daran zum einen, dass jeder Genossenschaft letztlich ein *«Recht auf Kredit»* unabhängig von der Kreditwürdigkeit ihrer Mitglieder eingeräumt werde, die Preußenkasse mithin nicht als Kreditinstitut, sondern als staatliche Förderbank agiere. Zum anderen verleiteten die ursprünglichen Bestimmungen in Crügers Augen zum Missbrauch: Genossenschaften könnten willkürlich Haftungssummen festsetzen, die nicht im Verhältnis zu den Geschäftseinlagen standen, um derart höhere Kredite zu erhalten.[57] Als die Preußenkasse dazu überging, diese missbräuchliche Manipulation dadurch auszuschließen, dass sie prüfte, ob die Haftsumme angemessen war, begrüßte Crüger dies der Sache nach, verwahrte sich aber dennoch gegen solche *«amtlichen Ermittelungen der Kreditwürdigkeit seitens eines staatlichen Kreditinstituts»*.[58]

Die häufig aggressive Rhetorik Crügers war aber offensichtlich nicht bloß Ausdruck einer (persönlichen) Überzeugung, sondern auch kohäsionsstiftendes Stilmittel: Er profilierte sich derart bei den Mitgliedern seines Verbands als kompromissloser Sachwalter der Schulze-Delitzsch'schen Ideale in einer Phase, in der die Zentrifugalkräfte des deutschen Genossenschaftswesens immer stärker wirkten. Die Preußenkasse verkörperte letztlich das genaue Gegenteil von dem, was der Allgemeine Verband als sinnstiftend empfand. Daher war sie eine dankbare Adressatin für Angriffe, und Crüger wurde nicht müde, in der Öffentlichkeit die schädliche Einwirkung der Preußenkasse auf das Genossenschaftswesen zu betonen.[59]

Carl Heiligenstadt, der nicht minder rigorose Präsident der Preußenkasse seit 1900, stand Crüger in nichts nach. Die Preußenkasse hoffte, durch die Förderung der Hauptverbandsgenossenschaften den Widerstand des Allgemeinen Verbandes gegen ihr Wirken mindern zu können, und wollte letztlich die genossenschaftliche Heterogenität nutzen, um ihren eigenen Einflussbereich auszudehnen.[60] Wenn aus Handwerkerkreisen Kritik an der einseitigen Ausrichtung der Preußenkasse auf die Bedürfnisse landwirtschaftlicher Genossenschaften geübt wurde, konterte Heiligenstadt dies meist mit dem Verweis auf Versäumnisse der etablierten Genossenschaftsverbände. So habe beispielsweise der Allgemeine Verband *«landwirtschaftlichen Fragen gegen-*

über nicht die sorgsame Prüfung» angewendet, die notwendig sei. Besonders habe *«Herr Dr. Crüger, den ich sonst sehr hoch schätze, in landwirtschaftlichen Fragen manchmal energisch daneben gehauen.»*[61]

Den wechselseitigen öffentlichen Anfeindungen standen freilich etliche informelle Unterredungen Crügers mit Heiligenstadt gegenüber. Diese diskrete Interessenpolitik widersprach nicht grundsätzlich der konfrontativen Verbandslinie, gehörte es doch zu den Aufgaben von Verbandsfunktionären, Handlungs- und Gestaltungsspielräume auszuloten. Kaum vereinbar mit der kommunizierten Verbandsposition waren hingegen Crügers Versuche, 1902 die Soergelbank der Preußenkasse anzugliedern. Die Soergelbank geriet um die Jahrhundertwende in wirtschaftliche Schwierigkeiten, die zum einen aus fragwürdigen Investitionen resultierten, die die Bank im Auftrag von Volksbanken durchgeführt hatte, und zum anderen Ergebnis des zunehmenden Wettbewerbs im Bankwesen waren. Die Soergelbank war zu klein, um dauerhaft mit den Großbanken zu konkurrieren, und avancierte – wie viele kleinere und mittlere Geschäfts- und Regionalbanken – zur Übernahmekandidatin. Besonders die Geschäftsbeziehungen zum Mittelstand und der genossenschaftliche Zahlungsverbund machten sie für die Dresdner Bank attraktiv. Freilich bestand für die Genossenschaftsbanken die Gefahr, in der Großbank marginalisiert zu werden oder im Krisenfall weniger solidarisch als bislang behandelt zu werden. Entsprechend wurde auch im Allgemeinen Verband eine Übernahme nicht vorbehaltlos begrüßt. Wohl auch deshalb sahen sich Crüger und Conrad Meißner, der Leiter der Soergelbank, nach Alternativen um. Sie stellten in den geheimen Verhandlungen mit der Preußenkasse, die eine Kooperation unter anderem aus politischen Gründen begrüßte, freilich Bedingungen. Preußen kam ihnen in der Konditionenpolitik entgegen, wollte allerdings die gewünschte Geheimhaltung der Beziehungen nicht zusichern. Die Gespräche blieben daher ohne Ergebnis.[62]

Die Episode wirft Fragen auf, die aufgrund der schwierigen Überlieferungssituation wohl offenbleiben müssen. Timothy Guinnane mutmaßt, Crügers Vorgehen sei durch die Skepsis motiviert gewesen, in der Großbank marginalisiert zu werden. Denkbar ist freilich auch, dass Crüger und seine Mitstreiter die Gespräche mit der Preußenkasse gezielt als Druckmittel gegenüber der Dresdner Bank einsetzen wollten, etwa um die später realisierte Übernahme von Mitgliedern der Soergelbank in Verwaltung und Aufsichtsrat durchzusetzen. Eine ‹Liebesheirat› bedeutete weder die eine noch die andere Option, doch in Crügers liberalem Wertegerüst erschien die Übernahme durch eine private Geschäftsbank allemal attraktiver als die Zusammenarbeit mit der staatlichen Preußenkasse, die er trotz der Annäherungen mit Heiligenstadt in den Folgejahren weiterhin angriff. Noch kurz vor dem Ersten Weltkrieg stellte er mit Genugtuung öffentlich ihre Verfehlungen – direkte und indirekte Subventionen, Kreditüberspannung, Handwerkergenossenschaften auf Grundlage *«kümmerlicher Vorarbeiten»* – fest und zeigte sich in seiner harten Haltung der Jahrhundertwende bestätigt.[63]

Doch nicht nur exogene Faktoren wie zunehmender Staatseinfluss forderten Crüger heraus, sondern auch die Ausdifferenzierung der Genossenschaftsbewegung. Mit Unterstützung der staatlichen Preußenkasse veranlasste Karl Korthaus seit Ende der 1890er-Jahre die Gründung zahlreicher Handwerksgenossenschaften, die – angesichts der angespannten Lage des gewerblichen Mittelstandes – nicht alleine auf Selbsthilfe setzten, sondern auf Staatshilfe spekulierten. Ferner wählten sie häufig die Haftungsbeschränkung, gaben Geschäftsanteile mit niedrigem Wert aus, schlossen sich in Zentralkassen zusammen und versuchten, durch hohe Haftungssummen ihre Kreditwürdigkeit zu erhöhen. Ihre Organisationsprinzipien unterschieden sich somit substanziell von der lokalen, staats-aversen, eigenkapitalbasierten Vollhaftungsstrategie der Schulze-Delitzsch'schen Richtung. Folgerichtig blieben die neuen Genossenschaften dem Allgemeinen Verband fern und gründeten im Dezember 1901 den ‹Hauptverband der deutschen gewerblichen Kreditgenossenschaften›.[64]

Während des Kaiserreichs erreichte dieser zwar nie die wirtschaftliche Potenz und die Mitgliederstärke des Allgemeinen Verbands; auch dominierten die handwerklichen Magazin-, Absatz-, Maschinen-, Rohstoff- und Produktivgenossenschaften die Mitgliedschaft und nicht die Kreditgenossenschaften,[65] doch konnte der Allgemeine Verband den neuen Konkurrenten nicht einfach übergehen. Crüger polemisierte wiederholt gegen – landwirtschaftliche wie gewerbliche – *«Staatshilfe-Genossenschaften»*, die Ausdehnung des Geschäftsbereichs über den eigentlichen Genossenschaftszweck hinaus, die strukturkonservierende Wirkung der staatlichen Förderung sowie die Subvention von Krediten. In alldem erblickte Crüger überspitzend nichts anderes als *«Kommunismus»*.[66]

Freilich reduzierte sich auch Crügers Staatsskepsis während des Ersten Weltkriegs. Der Krieg setzte dem Handwerk beziehungsweise inhabergeführten Kleinbetrieben stark zu und begünstigte Zusammenschlüsse zu größeren Organisationseinheiten.[67] Crügers Allgemeiner Verband hatte bereits 1910 die Gründung von Lieferungsgenossenschaften angeregt, um von den zunehmenden Staatsaufträgen profitieren zu können. Die Anregung war in Friedenszeiten weitgehend verhallt. Im Ersten Weltkrieg gründeten sich freilich vermehrt solche und ähnliche Zusammenschlüsse, die in Crügers Sicht aber häufig *«Stück- und Flickwerk»* waren.[68]

Gleichwohl verschloss er nicht die Augen vor den Wandlungen, die der Krieg für die Genossenschaften mit sich brachte. Die Zentralisierungstendenzen wirkten auf ihn nicht mehr sonderlich bedrohlich, weil er sich mit der

Existenz von Zentralkassen arrangiert hatte. Die Krisen landwirtschaftlicher Zentralkassen und jene der Hauptverbandsgenossenschaften vor 1913[69] hätten dazu geführt, dass sich die Verbände wieder auf die Ursprünge der Genossenschaftsidee besannen. Gegen das Prinzip einer Zentralkasse als solches wandte Crüger daher nichts mehr ein. Vielmehr begrüßte er, dass trotz aller sachlichen Gegensätze inzwischen die genossenschaftlichen Gemeinsamkeiten überwogen, und er zeigte sich zuversichtlich, dass Genossenschaften bald *«neue Freunde»* fänden.[70]

Dazu gehörte im Krieg zwangsläufig auch der Staat. Das preußische Handelsministerium wollte Kräfte in Genossenschaften bündeln und hatte die Handwerkskammern angewiesen, in ihrem Sprengel auf die Gründung vor allem von Lieferungsgenossenschaften hinzuwirken. Um Fehlschläge zu verhindern, sollten die Handwerkskammern besonders darauf achten, dass sich die Genossenschaften Revisionsverbänden anschlossen. Dabei hatte Handelsminister Reinhold von Sydow allerdings den Hauptverband (und seine Unterorganisationen) als Revisionsverband explizit herausgestellt und den Allgemeinen Verband eher nachrangig erwähnt.[71] So sah es zumindest Crüger, was ihn im April 1918 veranlasste, gegen die vermeintliche Bevorzugung des Hauptverbands zu intervenieren.[72]

Trotz dieser Eifersüchteleien hatte Crüger noch im Krieg die Initiative ergriffen und durch den Freien Ausschuss für das Genossenschaftswesen einer Wiederannäherung der Verbände den Boden bereitet.[73] Die informelle Annäherung seit 1917 war eine notwendige, aber noch keine hinreichende Bedingung, das Konkurrenzdenken der gewerblichen Genossenschaftsverbände zu überwinden. Dafür sorgten letztlich realwirtschaftliche Entwicklungen: Die Vernichtung von Betriebs- und Sparkapital durch die Inflation und die ordnungspolitischen Debatten, besonders die Option der Verstaatlichung und die Tendenz zum (kapitalistischen) Großbetrieb, stellten den selbstständigen Mittelstand in den Anfangsjahren der Weimarer Republik vor erhebliche Herausforderungen.[74]

In dieser defensiven Situation bündelten Hauptverband und Allgemeiner Verband schließlich ihre Kräfte. Die Zentralkassen- und Haftpflichtfragen schienen auch aus Sicht Crügers angesichts der wirtschaftlichen Misere seiner Klientel nachrangig zu sein.[75] Auf dem Allgemeinen Genossenschaftstag 1920 in Bad Nauheim trat der Hauptverband dem Allgemeinen Verband bei, der fortan als Deutscher Genossenschaftsverband firmierte. Auch der württembergische Unterverband schloss sich der neuen Spitzenorganisation an, nachdem er nicht zuletzt wegen Crügers Haltung in der Zentralkassenfrage 1893 aus dem Allgemeinen Verband ausgetreten war.[76]

Während das Nebeneinander der beiden gewerblichen Genossenschaftsverbände somit zu einer 20-jährigen Episode verkam, stellten die Ereignisse des Bad Kreuznacher Verbandstags von 1902 eine pfadprägende Zäsur dar: Die Anwaltschaft beantragte erfolgreich, einen Teil der Konsumvereine aus dem Allgemeinen Verband auszuschließen, weil sie – gemäß Crügers offiziöser Darstellung – *«einer Richtung huldigten, die den Bestand des Allgemeinen Verbandes gefährdete, indem sie offen auf Vernichtung des Mittelstands ausging»*.[77]

Was Crüger als spontane Notfallreaktion darstellt, war das Ergebnis eines konspirativen Alleingangs der Anwaltschaft. Crüger hatte die Gremien und den Verbandstag selbst – es gab zum Beispiel keinen entsprechenden Tagesordnungspunkt – vorab nicht informiert. Dadurch konnte er sicherstellen, dass die linientreuen Kreditgenossenschaften die Mehrheit stellten. Zudem spaltete Crüger faktisch die Konsumvereinsbewegung, da er diejenigen Genossenschaften aus seinem Antrag ausklammerte, die nach Schulze-Delitzsch'schen Maßstäben wirtschafteten. Sie blieben auch weiterhin dem Allgemeinen Verband verbunden, während die exkludierten Genossenschaften 1903 den Zentralverband deutscher Konsumvereine gründeten.[78]

Crüger war kein grundsätzlicher Gegner der Konsumgenossenschaften, vielmehr hatte er sie in den 1880er- und 1890er-Jahren, wie dargelegt, wiederholt gegen Angriffe verteidigt und auch im Allgemeinen Verband die genossenschaftliche Einheit hochzuhalten versucht. Doch seit Ende der 1890er-Jahre war für ihn absehbar, dass die lange schwelenden Konflikte zwischen Konsumgenossenschaften, Einzelhandel und Handwerk allmählich in einen offenen Konflikt münden würden. Dabei vermischten sich wirtschaftliche und politische Gründe. Wirtschaftlich bedrohten zum einen Größenwachstum und Skalenerträge und zum anderen die vertikale Integration einzelner Konsumgenossenschaften, vor allem durch die Angliederung von Produktionsbetrieben, nicht mehr nur den selbstständigen Einzelhandel, sondern zunehmend auch Handwerk und Kleingewerbe (sowie Kleinbauern).[79] Stellvertretend hierfür war die rasche Entwicklung der hamburgischen Großeinkaufs-Gesellschaft Deutscher Consumvereine, in der seit 1899 der Sozialdemokrat Heinrich Kaufmann die maßgebliche Rolle spielte.[80]

Damit wurde die politische Dimension deutlich. Freilich waren selbst die inkriminierten Konsumgenossenschaften keine sozialdemokratischen Organisationen, aber sie hatten vornehmlich eine Besserstellung der Konsumenten (aus der Arbeiterschaft) und nicht der Produzenten (aus dem Mittelstand) im Blick. Dies erschwerte zunächst eine gemeinsame Interessenpolitik und machte sie schließlich unmöglich: Für die Selbsthilfe von Selbstständigen schien die Sozialdemokratie eine Gefahr, da sie die kapitalistische Wirtschaftsordnung nebst Privateigentum überwinden wollte. Dies missfiel dem Liberalen Hans Crüger. Daher mochte sein Kreuznacher ‹Putsch von oben› tatsächlich aus einer wahrgenommenen Defensive geboren sein. Doch spielten für ihn ökonomische und verbandsorganisatorische Gründe die maßgebliche

Rolle, während der Antisozialismus eher ein rhetorisch-sinnstiftendes Mittel mit sachlichem Kern gewesen sein dürfte. Die Sozialdemokratie griff die Kreuznacher Ereignisse freilich ebenfalls propagandistisch auf, sodass Hans Crüger sich im Reichstag explizit gegen Vorwürfe verwahrte, er habe die Konsumgesellschaften wegen ihrer Nähe zur Sozialdemokratie ausgeschlossen.[81] Noch anlässlich seines Todes 1927 stellte der ‹Vorwärts› mit ironischem Unterton heraus, dass die proletarische Konsumvereinsbewegung seiner kompromisslosen Haltung «*viel zu danken*» habe.[82]

Der Anteil von Konsumgenossenschaften im Allgemeinen Verband verringerte sich nach dem Kreuznacher Verbandstag von 38,5 Prozent (1902) auf 19 Prozent (1910). Doch letztlich war damit die dauerhafte organisatorische Trennung von gewerblichen und Konsumgenossenschaften präjudiziert. Im Deutschen Genossenschaftsverband waren nach der Vereinigung der gewerblichen Genossenschaften 1920 nur noch 24 Konsumvereine organisiert, fünf Jahre später kein einziger mehr.[83]

Bei allen externen und internen Konflikten hat Crügers Positionierung mit dem klaren Bekenntnis zu den Schulze-Delitzsch'schen Organisationsprinzipien dem Allgemeinen Verband eher genutzt als geschadet. Beispielsweise gelang es bei den wichtigsten Adressatinnen des Verbands, den Kreditgenossenschaften, die unbeschränkte Haftpflicht als dominantes Haftungsprinzip zu erhalten: 1921 firmierten 84,5 Prozent aller deutschen Kreditgenossenschaften mit unbeschränkter Haftpflicht, und nur 15,4 Prozent hatten sich für eine Haftungsbeschränkung entschieden. 1918 organisierte der Allgemeine Verband mittelbar gut 560 000 Mitglieder von Kreditgenossenschaften, die einen Umsatz von knapp 38 Milliarden Mark erwirtschaftet und fünf Milliarden Mark Kredite vergeben hatten. Die Schulze-Delitzsch'schen Vorschussvereine verfügten damit über das mit Abstand höchste Umsatz- und Kreditvolumen aller Kreditgenossenschaften, wenngleich die beiden großen landwirtschaftlichen Verbände jeweils mehr Mitglieder vertraten.[84]

Hans Crüger als Politiker, Publizist und Vermittler

Hans Crüger gehörte zu den besten Kennern des Gesellschaftsrechts im Deutschen Reich. Sein ebenfalls mit Ludolf Parisius verfasster Kommentar zum GmbH-Gesetz avancierte wie ihr Genossenschaftskommentar rasch zum Standardwerk. Zu Crügers Lebzeiten erschienen 16 Folgeauflagen, teils unter Mithilfe verschiedener Koautoren.[85] Die GmbH bot in seinen Augen die Möglichkeit, «*eine Organisation bis dicht an die individualistische Grenze*» zu konzipieren. Seine ursprünglichen Befürchtungen, eine beschränkte Haftpflicht führe zu unsoliden Gründungen, bestätigten sich nicht. Vielmehr hätten sich die *«Freiheiten des Gesetzes»* als *«durchaus wohltätig erwiesen»*.[86]

Crüger verstand es – zumindest in seinen juristischen Fachkommentaren und ökonomischen Handbuchartikeln[87] –, Interessenpolitik und wissenschaftliches Urteil voneinander zu trennen und erwarb sich so einen überparteilichen Ruf. Für andere Werke gilt dies nicht: Seine mehrfach aufgelegten praktischen Anweisungen etwa zur Gründung und Führung von Vorschussvereinen, die er von Schulze-Delitzsch übernommen hatte,[88] waren ebenso wie seine Problembeschreibungen und Debattenbeiträge enger an die Positionen des Allgemeinen Verbandes gekoppelt, sodass ein kundiger Beobachter wie Gustav Schmoller lakonisch feststellen konnte: *«Art und Standpunkt Crügers sind bekannt.»*[89]

Als Abgeordneter in Preußen und im Reich war er eher Interessenpolitiker mit Parlamentsmandat als Politiker mit genossenschaftlicher Anbindung. Die fallbezogene Aussage der liberalen ‹Kölnischen Zeitung›, dass *«der Politiker Dr. Crüger mit dem Genossenschaftler durchgegangen zu sein scheine»*, taugt letztlich auch als abstrakte Beschreibung seines politischen Wirkens.[90] Freilich war Crüger ein überzeugter Liberaler, dessen Verständnis von (individueller) Freiheit seine Haltung allgemein bestimmte. Beispielsweise bezog er mit Zeitungsartikeln und Redebeiträgen im preußischen Abgeordnetenhaus gegen die konservativ-klerikale Klientelpolitik Stellung. In dieser Phase avancierte ‹der Mittelstand› zu einer politischen Ideologie und Zielgruppe gleichermaßen. Zahlreiche Parteien und Interessengruppen versuchten, sich um 1900 als Vertreter des Mittelstands zu profilieren – und trugen so zu seiner weiteren Zersplitterung und Organisationsschwäche bei.[91]

Für Crüger selbst stellten sich viele der damals diskutierten Fragen nicht. Für ihn war genossenschaftliche Selbsthilfe auf freiwilliger Basis und ohne staatliche Einmischung die Antwort auf die wirtschaftlichen Probleme.[92] Gleichwohl ließ er die politischen Angriffe nicht unbeantwortet. Die Bemühungen um den Mittelstand seien vornehmlich ein Eingeständnis eigenen Versagens, hätten doch gerade die konservativen Parteien und das Zentrum mit ihrer Politik zu dessen Misere beigetragen. Dennoch bekämpften sie sämtliche Lösungsansätze auf freiheitlicher Basis und holten stattdessen die *«reaktionären Handwerkervorlagen aus der Rumpelkammer»* wieder hervor.[93] Im Gegenzug durfte er sich wiederum vom Bund der Landwirte als *«Gegner nationalpolitischer Bestrebungen zur Sicherung unseres deutschen Volkstums»* bezeichnen lassen, der stellvertretend für die (fehlende) nationale Qualität des Liberalismus stehe.[94] Zu einem solchen Bild trug nicht zuletzt auch eine Publikation Crügers bei, in der er jene Genossenschaften verteidigte, die in den polnisch dominierten östlichen Provinzen nach dem Vorbild Schulze-Delitzschs gegründet worden waren und dort vermeintlich die Germanisierungspolitik konterkarierten.[95]

Angesichts dieser ideologischen Differenzen beobachtete Crüger daher die wirtschaftlichen Schwierigkeiten des agrarischen Großgrundbesitzes mit einiger Genugtuung, zumal gerade die Klein- und Mittelbetriebe sich flexibel mit dem landwirtschaftlichen Strukturwandel arrangiert hätten und auskömmlich wirtschafteten. Dementsprechend begrüßte er auch im preußischen Abgeordnetenhaus die «*innere Kolonisation*», das heißt die geförderte Ansiedlung von Kleinbauern.[96] Besonders scharf verurteilte er hingegen die ständische Klientelpolitik des Bundes der Landwirte. Sie ziele besonders auf eine politische Lösung der wirtschaftlichen Probleme und habe «*allein die Bestimmung* [...], *Sonderinteressen zu vertreten. Das ist die Politik, die den Charakter verdirbt*», mithin ein Verrat am politischen System des Kaiserreichs. Dessen «*großer kultureller Fortschritt*» sei gerade gewesen, mit dem ständischen System gebrochen zu haben. Wenn aber nun Volksvertreter, so Crüger sinngemäß, nicht mehr die Interessen des ganzen Volkes, sondern nur von Teilen des Volkes verträten, sei der Weg zu einer neuerlichen ständischen Politik nicht mehr weit. Wirtschaftliche Freiheit war mithin auch für Crüger untrennbar mit politischer Freiheit verbunden.[97]

Im Reichstag sprach sich Crüger daher wiederholt gegen Zwangseinrichtungen aus, so gegen die 1897 mit der Novelle der Gewerbeordnung eingeführten beziehungsweise aufgewerteten Handwerkskammern und Innungen. Diese seien nicht geeignet, zur wirtschaftlichen Besserung des Handwerks beizutragen, «*gerade weil sie Zwangsorganisationen sind*»; hierfür eigneten sich Genossenschaften besser. In der gleichen Sitzung sprach er sich explizit dafür aus, Frauen die Mitwirkung in wirtschaftlichen Vereinen und Kammern zu ermöglichen.[98]

Die öffentlichen Sparkassen standen naturgemäß unter verschärfter Beobachtung der Kreditgenossenschaften. Crüger kritisierte besonders deren bankmäßige Entwicklung.[99] Freilich verpuffte die Kritik, jedenfalls in politischer Hinsicht. Crüger selbst wurde aufgrund eines Artikels in den ‹Blättern für Genossenschaftswesen› im Juni 1913 wegen Beleidigung verklagt. Er hatte sich über unlautere Maßnahmen – unter anderem der Amts-Trabentaler Spar- und Leihkasse in Geschendorf – geäußert. Die Klage wurde erstinstanzlich abgewiesen und endete in zweiter Instanz mit einem Vergleich: Crüger hielt seine grundsätzliche Kritik an den Sparkassen aufrecht, zog aber jene an der Trabentaler Sparkasse zurück.[100]

Crüger begegnete der Ausdehnung des öffentlichen Angebots im Finanzmarkt, so auch in der Lebensversicherung, generell mit Skepsis. Er hielt sie für «*erzieherisch gefährlich*».[101] Ferner übte er (Bürokratie-)Kritik zum Beispiel an der Arbeitsweise des Reichsaufsichtsamts für das private Versicherungswesen.

Sie belaste vor allem die gewerblichen Nachfrager nach Versicherungsleistungen, die zu lange auf notwendige, weil gesetzlich vorgeschriebene Entscheidungen der Versicherungsbürokratie warten müssten.[102] Ähnliche Befürchtungen hegte er als Mitglied des Reichstagsausschusses zum Schaumweinsteuergesetz: Sekt werde *«kontrolirt von seiner Entstehung an, bis er endlich seinen Beruf erfüllt, bis er getrunken wird.»*[103]

Mit dem Ersten Weltkrieg wandelten sich die Beziehungen von Wirtschaft und Staat in einer Art und Weise, die überzeugte Liberale vor Herausforderungen stellte. Auch Crüger bemerkte recht früh, dass *«alle bisherigen Begriffe, Erfahrungen und Gewohnheiten* [...] *gänzlich über den Haufen geworfen»* seien. Nun komme es darauf an, *«unsere Maßnahmen den veränderten Verhältnissen anzupassen, sollte dabei auch mancher, bisher für unumstößliche gehaltene wirtschaftliche Grundsatz in die Brüche gehen»*. Entsprechend machte sich Crüger bereits im Oktober 1914, wenn auch noch als Wunsch formuliert, für staatliche beziehungsweise kommunale Unterstützung für die Betriebe stark, die durch den Krieg besonders litten.[104] Crüger sah hierbei deutlich, dass die zu erwartende Schwächung des Mittelstands und der Selbstständigen auf lange Sicht auch zum Problem für die Kreditgenossenschaften werden konnte.[105] Daher schien schließlich auch für einen liberalen Vertreter wie Crüger *«die Hilfe des Reichs* [...] *sogar geboten und selbstverständlich»*. Allerdings legte er Wert darauf, dass es sich nicht um einen Sinneswandel handelte, sondern er betrachtete eine solche Hilfe als *«Entschädigung für wirtschaftliche Schäden, die als eine unmittelbare Folge des Kriegs zu betrachten sind»*.[106]

Über die öffentlichen Positionierungen hinaus war Crüger schließlich auch als Universitätsdozent tätig und hielt seit dem Wintersemester 1906/07 an der Handelshochschule Berlin Vorlesungen und Übungen zu Geschichte, Praxis und Typen der Genossenschaften.[107] 1909 wurde er zum Professor ernannt; 1911 übernahm er – explizit als genossenschaftlicher Praktiker[108] – zusätzlich besoldete Lehraufträge am Seminar für Genossenschaftswesen der Rechts- und Staatswissenschaftlichen Fakultät der Universität Halle, ferner war er an der Fürst-Leopold-Akademie in Detmold tätig.[109] 1923 beendete er krankheitsbedingt seine Lehrtätigkeit.

Würdigung

Hans Crügers Bedeutung für die Entwicklung des deutschen Genossenschaftswesens ist einfacher zu beschreiben als zu bewerten. Er taugt weder zur unumstrittenen Integrationsfigur, wie Schulze-Delitzsch sie für ihn selbst verkörperte, noch war er der ‹Dämon›, als den ihn die Vertreter von Konsumgenossenschaften, ländlichen Kreditgenossenschaften, Landwirtschaftsverbänden und Preußenkasse bisweilen wahrgenommen haben. Die Bilanz seiner Tätigkeit, speziell seiner Anwaltschaft beim Allgemeinen Verband, fällt letztlich zwiespältig aus. Es gelang ihm nicht, die von ihm häufig beschworene Verbandseinheit zu bewahren, wohl aber konnte er den Allgemeinen Verband als die maßgebliche Interessenorganisation der gewerblichen Genossenschaften erhalten. Es gelang ihm nicht, die Aufweichung genossenschaftlicher Organisationsprinzipien insgesamt zu verhindern, wohl aber war er erfolgreich darin, die eigenen Verbandsmitglieder auf seine Vorstellungen einzuschwören. Es gelang ihm nicht, politische Gegenspieler von seinen Argumenten – vor allem hinsichtlich Haftpflicht und staatlicher Subventionierung – zu überzeugen, wohl aber erwiesen diese sich auf lange Sicht als durchaus valide. Es gelang ihm in den Parlamenten nicht, mit seinen wirtschaftsliberalen Positionen durchzudringen, wohl aber gelang es ihm, diese – zumindest partiell – innerhalb des Genossenschaftswesens zu bewahren.

Dabei agierte Crüger aber nicht als dogmatischer Verwalter der Ideale Schulze-Delitzschs, sondern als Modernisierer derselben. Er war gewiss kein Opportunist, aber er war ebenso wenig ein rückwärtsgewandter Genossenschaftler, der die Augen vor den Zeitläuften verschloss. Eher war für ihn charakteristisch, prinzipielle Überzeugungen mit empirischen Beobachtungen in Einklang bringen zu wollen. Entsprechend erblickte Crüger selbst keinen Widerspruch darin, sich durch Erfahrungen in den Märkten belehren zu lassen.

Wohlwollend betrachtet, führte Crüger die Schulze-Delitzsch'schen Genossenschaften zielstrebig und auf Grundlage klarer Prämissen durch die zahlreichen politischen und wirtschaftlichen Herausforderungen seiner Zeit. Weniger wohlwollend betrachtet, ergriff er – wegen der selbstgewählten Beschränkung seiner Perspektive – nicht alle Chancen, genossenschaftliche Markt- und Organisationsmacht zu erhöhen. Freilich hätte er selbst kaum Verständnis für letztere Deutung gehabt, da gerade die (gewerblichen) Genossenschaften, die sich nicht am Schulze-Delitzsch'schen Organisationsideal orientierten, für Crüger gar keine ‹echten› Genossenschaften waren. In der permanenten Kommunikation von Prämissen wie Selbsthilfe und Eigenverantwortung – gleich ob in genossenschaftlichen, politischen, wissenschaftlichen oder publizistischen Kreisen – liegt wohl der bedeutendste Beitrag Crügers für die deutsche Genossenschaftsbewegung: Er zwang sie (und sich), die eigenen Organisationsgrundsätze immer wieder aufs Neue zu hinterfragen, und bekämpfte ferner alle Strömungen, die in der Genossenschaft lediglich eine Gesellschaftsform unter vielen, nicht aber ein explizites Instrument der Selbsthilfe sahen.

Frauke Schlütz

WILHELM HAAS (1839–1913)

Wilhelm Haas steht in der genossenschaftlichen Rezeptionsgeschichte zuweilen als *«dritter Mann»*[1] im Schatten Raiffeisens und Schulze-Delitzschs oder wird in vielen Festschriften oder Monografien sogar übergangen. Tatsächlich kann Haas aber als ‹der› Organisator des ländlichen Genossenschaftswesens bezeichnet werden. Haas machte sich mit einem in erster Linie *«praktischen Blick»*[2] die Erfahrungen Raiffeisens und Schulze-Delitzschs zunutze (und entwickelte selbst grundsätzlich kein eigenes Genossenschaftskonzept), sollte aber dennoch zu den Gründervätern gezählt werden. Weggefährten beschrieben ihn als den *«schöpferische*[n] *Organisator»*.[3] Haas war Initiator, strategischer Kopf und ‹Galionsfigur› des seinerzeit größten Dachverbands deutscher Genossenschaften, des ‹Reichsverbandes der deutschen landwirtschaftlichen Genossenschaften› (kurz: ‹Reichsverband›). Als *«genossenschaftlichen Politiker»*[4] hätte er sich vielleicht selbst beschrieben. Sein Engagement für die Landwirtschaft beziehungsweise die ländliche Bevölkerung – etwa in den lokalen Vereinen und im landwirtschaftlichen Provinzialverein –, vor allem aber für die genossenschaftliche Idee war eigentlich eine ‹Nebentätigkeit› zu seiner Beamtenlaufbahn.[5] Bis zu seinem 61. Lebensjahr war Haas als Jurist für das Großherzogtum Hessen tätig.[6] 25 Jahre nahm er das Mandat als Abgeordneter der hessischen Zweiten Kammer, davon 14 Jahre als deren Präsident, wahr. Darüber hinaus war er 14 Jahre lang Reichstagsabgeordneter. Die Genossenschaftsliteratur würdigte ihn als *«Genie der Arbeitsteilung, eine Unternehmerpersönlichkeit von beispielhafter Dynamik und einem seltenen Gespür für die Erfordernisse der Zukunft»*, er sei zugleich *«volkstümlich und mitreißend»* gewesen.[7]

Herkunft, Ausbildung und beruflicher Werdegang

Karl Friedrich Wilhelm Haas wurde am 26. Oktober 1839 als Sohn des Gymnasiallehrers und späteren Hofrats und Professors Friedrich Heinrich Haas[8] und seiner Frau Karoline Luise (geborene Künzel),[9] Tochter eines Odenwälder Schreinermeisters,[10] in Darmstadt geboren.[11] Die Familie des Vaters war ursprünglich im Weinbau im südlichen Schwarzwald (St. Georgen) tätig, wanderte dann in die französische Schweiz aus und betrieb im Neuenburger Land Weinbau und Weinhandel. Die Familie der Mutter stammte mütterlicherseits aus Darmstadt.[12] Wilhelm Haas hatte einen älteren Bruder und eine ältere Schwester.[13] Die Familie war lutherischer Konfession. Von seinem Vater, der Schweizer Staatsbürger war und selbst zwölf Sprachen beherrscht haben soll,[14] wurde Haas in Englisch und Französisch unterrichtet.[15] Von 1848 bis 1857 besuchte er das Ludwig-Georg-Gymnasium in Darmstadt.[16]

1857 nahm er in Gießen das Studium der Rechtswissenschaften auf, welches er 1861 abschloss. Die Universität Gießen galt als *«jugendlich-modern, gar* […] *liberal»*.[17] Die herausragenden Forschungsergebnisse Justus Liebigs (1803–1873), der bis 1852 an der Gießener Universität gelehrt hatte und Begründer der Agrikulturchemie war, hatten der Universität zu einem guten Ruf verholfen. Die Universität Gießen war zugleich aber auch der *«Prototyp der politisierten Vormärz-Universität»*,[18] Gießen die Keimzelle politischer, revolutionärer Forderungen, wie etwa derer Georg Büchners (1813–1837).[19] Haas wurde in die Burschenschaft ‹Corps Teutonia› aufgenommen.[20] Über seine Studienjahre heißt es: «*Als Student führte Haas ein flottes Leben*».[21] Unter anderem wegen nächtlicher Ruhestörung wurde er mehrfach zu Geldbußen und Karzerhaft, klassischen akademischen Strafmitteln des 18. und 19. Jahrhunderts, verurteilt.[22] Bis ins «*hohe Alter*» habe Haas «*geselliges Beisammensein mit fröhlichen Freunden*» geliebt, so sein Weggefährte Willy Krebs später.[23] Haas habe die landwirtschaftlichen Genossenschaftstage immer «*mit Humor und Witz*» geleitet, seine «*Tischreden bei den gemeinsamen Festessen sprudelten nur so vor Geist, Witz und Humor und entfesselten größte Heiterkeit*».[24] Nach dem Studium trat Haas in den hessischen Staatsdienst ein, zunächst als Referendar (‹Accessist›) beim Landgericht in Langen, ab 1863 beim Großherzoglichen Hofgericht in Darmstadt und ab 1864 beim dortigen Kreisamt.[25] 1865 legte er das zweite juristische Staatsexamen ab. Weitere Stationen als Accessist waren das Kreisamt in Dieburg (1866) sowie jenes in Groß-Gerau, gefolgt von Stellen in Heppenheim (1867) und Büdingen (1868).[26] Im Anschluss an seine Referendarzeit wurde Haas 1869 Kreisassessor beim Großherzoglichen Hessischen Kreisamt des Kreises Friedberg (Oberhessen).

Nach seiner Verbeamtung heiratete Haas am 13. Oktober 1869[27] in Darmstadt Marie Karoline Katharine Kritzler,[28] Tochter des Juristen Dr. Friedrich Kritzler.[29] Wilhelm Haas und Marie Kritzler hatten sich in Dieburg auf einem Ball kennengelernt. Marie Kritzlers Vater war in Dieburg Kreisrat und damit Haas' Vorgesetzter.[30] Das Paar bekam drei Kinder. Ihr Sohn Eugen, später Generalsekretär des hessischen Genossenschaftsverbandes, wurde 1870 geboren.[31] Taufpate war der Fürst zu Ysenburg-Büdingen, mit dem Haas zusammen in Büdingen ein landwirtschaftliches Kränzchen organisiert hatte. Am 27. März 1874 folgte Tochter Viktoria, deren Taufpatin Prinzessin Viktoria von Hessen war, und schließlich am 27. August 1888 die Geburt der Tochter Hermine.[32]

Verbindungen zur Landwirtschaft bestanden von Hause aus nicht. Erste Berührungspunkte mit landwirtschaftlichen Themen ergaben sich in der Zeit nach dem Studium. Haas trat am 1. Dezember 1866[33] in den landwirtschaftlichen Provinzialverein für die Provinz Starkenburg ein.[34] Die drei Landwirtschaftlichen Vereine im Großherzogtum Hessen waren 1831 als Provinzialvereine für die Provinzen Oberhessen, Rheinhessen und Starkenburg gegründet worden und durch eine ‹Centralbehörde› organisatorisch miteinander verbunden. Typisch für diese Vereinigungen, die aufgrund der staatlichen finanziellen Unterstützung und ihrer Mitgliederstruktur nur bedingt als interessenpolitische Organisationen bezeichnet werden können, war die Mitgliederzusammensetzung. Neben Landwirten waren viele von Haus aus nicht mit der Landwirtschaft verbundene Honoratioren und Interessierte vertreten, vor allem Lehrer, Pfarrer und Adelige. Das Interesse der nicht landwirtschaftlichen Gesellschaftskreise an der Landwirtschaft ging auf ihre grundsätzliche Bedeutung für die Gesellschaft zurück, gehörte vielfach zu den gesellschaftspolitischen Anliegen der Kirche, wie zum Beispiel die ‹Hebung des Bauernstandes›.[35] Mit der fortschreitenden Demokratisierung vieler Lebensbereiche hatten sich auf lokaler Ebene, das heißt in kleinen ländlichen Städten und größeren Dörfern, landwirtschaftliche Lokalvereine (‹Kränzchen› oder ‹Casinos›) gebildet, in denen ganz praktische landwirtschaftliche Fachfragen diskutiert und konkrete Hilfestellungen gegeben wurden. Zudem dienten sie der Geselligkeit.[36] Haas nutzte diese Plattform, insbesondere während seines Büdinger Jahres, indem er sich an der Umstrukturierung des Bezirksvereins beteiligte und die Gründung eines Büdinger Kränzchens forcierte. Als dessen Vorstand wurde Haas in dieser Zeit erstmals ‹sichtbar›.[37] Auf Bezirksebene wählte man Haas 1871 zunächst in den Ausschuss (Vorstand) des landwirtschaftlichen Vereins für Oberhessen, 1877 zum Ausschussmitglied des landwirtschaftlichen Vereins Starkenburg. 1888 wurde Haas zum Vizepräsidenten, 1892 dann zum Präsidenten des Provinzialverbandes Starkenburg gewählt.[38] Seit 1888 waren die landwirtschaftlichen Vereine des Großherzogtums Hessen über einen Landesausschuss verbunden, der Kontaktstelle für die vonseiten der Regierung für den Austausch mit den landwirtschaftlichen Vereinen neu gebildeten Ministerialabteilung für Landwirtschaft, Handel und Gewerbe. Haas wurde in den neuen Landesausschuss entsandt, der 1897 in Hessischer Landwirtschaftsrat umfirmierte. Haas setzte sich als Abgeordneter und zu diesem Zeitpunkt bereits auch als Präsident der Zweiten Kammer für die Erhöhung der Zuschüsse zugunsten der landwirtschaftlichen Vereine ein und konnte erreichen, dass diese nahezu verfünffacht wurden.[39] Haas war darüber hinaus Mitglied des Bundes deutscher Landwirte – jedoch wohl kein aktives Mitglied.[40] Während des Deutsch-Französischen Krieges war Haas aufgrund seiner guten Sprachkenntnisse in der Zivilverwaltung im Elsass tätig.[41] Im Jahr 1879 ernannte man Haas zum Polizeirat in Darmstadt und damit zum Vorsteher des staatlichen Polizeiamtes Darmstadt. Es folgte 1886 seine Ernennung zum Kreisrat des Kreises Offenbach, 1896 zum Geheimen Regierungsrat. 1900, Haas war inzwischen 61 Jahre alt, schied er aus dem Staatsdienst aus und zog in seine Heimatstadt Darmstadt.[42]

Neben seiner beruflichen Laufbahn gab es in Haas' Vita im Grunde drei Tätigkeitsbereiche: die Führungspositionen im landwirtschaftlichen Vereinswesen und in der landwirtschaftlichen berufsständischen Organisation; ausgehend von Konsumvereinen den Aufbau und die Organisation des ländlichen Genossenschaftswesens; das Wirken als Abgeordneter im Hessischen Landtag sowie im Reichstag. Die Aktivitäten können nicht voneinander losgelöst betrachtet werden, vielmehr finden sie in Haas' Selbstverständnis als Staatsdiener einen gemeinsamen Ankerpunkt. Die *«Kombination mehrerer Mittel»*[43] war eine von Haas durchaus bevorzugte Strategie. Im Folgenden wird zunächst sein genossenschaftliches Engagement dargestellt, anschließend seine Zeit als Parlamentarier sowie als Vertreter landwirtschaftlicher Interessen.

Der «*Organisator*»[44]

Weite Teile der hessischen Mittelgebirge blieben bis «*weit ins 19. Jahrhundert hinein land- und forstwirtschaftlich geprägt, wobei auf vielen Höfen mit nicht selten weniger als drei Hektar bebaubaren Bodens der Lebensunterhalt einer Bauernfamilie kaum mehr erwirtschaftet werden konnte*».[45] Diese Gegebenheiten führten vielfach zu Abwanderung und häufig anschließender Auswanderung, vor allem nach Amerika. Die Industrialisierung Hessens setzte im Vergleich mit anderen Regionen etwas verzögert ein.[46] Frühe genossenschaftliche Gründungen entstanden parallel zu ersten Darlehenskassen im Rheinland und in Mitteldeutschland in der Form von Molkerei- sowie Bezugs- und Absatzgenossenschaften. Wie schon in Büdingen hatte Haas nach seiner Versetzung auch in Friedberg (Oberhessen) rege am Vereinsleben teilgenommen. In Friedberg war Haas 1872 an der Gründung eines landwirtschaftlichen Konsumvereins beteiligt – der Beginn seines genossenschaftlichen Engagements.

1871 war die Publikation ‹Ländliche Credit- und Consum-Vereine› des Agrarwissenschaftlers Carl Alexander von Langsdorff (1834–1912, ab 1891 der Gründer und Direktor des Sächsischen Genossenschaftsverbandes)[47] erschienen. Für Haas wurde diese Veröffentlichung zur Initialzündung seines Engagements für das ländliche Genossenschaftswesen. Haas sagte später über von Langsdorff: «*Ihn dürfen wir* [...] *gewissermaßen als den intellektuellen Urheber der Bewegung in Hessen ansehen.*»[48] Die Bedeutung der Größe der ‹Vereine› (bei Schulze-Delitzsch ‹Assoziationen›) und die damit verbundenen Vorteile scheint Haas gleichermaßen früh erkannt haben. So soll Haas als Direktor der neuen Bezugsgenossenschaft gegen die Gründung eigener Konsumvereine in den Nachbarorten plädiert und dazu aufgerufen haben, stattdessen dem Friedberger Verein beizutreten. Von der damit zu erreichenden Größe des Vereins erhoffte er enorme Vorteile, so zum Beispiel geringere Einkaufspreise.[49]

Von Friedberg aus initiierte Haas den Verband hessischer landwirtschaftlicher Konsumvereine. Nach ersten Besprechungen zu dieser Idee im Club der Landwirte in Frankfurt am Main im Frühjahr 1873[50] fand sich im Juni des gleichen Jahres in Mainz «*ein kleines, für die landwirtschaftliche Sache gewonnenes, begeistertes Häuflein Landwirte und Freunde der Landwirtschaft*»[51] zur Gründungsversammlung zusammen und wählte Haas zum Verbandspräsidenten.[52] Dieses Amt übte er bis zu seinem Tod aus.[53] Zweck des Verbandes sollte es sein, die bis dahin einzeln für sich agierenden Bezugsvereinigungen miteinander institutionell zu verbinden.[54]

Haas erkannte wie Raiffeisen früh, dass die Gründung von Genossenschaften nicht nur wirtschaftliche Vorteile für die Produktion, die Verarbeitung und den Handel brachte, sondern – angesichts der *«funktionalen Kombination»*[55] der landwirtschaftlichen (Familien-)Betriebe von Unternehmen und Haushalt und der damit kaum zu trennenden Verbindung von ländlicher Wirtschaft und Gesellschaft – auch soziale Vorteile, indem beispielsweise das Wegbrechen des Bauernstandes idealerweise aufgefangen wurde. Haas *«erkannte also nicht nur die unmittelbare Bedeutung der Genossenschaften für die Genossenschaftsmitglieder, sondern auch die mittelbare Relevanz der Genossenschaften für das gesamte Volkswohl»*.[56] Haas schrieb am 19. Juni 1873 anlässlich der Gründung des Hessischen Verbandes der landwirtschaftlichen Konsumvereine: *«Die Landwirtschaft, das Fundament eines jeden gesunden staatlichen Organismus, leidet in der Gegenwart schwer unter dem Druck der Verhältnisse, und wenn auch die Staatsregierungen in edlem Wetteifer in der Gesetzgebung und durch finanzielle Unterstützung derselben ihre ungeteilte Fürsorge zuteil werden lassen, so bleibt sie doch vornehmlich auf Selbsthilfe angewiesen.»*[57]

Die vielfach noch nicht als Genossenschaften organisierten Vereine (das erste Genossenschaftsgesetz wurde 1867 in Preußen verabschiedet, gefolgt vom Genossenschaftsgesetz des Norddeutschen Bundes 1868, nach der Reichsgründung 1871 auf das Deutsche Reich übertragen) beschafften Düngemittel, Saatgut und Futtermittel für ihre Mitglieder. Der Vorteil der Mitgliedschaft in einer solchen Bezugsgenossenschaft lag nicht nur im kostengünstigeren gemeinsamen Einkauf der Betriebsmittel, sondern vor allem auch in der Qualitätskontrolle für Dünger und Sämereien. Für die Klein- und Mittelbauern als Einzelabnehmer war eine solche Überprüfung vielfach zu kostspielig, der Zugang zu entsprechenden Analysemethoden häufig nicht gegeben, oder aber aus *«Unkenntnis»* und *«Bequemlichkeit»*[58] wurde darauf verzichtet. Bis 1890 war der Verband zugleich auch die zentrale Einkaufsstelle der Konsumvereine. Das Gründungsstatut des Verbandes enthielt den Zweck und die Aufgaben des Verbandes: (1.) *«Besprechung und Vertretung genossenschaftlicher Interessen»*, (2.) *«Bewirkung der Herstellung gleichartiger Einrichtungen für die einzelnen Verbandsvereine»*, (3.) *«Anregung zur Bildung neuer Konsumvereine in allen Teilen des Landes»*, (4.) *«Ermittlung guter und Vereinbarung gemeinschaftlicher Warenbezüge»*.[59] Unmittelbar nach der Gründung gehörten dem Verband 15 Vereine mit insgesamt 1070 Mitgliedern an. 1890 wurde der Wareneinkauf in eine extra gegründete Zentralgenossenschaft externalisiert. Die gesetzliche Basis zur Gründung von Zentralgenossenschaften ging auf eine Eingabe von Haas im Reichstag zurück, mit der er wesentlich zur Formulierung des Genossenschaftsgesetzes von 1889 beitrug.[60]

Die hessische Entwicklung fand in den Nachbarstaaten Nachahmer, und schon bald stieg vielerorts die Zahl der Bezugs-, Molkerei- und Winzergenossenschaften. Die Veränderungen in der landwirtschaftlichen Produktion, die Intensivierung durch neue Anbaumethoden, Düngemittel und Sämereien, die fortschreitende Zersplitterung der Besitztümer vor allem in den Realteilungsgebieten, die Entstehung neuer Absatzmärkte und -wege verstärkten den Bedarf an ebensolchen Genossenschaften erheblich.[61] Dank des nach der Reichsgründung auf das gesamte Deutsche Reich ausgeweiteten Genossenschaftsgesetzes gab es nunmehr überall eine Rechtsform, die die Organisation der Vereine vereinfachte. Auf regionaler Ebene wurden kleine Verbände für Bezugs- und Absatzgenossenschaften gegründet. Diese blieben bei Raiffeisen beziehungsweise der Anwaltschaft in Neuwied, der fast alle Darlehenskassenvereine angeschlossen waren, vielfach unberücksichtigt. Haas hingegen wollte jedoch keinesfalls bloß die Integration eines Leistungsfeldes ‹Bezug und Absatz› in die Spar- und Darlehenskassen, sondern verfolgte das Ziel, eigenständige Bezugs- und Absatzgenossenschaften zu initiieren, die neben dem Bezug von Saatgut und Dünger auch andere Maßnahmen zur Förderung der Landwirtschaft übernehmen sollten.

Die 1870er-Jahre waren für die Entstehungsgeschichte der ländlichen Kreditgenossenschaften und ihrer Zentralorganisationen insofern wichtig, als dass Raiffeisen in Neuwied 1872 erstmals eine Zentralkasse für Darlehenskassen gründete, welcher sich Kreditgenossenschaften mit Sitz im preußischen Rheinland – so genannte Rheinische Landwirtschaftliche Genossenschaftsbanken – anschließen konnten. 1874 unterstützte Raiffeisen die Gründung einer solchen Zentralkasse für Hessen. Am 7. April 1874 wurde in Anwesenheit von Raiffeisen die Landwirtschaftliche Zentralkasse für Hessen gegründet, in deren Verwaltungsrat Haas gewählt wurde.[62] Einer weiteren Zentralkasse in Iserlohn für die westfälischen Kreditgenossenschaften folgte am 25. Juni 1874 die Gründung der Deutschen Landwirtschaftlichen Generalbank mit Sitz in Neuwied als Dachorganisation. Hermann Schulze-Delitzsch, der der Auffassung war, Raiffeisen verstoße gegen das Genossenschaftsgesetz, erstickte diese Entwicklung mit seiner Interpellation im Reichstag allerdings im Keim. Ein Kritikpunkt war, dass die Mitglieder der Zentralgenossenschaften selbst nur Genossenschaften seien und von den Mitgliedern der Primärgenossenschaften nicht verlangt werden könne, im Rahmen der unbeschränkten Haftpflicht für eventuelle Engpässe oder Schieflagen der Zentralgenossenschaften zu haften. Als Folge der Kritik, die Schulze-Delitzsch «*lediglich als Anfrage*»[63] im Reichstag vorgebracht hatte, kam Raiffeisens Projekt ins Stocken. 1876 überführte Raiffeisen die Zentralkassen dann in eine Aktiengesellschaft, die Landwirtschaftliche Central-Darlehnskasse AG. Sie übernahm die Funktion einer Zentralkasse für sämtliche Kreditgenossenschaften im Deutschen Reich, die auf den Raiffeisen'schen Musterstatuten beruhten. Zeitgleich wurde die

Liquidation der Landwirtschaftlichen Zentralkasse für Hessen beschlossen.[64] Haas blickte im Jahr 1908 auf diese Zeit zurück: «*Da ist es Raiffeisen gewesen, der gegen die Mitte der 70er Jahre den Versuch einer Sammlung unternahm, indem er in vortrefflicher einleuchtender Weise die triftigen Gründe für einen Zusammenschluß darlegte. Mit Begeisterung – auch ich war von derselben damals ergriffen und dabei beteiligt – wurde der Plan allseitig begrüßt* [...]. *Aber leider nur auf kurze Zeit.* [...] *Es war offenbar zu früh für ein solches konzentrisches Vorgehen*»,[65] zumal eine geeignete Rechtsform noch fehlte.[66]

1877 folgte in Neuwied die Gründung des Anwaltschaftsverbandes ländlicher Genossenschaften. Der Anwaltschaftsverband war als Interessenvertretung konzipiert, sollte die Genossenschaften beratend unterstützen und deren Revision vornehmen, ohne dass diese bereits durch den Gesetzgeber zu diesem Zeitpunkt vorgeschrieben war. Die starke Zentralisation nach Neuwied war immer wieder Anstoß für Kritik an der Raiffeisen'schen Organisationsstruktur. Zudem haftete der Organisation noch der Makel des durch Schulze-Delitzschs Kritik befeuerten ‹Systemstreits› zwischen ihm und Raiffeisen an. Hessische Genossenschaften beteiligten sich daher nicht an der Gründung des Neuwieder Anwaltschaftsverbandes, auch wenn man weiterhin die Vorteile eines Zusammenschlusses sah, zumal die Frage des Geldausgleiches immer dringlicher schien. Im Jahr 1879 gründeten die rund 30 hessischen Darlehenskassenvereine schließlich den Verband der landwirtschaftlichen Kreditgenossenschaften im südlichen und westlichen Deutschland, dessen Verbandspräsident Haas wurde.[67]

Noch im Gründungsjahr schlossen sich dem Verband badische, nassauische und westfälische Kreditgenossenschaften an.[68] Der hessische Verband, jetzt Verband der südwestdeutschen landwirtschaftlichen Kreditgenossenschaften, führte mit der Änderung seiner Satzung am 31. Mai 1882 die Revision ein – gesetzlich vorgeschrieben war diese erst ab 1889.[69] Im Jahr 1889 folgte – unter Führung von Haas[70] – die Gründung eines Verbandes der hessischen Molkereigenossenschaften. Die drei hessischen Verbände (Molkereiverband, Verband der Kreditgenossenschaften und Verband der Konsumvereine) wurden in Personalunion geführt und schließlich 1889 zum Verband der hessischen landwirtschaftlichen Genossenschaften zusammengeschlossen. Haas war es damit gelungen, einen hessischen Einheitsverband zu schaffen.[71]

Ein organisatorisches Meisterwerk war 1883 die Gründung der Vereinigung deutscher landwirtschaftlicher Genossenschaften (ab 1903 Reichsverband der deutschen landwirtschaftlichen Genossenschaften) durch Haas. Er und seine Mitstreiter wollten damit vor allem die Interessen der Genossenschaften bündeln und deren Vertretung etwa gegenüber der Politik organisieren. Zugleich sollte die geschaffene Vernetzung etwa dem Austausch praktischer Erfahrungen zwischen den Regionalverbänden beziehungsweise Primärgenossenschaften dienen. Im Aufruf zur Gründungsversammlung hieß es: «*Nachdem das Ge-*

nossenschaftswesen in Deutschland in alle Berufsschichten gedrungen ist, beginnt auch die Landwirtschaft sich in jährlich steigendem Maße dieser Gesellschaftsform zu bedienen. [...] *Diese immerhin schon recht bedeutende genossenschaftliche Arbeit Deutschlands auf landwirtschaftlichem Gebiete hat bisher in sich keinerlei Zusammenhang, es besteht keine Organisation, welche den einzelnen Genossenschaften gestattet, Fühlung zueinander aufzunehmen.*»[72] Anders als Raiffeisen schwebte Haas eine dezentrale Organisationsstruktur vor: Ein Dachverband für die regionalen Verbände sollte die Interessen der Genossenschaften nach außen vertreten und die Gründung neuer Regionalverbände fördern, ansonsten lediglich beratend tätig sein. Die konkrete Ausgestaltung des Genossenschaftswesens sollte in den Händen der regionalen Verbände bleiben,[73] zumal diese den Primärgenossenschaften näher standen und sie damit die besonderen Erfordernisse vor Ort besser kannten.[74] Neben der Dezentralität und der Ausrichtung der praktischen Arbeit an den lokalen Gegebenheiten blieb Haas, anders als Raiffeisen, also Verfechter der «*einfach arbeitenden Spezialgenossenschaften*» und lehnte Kreditgenossenschaften ab, die zugleich Warengeschäfte abwickelten.[75] Mehr noch als die Kreditgenossenschaften hatte Haas bei der Gründung des Verbandes wieder die Molkereigenossenschaften sowie die ländlichen Konsumvereine im Blick. Dem Dachverband sollten sich Verbände aller Typen von landwirtschaftlichen beziehungsweise ländlichen Genossenschaften, also Kredit-, Molkerei- und Konsumgenossenschaften und andere mehr, anschließen können.

Den Aufruf zur Verbandsgründung unterzeichneten neben Haas 20 weitere Vertreter landwirtschaftlicher Organisationen oder genossenschaftlicher Einrichtungen aus den verschiedensten Provinzen und Staaten im deutschsprachigen Raum.[76] Am 6. Juli 1883 gelang es Haas und seinen Mitstreitern, Vertreter verschiedener landwirtschaftlicher Genossenschaften in Hamburg, wo zu dieser Zeit eine internationale Tierausstellung stattfand,[77] zur Gründungsversammlung der Vereinigung deutscher landwirtschaftlicher Genossenschaften zusammenzubringen. Bestehende Regionalverbände wurden damit unter einem Dachverband zusammengeschlossen, neu gegründeten landwirtschaftlichen Genossenschaftsverbänden stand der Beitritt offen. Haas wurde zum Geschäftsführer sowie zum Vorsitzenden des Verwaltungsausschusses – ab 1890 ‹Anwalt›[78] – gewählt. Der Gründung war ein «*lebhafter mündlicher und schriftlicher Gedankenaustausch*» vorausgegangen, an dem sich auch Schulze-Delitzsch beteiligt haben soll.[79]

Das Verhältnis zur Schulze-Delitzsch'schen Richtung war sicherlich gut, der neue Reichsverband stellte keine «*Konkurrenz zu bestehenden Verbänden*»[80] dar. Bereits auf dem Allgemeinen Verbandstag der Erwerbs- und Wirtschaftsgenossenschaften in Kassel im Jahr 1880 war vielmehr wohlwollend erörtert worden, dass landwirtschaftliche Genossenschaften aus verschiedenen

Gründen nicht dem Verband der gewerblichen Genossenschaften beitreten sollten. Schulze-Delitzsch erteilte damit eine Absage an ein gemeinsames Vorgehen, obschon er dem Zusammenschluss von landwirtschaftlichen Genossenschaften generell positiv gegenüberstand und man sogar in vielen Punkten (etwa dem Revisionswesen) einer Meinung war.[81]

Als Haas 1886 zum Kreisassessor des Kreises Offenbach ernannt wurde, verlegte man den Sitz des Verbands nach Offenbach. Die wichtigste Aufgabe der Vereinigung war es zunächst, den Kalibezug der Bezugs- und Absatzgenossenschaften zu organisieren. Um 1888/89[82] wurde beschlossen, künftig stärker auch die Gründung von Kreditgenossenschaften zu unterstützen. Ein weiteres Betätigungsfeld war der Absatz der landwirtschaftlichen Erzeugnisse, vor allem seit der Agrarkrise zu Beginn der 1890er-Jahre. 1897 gründete der Allgemeine Verband der deutschen landwirtschaftlichen Genossenschaften[83] (Firmierung der Vereinigung der deutschen landwirtschaftlichen Genossenschaften seit 1890) die Großhandelsgesellschaft der deutschen landwirtschaftlichen Einkaufs- und Verkaufsgenossenschaften in Hamburg. Die Gesellschaft übernahm den Einkauf von Importartikeln. Noch im gleichen Jahr gründete der Verband eine Bezugsvereinigung zum gemeinschaftlichen Bezug von Thomasmehl. Als der Sitz des Allgemeinen Verbands 1900 schließlich nach Darmstadt verlegt wurde, gehörten ihm 53 Prozent der deutschen ländlichen Genossenschaften an, 1924 waren es bereits 65 Prozent.[84]

Mitglieder des Reichsverbandes der deutschen landwirtschaftlichen Genossenschaften (1884–1925)

Jahr	Verbände	Genossenschaften					
		Zentral-	Kredit-	Bezugs-	Molkerei-	Sonstige	Gesamt
Anfang 1884	10	–	–	–	–	–	278
Ende 1884	10	–	–	315	25	–	340
Ende 1885	10	–	–	402	55	–	457
Ende 1890	20	6	277	811	201	24	1 319
Ende 1895	21	26	1 032	742	600	46	2 446
Ende 1900	26	42	4 440	1 379	1 034	242	7 137
Ende 1905	40	70	11 533	1 843	1 682	1 008	16 163
Ende 1910	41	76	12 894	2 077	2 028	1 885	18 960
Ende 1915	29	58	9 963	2 225	1 947	2 548	16 741
Ende 1920	26	63	12 007	2 880	2 138	3 795	20 883
Ende 1925	27	89	12 842	4 236	6 063	6 063	25 685

Quelle: Reichsverband der deutschen landwirtschaftlichen Genossenschaften zu Berlin, Taschenbuch, S. 261. – 1905 und 1910 sind die Genossenschaften und Unterverbände des Generalverbandes der deutschen Raiffeisen-Genossenschaften mit aufgeführt, da der Generalverband sich vorübergehend dem Reichsverband angeschlossen hatte.

Seine Beschlüsse fasste der Verband in öffentlichen Verhandlungen auf der Mitgliederversammlung, dem ‹Allgemeinen Vereinstag der deutschen landwirtschaftlichen Genossenschaften› (später: ‹Deutscher landwirtschaftlicher Genossenschaftstag›), auf dem sich die Abgeordneten der Mitgliedsverbände und -genossenschaften des Reichsverbandes einmal pro Jahr trafen.[85] Enormen Aufwind nahm der Ausbau des genossenschaftlichen Verbandswesens mit dem Genossenschaftsgesetz von 1889 und der Einführung der Revisionspflicht.[86] Als der Reichsverband 1908 sein 25-jähriges Bestehen in Mainz feierte, nahmen 2000 Personen an den Feierlichkeiten teil.[87] Für *«allgemeine genossenschaftliche Zwecke»* wurde anlässlich des Jubiläums die Wilhelm Haas-Stiftung gegründet als Anerkennung der Verdienste von Haas, in *«Liebe und Verehrung, welche* [...] *Haas, in allen Kreisen des Reichsverbandes entgegengebracht wurden»*.[88]

1905 kam es erstmals zu einer ernst zu nehmenden Annäherung zwischen dem Reichsverband und der Raiffeisenorganisation. Man vereinbarte, in einigen Bereichen zu kooperieren, um so sukzessive beide Gruppen ländlicher Genossenschaften zu verschmelzen. Unter anderem wurden die Unterverbände der Raiffeisenorganisation zu selbstständigen Institutionen umstrukturiert, die sowohl dem Reichsverband beitraten als auch Mitglied des Generalverbandes blieben. Haas führte ab diesem Zeitpunkt den Titel des Generalanwaltes.[89] 1913 wurde diese Verbindung aber wieder aufgegeben.[90]

Am 4. Dezember 1883 wurde in Darmstadt die Landwirtschaftliche Genossenschaftsbank AG gegründet. Die Zentralkassen auf regionaler Ebene komplettierten Haas' Organisation nahezu, lediglich eine Supra-Zentralkasse auf überregionaler Ebene fehlte noch. Die einschlägigen Publikationen – insbesondere ältere biografische Arbeiten – greifen das Thema ‹Zentralkasse› nicht oder nur ansatzweise auf. Dies mag zum einen daran liegen, dass keine originären Quellen überliefert sind, zum anderen daran, dass sich Haas zur Frage des Geldausgleichs kaum geäußert zu haben scheint. Guinnane konstatiert, dass die Gründung und Ausgestaltung der Zentralkassen Schwerpunkte einer *«umfassenderen Debatte»* waren, die sich darum drehte, *«wie Genossenschaften zu organisieren seien und ob sie Staatshilfe in Anspruch nehmen sollten»*.[91] Grundsätzlich sah Haas die Notwendigkeit von Zentralkassen, denn nur so war es den Primärgenossenschaften überhaupt möglich, ihre Kreditpolitik mit Ausleihfristen, die an den landwirtschaftlichen Produktionszyklus und die Leistungsfähigkeit der Kreditnehmer angepasst waren, umzusetzen. Diese Praxis konnte jedoch zu Liquiditätsproblemen führen, die unter anderem saisonal oder witterungsbedingt waren.

Unter den Genossenschaften herrschte weitgehend Konsens darüber, dass die Landwirtschaft und damit die im ländlichen Raum ansässigen Kreditgenossenschaften mit einem anderen Finanzbedarf konfrontiert waren als die städtischen Kreditgenossenschaften. Während Haas auf lokaler Ebene die unbeschränkte Haftpflicht empfahl, war die beschränkte Haftpflicht seiner Meinung nach für das Gelingen von (über-)regionalen Zusammenschlüssen eine – wenn nicht sogar die – Grundvoraussetzung. Entsprechend nahm er auf die Neuformulierung des Genossenschaftsgesetzes Einfluss. Anders als in Raiffeisens zentralem Organisationsaufbau bestanden in der Haas-Organisation – vielfach als Tochterunternehmen der regionalen Verbände geführte – Zentralkassen auf regionaler Ebene. Diese arbeiteten zwar nach den vom Reichsverband formulierten Grundsätzen, waren aber ansonsten in der Ausgestaltung ihrer Arbeit frei. Wenige dieser regionalen Zentralkassen sind auf Mikroebene bisher erforscht, es zeigt sich jedoch schon in der Vogelperspektive, dass diese recht unterschiedlich vorgingen. Einige waren als Buchkassen organisiert, die keine eigenen Barmittel verwalteten, sondern nur die Guthaben und Verbindlichkeiten gegenüber der Preußenkasse oder anderen Bankinstituten, andere Zentralinstitute waren als Geldkassen tätig.[92] Die früh gegründeten Zentralkassen lagen zumeist im Süden und Westen Deutschlands, ihre Mitglieder- und Umsatzzahlen fielen recht unterschiedlich aus. Mit der Gründung der Preußenkasse 1895, die ausschließlich mit den Zentralinstituten zusammenarbeitete, wurden weitere Zentralkassen gegründet, um von den bereitgestellten Mitteln profitieren zu können. In anderen Staaten forcierten Regierungen die Gründung neuer Zentralkassen – sie wollten zeigen, dass sie *«bei der Förderung von Genossenschaften nicht hinter Preußen zurückstanden»*.[93]

Die Preußenkasse wurde am 31. Juli 1895 per Gesetz als Anstalt des öffentlichen Rechts eingerichtet und stand unter Aufsicht des Finanzministers und musste zudem dem Minister für Handel und Gewerbe sowie dem Minister für Landwirtschaft, Domänen und Forst berichten. Ausgestattet wurde die Preußenkasse vom preußischen Staat mit fünf Millionen Mark in dreiprozentig konsolidierten preußischen Staatsanleihen.[94]

Die Geschäftsbeziehung zu den Zentralkassen ließ sich die Preußenkasse durch eine so genannte Ausschließlichkeitserklärung absichern. Damit durften die Zentralkassen mit keiner anderen Bank mehr parallel in geschäftlicher Beziehung stehen. Zudem sicherte sich die Preußenkasse über den Haftsummenkredit ab: Dies bedeutete, dass die Preußische Central-Genossenschaftskasse als Sicherheit die Haftung jedes Genossenschaftsmitglieds für die Schulden seiner Institution akzeptierte. Hinter dem, was der Einzelne im Konkursfall hätte als Sicherheit einbringen müssen, standen vor allem Land und andere Vermögenswerte. Einige Beobachter hatten Zweifel am Sinn des Haftsummenkredits.[95]

Gerade der Haftsummenkredit führte offenbar zu Unmut einiger Mitglieder der Primärgenossenschaften, die ihr Vermögen gegenüber den anderen Mitgliedern nicht offenlegen wollten. Viele augenscheinlich wohlhabende

Mitglieder traten daher aus. Carl Heiligenstadt, zunächst Vizepräsident, später Präsident der Preußenkasse, sah hierin nicht das eigentliche Problem. Vielmehr appellierte er an den Genossenschaftsgeist: Wenn der Staat (die Preußenkasse) helfe, dann habe man auf lokaler Ebene in den Primärgenossenschaften den Genossenschafts- und den Gemeinschaftsgeist zu pflegen. Bereits zuvor hatte die Preußenkasse gefordert, dass (neue) Mitglieder dem Vorstand oder dem Aufsichtsrat *«möglichste Klarheit»*[96] über ihre Vermögensverhältnisse geben sollten. Dabei hatte man bei der Preußenkasse offenbar übersehen, dass einige in der Regel wohlhabende Mitglieder zwar einer Genossenschaft beigetreten waren, jedoch nie oder selten einen Kredit in Anspruch genommen hatten und so freilich keinen Grund sahen, Auskunft über ihr Vermögen zu geben. Die Kritik, die Haas in dieser Sache übte, richtete sich vor allem auf den Verwaltungsaufwand. Für den Pragmatiker Haas war es kaum vorstellbar, wie die mit einfachsten Mitteln und knappem Personaleinsatz arbeitenden Genossenschaften Vermögensstände erheben, dokumentieren und rapportieren sollten.

Für Carl Heiligenstadt war in dieser Diskussion indes die Frage der Doppelmitgliedschaften drängender. Doppelte oder mehrfache Mitgliedschaften in einer Kreditgenossenschaft und anderen Genossenschaften, etwa Bezugs- und Absatzgenossenschaften, die wiederum ein und derselben Zentralkasse angehörten, hatten zur Folge, dass bei der Berechnung der Haftsumme für die Festlegung der Kreditlinie im Rahmen des Haftsummenkredites Vermögen doppelt oder mehrfach gezählt wurden und die betroffenen Mitglieder im Konkursfall mit einer entsprechend höheren Summe hätten haften müssen.[97] Gerade für Haas war es jedoch wichtig, dass die Doppelmitgliedschaft prinzipiell gesetzlich unberührt blieb, auch wenn er gegen die Mitgliedschaft in zwei oder mehreren Genossenschaften selben Zwecks eintrat. Schließlich war die Doppel- beziehungsweise Mehrfachmitgliedschaft eine Grundvoraussetzung für die Umsetzung des von Haas vertretenen Grundsatzes ‹Je Zweck eine Genossenschaft, keine Vermischung der Aufgaben›.

In der Preußenkasse sahen Haas und seine Mitstreiter eine wertvolle Unterstützung,[98] allerdings missfiel ihnen, dass der Staat aufgrund des Regelwerks der Preußenkasse nun Einfluss auf die Genossenschaftsbewegung und ihre Organisationen nehmen konnte. Haas hatte sich daher mehrfach kritisch der Preußenkasse gegenübergestellt. Hinzu kam, dass das Verhältnis zwischen Heiligenstadt und Haas nicht unbelastet war. Guinnane zufolge hätte Heiligenstadt als *«sachkundiger Bankier ohne jede Erfahrung in der eigentlichen Genossenschaftsbewegung, vor allem im Umgang mit einem prominenten Vertreter wie Haas»*[99] mehr Zurückhaltung üben sollen. Im Umgang mit Haas sei er *«alles andere als taktvoll»*[100] gewesen und habe kaum eine Möglichkeit ausgelassen, gegen diesen zu wettern – so etwa in der Inkasso-Frage oder der erwähnten Debatte um Doppelmitgliedschaften.[101] Vielmehr, so Guinnane, schien es Heiligenstadt *«darauf anzulegen, Haas zu verärgern»*.[102] Haas wehrte sich – im Grunde erfolglos –, indem er Kritik an den Regeln der Preußenkasse übte und etwa beanstandete, dass die Primärgenossenschaften ohne Zustimmung der Preußenkasse nicht die Zentralkasse wechseln konnten. Es sei vielmehr Sache der Zentralkassen, Wechsel zu genehmigen. Als Haas in einer Sitzung äußerte, dass über diese Angelegenheit nie beraten worden sei, ließ Heiligenstadt Haas regelrecht an sich abprallen. Das Thema betreffe die Zentralkasse und gehe Haas damit nichts an. Was Heiligenstadt dabei offenbar übersah: Haas konnte es als Mitglied des Ausschusses der Preußenkasse freilich nicht verwehrt werden, in die Diskussion über eine solche Frage einzugreifen.

Das Verhältnis zwischen Haas und der Preußenkasse war bereits vor diesen Auseinandersetzungen angespannt: 1902 gründete der Reichsverband die Landwirtschaftliche Reichsgenossenschaftsbank eGmbH mit Sitz in Darmstadt als eigene Zentralkasse der regionalen Zentralkassen. Formal ging die Reichsgenossenschaftsbank aus der 1897 in Hamburg gegründeten Großhandelsgesellschaft der deutschen landwirtschaftlichen Ein- und Verkaufsgenossenschaft eGmbH hervor, deren Sitz 1906 von Hamburg nach Darmstadt verlegt wurde und deren statutarischer Zweck um Finanzdienstleitungen erweitert wurde.[103] Bereits 1898 hatte der Reichsverband auf seinem Verbandstag die Gründung einer eigenen, reichsweit agierenden Zentralkasse der Zentralkassen beschlossen. Die Gründung der Zentralkasse war sicherlich eine Reaktion auf das schlechte Verhältnis zur Preußenkasse, befeuerte dieses jedoch weiter.

Das Verhältnis der beiden Institute beschreibt Guinnane ausführlich.[104] An dieser Stelle sei lediglich darauf hingewiesen, dass die Preußenkasse alles versuchte, die Geschäftsgrundlage der neuen Supra-Zentralkasse zu behindern. Da sie auf die nicht-preußischen Zentralkassen keinen Einfluss hatte, ging die Leitung der Preußenkasse auf die in Preußen ansässigen Zentralkassen zu und betonte, wie wichtig die Verbindung zwischen den Zentralkassen und der Preußenkasse für die weitere Entwicklung des Genossenschaftswesens sei. Zentralkassen, die mit anderen Banken in Beziehung treten würden, solle die Berechtigung auf Haftsummenkredit entzogen werden, da dies einem Bruch der Ausschließlichkeitserklärung gleichkomme. Durch Geschäftsbeziehungen zu anderen Banken würden die Zentralkassen nicht nur das Verhältnis zur Preußenkasse gefährden, sondern auch der ganzen Bewegung schaden.

Für Haas scheint die Reichsgenossenschaftsbank eine logische Konsequenz aus dem Prinzip der Selbsthilfe gewesen zu sein. Was ihn beziehungsweise den Reichsverband zu der Gründung tatsächlich veranlasste, lässt sich nicht rekonstruieren. Unausgesprochen war wohl allen Beteiligten *«klar, dass die*

Reichsgenossenschaftsbank ihre Entstehung einer vorherrschenden Unzufriedenheit mit der Preußenkasse und deren Methoden verdankte».[105] Haas' offene Kritik an der Preußenkasse, die er im Zuge der Gründung der Reichsgenossenschaftsbank vorbrachte, dürfte zugleich ein Erklärungsmoment für die Reaktion der Preußenkasse sein. Berechtigt war die Kritik der Preußenkasse in einer Hinsicht: Preußische Mittel konnten über die Reichsgenossenschaftsbank in nicht-preußische Gebiete fließen. Die Reichsgenossenschaftsbank wollte Mittel bei der Preußenkasse aufnehmen und diese an die ihr angeschlossenen Zentralkassen weitergeben – und zwar auch an die Institute, die ihren Sitz außerhalb Preußens hatten. Dies wäre jedoch einem vom preußischen Staat subventionierten ‹Auslandskredit› gleichgekommen und hätte einen *«Missbrauch der Mittel des preußischen Staates»*[106] bedeutet. Vermutlich hätte Haas voraussehen müssen, dass Heiligenstadt – mit Rückendeckung der preußischen Regierung – bei dieser Vorgehensweise der Reichsgenossenschaftsbank entgegenarbeiten würde. Haas hätte eigentlich auch sehen müssen, dass die Vergabe von Krediten auf der Basis einer Haftsummenregelung durch die Reichsgenossenschaftsbank mit den Vergabekriterien der Preußenkasse kollidieren musste. 1912 endete die Ära einer eigenen Supra-Zentralkasse mit der Liquidation.

Viele weitere Organisationen und Einrichtungen gehen auf Haas' Engagement zurück: 1904 erfolgte die Eröffnung der Deutschen Landwirtschaftlichen Genossenschaftsschule. Hier wurden Verbandsmitarbeiter und Revisoren geschult, zudem fanden Veranstaltungen für Rendanten und Vorstände statt.[107] Haas förderte zudem die Errichtung von genossenschaftlichen Erholungsheimen für Verbands- und Zentralkassenmitarbeiter sowie für Personen, die ehrenamtlich für den Verband tätig waren.[108] 1907 wurde Haas geschäftsführender Vorsitzender des neu gegründeten Internationalen Bundes landwirtschaftlicher Genossenschaften.[109] Der Bund sollte die Gründung von Genossenschaften in den deutschen Kolonien fördern.[110] Bereits 1902 hatte man in der Kolonie Deutsch-Südwestafrika eine Spar- und Darlehenskasse gegründet. *«Auf Wunsch des Reichskolonialamtes»*[111] schickte der Verband einen Vertreter in die Kolonie, der die Farmer beim Aufbau des Genossenschaftswesens unterstützen sollte. 1907 wurde in Windhuk eine Zentralkasse gegründet, zudem eine Bezugs- und Absatzgenossenschaft,[112] dem folgte die Gründung des Deutsch-Südwestafrikanischen Genossenschaftsverbandes.[113]

Zwischen berufsständischem Engagement, Lobbyismus und staatlicher Politik

Mit dem Fortschreiten der Industrialisierung kam es zum *«schrittweisen Funktionsverlust»*[114] der Landwirtschaft und zu einem Rückgang ihres vormals hohen Anteils am Sozialprodukt. Die Landwirtschaft wurde zum *«Teil eines Geflechts von gesamtwirtschaftlichen Kräften»*,[115] was sich freilich auch in der Politik widerspiegelte. Bereits Mitte des 19. Jahrhunderts zeichnete sich ein Wandlungsprozess ab, der die ökonomische, politische und gesellschaftliche Bedeutung der Landwirtschaft schmälerte und während der 1870er-Jahre die so genannte Agrarfrage, das heißt die Frage nach dem Erhalt der Landwirtschaft, verstärkt in das Blickfeld der Sozial- und Wirtschaftspolitik rückte.[116]

Haas war Mitglied der Nationalliberalen Partei, damals die fraktionsstärkste Partei im Hessischen Landtag.[117] Sein Schwiegervater, Geheimrat Dr. Friedrich Kritzler,[118] Landrat und viele Jahre Landtagsabgeordneter in Hessen,[119] wird ihn hierzu ermuntert haben. Die Nationalliberale Partei war in Hessen *«Sammelpunkt aller, die auf einem ausgesprochen nationalen Standpunkt standen»*.[120] 1881 wurde Haas erstmals zum Mitglied der Zweiten Kammer der Hessischen Landstände gewählt.[121] Seit 1820 hatte das Großherzogtum eine Verfassung nach dem Vorbild süddeutscher Staaten und damit ein modernes Zweikammersystem.[122] 1898 wählten die Abgeordneten aller Parteien Haas zum Ersten Präsidenten der Zweiten Kammer – *«und damit zur höchsten Ehrenstelle, die das hessische Volk zu vergeben hat»*.[123] Er übte dieses Amt bis zu seinem Ausscheiden aus der Zweiten Kammer 1911 aus, als er vom Großherzog in die Erste Kammer berufen wurde. Der Volksmund spöttelte gern über den *«Circus Haas»*, nannte ihn auch *«Vicegroßherzog von Hessen»*.[124]

Fast alle Redebeiträge und Anträge von Haas hatten mit landwirtschaftlichen Themen zu tun, so zum Beispiel mit der Förderung der Bodenmeliorationen (Landeskultur).[125] Doch widmete er sich auch sozialpolitischen Themen, wie beispielsweise der Aufbesserung der Witwenpensionen beziehungsweise der Pensionen hinterlassener Kinder von Volksschullehrern[126] und der staatlichen Unterstützung der höheren Bürgerschulen.[127] Viel Aufmerksamkeit schenkte Haas Infrastrukturmaßnahmen, darunter dem Bau von Nebenbahnen[128] sowie dem Straßenbau. Seine Einlassungen geben Aufschluss über seine grundsätzlichen Einstellungen, unter anderem zur Rolle der Selbsthilfe und zur Entwicklung der Agrarwirtschaft beziehungsweise der ländlichen Gesellschaft. Ein Beispiel dafür ist die Äußerung zur Eingabe von 17 Gemeinden,[129] die darauf zielte, staatliche oder private Lagerhäuser für landwirtschaftliche Produkte zu errichten.[130] Während sich die anderen Abgeordneten an der Formulierung der Eingabe rieben, die vermeintlich mit einer gewissen Beliebigkeit sowohl privat als auch staatlich errichtete Lagerhäuser in Betracht zog, stellte Haas heraus, dass es weniger darum gehe, wer die Lagerhäuser baue, und auch nicht darum, dass sich der Staat um den Absatz der landwirtschaftlichen Produkte kümmern solle, sondern dass vielmehr die Notwendigkeit, die derzeitige Situation zu verbessern, im Vordergrund stehe. Beispielhaft bezog er sich dabei auf vorangegangene Bemühungen, norddeutsche Großbetriebe vor dem Druck des Marktes durch preiswertes ausländisches Getreide zu schützen. Gerade in Hessen seien Regeln zum Schutz der Landwirte unerlässlich: «... *bei uns herrscht der kleine Besitz und der einzelne kleine Mann ist selbstredend nicht so kapitalmächtig, um für sich allein sorgen zu können, wie es bei dem Großgrundbesitzer in Norddeutschland der Fall ist.* [...] *Die Landwirthe sollen erwägen, was in dieser Beziehung auf dem Boden der Selbsthilfe geschehen kann, sie sollen, wenn es einigermaßen angeht, sich zu Maßregeln selbstständig entschließen, ohne Hilfe der Regierung, ohne Hilfe von anderen Factoren. Ich denke mir aber, daß die Hilfe der Regierung nicht immer nur durch Erlaß eines Gesetzes geboten werden muß, nicht nur durch einschneidende Verwaltungsmaßregeln, nicht nur durch die Gewährung finanzieller Hilfe, daß sie auch erfolgen kann und muß auf dem Wege der Anregung, auf dem Wege der Belehrung.*»[131] Die Debatte fiel in die Zeit der von 1890 bis 1894 andauernden Kanzlerschaft Leo von Caprivis (1833–1899) und ist im Kontext der Lockerung der Bismarck'schen Schutzzollpolitik zu betrachten.[132] Die Globalisierung des Agrarmarktes hatte unter anderem zu einem Überangebot an landwirtschaftlichen Erzeugnissen, vor allem an Getreide, geführt und damit zum Preisverfall. Die Politik hatte hierauf zunächst mit Schutzzöllen reagiert (‹Bündnis von Roggen und Eisen› von 1880).[133] Der erwartete positive Effekt wurde jedoch angezweifelt.[134] Einen Kurswechsel brachte die neue Regierung Caprivi,[135] die die Schutzzollpolitik lockerte. Im Februar 1893 wurde als protektionistische Gegenbewegung der Bund deutscher Landwirte (BdL) gegründet.[136] Obwohl der Schwerpunkt des Bunds deutscher Landwirte eher im protestantischen Nord- und Mitteldeutschland lag und obgleich die Führungsgremien trotz der kleinbäuerlichen Mitgliederstruktur vor allem mit Großgrundbesitzern besetzt waren, wurde Haas dennoch Mitglied des Bundes.[137] Jetzt nahm er die Lagerhaus-Debatte zum Anlass, für das Instrument der genossenschaftlichen Selbsthilfe einzutreten und die Regierung anzuregen, sich mehr der (indirekten) Förderung des Genossenschaftswesens zu widmen. 1907 stellte Haas einen dringenden Antrag zur Notlage des hessischen Winzerstandes. Schnell kam auch in dieser Debatte der Hinweis darauf, dass viele Landwirte und Weinbauern unabhängiger wirtschaften könnten, wenn das Genossenschaftswesen stärker ausgeprägt wäre und der Gründung von Kreditgenossenschaften mehr Aufmerksamkeit geschenkt würde.[138]

Parallel zu seiner Arbeit im Hessischen Landtag war Haas Reichstagsabgeordneter. Er vertrat von 1898 bis 1912 den Wahlkreis Bensheim-Erbach-Lindenfels-Neustadt.[139] Haas war zwar in verschiedenen Ausschüssen tätig, jedoch sei er dort «*nicht sonderlich hervorgetreten*».[140] Tillmann und auch Finis sehen Haas als wichtige Persönlichkeit der Wirtschafts- und Sozialpolitik des 19. Jahrhunderts – sicherlich aber nicht als herausragenden Parlamentarier auf Reichsebene.[141] Bereits vor seiner Zeit als Reichstagsabgeordneter hatte Haas auf die Gesetzgebung in Berlin eingewirkt, und zwar im Kontext des Genossenschaftsgesetzes. Längere Zeit war eine Vorlage zur Überarbeitung des Genossenschaftsgesetzes von 1870/71 liegen geblieben. Im November 1887 berief das Reichsjustizamt in Absprache mit dem Reichsamt des Innern eine Sachverständigenkommission zur Beratung der Vorlage in Berlin zusammen. Vom 15. bis 19. November 1887 kam die Kommission zu vier Sitzungen zusammen. Der Kommission gehörten Vertreter des Reichsjustizamtes und des Reichsamts des Innern an, zudem Referenten der preußischen Ministerien für Handel, Justiz und Landwirtschaft sowie Verantwortliche der Genossenschaftsorganisation. Zu den Vertretern der ländlichen Kreditgenossenschaften gehörten neben Haas Matthias Kirchartz (Vorsitzender des Generalanwaltschaftsrates des Generalverbandes der deutschen Raiffeisengenossenschaften) und Julius Leemann (Mitbegründer und bis 1911 Vorsitzender des Verbandes landwirtschaftlicher Genossenschaften in Württemberg).[142]

Auf Haas' Anregung geht unter anderem zurück, Doppelmitgliedschaften bei Kreditgenossenschaften – auch wenn die Mitgliedschaften an unterschiedlichen Orten bestanden – als Ausschließungsgrund in das Gesetz aufzunehmen (der Entwurf von 1884 hatte vorgesehen, dass ein Mitglied einer Genossenschaft keiner weiteren Genossenschaft beitreten durfte, die «*an demselben Ort ein gleichartiges Geschäft betrieb*»).[143] Auch wenn Haas hierfür zunächst keine Zustimmung erhielt, wurde der Vorschlag in den Entwurf aufgenommen und später vom Bundesrat gebilligt.[144] Nicht einverstanden zeigte sich Haas – als Einziger – mit dem vom Anwalt des Allgemeinen Verbandes der auf Selbsthilfe beruhenden Erwerbs- und Wirtschaftsgenossenschaften, Dr. Friedrich Schenck, vorgebrachten Vorschlag, in «*Anlehnung an die Vorschläge von Schulze-Delitzsch auch im Liquidationsstadium ein Nachschußverfahren zur Abwendung des Konkurses vorzusehen*».[145] Haas äußerte sich zudem zum Nichtmitgliedergeschäft: Wie auch andere Vertreter der ländlichen Genossenschaften sah er es als dringend notwendig an, das Kreditgeschäft auf Mitglieder zu beschränken, allerdings sollte auf ein gesetzliches Verbot verzichtet werden, zumal es gegebenenfalls für einzelne Kreditgenossenschaften notwendig werden könnte, zur Unterbringung freier Gelder Verträge mit Nichtmitgliedern zu schließen.[146] Haas machte zudem Vorschläge zur Vereinfachung der Kommunikation zwischen Registergericht und Genossenschaft, wonach es auch ausreichen sollte, wenn die Genossenschaften die Statuten in Form eines «*Abdruckes*» und nicht einer tatsächlichen «*Abschrift*» einreichen würden. Zudem regte Haas die *«Einrichtung der Liste der Genossen in duplo»* an, wovon dann ein Exemplar beglaubigt an die Genossenschaft zurückgegeben werden sollte.[147] Haas sprach sich gemeinsam mit dem Vertreter der Schulze-Delitzsch'schen Genossenschaften Schenck dafür aus, dass Geschäftsanteile durch die Genossenschaft nicht beliehen werden durften. Anders als Schenck wandte sich Haas gegen den Entwurf, die Wahl der Mitglieder für den Vorstand auf vom Aufsichtsrat vorgeschlagene Personen zu beschränken.[148] Haas äußerte sich zudem zur Vergabe von Krediten an Vorstandsmitglieder; diese sollten nicht durch das Gesetz verboten werden. Von Einlassungen zu vielen weiteren Punkten abgesehen, brachte sich Haas intensiv in die Besprechungen zur Revision ein. Der Verband der südwestdeutschen landwirtschaftlichen Kreditgenossenschaften (ab 1903 Reichsverband) hatte die Revision bereits 1882 freiwillig eingeführt. Auch beim Allgemeinen Verband der Erwerbs- und Wirtschaftsgenossenschaften hatte man inzwischen weitreichende Erfahrungen mit der freiwilligen Revision sammeln können.[149] Bereits 1881 hatte Haas die Ausarbeitungen Schulze-Delitzschs zur Revision unterstützt.[150] Der zu beratende Entwurf sah vor, die Revision obligatorisch einzuführen. Dies begrüßten sowohl Schenck als auch Haas. Beide hatten jedoch Bedenken, dass mit der im Entwurf vorgesehenen Regelung, die die Genehmigung und die Auflösung der Revisionsverbände durch den Staat vorsah, die Genossenschaften unter Staatsaufsicht gestellt würden und die Freiheit der Genossenschaftsbewegung eingeschränkt werden würde.[151] Der Entwurf sah nicht vor, die Verbände per se dem Staat zu unterstellen. Als Revisionsverbände sollten sie jedoch nur aufgrund staatlicher Genehmigung tätig werden dürfen, denn das Revisionsrecht verlieh der Staat.[152] Haas machte dem Reichsjustizamt am 9. Februar 1888 nochmals Vorschläge zu den die Revision betreffenden Paragrafen. Die Revision sollte alle zwei Jahre stattfinden und ausschließlich von Verbandsrevisoren vorgenommen werden. Die Revisoren sollten vom Registergericht bestellt werden, wenn die Verbandsstatuten nicht den normativen Vorschlägen von Haas entsprechen würden, der Verband die Revision nicht vornehmen würde oder sich zum Schaden des Gemeinwohls verhalten habe.[153] Schließlich wurde im Gesetz festgeschrieben, dass die Verbandsstatuten die *«Bestimmungen über Auswahl und Bestellung der Revisoren, Art und Umfang der Revisionen»* (Paragraf 54 GenG) enthalten sollten. Vom Gesetzgeber wurde lediglich festgelegt, dass die Revision mindestens alle zwei Jahre stattzufinden habe.[154]

Entscheidende Bedeutung für die Entstehung von Zentralgenossenschaften hatte Haas' Eintreten für die Rechtsform der eingetragenen Genossenschaft mit beschränkter Haftpflicht. Gemeinsam mit Julius von Mirbach setzte sich Haas in dieser Angelegenheit gegen die Vertreter der Raiffeisengenossenschaften durch. Haas machte mit Nachdruck deutlich, dass bei vielen ländlichen Genossenschaften der dringende Wunsch bestand, so genannte Hauptgenossenschaften zu gründen, deren Mitglieder wiederum aus Genossenschaften bestehen würden. Warum Haas so entschlossen für die Einführung der beschränkten Haftpflicht eintrat, wird unter anderem anhand der Situation des Verbandes der hessischen Konsumgenossenschaften deutlich. Dieser war zunächst in der Rechtsform des Vereins organisiert. Der Verband wickelte vor allem die zentralen Einkäufe für die Primärgenossenschaften ab, war also weniger Genossenschaftsverband im eigentlichen Sinne, sondern vielmehr zentrale Einkaufsstelle.[155] Ein Schritt zur Lösung rechtsorganisatorischer Schwerfälligkeiten sei die beschränkte Haftpflicht. Haas' Plädoyer stieß auf breites Verständnis, ebenso sein Hinweis, dass solche Hauptgenossenschaften lediglich mit einer beschränkten Haftpflicht bestehen könnten.[156] Damit war der Weg frei für die Gründung von Zentralgenossenschaften.

Ansonsten scheint Haas, der sich im Übrigen auch zum Weingesetz, zum Eisenbahnbau und zum Vereinsrecht äußerte, als Reichstagsabgeordneter, wie oben schon erwähnt, nicht sonderlich ‹sichtbar› gewesen zu sein.[157] Aus einer Wahlwerbung von 1903 lässt sich ablesen, dass er sich vor allem auch als Gegenkandidat zur Sozialdemokratie verstand.[158] Vordergründig dienten sein parteipolitisches Engagement und seine parlamentarische Tätigkeit sicherlich seiner Lobbyarbeit für die Landwirtschaft. In dieser Hinsicht waren vor allem auch seine Positionen im Landwirtschaftsrat und als Landwirtschaftskammerpräsident wichtig. Als 1906 die Landwirtschaftskammer für das Großherzogtum Hessen gegründet wurde, wählte man Haas zu ihrem Vorsitzenden. In einer Sonderbeilage der ‹Hessischen Landwirtschaftlichen Zeitschrift› zum 70. Geburtstag von Haas hieß es: «*Uns hessischen Landwirten stand aber Herr Geheimrat Haas auch mit anderen Gebieten landwirtschaftlicher Berufsbestrebungen* [als dem Genossenschaftswesen; Anm. d. Verf.] *näher, und seinem energischen Vorgehen ist es zu verdanken, daß zunächst das landwirtschaftliche Vereinswesen in den letzten Dezennien des vorigen Jahrhunderts eine intensive Betätigung geltend machte, daß aber vor allem die Schaffung einer berufsständischen Vertretung in der Gründung einer Landwirtschaftskammer zur Tat wurde.*»[159]

Fazit

Haas war vor allem ein ‹Verwaltungsfachmann›[160] im Staatsdienst – allerdings mit der Umtriebigkeit eines Entrepreneurs. Seine Fähigkeit, sich zu vernetzen und Netzwerke aktiv zu nutzen, kam ihm dabei zugute ebenso wie seine teils sogar über den nationalen Wirkungsbereich hinauswirkenden zahlreichen Ämter. Erst das Entgegenkommen seiner Vorgesetzten hatte es Haas ermöglicht, sich aktiv für die Landwirtschaft und das Genossenschaftswesen einzusetzen, vor allem aber auch eine politische Karriere zu verfolgen. Zugleich war sein Engagement auch für das berufliche Fortkommen vom Polizeirat über den Kreisrat bis hin zum Geheimen Regierungsrat sicherlich nicht hinderlich. Am 28. Oktober 1880 verabschiedete das Hessische Ministerium des Innern einen Erlass, wonach Kreisräten sogar nahe gelegt wurde, *«die Errichtung genossenschaftlicher Darlehenskassen wie von landwirtschaftlichen Genossenschaften überhaupt in jeder Hinsicht zu unterstützen»*.[161] Die Förderung des Genossenschaftswesens ist noch heute ein hessisches Verfassungsgebot (Artikel 44). Rudolf Maxeiner berichtet allerdings auch von Schwierigkeiten: 1877 soll es einen Beschwerdebrief gegeben haben, wonach sich im Wohnhaus des Darmstädter Polizeirates ein Genossenschaftsbüro befunden habe. 1888 wurde es Haas offenbar nur gestattet, am Vereinstag der landwirtschaftlichen Genossenschaften teilzunehmen, nachdem ein befreundeter Ministerialrat sich bereit erklärt hatte, Haas in seinen Aufgaben zu vertreten. Noch 1899 wies das Innenministerium Haas an, Urlaub einzureichen, wenn er genossenschaftliche Aufgaben wahrnehme.[162] Haas' Eintreten für die Interessen der ländlichen Bevölkerung und des landwirtschaftlichen Berufsstands war, so Hugo Tillmann, eine (bewusste) Ausrichtung *«auf seine beruflichen Interessen»* und sollte *«die berufliche Arbeit unterstützen, ergänzen und vollenden helfen»*.[163] Auch persönliche Motive, wie die Suche nach Anerkennung und Dank, spielten wohl eine Rolle.[164]

1908 erhielt Haas die höchste Auszeichnung des Großherzogtums Hessen: Für seine Verdienste wurde ihm der Titel des Großherzoglichen Hessischen Geheimen Rats verliehen. Sein Ansehen, besonders in der ländlichen Bevölkerung Hessens, war groß. Als *«ungekrönter Bauernkönig»* wurde er einmal in einem Artikel der ‹Frankfurter Zeitung› bezeichnet.[165] Nach seiner Ernennung zum Mitglied der Ersten Kammer war scherzhaft vom *«Vizegroßherzog Haas»* die Rede.[166]

Vielfach wurde Haas nicht zu den Genossenschaftsgründern gezählt, mit der Begründung, dass seine *«Arbeit auf Raiffeisens Grundsätzen aufbaute und sich auch Schulze-Delitzschs Erfahrungen zu eigen machte»*.[167] Tatsächlich sind aber *«mancher typische Wesenszug der Genossenschaftsorganisation, ihr Aufbau und ihr pragmatisches Handeln* [...] *in erster Linie dem Einfluß von Wilhelm Haas zuzuschreiben»*.[168] Gerade die dezentrale Organisation des Reichsverbandes darf als ein Erfolgsschlüssel für den Auf- und Ausbau des deutschen Genossenschaftswesens betrachtet werden, ebenso der breite Ansatz, für den Haas eintrat. Während Raiffeisen sich den Darlehenskassenvereinen widmete, begann Haas' Engagement beim landwirtschaftlichen Warenhandel und umfasste schließlich sämtliche Genossenschaftstypen, auch Kreditgenossenschaften.[169] Haas war es ein wichtiges Anliegen, dass für eine Vielzahl gemeinschaftlicher

Aufgaben separate Genossenschaften gegründet wurden und nicht etwa nur größere Kreditgenossenschaften, die unterschiedliche Abteilungen, zum Beispiel für den Warenhandel oder das Kreditgeschäft, betrieben. Haas galt als fortschrittlich und in seinem Denken als vorausschauend.[170] Berichte, Reden, Eingaben und Satzungsentwürfe formulierte er selbst, und er galt als stets gut vorbereitet: «*Wenn er in die Sitzungen kam, hatte er seine Papiere fertig*», ohne jedoch «*eigenwillig auf seinem Konzept*» bestanden zu haben; er «*hörte auf die Erfahrungen der anderen und suchte ihnen Rechnung zu tragen*».[171] «*Ein Gegner jeder Schablone, jedes vorgefaßten Dogmas war er genossenschaftlicher Realpolitiker, der mit den vorhandenen sachlichen und persönlichen Verhältnissen zu rechnen verstand*»,[172] schrieb die ‹Landwirtschaftliche Genossenschaftspresse› anlässlich seines Todes. Haas starb am 8. Februar 1913 in Darmstadt an einem Schlaganfall. Die Zahl der Nachrufe erscheint schier unendlich – was die Vielzahl seiner Aufgaben, Ämter und Kontakte widerspiegelt und zugleich ein Beleg dafür ist, dass der Aufbau der Genossenschaftsorganisation, sein Einsatz für die berufsständische Interessenvertretung, die Jahre als Abgeordneter sowie seine berufliche Laufbahn zusammengehören und nicht voneinander losgelöst betrachtet werden können.

Patrick Bormann

CARL HEILIGENSTADT (1860–1920)

Der Einstieg in die berufliche Karriere

Wenn jemand im Jahr 1890 den 30-jährigen Carl Heiligenstadt gefragt hätte, wo er sich beruflich in 20 Jahren sehe, dann hätte seine Antwort ziemlich sicher einen Karriereweg außerhalb des Genossenschaftswesens beschrieben.

Zunächst hatte der 1860 im hannoverischen Geestemünde geborene Sohn eines Kaufmanns und Konsuls zwar Landwirtschaft und Nationalökonomie studiert – Jura belegte er nur wenige Semester – und 1884 eine landwirtschaftliche Promotion vorgelegt, danach aber eine Bankkarriere angestrebt. Im April 1888 trat er in die Privatbank A. Busse & Co. ein, *«um mir auch praktische Kenntnisse der Landwirtschaft zu erwerben»*,[1] wie er selbst sagte, ohne den Zusammenhang genauer zu erläutern. Im Juli 1889 wechselte er in die Direktion der Disconto-Gesellschaft, um das Bankgeschäft besser kennenzulernen. Auf Veranlassung von Reichsbankpräsident Richard Koch ging er zum 1. April 1895 zu eben dieser und übernahm die Bearbeitung politischer und wissenschaftlicher Fragen, eine Beschäftigung, für die er sich durch verschiedene Aufsätze zu Fragen des Goldstandards empfohlen hatte. Bereits im Juli bewarb er sich für das Direktorium der neu gegründeten ‹Preußischen Central-Genossenschaftskasse› (kurz: ‹Preußenkasse›), woraufhin ihn der preußische Finanzminister Johannes von Miquel zum 1. Oktober 1895 für ein halbes Jahr zum kommissarischen Direktor ernannte, bevor ihm dieses Amt im April 1896 offiziell übertragen wurde.[2] Praktische Erfahrungen mit dem Genossenschaftswesen hatte Heiligenstadt bei seinem Eintritt in die Preußenkasse also kaum, auch wenn es in dem Schreiben an Kaiser Wilhelm II., mit dem das Preußische Staatsministerium Heiligenstadt Ende Mai 1900 als Nachfolger des verstorbenen Carl von Huene vorschlug, hieß, er *«sei mehrere Jahre bei größeren Bankanstalten tätig gewesen, hat auch das Genossenschaftswesen kennengelernt»*.[3] Immerhin besaß er ein eigenes Gut in Thüringen, um das er sich regelmäßig kümmerte, sodass ihm praktische Fragen der Landwirtschaft nicht gänzlich fremd waren.[4] Die mangelnde Sozialisierung im Genossenschaftswesen stellte allerdings eine Hypothek für sein Wirken als Präsident der Preußenkasse dar und erklärt zum Teil die Missverständnisse und die teils persönlichen Konflikte, die er mit den bestimmenden Figuren der Genossenschaftsbewegung ausfocht.[5]

Heiligenstadt blieb 20 Jahre lang Präsident der Preußenkasse, insgesamt gehörte er dem Institut beinahe ein Vierteljahrhundert an, bevor er 1920, mit nicht einmal 60 Jahren, im Amt verstarb. Dabei sah Heiligenstadt in den ersten Jahren seines Wirkens die Preußenkasse wohl nur als Zwischenstation, während er sich in der Öffentlichkeit weiter politisch und wissenschaftlich zu profilieren versuchte. Seine Karriere als Politiker verlief jedoch nur mäßig erfolgreich, obwohl ihm der Einzug in den Reichstag gelang. Im Juni 1898 gewann er als Kandidat der nationalliberalen Partei im Wahlkreis Wanzleben die Stichwahl gegen seinen sozialdemokratischen Gegenkandidaten. Heiligenstadt profitierte dabei von einem Wahlbündnis mit den Konservativen, dem Bund der Landwirte und der Deutschsozialen Partei.[6] Er gab sein Mandat bereits zwei Jahre später auf, als er zum Präsidenten der Preußenkasse ernannt wurde, bewarb sich aber 1909 im Rahmen einer Ersatzwahl im Kreis Syke-Hoha-Verden erneut für die Nationalliberalen. Heiligenstadt präsentierte sich in diesem bäuerlich geprägten Wahlkreis als Landwirt, der *«manches Fuder Dünger aufgeladen, manches Feld Roggen gesät und Rüben gehackt»* habe.[7] Zudem versuchten die Nationalliberalen den Eindruck zu erwecken, als verspreche Heiligenstadts Tätigkeit als Präsident der Preußenkasse für seinen Wahlkreis finanzielle Wohltaten.[8] Ausführungen zur Genossenschaftsbewegung finden sich in seinen überlieferten Reden nicht. Am Ende unterlag er in der Stichwahl seinem welfischen Gegenkandidaten Georg von Dannenberg relativ klar mit 10 116 zu 13 575 Stimmen. Heiligenstadts parteipolitische Karriere war mit dieser Niederlage dauerhaft beendet.

Heiligenstadt als Experte für Reichsbankpolitik

Eine nachhaltigere Wirkung hinterließ sein öffentliches Wirken als Finanzexperte, dem er auch seine Berufung in die Reichsbank und später zur Preußenkasse verdankte. Seit den frühen 1890er-Jahren trat er mit einigen theoretischen Veröffentlichungen hervor, die sich zwar nur an einen begrenzten Leserkreis richteten, ihm jedoch in Expertenkreisen einen gewissen Bekanntheitsgrad verschafft haben dürften. 1907 erreichte er mit seiner Stellungnahme zur Reichsbankpolitik kurzzeitig sogar eine breitere Öffentlichkeit und wurde als potenzieller Nachfolger von Reichsbankpräsident Koch gehandelt.

Seine wichtigste theoretische Veröffentlichung Anfang der 1890er-Jahre war eine Aufsatzserie unter dem Titel ‹Beiträge zur Lehre von den auswärtigen Wechselkursen› in den ‹Jahrbüchern für Nationalökonomie und Statistik›. Heiligenstadt beschäftigte sich darin mit den Goldbewegungen zwischen England und Deutschland. Anlass waren Vorwürfe von englischer Seite, die Reichsbank würde den Goldtransfer von Deutschland nach Großbritannien gezielt behindern, was Heiligenstadt zurückwies.[9] Mittels einer Analyse der Wechselkurse wies er nach, dass die deutlich höhere Einfuhr von Gold aus England nach Deutschland auf Kursschwankungen zurückzuführen war. Dabei hob er zugleich die Trägheit des Ausgleichs hervor, da ein Goldtransfer nur dann nachzuweisen war, wenn die hierfür günstigen Wechselverhältnisse über mehrere Tage andauerten.[10] Zu den Ursachen zählte Heiligenstadt die geringeren Transaktionskosten bei der Einfuhr nach Deutschland, die beispielsweise durch grenznahe Reichsbankstellen – etwa in Bremen oder Hamburg – erreicht wurden.[11] Für Heiligenstadt stellten solche gezielten Maßnahmen zur Steigerung der Goldeinfuhr keine Verletzung der in der Theorie stets betonten unausgesprochenen Spielregeln dar.

In einem zweiten Aufsatz wurde Heiligenstadt allgemeiner und beschäftigte sich mit den praktischen Korrektivmitteln, die einer Notenbank zur Verfügung standen, um ungünstige Wechselkurse zu verhindern.[12] Ausgiebig diskutierte er die Möglichkeiten der Diskontpolitik und des Einsatzes von Prämienzahlungen beim An- und Verkauf von Edelmetallen. Während er in der Diskontpolitik das wichtigste Instrument der Reichsbank erkannte,[13] die mittels ihrer starken Beteiligung am Diskontgeschäft die nötige Marktmacht besitze, um Einfluss auf den Wechselkurs ausüben zu können, sah er die Prämienpolitik vor allem als französisches und englisches Mittel. Obwohl im sachlich nüchternen Ton einer wissenschaftlichen Arbeit vorgetragen, kann der Aufsatz daher auch als politische Verteidigung der deutschen Reichsbankpolitik gegen Kritik aus dem Ausland gelesen werden.

Im dritten Teil der Serie[14] setzte sich Heiligenstadt mit der deutsch-englischen Zahlungsbilanz auseinander und führte den Abfluss englischen Goldes nach Deutschland im Wesentlichen nicht auf die bilaterale Handelsbilanz zurück, sondern auf den Handelsverkehr Deutschlands mit Drittstaaten. Dieser werde oftmals in englischen Wechseln bezahlt, wodurch Deutschland Forderungen auf England erwerbe. Vor diesem Hintergrund beklagte Heiligenstadt, dass sich der in England gegen Deutschland geäußerte Unmut gegen den Falschen richte, da dort nicht die eigentliche Ursache des unerwünschten Goldabzugs liege. Im Fazit betonte Heiligenstadt denn auch noch einmal sein Ausgangsmotiv, dass der Reichsbank nicht vorgeworfen werden könne, durch *«mehr oder weniger künstliche Mittel»* den Goldexport nach England zu unterbinden.[15] In einem weiteren, im gleichen Zeitraum entstandenen Beitrag setzte er sich mit den globalen Goldbewegungen auseinander und betrachtete verschiedene Wechselwirkungen mit der internationalen Kreditwirtschaft, dem Handel und der Entwicklung von Produktionskapital. Für das Wirtschaftsverständnis Heiligenstadts aufschlussreich ist seine Überzeugung, dass der Geldverkehr und der Goldausgleich zwar selbst in Krisenzeiten letztlich zu einer stabilen Balance zurückkehren müssten; die dabei auftretenden Schwankungen und Störungen seien hingegen *«viel schwerer zu ertragen* […] *als eine einmalige in vorausschauender Weise erfolgende Änderung des Zinssatzes»*. Allerdings sollte seiner Meinung nach die Reichsbank dabei maßvoll agieren, um den Handel und die Industrie vor negativen Folgen zu bewahren.[16] Heiligenstadt plädierte also für eine aktive Geldpolitik der Zentralbank, die nicht nur auf bereits eingetretene Schieflagen, insbesondere ein Absinken der Notendeckung, reagieren sollte.

Heiligenstadt beschäftigte sich auch in den Jahren nach seinem Wechsel in die Preußenkasse verschiedentlich mit der Reichsbank. Zu nennen sind hier insbesondere seine Reichstagsrede zur Änderung des Reichsbankgesetzes 1899 sowie ein größerer theoretischer Aufsatz 1907 im angesehenen ‹Jahrbuch für

Gesetzgebung, Verwaltung und Volkswirtschaft› von Gustav Schmoller über die Reichsbankpolitik.[17] Das zentrale Thema seiner Ausführungen war der Mangel an Umlaufvermögen im Deutschen Reich, den er auf umfangreiche Emissionen ausländischer Papiere und die Gründung zahlreicher Aktiengesellschaften zurückführte und der einen hohen Reichsbankdiskont zur Folge hatte.[18] Vor diesem Hintergrund agierte die Reichsbank zunehmend mit Blick auf die inländische wirtschaftliche Entwicklung und nicht auf die ausländische, was Heiligenstadt schon früher unterstützt hatte.[19] Um das Umlaufvermögen zu erhöhen, propagierte er vor allem zwei Maßnahmen: den flächendeckenden Ausbau von Depositenbanken und die Erhöhung des Grundkapitals der Reichsbank.

Der Aufbau eines dezentralisierten Depositenbankennetzes sollte eine Beschleunigung des Zirkulationsprozesses bewirken. Vor allem den ländlichen Raum wollte Heiligenstadt durch lokale Depositenstellen besser erschließen. Über selbstständige Mittelglieder sollten diese an eine zentrale Geldausgleichstelle angeschlossen sein und so in eine einheitliche Organisation münden.[20] In seinen ganzen Ausführungen zur Reichsbankpolitik erwähnte Heiligenstadt die Genossenschaften selten, es ist jedoch offenkundig, dass er in einem weit entwickelten Genossenschaftswesen ein wirksames Instrument zur Einsammlung von Depositen sah. Nicht nur ähnelte die von ihm skizzierte Struktur der genossenschaftlichen Organisation, er nannte auch *«Banken genossenschaftlicher Verbandskassen»* neben örtlichen Clearinghäusern als geeignete Mittelstellen. Sparkassen hielt er zudem aufgrund ihrer Zins- und Kündigungsbedingungen für ungeeignet.[21] Die Forderung lokaler Depositenstellen deckte sich mit der umfangreichen Förderung der Gründung neuer Genossenschaften vor allem im ländlichen Raum durch die Preußenkasse in den Jahren vor dem Ersten Weltkrieg.

Der zweite von Heiligenstadt beide Male vorgetragene Vorschlag betraf die Frage des Grundkapitals der Reichsbank, die 1899 zu den umstrittenen Aspekten bei der Novellierung des Reichsbankgesetzes gehörte. Der letztlich verabschiedete Gesetzentwurf sah eine Erhöhung um 30 Millionen Reichsmark vor, Kritiker versprachen sich hingegen durch eine umfangreichere Erhöhung des Grundkapitals eine Absenkung des Diskontsatzes. Reichsbankpräsident Koch verneinte jedoch einen Zusammenhang zwischen beidem und trennte klar zwischen Grundkapital und Betriebskapital, eine Position, der sich auch die Reichsregierung anschloss.[22] Heiligenstadt gehörte zu den Kritikern dieser Position und befürwortete eine Kapitalerhöhung um etwa 80 Millionen Reichsmark, die zur Diskontierung herangezogen werden und auf diese Weise das Umlaufvermögen vergrößern und den Diskontsatz senken sollten.[23] Dies wäre auch dem Personalkredit der Genossenschaften entgegengekommen, was Heiligenstadt freilich nicht thematisierte. Ähnlich argumentierte er in seinem Aufsatz acht Jahre später. Im Wesentlichen zielten seine detaillierten Vorschläge auf eine deutliche Erhöhung des Kapitals der Reichsbank, um dieser mehr Betriebskapital zur Verfügung zu stellen. Neben der Bereitstellung eines größeren Grundkapitals forderte er auch Maßnahmen wie die Einführung eines Mindestguthabens auf Girokonten.[24]

Heiligenstadts Aufsatz von 1907 traf auf starke Kritik seitens der ‹Frankfurter Zeitung›. Für sie waren die Ausführungen Heiligenstadts nur deshalb von Belang, weil er *«vermöge seiner Stellung das Ohr der Regierenden und vielleicht wohl auch die Gefolgschaft agrarischer Kreise»* habe, obwohl *«die Tätigkeit seiner Anstalt der Kritik der sachverständigen Fachwelt reichlichen Stoff»* geben würde.[25] Dies liege nicht zuletzt daran, dass Heiligenstadt staatlich-bürokratische Ideen verfolge, bei denen am Ende nichts Neues außer *«eine neue Reglementiererei»* entstehe – ein Vorwurf, der ihm auch bei der Preußenkasse regelmäßig gemacht, hier aber nicht spezifiziert wurde.[26] Im Reichstag erhielt Heiligenstadt für seine Vorschläge allenfalls verhaltene Unterstützung. Der deutschkonservative Hans von Kanitz fand die Ideen zwar bedenkenswert, aber er vermisste Vorschläge zur Erhöhung der Edelmetallreserve.[27] Für Heiligenstadts alte nationalliberale Fraktion lehnte der Bankier Carl Wilhelm August Weber die Ideen ab, da er bezweifelte, dass ein höheres Kapital der Reichsbank den inländischen Geldverkehr positiv beeinflussen könnte.[28] Der neue Reichsbankpräsident Rudolf Havenstein, der mit Heiligenstadt stets gut kooperierte, beschränkte sich auf einige höfliche Worte.[29] Eine detaillierte Auseinandersetzung mit seinen Vorschlägen fand in der Debatte nicht statt. In der Tat hätten die von dem Preußenkassenpräsidenten vorgeschlagenen Maßnahmen zur Steigerung des Kapitals der Reichsbank wohl nur kurzfristige Wirkungen erzielt.

Alles in allem weisen die bis in seine Zeit als Preußenkassenpräsident hineinreichenden öffentlichen Beschäftigungen mit der Politik der Reichsbank Heiligenstadt als volkswirtschaftlich denkenden Finanzexperten aus, der nicht nur mehrere Jahre im praktischen Bankgeschäft tätig war, sondern Praxis und Theorie zusammenbringen konnte. Für seine Tätigkeit als Präsident der Preußenkasse, der nicht nur ein Spitzeninstitut unter banktechnischen Gesichtspunkten zu leiten hatte, sondern einen ganzen Sektor der deutschen Kreditwirtschaft mitformte, war diese vielseitige Vorbildung ideal. Im biografischen Kontext ist aber auch interessant, dass sich Heiligenstadt in seinen öffentlichen Beiträgen umfassend mit der Reichsbank und ihrer Geldpolitik beschäftigte, während das Genossenschaftswesen allenfalls in Randbemerkungen erwähnt wurde. 1907 wurde sogar öffentlich darüber spekuliert, er strebe das Amt des Reichsbankpräsidenten an.[30] Ob Heiligenstadt tatsächlich auf eine Ernennung spekulierte, kann nicht mehr festgestellt werden. Doch seine Auseinandersetzung mit der Reichsbankpolitik endete, als mit Havenstein ein etwa gleichaltriger Reichsbankpräsident auf Lebenszeit ernannt wurde und es nach menschlichem Ermessen unwahrscheinlich war, dass Heiligenstadt je in dieses Amt kommen würde.

Heiligenstadts Verhältnis zum Genossenschaftswesen

Heiligenstadt etablierte sich nach seinem Wechsel zur Preußenkasse rasch als potenzieller Nachfolger des Präsidenten Huene. Öffentlich untermauerte er diesen Anspruch 1897 mit einer Schrift über die Gründungsgeschichte und die Tätigkeiten des Instituts, die er im Auftrag des preußischen Finanzministers Johannes von Miquel verfasste, in dessen besonderer Gunst er offenbar stand.[31] In seiner Einleitung würdigte Heiligenstadt die Institutsgründung als planvolle Vollendung des preußischen Bankwesens nach englischem Vorbild. Nur dem Staat sei es möglich gewesen, ein Institut zu gründen, das notwendigerweise auf umfangreiche Gewinne verzichte, um Landwirtschaft und Handwerk mit möglichst günstigem Kredit zu versorgen.[32] Ausführlich und mit manch polemischer Spitze setzte er sich mit der grundlegenden Kritik der Schulze-Delitzsch'schen Genossenschaften an der Einrichtung der Preußenkasse durch den Staat auseinander. Vielsagend ist in diesem Kontext die Rezension des Büchleins durch den Generalsekretär des Reichsverbandes, Karl Thiess. Im Grundtenor durchaus positiv gestimmt, lobte er vor allem die banktechnischen und kreditpolitischen Ausführungen Heiligenstadts. Die Darlegungen zur Gründungsgeschichte missfielen ihm allerdings, weil er die Leistungen der regionalen Zentralgenossenschaftskassen nicht ausreichend gewürdigt sah: «*Die provinziellen Centralgenossenschaftskassen, die in H.'s Darstellung nur als Vermittler und als Träger einer solidaren Haftung bei der Kreditgewährung durch die Preußenkasse erscheinen, haben schon vor dieser in Süd- und Westdeutschland ein sehr kräftiges Leben entfaltet und geldausgleichend gewirkt.* […] *Auch geht die Behauptung zu weit, daß nur der Staat zu dieser Organisation fähig war.*»[33] Der Gegensatz zwischen föderaler Struktur des Genossenschaftswesens auf der einen und einer zentralistisch agierenden Preußenkasse lag bereits in der Sache begründet, allerdings förderte Heiligenstadt ihn noch.

Heiligenstadt verstand die Preußenkasse nach eigener Aussage «*als außerhalb der genossenschaftlichen Organisationen selbst*» stehend,[34] entsprechend etatistisch war sein Amtsverständnis. Seitens des preußischen Staatsministeriums konnte er sich der Rückendeckung für diesen Kurs stets sicher sein, allerdings erschwerte diese demonstrative Distanz zu den Genossenschaften die Zusammenarbeit. Wenn Heiligenstadt auf einer Sitzung des Gesamtausschusses 1915 die erfolgreichen Bestrebungen seines Instituts hervorhob, «*die Genossenschaften zu sachgemäß nüchternen, die Verhältnisse scharf auffassenden Geschäftsleuten zu erziehen*»,[35] dann waren Forderungen der selbstbewussten Genossenschaftler nach mehr Unabhängigkeit oder mehr Einfluss kaum verwunderlich. Kritik gegen einen übermäßigen Bürokratismus bei der Preußenkasse bügelte er ab: Er nehme den Vorwurf «*mit Genugtuung*» entgegen, das von seinem Institut aufgebaute Kreditsystem habe «*aus der einstmals viel geschmähten Pumpanstalt* [...] *ein Finanzinstitut allerersten Ranges*» gemacht.[36]

Überhaupt zeigte sich Heiligenstadt im persönlichen Umgang mit Kontrahenten von Genossenschaftsseite keineswegs zimperlich. Auf Vorwürfe der Handwerksgenossenschaften, die Preußenkasse zeige sich ihnen gegenüber zu unnachgiebig, erwiderte er beispielsweise auf einer Gesamtausschusssitzung der Preußenkasse, in ihnen seien «*nicht die besten Elemente der Handwerker vereinigt, schreien täten sie allerdings sehr viel*».[37] Ein anderes Mal warf er Genossenschaftsvertretern vor, Genossenschaften hätten «*immer einen großen Mund und keine Geschäftskenntnis*».[38] Die Geringschätzung der Finanzkenntnisse der Genossenschaftler gehörte zu Heiligenstadts Grundüberzeugungen und gab seinem persönlichen Auftreten oft einen überheblichen Zug. Dazu gehörte auch das Selbstverständnis, «*das Direktorium habe seine Entscheidungen immer so zu treffen, dass das Genossenschaftswesen gesund bleibe*».[39] Kam es allerdings bei Kreditgenossenschaften zu Krisen, sah er die Schuld nicht bei der Preußenkasse: «*Das Direktorium habe dazu beigetragen, dass das Genossenschaftswesen gesund geblieben sei. Wenn trotzdem etwas vorkomme, so könne das Direktorium das nicht verhüten, dazu sei der Körper viel zu gross.*»[40] Heiligenstadt nahm für sich gerne in Anspruch zu wissen, was gut oder was schlecht für die Genossenschaftsbewegung war. Die zahlreichen finanziellen Krisen im Genossenschaftswesen haben ihn in dieser Einschätzung nur bestätigt. An einem offenen Meinungsaustausch war er hingegen kaum interessiert. So blieb er in seinen zahlreichen Rededuellen im Preußischen Abgeordnetenhaus, die er mit dem Führer der Schulze-Delitzsch'schen Genossenschaften, Hans Crüger, in schöner Regelmäßigkeit führte, zwar höflich und sachlich, zeigte sich aber kritischen Argumenten gegenüber wenig aufgeschlossen. Stattdessen wies er schon einmal genüsslich darauf hin, «*daß erheblich mehr Vertreter Schulze-Delitzsch'scher Organisationen zu mir kommen, als Herr Dr. Crüger scheinbar annimmt*».[41] Leisten konnte er sich diese Haltung aufgrund der mangelnden Einflussmöglichkeiten der Verbandskassen auf die Führung der Preußenkasse, während er sich auf die loyale Rückendeckung durch das preußische Finanzministerium verlassen konnte. Aus staatlicher Sicht gab es an Heiligenstadt wenig zu kritisieren. In finanztechnischer Hinsicht wurde das Institut korrekt geführt, und das Genossenschaftswesen erlebte, gefördert durch die Preußenkasse, eine Phase der Ausdehnung gerade im ländlichen Bereich. Für genossenschaftliche Ideale wie das Motiv der Selbstbestimmung hatte das obrigkeitsstaatliche Preußen hingegen wenig Sympathie, weshalb Beschwerden über die autokratische Amtsführung Heiligenstadts auf unfruchtbaren Boden fielen.

Der Kampf der Preußenkasse um die Stellung als alleiniges genossenschaftliches Spitzeninstitut

Obwohl die Preußenkasse von Beginn an solide wirtschaftete und die Expansion besonders des ländlichen Genossenschaftswesens ermöglichte, blieb die Kritik an einer staatlichen Förderung, wie sie mit besonderer Vehemenz vom Allgemeinen Verband unter Leitung von Hans Crüger und in der Tradition Schulze-Delitzschs verfochten wurde, virulent, und es war keineswegs ausgemacht, dass sich die Preußenkasse auf Dauer würde etablieren können. Heiligenstadt bemühte sich daher nicht nur um eine solide Geschäftsführung, sondern auch um eine möglichst umfassende Bindung der Verbandskassen an sein Institut. Damit rührte er aber an der Frage der Selbstbestimmung der Genossenschaften, die teilweise mit der Gründung von Konkurrenzinstituten reagierten. Letztlich gelang es Heiligenstadt jedoch, basierend auf der überragenden Finanzausstattung durch den preußischen Staat, die Preußenkasse auf dem Gebiet der landwirtschaftlichen Genossenschaften als maßgeblichen Akteur zu etablieren. Bei den gewerblichen Kreditgenossenschaften gelang dies aufgrund der allzu gegensätzlichen Genossenschaftsvorstellungen allerdings nicht, auch wenn die Soergelbank als Spitzeninstitut der Schulze-Delitzsch'schen Genossenschaften Ende 1902 kurzzeitig eine Annäherung sondierte, bevor sie sich doch der Dresdner Bank anschloss.[42]

Für das Genossenschafts- wie für das Amtsverständnis Heiligenstadts ist sein Umgang mit der 1902 von der Vereinigung der deutschen landwirtschaftlichen Genossenschaften (seit 1903 Reichsverband) gegründeten Landwirtschaftlichen Reichsgenossenschaftsbank besonders aufschlussreich. Die Bedeutung dieser gerade einmal ein Jahrzehnt lang existierenden Bank lag darin, dass sie *«die Preußenkasse möglicherweise hätte ersetzen können»*.[43] Die Gründung der Landwirtschaftlichen Reichsgenossenschaftsbank war eine Folge der Unzufriedenheit der Vereinigung und ihres Leiters Wilhelm Haas mit der Preußenkasse sowie mit der Amtsführung ihres Präsidenten und wurde offen unter der Parole *«Befreiung des landwirtschaftlichen Genossenschaftswesens von der Preußenkasse»* vollzogen.[44] Vor allem Eingriffe in die Unabhängigkeit der Genossenschaften und Bürokratismus wurden Heiligenstadt zur Last gelegt.[45] Haas selbst machte 1904 nach Verhandlungen mit der Preußenkasse, in denen er zu umfangreichen Zugeständnissen gezwungen war, deutlich, *«dass in unseren Kreisen die Verwirklichung der reinen Selbsthilfe, die Herbeiführung der vollen geschäftlichen Selbständigkeit bis in die Spitze der genossenschaftlichen Organisation, gleichviel in welcher Rechtsform, als das Endziel unserer Bestrebungen* [...] *nach wie vor angesehen werde»*.[46] In einer öffentlichen Erklärung des Reichsverbandes wurde denn auch darauf hingewiesen, dass die Preußenkasse niemals ‹Selbstzweck› sein sollte. Vielmehr habe Miquel bei deren Gründung ausdrücklich verkündet, dass *«er der Errichtung einer eigenen das ganze Reich umfassenden selbständigen genossenschaftlichen Zentralausgleichstelle nicht in den Weg treten, sondern sie freudig begrüßen und nach Möglichkeit fördern werde, sobald einmal das landwirtschaftliche Genossenschaftswesen den Grad seiner Entwicklung erreicht habe, welcher es befähigt, auch in dieser Beziehung auf eigenen Füßen zu stehen»*.[47]

Die Preußenkasse stand demnach vor einer existenziellen Herausforderung, auf die Heiligenstadt mit aller Konsequenz reagierte. In einem ausführlichen Memorandum bezweifelte er grundsätzlich, dass die Landwirtschaftliche Reichsgenossenschaftsbank in der Lage sei, die Aufgaben der Preußenkasse zu übernehmen, da sie nur das ländliche Genossenschaftswesen bediene. Auch wollte er eine Beschränkung der Preußenkasse auf die Finanzierung der schwierigen Fälle verhindern, während sich die Landwirtschaftliche Reichsgenossenschaftsbank auf die wertvolleren Geschäftsverbindungen konzentrieren könne.[48] Heiligenstadt lehnte aus guten Gründen auch das von den Vertretern der Reichsgenossenschaft vorgeschlagene Modell ab, die Landwirtschaftliche Reichsgenossenschaftsbank zwischen die Preußenkasse und die preußischen Verbandskassen zu schieben. Dies würde nicht nur überflüssige Vermittlungskosten verursachen, sondern die Preußenkasse auch ihrer *«Verbindung zum praktischen Leben»*, also des Kontakts zu den einzelnen Genossenschaften, berauben.[49] Der direkte Geschäftsverkehr der Preußenkasse mit den Verbandskassen war für ihn eine *«conditio sine qua non»*.[50]

Aber auch ein einfaches Nebeneinander der Institute konnte es seiner Meinung nach nicht geben. Es sei nicht möglich, dass *«das landwirtschaftliche Genossenschaftswesen mit den auf Haftsummen aufgebauten hohen und damit nicht ganz gefahrlosen Krediten gesund und übersichtlich bleiben kann, wenn es den Genossenschaften und Verbandskassen möglich ist, auf Haftsummen fundierte erhebliche Kredite bald hier bald dort oder gar an mehreren Stellen zugleich entnehmen zu können»*.[51] Dieses bankwirtschaftlich stechende Argument bot Heiligenstadt den Ansatzpunkt, um die unliebsame Konkurrenz entscheidend zu schwächen. Bereits im Sommer 1903 kündigte er gegenüber dem preußischen Finanzminister an, dass die Preußenkasse bei der nächsten oder übernächsten Festsetzung der Zinsen die Unvereinbarkeit einer Beteiligung der Verbandskassen bei der Reichsgenossenschaftsbank mit der Ausschließlichkeitserklärung mitteilen werde.[52] Die Ausschließlichkeitserklärung, also die verbindliche Zusage, sich bei der Kreditentnahme oder Geldanlage auf die Preußenkasse zu beschränken, war Bedingung für die Vorzugsbedingungen der Preußenkasse.[53] Zwar schob Heiligenstadt die Umsetzung der Maßregel verschiedentlich auf, um Verhandlungen mit der Reichsgenossenschaftsbank die nötige Zeit einzuräumen. Nachdem diese jedoch ohne Ergebnis blieben, zog Heiligenstadt seinen Trumpf und verkündete Ende Oktober 1904 die Unvereinbarkeit.[54] Die Wirkung dieser Maßnahme war durchgreifend, wurde jedoch seitens einiger Zentralkassen als «*Eingriff in die inneren organisatorischen Verhältnisse unserer Kasse*» empfunden, «*welche von dem Wunsche geleitet wird, an Stelle der selbständigen Entwicklung auf der Grundlage eigener Tätigkeit und Verantwortlichkeit unserer Organe unser Institut dem Einfluss der Centralgenossenschaftskasse bedingungslos zu unterwerfen*».[55]

Binnen weniger Wochen konnte Heiligenstadt nun seine Vorstellungen durchsetzen: Der im Dezember 1904 geschlossene Interessengemeinschaftsvertrag war für ihn ein klarer Sieg. Die Landwirtschaftliche Reichsgenossenschaftsbank musste sich auf den Geschäftsverkehr mit den außerpreußischen Verbandskassen beschränken, während die Preußenkasse entsprechend ihrem Auftrag die preußischen Verbandskassen betreute. Damit war die Reichsgenossenschaftsbank jedoch auch vom Geschäftsverkehr mit den ertragsstärkeren preußischen Zentralkassen ausgeschlossen, was zu ihrer finanziellen Schwäche und ihrem späteren Scheitern beitrug.[56] Positiv verbuchen konnte die Reichsgenossenschaftsbank immerhin ihre Beteiligung an der Preußenkasse mit einer Kapitaleinlage von mindestens 500 000 Mark sowie die Ernennung von zwei Vertretern für den Ausschuss der Preußenkasse, von denen einer auch in den engeren Ausschuss entsandt wurde.[57] Der Anspruch auf Mitgestaltung der Geschäftspolitik der Preußenkasse und damit des genossenschaftlichen Kreditverkehrs wurde mit dieser Vereinbarung unterstrichen. In der Praxis hatte dies jedoch angesichts der geringen Mitwirkungsrechte des Ausschusses kaum Bedeutung.

Die Liquidation der Landwirtschaftlichen Reichsgenossenschaftsbank 1912 erfolgte unter Mitwirkung der Preußenkasse. Heiligenstadt konnte sich der Schadenfreude nicht enthalten. Haas habe wie andere leitende Personen anerkennen müssen, schrieb er an den preußischen Finanzminister August Lentze, dass «*sie bei der Verfolgung der für die Gründung und für die Geschäftstätigkeit der Reichsgenossenschaftsbank* […] *bisher maßgebend gewesenen Absichten auf einem ‹Irrwege› sich befunden haben. Die Vorgänge im ländlichen Genossenschaftswesen haben sie* […] *zu der Ueberzeugung gebracht, daß die zentralen Funktionen für den genossenschaftlichen Geld- und Kreditverkehr lediglich durch ein Institut, wie die Preußische Central-Genossenschaftskasse, geleistet werden können.»* An anderer Stelle sprach er von einem *«teuer erkaufte*[n] *Ergebnis ihrer Erfahrungen»*. Dennoch entschied sich Heiligenstadt für eine Unterstützung der Liquidation. Dabei wollte er nicht nur eine Schädigung zahlreicher preußischer Genossenschaftsorganisationen verhindern, die sich an der Reichsgenossenschaftsbank beteiligt hatten, sondern die veränderten Auffassungen *«so schnell und so stark als möglich im Reichsverbande»* verankern, *«um so den Boden für die Aufnahme der Grundsätze einer gesunden Kreditwirtschaft weiter vorzubereiten»*.[58] Mit anderen Worten: Er wollte die Kreditgenossenschaften des Reichsverbandes so eng wie möglich an die Preußenkasse binden.

Dabei beschränkte sich sein Anspruch keineswegs auf die preußischen Genossenschaften, vielmehr nutzte er die Gelegenheit, um über die preußische Grenze hinauszugreifen und einen wichtigen Schritt zur Umwandlung der Preußenkasse in ein reichsweit agierendes Institut zu unternehmen. Seiner Ansicht nach war die Gründung der Reichsgenossenschaftsbank auch eine Folge der Beschränkung der Preußenkasse auf das preußische Staatsgebiet gewesen. Gerade der Erfolg der Preußenkasse habe bei den außerpreußischen Verbandskassen den Wunsch hervorgerufen, wie die preußischen Kreditgenossenschaften gefördert und an den allgemeinen Geldmarkt angeschlossen zu werden.[59] Heiligenstadt prognostizierte daher das Entstehen eines neuen Zentralinstituts, dem er mit dem Abschluss von Beteiligungsverträgen mit den außerpreußischen Verbandskassen entgegentreten wollte. Dabei ging er so weit, dieses Ausgreifen der Preußenkasse als *«das folgerichtige, endlich nach einem zehnjährigen Kampfe erreichte Ergebnis der mit Euerer Excellenz und Euerer Excellenz Herrn Amtsvorgänger Genehmigung und persönlichen Mitwirkung verfolgten Genossenschaftspolitik»* zu beschreiben, die zuvor lediglich durch die *«wirtschaftlich vollkommen unnötige und überflüssige»* Zwischenschaltung der Reichsgenossenschaftsbank verhindert worden sei.[60] In den Beziehungen zu den außerpreußischen Verbandskassen wollte er zudem die eigene Machtstellung mit einer Kündigungsfrist von nur einem Jahr gnadenlos ausnutzen: *«Da eine Kündigung von der anderen Seite erfahrungsgemäß wegen des allgemeinen Rückhalts an der Preußischen Central-Genossenschafts-Kasse nicht zu befürchten ist, so würde die Preußische Central-Genossenschafts-Kasse ihrerseits darin ein Mittel zur Abwehr unberechtigter Wünsche erhalten.»*[61] Auch aus wirtschaftlicher Sicht sei dieser Schritt für die Preußenkasse sinnvoll, da mit ihm eine Vermehrung des Wechselmaterials erreicht und mithin die Liquidität des Instituts gesteigert werden könne.

Das Verhältnis Heiligenstadts zur Raiffeisengruppe gestaltete sich in der Regel wesentlich entspannter als das zum Reichsverband. Doch auch gegenüber der Neuwieder Organisation zeigte sich der Präsident der Preußenkasse unnachgiebig, wenn es um die Bewältigung wirtschaftlicher Probleme ging.[62]

Als 1903 bei der Landwirtschaftlichen Central-Darlehnskasse Abschreibungen in Höhe von beinahe zwei Millionen Mark notwendig wurden, geriet das Zentralinstitut des Raiffeisenverbandes in eine finanzielle Schieflage. Das durch entsprechende Berichte ausgelöste Misstrauen verstärkte die Probleme weiter, und in einer Besprechung im Mai 1904 kündigte der Prokurist der Central-Darlehnskasse Hermann Dietrich an, neben bereits bestehenden Verpflichtungen noch einmal acht Millionen Mark zur Überbrückung zu benötigen.[63] Für Heiligenstadt war dies eine günstige Gelegenheit, um die preußischen Verbandskassen der Raiffeisenorganisation an die Preußenkasse zu binden. Wie die Landwirtschaftliche Reichsgenossenschaftsbank musste auch die Landwirtschaftliche Central-Darlehnskasse ihre Geschäfte mit den preußischen Verbandskassen an die Preußenkasse abtreten, während ihr zugleich eine Beteiligung an der Preußenkasse zugesichert wurde und sie Vertreter in die Ausschüsse entsenden durfte.[64] Das ‹Berliner Tageblatt› kommentierte die Einigung als Erfolg der Preußenkasse: *«Als rettender Engel ist der Neuwieder Raiffeisen-Centralkasse der preußische Fiskus zur Seite getreten: Die Preußenkasse hat es übernommen, die Neuwieder Kasse zu stützen und wohl auch in Zukunft einigermaßen am Gängelbande zu halten.* [...] *Unter der Kontrolle der Preußenkasse wird das Neuwieder Institut in Zukunft wohl weniger gewagte Finanzkunststücke machen.»*[65]

Schon wenige Jahre nach der Einigung geriet die Central-Darlehnskasse in neue wirtschaftliche Schwierigkeiten, und das Institut beschloss eine Abschreibung in Höhe von 3,75 Millionen Mark. Heiligenstadt, der sich unzureichend informiert fühlte, war außer sich und warf Dietrich vor, die bestehenden Verträge und Vereinbarungen nicht einhalten zu wollen.[66] Vor allem fürchtete er einen möglichen Einlagenabzug, wenn der Umfang der nötigen Abschreibungen öffentlich bekannt würde.[67] Zugleich kritisierte er die Neuordnungspläne der Betriebs- und Warengenossenschaften als Wiederholung alter Fehler. Dies galt nicht zuletzt für die Absicht eines Zusammenschlusses mit der Reichsgenossenschaftskasse.[68] Heiligenstadt meinte, in dieser Maßnahme eine Wiederaufnahme der Pläne der Reichsgenossenschaftsbank zu erkennen, die Preußenkasse zu ersetzen, und brach die Geschäftsbeziehungen zur Central-Darlehnskasse ab. Vorgeblich wollte er damit die Sanierung außerpreußischer Banken durch Gelder der Preußenkasse vermeiden, tatsächlich aber war er der nicht unbegründeten Überzeugung, dass die Central-Darlehnskasse ohne die Gelder der Preußenkasse auf Dauer zu schwach sein werde, die angestrebten Aufgaben zu erfüllen.[69] Zwar gelang es der Preußenkasse zunächst nicht, die Landesgenossenschaftsbanken ausschließlich an sich zu binden, jedoch gingen diese in den Folgejahren nach und nach ein.[70]

Heiligenstadts erneut konsequentes Vorgehen löste herbe Kritik aus. Im Ausschuss der Preußenkasse wurde im September 1911 gar eine von Landschaftsdirektor Ernst von Hertzberg eingebrachte Resolution diskutiert, die zur Schlichtung des Streites unabhängige Vertreter aus dem Kreis des Ausschusses berufen wollte. Verbandsdirektor Clemens von Twickel unterstützte diese Resolution, da *«es nicht Wille des Gesetzgebers gewesen sein könnte, daß die Preußische Central-Genossenschafts-Kasse in die innere Organisation des Genossenschaftswesens, die ja doch durch Reichsgesetz geregelt und deren Entwicklung durch Reichsgesetz garantiert sei, eingreife»*. Heiligenstadt sah sich gezwungen, den Vorwurf der *«Verstaatlichung des Genossenschaftswesens»* zurückzuweisen. Letztlich gelang es ihm tatsächlich, die Resolution entscheidend abzumildern, sodass in ihr nur noch die Hoffnung auf einen gedeihlichen Ausgleich zum Ausdruck gebracht wurde.[71] Dennoch war unverkennbar, dass Heiligenstadts Amtsführung zumindest innerhalb der Verbandsführungen der Genossenschaftsbewegung nur noch wenig Unterstützung genoss. Er selbst blieb davon offenbar unberührt, jedenfalls sah er sich zu keinem Kurswechsel veranlasst. Als im November 1913 turnusmäßige Neuberufungen für den Ausschuss anstanden, strich Heiligenstadt die drei Vertreter der Landwirtschaftlichen Central-Darlehnskasse ebenso wie den Direktor des Revisionsverbandes gewerblicher Genossenschaften Friedrich aus Halle. Dieser habe *«sich bei verschiedenen Gelegenheiten, nicht nur im Ausschusse, sondern auch öffentlich, insbesondere auf dem deutschen gewerblichen Genossenschaftstage in Straßburg i*[m] *E*[lsass] *als ein Gegner der von der Preußischen Central-Genossenschafts-Kasse vertretenen gesunden Kreditgrundsätze erwiesen»*.[72] Die preußische Regierung hatte gegen diese Streichungen keine Einwände.

Veränderte Rahmenbedingungen im Zuge des Ersten Weltkriegs

Der Erste Weltkrieg veränderte auch für die Preußenkasse die wirtschaftlichen Rahmenbedingungen. Der Mangel an Konsum- und Investitionsmöglichkeiten führte zu einem kontinuierlichen Einlagenanstieg; die steigende Inflation wurde durch die Kriegsfinanzierung auf Pump noch weiter angeheizt. Heiligenstadt verkannte wie die meisten seiner Zeitgenossen lange Zeit die fatale Entwicklung, kämpfte in der Praxis jedoch auch mit einem Geldüberfluss. Bereits Ende 1915 stand einem Guthaben der Verbandskassen bei der Preußenkasse in Höhe von 374 Millionen Mark nur noch eine Schuld von sechs Millionen Mark gegenüber, ein Großteil der Gelder wurde in Kriegsanleihen angelegt. Da Heiligenstadt für die Zeit nach Kriegsende eine enorme Geldnachfrage erwartete, war seine Anleihestrategie von der Gewährleistung der Liquidität geprägt, die nicht jede Gewinnmöglichkeit mitnehmen wollte.[73] Eine bereits 1917 angestoßene Erhöhung des Grundkapitals diente dem gleichen Zweck. Heiligenstadt rechnete damit, die von den Kreditgenossenschaften zahlreich gezogenen Kriegsanleihen bei Kriegsende nicht alle kurzfristig abstoßen zu können, daher sollte auf diese Weise der Geldbedarf der Genossenschaften bedient werden können.[74]

Für Heiligenstadt hatte die Geldflüssigkeit die unangenehme Folge, dass die Verbandskassen neuen Spielraum in ihren Beziehungen zur Preußenkasse gewannen, da sie nicht mehr wie bislang von deren Geldern abhängig waren. Er versuchte allerdings, diese Entwicklung als Erfolg der eigenen Bemühungen darzustellen, die Zentralkassen dahin zu bringen, *«sich im Geiste freier Selbstbestimmung von fremder Kredithilfe soviel als möglich unabhängig zu machen»*.[75] Schon bald zeigten sich wieder die alten Interessengegensätze zwischen Verbandskassen und Preußenkasse, die während des Krieges durch den im Genossenschaftswesen weitgehend stabilen inneren ‹Burgfrieden› überspielt worden waren. Heiligenstadt empfand die seit 1918 aufkommenden Forderungen nach einem größeren Einfluss der Genossenschaften im Ausschuss der Preußenkasse als ‹unverständlich›. Immer wieder habe er auf Ausschusssitzungen angeregt, über grundsätzliche Themen zu diskutieren, dies sei aber nicht angenommen worden. Ein konkreter Einfluss auf die Kreditfestsetzung sei jedoch mit der Verantwortlichkeit des Direktoriums nicht zu vereinbaren.[76] Allerdings machte es sich Heiligenstadt mit dieser Bemerkung leicht: Es stimmte zwar, dass die Neigung in Genossenschaftskreisen gering war, Fragen allgemeiner Natur im Gesamtausschuss der Preußenkasse zu diskutieren – für sie war die Preußenkasse nicht das Zentrum der Genossenschaftsbewegung, in dem sie programmatische Debatten führten. Es gab zahlreiche andere Foren, in denen dies ausgiebig geschah. Die Preußenkasse war für sie vor allem ein kreditwirtschaftliches Instrument, auf das sie einen stärkeren Einfluss ausüben wollten. Ebendies versuchte Heiligenstadt weiterhin zu verhindern. Noch während dieses Konfliktes verstarb Carl Heiligenstadt am 3. Juni 1920 unerwartet mit nur 60 Jahren an Herzversagen. Sein wenig erfolgreicher Nachfolger wurde der Ministerialrat im preußischen Finanzministerium Carl Semper, der den Verbandskassen eine formal stärkere Position eingestand, die diese jedoch, da sie durch die Inflation geschwächt wurden, nicht mit Leben füllen konnten.

Schlussbetrachtung

Carl Heiligenstadt war sicherlich kein stereotyper Genossenschaftler. Dies spiegelte sich gar nicht so sehr darin wider, dass er selbst ursprünglich wohl eher eine Reichsbankkarriere anstrebte und ihm allgemeine volkswirtschaftliche Fragen und die Geldpolitik thematisch näher lagen. Vielmehr zeigt sich dies in seinem genossenschaftlichen Wirken selbst. Seine Überzeugungen waren etatistisch, er verteidigte stets die preußische Zentralgewalt gegen die aus lokaler und regionaler Perspektive denkenden und handelnden Genossenschaftsvertreter. Wenn er die Preußenkasse als außerhalb der Genossenschaftsorganisation stehend ansah, dann galt dies auch für ihn selbst. Bekenntnisse zu genossenschaftlichen Werten wie Selbstbestimmung und Selbsthilfe, die auch demokratische Werte waren, finden sich in seinen Ausführungen zwar regelmäßig, aber sie dienen stets zur Abwehr von Angriffen, die ihm das Gegenteil unterstellten. Zudem waren sie immer an eine (Teil-) Öffentlichkeit gerichtet, in der diese Bekenntnisse erwartet wurden. Sie haben seine Kritiker nicht überzeugt und sie überzeugen auch heute nicht. Sein brüskes, gelegentlich überhebliches Auftreten erschwerte wiederholt die Kooperation mit den anderen Genossenschaftsorganisationen.

Dennoch war Carl Heiligenstadt ein wichtiger Mann der deutschen Genossenschaftsgeschichte, dessen Gesamtbilanz positiv ausfiel. Mit seiner beharrlichen Verteidigung der Preußenkasse gegen externe Herausforderungen und besonders durch seine nie ganz aufgegebene Distanz zu einigen ins Ideologische gehenden Tendenzen der genossenschaftlichen Bewegung gelang es Heiligenstadt, die Preußenkasse langfristig zu etablieren. Die Finanzkraft Preußens, auf die sich das Institut gerade in Krisensituationen stützen konnte, trug zu der herausragenden Stellung der Preußenkasse innerhalb der genossenschaftlichen Kreditwirtschaft bei. Heiligenstadt verstand es aber zugleich, dieses Instrument zur Durchsetzung gegen genossenschaftliche Konkurrenzprojekte auf dem Feld der landwirtschaftlichen Kreditwirtschaft zu nutzen. Mit den 1904/05 getroffenen Vereinbarungen mit der Landwirtschaftlichen Reichsgenossenschaftsbank (Gruppe Haas) und der Landwirtschaftlichen Central-Darlehnskasse (Raiffeisen) zentralisierte Heiligenstadt die landwirtschaftliche Kreditwirtschaft der Genossenschaften in Preußen in seinem Institut. Zwar war dieser Prozess bei seinem Tode noch nicht abgeschlossen, doch unverkennbar entfaltete die Preußenkasse unter Heiligenstadt als maßgebliches Spitzeninstitut des (landwirtschaftlichen) Genossenschaftswesens eine stabilisierende und fördernde Wirkung auf die genossenschaftliche Kreditwirtschaft. Wie wenig selbstverständlich dies war, zeigten nicht zuletzt die zahlreichen Zusammenbrüche von lokalen und regionalen Kreditgenossenschaften, die außerhalb des Wirkungsbereichs der Preußenkasse zu beobachten waren.

Astrid v. Pufendorf

OTTO KLEPPER (1888–1957)

Der ‹Napoleon› der Preußenkasse

«Napoleon geht an die Front und übernimmt den Befehl», titelte die ‹Grüne Front›, als Otto Klepper im Januar 1928 als Präsident der Preußischen Zentralgenossenschaftskasse (P. Z.) die preußische Bühne betrat. Das auch kurz als ‹Preußenkasse› bezeichnete Institut befand sich in einem Zustand, den der bekannte Agrarjournalist Erwin Topf auf humorvolle Weise als *«ein wahres Idyll altpreußischer Beamtenherrlichkeit»* beschrieb. *«Unberührt von den Stürmen*

der ‹großen› Agrarpolitik» hatte der bisherige Präsident Semper die Landwirtschaft in der Nachinflationszeit großzügig mit Kredit versorgt und die Genossenschaften ins Kraut schießen lassen, und das alles unter der friedlichen Duldung der *«Aufsichtsbehörde, in Gestalt des preußischen Finanzministers, die nebenan im Kastanienwäldchen saß, nur durch eine Straßenbreite von der Preußenkasse getrennt.»*[1]

1895 hatte das Land Preußen, unter maßgeblicher Beteiligung des damaligen preußischen Finanzministers Johannes von Miquel, die Preußenkasse als eine ‹Zentralanstalt› des öffentlichen Rechtes unter Aufsicht und Leitung des preußischen Staates zur *«Förderung des genossenschaftlichen Personalkredits»* gegründet.[2] Sie war gedacht als ‹Großbank des kleinen Mannes›, denn die Kreditbedürfnisse des Handwerks und der Landwirtschaft waren sowohl vom zeitlichen Rahmen wie von der Kreditwürdigkeit her besondere, die die 1875 gegründete Reichsbank nicht zu befriedigen vermochte. Die damit verknüpften sozialpolitischen Erwägungen waren eine Folge der Industrialisierung und der mit ihr verbundenen sozialen Missstände, die allmählich in das Bewusstsein auch konservativerer Politiker drangen. Man hoffte nicht zuletzt, den gefährdeten Mittelstand durch staatliche Sozialpolitik von der Sozialdemokratie fernzuhalten, nach dem Motto ‹Selbsthilfe ergänzt Staatshilfe›.[3]

Allerdings war damit schon bei der Gründung ein doppelter Widerspruch angelegt, zum einen zwischen bankwirtschaftlichen und sozialpolitischen Zielsetzungen und zum anderen zwischen dem absoluten genossenschaftlichen Anspruch auf Selbstständigkeit, verbunden mit äußerstem Misstrauen gegenüber staatlichen Eingriffen, und der gleichzeitigen Notwendigkeit staatlicher Einwirkung auf die Kreditvergabe und die Organisation der Genossenschaften. Zum Streitpunkt wurde zudem die Frage, wer eingreifen sollte: das Land, also Preußen, oder das Reich? War der Gegensatz zwischen Preußen und Reich in der Kaiserzeit noch ohne Bedeutung, so wurde er mit der Gründung der Weimarer Republik zum Problem, denn die meist konservativ orientierten Landwirte und Genossenschaftler glaubten ihre Interessen durch die linksorientierte preußische Staatsregierung nicht wirksam genug vertreten und forderten deshalb zunehmend eine Reichslösung für die Preußenkasse. In dem Maße, in dem die Reichsregierung konservativer wurde, das heißt unter den Einfluss der Kreise geriet, die auch den Ton im agrarischen Osten angaben, in dem Maße verschärfte sich der Gegensatz von Preußen und Reich. Diese Entwicklung verstärkte sich mit der Wahl Paul von Hindenburgs zum Reichspräsidenten 1925; alles, was den Einfluss Preußens und damit stabilere demokratische Strukturen förderte, wurde bekämpft. Klepper selbst erläuterte diesen Zusammenhang rückblickend bündig wie folgt: *«Über die Behandlung der Krise des Großgrundbesitzes bestanden von vornherein lebhafte Meinungsverschiedenheiten zwischen der Reichsregierung und der preußischen Staats-*

regierung. Die Reichsregierung zielte darauf ab, durch generell ausgeworfene Subventionen eine allgemeine Entschuldungsaktion durchzuführen. Die preußische Staatsregierung zog den Gedanken einer bäuerlichen Agrarreform im Osten vor.» Aus der Sicht Kleppers geriet die Preußenkasse als *«wesentlicher Exponent der preußischen Konzeption»* in den Fokus dieser Differenzen. *«Die Angriffe auf sie setzten im Jahre 1928, unmittelbar nach meiner Ernennung zum Präsidenten ein.»*[4]

Ministerpräsident Otto Braun hatte *«Wert auf Kleppers Berufung gelegt, weil er mit Recht der weitgehend auf undurchsichtiger Protektion und verwandtschaftlichen Beziehungen beruhenden Verschuldung der ostdeutschen Genossenschaften, in denen die Güter führend waren, ein Ende machen wollte und hoffte, dass Klepper hierfür der richtige Mann wäre»*.[5] Auch der für die Preußenkasse zuständige Finanzminister Hermann Höpker-Aschoff hatte sich, wie er vor dem Landtag betonte, *«sehr sorgfältig auch in Bankkreisen und bei allen möglichen Stellen über die Qualifikation des Herrn Klepper erkundigt und über ihn nur Gutes gehört»*.[6] Tatsächlich soll Klepper laut Helmut Faust in den *«nicht ganz vier Jahre*[n] *seiner Präsidentschaft die Preußenkasse in seinem Geiste umgeprägt haben»*.[7]

Wer war Otto Klepper?

Wer war dieser im Januar 1928 zum Präsidenten der Preußenkasse berufene Klepper? Wo kam er her? Welche beruflichen Voraussetzungen brachte er für sein Amt mit? Von beiden Eltern her ein Nachfahre hugenottischer Einwanderer in Hessen, wurde Otto Klepper am 17. August 1888 in Brotterode im Kreis Schmalkalden geboren. Da sein Vater als Oberlandesgerichtsrat häufiger umziehen musste, besuchte sein Sohn verschiedene Schulen in Schmalkalden, Kassel, Hamm und das Pädagogium der evangelischen Brüdergemeinde in Niesky in der Oberlausitz. Seine Erziehung entsprach der in der Familie durch Erfahrung gefestigten Überzeugung, dass der christliche Glaube Grundlage und Kraftquelle des Lebens sei. Diese Haltung prägte auch Otto Klepper, wovon nicht nur seine Briefe an die Kinder, sondern auch Erzählungen Dritter zeugen.[8]

Klepper studierte Rechts- und Staatswissenschaften in Marburg, Berlin, Münster und Göttingen und legte seine erste juristische Staatsprüfung noch zu Beginn des Ersten Weltkrieges ab, um sich dann als Kriegsfreiwilliger zu melden. Schwer verwundet arbeitete er als ‹Vaterländischer Hilfsdienstpflichtiger› und setzte gleichzeitig sein Jurastudium fort, das er mit dem zweiten Staatsexamen im Dezember 1920 abschloss. Kurz darauf erhielt er seine Zulassung als Anwalt in Frankfurt am Main. Zu seinen geistigen Vätern gehörte der Staatsrechtler, Soziologe und Nationalökonom Lorenz von Stein, der von 1815 bis 1890 gelebt und sich vorwiegend mit sozialen Bewegungen – besonders in Frankreich – befasst hatte. Freiheit war von Beginn an einer der Grundbegriffe von Kleppers Denkens, wenn er dies auch erst endgültig nach dem Krieg unter anderem in der ‹Hattenheimer Resolution› formuliert hat: Das Ziel der Politik müsse sein, die individuelle Freiheit der Menschen im Sinne der Präambel der amerikanischen Verfassung – «*Freiheit von der Not und von der Furcht*» – tatsächlich zu realisieren, sie nicht nur in der Verfassung, sondern «*im Gefüge der Ökonomie zu verankern*». Die daraus abzuleitende wichtigste Aufgabe der Politik sei es, das Zusammenleben der Menschen dem Stande der sich verändernden Daseinsbedingungen anzupassen.[9] Das aber sei Aufgabe aller Staatsbürger. Es gehe nicht an, wie es «*gemeinhin*» geschehe, die unbefriedigende politische Situation «*der Unzulänglichkeit der politischen Parteien und der parlamentarischen Körperschaften oder der Unverträglichkeit repräsentativer Persönlichkeiten zur Last*» zu legen; das sei «*wohlfeil*» und verrate «*nichts Besseres als den Versuch, aus der soeben zurück gewonnenen Selbstverantwortung unversehens zu entfliehen*».[10] Die Überzeugung Kleppers von der Selbstverantwortung des Einzelnen war nicht nur durch seine hugenottische Familientradition geprägt, sondern auch durch seine Erfahrungen als Student und Soldat gefördert worden. Sie war eine frühe und zentrale Einsicht, die zur Maxime seines zukünftigen Handelns wurde.

Seine berufliche Laufbahn begann Otto Klepper als Syndikus beim Reformbund der Gutshöfe, einer Interessenvereinigung des größeren und mittleren Grundbesitzes in Bad Nauheim, wodurch er von Beginn an mit den Problemen der Landwirtschaft und insbesondere der Domänenpächter konfrontiert wurde. Diese hatten naturgemäß andere Ziele und andere Probleme als die Landeigentümer, und deshalb lag es nahe, dass sie sich in einer Interessengemeinschaft organisieren wollten. Bereits im Juli 1923 wurde er zum geschäftsführenden Vorstandsmitglied des Gesamtverbandes der Domänenpächter gewählt, den er systematisch aufbaute und durch die Gründung der Deutschen Pächterkreditbank (kurz: ‹Domänenbank›), einer eingetragenen Genossenschaft mit beschränkter Haftung, stärkte. Den Pächtern eröffnete er damit kaum ein Jahr nach der Inflation in einer Zeit «*drückender Kreditnot* […] *den Weg der Selbsthilfe*», und zwar «*im Einvernehmen mit dem preußischen Landwirtschaftsministerium und der Preußischen Zentralgenossenschaftskasse*», die einen Kredit von 35 Millionen Reichsmark einräumte.[11]

Wesentlich für die Kreditvergabe war die betriebswirtschaftliche Beratung und Kreditkontrolle, die Klepper für die Domänenpächter entwickelte und später als Preußenkassenpräsident nutzte. Ziel war es, «*durch geschulte Landwirte alle der Bank angeschlossenen Betriebe zu überwachen, um so die Wege für eine Sanierung ihrer finanziellen Verhältnisse und eine Rationalisierung ihrer Betriebsmethoden zu finden»*.[12] Für diese Aufgabe suchte Klepper sich *«einen Stab von erstklassigen Mitarbeitern»*, der sich aus Anhängern verschiedener politischer Richtungen zusammensetzte und von ihm in einem *«Führungsgremium harmonisch»* vereint wurde.[13] Aus der Beratungsstelle entstand im September 1925 die Domänenbetriebsgesellschaft als eine Tochtergesellschaft der Domänenbank – von Erwin Topf als *«außerordentliche Leistung einer außerordentlichen Persönlichkeit»* gerühmt.[14]

Mit dem Ausbau des betriebswirtschaftlichen Beratungs- und Kreditvergabesystems verband Klepper sehr konkrete Vorstellungen, wie eine sozialreformerische Agrarpolitik auszusehen habe. Weil er also die Maßnahmen der Bank in einem größeren agrarpolitischen Zusammenhang sah, war es nur konsequent, dass er zusammen mit dem Domänenpächterverband die Initiative zur Schaffung eines Gesetzes über die Kapitalkreditbeschaffung für landwirtschaftliche Pächter ergriff. So kam es, dass das so genannte Pächterkreditgesetz vom 9. Juli 1926 eng mit seinem Namen verknüpft und *«wesentlich auf seine Initiative zurückzuführen»* ist.[15] Noch 50 Jahre später wird das Gesetz aus der Weimarer Zeit gelobt, allerdings ohne Kleppers Namen zu erwähnen. Es sei *«eines der bemerkenswertesten agrar- und kreditrechtlichen Gesetze der letzten 50 Jahre; es hat vorausschauend und kühn neue, damals weder von der Praxis noch von der Wissenschaft anerkannte kredit- und betriebswirtschaftliche Erkenntnisse zu verwirklichen versucht. Zum ersten Mal wird hier die lange fast verfemte Mobiliarhypothek des römischen und gemeinen Rechts wieder in das moderne Reichsrecht eingeführt, zum ersten Mal eine besondere Bankenaufsichtsbehörde für die Zulassung und Überwachung von Kreditinstituten geschaffen und von diesen Instituten die enge organisatorische Verbindung von Kreditgewährung und Betriebsberatung verlangt, also der höchst fruchtbare Gedanke der Wirtschaftsberatung vom Gesetzgeber ausdrücklich anerkannt und seine Verwirklichung in der Praxis des Agrarkredits gefordert.»*[16] Das Gesetz wurde Vorbild für das gleichartige Gesetz von 1951.

Klepper vertrat die von Friedrich Aereboe, dem bedeutenden Berliner Professor für Landwirtschaft, entwickelte Lehre, der zufolge die Gesetze der Marktwirtschaft auch für die Landwirtschaft gelten müssten. Landwirtschaftliche Betriebe sollten sich entsprechend *«der Nachfrage nach landwirtschaftlichen Erzeugnissen»* organisieren, wobei *«besonderes Gewicht auf das Gemeinwohl und das Staatsinteresse»* gelegt wurde, dem sich *«das Eigeninteresse unterzuordnen»* habe. Aereboe bekämpfte daher *«alle politischen, sozialen und ökonomischen Privilegien des Großgrundbesitzes»*, was ihm, ebenso wie Klepper, den Titel eines ‹Agrarbolschewisten› eintrug.[17] In diesem Sinne setzte sich Klepper – natürlich besonders als Präsident der Preußenkasse – dafür ein, dass *«finanziell gesunde Betriebe grundsätzlich der eigenen Verantwortung»* überlassen wurden und eine *«innere Umschuldung»* nur für *«sanierungsfähige Betriebe»* gelten sollte, während die anderen zumindest teilweise liquidiert und der bäuerlichen Siedlung zugeführt werden sollten. Klepper erhoffte sich von der *«Besiedlung der aufgekauften Betriebe eine gesunde Mischung der Besitzverhältnisse»*, einen *«Stillstand der Landflucht»* und schließlich eine *«aus nationalpolitischen Gründen notwendige Stärkung des Deutschtums in den Grenzprovinzen»*.[18] Es ging ihm nicht um eine ideologisch motivierte Bodenreform, sondern um eine an den gesamtwirtschaftlichen Erfordernissen orientierte Agrarreform. Wilhelm Friedrich Boyens schreibt in seiner ‹Geschichte der ländlichen Siedlung› von 1960, *«Klepper* [habe] *als erster richtig erkannt, dass es nicht in erster Linie darum ging, den Zusammenbruch des gesamten ‹Hypothekar- und Personalkredits› zu verhindern,* [...] *sondern dass es letztlich um das Schicksal des deutschen Ostens und das ostdeutscher Bodenpolitik»* ging.[19] Man könnte also sagen, Klepper brachte die richtigen Voraussetzungen für das Amt des Präsidenten der Preußenkasse mit: ein agrarpolitisches Konzept, ein betriebswirtschaftliches und banktechnisches Instrumentarium, um dieses zu realisieren, Erfahrungen mit einem wissenschaftlich hoch qualifizierten Arbeitsteam und Kontakte zu Landwirten in allen Teilen Deutschlands.

‹Der Hecht im Karpfenteich›

Wie nicht anders zu erwarten, erhob sich nach Kleppers Berufung auf der Rechten, sowohl im Landtag wie in der Presse, ein Sturm der Entrüstung. Man sprach vom *«intriguenhaft durchgesetzten Stück neupreußischer Wirtschaftspolitik»*[20] und vom *«Entgegenkommen»* gegenüber den *«Linksparteien»*.[21] Man befürchtete, die *«bäuerlichen Genossen würden der Zwangsbewirtschaftung öffentlicher Gelder nach parteipolitischer Schablone»* unterworfen, und die *«Betriebskontrolle»* werde die *«Selbstverantwortung»* ausschalten.[22] Klepper werde deshalb *«in allen Kreisen des deutschen Genossenschaftswesens ein weitgehendes Misstrauen entgegen»* gebracht.[23] Andererseits konnte man nicht umhin, seine Kompetenz und *«ungewöhnliche Aktivität»* zu loben.[24] So wurden politische, aus Angst vor Veränderungen und aus mangelhaften Informationen über seine vorherige Tätigkeit gespeiste Vorwürfe erhoben, und die Entscheidung für Klepper wurde somit parteipolitisch interpretiert, obwohl das Berliner Tageblatt gerade die *«unpolitische Entscheidung»* für einen *«politisch nicht irgendwie festgelegten Fachmann»* unterstrich[25] und die liberalen Zeitungen positiv reagierten. Die ‹Vossische Zeitung› bezeichnete die Ernennung, als *«einen kühnen und guten Griff, indem* [die preußische Regierung] *dem schärfs-*

ten und scharfsinnigsten Kritiker der Preußenkasse Gelegenheit gibt, es an Ort und Stelle besser zu machen».[26] Der ‹Berliner Börsen-Courier›, die ‹Frankfurter Zeitung› und der ‹Vorwärts› lobten Kleppers Leistungen und erhofften eine baldige Besserung der Zustände in der Preußenkasse. Wie dieses bereits am Anfang seiner Karriere sehr kontrovers gezeichnete Bild zeigt, schieden sich an Klepper schon früh die Geister. Der Agrarjournalist Topf schien mit seiner schadenfrohen Kommentierung recht zu haben: «*Der Hecht war in den Karpfenteich gesetzt worden!*»[27]

Das Reformprogramm

Kleppers Programm konzentrierte sich auf drei Hauptpunkte: (1.) die Umstrukturierung der Preußenkasse, das heißt ihre personelle Erneuerung und finanzielle Sanierung, (2.) die Reorganisation des Agrarkreditwesens und (3.) die Rationalisierung des Genossenschaftswesens. Alle drei Programmpunkte müssen im Zusammenhang gesehen werden, sie bildeten die Grundlage für eine Agrarreform, die Teil seines gesellschaftspolitischen Konzepts war.

Für die personelle Umgestaltung bedurfte es eines guten Fingerspitzengefühls. Einerseits brauchte Klepper junge, fähige Leute, andererseits konnte er die vorhandene Beamtenschaft nicht entbehren. So stark die Gegensätze innerhalb des Mitarbeiterstabes und die von außen kommenden Belastungen auch gewesen sein mögen, die Zusammenarbeit verlief offenbar nicht nur «*reibungslos*», sondern war von außergewöhnlicher Qualität.[28] Die Hauptursache dafür sahen Mitglieder der Preußenkasse in Kleppers «*Kunst der Menschenkenntnis und der Menschenbehandlung*». Er führte sein Team, «*wenn auch äußerlich mit leichter Hand und unter Überlassung weitgehender Freiheiten im Rahmen der einzelnen Ressorts, so straff und vor allen Dingen so sachlich*», dass es ihm möglich war, «*Forderungen an seine Mitarbeiter zu stellen, die eine weniger führungsbegabte Persönlichkeit kaum durchgesetzt hätte*». Zu seinen Führungsqualitäten gehörte, dass Klepper sich auch für das Wohl seiner Mitarbeiter einsetzte.[29]

Sehr viel schwieriger als die personelle Umstrukturierung war die finanzielle Sanierung der Preußenkasse durchzuführen. Preußen musste seine Stammeinlage von bisher 45 Millionen Reichsmark auf 175 Millionen Reichsmark erhöhen. Trotz großer Widerstände auf der Rechten und langwieriger Beratungen im Landtag wurde das Gesetz zur Neuordnung der Preußischen Zentralgenossenschaftskasse relativ rasch am 30. April 1928 verabschiedet.[30] Klepper versuchte immer wieder, die Hintergründe seiner Reformen deutlich zu machen: «[D]*ie Preußenkasse sei früher lediglich Geldausgleichsstelle ge-*

wesen, heute sei sie aber vorwiegend Verwalterin fremder Gelder. Sie habe daher nicht nur das Recht, sondern sogar die Pflicht, sich wie jeder andere private Geldgeber um die Verwendung der von ihr ausgegebenen Kredite zu kümmern. Die Preußenkasse müsse daher Einwirkungsmöglichkeiten auf die Genossenschaften besitzen»[31] und ihren Apparat «*nach Gesichtspunkten moderner Banktechnik*» umgestalten.[32]

Bei der Revision kam das ans Licht, was ohnehin in Bankkreisen längst bekannt war, nämlich die hohe Verschuldung der Deutschen Raiffeisenbank wie auch die der Genossenschaftlichen Zentralbank des Reichslandbundes GmbH. Beide mussten liquidiert werden.[33] Klepper übernahm die Verantwortung, obwohl er persönlich nichts damit zu tun hatte und es für ihn und sein Institut bedeutende Risiken barg. Tatsächlich war es die ‹Raiffeisenaffaire›, die der Preußenkasse Anfragen im Landtag sowie einen ersten parlamentarischen Untersuchungsausschuss bescherte und damit auch Kleppers Name in der Presse mit dem Vorwurf von Korruption und Missbrauch in Zusammenhang gebracht wurde.[34]

Obwohl die Genossenschaften das Eingreifen des Staates prinzipiell ablehnten, schien ihnen nun die ‹Verreichlichung› der Preußenkasse einen Ausweg aus der zu starken Abhängigkeit vom ‹sozialistisch bestimmten› preußischen Staat zu bieten. So setzten sich ihre Vertreter für eine Beteiligung des Reiches an der Finanzierung der Preußenkasse ein, damit die im Reich bereits zunehmend stärker werdenden Rechtsparteien ihren Einfluss im Sinne einer konservativeren Agrarpolitik geltend machen und stärker auf die Genossenschaften einwirken konnten. Aber auch Preußen war an einer finanziellen Beteiligung des Reiches gelegen, nur mit einer anderen Begründung: Es brauchte Geld, da es selbst nicht in der Lage war, mehr als 75 Millionen Reichsmark in den Fonds der Preußenkasse einzuzahlen. So kam es zu Verhandlungen mit dem Reich, die sich allerdings als äußerst schwierig erwiesen und folglich bis 1930 hinzogen, weil Preußen die Federführung nicht verlieren,[35] das Reich aber stärkere Einwirkung auf die Agrarpolitik in seinem zunehmend von Großagrariern bestimmten Sinne gewinnen wollte.

Am 23. Januar 1930 konnte das Abkommen zwischen dem preußischen Staat und dem Reich über die Beteiligung des Reiches an der Preußenkasse schließlich doch noch vom preußischen Landtag verabschiedet werden. Das Reich sollte 50 Millionen Reichsmark zahlen und dem preußischen Staat einen zinslosen Kredit von 50 Millionen Reichsmark gewähren. Damit änderte sich das Verhältnis der Stammeinlagen und entsprechend der Einfluss auf die Besetzung des Direktoriums und der Ausschüsse.[36] Dennoch blieb, zum Leidwesen der Deutschnationalen, der Einfluss des Reiches auf die Geschäftspolitik der Preußenkasse gering, wie es der deutschnationale Abgeordnete Georg Gottheiner im Reichstag sarkastisch formulierte: «*Für das völlig ungenügende*

Maß des Einflusses, das dem Reich aus den getroffenen Vereinbarungen erwächst, gibt es wohl keinen besseren Beweis als die Äußerung, die der Präsident der P. Z. selber gestern im Haushaltsausschuß getan hat, in dem er erklärte, daß er die Politik, die er bisher betrieben habe, unbekümmert um andere Meinungen auch in Zukunft fortsetzen werde, das heißt auf deutsch, daß er sich den Teufel darum kümmern werde, was etwa die Reichsregierung einmal sagen werde; es bleibe bei dem, was er für gut befinde.»[37]

Das wichtigste Instrument für die Reform war das bereits erprobte ‹System landwirtschaftlicher Prüfungs- und Beratungsstellen›, das die Bemessung des Kreditbedarfes an die Kontrolle der Kreditverwendung knüpfte.[38] Kleppers langjährige Zusammenarbeit mit der Landwirtschaftlichen Hochschule Berlin wurde institutionalisiert. Zusammen mit Karl Brandt, der inzwischen Professor auf dem neu eingerichteten Lehrstuhl für landwirtschaftliche Marktforschung geworden war, gründete Klepper 1929 ein gleichnamiges Institut, das zwei Beratungsblätter, ‹Bauer und Markt› und die ‹Blätter für landwirtschaftliche Marktforschung›, herausgab, die sich selbst finanzierten. Von der Preußenkasse wurden neun wissenschaftliche und 23 technische Hilfskräfte bezahlt, um die Beratertätigkeit durchzuführen. Außerdem kam die Preußenkasse für die Kosten des erforderlichen Sachaufwandes von 25 000 Reichsmark jährlich auf – Beträge, die die Hochschule nicht hätte aufbringen können.[39] Hier war ein in der deutschen Politik seltener Glücksfall eingetreten und eine enge, sich gegenseitig befruchtende Zusammenarbeit von Wissenschaft und Politik gelungen.[40]

Die Rationalisierung des Genossenschaftswesens

Die finanzielle Sanierung und Umstrukturierung der Preußenkasse war die notwendige «*Voraussetzung für die Rationalisierung des Genossenschaftswesens*» – ein schwieriger Prozess, der viel Geduld auf beiden Seiten erforderte.[41] Im Gegenüber von staatlicher Institution und Genossenschaften lag keineswegs der Hauptkonfliktstoff, viel konfliktreicher waren die Beziehungen innerhalb des Genossenschaftswesens. Dort trafen die unterschiedlichsten Interessen aufeinander: Es gab 36 339 landwirtschaftliche Genossenschaften mit rund vier Millionen Mitgliedern, die vereinigt werden sollten. Faust zählt sie alle auf, von den 20 592 Spar- und Darlehenskassenvereinen über 4338 Molkereigenossenschaften bis zu 42 Bienenzucht- und Honigverwertungsgenossenschaften. Oft waren in einem kleinen Dorf gleich mehrere Genossenschaften vertreten. Zu der Vereinszersplitterung kamen die unterschiedlichsten traditionellen, politischen, konfessionellen und Standesbindungen, ganz zu schweigen von den regionalen Unterschieden. Konkurrenz zwischen Nord und Süd, zwischen Ost und West, Konkurrenz zwischen Großgrundbesitzern, Kleinbauern und Siedlern und dazu die schon oft zitierte Konkurrenz zwischen dem Reich und Preußen. Doch für Klepper lag «*das eigentliche Problem der Genossenschaftsrationalisierung im Nebeneinander, Gegeneinander, Ineinander von Reichsverband und Raiffeisenverband*», entsprechend war es sein Hauptanliegen, einen einheitlichen Verband der Genossenschaften zu schaffen. Alle «*Ansätze zur Abgrenzung der Arbeitsgebiete, zur Flurbereinigung, haben sich gegenüber fehlgeleitetem Expansionsdrang und persönlichen Rivalitäten der Genossenschaftsbürokratien nicht fortentwickeln*» können. Der Reichsverband der deutschen landwirtschaftlichen Genossenschaften (kurz: ‹Reichsverband›), der aus der einst von Wilhelm Haas begründeten Organisation ländlicher Kredit- und Waren-Genossenschaften hervorgegangen war, sei mit seinen regionalen Unterverbänden dezentralisiert, der Raiffeisen'sche Generalverband ländlicher Genossenschaften (kurz: ‹Generalverband›) dagegen zentralisiert aufgebaut, «*ein Kompromiß zwischen beiden Formen* [sei aber] *nicht möglich*». Es gehe nur das eine oder das andere, wobei «*theoretische und praktische Gründe* [...] *für Dezentralisierung*» sprächen.[42] Nach der Auflösung der Deutschen Raiffeisenbank war der Generalverband grundsätzlich «*zur Fusion mit dem Reichsverband bereit*».[43] Die Liquidierung des Instituts, das ohne die Kredite der Preußenkasse nicht überlebensfähig war, stellte freilich nur einen Baustein der Verbandsfusion dar. Ebenso wichtig war es, dass es Klepper gelang, die teilweise erschütterte Autorität der genossenschaftlichen Hauptverbände wiederherzustellen und damit die Voraussetzungen zu schaffen, dass diese das Einigungswerk bis nach unten fortsetzten. Die Besetzung der Führungspositionen, die durchaus auch von Splittergruppen beansprucht beziehungsweise von regionalen Interessen beeinflusst wurde, war daher der heikelste Punkt, nach dem Motto des Führers der bayerischen Bauernvereine: Er sei gegen eine «*Vereinheitlichung*», weil sie zur «*‹Verpreußung und zur Verblödung› führen müsse*».[44]

Wie aus den verschiedenen Sitzungsprotokollen hervorgeht, verhandelte Klepper mit allen Organisationen einzeln und versuchte überall auszugleichen. So ließ er sich von Otto Gennes, dem Vorstandsmitglied des Reichsverbands, überreden, Teilverhandlungen mit dem äußerst schwierigen Reichslandbund (RLB) zuzulassen, nach dem Motto der «*kleine Teilerfolg sei gut für's Ganze*». Der Reichslandbund war durch seinen Präsidenten Eberhard Graf von Kalckreuth an den Reichsverband herangetreten, weil er an den Geldern des Reichsfonds beteiligt werden wollte. Der Reichslandbund hatte ursprünglich einen eigenen Genossenschaftsverband, eine Zentralkasse und Immobilienbesitz unterhalten, die inzwischen allesamt liquidationsreif geworden waren. Nun glaubte er wohl, wie Klepper vermutete, «*seine Mitglieder auch genossenschaftlich erfassen zu sollen»*, um *«durch die wirtschaftliche Kraft dieser Unternehmung den wirtschaftspolitischen Einfluss zu stärken und die Finanzierung der politischen Bestrebungen zu erleichtern»*. Doch, so meinte Klepper, hätten sich diese Hoffnungen bekanntlich, *«vorsichtig ausgedrückt, nicht erfüllt. Die Verquickung von Politik und Geschäft hat zusammen mit dem Mangel an genossenschaftlicher Erfahrung»* keine Erfolge bringen können.[45] Klepper zeigte sich zunächst *«nicht bereit, für eine solche Teilaktion die Hilfe der P. Z. in Aussicht zu stellen»*, und zwar weil er der Ansicht war, *«daß die Vereinheitlichung im landwirtschaftlichen Genossenschaftswesen auf der ganzen Linie gleichmäßig erfolgen müsse»*. Doch schließlich erklärte sich Klepper unter *«gewissen Voraussetzungen zu einer wesentlichen Hilfeleistung bereit»*.[46] Im Mai 1928 einigte man sich auf einen Maßnahmenkatalog für den Anschluss des Reichslandbundes an die Organisation des Reichsverbands: *«1. Liquidation des Genossenschaftsverbandes des Reichslandbundes e. V. und seiner Teilverbände, 2. Liquidation der genossenschaftlichen Centralkasse des RLB-GmbH, 3. Liquidation der RLB-Ein- und -Verkauf-Aktiengesellschaft.»*[47]

Die nächste Aufgabe war die Zusammenführung der Raiffeisen-Organisation mit dem Reichsverband. Nachdem Klepper *«den Reichsverband hinreichend mürbe gemacht»* hatte, kam *«an einem der heißesten Julitage des heißesten Sommers 1929 in Frankfurt am Main, unter Assistenz der Adepten aus den genossenschaftlichen ‹Splitterverbänden›, endlich der Kompromiss über den entscheidenden Punkt, die Postenverteilung im Einheitsverband, zustande»*. Es kam zum so genannten Frankfurter Frieden oder Frankfurter Genossenschaftspakt, der die grundsätzliche Entscheidung zur Vereinigung besiegelte.[48] Diese wurde dann endgültig am 13. Februar 1930 in Berlin als ‹Reichsverband der deutschen landwirtschaftlichen Genossenschaften – Raiffeisen – e. V.› aus der Taufe gehoben. Der Verband wurde von zwei gleichberechtigten Präsidenten: Landesökonomierat Ludwig Hohenegg, der aus dem bayerischen Genossenschaftsverband stammte, und Reichsminister a. D. Dr. Andreas Hermes geführt.[49] Klepper hatte Hermes als einen *«energischen, zielbewussten und eminent fleißigen Mann»* ausgewählt, der zu klug sei, *«die Sterne vom Himmel herab fordern»* zu wollen, aber erfahren und gewandt genug, um den *«Routiniers der Demagogie, die bisher im Reichslandbund das Wort geführt haben, ein Gegengewicht»* bieten zu können, denn von diesem waren die größten Widerstände ausgegangen.[50] Klepper war zufrieden, dass die *«jahrzehntelange Zersplitterung im deutschen landwirtschaftlichen Genossenschaftswesen und der Richtungsstreit beseitigt»* seien und der Einheitsverband nun *«neue Wege zur Förderung des genossenschaftlichen Absatzes»* gehen könne.[51]

Die Osthilfe, die sich aus der Grenzhilfe über die Ostpreußenhilfe entwickelt hatte, war 1931/32 zu einer *«Schicksalsfrage der deutschen Republik»* geworden,[52] die in der Forschung immer wieder im Zusammenhang mit dem Sturz Brünings und dem Scheitern der Weimarer Republik erörtert wird. Zunächst konnte Klepper mit Unterstützung des preußischen Finanzministers die Gestaltung der Osthilfe noch beeinflussen, sodass es zu einer Einigung zwischen Preußen und dem Reich kam, und im Mai 1930 das ‹Gesetz über wirtschaftliche Hilfe für Ostpreußen› – sogar mit Zustimmung der Rechtsparteien – vom Reichstag verabschiedet werden konnte.[53] Die Einführung eines auch von Klepper geforderten Staatskommissars mit Vetorecht im Kreditausschuss war gewissermaßen ein Symbol für die gewollte Zusammenarbeit zwischen dem Reich und Preußen,[54] zumal man sich auf einen liberalen Mann, den Landrat a. D. und Reichstagsabgeordneten Heinrich Rönneburg (DDP) einigen und den von Hindenburg gewünschten, konservativen ehemaligen Oberpräsidenten Adolf von Batocki verhindern konnte.[55] Klepper schickte seinen besten Mann, Herbert Lauffer, als Assistenten von Rönneburg nach Ostpreußen. In der Beseitigung *«der Wirtschaftskrise»* im Osten sah Klepper ein *«staatspolitisches Ziel»*, das *«nicht durch generelle Subvention»*, sondern nur durch *«individuelle Intervention»* im Sinne seines gesellschafts- und agrarpolitischen Konzeptes verwirklicht werden könne.[56] Die Widerstände wuchsen jedoch, sie reichten vom Schlachtruf der Deutschnationalen Volkspartei (DNVP), die die Maßnahmen als *«Agrarbolschewismus»*[57] verunglimpfte, über das von den Land- und Siedlungsgesellschaften gegen die ‹rote› Regierung in Preußen und gegen Klepper verbreitete Misstrauen bis hin zur wachsenden Distanzierung selbst preußischer Kabinettsmitglieder, die sich hinter finanziellen Bedenken verschanzten und sich um ihre Popularität sorgten.[58]

Mit dem Regierungsantritt Heinrich Brünings begann eine neue Phase der Osthilfe, die das Einvernehmen zwischen dem Reich und Preußen beendete. Die Auseinandersetzung um die Osthilfe geriet zur Auseinandersetzung zwischen Preußen und dem Reich, zwischen Martin Schieles *«Ideologie des Agrarkonservatismus»*[59] und Preußens *«Rationeller Agrarpolitik»*, die Klepper, von Ministerpräsident Braun *«mit allen Vollmachten ausgerüstet»*, vertrat.[60] Der Druck des Reichspräsidenten Paul von Hindenburg wuchs, die Wahlen im September 1930 brachten einen deutlichen Rechtsruck, die DNVP geriet unter den Einfluss Alfred Hugenbergs, und die Agrarkrise im Osten verschlimmerte sich. Nach der Ostreise Brünings im Januar 1931 gelang es zwar, das ‹Gesetz über Hilfsmaßnahmen für die notleidenden Gebiete des Ostens› am 26. März durch den Reichstag zu bringen,[61] aber es ging schon längst nicht mehr um die Sache, sondern um eine ideologische Auseinandersetzung, wie unter anderem der folgende Brief des Grafen Kalckreuth an den Reichspräsidenten vom Juli 1931 zeigt. Er beschwor den Gedanken der Autarkie und rief zu einer Politik der «*nationalen Opposition*» auf, der «*wertvollen*» und «*fähigen Kräfte*», die «*bereit seien, das Werk der Rettung Deutschlands verantwortlich zu übernehmen*» und den dazu notwendigen «*völligen Bruch mit den Kräften des internationalen Marxismus zu vollziehen*».[62] Hier werden bereits Töne angeschlagen, die bald dankbar von der nationalsozialistischen Propaganda übernommen werden sollten. Schon Anfang Oktober 1931 vereinigten sich DNVP, Stahlhelm, Bund der Frontsoldaten, Reichslandbund und Alldeutscher Verband mit der NSDAP zur so genannten Harzburger Front. Die Tage der preußischen Einflussnahme auf die Osthilfe waren nun gezählt. Mitte November 1931 zog Preußen seine Vertreter aus der ‹Oststelle bei der Reichskanzlei› zurück. Der Reichspräsident erließ eine Notverordnung über die Umgestaltung der Osthilfe,[63] Hans Schlange-Schöningen wurde der neue Kommissar für die Osthilfe[64] und griff dankbar auf das eingespielte Team der Preußenkasse zurück. Auch er wurde, kaum hatte er seine Arbeit begonnen, als «*Agrarbolschewist*»[65] und von seinen eigenen Leuten aus den Reihen der DNVP als «*Hecht im Karpfenteich*» bezeichnet.[66]

Für Klepper endete das Kapitel ‹Osthilfe› im November 1931, etwa gleichzeitig mit seiner Tätigkeit als Präsident der Preußenkasse. Dass er sich als solcher trotz aller Polemik unbestrittene Verdienste um die Stabilisierung der Bank, die als eine von wenigen in der Bankenkrise vom Sommer 1931 liquide blieb,[67] sowie um die Reorganisation des Genossenschaftswesens, das ohne die «*vorangegangene Erstarkung und Konsolidierung* [...] *als geschlossene Organisation*» die Zeit des Nationalsozialismus «*schwerlich überstanden*» hätte,[68] erworben hat, ist selbst bei seinen Gegnern unbestritten. Umso erstaunlicher ist es, dass er seinen durch Ansehen gefestigten und gut bezahlten Posten mit dem vergleichsweise schlecht dotierten ‹Schleudersitz›[69] des preußischen Finanzministers zu vertauschen bereit war. Wie Engelmann als Zeitzeuge und enger Vertrauter Kleppers berichtet, machte er sich nicht «*die geringsten Illusionen über die Möglichkeit sachlicher oder persönlicher Erfolge*» und war sich völlig im Klaren über die Gefahr, dass die Reichsregierung die «*kritisch gewordene Finanzlage*» Preußens «*als Vorwand zu einem Eingriff*» nutzen könnte.[70]

Kaum ein halbes Jahr später verlor auch Brüning den Kampf sowohl um die Osthilfe als auch um die Republik, und als Franz von Papen am 20. Juli 1932 Preußen auflöste, glaubte er nur, die preußische Staatsregierung, die «*alle Maßnahmen der Reichsregierung* [...] *sabotiere*» und die nun endlich «*die Polizeigewalt* [und] *eine feste Staatsführung spüren*» müsse, beseitigt zu haben,[71] und merkte nicht, dass er bereits das Grab für die Republik schaufelte. Der Staatsstreich in Preußen, der auch verharmlosend als ‹Preußenschlag› bezeichnet wird, ist eng mit dem Schicksal der Preußenkasse verbunden, denn die Auflösung Preußens bedeutete gleichzeitig ihre ‹Verreichlichung›. Die entscheidende Frage aber ist: Gab es im Sommer 1932 noch genügend entschlossene Demokraten zur Verteidigung der Republik, oder hatte «*die Republik*», wie Hans Mommsen meint, «*spätestens seit dem Frühjahr 1932 keine Selbstverteidigungskräfte mehr*»?[72] Bracher, der mehrfach auf diese «*deutsche Fehltradition*» hingewiesen hat, schreibt dagegen: «*Der 20. Juli hat der Republik und dem Glauben nicht nur an ihre äußere, sondern vor allem an ihre innere Kraft an entscheidender Stelle das Rückgrat gebrochen.*»[73] Damit bestätigt er, was Klepper in Bezug auf den 20. Juli 1932 dachte: «*Beseitigte man nämlich die preußische Regierung, ohne materiellen Widerstand zu finden, so werde das zu einer Depression innerhalb der republikanischen Kreise führen, also* […] *der Rechten Auftrieb verleihen. Bei den zu erwartenden späteren Komplikationen stehe dann die Linke der kombinierten Macht von Reichswehr und Polizei gegenüber*», deshalb sei jeder «*Versuch eines Eingriffs in Preußen als Mißbrauch des Artikels 48 der Reichsverfassung, also als Staatsstreich zu behandeln, und also aufgrund der preußischen Verfassung der Ausnahmezustand zu verhängen*».[74] Bereits in seiner Kieler Rede vom 19. April und seiner Rundfunkansprache vom 10. Juni 1932 hatte er keinen Hehl aus seiner Sorge um die aktuelle politische Lage gemacht.

Schon als Präsident der Preußenkasse hatte er seit Dezember 1930 einen geheimen Sonderfonds zur «*geistigen Bekämpfung des Nationalsozialismus*» unterstützt, aus dem heraus der «*Deutschlandbund*» gespeist wurde.[75] Arnold Brecht, der für diesen Bund verantwortlich war und unter dessen Namen auch das geheime Sonderkonto bei der Preußischen Staatsbank (Seehandlung) lief, nannte diesen Bund eine «*Gesinnungsgemeinschaft*». Er gab Informationsblätter heraus, veranstaltete Kundgebungen und bestand bis August 1932.[76] Klepper wurde im späteren Untersuchungsausschuss von den Nationalsozialisten dafür angeklagt.[77] Ein weiterer Sonderfonds zum Schutze der Demokratie wurde im April 1932 von der preußischen Staatsregierung beschlossen, für den Klepper die Mittel bereitzustellen hatte und für den Carl Spiecker verantwortlich war.[78] Aus diesem Fonds wurde auf Betreiben Kleppers auch die ‹Schwarze Front› unterstützt, weil sie als Gegner des Nationalsozialismus auftrat. Auch Walter Stennes, ursprünglich Nationalsozialist, von Hitler aber am 1. April 1931 wegen seiner Kritik an der Partei ausgeschlossen, wurde durch den Fonds unterstützt,[79] weil er, wie Klepper für Stennes' Spruchkammerverfahren bekundete, «*bei den Abwehrbestrebungen der damaligen preußischen Regierung* […] *ebenso wertvolle wie für ihn persönlich riskante Dienste geleistet*» hat. Die dritte Abwehrgruppe, zu der Klepper enge Kontakte hatte, war die ‹Eiserne Front›, zu der sich am 16. Dezember 1931 das ‹Reichsbanner Schwarz-Rot-Gold›, der Bund aktiver Demokraten, die Gewerkschaften, die SPD und die

Arbeitersportverbände zusammengeschlossen hatten. Hubertus Prinz zu Löwenstein, der Junior-Chef des Reichsbanners, berichtet von Gesprächen mit der preußischen Regierung über Abwehrpläne gegen eventuelle Maßnahmen der Reichsregierung, die von allen Ministern außer Severing und Braun, «*ohne*» die «*man nicht handeln*» konnte, unterstützt worden seien; besonders Klepper habe dazu geraten, «*eine Mobilmachung der ‹Eisernen Front› durchzusetzen*».[80]

Klepper hatte vorgeschlagen, kurzfristig das Ressort mit Severing zu tauschen, weil er parteilos und folglich unabhängiger war.[81] Außerdem hatte er mit Severing verabredet, dass sie sich als Vertreter Preußens in der entscheidenden Sitzung mit Papen zur Beratung zurückziehen wollten, um sofort die Polizei zu alarmieren, die Ministerien zu schützen, das gesamte preußische Kabinett zusammenzurufen und andere bereits diskutierte Maßnahmen zu ergreifen. All das wäre vor der Alarmierung der Reichswehr geschehen und hätte durchaus Erfolg haben können, aber Severing rührte sich nicht. Als Klepper aufstand und zur Tür ging, «*hörte er Severing auf einen fragenden Blick von Papens gerade noch sagen, er habe ‹mit Klepper nichts zu bereden›*».[82] Hätte Klepper gewusst, dass Severing bereits mit dem Gedanken eines Reichskommissars gespielt, ja diesen Papen sogar nahegelegt hatte und folglich «*mit einem Generalstreik nicht zu rechnen sei*», wie es aus den Tagebuchaufzeichnungen von Staatssekretär Hans Schäffer hervorgeht,[83] wäre er nicht so loyal gewesen. Rudolf Olden fasste es so zusammen: «*Klepper, ein bürgerlicher Fachminister, kein Politiker, rief zum Widerstand.* [...] *Der Katholik Hirtsiefer unterstützte ihn. Die Sozialdemokraten resignierten.*»[84] So scheiterte Kleppers Versuch, gegen Papens Staatsstreich im Juli 1932 anzukämpfen, weil er nicht einmal im eigenen Kabinett die notwendige Unterstützung fand.[85] Damit war der Weg in den Abgrund vorgezeichnet, wenngleich zahlreiche Autoren im Zusammenhang mit der Untersuchung der Endphase der Weimarer Republik darauf hinweisen, dass er keineswegs zwangsläufig verlief und dass es viele Ansatzpunkte gegeben habe, die zusammengenommen ein Scheitern der Weimarer Republik hätten verhindern können.[86]

Am 29. Juli 1932 wurde Hans Helferich, bisher Oberregierungsrat im Reichsernährungsministerium, vom Reichskommissar zum Nachfolger Kleppers ernannt,[87] und am 21. Oktober 1932 wurde, noch vor dem Urteil des Staatsgerichtshofes, die alte ehrwürdige preußische Institution, die Preußenkasse, durch Notverordnung des Reichspräsidenten auf das Reich überführt. Sie hieß nun Deutsche Zentralgenossenschaftskasse (kurz: Deutschlandkasse). Es war ein illegaler Vorgang, der eines Staatsvertrages zwischen Preußen und dem Reich bedurft hätte, aber Preußen gab es faktisch eben nicht mehr.[88] Das Stammkapital wurde herabgesetzt, Preußen und Reich erhielten je gleiche Anteile von 42,5 Millionen Reichsmark, die restlichen 15,11 Millionen Reichsmark wurden auf die anderen Verbandskassen verteilt. Im Ausschuss der Deutschlandkasse saßen nur noch drei Vertreter des Preußischen Staatsministeriums gegenüber zwölf vom Reich bestellten Herren, darunter der Reichsbankdirektor und der Direktor der Rentenbankkreditanstalt. Der Präsident der Deutschlandkasse wurde vom Reich ernannt. Als Begründung für die ‹Verreichlichung› der Preußenkasse musste die angeblich notwendige Deckung der Genossenschaftsverluste herhalten, die in Wirklichkeit durch Großagrarierkredite entstanden waren. Dieser Tatbestand wird von Faust nicht kritisiert, ebenso fällt sein Urteil über Hans Helferich, den neuen Präsidenten, der er bis 1945 blieb, ausgesprochen positiv aus: «*War unter der Ägide Kleppers eine eigene, aber umstrittene Agrarpolitik der Preußenkasse sichtbar geworden, so betrachtete Präsident Helferich es als seine Aufgabe, die wirtschaftlichen Bestrebungen des genossenschaftlichen Spitzeninstituts* [...] *mit den politischen Zielvorstellungen des Reiches und der Länder in Übereinstimmung zu bringen. Aus der Rückschau, darf es als eine glückliche Fügung bezeichnet werden, daß in Präsident Helferich eine Persönlichkeit an die Spitze der Anstalt gestellt wurde, die politisch ungebunden, kühl, distanziert gegenüber den bewegten Ereignissen der Zeit, einzig ihre Aufgabe darin erblickte, Sachwalter für die wirtschaftlichen und sozialen Belange der Genossenschaften zu sein.*»[89]

Acht Jahre später brachte der französische Journalist Robert d'Harcourt es auf den Punkt. Im Januar 1940, als der Krieg schon in vollem Gange war, verglich er in einer der letzten Nummern der von Georg Bernhard herausgegebenen Exilzeitung ‹Pariser Tageszeitung› den Untergang der Weimarer Republik mit einem Jagderlebnis Otto Brauns, das kurz vorher in derselben Zeitung abgedruckt worden war. Dort schilderte Braun, wie er auf einer «*einsamen Pirsch*» in der Schorfheide, die auch Hindenburgs Jagdrevier war, «*einen starken Hirsch*» nicht geschossen, sondern sich «*auf dem Bauche kriechend*» zurückgezogen habe. D'Harcourt nutzte dieses Bild und schrieb: «*Die Weimarer Republik ist nicht besiegt worden, sie hat abgedankt, bevor sie noch angegriffen wurde, besiegt durch das tiefe Gefühl ihrer eigenen Unwürdigkeit, das sie selbst empfand gegenüber Helm, Stiefel und Uniform und allem, was das preußische Herz höher schlagen läßt.* [...] *Wie Braun im Wald hat sie schweigend den Platz geräumt, auf dem Bauche kriechend.*»[90]

Exil und Neuanfang

Für seinen unermüdlichen Kampf musste Klepper bitter bezahlen. Die Nationalsozialisten hassten ihn, weil er zu der verhältnismäßig kleinen Zahl politisch engagierter bürgerlicher Demokraten gehörte, die von Anfang an scharfe

Gegner des Nationalsozialismus waren und gleich emigrierten. Klepper wurde unter der Rubrik ‹Führende Männer des Systems› geführt;[91] diese wurden mit besonderer Vehemenz von den Nationalsozialisten verfolgt, weil sie das Bild nach außen störten.[92] «*Was ihm* [Klepper] *passiert, wenn Himmler seiner habhaft wird*», schrieb Karl Brandt im November 1940 an Arnold Brecht in New York, «*bedarf keiner Ausmalung*». Was Klepper in der Emigration von vielen anderen unterschied, war sein Einzelkämpferdasein. Ihm fehlte der ‹wärmende› Zusammenhalt der Gruppe oder Partei, er führte den Kampf gegen Hitler «*auf eigenes Risiko*», wie er im Januar 1936 an den Journalisten und Zentrums-Politiker Carl Spiecker schrieb.[93] Was ihn dagegen nicht von anderen unterschied, war die Tatsache, dass sein Vermögen beschlagnahmt, sein Einkommen gestrichen, seine Staatsbürgerschaft aufgehoben und seine berufliche Existenz zerstört wurde. Seine Familie wurde auseinandergerissen und war gefährdet, bis sie im Herbst 1941 nach Amerika fliehen konnte – seine Kinder waren damals neun, elf und zwölf Jahre alt.[94]

So jagten ihn die Nationalsozialisten buchstäblich um die ganze Welt. Stets von Auslieferungsbegehren verfolgt, bewahrte er sich auch in dieser Lage seinen ‹Mut zur Utopie›, betrieb Widerstand aus dem Exil, schrieb Artikel über die jüngste deutsche Entwicklung, entwarf Konzepte für ein neues Deutschland nach dem Krieg und lernte von den Ländern, in denen er sich aufhielt. Finnland war die erste Station seines Exils. Der finnische Gesandte, Wäinö Wuoliyoki, war sein Freund; er hatte ihm eine Einladung der finnischen Regierung zum Studium des finnischen Genossenschaftswesens besorgt und ihm damit zunächst das Leben gerettet.[95] Klepper gewann schnell einen fundierten Einblick in die wirtschaftlichen und politischen Verhältnisse dieses kleinen Landes, das ihm großen Respekt abnötigte. Entsprechend erwähnte er Finnland in Artikeln gerne als Beispiel für demokratische Strukturen. Am deutlichsten hat er sein Urteil in einem Artikel für ‹Die Zukunft› zusammengefasst, der am 23. Februar 1940 veröffentlicht wurde, zu einer Zeit, als Finnlands Existenz durch den Winterkrieg aufs äußerste bedroht war. «*Finnland besitzt, was Deutschland fehlt, einen intelligenten Konservativismus*»; es habe «*die aus der russischen Zeit überkommenen feudalistischen Überreste durch eine bäuerliche Agrarreform liquidiert. Gleichzeitig erwuchs eine Arbeiterbewegung, deren kennzeichnendes Merkmal evolutionäre Beharrlichkeit ist. Bauern und Arbeiter schufen sich ein vorbildliches Genossenschaftswesen.* […] *Auf so gutem Boden gedieh eine Demokratie, die allen Versuchen, ins Totalitäre abzugleiten – auch an ihnen fehlte es nicht – widerstand.*»[96] Kaum in Helsinki angekommen, schrieb er eine Artikelserie für das angesehene schwedische Wirtschaftsblatt ‹Göteborgs Handels- och Sjöfarts-Tidning› zu den Gründen, die zum Scheitern der Weimarer Republik geführt und die Machtergreifung Hitlers ermöglicht hatten.[97]

Nachdem Klepper unter größten Schwierigkeiten seine Kinder, die als Geiseln dienen sollten, ins finnische Exil gebracht hatte, musste die Familie bereits Anfang Juni unter falschem Namen vor dem deutschen Auslieferungsbegehren nach Paris fliehen, wo die Deutsche Botschaft bei den Franzosen wiederum einen Haftbefehl zu erwirken versuchte. Die Franzosen lehnten zwar ab, da er aber gefährdet blieb und vor allem Geld für seine Familie verdienen musste, nahm er im Winter 1933 den Posten eines Finanz- und Agrarberaters in China an, während seine Familie mit amerikanischer Hilfe nach Mallorca emigrierte.

China, teilweise von Japan besetzt und in einen Bürgerkrieg verstrickt, befand sich zu diesem Zeitpunkt politisch wie wirtschaftlich in einer extrem schwierigen Situation. Um wenigstens die wirtschaftlichen Probleme ansatzweise in den Griff zu bekommen, hatte die Kuomintang-Regierung im Sommer 1933 einen ‹Nationalen Wirtschaftsrat› gegründet, der ausländische Berater – meist deutsche Emigranten – nach China holte. Klepper war damit beauftragt, ein Gutachten für ein Programm des wirtschaftlichen Wiederaufbaus der befreiten Gebiete zu verfassen. Sein Arbeitsschwerpunkt lag auf dem landwirtschaftlichen Sektor und insbesondere dem Genossenschaftswesen, das seit Mai 1931 in ersten Ansätzen existierte, aber mit erheblichen personellen, landwirtschaftlichen und politischen Schwierigkeiten zu kämpfen hatte. Klepper vertrat angesichts der vorgefundenen Situation die Ansicht, dass die Landwirte *«nach Schaffung der technischen Voraussetzungen wie Bodenverteilung, Gestaltung der Betriebsform und der Produktionsweise, sowie der erforderlichen Betriebsmittel»* erst einmal durch *«Prosperitätsanreize»* wie *«Kleinkredite auf Genossenschaftsbasis»* und durch *«provinzielle Agrarprivatbanken»* kreditfähig gemacht werden müssten, um dann als nicht mehr abhängige Pächter, die später selbstständige Eigentümer werden sollten, vom Staat die notwendigen Kredite – verbunden mit Beratung und Kontrolle – erhalten zu können. *«Auch die beste Finanzreform ist sinnlos, wenn die Landwirtschaft nicht gesund ist.»*[98] Als er dem Kuomintang-Führer Chiang Kai-shek sein Reformprogramm überreichte, soll dieser es mit der Bemerkung, das habe noch hundert Jahre Zeit, in seine Schublade gelegt haben, worauf Klepper ihm widersprochen und gesagt haben soll, er habe dazu nur noch wenige Jahre Zeit. Wie Recht er damit hatte, beweist der Erfolg Maos aufgrund seiner Agrarreform.[99]

Während Klepper für die chinesische Regierung arbeitete, versuchte die deutsche Regierung weiter, mit allen Mitteln Druck auf die Chinesen auszuüben, ihn und seine Beraterkollegen zu entlassen und Klepper selbst nach Deutschland auszuliefern. Wenngleich die chinesische Regierung dem nicht Folge leistete, wurden dennoch die Dienstverträge der Berater, die noch von dem bereits entlassenen Finanzminister Soong Tse-ven (bekannt als T. V. Soong) engagiert worden waren, aufgehoben, sodass Kleppers Tätigkeit in China mit dem 30. Juni 1934 endete. Doch erst Ende Januar 1935 gelangte er mit dem Schiff von Shanghai nach Los Angeles und dann weiter über New York und Paris zu seiner Familie nach Mallorca. Er nutzte die Stationen seiner Reise, um Kontakte für seinen Kampf gegen Hitler zu knüpfen. Der Ausbruch des spanischen Bürgerkriegs im Juli 1936 zwang ihn erneut zur Flucht nach Frankreich, während seine Familie schließlich im Herbst 1941 mit amerikanischer Hilfe in die USA emigrieren konnte.[100]

Da Klepper bereits mit der sich in Paris bildenden ‹Volksfront› engen Kontakt aufgenommen, Konzepte für sie entwickelt und Deutschland betreffende Artikel geschrieben hatte, fand er rasch Anschluss, um sich im Widerstand gegen den Nationalsozialismus zu engagieren. Zusammen mit Carl Spiecker sowie dem Kommunisten und Medien-Zar Willi Münzenberg und anderen gründete er die Deutsche Freiheitspartei, die gegen das Regime vom Ausland aus kämpfte. Im Rahmen seiner publizistischen Tätigkeit veröffentlichte Klepper klarsichtige Analysen über die Entwicklung des nationalsozialistischen Deutschland, für das er nur *«die Alternative* [sah]: *Sturz Hitlers oder Krieg»*.[101]

Im Kampf für die Freiheit verfolgte Klepper ein dreifaches Ziel: Er suchte ein Organ, das immer wieder über die Wirkung der Freiheitspartei in Deutschland berichtete, eine Zeitschrift, in der er seine Gedanken zur aktuellen politischen Lage und vor allem zur zukünftigen Entwicklung äußern konnte, und eine Möglichkeit, aktiv etwas für die europäische Vereinigung zu tun. Alle drei Ziele konnte er schließlich mit Münzenberg zusammen durch die im Oktober 1938 gegründete Wochenzeitschrift ‹Die Zukunft› und durch die Gründung der Deutsch-Französischen Union wenige Monate vor Kriegsausbruch, im Frühjahr 1939, verwirklichen. Die Gründer – darunter viele spätere Mitglieder der Résistance – waren sich der Verwegenheit ihres Tuns bewusst, in einer Zeit höchster Kriegsgefahr, *«an die Möglichkeiten einer Zukunft zu denken* [und mit] *der deutsch-französischen Zusammenarbeit die Grundsteine der Organisation Europas, eines Europa der Freiheit, des Friedens und der Demokratie»* zu legen.[102] Für sie war es die einzige Hoffnung, in dem Sinne, in dem es die französischen Vertreter der Union am 19. Mai 1939 auf der ersten deutsch-französisch gestalteten Seite der ‹Die Zukunft› ausdrückten: *«Auch wenn der Krieg unvermeidlich sein sollte, wird die Deutsch-Französische Union fortfahren, all ihre Anstrengungen auf die Gründung eines politisch geeinten und föderativ gegliederten Europa zu richten und auf die Organisation einer wirklichen übernationalen, mit der Verteidigung der Demokratie beauftragten Macht.»*[103] Diese Gründung ist weitgehend unbekannt geblieben, obwohl Adenauer und de Gaulle nach dem Krieg darauf aufbauen konnten.

Mit Ausbruch des Zweiten Weltkrieges, am 1. September 1939, veränderte sich für die meisten Emigranten die Lage schlagartig. Auch Klepper wurde vom ‹Stade de Colombe› in Paris aus durch mehrere Internierungslager geschleust, bis er in Catus im Südwesten Frankreichs von einer deutschen Kommission, der so genannten Kundt-Kommission, die französische Lager nach deutschen Insassen durchkämmte, gesucht wurde. Nur dank der Geistesgegenwart des elsässischen Lagerkommandanten konnte er vor einer Verhaftung und Auslieferung nach Deutschland bewahrt werden. Da die Franzosen die Lager öffneten und die Gefangenen als so genannte Prestataires (Arbeitssoldaten) sogar gegen ein geringes Entgelt auf Farmen schickten, durfte Klepper mit anderen Mitgefangenen auf die Farm seines alten Freundes Jean Degon ziehen, wo er seine agrarischen Kenntnisse diesmal in der Praxis anwenden und unter anderem die in der Gegend unbekannte Egge einführen konnte. Doch selbst in diesem versteckten Winkel lebte Klepper ständig in der Furcht, denunziert oder von Deutschen entdeckt und gefangen zu werden – eine Gefahr, die im Laufe des Krieges immer bedrohlicher wurde. So halfen ihm Madame Degon und das ‹American Rescue Committee› von Varian Fry ab Winter 1941, über Marseille zu fliehen.[104] Doch erst im Januar 1942 hatte er alle notwendigen Unterlagen – vom Visum bis zum Schiffsplatz – beisammen, um aus der Mausefalle Frankreich herauszukommen, da ihm der Weg über Spanien wegen Haftbefehls verwehrt war. Diese letzten Wochen vor seiner Abreise in Marseille waren aufregende Wochen. Jeden Tag konnte man Gestapo-Leuten in die Hände laufen. Klepper hatte Unterschlupf in einem Dominikaner-Kloster gefunden, denn er hatte in *«den letzten Wochen in Marseille kaum noch Geld»*.[105] Schließlich gelang seine Abreise nach Mexiko im Januar 1942 mit Bart und Brille unter dem Namen Hans N. Stahn auf einem Schiff mit Kurs auf Oran in Algier und von dort weiter nach Mexiko. Fünf Monate war er unterwegs, unter anderem weil ihn die Engländer auf den Bermudas wegen der falschen Identität festhielten. In Mexiko war Klepper als Anwalt tätig, befasste sich aber vor allem mit Konzepten für die Entwicklung Deutschlands nach dem Krieg. So hießen seine beiden großen, in den Deutschen Blättern veröffentlichten Artikel bezeichnenderweise: ‹Vorfragen des Friedens› und ‹Die Kunst des Möglichen. Gedanken über die Vorbereitung einer neuen deutschen Politik›.

Nach einigem Zögern trat er im Frühjahr 1947 die Heimreise an. Sie führte ihn zunächst nach New Orleans, wo er endlich seine Familie wiedersah, dann nach New York, wo er alte Freunde traf, und schließlich über Paris und Zürich, wo er noch fast zwei Monate auf eine Einreiseerlaubnis warten musste, nach Frankfurt am Main. Dort setzte er sich im Rahmen der von ihm mitbegründeten Wirtschaftspolitischen Gesellschaft von 1947 (Wipog) für die Neugestaltung Deutschlands ein – gemäß seinem Wahlspruch: *«Dir ist es nicht aufgegeben, das Werk zu vollenden. Aber Dir ist nicht die Freiheit gegeben, Dich Deiner Aufgabe zu entziehen»*. 1949 gründete er mit der Wipog die Frankfurter Allgemeine Zeitung und, als die Wipog sich wieder von ihr trennte, die ‹Offene Welt›, eine Zeitschrift, in der die Konzepte der Wipog eingehender vermittelt werden konnten.

Trotz seines Engagements war Klepper schließlich tief enttäuscht von den politischen und gesellschaftlichen Bedingungen der frühen Bundesrepublik und nicht zuletzt auch von seiner alten Preußenkasse, die ohne seine Reformen die Zeit des Nationalsozialismus kaum überstanden hätte und die sich nun Deutsche Genossenschaftskasse nannte. Der Vorsitzende des Verwaltungsrates dieses Instituts hieß Andreas Hermes. Klepper hatte ihn in der Weimarer Zeit gefördert, laut Topf *«den widerstrebenden Genossenschaften in aller Form aufoktroyiert»*,[106] und er hatte – selbst in Existenznot – 1933 einen Entlastungsbrief in Hermes' Prozess wegen angeblicher Veruntreuung von Genossenschaftsgeldern geschrieben, was in der Festschrift für Hermes besonders gewürdigt wird.[107] Umso mehr verwundert es, dass die von Herbert Lauffer und Heinrich Lübke bei der Deutschen Genossenschaftskasse beantragte Pension für Klepper ausblieb – er hasste es, für sich selbst bitten zu müssen – und Hermes nichts tat, ja sich sogar abfällig über ihn und die von ihm gegründete Wipog äußerte.[108] Auch der Antrag auf Wiedergutmachung durch den Staat wurde negativ beschieden. Lübke, von dem er den endgültigen Bescheid über die Ablehnung seiner Ansprüche im Februar 1957 erhielt, schrieb: *«Ich bedaure dieses Ergebnis, weil Sie meiner Ansicht nach* […] *es wirklich verdient hätten, auf Grund Ihrer politischen Haltung in den Genuß einer Wiedergutmachung zu gelangen.»*[109] Dies traf umso mehr zu, als Klepper sich intensiv für die Wiedergutmachung gegenüber anderen eingesetzt hat, wie seine Korrespondenz mit vielen Hilfesuchenden und besonders ein Brief von Professor Franz Böhm an Lübke bezeugen: *«Es ist mir unvergeßlich, mit welcher Kraft und mit welchem menschlichen Gefühl* [Klepper sich] *für die Wiedergutmachung der Verbrechen des 3. Reiches vor allem gegenüber den Juden eingesetzt hat»*.[110] Gewiss hatte Klepper besonders viel Verständnis, denn *«der Gedanke, in dieselbe Situation zurückzufallen, in der ich mich so lange während der Emigration befand, das heißt, vor der Notwendigkeit zu stehen, auf andere angewiesen zu sein, ist fürchterlich»*.[111] Nur ein Teil der Emigranten ist zurückgekehrt. Die politisch und wirtschaftlich tragende Schicht war an den wichtigen Erfahrungen der ‹draußen› Gewesenen relativ uninteressiert, statt diese zu nutzen. Man begegnete ihnen häufig mit Misstrauen – eine Erfahrung, die auch Klepper machen musste. Die wenigen Emigranten, die es schafften, in der Nachkriegszeit Fuß zu fassen, arbeiteten meist auf kommunaler oder Landesebene. Die meisten von ihnen wurden zu Männern, die man zwar ehrte, aber auf die man nicht hörte. Die schleppende Wiedergutmachung wirft ein bezeichnendes Licht auf das Verhältnis der ‹Daheimgebliebenen› zu den Emigranten und auf die nach 1945 einsetzende Verdrängung der Verbrechen des Nationalsozialismus

Die Wolken lichteten sich nicht mehr; «*durch die fortgesetzten Fehlschläge* [seiner] *Versuche, wieder gesund zu werden*», fühlte er sich «*reichlich deprimiert*», wobei «*natürlich auch die trostlose politische Lage eine Rolle*» spielte.[112] Sein alter Schulfreund Kurt Kersten vermittelt ein sehr anschauliches und sehr melancholisches Bild von Kleppers Zustand am Ende seines Lebens. Kersten hatte ihn noch einmal im Sanatorium in Königstein im Taunus besucht und «*an einem milden Herbsttag*» in einer Weinstube mit ihm zusammengesessen. «*Die Blätter wirbelten schon im sanften Winde. Er war ein müder alter Mann voller Gram, und einmal sprach er ganz leise: ‹Wenn ich gewußt hätte, was ich heute weiß, wäre ich nicht zurückgekommen›.*»[113]

Als am Ende seines Lebens der Vorrat an physischen und emotionalen Kräften erschöpft war, blieb als Letztes die Erkenntnis des Zieles, wie ein letztes Licht, ‹die Utopie von Morgen› übrig, und so schrieb er von schwerer Krankheit gezeichnet mit schwindenden Kräften seinen letzten Artikel ‹Utopie und Wirklichkeit›. Er starb im Mai 1957 in Berlin.

Harald Wixforth

HANS HELFERICH (1891–1945)

Zu den Merkmalen der großen öffentlichen Banken, aber auch der Zentralinstitute für die Kreditgenossenschaften gehörte es in der ersten Hälfte des 20. Jahrhunderts, dass ihr Führungspersonal oft eine wechselvolle Karriere sowohl in der Ministerialbürokratie als auch in der Kreditwirtschaft durchlief.[1] Eine der herausragenden Persönlichkeiten, auf die ein solches Muster zutraf, war Hans Helferich. Er prägte nicht nur die Entwicklung der Kreditgenossenschaften und die ihrer Zentralinstitute nach dem Zusammenbruch der deutschen Kreditwirtschaft im Juli 1931, sondern war auch während des Nationalsozialismus der maßgebliche Entscheidungsträger an der Spitze der Deutschen Zentralgenossenschaftskasse.

Beginn der Karriere

Hans Helferich wurde am 13. Dezember 1891 in Greifswald als Sohn eines Hochschuldozenten für Medizin an der dortigen Universität geboren. Nachdem der Vater an die Universität Kiel berufen worden war, zog die Familie dorthin um, sodass sein Sohn Hans in der aufstrebenden Hafenstadt die Vorschule und das Gymnasium besuchte. Sein Abitur machte er jedoch 1910 am Gymnasium in Eisenach, wo der Vater zwei Jahre zuvor eine Stelle angetreten hatte. Nach seiner Hochschulreife studierte Hans Helferich Rechtswissenschaft und der Staatswissenschaften an den Universitäten Straßburg, Lausanne und Berlin, wo er auch das erste Staatsexamen absolvierte und mit der Referendarausbildung begann. Diese musste er 1914 unterbrechen, als er nach Beginn des Ersten Weltkriegs an die Front einberufen wurde und am Feldzug gegen Russland im Baltikum teilnahm. Zwei Jahre später kämpfte er an der Westfront in Flandern, wo er zwei Mal verwundet wurde. Das Ende des Krieges erlebte er als Kriegsversehrter in der Heimat.[2]

Nach Ende des Krieges beendete er seine Referendarausbildung und seine Zeit als Assessor in Greifswald, wo er an der juristischen Fakultät der dortigen Universität promovierte. 1920 erhielt er seine erste Stelle als Gerichtsassessor im preußischen Finanzministerium. Aufgrund seiner raschen Auffassungsgabe, vor allem aber aufgrund seines Pflichtbewusstseins und seines hohen Arbeitsethos avancierte er hier 1923 zum Finanzrat. Der preußische Finanzminister übertrug ihm danach eine Reihe von Sonderaufgaben, vor allem auf dem Gebiet der Finanzverwaltung, die durch die Besetzung des Ruhrgebiets durch französische Truppen im Januar 1923 entstanden waren. Trotz schwieriger Zeitumstände konnte Helferich diese Aufgaben erfüllen.[3]

Mit noch nicht 34 Jahren verließ er jedoch das Ministerium und wurde 1925 Landrat in Harburg vor den Toren Hamburgs. Hier musste er sich zum ersten Mal mit den gravierenden Problemen in der deutschen Landwirtschaft auseinandersetzen. Nach dem Ersten Weltkrieg, dem Währungsverfall und der Stabilisierung der Mark durch erhebliche Kreditrestriktionen und eine Hochzinspolitik der Reichsbank war der Agrarsektor wie viele andere Bereiche der deutschen Wirtschaft in eine schwere Krise geraten. Hinzu traten langjährige Strukturschwächen in der deutschen Landwirtschaft, welche die

Rentabilität der meisten bäuerlichen Betriebe deutlich minderten. Helferich sah sich als Landrat in Harburg ebenfalls damit konfrontiert.[4] Dies war offensichtlich auch der Auslöser, sich intensiv mit den Organisationen zur wirtschaftlichen Selbsthilfe in der Landwirtschaft zu beschäftigen und den Kontakt zum Genossenschaftswesen zu suchen. Während seiner vierjährigen Amtszeit in Harburg eignete er sich umfangreiche Kenntnisse über diesen Sektor der deutschen Wirtschaft an. Zugleich bildete diese Zeit den Auftakt für seine Arbeit im Genossenschaftswesen, die sein Lebenswerk werden sollte.[5]

Die dabei gewonnenen Erfahrungen und Kenntnisse schufen die Grundlage für seinen nächsten Karriereschritt. Im März 1929 wurde er zum Direktor der Raiffeisen-Handelsgesellschaft und der Raiffeisen-Zentralkasse in Danzig sowie der Landwirtschaftlichen Bank in Danzig berufen. Seit dem Versailler Vertrag gehörte die Hanse- und Hafenstadt an der Ostsee nicht mehr zum Deutschen Reich, sondern war ein eigener Freistaat, der dem polnischen Zollgebiet assoziiert war. Alte Organisations- und Verbandsstrukturen blieben jedoch erhalten, wie zum Beispiel in der Kreditwirtschaft und im Genossenschaftswesen, das noch immer eng mit den genossenschaftlichen Strukturen in Deutschland verbunden war. Helferich hielt man für den geeigneten Kandidaten, die schwierige Aufgabe in Danzig zu übernehmen. Im Alter von 38 Jahren sah er sich vor die Herausforderung gestellt, die Danziger Genossenschaftsbanken mit ihren zahlreichen Engagements in der Landwirtschaft durch die wirtschaftlich schwierige Zeit zu manövrieren. Zudem musste er versuchen, den Raiffeisen-Verband weitgehend aus verbandspolitisch unnötigen, jedoch volkstumspolitisch nicht immer zu vermeidenden Konflikten zwischen der deutschstämmigen Bevölkerung in Danzig und Westpreußen sowie den polnischen Behörden herauszuhalten. Gerade die Landwirtschaftliche Bank in Danzig unterhielt noch immer einen großen Teil ihrer Kundenbeziehungen zu Großagrariern in Westpreußen und in der ehemaligen preußischen Provinz Posen. Als Nachfolgeinstitut der ehemaligen Westpreußischen und Posener Landschaften, die seit dem Ende des 18. Jahrhunderts als Institute zur Finanzierung des Agrarsektors dieser Provinzen bestanden hatten, war es eng mit den bäuerlichen Betrieben, aber auch mit der deutschen Bevölkerung in den so genannten Teilungsgebieten verbunden.[6]

Durch seine neuen Aufgaben wurde Helferich nicht nur Funktionär für das Danziger Genossenschaftswesen, sondern auch Berater für die deutsche Bevölkerung in diesen Gebieten sowohl bei finanz- und wirtschaftspolitischen als auch bei volkstumspolitischen Fragen. Diese Aufgabe löste er offenbar mit Geschick und Gespür für die richtigen Entscheidungen. Er ließ sich nicht von deutsch-nationalistischen Gruppierungen vereinnahmen, sondern machte zur Richtschnur seiner Entscheidungen, was der Wirtschaft Danzigs und der angrenzenden Regionen nutzte. Seine Expertise und seine ruhige abwägende

Haltung bei vielen wirtschaftspolitischen Fragen führten dazu, dass er schon bald in den Aufsichtsrat der Bank von Danzig, der Notenbank des Freistaates, berufen wurde.[7] Durch seine Tätigkeit in Danzig erwarb Helferich zudem weitere detaillierte Kenntnisse sowohl über die Lage der Landwirtschaft im Osten Deutschlands und in den Teilungsgebieten als auch über die innere Organisationsstruktur der Genossenschaftsverbände und die Ziele des Genossenschaftswesens schlechthin. Seine Expertise, sein Arbeitsethos und sein Geschick als Verbandsfunktionär ließen sein Prestige im deutschen Genossenschaftswesen rasch ansteigen. Schon bald hielt man ihn an der Spitze der großen Genossenschaftsverbände für weitere, höhere Aufgaben geeignet. Eine solche Führungsposition konnte Helferich jedoch erst nach einem Zwischenschritt in seiner Karriere erreichen. Im Mai 1932 verließ er die Raiffeisen-Organisation in Danzig und wechselte als Oberregierungsrat in die Siedlungsabteilung des Reichsarbeitsministeriums, die im darauffolgenden Monat in das Reichsernährungsministerium überführt wurde. Über die Hintergründe für diesen Schritt liegen keine genauen Informationen vor. Es ist allerdings davon auszugehen, dass Helferich die vergleichsweise sichere Stellung in einem Reichsministerium der oft schwierigen Arbeit in Danzig vorzog, zumal dort die wirtschaftlichen Probleme und die politischen Spannungen zu Beginn der 1930er-Jahre deutlich angewachsen waren. In den Berliner Ministerien, aber auch in der Genossenschaftsorganisation galt er jedoch als einer der besten Kenner der ‹Ostfragen›, vor allem des Agrarsektors in Ostdeutschland und in den Teilungsgebieten.[8]

An der Spitze der Preußischen Central-Genossenschaftskasse

Die gravierenden Verwerfungen im deutschen Kreditwesen infolge der Bankenkrise des Sommers 1931 trafen die Genossenschaftsverbände ebenso hart wie die meisten Kreditgenossenschaften und ihre Zentralinstitute.[9] Dennoch glaubte man im Deutschen Genossenschaftsverband und den regionalen Verbänden, aus der Krise des privaten Bankwesens Kapital schlagen zu können. Allerdings war klar, dass seit Langem bestehende Strukturschwächen in der Genossenschaftsorganisation, wie der Dualismus zwischen den städtisch-gewerblichen und den landwirtschaftlichen Kreditgenossenschaften, zu beseitigen waren. Zudem waren über die Zukunft der kreditgenossenschaftlichen Zentralinstitute Entscheidungen zu treffen. Während der Fortbestand der Genossenschaftsabteilung der Dresdner Bank mehrfach zur Disposition stand, war es die Geschäftsstrategie der Preußischen Central-Genossenschaftskasse (kurz: ‹Preußenkasse›) als Spitzeninstitut vor allem der ländlichen Kreditgenossenschaften, sich den Herausforderungen der Krise mit ihren einschneidenden Folgen für den Agrarsektor und die mittelständische Wirtschaft zu stellen und ihre Betriebsstruktur den neuen Zeitverhältnissen anzupassen.[10]

Nicht nur deshalb ertönten auch die immer lauter werdenden Rufe nach einem umfassenden personellen Revirement an der Spitze des Instituts. Diese Chance nutzte Helferich, der am 29. Juli 1932 das Amt des Präsidenten übernahm, nachdem sein Vorgänger Otto Klepper ein halbes Jahr zuvor demissioniert hatte und zum preußischen Finanzminister avanciert war.[11] Die Suche nach seinem Nachfolger gestaltete sich jedoch schwierig, da das Reich und Preußen gegensätzliche Standpunkte zur Zukunft der Preußenkasse vertraten. Erschwerend kam hinzu, dass nach der Entmachtung der preußischen Staatsregierung durch Reichskanzler Franz von Papen im Juli 1932 (‹Preußenschlag›) auch bei der Preußenkasse ein Machtvakuum eingetreten war. Es dauerte daher eine gewisse Zeit, bis sich die Entscheidungsgremien des Instituts auf Helferich als neuen Präsidenten verständigen konnten. Die Mehrheit der Genossenschaftsverbände forderte von ihm sofort ein Ende der Klepper'schen Reformanstrengungen. Mit Unterstützung einflussreicher agrarkonservativer Kreise in Preußen erhoffte man sich von ihm einen unternehmensstrategischen Kurswechsel, eine stärkere Fokussierung der Geschäftspolitik auf die Bedürfnisse der landwirtschaftlichen Kreditgenossenschaften und generell auf die Probleme der Landwirtschaft.[12]

Dieser Forderung kam Helferich schnell nach, indem er unmittelbar nach seiner Berufung in das Amt des Präsidenten der Preußenkasse – beziehungsweise der ‹Deutschen Zentralgenossenschaftskasse› (kurz: ‹Deutschlandkasse›), wie das Institut ab Herbst 1932 firmierte – deren Geschäftspolitik neu adjustierte. Mehrere Gefolgsleute des ehemaligen Präsidenten Otto Klepper mussten ihren Dienst quittieren, darunter auch hochrangige Funktionsträger des Instituts. Helferich ließ schnell erkennen, dass er die Geschäftspolitik des Instituts stärker an den Bedürfnissen der Landwirtschaft und der landwirtschaftlichen Kreditgenossenschaften ausrichten wollte. Er wollte ihre Kapitalkraft wieder stärken und sie dadurch in die Lage versetzten, den landwirtschaftlichen Betrieben direkt zu helfen. Die Entschuldung großer Höfe nahm in seiner Prioritätenliste ebenfalls einen vorderen Platz ein.[13]

Ein Forum, auf dem er für seine neue Geschäftspolitik mit einer stärkeren Fokussierung auf die Erfordernisse der Landwirtschaft werben und Vorschläge zur zukünftigen Organisation der Kreditgenossenschaften unterbreiten konnte, bildeten die verschiedenen Besprechungen und Sondierungen in den Berliner Ministerien ab dem Sommer des Jahres 1932 über die zukünftige Struktur der Genossenschaftsorganisation. Helferich nutzte die Chance, hier massiv für seinen Ansatz zu werben. In seinen Eingaben und Memoranden wurde deutlich, dass er seine Reformanstrengungen neben der geschäftspolitischen Neuausrichtung der Preußenkasse auf die ländlichen Kreditgenossenschaften konzentrierte.[14] Dabei war ihm bewusst, dass die schwierige Lage der Landwirtschaft nicht allein auf die Wirtschafts- und Finanzkrise zurückzuführen war, sondern auch auf die seit Langem ungelösten Strukturprobleme. Zudem war ihm klar, dass die Preußenkasse, die mit ihr zusammenarbeitenden regionalen Genossenschaftsverbände und Verbandskassen sowie die ihnen angeschlossenen ländlichen Kreditgenossenschaften vor Ort nicht in der Lage waren, den immensen Kapitalbedarf vieler landwirtschaftlicher Betriebe zu decken. Besonders galt dies für Mecklenburg, Pommern und Ostpreußen, das so genannte Osthilfe-Gebiet, in dem die meisten Höfe seit dem Ende des Ersten Weltkriegs hoch verschuldet waren und auch die Lage der ländlichen Kreditgenossenschaften prekär war.[15] Durch spezielle Hilfsprogramme wie das der ‹Osthilfe› versuchte die Reichsregierung seit Längerem, die Strukturschwächen der Branche zu beheben. Aufgrund der Wirtschafts- und Finanzkrise drohte nun eine deutliche Reduzierung oder gar ein Ende der Hilfsmaßnahmen. Helferich hielt dies für einen schweren Fehler mit fatalen Konsequenzen sowohl für die landwirtschaftlichen Betriebe als auch für die ländlichen Kreditgenossenschaften, die dann mit erheblichen Kreditausfällen zu rechnen hatten. Für die Preußenkasse hätte dies nicht nur einen enormen Abschreibungsbedarf an Krediten und eine finanzielle Belastung zur Folge gehabt, sondern auch die Reformanstrengungen Helferichs gefährdet.[16] Daher verlangte er als eine der wesentlichen Maßnahmen für die Restrukturierung der Preußenkasse eine deutliche Kapitalaufstockung, wobei der preußische Staat und das Reich den größten Teil der Mittel zur Verfügung stellen sollten. Diese Forderung war angesichts des bereits massiv strapazierten Reichsbudgets durchaus problematisch. Zudem drängte Helferich bei der Reichsregierung auf umfangreiche Garantien, um die Bonität der Preußenkasse zu sichern. Von der Leitung der Reichsbank forderte er eine Ausweitung des Wechseldiskonts, um eventuelle Liquiditätsprobleme zu umgehen. Nur unter diesen Umständen war er bereit, sein Institut in die Sanierung der ländlichen Kreditgenossenschaften einzuschalten beziehungsweise Mittel der Preußenkasse zur Verfügung zu stellen.[17]

Mit seinen Forderungen und Vorschlägen verfolgte Helferich das Ziel, die Wettbewerbsposition der Preußenkasse zu stärken und gegenüber konkurrierenden genossenschaftlichen Zentralinstituten, wie der Genossenschaftsabteilung der Dresdner Bank mit ihrem Giroverband, in Stellung zu bringen. Er wollte ihre Funktion als Zentralinstitut für alle genossenschaftlichen Verbände, Verbandskassen und Kreditgenossenschaften vor Ort deutlich ausbauen. Helferich wusste, dass dafür zwei zentrale Fragen zu beantworten waren. Zum einen war zu klären, ob die Preußenkasse ihre bisherige, von vielen Kreditgenossenschaften, aber auch Verbandskassen kritisierte Behördenstruktur beibehalten sollte oder ob sie in eine moderne ‹Zentralbank› für die gesamte Genossenschaftsorganisation umzuwandeln sei. Zum anderen war die Frage zu beantworten, ob das Institut in der Aufsicht und Verwaltung des Landes Preußen bleiben oder in den Besitz des Reiches übergehen sollte. Als preußischer Staatsbeamter verzichtete Helferich darauf, in dieser Frage eindeutig Stellung zu beziehen. Mit Blick auf eine Veränderung der Organisationsstruktur plädierte er jedoch eindeutig für einen Ausbau zu einem modernen Zentralinstitut für die gesamte Genossenschaftsorganisation. Eine Fusion mit der Deutschen Rentenbank-Kreditanstalt lehnte er ab, auch war er gegen eine Umwandlung zu einem Institut in der Selbstverwaltung landwirtschaftlicher Verbände und Interessenorganisationen.[18] Für wünschenswert hielt er dagegen, dass der preußische Staat und das Reich – unter Umständen zu gleichen Teilen – der Preußenkasse auch in Zukunft finanzielle Mittel zur Verfügung stellen sollten, um die Sanierung der landwirtschaftlichen Genossenschaften entscheidend voranzutreiben, aber auch um städtische Genossenschaften wie etwa Konsumvereine verstärkt als Kunden zu gewinnen.

Auch Helferich vertraute auf den ‹Weimarer Interventionsstaat›, obwohl er in seinen Memoranden das Prinzip der genossenschaftlichen Selbsthilfe immer wieder strapazierte. Seine Intention und Geschäftsstrategie waren klar erkennbar: Zum einen wollte er die Preußenkasse als Spitzeninstitut für die landwirtschaftliche Genossenschaftsorganisation erhalten wissen, zum anderen ihre Position bei den gewerblichen Waren- und Kreditgenossenschaften sowie den Konsumvereinen deutlich stärken – eine eindeutige Kampfansage gegen die Dresdner Bank und ihre Genossenschaftsabteilung, die dieses Segment der Genossenschaftsorganisation bis zur Bankenkrise 1931 hauptsächlich betreut hatte.[19] Dieses Ansinnen überrascht, denn weder befand sich die Preußenkasse zu diesem Zeitpunkt in einer unangefochtenen Wettbewerbsposition, noch waren die anstehenden großen organisatorischen und personellen Veränderungen bewältigt.[20]

Einen ersten Teilerfolg konnte Helferich im Herbst 1932 verbuchen. Durch eine Notverordnung des Reichspräsidenten vom 21. Oktober 1932 wurde die Preußenkasse in ein Reichsinstitut umgewandelt und firmierte fortan als Deutsche Zentralgenossenschaftskasse. Seit 1928 hatten das Reich und Preußen Verhandlungen aufgenommen mit dem Ziel, das Reich am Kapital des Instituts zu beteiligen. Im Februar 1930 hatte die Reichsregierung bereits die Hälfte des von Preußen noch einzuzahlenden Anteils in Höhe von 50 Millionen Reichsmark übernommen und war fortan Kapitaleigner. Als die preußische Eigenständigkeit durch den Staatsstreich am 20. Juli 1932 de facto beendet wurde, war auch die Umwandlung der alten Preußenkasse in ein Reichsinstitut besiegelt. Angesichts der geforderten und anstehenden Reichshilfen für die

Sanierung landwirtschaftlicher Betriebe und der ländlichen Kreditgenossenschaften war ein solcher Schritt geradezu überfällig. Das Institut unter Helferichs Leitung war damit zur reichsweit agierenden genossenschaftlichen Zentralkasse geworden.[21]

Die Forderungen Helferichs nach der Reorganisation sowohl der Kreditgenossenschaften als auch ihrer regionalen Verbandskassen ließen sich dagegen nicht so schnell in die Tat umsetzen. In Anbetracht der immensen Summen, die das Reich bereits für die Bankensanierung aufzubringen hatte, zögerten die Berliner Ministerien, auch die Genossenschaftsorganisation und die Kreditgenossenschaften finanziell großzügig zu alimentieren.[22] Angesichts der Reichshilfen für das private Bankgewerbe und die Sparkassenorganisation machte sich in der Genossenschaftsorganisation und bei Helferich darüber wachsender Unmut breit. Gegenüber den anderen Segmenten der deutschen Kreditwirtschaft fühlten sich die Kreditgenossenschaften benachteiligt. Die nach der Krise im Rahmen der genossenschaftlichen Selbsthilfe von der Preußenkasse beziehungsweise den regionalen Verbandskassen vor allem an die ländlichen Kreditgenossenschaften geflossenen Gelder durften sich nach der von Helferich und von Verbandsfunktionären vertretenen Ansicht nicht nachteilig auswirken, insofern dem Genossenschaftssektor Hilfen des Reich versagt blieben. Das beständige ‹Antichambrieren› Helferichs bei der Reichsregierung führte schließlich zu dem mäßigen Erfolg, dass die bisher von der Preußenkasse zur Verfügung gestellten Hilfskredite durch Reichsbürgschaften in einer Höhe von 25 Millionen Reichsmark abgesichert wurden. Damit war eine der Forderungen Helferichs zum Teil erfüllt worden. Zudem wurde ein Fonds in Höhe von 20 Millionen Reichsmark für die ‹Zwecke der Rationalisierung des gewerblichen Genossenschaftswesens› eingerichtet. Eine Notverordnung vom 14. Juni 1932 ermächtigte die Reichsregierung zudem, für die ‹Rationalisierung und Sanierung gewerblicher Genossenschaften› in den Haushaltsjahren 1932 bis 1934 jährlich eine Summe von fünf Millionen Reichsmark zur Verfügung zu stellen. Erstaunlicherweise sollte dieser Fonds aber nur die gewerblichen Genossenschaften unterstützen, während für die ländlichen keine Mittel vorgesehen waren. Helferichs Forderung nach einer gezielten finanziellen Unterstützung gerade für die ländlichen Waren- und Kreditgenossenschaften fand bei der Reichsregierung kein Gehör.[23]

Auch in einem anderen Punkt konnte er seine Vorstellungen nicht durchsetzen. Der seit Langem sowohl in der Genossenschaftsorganisation als auch von Wissenschaftlern beklagte ‹Dualismus› von ländlichen und städtisch-gewerblichen Kreditgenossenschaften mit jeweils eigenen Zentralinstituten blieb auch nach der Bankenkrise und -sanierung bestehen. Im Zuge der seit Anfang 1933 tagenden und von der Reichsbank eingesetzten so genannten Bankenenquete sprach sich der für die Entwicklung der Kreditgenossenschaften eingesetzte Experte Robert Deumer deutlich für die Abschaffung dieser Doppelstruktur aus.[24] Funktionäre aus dem Deutschen Genossenschaftsverband und den regionalen Verbänden sahen darin das Signal, vehement die Liquidation der Genossenschaftsabteilung der Dresdner Bank und ihren Zusammenschluss mit der Preußen- beziehungsweise Deutschlandkasse zu fordern. Helferich drängte beim Reichskommissar für das Bankgewerbe Friedrich Ernst, der ab Herbst 1931 für die Restrukturierung der Kreditwirtschaft zuständig war, ebenfalls auf diesen Schritt. Der Dresdner Bank gelang es jedoch, diese Maßnahme durch geschickten Lobbyismus zu verhindern. Die Reichsregierung konnte und wollte nicht riskieren, deren Genossenschaftsabteilung als Refinanzierer für gut 1200 gewerbliche Kreditgenossenschaften zur Disposition zu stellen. Stattdessen entschied sie, die Dresdner Bank mit erheblichen Mitteln zu retten und zu sanieren. Damit war die Entscheidung gefallen, zwei genossenschaftliche Zentralinstitute bestehen zu lassen, wodurch auch der ‹Dualismus› in der Genossenschaftsbewegung weiter festgeschrieben wurde.[25]

Im Ergebnis musste Helferich feststellen, dass sein neuer geschäftspolitischer Kurs auf große Zustimmung in der Genossenschaftsorganisation gestoßen war, während sowohl die von ihm geforderten Maßnahmen zur Reorganisation der Preußen- beziehungsweise Deutschlandkasse als auch die Sanierung der ländlichen Kreditgenossenschaften halbherzig durchgeführt worden waren. Durchgreifende Reformen waren weiterhin notwendig. Ob sie unter den Wirtschaftspolitik des NS-Regimes zu verwirklichen waren, musste sich zeigen.

Mitläufer oder Profiteur des NS-Regimes?

Nach der so genannten Machtergreifung durch die Nationalsozialisten sah sich Helferich mit zwei zentralen Herausforderungen konfrontiert. Zum einen musste er die Rentabilität der Deutschlandkasse erhöhen, um durch eine Kostenreduzierung die Refinanzierungsmöglichkeiten gerade für ländliche Kreditgenossenschaften zu verbessern, zum anderen sah auch er sich bei der Festlegung der unternehmensstrategischen Ziele wachsendem politischen Druck und Interventionen ausgesetzt. Wie alle anderen Segmente der Wirtschaft wurden auch die Kreditgenossenschaften Ziel der von den neuen Machthabern verordneten Politik der ‹Gleichschaltung› und der staatlichen Regulierung. Neben den privaten Banken und den Sparkassen sollten sie in der neuen ständischen Wirtschaftsordnung des NS-Staates zur dritten Wirtschaftsgruppe in der Kreditwirtschaft werden, deren Interessen seitdem in der ‹Reichsfachschaft der Deutschen Kreditgenossenschaften› vertreten wurden.[26]

Wie die meisten Entscheidungsträger in der Kreditwirtschaft akzeptierte auch Helferich die neue Form des staatlichen Dirigismus. Er konzentrierte seine geschäftspolitischen Maßnahmen darauf, die Verwaltungsstruktur der Deutschlandkasse zu vereinfachen und dadurch die Kosten zu senken. Bei der Verkleinerung der Belegschaft und der Entlassung der jüdischen Angestellten und Beamten koinzidierten so die Interessen des von ihm geleiteten Instituts und die rassenpolitischen Zielsetzungen der neuen Machthaber. Das am 7. April 1933 erlassene ‹Gesetz zur Wiederherstellung des Berufsbeamtentums› diente dabei als willkommenes Instrument, um Entlassungen vorzunehmen. Dies betraf nicht nur jüdische Beamte und Angestellte, sondern auch zahlreiche Funktionäre der Deutschlandkasse, die in der Reformära Klepper ihren Dienst angetreten hatten und nun als ‹politisch unzuverlässig› galten. Zwar bemühte sich Helferich, für einige von ihnen Stellen bei der Reichsbank oder anderen Reichsinstitutionen zu bekommen, doch lässt sich nicht übersehen, dass er der eigentliche Initiator und Verantwortliche für den rigorosen Stellenabbau bei der Deutschlandkasse war. Seine ausschlaggebenden Motive dafür waren aber betriebswirtschaftliche und bankorganisatorische Erwägungen, weniger politische Gründe. Die persönlichen Schicksale der entlassenen Mitarbeiter ließen ihn daher nicht unberührt. Im Frühjahr 1933 entschloss er sich, bis Ende 1934 auf gut 20 Prozent seiner Bruttobezüge zu verzichten. Er wollte damit zumindest ein Zeichen der Solidarität mit dem nicht mehr bei der Deutschlandkasse beschäftigten Personal setzen. Vielleicht plagte ihn auch das schlechte Gewissen, standen doch die oft langjährigen und verdienten Mitarbeiter der Deutschlandkasse nach ihrem Ausscheiden in den schwierigen Jahren nach der Bankenkrise oftmals vor dem Nichts. Andererseits konnte sich in der privaten Kreditwirtschaft keiner der seit dem Frühjahr 1933 amtierenden Vorstandsmitglieder zu einem ähnlichen Schritt durchringen.[27]

Entsprach die Verschlankung der Institutsverwaltung in erster Linie Helferichs selbstgewählter Unternehmensstrategie, so waren andere geschäftspolitische Entwicklungen die Folge der von den NS-Machthabern praktizierten Wirtschaftspolitik. Aufgrund fehlender Konsum- und Investitionsmöglichkeiten legten immer mehr ländliche Kreditgenossenschaften ihre Gelder bei ihrem Zentralinstitut beziehungsweise der Deutschlandkasse an. Durch ein umfangreiches, von der Politik gefördertes Entschuldungsprogramm für landwirtschaftliche Betriebe sank die Kreditnachfrage bei den ländlichen Kreditgenossenschaften vor Ort erheblich, sodass sie ihre Gelder bei der Deutschlandkasse deponierten. Während die Kreditvolumina sanken, stiegen die Einlagen kontinuierlich. 1937 schien es, als würde die Deutschlandkasse als Refinanzierer für die ländlichen Kreditgenossenschaften kaum noch in Anspruch genommen. Helferich war nun gefordert, für sein Institut neue und vor allem ertragreiche Geschäftssparten zu erschließen. Dies erwies sich angesichts einer zunehmenden ‹Einlagenschwemme› in der gesamten Kreditwirtschaft jedoch als schwierig. Auch Helferich sah sich daher gezwungen, die bei der Deutschlandkasse deponierten Gelder in Schuldtitel der öffentlichen Hand anzulegen. In der vom Institut veröffentlichten Bilanz des Jahres 1938 entsprachen diese Aktiva mit 260 Millionen Reichsmark in etwa der Gesamtsumme der verauslagten Kredite in Höhe von 269 Millionen Reichsmark.[28]

Mit dieser Neujustierung des operativen Geschäfts beteiligte sich die Deutschlandkasse zunehmend auch an der Emission von Reichsanleihen, die der Rüstungsfinanzierung und schließlich auch dem Aufbau der Infrastruktur in den angeschlossenen und besetzten Gebieten dienten. Der Absatz der Anleihestücke bei den Kreditgenossenschaften vor Ort und deren Kundschaft verlief jedoch oft schleppend. Helferich machte ausdrücklich Werbung dafür, diese Anleihen zu zeichnen. Bedenken gegenüber ihrem Verwendungszweck hatte er nicht, vielmehr sah er in der Übernahme der Anleihen einen *«Akt nationalpolitischer Notwendigkeit, hinter dem Reichsregierung und Partei stehen»*.[29] Die dadurch hervorgerufene Verschiebung im operativen Geschäft war für Helferich ein willkommener Nebeneffekt, jedoch keine bewusste Änderung in der Geschäftsstrategie der Deutschlandkasse. Das Institut blieb in seinem Selbstverständnis auch nach der Machtübernahme in erster Linie der wichtigste Refinanzierer der ländlichen Kreditgenossenschaften, zudem war es das entscheidende Instrument für den Ausgleich von Liquiditätsspitzen, auch wenn Helferich immer häufiger darüber nachdachte, neue Geschäftsfelder zu erschließen und eine geschäftliche Expansion einzuleiten. Dies sollte die seiner Meinung nach unbefriedigende Rentabilität der Deutschlandkasse verbessern.[30]

In den Jahren von der ‹Machtergreifung› bis zur Entfesselung des Zweiten Weltkriegs wurde Helferich immer mehr zur zentralen Führungspersönlichkeit der deutschen Kreditgenossenschaften. Dies war möglich, da in dieser Zeit sowohl in der konkurrierenden Genossenschaftsabteilung der Dresdner Bank als auch in den regionalen Genossenschaftsverbänden keine Entscheidungsträger auftauchten, die ihm diesen Rang hätten streitig machen können.[31] Helferich nutzte diesen Spielraum, um in zahlreichen Reden und Abhandlungen sowohl die Rolle der Kreditgenossenschaften in der Wirtschaft des ‹neuen› NS-Staats zu definieren als auch die Position der Deutschlandkasse zu bestimmen und für ihre Geschäftspolitik zu werben.[32] Dabei zeigte er einerseits Sympathie für die wirtschaftspolitischen Zielsetzungen der neuen Machthaber und ein großes Maß an Loyalität gegenüber den Entscheidungen der Berliner Ministerien, andererseits ließ er – im Gegensatz zu einigen seiner Vorstandskollegen aus der privaten Kreditwirtschaft und einigen Spitzenfunktionären aus der Sparkassenorganisation[33] – eine gewisse Distanz gegenüber dem Führungspersonal der NSDAP erkennen. So suchte er zum Beispiel nicht die Nähe zu den neuen Entscheidungsträgern der Wirtschaftspolitik, wie etwa zu Hitlers Wirtschaftsberater Wilhelm Keppler, oder zu der in dieser Zeit an Bedeutung gewinnenden Gruppe der Gauwirtschaftsberater. Intensive Kontakte zur 1936 gegründeten Vierjahresplan-Behörde unter der Leitung Hermann Görings lassen sich ebenfalls nicht nachweisen. Helferich gerierte sich in dieser Zeit eher als ein loyaler Staatsbeamter, dessen Ziel es in erster Linie war, die Marktposition des von ihm geleiteten Instituts in einer zunehmend staatlichem Dirigismus ausgesetzten Kreditwirtschaft zu verbessern. Kaufmännisches Kalkül dominierte auch bei ihm eindeutig über ideologischer Überzeugung.[34]

Seine zahlreichen Reden und Stellungnahme aus dieser Zeit sind durch einen nüchternen und sachorientierten Ton gekennzeichnet, ideologisches Pathos fehlt vollständig. In einigen Äußerungen lassen sich sogar kritische Passagen zu wirtschaftspolitischen Maßnahmen des NS-Regimes erkennen. Dennoch wäre es verfehlt, Helferich eine oppositionelle Haltung zum Nationalsozialismus zu unterstellen. Er wusste nur zu gut, dass eine zu lautstark vorgetragene Kritik, etwa am Reichserbhofgesetz und der Agrarpolitik der Nationalsozialisten, ihn seinen Posten als Präsident der Deutschlandkasse kosten konnte.[35] Sein primäres Ziel bis zum Ausbruch des Zweiten Weltkriegs war es, die alten Strukturen bei den Kreditgenossenschaften unter veränderten politischen Vorzeichen so weit wie möglich zu bewahren, ihre Leistungsfähigkeit zu verbessern und damit gegenüber dem Regime zu dokumentieren, welche Bedeutung dieses Segment der Kreditwirtschaft und dessen Spitzeninstitut für die Durchsetzung wirtschaftspolitischer und rassenideologischer Ziele besaßen. Zudem wusste Helferich, dass er als Präsident der Deutschlandkasse nicht unumstritten war. Maßgebliche Funktionäre der NSDAP sowie überzeugte Nationalsozialisten aus der Genossenschaftsorganisation drängten darauf, einen entschlossenen Verfechter der nationalsozialistischen Politik an die Spitze der Deutschlandkasse zu berufen, der deren Ziele auch nach außen hin lautstark verkündete. Dies wollte Helferich sicherlich nicht, daher war er sich bewusst, dass er sich in seiner Tätigkeit gegenüber möglichen Kritikern und Neidern aus der Genossenschaftsorganisation absichern musste, um sein Amt als Präsident der Deutschlandkasse nicht zu gefährden.[36]

Noch vor dem Ausbruch des Zweiten Weltkriegs konnte Helferich ein großes unternehmensstrategisches Ziel umsetzen, für dessen Realisierung er lange Zeit gekämpft hatte: die Vereinigung der Deutschlandkasse mit der Genossenschaftsabteilung der Dresdner Bank. Der über Jahrzehnte hinweg andauernde und vielfach kritisierte ‹Dualismus› unter den Kreditgenossenschaften war damit beseitigt. Bereits kurz nach seinem Amtsantritt hatte Helferich diesen Schritt mehrfach und mit Nachdruck gefordert. Weder die Empfehlungen der so genannten Bankenenquete noch die neuen wirtschaftspolitischen Zielsetzungen der Nationalsozialisten hatten jedoch die Aufhebung des ‹Dualismus› ermöglicht. Auch Helferichs Bemühungen bei verschiedenen Berliner Behörden, sich die Rückendeckung für einen Zusammenschluss zu verschaffen, hatten zu keinem Erfolg geführt.[37] Die Anfang 1939 vollzogene Übertragung der Genossenschaftsabteilung der Dresdner Bank auf die Deutschlandkasse war allerdings nicht das Ergebnis geschickter Verhandlungen Helferichs mit dem Reichswirtschaftsministerium oder anderer für die Struktur der Kreditwirtschaft zuständiger Instanzen. Vielmehr vollzog die Dresdner Bank zu dieser Zeit einen Wechsel in ihrer Unternehmensstrategie. Im Zuge des Ausbaus neuer Geschäftsfelder, wie etwa der Finanzierung der Rüstungsindustrie und der Beteiligung an großen Konsortien für die Mittelbeschaffung zum Ausbau der Infrastruktur im alten Reichsgebiet und in den ‹angeschlossenen Gebieten›, verlor das Geschäft mit dem Mittelstand und damit auch die Genossenschaftsabteilung für das operative Geschäft der Dresdner Bank an Bedeutung. Das Institut aus der Berliner Behrenstraße war daher bereit, sich von der Abteilung zu trennen und dafür neue Geschäftsfelder zu erschließen.[38] Mit einem am 8. Februar 1939 geschlossenen Vertrag übernahm die Deutschlandkasse die Genossenschaftsabteilung der Dresdner Bank. Wenn auch nicht durch ihn aktiv herbeigeführt, so bedeutete dieser Schritt für Helferich sicherlich einen Zuwachs an Bedeutung und Einfluss nicht nur in der Genossenschaftsorganisation, sondern auch in der gesamten deutschen Kreditwirtschaft. Er stand nun an der Spitze eines einzigen großen Zentralinstituts für die Kreditgenossenschaften. Diese Position schuf für ihn persönlich nicht nur eine erweiterte Machtbasis, sondern auch die Grundlage für den Ausbau und die Expansion des von ihm geleiteten Instituts im Zuge der territorialen Expansion des NS-Regimes während des Zweiten Weltkriegs.[39]

Auf Expansionskurs

Mit dem ‹Anschluss› Österreichs im März 1938 begannen Hitler und seine Satrapen den Ausbau eines ‹europäischen Großwirtschaftsraums› und die ‹Neuordnung Europas› nach den Zielsetzungen des Regimes.[40] Die führenden Institute der privaten Kreditwirtschaft wollten davon profitieren, indem sie in die vom Regime abhängigen oder annektierten Gebiete expandierten. Aber auch Helferich sah darin eine Chance, das Geschäftsmodell der Deutschlandkasse zu verändern und sie zu einem Spitzeninstitut für die Kreditgenossenschaften in zahlreichen Ländern Europas auszubauen. Eine bestimmte Strategie dafür besaß er jedoch nicht. Wie seine Kollegen aus den Vorstandsetagen der privaten Kreditwirtschaft versuchte er, jeweils aus der Umgestaltung des Bankwesens in einem vom NS-Regime abhängigen oder besetzten Gebiet für sein Institut Kapital zu schlagen.[41] Die erste Chance dafür sah er bei der ‹Neuordnung› der Kreditwirtschaft in Österreich im Frühjahr 1938 gekommen. Hier existierte ebenfalls eine leistungsfähige Genossenschaftsorganisation mit einer differenzierten Struktur an Kreditgenossenschaften, die Helferich als Kunden an die Deutschlandkasse oder eine Tochtergesellschaft binden wollte. Durch seine Verhandlungen mit den zuständigen Ministerien in Berlin, vor allem aber mit dem frisch ernannten Reichsstatthalter in Österreich, Arthur Seyß-Inquart, gelang es ihm, für die Deutschlandkasse die Kapitalmehrheit an der Girozentrale der österreichischen Genossenschaften zu sichern, dem Zentralinstitut für die ländlichen Kreditgenossenschaften in Österreich. Eine Beteiligung an der Österreichischen Zentralgenossenschaftskasse als Spitzeninstitut der gewerblichen Kreditgenossenschaften ließ sich dagegen nicht erreichen. Nach erfolgreich abgeschlossenen Reorganisationsmaßnahmen konnte die Girozentrale, die ab Mitte 1939 als Genossenschaftliche Zentralbank der Ostmark firmierte, ihr operatives Geschäft systematisch ausbauen. Helferich hatte damit sein erstes Expansionsziel erreicht: Eine Tochtergesellschaft der Deutschlandkasse war zum wichtigsten Spitzeninstitut der Kreditgenossenschaften im ‹angeschlossenen› Österreich geworden.[42]

Als problematischer erwies sich dagegen die beabsichtigte Geschäftsausweitung in das Sudetenland beziehungsweise das ‹Protektorat Böhmen und Mähren›. Im Oktober 1938 versuchte Helferich ebenso wie Vorstände aus der privaten Kreditwirtschaft, bei den zuständigen Behörden in Berlin und Reichenberg, dem Sitz des neu geschaffenen ‹Reichskommissariats für das Sudetenland›, für eine Expansion der Deutschlandkasse in die dem deutschen Herrschaftsgebiet angeschlossene Region zu werben. Die Prägekraft der alten Machtverhältnisse und Strukturen in der sudetenländischen Kreditwirtschaft verhinderten jedoch ein solches Vorhaben.[43] Die Kreditanstalt der Deutschen (KdD), eine große im gesamten Sudetenland präsente Kreditgenossenschaft mit Sitz in Reichenberg und Prag und einem ausgedehnten Filialnetz, verlangte, in Zukunft die Rolle eines Spitzeninstituts für alle Kreditgenossenschaften der Region zu übernehmen. Da sich das Institut im ‹Volkstumskampf› sehr exponiert hatte, wollten die für die Umgestaltung der sudetenländischen Kreditwirtschaft zuständigen Stellen diesen Wunsch nicht abschlagen.[44] Helferich war gezwungen, mit dem Vorstandsvorsitzenden der KdD, Anton Kieswetter, einen für ihn eher ungünstigen Kompromiss einzugehen. Die Deutschlandkasse musste auf eine Expansion in das Sudetenland verzichten, dafür sicherte ihr die KdD zu, ihre im Reichsgebiet bestehenden Guthaben komplett bei der Deutschlandkasse zu deponieren. Alle Versuche Helferichs scheiterten, für sein Institut ein besseres Ergebnis zu erzielen. Der Primat der Politik und die daraus resultierenden Richtungsentscheidungen für die ‹Neuordnung› der sudetenländischen Wirtschaft standen der erhofften Geschäftsausweitung der Deutschlandkasse in dieser Region entgegen. Helferich konnte und wollte eine gewisse Enttäuschung über diese Entscheidung nicht verhehlen.[45]

Diese stellte sich auch bei der Umgestaltung der Kreditwirtschaft im ‹Protektorat Böhmen und Mähren› ein. Die Verhandlungen über die ‹Neuordnung› der Genossenschaftsorganisation zogen sich bis in das Jahr 1942 hin, sodass bis dahin alle Expansionsbestrebungen der Deutschlandkasse blockiert wurden. Auch danach blieb ihr nichts anderes übrig, als sich mit einer Minderheitsbeteiligung an einem der restrukturierten kreditgenossenschaftlichen Zentralinstitute zufriedenzugeben und der KdD erneut die führende Rolle im Segment der Kreditgenossenschaften zu überlassen. Die Deutschlandkasse musste sich daher darauf beschränken, sich an einigen Zuckerfabriken im Protektorat zu beteiligen und einen halbwegs profitablen ‹Zuckertrust› aufzubauen. Abermals musste Helferich erkennen, dass seine Expansionsziele in den industriell und gewerblich hoch entwickelten Ländern Böhmen und Mähren durch die Direktiven der Besatzungsmacht und die daraus resultierende Praxis bei der Neugestaltung der Kreditwirtschaft konterkariert wurden.[46]

Im besetzten Polen schienen dagegen die Aussichten für eine Geschäftsausdehnung der Deutschlandkasse wesentlich günstiger zu sein. Zum einen spielten hier landwirtschaftliche Kreditgenossenschaften für die Finanzierung der Agrarwirtschaft traditionell eine überragende Rolle, zum anderen konnte Helferich hier seine persönlichen Erfahrungen und seine Expertise aus seiner Zeit in der Danziger Genossenschaftsorganisation ins Feld führen. Helferichs Kalkül ging auf. Zwar konnte die Deutschlandkasse in den neu geschaffenen Gauen Wartheland und Danzig-Westpreußen keine eigenen Tochtergesellschaften errichten, doch wurde sie hier schnell zur maßgeblichen Liquiditätszentrale und zum Refinanzierer für die Kreditgenossenschaften.[47] Diesen und ihren Verbänden stellte sie mehrfach umfangreiche und durch Reichsbürgschaften gesicherte Sonderkredite zur Verfügung. Damit finanzierte sie nicht nur große Investitionen in die Infrastruktur und den Aufbau einer leistungsfähigen Landwirtschaft, sondern auch die gigantischen Siedlungs- und Germanisierungsprojekte im besetzten Polen. Durch diese Siedlungsaktionen, die unter der Führung der Deutschen Umsiedlungs Treuhand (DUT) standen, sollten ‹volksdeutsche› Siedler in die neuen Reichsgaue kommen, während die autochthone polnische Bevölkerung marginalisiert und vertrieben wurde. Skrupel Helferichs gegenüber den engen Geschäftsbeziehungen zwischen der Deutschlandkasse mit der DUT lassen sich ebenso wenig nachweisen wie gegenüber den Kontakten mit der Haupttreuhandstelle Ost (HTO) und ihren regionalen Tochtergesellschaften.[48] Im Gegenteil: Helferich hielt die «*Neuschaffung deutschen Bauerntums und deutscher Handwerkerbetriebe*» für eine der zentralen Aufgaben nicht nur der Besatzungspolitik, sondern auch für die genossenschaftlichen Organisationen mit ihren Spitzeninstituten. Damit zählte er zu den Bankiers, die in einem *«germanisierten Polen»* große Entfaltungs- und Entwicklungsmöglichkeiten für die deutsche Kreditwirtschaft sahen. Im Gegensatz zu seinen jungen und ehrgeizigen Kollegen aus den Zentralen der großen privaten Institute verknüpfte er damit keine eigenen Ambitionen für seine berufliche Karriere. Trotz einer hier zum ersten Mal spürbaren Nähe zu den volkstums- und rassenpolitischen Zielen des NS-Regimes stand für ihn der Ausbau der Deutschlandkasse zum Spitzeninstitut einer schlagkräftigen kreditgenossenschaftlichen Organisation in einem mitteleuropäischen Großwirtschaftsraum im Vordergrund.[49] Dieses Ziel ließ sich durch die Expansion des von ihm geleiteten Instituts in die vom NS-Regime besetzten Gebiete in Westeuropa weiter verfolgen. In Kooperation mit bereits bestehenden regionalen Zentralkassen gelang es, eine mächtige Organisation im Sektor der Kreditgenossenschaften aufzubauen. Die Deutschlandkasse wurde hier nicht nur zum wichtigsten Refinanzierer für die Kreditgenossenschaften, sondern leistete auch tatkräftige Hilfe bei deren Restrukturierung. Nicht zu verkennen ist, dass sich auch in den ‹Westgebieten› wirtschafts- und volkstumspolitische Zielsetzungen vermischten.[50]

Ende 1943 sahen sich Helferich und die Deutschlandkasse an der Spitze eines europaweit operierenden Genossenschaftskonzerns. Am Nutzen, den die Hegemonie des NS-Regimes über einen großen Teil Europas für die Deutschlandkasse gebracht hatte, ließ Helferich keinen Zweifel aufkommen. Er glaubte, dass sich das Geschäftsmodell der Kreditgenossenschaften gegenüber dem des privaten Bankwesens durchgesetzt habe. Fraglich ist jedoch, inwieweit er dabei die wirklichen Ursachen und Hintergründe für die Expansion der Deutschlandkasse in Europa reflektierte. Ihre Geschäftsausdehnung und die der mit ihr zusammenarbeitenden Kreditgenossenschaften war keineswegs das Resultat einer besonders erfolgreichen Geschäftsphilosophie oder Unternehmensstrategie, sondern die Folge der militärisch-politischen Machtverhältnisse vor allem in den besetzten Gebieten, in denen sich volkstumspolitische Zielsetzungen mit besatzungs- und wirtschaftspolitischen Motiven der Umgestaltung der Kreditwirtschaft ergänzten. Auch die vom NS-Regime ab 1941 praktizierte Politik der ‹Bankenrationalisierung› mit dem Ziel, die Sparkassen und Kreditgenossenschaften zu stärken und den Einfluss der privaten Banken zu begrenzen, war für die Expansion der Deutschlandkasse in Europa hilfreich.[51] Zudem musste sich das Institut auch bei seiner Geschäftsausweitung in Europa nach den Direktiven der Besatzungs- und Wirtschaftspolitik des Regimes richten. Dennoch stuften Helferich und seine Vorstandskollegen die letzte Kriegsbilanz der Deutschlandkasse als Ausdruck der Stärke und des Bedeutungszuwachses in der deutschen, ja sogar europäischen Kreditwirtschaft ein: In der Tat konnte er eine Verzehnfachung der Bilanzsumme und der Einlagen des von ihm geleiteten Instituts während der Kriegsjahre vorweisen. So verwundert es nicht, dass er aus dieser Tatsache auch für seine eigene Person einen Prestige- und Bedeutungszuwachs in der deutschen Kreditwirtschaft ableitete.[52]

Helferichs Äußerungen während der Kriegsjahre, seine Stellungnahmen, Memoranden und seine Abhandlungen lassen keineswegs eine wachsende Distanz zum NS-Regime in dieser Zeit erkennen. Eher drängt sich der Eindruck auf, als hätten frühere Bedenken gegen bestimmte Aspekte der Wirtschaftspolitik angesichts der außenpolitischen Erfolge des Regimes, der territorialen Expansion in ganz Europa und der dadurch ermöglichten Geschäftsausweitung der Deutschlandkasse an Gewicht verloren. Dennoch gibt es Hinweise, dass Helferich in den späteren Kriegsjahren in Kontakt mit dem Widerstand gegen Hitler und den Attentätern des 20. Juli 1944 stand. So tauchte sein Name zum Beispiel auf einer Liste von Personen auf, die nach einem erfolgreichen Attentat auf Hitler eine neue Regierung unter Carl Friedrich Goerdeler bilden sollten.[53] Für Helferich war der Posten eines Finanzstaatssekretärs in einem Kabinett Goerdeler vorgesehen. Inwieweit dies tatsächlich als ein Indiz für enge Beziehungen zum Kreis um Goerdeler oder nur für Gedankenspiele ohne sein Wissen und sein Mitwirken zu werten ist, bleibt jedoch fraglich. Einige Kenner der Berliner Finanzwelt verorteten Helferich in der Zeit nach dem Zusammenbruch des NS-Regimes in der Gruppe um den Leipziger Politiker und Widerstandskämpfer. Andererseits ist auch bei ihm wie bei anderen Mitgliedern des Widerstands aus der zweiten und dritten Reihe eine mögliche Opposition zu Hitler und seinem Regime schwer zu fassen. Direkte Hinweise auf Kontakte zum Widerstand gibt es nicht. Laut Aussagen von Mitgliedern der Goerdeler-Gruppe habe man auch davon abgesehen, Helferich ausführlich über das Attentat und einen möglichen Umsturz zu informieren, da man dem Finanzministerium nach einem Staatsstreich keine Schlüsselrolle beim Aufbau neuer administrativer Strukturen beigemessen habe.[54]

Vieles spricht dafür, dass Helferich in einigen Planspielen Goerdelers eine Rolle spielte, er jedoch nicht über die konkreten Vorbereitungen für das Attentat und den geplanten Umsturz am 20. Juli 1944 informiert war. Andererseits zeigt die Erwähnung seines Namens auf möglichen Kabinettslisten, dass die führenden Mitglieder des Widerstands ihn als eine Person einstuften, die mit ihren Zielen konform ging, was wiederum als ein Beleg für eine wachsende Opposition gegen Hitler und sein Regime zu werten ist. Immerhin konnte Helferich für sich in Anspruch nehmen, dass sein Name in diesem Kontext erwähnt wurde. Inwieweit sich ein solcher Befund auch für Mitglieder aus den Vorstandsetagen der privaten Kreditwirtschaft nachweisen lässt, ist bis heute von der Forschung noch nicht zufriedenstellend beantwortet worden. Wie bei einigen anderen Mitgliedern des Widerstands bleiben auch bei Helferich Zweifel an seiner tatsächlichen Beteiligung an einem möglichen Umsturz beziehungsweise seiner wirklichen Unterstützung der Opposition. Auch Verhöre durch die Gestapo beziehungsweise eine längere Haft infolge seiner Mitwirkung am 20. Juli 1944 sind zu hinterfragen, da Helferich bis zum Kriegsende auf seinem Posten als Präsident der Deutschlandkasse verblieb. Immerhin gehörte er aber zu den wenigen Mitgliedern der deutschen Bankierselite, die Kontakte mit dem Widerstand gegen Hitler unterhielten.[55]

Nicht zuletzt aufgrund seiner schwer zu klärenden Beteiligung am Widerstand gegen Hitler fällt auch eine eindeutige Bewertung der Rolle Helferichs während des NS-Regimes schwer. War er ein Profiteur der NS-Herrschaft, ein bloßer Mitläufer oder gar ein überzeugter Gegner des Regimes? Fest steht, dass er mit seiner Berufung zum Präsidenten der Preußen- beziehungsweise der Deutschlandkasse bereits vor dem Nationalsozialismus den Höhepunkt seiner beruflichen Karriere erreicht hatte. Enge Allianzen mit dem Regime zur Forcierung der Karriere – so wie bei einigen Vorstandsmitgliedern aus der privaten Kreditwirtschaft – waren für ihn daher nicht notwendig. Seine Position behielt er während der gesamten NS-Herrschaft bei, konnte sie sogar ausbauen – durch die Beseitigung des ‹Dualismus› bei den kreditgenossenschaftlichen Zentralinstituten ebenso wie durch die geschäftliche Expansion der Deutschlandkasse in Europa von 1938 bis 1944. Dabei profitierte Helferich sicherlich von der Kriegs- und Besatzungspolitik Hitlers. Wie eine Reihe seiner Vorstandskollegen aus den Berliner Großbanken nutzte er die daraus resultierenden Rahmenbedingungen für die Geschäftsausweitung seines Instituts aus, ohne die politischen Ziele des Regimes rückhaltlos zu unterstützen. Die Loyalität zum Regime stand für ihn zunächst außer Frage, doch manifestierte sich gegen Ende des Kriegs, dass er sowohl von den Kriegszielen des Regimes abrückte als auch die Methoden und die Ziele der Besatzungspolitik zunehmend in Zweifel zog.[56]

Tragisches Ende nach dem Zusammenbruch

Nach dem Ende des Zweiten Weltkriegs und dem Zusammenbruch des NS-Regimes nahm der Lebensweg Helferichs eine tragische Wende. Im Gegensatz zu vielen Vorstandskollegen aus der privaten Kreditwirtschaft blieb er in Berlin und organisierte die Verlagerung der Deutschlandkasse an verschiedene Ausweichstandorte, etwa nach Gotha oder Marburg.[57] Er selbst glaubte, bei Kriegsende das ‹sinkende Schiff› nicht verlassen zu dürfen, und wollte die Deutschlandkasse in einem halbwegs geordneten Zustand an die russische

Besatzungsmacht übergeben. Für sich selbst rechnete er bereits mit Sanktionen gegen seine Person.[58]

Helferichs pessimistische Einschätzung sollte sich schon bald bewahrheiten. Am 28. April 1945 trafen die Anordnungen des sowjetischen Stadtkommandanten Nikolai Bersarin auch die Deutschlandkasse. Wie alle anderen Banken in Berlin wurde auch sie geschlossen, ihre Tresore wurden geplündert, und jede Form des operativen Geschäfts wurde untersagt.[59] Der Vorstand der Deutschlandkasse wurde entlassen. Helferich wurde von den sowjetischen Machthabern als Hauptverantwortlicher eines wichtigen Instituts der NS-Kreditwirtschaft eingestuft und inhaftiert. Seine Einstellung zum NS-Regime spielte dabei keine Rolle. Im Sommer 1945 wurde er in ein Lager nach Posen gebracht.[60] Hier verschlechterte sich sein Gesundheitszustand aufgrund unzureichender Ernährung und mangelnder Hygiene erheblich. Geistig noch nicht durch die Haftbedingungen gebrochen, wurde er aufgrund von Unterernährung immer häufiger krank. Infolge einer Vereiterung eines Fingers und einer daraus resultierenden Blutvergiftung musste Helferich im September 1945 in das Lazarett des Lagers verlegt werden. Der Plan der Ärzte, den Finger zu amputieren, wurde aufgrund des sich immer weiter verschlechternden Gesundheitszustands Helferichs nicht in die Tat umgesetzt. Letzte Versuche, sein Leben durch andere Behandlungsmethoden zu retten, schlugen fehl. Ende September 1945 verstarb Hans Helferich unter ungeklärten Umständen in sowjetischer Internierungshaft.[61]

Während sich zahlreiche Entscheidungsträger aus der privaten Kreditwirtschaft vor dem Zusammenbruch rechtzeitig aus Berlin absetzen konnten und sich damit sowohl ihrer Verantwortung für ihre Mitwirkung an NS-Verbrechen als auch einer Verurteilung entzogen, überlebte einer der wenigen Vertreter der deutschen Bankierselite, für den sich zumindest Indizien einer Opposition gegen Hitler nachweisen lassen, die Internierung durch die sowjetischen Machthaber nicht. Er gehörte damit zu den wenigen deutschen Bankiers, deren Karriere und Lebensweg nach dem Zusammenbruch des NS-Regimes auf tragische Weise endeten.

Joachim Scholtyseck

ANDREAS HERMES (1878–1964)

Andreas Hermes gehörte zu einer Gruppe christlicher Demokraten, die als Kommunalpolitiker, Landtagsabgeordnete oder als Oberbürgermeister den Neuaufbau der Demokratie nach 1945 gestalteten, aber mindestens ebenso wichtig für die Geschichte der Demokratie von Weimar waren. Hermes war zeit seines Lebens Landwirtschaftsexperte und wichtiger Exponent des genossenschaftlichen Denkens – ein Aspekt, der bisweilen in den Hintergrund gerät, weil seine Zeit als Zentrumsabgeordneter in der Weimarer Republik und seine Widerstandstätigkeit im ‹Dritten Reich› größeres Interesse auf sich gezogen haben. Es ist nachvollziehbar, dass Hermes, der infolge seiner Beteiligung an der Verschwörung des 20. Juli vom Volksgerichtshof zum Tode verurteilt wurde und nur mit Glück der Hinrichtung entkam, in erster Linie als ein Hitlergegner gewürdigt worden ist.[1] Nach seiner Befreiung aus der KZ-Haft beteiligte er sich nicht nur am Aufbau der CDU, sondern knüpfte wieder an sein Engagement für die Genossenschaftsorganisation an, das er in der Weimarer Republik aufgenommen hatte. Nach 1945 als langjähriger Präsident des Deutschen Bauernverbandes in der Wiederaufbauphase tätig, zeigen sein Denken und Handeln Kontinuitäten, die an dieser Stelle näher betrachtet werden sollen.

Dass Hermes ein Herz für landwirtschaftliche Belange entwickelte, war ihm gleichsam in die Wiege gelegt. Der am 16. Juli 1878 in Köln geborene Rheinländer war der Eifel lebenslang verbunden, also einem ruralen Raum, in dem trotz aller Industrialisierungstendenzen die bäuerliche Lebenswelt noch bis ins 20. Jahrhundert hinein eine vorherrschende Rolle spielte. Seine Mutter stammte von einem großen Bauernhof in Vettelhoven bei Gelsdorf in der Voreifel und musste die Familie nach dem frühen Tod ihres Ehemanns allein großziehen. Das Landleben hat ihn, wie er später über die Aufenthalte in Vettelhoven berichtete, niemals losgelassen: «*Sobald wir auf dem Hofe ankamen und mir der frische Geruch der Äcker und der Düngerstätte entgegenschlug, war ich in meinem Element, mütterliches Erbe, voce del sangue.*»[2] Hermes, der eine landwirtschaftliche Ausbildung begann, hat diese Entscheidung später als eine ‹Instinkthandlung› bezeichnet, der er unbewusst nachgegeben habe.[3] Auf das ‹rheinische Bauernblut› hat er sich später immer wieder berufen.

Obwohl sich auch bei Hermes Spuren eines zeitgenössischen romantisierten Bauerntums finden, war er doch ein Politiker, der durch seine rheinische Herkunft im wahrsten Sinn des Wortes ‹geerdet› blieb. Geprägt durch den heimischen Katholizismus und eine vaterlose und doch wohlbehütete Kindheit und Jugend, die ihn immer wieder in die Weinberge an der Ahr führte, blieben Hermes die hektischen Zentralisierungstendenzen des Reiches fremd, die besonders im dynamischen Berlin Wilhelms II. zu verspüren waren. Nach einer Zeit auf dem Gutsbetrieb Burg Wachendorf bei Satzvey, wo er wichtige praktische Erfahrungen sammelte, nahm er 1898 ein Studium an der Landwirtschaftlichen Hochschule in Bonn-Poppelsdorf auf, ergänzt um Volkswirtschaft, was ihm später immer wieder zum Vorteil gereichte. Landwirtschaftliche Akademien erlebten, auch wenn sie noch nicht integraler Bestandteil der Universitäten waren, in jenen Jahren einen intensiven Verwissenschaftlichungsschub, von dem Hermes ebenfalls profitierte. Nach seinem landwirtschaftlichen Diplomexamen, das er 1900 erhielt, blieb er Bonn treu und wurde zusätzlich als Tierzuchtinspektor examiniert.[4] Die Verbindung der Landwirtschaft mit ökonomischen Themen blieb eine Konstante seiner Ausbildung: Er promovierte 1905 in Jena und schrieb seine Doktorarbeit zum französischen System der landwirtschaftlichen Naturalpacht – Studien, die er persönlich in Savoyen und der Franche-Comté betrieben hatte und die ein erstes Zeugnis davon geben, dass Hermes schon früh die Grenzen nationalstaatlichen Denkens überwand. In seinem Lebensbericht, den er 1944 in der Haftzelle niederschrieb, finden sich Zeilen, die diese Einstellung besonders klar zum Ausdruck bringen: «*Man hüte sich vor generellen Werturteilen über ganze Völker, die eine verlogene, die Wissenschaft missbrauchende Rassentheorie so gerne in gute und schlechte scheiden möchte, wobei das eigene Land natürlich immer beste Rasse und bestes Blut repräsentiert.* [...] *Nichts hat uns im Ausland unbeliebter gemacht als der von manchem Deutschen gemachte Versuch, im Potsdamer Paradeschritt oder in einer uns anerzogenen Art von Disziplin das maßgebliche Kriterium für die Bewertung anderer Völker zu erblicken.*»[5]

Im direkten Anschluss an die Promotion fand Hermes eine Stelle als wissenschaftlicher Hilfsarbeiter bei der Deutschen Landwirtschaftsgesellschaft (DLG) – seine erste Anstellung im agrarischen Verbandswesen, das in den folgenden Jahrzehnten seine Domäne werden sollte. Die DLG, die mehrere Geschäftsstellen für den Verkauf von Düngemitteln und Saatgut einrichtete, war ein wichtiges Element auf dem Weg zur Schaffung einer schlagkräftigen Interessenvertretung der Landwirte. Hermes hat ihr attestiert, damals der «*Mittelpunkt des landwirtschaftlich-technischen Fortschritts in Deutschland*» gewesen zu sein.[6]

Eine Reise im Auftrag des Vorstands der DLG führte ihn nach Dänemark. Dort beeindruckte ihn nicht nur das Volkshochschulwesen, sondern auch die dortige Entwicklung des Genossenschaftssystems. Die «*hervorragende Schulung des genossenschaftlichen Geistes*» und die «*vorbildlichen Leistungen des dänischen landwirtschaftlichen Genossenschaftswesens*» hatten für ihn fortan Vorbildcharakter.[7] Studienreisen in Viehzuchtangelegenheiten unternahm er nach Argentinien, Paraguay und Chile. Für diese Expeditionen war wohl der Abenteuercharakter mitentscheidend, denn Hermes brachte neben den wissenschaftlich-wirtschaftlichen Erträgen auch die Gewissheit mit, dass ihm eine rein bürokratische Tätigkeit nicht lag. Ohne ruhelos zu sein, blieb er zeitlebens reiselustig. Nach sechs Jahren bei der DLG bewarb sich Hermes um eine Auslandsverwendung und wurde im Oktober 1911 ‹Divisionschef›, also einer der insgesamt vier leitenden Beamten am Internationalen Agrarinstitut in Rom, einer supranationalen Einrichtung, die der zunehmend selbstsichere und selbstbewusste Hermes in den folgenden Jahren durch strukturelle Reformvorschläge professionalisierte. Das international tätige Institut in der italienischen Hauptstadt war eine Lieblingsidee des italienischen Königs gewesen, der in Rom ein Zentrum des gesammelten agrarwissenschaftlichen Wissens einrichtete. Die deutsche Reichsleitung machte schließlich aus diplomatischen Gründen mit, obwohl man hinter vorgehaltener Hand davon überzeugt war, auf europäischer Ebene im Kredit- und Genossenschaftswesen so weit vorne zu stehen, dass man von den wissenschaftlich-wirtschaftlichen Erträgen des Agrarinstituts gar nicht profitieren zu können glaubte.[8]

Der Ausbruch des Ersten Weltkrieges beendete die römische Tätigkeit. Statt wie gewünscht einem Kavallerieregiment zugeordnet zu werden, wurde Hermes ins Kriegspresseamt befohlen und musste fortan für mehrere Monate die Nachrichten der Auslandspresse auswerten. Als die Ernährungslage in Deutschland immer bedrohlicher wurde, wurde er Anfang 1916 in den ‹Kriegsausschuss für Ersatzfutter› berufen und übernahm bis Kriegsende, zuletzt als Vortragender Rat und Ministerialdirektor, weitere Sonderaufgaben, unter anderem im besetzten Rumänien, aber auch bei der immer schwieriger werdenden Bewirtschaftung der Düngemittel.

Der Zusammenbruch der Hohenzollernmonarchie brachte für Hermes keinen Karriereschnitt, im Gegenteil: Der leidenschaftliche Agrarexperte, der im Ersten Weltkrieg Erfahrung im Management von schwierigen Ernährungssituationen gesammelt hatte, wurde sogleich ins neu geschaffene Reichwirtschaftsministerium berufen. Hilfreich war die Zugehörigkeit zur Zentrumspartei, die jetzt mit führenden Persönlichkeiten die Anfänge der Weimarer Republik prägte. In atemberaubendem Tempo erreichte er nicht einmal zwei Jahre später die höchsten politischen Ämter seiner Karriere: 1921 rückte er zum Reichsminister, und zwar zum Chef des im März des Vorjahres neu geschaffenen Reichsministeriums für Ernährung und Landwirtschaft, auf, protegiert von einigen Freunden aus dem landwirtschaftlichen Flügel des Zentrums. Ernährungswirtschaft und Landwirtschaft, so lautete seine Maxime, seien administrativ nicht zu trennen und müssten daher in einem gemeinsamen Ressort betreut werden.[9]

An der Spitze des Reichsministeriums für Ernährung und Landwirtschaft blieb der Seiteneinsteiger bis Ende März 1922. Hier profilierte er sich als Querdenker, der allerdings auch über die Standhaftigkeit und Robustheit verfügte, die in hohen Staatsämtern in diesen prekären Zeiten notwendig waren. Ein kritisch gesinnter journalistischer Beobachter hielt fest: «*Er war nicht gerade deutsch-national, aber er hatte doch viele Berührungspunkte mit den Agrariern. Insofern war er in mancher Hinsicht ein Fremdkörper in der linksgerichteten Regierung. Seine Geschmeidigkeit ließ ihn aber sowohl das sozialistische Kabinett Hermann Müllers wie auch die Regierungen Fehrenbachs und Wirths überstehen.*»[10] Hermes war nicht unumstritten, vor allem als er Ende Oktober 1921 in der beginnenden Hyperinflation als Nachfolger seines Parteifreundes, des inzwischen zum Reichskanzler aufgestiegenen Joseph Wirth, zusätzlich das Reichsfinanzministerium erhielt, das er schon einige Monate lang geschäftsführend geleitet hatte. Der missgünstige Unterstaatssekretär in der Reichskanzlei, der parteilose Verwaltungsjurist Heinrich Albert, notierte: *«Dieser Mann ist nach den Schriftstücken ein Juwel; nach meiner Kenntnis und Information hat er nicht das erforderliche Ausmaß. Vor allem fehlt ihm die Erfahrung in der Staatsverwaltung und die Kenntnis ihres Apparates. Dieser Mangel kann durch die katholische Konfession wohl nicht ganz ausgeglichen werden.»*[11] Hermes setzte sich gegen solche Mäkeleien durch und blieb selbst nach dem Scheitern des Minderheitskabinetts von Wirth unter dessen Nachfolger Wilhelm Cuno Reichsfinanzminister. Nun hatte er die undankbare und faktisch unlösbare Aufgabe, sich in den Unzeiten des beginnenden Ruhrkampfes und in der Hochphase der Hyperinflation mit den zerrütteten Finanzen und den demütigenden alliierten Ultimaten auseinanderzusetzen.

Die Reparationen belasteten die am Boden liegende deutsche Wirtschaft; die Folge war die Verarmung weiter Teile der Mittelschicht.[12] Das stetig wachsende Haushaltsdefizit mündete schließlich in einen vollständigen Zusammenbruch des deutschen Finanz- und Währungssystems.[13] Die Hyperinflation beschränkte sich nicht allein *«auf das mit der enormen Umschichtung des Volksvermögens verbundene Durcheinanderwirbeln sozialer Hierarchien, die verbreitete Existenzunsicherheit und die Proletarisierung einzelner sozialer Gruppen.»*[14] Die verlorengehende gesellschaftliche Sicherheit schadete allen bürgerlichen Parteien, weil sie die finanzielle Basis der sie unterstützenden Berufsgruppen zerstörte.[15] Ein von Cuno unterbreitetes Angebot, in das Amt des Reichsaußenministers zu wechseln, zerschlug sich, weil das Zentrum und vor allem Joseph Wirth, mit dem sich Hermes überworfen hatte, dagegen opponierten.[16]

Als Cuno im August 1923 scheiterte, verließ auch Hermes – wie sich herausstellen sollte, nur vorübergehend – die politische Bühne. Erfolgreich wird man sein Wirken in dieser heillosen Zeit nicht nennen können. Noch weiter ging der gnadenlose sozialdemokratische Journalist Erwin Topf. Er ließ kein gutes Haar am Seiteneinsteiger Hermes, den er nicht nur als Vertreter der agrarischen Hochschutzzollpolitik geißelte. Hermes sei ein Nichtskönner, der von Landwirtschaft nichts verstanden habe und aus der *«Bourgeoisatmosphäre der Stadt Köln»* gekommen sei, so lautete sein harsches Urteil.[17] Die große Wendigkeit von Hermes war in den Augen von Topf nichts anderes als *«politische Charakterlosigkeit»*, gepaart mit ökonomischem Nichtwissen: *«Hermes hat mit den törichten und unerhört primitiven Methoden der Ruhrkampf-Finanzierung die Inflation so weit getrieben, dass sie sich schließlich überschlug.»*[18]

In der Phase einer Neuorientierung nutzte Hermes, sprachgewandt und geistreich zugleich, die Gelegenheit für eine ausgedehnte Reise in die USA, deren wissenschaftliche Erkenntnisse er nach seiner Rückkehr sofort veröffentlichte. Der Politik blieb er nicht lange fern. Seit 1924 war er wieder Mitglied des Preußischen Landtags und an der Arbeit des Enquete-Ausschusses des Reichstags für die zukünftige Wirtschaftspolitik beteiligt, dessen Unterausschuss für Landwirtschaft er leitete. Seine Zeit als Mitglied des Preußischen Landtags (bis 1928) und Mitglied des Reichstags (1928 bis 1933) nutzte er zur Reorganisation des landwirtschaftlichen Genossenschaftswesens, einer Aufgabe, die er für die Stärkung des Bauerntums in Deutschland als unabdingbar ansah: 1926 wurde er Mitglied im Aufsichtsrat der Deutschen Raiffeisenbank.

Das Genossenschaftswesen und besonders die ländlichen Kreditgenossenschaften mit ihrer spezifischen Typenvarianz waren inzwischen integraler Bestandteil des Industrielandes Deutschland geworden, das trotz aller Effekte der zweiten industriellen Revolution immer noch ein bedeutender Agrarstaat war.[19] Die Landwirtschaft befand sich jedoch in einer tiefen Krise. Zu der teilweise selbst verschuldeten Rückständigkeit in der Produktion und den verpassten Modernisierungsmaßnahmen traten weitere Probleme. Billige Importe machten das Überleben der Höfe schwer und trugen in einer hochnervösen Atmosphäre zur Uneinigkeit der Bauern bei. Während Demonstrationen und sogar Sprengstoffanschläge das Bild einer zunehmend mutlos-verzweifelten Bauernschaft zeichneten, rückten im Frühjahr 1928 diese Themen noch näher an Hermes heran, als er zum geschäftsführenden Präsidenten der Vereinigung der deutschen Bauernvereine gewählt wurde, einer vor allem im Süden und Westen des Landes verbreiteten katholisch-mittelbäuerlichen Interessenvertretung, die er fortan in finanziellen Fragen beriet. In seiner Stellung war er zwar ‹praktisch unbeschränkt›, hatte jedoch damit zu kämpfen, dass infolge personeller Intrigen und kleinlicher Streitereien der Verband in seinem Handlungsspielraum beschnitten war.[20]

Im Zuge einer umfassenden Zusammenlegung der beiden größten landwirtschaftlichen Genossenschaftsorganisationen kam Hermes, an sich auch hier wieder Außenseiter, ins Spiel. Zu diesem Zeitpunkt gehörten rund 26 000 ländliche Genossenschaften dem Reichsverband an, während der Generalverband der Raiffeisenorganisation als zweitgrößter Einzelverband über 8500 Genossenschaften zählte. Die Überschuldung der Landwirtschaft und damit auch der Kreditgenossenschaften war inzwischen weiter fortgeschritten. Letztlich war diese Misere eine Voraussetzung für den Zusammenschluss der Verbände, weil die Einzelgenossenschaften mit lokalen Konkurrenten fusionierten und dadurch Doppelstrukturen wegfielen. Bei der Raiffeisenorganisation war die Krise noch dramatischer, weil sie sich auch auf die kreditgenossenschaftliche Zentralbank der Raiffeisenorganisation bezog. Die Raiffeisenbank befand sich durch jahrelange Misswirtschaft in einer Dauerkrise. Eine Stützungsaktion der ‹Preußischen Central-Genossenschaftskasse› (kurz: ‹Preußenkasse›) erwies sich nur als ein Tropfen auf den heißen Stein. Es war bezeichnend, dass die heillos verschuldete Raiffeisenbank wenige Jahre später liquidiert werden musste. Der öffentliche Druck und das schlechte Licht, das der Vorgang auf das gesamte Genossenschaftswesen warf, führten zu dem Einsehen, dass an einer grundlegenden Sanierung kein Weg vorbeiführte. 1928 stellte die Reichsregierung 25 Millionen Reichsmark für die Rationalisierung zur Verfügung. Die Gesamtkosten, von denen die Preußenkasse unter der Leitung ihres mächtigen Präsidenten Otto Klepper einen Löwenanteil übernahm, betrugen schließlich etwa 75 bis 80 Millionen Reichsmark. Ein Großteil des Betrages musste für die stille Liquidierung der Raiffeisenbank im April 1929 und den Zusammenschluss von Reichsverband und Generalverband verwendet werden,[21] was Hermes später viel Kritik eingebracht hat.

Die Frage der Reorganisation blieb ein Dauerbrenner der Debatten im Genossenschaftswesen, zumal die örtlichen Genossenschaften nicht weniger untereinander zerstritten waren als ihre Verbände. Ein Kenner der Szene berichtete: *«Es gab Dörfer, in denen sich drei oder mehr Genossenschaften gleicher Aufgabenstellung, aber verschiedener Verbandszugehörigkeit, um die Mitgliedschaft oder wenigstens Kundschaft von ein paar Dutzend Bauern stritten, und es war vielfach ein Geschäftsbetrieb eingerissen, der mit den ethischen und sozialen Grundlagen genossenschaftlicher Tradition unvereinbar war.»*[22]

An einer grundlegenden Sanierung und Restrukturierung von ‹Reichsverband› und ‹Raiffeisen› zu einem Einheitsverband führte kein Weg vorbei, wie vor allem Klepper als Präsident der Preußenkasse immer wieder betonte. Die Statuten für die neue Organisation wurden im Februar/März 1929 beschlossen, sodass nur noch wichtige Personalfragen zu klären waren: Wer sollte an die Spitze des Spitzeninstituts treten? Klepper wollte zunächst den Vizepräsidenten des Reichsverbandes, Ludwig Hohenegg, als Präsidenten des Gesamtverbandes installieren, stieß damit aber vor allem bei kleineren Bauernverbänden, nicht zuletzt aus Bayern, auf Gegenwind.[23] Dass Klepper in dieser Situation auf Hermes zurückgriff, ein in der Genossenschaftswelt noch weitgehend unbeschriebenes Blatt, war an und für sich erstaunlich. Warum schlug Klepper ihn vor? Hermes, so Klepper, habe in seinen früheren Ämtern zwar *«nicht immer die Erwartungen erfüllt»*, aber er hielt ihn für einen *«energischen, zielbewussten und eminent fleißigen Mann»*, der zu klug sei, *«die Sterne vom Himmel herab»* zu holen. Er sei erfahren und gewandt genug, um den *«Routiniers der Demagogie, die bisher im Reichslandbund das Wort geführt haben, ein Gegengewicht»* zu bieten.[24] Weil Klepper keinen anderen geeigneten Kandidaten aus dem Genossenschaftswesen parat hatte, erhielt Hermes, eine *«im Grunde genommen außenstehende Persönlichkeit»*, seine Chance.[25]

Kleppers Personalvorschlag wurde vom Reichsverband zunächst nicht akzeptiert und stieß auch in der Presse auf erhebliche Vorbehalte. Das ‹Berliner Tageblatt› befürchtete, das Amt könne als Sprungbrett für Politiker dienen, *«die sich in diese Position, von anderer Tätigkeit herkommend, auf ein paar Jahre zurückziehen, und die wahrscheinlich nach ein paar Jahren schon in andere Stellungen übergehen*»[26] – eine kaum verdeckte Attacke gegen Hermes, der ja tatsächlich nicht gerade dafür bekannt war, es lange in einem Amt auszuhalten. Inzwischen war jedoch offenkundig, dass der Versuch, Rationalisierung und Sanierung des Genossenschaftswesens voneinander getrennt zu halten, chancenlos war.[27] Die Splittergruppen und kleineren Genossenschaften setzten sich daher mit ihrer Befürwortung einer Berufung von Hermes schließlich durch. Die pragmatische Lösung bestand darin, statt eines Präsidenten nun ein von Hohenegg und Hermes gemeinsam geleitetes Präsidium zu installieren. Dieser im Februar 1929 gefundene und in der Wohnung von Hermes besiegelte Kompromiss einer ‹Doppelspitze› bot die Grundlage für den so genannten Frankfurter Genossenschaftspakt vom 19. Juli 1929, der den Zusammenschluss der beiden Verbände unter dem sperrigen Namen ‹Reichsverband der deutschen landwirtschaftlichen Genossenschaften (Raiffeisen) e. V.› auf den Weg brachte. Als kenntnisreicher Lobbyist wurde Hermes zu einem der beiden Präsidenten, gewählt, obwohl es durchaus Kritik gab.[28] De facto war er der entscheidende Mann an den Schalthebeln der Macht im Genossenschaftswesen. Der inzwischen hochbetagte Hohenegg saß weitab vom Schuss in München; Hermes hingegen war ein vergleichsweise junger und agiler Reichstagsabgeordneter in Berlin, war zudem Präsident der deutschen Bauernvereine und Leiter der deutsch-polnischen Handelsvertragsdelegation, was ihm weitere Einflussmöglichkeiten verschaffte.[29]

Die Widerstände gegen eine umfassende Rationalisierung des Genossenschaftswesens waren stark. Hermes hegte ebenso wie Hohenegg, der ursprüngliche Wunschkandidat von Klepper, Misstrauen gegenüber einer Vereinheitlichung. Auf der Generalversammlung des Westfälischen Bauernvereins sprach er sich noch im September 1928 mit deutlichen Worten gegen einen Einheitsverband aus: «*Wenn man daran gehen will, das gesamte Genossenschaftswesen zentral zu vereinheitlichen und zu uniformieren, so müssen wir demgegenüber betonen, dass gerade das Genossenschaftswesen als Selbsthilfeorganisation nur gehalten werden kann, wenn es das innerste Wesen des Bauerntums in allen seinen lokalen Eigenarten berücksichtigt. Weltanschauliche Fragen spielen dabei eine große Rolle, die nicht durch sogenannte Rationalisierungen von oben her beeinflusst oder verhindert werden können.*»[30]

In der Forschung ist die Wahl von Hermes als Glücksfall beurteilt worden. Hermes, der die «*Kunst des Taktierens zu großer Meisterschaft entwickelt habe*», habe sich mit großem Geschick seinen schwierigen Aufgaben gestellt und eine «*fruchtbare agrarpolitische Tätigkeit*» entwickelt. Man dürfe in ihm also nicht nur den «*gewandten, klugberechnenden Taktiker*» sehen: «*Er war eine durch wissenschaftliche Kenntnisse, hohe fachliche Fähigkeiten, Weltläufig-*

keit und edle Gesinnung so überragende Gestalt, dass niemand seine Autorität anzutasten wagte.»[31] Rückblickend wird man allerdings feststellen müssen, dass Hermes die Notwendigkeit wirtschaftlicher Reformen unterschätzt hat. Umstritten ist bis heute, in welchem Maß er damit die Verschuldungskrise sogar noch verschärft hat. Unabhängig davon war seine Aufgabe schwer genug: Es gehörten Können und diplomatisches Geschick dazu, das Vertrauen des inhomogenen und in sich zerstrittenen Genossenschaftsmilieus zu gewinnen, wo, besonders in der Landwirtschaft, eine traditionelle Verbindung von Misstrauen und Eigennutz – wie eine Studie es genannt hat – *«tief in der bäuerlichen Volksseele»* verwurzelt war.[32]

Unter Hermes nahm der neu geschaffene Einheitsverband im Juli 1930 seine Arbeit auf. Hermes, bislang der *«Herr über 87 Genossenschaften»*, stand nun einem wesentlich größeren Verband vor.[33] An der Spitze des größten Genossenschaftsverbandes der Welt forcierte er nun gemeinsam mit Klepper dessen Vereinheitlichung und Rationalisierung. Die Raiffeisenidee sollte nicht angetastet werden, aber fortan sollte eine einheitliche und verbindliche Linie in der Kreditpolitik durchgesetzt werden, um die landwirtschaftlichen Erzeugnisse wettbewerbsfähig zu machen und besser vermarkten zu können. Der neue Mann setzte auf freiwillige Absprachen mit den regionalen Genossenschaften, deren Selbstständigkeit nicht beschnitten werden sollte, während Klepper zumindest für die Kreditwirtschaft eine stärkere Zentralisierung favorisierte. Während Doppelstrukturen abgebaut wurden, blieb der dezentrale Charakter der Organisation erhalten.[34] Der Verband blieb unter Hermes ein Verfechter des Subsidiaritätsprinzips. In jedem regionalen Wirtschaftsbereich *«sollten künftig je eine Geld- und eine Warenzentrale, in einem Bereich des Unterbaues, also im Regelfall in einem Dorf, ebenfalls nur eine Geld- und eine Warengenossenschaft arbeiten»*. Die Folge dieser Straffung war der Wegfall bisheriger Doppelstrukturen. Die Zahl der Verbände, Geld- und Warenzentralen ging innerhalb von zwei Jahren von 143 auf 81 zurück.[35]

Mit Hermes, dem Verfechter der Vereinheitlichung auf *«unterer und mittlerer Ebene»*[36] und dem *«geschickten Taktiker und Interessenvertreter bei wirtschaftspolitischen Maßnahmen»*[37], mussten die Politiker der Weimarer Republik fortan rechnen. Hermes wollte zukünftig die fatale Abhängigkeit der Landwirtschaft vom staatlichen Tropf verringern, weil dies in der Vergangenheit immer wieder ungute Auswirkungen für die Eigenständigkeit mit sich gebracht hatte. In einem Vortrag über Staatshilfe in einer Chefbesprechung in der Reichskanzlei wandte er sich gegen eine zu weitgehende Staatshilfe für die Landwirtschaft. Der Staat müsse *«nur die Voraussetzungen schaffen, um die Selbsthilfe weiter zu mobilisieren»*.[38] So überzeugend sich diese Einschätzung in der Theorie auch anhörte, so schwierig ließ sie sich in der Praxis durchsetzen. Gerade in der nun einsetzenden Weltwirtschaftskrise riefen einzelne Genossenschaften mit zahlreichen Eingaben nach staatlicher Unterstützung. Die für Düngemittel gegebenen Kredite reichten oftmals nicht aus, und die nach politischem Gusto und dem Gießkannenprinzip gewährte, skandalträchtige ‹Osthilfe› weckte neue Begehrlichkeiten.[39] Die deutschen Verbraucher sollten dazu erzogen werden, auf Importe zu verzichten und deutsche Landwirtschaftsprodukte zu kaufen. Für Hermes war dies ein nicht einfacher Balanceakt: Er war Mitinitiator der im Februar 1929 gegründeten und von den Großbauern dominierten ländlichen Arbeitsgemeinschaft der ‹Grünen Front›,[40] die vor allem für die Stärkung der ostelbischen Landwirtschaft in Erscheinung trat. Vereinigung der deutschen Bauernverbände, ‹Grüne Front› und ein Großteil der Genossenschaften zogen mit ihren Forderungen nach mehr Staatshilfe an einem Strang, während Klepper und Hermes, der im vierköpfigen Präsidium der ‹Grünen Front› saß, tendenziell skeptischer waren. Trotzdem hat seine Mitwirkung gerade bei der ‹Grünen Front› ihm später Kritik eingebracht; die Koordinierungsarbeit dieser bäuerlichen Lobbygruppe ist gar *«als das Vorspiel zur freiwilligen Gleichschaltung»* bezeichnet worden.[41]

Zusätzlich zu den destabilisierenden Tendenzen, die der ‹Grünen Front› eigen waren, drohten inzwischen weitere Gefahren für die Demokratie. Hermes war zwar, wie die überwiegende Zahl der Deutschen und der von ihm repräsentierten Verbände, national, aber nicht nationalsozialistisch eingestellt. Hermes waren Bauernromantik und der vom Katholizismus genährte Ständestaatsgedanke nicht fremd, während er mit der nationalsozialistischen ‹Blut und Boden›-Ideologie nichts anfangen konnte.[42] Als christlich geprägter Konservativer stand er auf der Seite der Republik, unterschätzte jedoch wie viele andere die Dynamik der ‹braunen Bewegung› und glaubte in Verkennung der Aggressivität des Nationalsozialismus, die Zeit arbeite gegen Hitler und man könne mit einer Sachpolitik die Krise überstehen.

Inzwischen war Hermes angesichts des hohen Alters Hoheneggs – dieser starb schließlich im Februar 1933 – einstimmig zum alleinigen Präsidenten des Genossenschafts-Reichsverbands gewählt worden. Die Zeit der Doppelspitze war damit in einer Phase beendet, in der sich die Weimarer Republik bereits in der Agonie befand und Hitler zum neuen Reichskanzler ernannt worden war. Unter diesen Voraussetzungen, so führte Hermes am 15. Februar 1933 aus, müsse man alles tun, um *«mit der gegenwärtigen Regierung zusammenzuarbeiten»*.[43] Hermes glaubte, seine genossenschaftlichen Belange auch unter Hitler als Reichskanzler durchführen zu können, trotz aller Warnungen und der Mahnung des neuen Präsidenten des inzwischen als ‹Deutsche Zentralgenossenschaftskasse› (kurz: ‹Deutschlandkasse›) firmierenden genossenschaftlichen Zentralinstituts, Hans Helferich, er solle in seinen Meinungsäußerungen *«etwas vorsichtiger»* sein.[44]

Die ‹braune Bewegung› machte gerade auf dem Sektor der Agrarpolitik ihre Ansprüche geltend. Die atavistischen Tendenzen des Nationalsozialismus zeigten sich in ausschweifenden Re-Agrarisierungplänen des ‹Reichsbauernführers› Richard Walther Darré, der, zeitweise ausgesprochen mächtig, in seiner vormodernen ‹Blut und Boden›-Utopie die Zeit bis vor die industrielle Revolution zurückdrehen und sich dafür auch der Genossenschaften bemächtigen wollte. Gegen Hermes erhoben die Nationalsozialisten einen bald üblichen Vorwurf. Er habe staatliche Gelder in Millionenhöhe veruntreut, die für die Reorganisation des ländlichen Genossenschaftswesens vorgesehen gewesen seien. Noch im März 1933 setzten staatsanwaltliche Ermittlungen ein; wenige Tage später wurde ein förmliches Verfahren eingeleitet. Die Versuche von Hermes, seiner politischen Ausschaltung durch Erläuterungen während einer Sitzung der Deutschlandkasse vorzubeugen, fruchteten ebenso wenig wie die Niederlegung seines Reichstagsmandats. Dieser taktische Zug hatte sogar die gegenteilige Wirkung. Er wurde am 21. März wegen angeblichen ‹Fluchtverdachts› und ‹Verdunklungsgefahr› verhaftet und blieb fünf Monate in Untersuchungshaft. Besonders bei den genossenschaftlich organisierten Bauern, musste selbst die nationalsozialistische ‹Landpost› berichten, löste die Inhaftierung *«ungeheure Unruhe und Empörung»* aus.[45] Im Gefängnis in Berlin-Moabit befolgte er den Rat von Freunden und legte sein Amt als Präsident des Reichsverbandes nieder.[46]

Die Kreditgenossenschaften wurden inzwischen unter Beschuss genommen. Die ‹Landpost› formulierte am 16. April 1933 unter dem Titel ‹Uns die Führung der Genossenschaft› einen Generalangriff gegen die bürgerliche Spitze des Verbandes: *«Wir wollen den Herren im Generalverband nicht den geringsten Zweifel darüber lassen, dass das revolutionäre Bauerntum jetzt kategorisch die Berufung von Nationalsozialisten als Führer der Genossenschaftsorganisation fordert.»*[47]

Darré erschien am 19. April zu einer Sitzung des Verwaltungsrats des Reichsverbandes und stellte Gleichschaltungs-Ultimaten, was den Rücktritt des geschäftsführenden Vorstands zur Folge hatte. Zugleich wurden drei Parteigenossen aus dem agrarpolitischen Apparat der NSDAP in das Präsidium berufen. Als *«Geburtstagsgeschenk»* konnte Darré jetzt *«die Übernahme der Führung von 40 000 ländlichen Genossenschaften»* melden.[48]

Im Mai 1934 wurde gegen Hermes das Hauptverfahren eröffnet. Der Prozess endete nach 27 Verhandlungstagen mit der Verurteilung zu einer Haftstrafe von vier Monaten, die durch die Untersuchungshaft als verbüßt galt. Eine Ehrenerklärung des inzwischen ins Ausland geflohenen Otto Klepper, die Hermes vollständig entlastete, kam zu spät, um das Urteil noch zu beeinflussen.[49] In der Forschung ist umstritten, ob es sich um einen der typischen ‹Schauprozesse› handelte, die 1933/34 gegen Männer des ‹Systems› geführt wurden.[50] Obwohl die *«Prozessführung selbst sachlich nach rein juristischen*

Kriterien vorgenommen wurde und politisch unbeeinflusst» war,[51] gibt es keine Zweifel, dass die Anklage gegen Hermes ein Instrument des ‹Maßnahmenstaats› war, der den ‹Normenstaat› Zug um Zug ersetzte.[52] Eine von Hermes angestrebte Revision des Gerichtsurteils kam nicht zustande, weil eine Amnestie im August 1934 diesen Weg versperrte. Eine von ihm angefertigte 380 Seiten umfassende Rechtfertigungsschrift verschwand *«in der Ablage seiner Strafakten»*.[53] Das Regime hatte sein Ziel erreicht: Ein unbequemer und mächtiger Mann der Weimarer Republik war durch eine Zwangsmaßnahme und durch *«unsaubere Mittel»*[54] dauerhaft ausgeschaltet.

Hermes hatte nach seiner Haftentlassung im ‹Dritten Reich› keine berufliche Zukunft mehr. Im März 1936 ging er mit seiner Frau nach Kolumbien, um dort beim Aufbau genossenschaftlicher Strukturen mitzuhelfen. Als er 1939 versuchte, die in Deutschland zurückgebliebenen Kinder nach Südamerika zu holen, wurde er vom Ausbruch des Zweiten Weltkrieges überrascht. Er kehrte nicht in die ‹Neue Welt› zurück und blieb in Deutschland.

Seine Beteiligung am Widerstand gegen Hitler ist gut dokumentiert und muss an dieser Stelle nicht ausführlich referiert werden. Hermes geriet über die Exponenten der katholischen Arbeiterbewegung, besonders Wilhelm Elfes und Jakob Kaiser, in das Gesichtsfeld des zivilen Kopfes der Anti-Hitler-Bewegung. Carl Goerdeler überredete ihn schließlich, in einer Zeit nach Hitler Landwirtschaftsminister zu werden. Wie andere bürgerliche Oppositionelle hielt Hermes den ehemaligen Oberbürgermeister von Leipzig für zu unvorsichtig und warf diesem *«leichtfertigen Dilettantismus»* vor. Wohl deshalb zog er seine Zusage für einen Ministerposten Ende 1943 wieder zurück. Diese Vorsichtsmaßnahme kam jedoch zu spät. Schon zwei Tage nach dem gescheiterten Attentat vom 20. Juli 1944 geriet Hermes ins Visier der Gestapo, wurde verhaftet und durch die Ermittlungen der ‹Sonderkommission› Himmlers schwer belastet. Es folgten Haft und Folter im berüchtigten Gefängnis Lehrter Straße in Berlin. Am 11. Januar 1945 wurde er vom ‹Volksgerichtshof› unter Roland Freisler zum Tode verurteilt. Die folgenden Monate, in denen das ‹Dritte Reich› in Agonie versank, vergingen, ohne dass das Urteil vollstreckt wurde. Die Ehefrau von Hermes setzte alles in Bewegung, was sich mobilisieren ließ, um eine Begnadigung zu erreichen. Dennoch war es ein Glücksfall, dass Hermes verschont wurde, während zahlreiche seiner Mitverschworenen noch in den letzten Tagen des Regimes ermordet wurden.[55]

Hermes, der, wie seine Briefe aus der Haft zeigen, mit dem Leben bereits abgeschlossen hatte, beschäftigte sich im Gefängnis inzwischen mit beruflichen Angelegenheiten. Am 17. April 1945 wollte er mit Gottfried Meulenbergh, einem ehemaligen Präsidiumsmitglied des Reichsverbands der landwirtschaftlichen Genossenschaften, in Verbindung treten: *«Ich muss ihn gleich dringend sprechen, da ich beabsichtige, über die landwirtschaftlichen Genossen-*

schaften sofort die nötige neutrale Plattform für weitere politische Aktionen zu gewinnen.»[56] Für Hermes als Mann der Landwirtschaft und des Genossenschaftswesens gab es keine ‹Stunde null›. Nachdem er aus der Todeszelle freigekommen war, stand einer Anknüpfung an frühere berufliche Tätigkeiten nichts im Weg. Hermes stand auf einer Liste des amerikanischen Geheimdienstchefs Allen Dulles, der als Leiter der OSS Mission Germany im August 1945 zahlreiche Persönlichkeiten als ‹German Government Personnel› und den ehemaligen Minister nun für den Bereich Ernährung und Landwirtschaft empfahl.[57]

Eine Rede auf der Gründungskundgebung der CDU am 22. Juli 1945 ließ die Kontinuitäten des Denkens in genossenschaftlichen Bahnen erkennen: *«Der Krieg hat in einem nicht vorstellbaren Ausmaße Volksvermögen vernichtet, eine ungeheure Kapitalarmut hat das deutsche Volk in allen seinen Schichten betroffen. Nur durch angespannte Arbeit bei größter Sparsamkeit im Verbrauch kann sie allmählich überwunden werden. Nicht große Vermögen, sondern nur die in ihrer Vielheit bedeutenden Spargroschen der arbeitenden Bevölkerung können und dürfen die Grundlage des Aufbaus werden. Hierfür die richtigen Sammelbecken bereitzustellen, ist notwendig. Deutschland verfügt von alters her über ein ausgedehntes Netz von kommunalen Sparkassen und Spar- und Darlehensgenossenschaften, die wieder in das Wirtschaftsleben eingeschaltet werden müssen. Jedes Sparen, wie jeglicher wirtschaftlicher Verkehr setzt klare, gesicherte Währungsverhältnisse voraus. Daher ist die Festigung der Währung eine vordringliche Forderung. Sparkassen und Banken, vor allem aber die Reichsbank sind von Hitler und dem Naziregime in verbrecherischer Weise missbraucht worden. Durch den Krieg sind die Reichsfinanzen völlig zerrüttet und die Grundlagen der Währung untergraben worden. Das Reich ist völlig überschuldet und nicht mehr in der Lage, seinen Verpflichtungen nachzukommen. Da die Reichsverschuldung unmittelbar oder mittelbar in alle Kanäle des Wirtschaftslebens eingedrungen ist, war die vorläufige Vereisung des gesamten Blockes der alten Schulden unvermeidlich, doch darf der Zahlungsverkehr hierunter nicht leiden. Selbst wenn das Wirtschaftsleben so klein geworden ist, wie gegenwärtig bei uns, kann es auf die Zahlungsmittel genau so wenig verzichten, wie auf die Verkehrsmittel. Die allmähliche Lockerung der Kontensperre ist daher unabweisbar. Selbst in den uns verbliebenen engen wirtschaftlichen Grenzen dürfen wir nicht die Fürsorge für die Notleidenden und Schwachen unseres Volkes, für die Opfer des Krieges und des Hitlerterrors sowie die Versorgungsberechtigten vergessen. Wir werden es als eine besondere Ehrenpflicht ansehen, allen diesen Notleidenden im Rahmen des irgend Möglichen Hilfe zu gewähren und ein wahrhaft soziales Aufbauwerk in Angriff zu nehmen.»*[58]

Der Versuch von Hermes, ein politisches Comeback zu erreichen, scheiterte allerdings bereits nach kurzer Zeit auf ganzer Linie. In Berlin setzte er hinsichtlich der Zukunft Deutschlands zunächst auf die Unterstützung der siegreichen Sowjetunion. In der sowjetischen Besatzungszone begann er, ein eigenes Netzwerk in der ehemaligen Reichshauptstadt aufzubauen. Von den sowjetischen Offizieren zunächst regelrecht hofiert, baute er seit Mitte 1945 ein Amt für Ernährungswesen auf, eine für die Versorgung der Bevölkerung unverzichtbare Behörde, die zu einem Apparat mit mehr als 1000 Beschäftigten wurde. Die Einrichtung sollte, mit ihm an der Spitze, den Kern eines zukünftigen Reichsministeriums für Ernährung und Landwirtschaft bilden.[59] Allerdings unterschätzte er den Machtwillen der Sowjets, die in der von ihnen besetzten Zone keine Nebenregierung dulden wollten. Die Besatzer legten ihrem ehemaligen Schützling zunehmend Steine in den Weg, schalteten ihn im August 1945 politisch aus und sorgten dafür, dass er im Dezember 1945 als Parteivorsitzender der Christlich-Demokratischen Union Deutschlands abgesetzt wurde. Den willkommenen Anlass bot seine Ablehnung der kommunistischen Bodenreform.[60]

Zu Weihnachten 1945 siedelte Hermes mit seiner Familie in den Westen über, nur um hier auf Schwierigkeiten ganz anderer Art zu stoßen. Der machtbewusste Agrarexperte, der nicht zuletzt mit einer programmatischen Rede im Dezember 1945 seinen Führungsanspruch begründete,[61] stieß sofort auf Gegenwind, denn am Rhein bereitete Konrad Adenauer als Vorsitzender der CDU in der britischen Zone sein eigenes politisches Comeback vor. Dieser hatte nicht nur den Vorteil des Platzhirschen. Ähnlich macht- und selbstbewusst wie Hermes wusste er jetzt den Vorteil auszuspielen, dass sein Gegenspieler anfangs auf die sowjetische Karte gesetzt hatte. Diese politische Geschmeidigkeit erwies sich nun als Kardinalfehler, der ihm fortwährend vorgehalten werden konnte. Adenauer nutzte zudem gnadenlos aus, dass Hermes noch an der unrealistischen und utopischen Vision festhielt, Deutschland könne im zukünftigen Europa eine Art Brückenfunktion zwischen Ost und West wahrnehmen.

Ende 1946 war das Tischtuch zwischen Adenauer und Hermes endgültig zerschnitten. Während der Erstere sich bei Weggefährten misstrauisch erkundigte, was Hermes politisch im Schilde führe, ließ dieser seinen Weggefährten und Nachfolger in der Berliner CDU, Ernst Lemmer, wissen, Adenauer sei ein *«unmöglicher Mann [...] ohne politischen Instinkt»*. Geradezu verächtlich ergänzte er diese Invektive, Adenauer sei eben ein *«Oberbürgermeister»*.[62] Hermes hielt Adenauer zu höheren Weihen zwar nicht für berufen, dieser saß aber am längeren Hebel. Nachdem Ernst Lemmer und Jakob Kaiser signalisiert hatten, dass sie keine Gegenposition zu Adenauer aufbauen wollten,[63] musste Hermes akzeptieren, dass er im Machtpoker gegen Adenauer verloren hatte.[64] Von der Bonner Politik hielt er sich wohlweislich fortan fern – und auch von einem späteren verlockenden Angebot Adenauers, erster Landwirtschaftsminister der

Bundesrepublik zu werden, ließ er sich nicht ködern, weil er ahnte, dass dieser Vorschlag sowieso nicht ernst gemeint war.[65] Grollend brandmarkte er die Konstituierung der Bundesrepublik gelegentlich gar als «*Fehlentwicklung*»,[66] weil er sah, dass die Sowjetunion ihre Zone in einen Separatstaat verwandelte, was wiederum zahlreiche Christdemokraten dazu führte, noch Jahrzehnte später eine eher «*unbequeme Erinnerung*»[67] an Hermes zu pflegen.

Die verständliche Distanz, die Hermes in den 1950er-Jahren zum ersten Kanzler der Bundesrepublik hielt, erfuhr auch Kritik. Der Nachfolger von Hermes im Amt des Präsidenten des Raiffeisenverbands, Theodor Sonnemann, konzedierte zwar durchaus anerkennend, dass Hermes im Raiffeisenverband eine «*außerordentliche Machtfülle*» auf sich vereinigt habe. Aber Hermes habe es niemals verwinden können, dass Adenauer, Hermes' Berliner Abwesenheit nutzend, ihm in Bonn bei der Führung der CDU den Rang abgelaufen habe. Weil dadurch das Verhältnis zum Bundeskanzler «*von Grund auf gestört*» gewesen sei, habe sich die Animosität von Hermes «*zum Nachteil der Sachinteressen*» der deutschen Landwirtschaft ausgewirkt.[68] Nicht alle Urteile waren so negativ: Der Wirtschaftshistoriker Wilhelm Treue beispielsweise bescheinigte gerade für die Zeit nach 1945 eine erfolgreiche Politik, während die zwiespältige Bilanz der Jahre vor 1933 mit Hermes' häufigem «*Finassieren*» begründet wurde.[69]

Hermes verzichtete wohl oder übel auf seine allgemeinpolitischen Ambitionen und bestellte wieder sein angestammtes Terrain. Er konzentrierte sich auf seine bereits in Berlin begonnenen Bemühungen zum Wiederaufbau des Deutschen Bauernverbands und des Raiffeisenverbands. Die Quellen lassen keine wirklich befriedigende Antwort auf die Frage zu, ob dieser «*Rückzug in die Landwirtschaft*» ein Indiz für Resignation war oder ob Hermes, wie zuvor in den Jahren der Weimarer Republik, mit dem langfristigen Gedanken spielte, das genossenschaftliche Feld «*zu einem Sprungbrett für die Rückkehr in die Politik auszubauen*».[70] Wahrscheinlich hat Hermes, Realist genug, gesehen, dass die Brücken zur ‹hohen Politik› endgültig abgebrochen waren. Das Metier der Genossenschaften war klimatisch angenehmer als das ‹Treibhaus› Bonn. Hatten die alliierten Militärbehörden zunächst einen von Wirtschaftsrat und Länderrat gebilligten Gesetzentwurf abgelehnt, wonach die Genossenschaftskasse exklusiv für die Landwirtschaft und die gewerbliche Wirtschaft sowie die Konsum- und Wohnungsbaugenossenschaften tätig sein sollte, so legte das in Abstimmung mit den Besatzungsmächten Anfang Mai 1949 verabschiedete Gesetz zur Genossenschaftskasse den Aufgabenschwerpunkt des Instituts unmissverständlich auf die Kreditvergabe an die Landwirtschaft. Die Zukunft des Genossenschaftswesens wurde in der britischen Zone bereits im Herbst 1945 auf Arbeitsebene diskutiert. Wenige Monate später, im Februar 1946, wurde unter ihrer Ägide eine ‹Arbeitsgemeinschaft der ländlichen Genossenschaftsverbände› aus der Taufe gehoben, die eine Blaupause für einen noch zu gründenden Hauptverband wurde. Als Geschäftsführer diente der bereits erwähnte Jurist Gottfried Meulenbergh, ein Vertrauter von Hermes. Im Mai 1947 wurde Hermes im Wirtschaftsrat der Bizone der Leiter des Ausschusses für Ernährung und Landwirtschaft, und es war kein Zufall, dass er im gleichen Jahr Präsident des Deutschen Bauernverbands wurde, dem er bis 1954 vorstand.

Im Februar 1947 trat er an die Spitze des Verbandes der rheinischen landwirtschaftlichen Genossenschaften e. V. Die noch im gleichen Jahr erfolgende Gründung der Landwirtschaftlichen Rentenbank (zu dessen Verwaltungsratsvorsitzendem er 1948 gewählt wurde) und der Deutschen Genossenschaftskasse wäre ohne den persönlichen Einsatz von Hermes wohl kaum so reibungslos vollzogen worden.[72] Im August 1949 übernahm er auch hier den Vorsitz im Verwaltungsrat. Er blieb bis zum Juni 1963, ein halbes Jahr vor seinem Tod, in diesem einflussreichen Amt, in dem er die Kontinuität in den Jahren des Aufbaus garantierte,[73] als *«Initiator der stärksten agrarpolitischen Machtkonzentration, die wir bis heute erlebt haben»*, wie der Wirtschaftsjournalist Kurt Pritzkoleit bemerkte.[74] Hermes spielte bei der Beantwortung der Frage, ob das zukünftige kreditgenossenschaftliche Spitzeninstitut an seine Vorgängereinrichtungen bis 1945 anknüpfen solle, eine Schlüsselrolle. Nach längeren Beratungen setzte sich schließlich im März 1948 das ‹Konzept der Errichtung einer neuen Institution› durch,[75] die sich jedoch geistig an der *«Tradition des Reichsverbandes vor 1933»* orientierte.[76] Hermes wurde im November 1948 in Wiesbaden zum Präsidenten des ‹Deutschen Raiffeisenverbandes e. V.› als Spitzenorganisation der ländlichen Genossenschaften gewählt – ein Amt, das er bis ins hohe Alter wahrnahm und erst 1961 wieder abgab. Der Raiffeisenverband war trotz aller politischen Umbrüche mächtig geblieben: 1951 umfasste er 32 Zentralgeschäftsanstalten und 11 213 Spar- und Darlehenskassen. Hermes, der somit agrarpolitisch auch in der Bundesrepublik an einer zentralen Schnittstelle zwischen Politik und Agrarinteressen stand, war, wie DER SPIEGEL in einer Titelgeschichte geradezu ehrfürchtig schrieb, *«Chef des Milliarden bewegenden Raiffeisen-Verbandes, der riesigen Absatz- und Einkaufsorganisation der westdeutschen Landwirtschaft»* geworden.[77] Für die schwierigen Beratungen über die rechtliche und finanzielle Ausgestaltung der neuen Einrichtung und die notwendige Überzeugungsarbeit erwies sich Hermes wiederum als ‹Schlüsselfigur›.[78]

Weil Hermes *«als Politiker wie als Fachmann Weltruf»*[79] genoss und durch seine Widerstandstätigkeit auch im Ausland angesehen war, war es ihm auch möglich, Verbindungen in den Westen wiederaufzubauen. Der Deutsche Raiffeisenverband wurde Mitglied in der neu gegründeten ‹Conféderation Européenne d'Agriculture› (CEA), an deren Spitze er für fünf Jahre stand. Deutscher

Bauernverband und Deutscher Raiffeisenverband wurden zudem in die ‹International Federation of Agricultural Producers› (IFAP) aufgenommen; Hermes wurde 1953 ihr Vizepräsident. Hinzu trat seine von 1952 bis 1954 dauernde Tätigkeit als deutscher Hauptdelegierter bei dem in Paris angesiedelten ‹Pool vert›, der Europäischen Konferenz über die Organisation der Agrarmärkte, bei der er aber ebenfalls immer wieder in Konflikt mit Adenauers europapolitischen Ideen geriet.[80] Hermes forderte nicht nur gemeinsam mit anderen westeuropäischen Mitstreitern einen «*Schumanplan für die Landwirtschaft*», sondern beklagte bisweilen die «*agrarpolitische Verständnislosigkeit*» der Bonner Politik, was sogar den Ruf nach einer Neuauflage der ‹Grünen Front› erschallen ließ.[81] Eine politische Vision Europas, wie Adenauer sie hatte, war Hermes fremd. Mit Adenauers Postition vereinbare Entwicklungen, die auf eine supranationale Institution auf dem Agrarsektor hinausliefen, beantwortete er mit einer ‹Verschleppungstaktik›.[82] Vor allem der Ruf nach Zöllen für landwirtschaftliche Produkte brachte den genossenschaftlichen Verbandsfunktionären den Ruf ein, aus purem Egoismus die Entwicklung des Industriestandorts Bundesrepublik zu gefährden. Insofern ist es nicht falsch, in Hermes eine Art Vordenker für den in Europa vorhandenen Agrarprotektionismus zu sehen. Immerhin galt Hermes selbst dem kritischen Nachrichtenmagazin DER SPIEGEL als jemand, der bereit war, die Raiffeisen-Organisation «*gegen die Unbelehrbarkeit mancher seiner Funktionäre*» zu führen.[83]

Der Raiffeisenverband vergaß Hermes nicht. Nach seinem Ausscheiden aus dem Amt wurde ihm ein Landhaus in Krälingen vermacht. Die politischen Grabenkämpfe waren inzwischen angesichts der erfolgreichen Rekonstruktion des Genossenschaftswesens weitgehend verblasst. Anlässlich seines 80. Geburtstags wurde Hermes mit zahlreichen Glückwunschadressen und Ansprachen gebührend gefeiert. Es war bezeichnend, dass nicht nur Theodor Heuss, sondern sogar sein alter Rivale Konrad Adenauer eine launige Rede hielt.[84] Hermes starb am 4. Januar 1964 in Krälingen, ohne dass sein Lebenswerk in Vergessenheit geriet. Zwar bleibt seine Beteiligung am Widerstand gegen Hitler bis heute häufig ein zentraler Bezugspunkt, aber die kontinuierliche Lobbyarbeit des christlichen Bauernführers «*ohne Ar und Halm*»[85] trug dazu bei, dem landwirtschaftlich-genossenschaftlichen Gedanken in der heutigen Bundesrepublik einen festen Platz zu sichern.

Christopher Kopper

GEORG DRAHEIM (1903–1972)

Die Funktionen und die Entwicklung des Genossenschaftswesens lassen sich nicht allein von ihren Mitgliedsorganisationen her erklären. Während die zentralen Genossenschaftsverbände der Raiffeisen-Genossenschaften vor allem den Einkauf für ihre Mitglieder übernehmen, sind die regionalen und zentralen Verbände im genossenschaftlichen Bankwesen für den Liquiditätsausgleich, die Refinanzierung, die Bilanzprüfung und die gegenseitige Haftung verantwortlich. Man kann die heutige Rolle der genossenschaftlichen Spitzenorganisation nicht ohne die Geschichte ihrer Entstehung und ihrer Evolution verstehen. Während die Zentralgenossenschaftskasse des Kaiserreichs primär dem Liquiditätsausgleich zwischen den regionalen Genossenschaftsverbänden diente, hat sich die DZ BANK als Spitzeninstitut der Genossenschaftsbanken zu einer Universalbank mit weltweiten Geschäftsverbindungen entwickelt. Obwohl es mit dem vom Institut für bankhistorische Forschung herausgegebenen Buch ‹Die Geschichte der DZ BANK› seit Kurzem eine quellengesättigte und analytisch tiefgründige Monografie zur Geschichte der genossenschaftlichen Zentralbank gibt, haben ihre Führungskräfte bislang zu wenig Aufmerksamkeit erfahren.

Zu den herausragenden Akteuren des genossenschaftlichen Bankwesens nach 1945 gehörte der in Berlin geborene Georg Draheim (* 11. Oktober 1903, † 24. August 1972). Draheim stand von 1964 bis zu seinem plötzlichen Tod an der Spitze der Deutschen Genossenschaftskasse und trieb den Strukturwandel des genossenschaftlichen Bankwesens entscheidend voran. Während er einen Teil der von ihm angeregten Restrukturierungen noch persönlich umsetzen konnte, wurden andere Initiativen wie die durchgängige Umstellung auf eine zweistufige Organisation der Genossenschaftsbanken bis heute noch nicht vollständig verwirklicht. Draheims herausragende Bedeutung für den Innovations- und Zentralisierungsprozess des genossenschaftlichen Bankwesens rechtfertigt einen genauen Blick auf seine berufliche Biografie und seine Leistungen als Manager, zumal bislang nur eine knappe biografische Skizze über ihn publiziert wurde.[1] Da er während eines großen Teils seines Berufslebens nebenberuflich als Hochschullehrer und Genossenschaftswissenschaftler tätig war und er seine unternehmerischen Visionen aus der Forschung entwickelte, lohnt sich auch ein Blick auf sein wissenschaftliches Werk. Das Handeln des Genossenschaftsmanagers und des Genossenschaftsökonomen Georg Draheim waren eng miteinander verbunden. Draheim war ein idealtypisches Beispiel für die Verzahnung von theoriegeleiteter Forschung und strukturgestaltender unternehmerischer Praxis.

Georg Draheims Weg in das genossenschaftliche Bankwesen

Draheim wuchs im Berlin des wilhelminischen Zeitalters in kleinbürgerlichen Verhältnissen auf. Da seine Eltern dem intelligenten Jungen zunächst nur den Besuch der Realschule finanzieren konnten, lagen eine akademische Karriere oder eine Laufbahn im höheren Beamtendienst zunächst weit außerhalb seines

Erwartungshorizonts. Dies änderte sich, als er 1920 nach der Mittleren Reife auf die Königstädtische Oberrealschule in der Pasteurstraße im Prenzlauer Berg wechseln konnte und die Aussicht auf das Abitur erhielt. Es ist nicht bekannt, weshalb er 1922 in der zwölften Klasse (Unterprima) von der Schule abging, um eine Lehre bei der Preußischen Central-Genossenschaftskasse zu beginnen. Wahrscheinlich zwangen ihn die finanziellen Probleme seiner Eltern zum Schulabbruch, als die Hyperinflation die Ersparnisse für die Ausbildung des Sohnes vernichtete.[2]

Die 1895 vom preußischen Finanzminister Johannes von Miquel gegründete und meist ‹Preußenkasse› genannte Preußische Central-Genossenschaftskasse fungierte als Zentralbank für die Refinanzierung der regionalen genossenschaftlichen Zentralkassen.[3] Als Kreditinstitut des preußischen Staates sollte sie zwar dem Ausbau des Genossenschaftswesens dienen, stand aber nicht unter der Kontrolle der Genossenschaftsbanken. Ihre leitenden Mitarbeiter und Direktoren waren als preußische Staatsbeamte der Regierung dienstrechtlich unterstellt. Obwohl sich die Genossenschaftsorganisationen in den Zwanzigerjahren im geringeren Umfang am Kapital der Preußenkasse beteiligen konnten, gewannen sie keinen Einfluss in Personalfragen und mussten sich auf beratende Funktionen beschränken.[4] Bis 1914 stiegen die kurzfristigen Wechselkredite und die längerfristigen Ausleihungen an die regionalen Genossenschaftsinstitute stetig an. Als Folge der zunehmenden Liquidität während des Ersten Weltkriegs entwickelte sich die Preußenkasse zu einem Institut für die Anlage der Liquiditätsüberschüsse der Genossenschaftsbanken.

Georg Draheim absolvierte seine nur 18 Monate lange Lehrzeit in einer Phase, in der die Hyperinflation die Geschäftsabläufe der Preußenkasse völlig veränderte. Er verdankte seine kurzfristige Einstellung der Tatsache, dass die Inflation den Arbeitskräftebedarf der Preußenkasse gegenüber der Vorkriegszeit vervierfacht hatte und ausgebildetes Bankpersonal auf dem Arbeitsmarkt knapp war. Während der Handel mit Fremdwährungsanleihen und Aktien vor Kriegsbeginn kaum eine Rolle gespielt hatte, wurde die Preußenkasse von Kaufaufträgen ihrer Kunden überschwemmt, die ihr Vermögen durch Wertpapiere wie Aktien und Fremdwährungsanleihen vor der Inflation sichern wollten.[5] Obwohl sich der inflationsbedingte Arbeitskräftebedarf nach dem Ende der Hyperinflation und der Einführung der Rentenmark ab November 1923 wieder reduzierte, erhielt Draheim nach dem Abschluss seiner Lehre eine Festanstellung. Neben seiner Arbeit als Angestellter schrieb er sich als Student der Betriebswirtschaft an der nahe gelegenen Handelshochschule Berlin ein, wo er 1926 sein Abitur nachholte und 1927 den akademischen Grad eines Diplomkaufmanns erwarb.[6] Draheim konnte schon vor dem Abitur mit dem Studium beginnen, weil die Handelshochschule Berlin nicht die allgemeine Hochschulreife voraussetzte. Zu seinen akademischen Lehrern gehörte vor allem Heinrich Nicklisch (1876–1946), der die Betriebswirtschaftslehre in Deutschland mitbegründet und 1912 das erste wissenschaftliche Lehrbuch in diesem Fach veröffentlicht hatte.[7] Nicklisch setzte in seiner Amtszeit als Rektor (1922–1926) das Promotionsrecht der Handelshochschule durch und ersparte Draheim das Problem, sich einen Doktorvater an einer Universität suchen zu müssen und die universitäre Rigorosumsprüfung zu absolvieren.

In seiner 1927 abgeschlossenen und von Friedrich Leitner (1874–1945) betreuten Dissertation profitierte Georg Draheim von seinen beruflichen Erfahrungen bei der Preußenkasse.[8] Er offenbarte sich als überzeugter Anhänger des Genossenschaftsgedankens, der das privatwirtschaftliche Prinzip der Gewinnsteigerung und der maximalen Ausdehnung der Geschäftstätigkeit für das Genossenschaftswesen ablehnte. Im Zentrum seiner Arbeit stand der Gedanke, dass die Genossenschaften ihre systemischen Wettbewerbsnachteile gegenüber privaten Banken wie den räumlich beschränkten Geschäftskreis und die Schwierigkeiten bei der Kapitalerhöhung nur durch leistungsfähige Spitzenorganisationen überwinden könnten. Angesichts der großen Zahl von teilweise nur eingeschränkt leistungsfähigen regionalen Spitzenorganisationen entwickelte er den visionären Gedanken, ein einheitliches Spitzeninstitut für die landwirtschaftlichen Genossenschaftsbanken und die städtischen Volksbanken zu gründen sowie die dreistufige Ordnung des genossenschaftlichen Bankwesens durch ein zweistufiges Modell (Kreditgenossenschaften – Preußenkasse) zu ersetzen. Georg Draheim sollte dieses Ordnungsmodell wieder aufgreifen, als er 1964 an die Spitze der genossenschaftlichen Zentralbank gelangte.

Die akademische Ausbildung beschleunigte Draheims Aufstieg in der Preußenkasse erheblich. 1929 wurde er unter der Leitung des neuen Präsidenten Otto Klepper (1888–1957) zum Referenten befördert und erreichte bereits 1931 die nächste Karrierestufe eines Bevollmächtigten des Direktoriums mit Generalprokura.[9] Draheim profitierte davon, dass der dynamische und innovative Klepper auf jüngere und akademisch ausgebildete Fachleute setzte und sie an den altgedienten Beamten vorbei beförderte.[10] Sein beruflicher Aufstieg lässt sich auch durch Draheims vorbehaltlose Unterstützung für Kleppers Kurs erklären, der die Preußenkasse liquider, effizienter und rentabler machen, das ländliche Genossenschaftswesen durch eine bessere Risikokontrolle der Agrarkredite rationalisieren und es gegen den Massenausfall von Kreditschuldnern wappnen wollte. Draheims Aufstieg wurde nicht beeinträchtigt, als Klepper im November 1931 zum preußischen Finanzminister ernannt und die Preußenkasse im Oktober 1932 durch eine Notverordnung des Reichspräsidenten von Hindenburg in ein Reichsinstitut umgewandelt wurde. Die Preußenkasse firmierte jetzt unter ihrem neuen Namen ‹Deutsche Zentralgenossenschaftskasse› (kurz: ‹Deutschlandkasse›), ohne dass sich ihr räumlicher Wirkungskreis grundlegend erweiterte. Zahlreiche genossenschaftliche Zentralkassen außerhalb Preußens hatten sich bereits von 1918 bis 1925 freiwillig der Preußenkasse angeschlossen.[11]

Beruflicher Aufstieg in der Zeit des Nationalsozialismus

Nach der Ausschaltung der preußischen Regierung durch den ‹Preußenschlag› des Reichskanzlers Franz von Papen am 20. Juli 1932 berief die Reichsregierung Hans Helferich (1891–1945) an die Spitze der Deutschlandkasse. Helferich, der zuvor die Raiffeisen-Zentralkasse in Danzig geleitet hatte, galt im Unterschied zu Klepper als Wunschkandidat der agrarkonservativen Rechten. Während Helferich die meisten Gefolgsleute Kleppers auf der Direktorenebene versetzte oder auf Weisung der Reichsregierung entlassen musste,[12] erfuhr Draheim keinen Karriereknick. Er war einer von lediglich sieben der 17 Bevollmächtigten, der nicht dem Personalabbau des Jahres 1933 zum Opfer fiel. Dies spricht für die Annahme, dass Draheim das Vertrauen seines neuen Chefs gewann, sich politisch unauffällig verhielt und die ostelbischen Agrarlobbyisten nicht gegen sich aufgebracht hatte. Die wenigen überlieferten Dokumente über seine politische Orientierung während der nationalsozialistischen Herrschaft lassen ihn als angepassten, aber nicht allzu opportunistischen Menschen erscheinen. Um seine aufgeschlossene Einstellung zur nationalsozialistischen Bewegung zu zeigen, trat er 1933 ohne erkennbaren äußeren Zwang dem Nationalsozialistischen Kraftfahrerkorps (NSKK) bei. Am 20. November 1937 beantragte er die Mitgliedschaft in der NSDAP, in die er rückwirkend zum 1. Mai 1937 aufgenommen wurde.[13] Sein Eintritt in die NSDAP zu diesem Zeitpunkt kann durch das Motiv bestimmt gewesen sein, sich seinen beruflichen Aufstieg nicht durch eine negative politische Beurteilung durch die NSDAP zu verbauen. Gegen die Hypothese einer besonderen Nähe zur NSDAP spricht auch, dass sein Chef Hans Helferich von einigen nationalsozialistischen Agrarfunktionären als Gegner des Nationalsozialismus denunziert wurde. In einem Gutachten von 1942 charakterisierte das Reichssicherheitshauptamt Helferich nicht als einen Nationalsozialisten und erklärte, *«eine Förderung ausgeprägter Nationalsozialisten, insbesondere in den Führungsstellen, ist in Helferich's* [sic!] *Wirkungsbereich nicht erkennbar»*.[14] Aus diesem Grund erscheint es unwahrscheinlich, dass Draheim seine Beförderung zum stellvertretenden Mitglied des Direktoriums der Deutschlandkasse im Jahr 1939 dem Eintritt in die NSDAP verdankt oder sich als aktiver Nationalsozialist gebärdet hatte.

Die zunehmende Liquidität der Gesamtwirtschaft als Folge der kreditfinanzierten Aufrüstungskonjunktur ging auch an den genossenschaftlichen

Zentralkassen nicht vorbei. Daher entwickelte sich die Deutschlandkasse von ihrer eigentlichen Funktion als Liquiditätsbeschafferin für die genossenschaftlichen Banken in eine Kapitalsammelstelle für die wachsenden Liquiditätsüberschüsse der Zentralkassen. Während sich das Bilanzvolumen der Deutschlandkasse durch die zunehmenden Guthaben der Zentralkassen stark aufblähte, verengten sich die Handlungsspielräume des Aktivgeschäfts wegen der fehlenden Investitionsmöglichkeiten von Handwerk und Landwirtschaft. Auf der Aktivseite der Bilanz dominierten statt der Darlehen an die Zentralkassen die Reichsanleihen und Reichsschatzanweisungen, mit denen die Deutschlandkasse – mangels alternativer Anlagemöglichkeiten – die Rüstungsausgaben des Reiches finanzieren musste. Die Entschuldungspolitik des Reichsministeriums für Ernährung und Landwirtschaft hatte den landwirtschaftlichen Betrieben bei der Rückzahlung ihrer notleidenden Kredite geholfen und damit das Volumen der Altkredite reduziert. Da das Reichserbhofgesetz die hypothekarische Neubelastung von Erbhöfen verbot, verringerte sich das Volumen der Neukredite an die Landwirtschaft erheblich, was sich mittelbar auch auf die Kreditnachfrage bei der Preußenkasse auswirkte. Für das neue Direktoriumsmitglied Draheim und seine Kollegen boten die Kriegsjahre nur noch geringe geschäftliche Handlungsspielräume. Auch seine Idee einer grundlegenden Neuorganisation der genossenschaftlichen Spitzenverbände und der Zentralkassen kam nicht auf die Agenda der Deutschlandkasse.

Im Dezember 1941 erhielt der bislang ‹ungediente› Georg Draheim die Einberufung zum Kriegsdienst in der Wehrmacht. Wegen seiner Fachkenntnisse auf dem Gebiet des Agrarkredits wurde er nicht an der Ostfront, sondern zunächst als Kriegsverwaltungsrat in der Etappe bei der ‹Wirtschafts-Inspektion Südrussland› als Sachbearbeiter für Agrarkredite eingesetzt.[15] Im April 1942 erhielt er eine Abordnung in die Leitung der ‹Wirtschaftsbankorganisation Ukraine›, die unter anderem die Finanzierung landwirtschaftlicher Zwangsexporte aus der Ukraine und die Bezahlung von Zwangsablieferungen an die Wehrmacht organisierte.[16] In der Heimat wurde ein geregelter Geschäftsbetrieb in der Deutschlandkasse wegen der zunehmenden Luftangriffe auf Berlin immer schwieriger. Im Juli 1943 verlagerte die Deutschlandkasse wichtige Unterlagen und einen Teil ihrer Verwaltung in eine Ausweichstelle bei der Raiffeisen-Zentralkasse in Breslau.[17] Unter dem Eindruck der vorrückenden Sowjetarmee verlegte sie die Ausweichstelle im Herbst 1944 nach Gotha in das Schloss Friedenstein.[18] Zu diesem Zeitpunkt war Draheim aus der Wehrmacht entlassen und in die Deutschlandkasse zurückgekehrt. Mit dem Vorrücken der sowjetischen Armee bis nach Ostpolen hatte sich die deutsche Besatzungsverwaltung in der Ukraine aufgelöst, und seine Aufgaben als Bankexperte für die Besatzungsmacht waren weggefallen.

Wegen des immer schlechter funktionierenden Bahn- und Postverkehrs übernahm die Ausweichstelle Gotha im Januar 1945 unter Draheims Leitung die Funktion einer Zentralstelle für die Geschäfte mit den genossenschaftlichen Zentralkassen im Westen, Süden und Südwesten des Reichs. Alle Depotauszüge über die eigenen Wertpapiere und alle Unterlagen der noch bestehenden Konten wurden noch Anfang 1945 nach Gotha verlagert. Am 4. April 1945 erlebte Draheim dort die Befreiung durch die amerikanische Armee. Nach Gotha geflohene ukrainische und baltische Hilfskräfte der Wehrmacht erfuhren durch ‹Radio Moskau›, dass Thüringen nach den Beschlüssen der alliierten ‹European Advisory Commission› der Sowjetischen Besatzungszone zugeschlagen und bald von der Sowjetarmee besetzt werden solle. Sie informierten die Mitarbeiter der Ausweichstelle, die mit der Vorbereitung der Evakuierung in die amerikanische Zone begannen. Draheim und sein Kollege Johannes Loest machten sich im Juni 1945 zu Fuß auf den Weg nach Marburg, wo sie am 21. Juni die leer stehende Studentenkneipe ‹Zur Stadt Marburg› als Ausweichquartier anmieten konnten. Nach ihrer Rückkehr organisierten sie die Verlegung der Gothaer Ausweichstelle in das unzerstörte Marburg. Am 23. Juni 1945 marschierten die circa 60 Mitarbeiter der Ausweichstelle mit ihrem persönlichen Gepäck und je zwei Kilo Depotauszügen und Kontenblättern in drei getrennten Gruppen nach Marburg los. Da der Zugverkehr nur zwischen Neustadt (Hessen) und Marburg funktionierte, mussten sie einen großen Teil der Strecke zu Fuß bewältigen und kamen erst am 4. Juli 1945 in Marburg an.

Die Reform des genossenschaftlichen Bankwesens in Theorie und Praxis

Entgegen den in der Forschung geäußerten Hypothesen ist es unwahrscheinlich, dass die amerikanische Besatzungsmacht den geflohenen Genossenschaftsbankern ein generelles Berufsverbot auferlegte.[19] Da die amerikanische Militärregierung eine strikte Dezentralisierung des Bankwesens verfolgte und den Tätigkeitsbereich der Banken auf jeweils ein Land beschränkte, fehlten jedoch in der amerikanischen Zone die Voraussetzungen für eine Fortsetzung des Geschäftsbetriebs. Während die genossenschaftlichen Zentralkassen ihre Tätigkeit auf Länderebene ungehindert aufnehmen konnten, gestattete das ‹Bipartite Control Office› der Bizone erst im Mai 1949 die Wiedereinrichtung einer Zentralgenossenschaftskasse für die gerade gegründete Bundesrepublik.[20] Georg Draheim setzte sich wegen der unsicheren beruflichen Zukunftsperspektiven im August 1945 in die britische Zone nach Niedersachsen ab, nahm zunächst eine untergeordnete Stelle in der landwirtschaftlichen Genossenschaftsorganisation des Regierungsbezirks Hannover an, unterzog sich dem obligatorischen Entnazifizierungsverfahren und erhielt 1947 nach dem Abschluss der Entnazifizierung eine Stelle als Geschäftsführer der Genossenschafts-Treuhand-Gesellschaft mbH.[21]

Nach den formalen Kriterien des Entnazifizierungsrechts wurde er vom Entnazifizierungsausschuss für besondere Berufe im Regierungsbezirk Hannover wegen seines relativ späten Eintritts und seiner nur passiven Mitgliedschaft in der NSDAP als Mitläufer eingestuft und konnte fortan Führungspositionen außerhalb des Staatsdienstes bekleiden. Draheim profitierte von der wohlwollenden und unkritischen Einstellung der Ausschussmitglieder. Sie akzeptierten Draheims Selbstrechtfertigung und die ebenso wohlwollenden wie unglaubwürdigen Leumundszeugnisse (‹Persilscheine›) seiner früheren Kollegen, dass er 1933 nur *«aus sportlichen Gründen»* in das NSKK eingetreten sei und 1937 *«ohne sein Zutun»* in die NSDAP *«überschrieben»* wurde.[22] 1948 wurde er dank seiner Erfahrungen in genossenschaftlichen Führungspositionen in den Vorstand der Landesgenossenschaftsbank eGmbH in Hannover berufen, der Zentralkasse für die ländlichen Genossenschaftsbanken in Niedersachsen.

Seine neue Aufgabe erlaubte es ihm, seiner Neigung zur genossenschaftswissenschaftlichen Lehre und Forschung zu folgen. Seit 1948 übernahm er regelmäßig Lehraufträge zur Genossenschaftsökonomie an der Universität Hannover, die ihn 1952 zum Honorarprofessor ernannte. Darüber hinaus vertrat er die Genossenschaftsforschung auch an der Wirtschaftswissenschaftlichen Fakultät der Universität Göttingen mit einem unbezahlten Lehrauftrag.[23] Die Göttinger Universität dankte ihm dieses Ehrenamt 1956 mit dem Titel des Honorarprofessors.[24] In die Zeit von 1948 bis 1952 fällt seine Arbeit an einem grundlegenden Buch zur Genossenschaft als Unternehmensform, das 1952 bei Vandenhoeck & Ruprecht unter dem Titel ‹Die Genossenschaft als Unternehmenstyp› veröffentlicht und schon 1955 in einer zweiten Auflage nachgedruckt wurde.[25] Draheim zeigte sich als Kenner des deutschen und internationalen Genossenschaftswesens, der neben der deutschen auch die britische, amerikanische und französische Forschung zum Genossenschaftswesen rezipierte. In Übereinstimmung mit den tradierten Grundsätzen der Genossenschaftsbewegung betrachtete er die Genossenschaft als eine Unternehmensform sui generis. Aufgrund ihres Selbstverständnisses als nicht an der Gewinnmaximierung orientiertes Unternehmen und ihrer strukturellen Besonderheiten wie des Gründungszwecks der Selbsthilfe, der Beschränkung der Eigentumsanteile für Mitglieder, der spezifischen Haftungsformen (das Haftungskapital übersteigt durch die Nachschusspflicht die Kapitaleinlage der Mitglieder) und der gleichen Stimmrechte aller Kapitaleigner grenzte er die Genossenschaft von den ‹erwerbswirtschaftlichen› Kapitalgesellschaften ab.

Das entscheidende Erfolgsprinzip sei nicht eine hohe Rendite der Genossenschaften, sondern ein möglichst hoher wirtschaftlicher Nutzen für ihre Mitglieder, die gleichzeitig die Kunden der Genossenschaft waren. Auf der anderen Seite plädierte Draheim für eine stärkere Orientierung der Genossenschaften an den Zielen einer effizienten (‹wirtschaftlichen›) Unternehmensführung und sprach sich aus seiner eigenen Berufserfahrung für starke Zentralgenossenschaftskassen und regionale Genossenschaftsverbände aus, um die meist ehrenamtlich geführten ländlichen Kreditgenossenschaften sachgerecht beraten und bei der Anlage von Liquiditätsüberschüssen und der Refinanzierung von Krediten unterstützen zu können.

Draheim betonte die Doppelfunktion der Genossenschaften als eine Personenvereinigung Gleichgesinnter und als gemeinschaftliches Unternehmen. Während er eine ‹Kommerzialisierung› der Genossenschaften durch Öffnung ihrer Leistungen für Nicht-Mitglieder unter Berufung auf den genossenschaftlichen Wirtschaftsstil ablehnte, befürwortete er ihre Ökonomisierung durch Anwendung rationaler ökonomischer Methoden sehr nachdrücklich.[26] Mit seiner These von der Gleichwertigkeit wirtschaftlicher und außerwirtschaftlicher Ziele unterschied er sich von seinen traditionsgebundenen Zeitgenossen in der Genossenschaftsbewegung, die den Vereinigungscharakter über die wirtschaftlichen Funktionen für ihre Mitglieder stellten. Draheims These von der Vereinbarkeit der Ökonomisierung mit dem genossenschaftlichen Wirtschaftsstil sollte sich erst in den Sechziger- und Siebzigerjahren im Genossenschaftssektor vollständig durchsetzen. Seinem Buch war eine unerwartet lange Rezeptionsgeschichte beschieden. In den 1980er-Jahren rezipierte der einflussreiche Münsteraner Umweltökonom Holger Bonus Draheims Theorie von der Doppelfunktion der Genossenschaft nicht nur in seiner Rolle als Akteur der ökonomischen Genossenschaftsforschung, sondern auch als Exponent der Neuen Institutionenökonomie in Deutschland.[27]

In seinen wissenschaftlichen Publikationen nahm Draheim immer wieder auf die klassische betriebswirtschaftliche Frage nach der optimalen Größe einer Kreditgenossenschaft Bezug. 87 Prozent der über 11 000 ländlichen Kreditgenossenschaften in der Bundesrepublik Deutschland (Stand: 1953) besaßen zum damaligen Zeitpunkt eine Bilanzsumme von weniger als 500 000 D-Mark und wurden ehrenamtlich geleitet. Da die Genossenschaften rechtlich autonom waren, ihren Mitgliedern und Kunden vor Ort gehörten und dank der Selbstbeschränkung des Geschäftskreises auf die Gemeinde nicht mit anderen Kreditgenossenschaften konkurrierten, schied eine Rationalisierung der Kreditgenossenschaften zu betriebswirtschaftlich optimalen Größenstrukturen durch Fusionen ‹von oben› oder als zwangsläufige Folge des Konkurrenzdrucks aus. Da Kapitalerhöhungen stark erschwert, ein räumlicher Risikoausgleich ausgeschlossen und die Mehrzahl der Genossenschaftsmitglieder in den 1950er-

Jahren noch hauptberuflich in der Landwirtschaft tätig waren, konnten die Probleme des zyklischen Geldbedarfs und der Risikokumulation nur mit Hilfe der zwölf regionalen landwirtschaftlichen Zentralgenossenschaftskassen gelöst werden.[28] Am Ende der Fünfzigerjahre sah Draheim die strukturellen Probleme der kleinen Kreditgenossenschaften wie ihre eingeschränkte Anpassungsfähigkeit an die steigenden quantitativen und qualitativen Leistungsanforderungen ihrer Mitglieder und Kunden zunehmend kritischer.[29] Der Strukturwandel des ländlichen Raumes von der Dominanz der Landwirtschaft zu einem stetig wachsenden Anteil der Beschäftigten in Industrie und Dienstleistungssektor konfrontierte die ländlichen Kreditgenossenschaften mit den Anforderungen eines neuen Kundenkreises. Während bislang Betriebsmittel- und Investitionskredite an Landwirtschaftsbetriebe und Handwerker dominierten, wurde neben dem Spar- und Girogeschäft die Finanzierung von Wohnimmobilien, Autos und anderen Konsumgütern immer wichtiger. Als die Bundesregierung 1957 die Niederlassungsbeschränkungen für Kreditinstitute aufhob, musste sich auch manche ländliche Kreditgenossenschaft darauf einstellen, dass ihr die Kreissparkasse in ihrem Geschäftsgebiet Konkurrenz machte.

Draheim hatte sich bis 1954 in der Genossenschaftsforschung so weit etabliert, dass ihn das Bundesjustizministerium vor allem wegen seiner nebenberuflichen Verdienste in der Forschung und weniger wegen seiner hauptberuflichen Stellung in den Sachverständigenausschuss zur Neuordnung des Genossenschaftsrechts berief.[30] 1962 erhielt er sogar den Ruf auf eine Professur für Betriebswirtschaftslehre an der Universität Göttingen, den er aus nicht feststellbaren Gründen jedoch ablehnte.[31] Draheim identifizierte sich mit seiner Rolle als wissenschaftlich tätiger Genossenschaftsbanker und war nicht interessiert, seine Tätigkeit als Manager zugunsten von Lehre und Forschung aufzugeben.

An der Spitze der Deutschen Genossenschaftskasse

Das folgende Jahr 1963 stand für einen wichtigen Wendepunkt im Leben von Georg Draheim. Der Verwaltungsrat der Deutschen Genossenschaftskasse bot ihm die Nachfolge des Vorstandsvorsitzenden Rudolf Hartmann (1895–1972) an, der seit 1951 an der Spitze des Instituts gestanden hatte und 1964 die Altersgrenze erreichte. Über die Gründe für Draheims Ernennung sagt auch die umfassende Darstellung von Stephan Paul und Theresia Theurl über die Geschichte des genossenschaftlichen Zentralbankenwesens nichts aus.[32] Für Draheim sprachen neben seinen Erfahrungen im Direktorium der Deutschlandkasse und im Vorstand einer Zentralgenossenschaftskasse seine Reputation, die gegenwärtigen Probleme der Genossenschaften fundiert analysieren und ihre künftigen Herausforderungen antizipieren zu können.

Im Unterschied zur Deutschlandkasse war die Deutsche Genossenschaftskasse ein mehrheitlich genossenschaftseigenes Institut, an dem der Bund und die Länder nur Minderheitsgesellschafter waren. Durch die Kapitaleinzahlungen der Genossenschaften vergrößerte sich der genossenschaftliche Kapitalanteil stetig und erreichte bis 1965 95 Prozent.[33] Im Zentrum von Draheims Handeln stand das Konzept, die Leistungsfähigkeit des Genossenschaftswesens durch Fusionen auf der Ebene der lokalen Genossenschaftsbanken (‹Primärbanken›) und der Zentralgenossenschaftskassen zu steigern. Die Ära Draheim zeichnete sich zum einen durch ein erhebliches Größenwachstum der Genossenschaftskasse aus, deren Grundkapital von 17,7 Millionen D-Mark (1959) zunächst auf 61 Millionen D-Mark (1965) über 100 Millionen D-Mark (1967) bis auf 321 Millionen D-Mark (1972) erhöht wurde, während die Bilanzsumme von 1959 bis 1970 etwas unterproportional von zwei auf neun Milliarden D-Mark stieg. Kurz vor dem Beginn der ‹Ära Draheim› erlaubte die vierte Novelle des Gesetzes über die Deutsche Genossenschaftskasse dieser, das Fünffache statt des Dreifachen ihres ausgewiesenen Eigenkapitals in Form von Schuldverschreibungen zu emittieren, um sich mehr langfristiges Fremdkapital zu beschaffen.[34] Dies ermöglichte der Deutschen Genossenschaftskasse, entsprechend mehr längerfristige Darlehen an die Zentralkassen zu vergeben.

Im Vergleich zur Amtszeit seines Vorgängers wuchsen die Einlagen und das Eigenkapital der Genossenschaftskasse exponentiell und verdreifachten sich im Zeitraum von 1964 bis 1970.[35] Diese Zahlen demonstrierten die wachsende Bedeutung des genossenschaftlichen Zentralinstituts für die Geldanlagen der Zentralgenossenschaftskassen, von denen bis zu 93 Prozent der Einlagen stammten.[36] Da die Deutsche Genossenschaftskasse einen wachsenden Teil ihrer Liquidität nicht mehr auf dem Geldmarkt unterbringen konnte und die Zentralgenossenschaftskassen immer mehr Wertpapiere bei ihr orderten, baute sie ihr Wertpapiergeschäft und das Konsortialgeschäft mit Beteiligungen stark aus.[37] Die Deutsche Genossenschaftskasse beteiligte sich mit größeren Quoten als bisher am Bundesanleihekonsortium und bei der Platzierung von Kapitalerhöhungen deutscher Aktiengesellschaften.

Der strukturelle Wandel des genossenschaftlichen Bankwesens spiegelte sich an seiner Spitze vor allem im Wertpapierhandel. Die zunehmende Ähnlichkeit der Deutschen Genossenschaftskasse mit einer Universalbank manifestierte sich auch in ihrer Entscheidung, einen kleineren Teil ihres Eigenkapitalzuwachses in bislang genossenschaftsfremde Geschäftsbereiche wie das Teilzahlungskreditgeschäft mit privaten Kunden zu investieren. 1965 erwarb sie Sperrminoritäten an der Pfälzischen Kundenkreditbank AG, der Badischen Kundenkreditbank AG und an der Kundenkredit-Gesellschaft AG. Der Kauf einer 25-Prozent-Beteiligung an der Raiffeisen- und Volksbanken Allgemeine Versicherungs AG – der späteren R+V Versicherung – markierte die beginnende Transformation in ein Allfinanz-Institut zu einem Zeitpunkt, als dieser Begriff in der Öffentlichkeit noch nicht existierte.[38] Der durch die staatliche Sparförderung (‹624-Mark-Gesetz›) beschleunigte Boom des Bausparens und die wachsende Nachfrage der privaten Kunden nach Bausparverträgen waren ein wesentlicher Grund, weshalb die Deutsche Genossenschaftskasse 25 Prozent der Bausparkasse Schwäbisch Hall erwarb. Von dieser Übernahme konnten beide Seiten gleichermaßen profitieren. Durch das umfassende Vertriebsnetz von Tausenden Genossenschaftsbanken erweiterten sich die Absatzmöglichkeiten von Schwäbisch Hall erheblich. 1969 gründete die Deutsche Genossenschaftskasse die Deutsche Vermögensverwaltungs GmbH, die den Genossenschaftsbanken spezielle Kompetenzen bei der Verwaltung von Wertpapieranlagen ihrer vermögenden Kunden bieten konnte. Mit der Gründung der Deutschen Verwaltungsgesellschaft für Investment-Fonds GmbH (1970) stieg die Deutsche Genossenschaftskasse auch in das schnell wachsende Geschäftssegment der Investmentfonds ein. Angesichts des spektakulären Konkurses des amerikanischen Investmentfonds IOS und der Skepsis über die Eignung der Fondsanteile als private Kapitalanlage beschränkte sich die Deutsche Genossenschaftskasse zunächst auf Geschäfte mit institutionellen Anlegern.

Die Gründung einer gemeinsamen Auslandstochter mit einer privaten Geschäftsbank markierte einen wichtigen Schritt in der Kooperation mit Geschäftsbanken und in der Entwicklung ihres Auslandsgeschäfts. Im März 1972 etablierte sie mit der Berliner Handels- und Frankfurter Bank (BHF-Bank) die BHF-Bank DGK International S. A. mit Sitz in Luxemburg.[39] Damit eröffnete sie den genossenschaftlichen Banken zu einem frühen Zeitpunkt den Zugang zum Euro-Geldmarkt und Euro-Anleihemarkt am steuerbegünstigten und mindestreservefreien Finanzplatz Luxemburg, der nach der Ölpreiskrise von 1973/74 ein gewaltiges Wachstum erleben sollte. Georg Draheim baute die Deutsche Genossenschaftskasse zielstrebig zu einem universalbankähnlichen Institut aus, um die Leistungspalette der Zentralgenossenschaftskassen und vor allem der Primärbanken – der Volksbanken und Raiffeisenbanken – zu erweitern und ihren Kunden möglichst viele bankentypische Leistungen zu bieten, welche die öffentlich-rechtlichen Konkurrenten (Sparkassen) und die (Groß-)Banken bereits boten.

Bei der Modernisierung der Kreditgenossenschaften stieß Draheim jedoch auf zunehmende Widersprüche zwischen dem traditionellen genossenschaftlichen Selbstverständnis und den wirtschaftlichen Erfordernissen für die Selbstbehauptung in einem zunehmend durch Wettbewerb geprägten Umfeld. Neben den Sparkassen bemühten sich auch die privaten Geschäftsbanken intensiver um Kunden aus dem selbstständigen Mittelstand und der unselbstständigen

Mittelschicht. Die traditionelle Ortsbindung und die soziokulturellen Bindungen an die ländlichen Kreditgenossenschaften schwächten sich mit dem sozialen und kulturellen Wandel auf dem Land ab. Hatte Draheim noch 1967 den Fortbestand des Identitätsprinzips, dass die Kreditgenossenschaften ihren Kunden gehörten und daher nur Genossenschaftsmitglieder als Kunden akzeptieren könnten,[40] betont, so sprach er sich 1972 dafür aus, die Wettbewerbsfähigkeit der Volks- und Raiffeisenbanken durch ihre Öffnung für Nichtmitglieder zu steigern.[41] Der Widerspruch zwischen diesen scheinbar unvereinbaren Positionen löst sich dadurch auf, dass sich die soziale und kulturelle Homogenität der Dorfgemeinschaft als soziokulturelle Grundlage der Genossenschaftsbewegung abschwächte und sich die Erwartungen der Mitglieder an die Leistungen der Kreditgenossenschaften zunehmend differenzierten.

Der Strukturwandel der Landwirtschaft mit der Konzentration auf größere wettbewerbsfähige Vollerwerbswirtschaften erzwang höhere Investitionen der Landwirte in Agrartechnik und Gebäude, wodurch sich die quantitativen Leistungsanforderungen an die oft kleinen ländlichen Kreditgenossenschaften erhöhten. Da sich die private und die (klein-)gewerbliche Geldanlage vom Sparbuch in längerfristige Anlageformen wie Sparbriefe, Obligationen und Bundesanleihen diversifizierte, stiegen auch die qualitativen Anforderungen der Genossenschaftsmitglieder an die Leistungsfähigkeit der Genossenschaftsbanken in Beratung und Verkauf. Georg Draheim nahm diese Entwicklung zum Anlass, die bislang nur akademisch geführte Diskussion über die optimale Betriebsgröße von Genossenschaften in eine genossenschaftliche Zukunftsdebatte zu überführen und auf die Tagesordnung der genossenschaftlichen Verbandstagungen zu setzen.[42] Obwohl er mit dem Verweis auf die Doppelnatur der Genossenschaften als Personenverbände und Wirtschaftsunternehmen vor der unkritischen Übernahme von betriebswirtschaftlichen Optimierungsmodellen für ‹kapitalistische Unternehmen› warnte, sprach er sich für eine individuell ermittelte Mindestgröße aus, die eine Weiterentwicklung der Genossenschaften ermöglichen würde. Ein weiterer Faktor für die Überlebensfähigkeit kleiner Kreditgenossenschaften war neben der Leistungsfähigkeit der Zentralkassen die Intensität des Verbunds zwischen Zentralkasse und Genossenschaft, mit der sich beide Ebenen des genossenschaftlichen Bankwesens funktional ergänzten und unterstützten.[43] Da die Zahl der 10 700 Genossenschaftsbanken in der ersten Hälfte der 1960er-Jahre (1964) gegenüber der vorherigen Dekade fast konstant geblieben war,[44] erschien ihm die Fusion von Kleinstgenossenschaften überfällig. Seine Äußerung auf einer Jubiläumsveranstaltung der Raiffeisen-Zentralkasse Kurhessen, «[a]*ls Genossenschaftler bin ich der Meinung, dass neben Verschmelzungen die genossenschaftsadäquate Möglichkeit der Leistungssteigerung durch Verbund mindestens gleiche, wenn nicht größere Bedeutung besitzt*»,[45] sollte die Vertreter der kleinen Kreditgenossenschaften beruhigen.

Die zunehmenden Anforderungen der ländlichen Kreditgenossenschaften und teilweise auch der städtischen Volksbanken an die Zentralkassen waren für Draheim das Hauptmotiv, um seine Vision einer Fusion zwischen den Spitzenverbänden der ländlichen (agrarischen) und der städtischen (gewerblichen) Genossenschaftsinstitute zu propagieren. Angesichts der wirtschaftsstrukturellen und der soziostrukturellen Annäherung des ländlichen Raumes an die Städte hielt Draheim die historisch bedingte, aus dem 19. Jahrhundert stammende Trennung der städtischen und ländlichen Genossenschaftsorganisationen für obsolet.[46] Die genossenschaftlichen Spitzenverbände sollten eine Entwicklung nachvollziehen, die die Zentralgenossenschaftskassen der ländlichen Kreditgenossenschaften und der städtischen Volksbanken 1950 vollzogen hatten, indem sie die neu gegründete Deutsche Genossenschaftskasse als gemeinsames Spitzeninstitut angenommen hatten.[47] In Teilen des Bundesgebiets, wie in Nordrhein-Westfalen (1971), Baden-Württemberg (1970/71) und Niedersachsen (1974), schlossen sich die Verbände der ländlichen Raiffeisen-Genossenschaften und der städtischen Genossenschaften in der Tradition von Hermann Schulze-Delitzsch zu gemeinsamen Verbandsstrukturen zusammen.[48] Draheims 1968 ausgesprochene Hoffnung, dass die *«historisch begründete Unterscheidung zwischen Volksbanken und Raiffeisenkassen vor dem Hintergrund einer hoffentlich bald zustande kommenden Einigung zwischen Deutschem Raiffeisenverband und Deutschem Genossenschaftsverband endgültig der Vergangenheit angehört»*, ging am 3. Januar 1972 in Erfüllung. Beide Verbände schlossen sich zum Bundesverband der Deutschen Volksbanken und Raiffeisenbanken e. V. (BVR) zusammen.[49] Die Gründung eines gemeinsamen Verbands verschaffte den Volksbanken und Raiffeisenbanken ein gemeinsames Symbol und einen einheitlichen Werbeauftritt, der in der Zeit eines intensiveren Wettbewerbs um Privatkunden immer wichtiger werden sollte. Es sollte jedoch noch bis 1985 dauern, bis sich die letzten getrennten Zentralkassen der Raiffeisenbanken und Volksbanken auf regionaler Ebene vereinigten.[50] Obwohl sich die Genossenschaftsinstitute erfolgreich im Wettbewerb mit privatwirtschaftlichen Banken und öffentlich-rechtlichen Sparkassen behauptet hatten, hatte sich der selbstgenügsame Eigensinn der traditionsbewussten Regionalverbände überlebt.

Auf der Ebene der Zentralgenossenschaftskassen markierten die frühen Siebzigerjahre ebenfalls den Beginn einer Zeitenwende, mit der die organisatorische Trennung zwischen ländlichen Kreditgenossenschaften und städtischen Volksbanken fiel. Für die Fusion der Zentralkassen sprachen aus Draheims Sicht vor allem die Kosten- und Ertragsstrukturen, nachdem die Bundesbank 1967 die Habenzinsbindung aufgehoben hatte und sich der Wettbewerb um die Spareinlagen der Kunden intensivierte. Die sinkende Zinsmarge zwischen Soll- und Habenzinsen beeinträchtigte die Rentabilität der Zentralkassen, bei denen die Passivseite zu 80 Prozent aus den Einlagen der Kreditgenossenschaften bestand.[51] Da die Zentralkassen 54 Prozent ihrer Aktiva bei der Deutschen Genossenschaftskasse in Form von kurzfristigen Einlagen hielten, mussten die Zentralkassen mit vergleichsweise niedrigen Zinserträgen auskommen, was den wirtschaftlichen Druck zur Fusion weiter erhöhte.

Mit der Gründung der Westdeutschen Genossenschafts-Zentralbank eGmbH – seit 2006 WGZ BANK AG – schuf sich das genossenschaftliche Kreditwesen in Nordrhein-Westfalen 1970 eine einheitliche Zentralbank. Vergleichbare Fusionsprozesse spielten sich 1970 in Hessen und der Pfalz durch die Gründung der Genossenschaftlichen Zentralbank Frankfurt AG und zeitgleich in Baden und Württemberg durch die Gründung der Südwestdeutschen Genossenschaftsbank AG (1971) und der Genossenschaftlichen Zentralbank AG (1970) ab.[52] Die Struktur der Zentralkassen näherte sich allmählich Draheims Ziel, ihre Zahl von bislang zwölf (1970) in einem betriebswirtschaftlichen Optimierungsprozess auf fünf bis acht leistungsfähige Institute zu senken.[53]

Draheims Vision eines einheitlichen Spitzeninstituts der Genossenschaftsbanken

Draheim zog aus seinen Betrachtungen über die problematische Ertragslage der Zentralkassen die revolutionäre Forderung, den bewährten dreistufigen Aufbau des genossenschaftlichen Bankwesens (Volksbanken – Zentralkassen – Deutsche Genossenschaftskasse) durch eine zweistufige Struktur zu ersetzen.[54] Da die Zentralkassen einen großen Teil der Volksbankeneinlagen an die Deutsche Genossenschaftskasse weiterverliehen, war ihre Mittlerfunktion aus seiner Sicht funktional entbehrlich und ihre Existenz mittelfristig in Frage gestellt. Die Liquiditätsreserven der Kreditgenossenschaften hatten den Charakter kurzfristiger Einlagen und konnten von den Zentralkassen trotz der Möglichkeiten zur Fristentransformation größtenteils nur kurzfristig in ihrem Aktivgeschäft angelegt werden. Angesichts der starken Stellung der Zentralkassen im genossenschaftlichen Verbandswesen war Draheim vorsichtig genug, seine Position nicht als alternativlos zu propagieren und nicht einen offenen Konflikt mit den Zentralkassen heraufzubeschwören. Neben der Verschmelzung der Zentralkassen mit der Deutschen Genossenschaftskasse hielt er bis 1971 einen intensiven Verbund zwischen den Zentralkassen und der genossenschaftlichen Zentralbank für eine gangbare Alternative, um die Rationalisierungsreserven des genossenschaftlichen Bankwesens zu erschließen. Der Genossenschaftsbanker Eduard Petzold sprach sich 1969 für die Variante aus, das Verhältnis zwischen den Zentralkassen und der Deutschen Genossenschaftskasse in einem föderalen Zentralbankenmodell zu ordnen, das der früheren Bank Deutscher Länder entsprach.[55]

Auf Draheims Initiative bildete sich Anfang 1971 ein Grundsatzausschuss im Verwaltungsrat der Deutschen Genossenschaftskasse, dem die Vorstandsmitglieder der Genossenschaftskasse und die Vertreter der größeren Zentralkassen angehörten. Bis zum Mai 1972 entstand in diesem Gremium der Plan, die Zentralkassen in Aktiengesellschaften umzuwandeln und mit dem Kapital der Deutschen Genossenschaftskasse zu einer zentralen Genossenschaftsbank zu verschmelzen. Obwohl die Deutsche Genossenschaftskasse und sieben regionale Zentralkassen am 12. Juli 1972 die Deutsche Zentralgenossenschaftsbank AG gründeten, scheiterte die Fusion der Zentralkassen und der Genossenschaftskasse am Widerstand dreier großer Zentralkassen, der Westdeutschen Genossenschafts-Zentralbank eGmbH, der Bayerischen Raiffeisen-Zentralbank AG und der Südwestdeutschen Genossenschafts-Zentralbank AG.[56]

Draheims Vision einer Transformation in ein zweistufiges genossenschaftliches Banksystem sollte nach seinem plötzlichen Tod am 24. August 1972 nur langsam umgesetzt werden. Auf der Seite der Zentralkassen und ihrer Eigentümer – der genossenschaftlichen Primärbanken – war die Angst vor einem Einfluss- und Kontrollverlust an das genossenschaftliche Spitzeninstitut größer als der erwartete wirtschaftliche Vorteil aus der Aufgabe der Selbstständigkeit. 20 Jahre nach Draheims Tod bestanden mit der WGZ Bank, der Südwestdeutschen Genossenschafts-Zentralbank AG (Frankfurt) und der Genossenschaftlichen Zentralbank AG (Stuttgart) noch drei Institute mit Zentralkassenfunktion unterhalb der DG BANK.[57] Und erst 2001 war die Evolution zur Zweistufigkeit so weit fortgeschritten, dass bis auf die WGZ BANK alle Institute der Zentralkassenebene mit der DG BANK zur DZ BANK AG fusioniert waren. Auf verschiedenen anderen Gebieten kam die Modernisierung des genossenschaftlichen Bankwesens – im Sinne einer höheren ökonomischen Effizienz – in der Ära Draheim gut voran. Die Zahl der Genossenschaftsbanken verminderte sich in der Ära Draheim durch freiwillige Fusionen von 10 700 (1964) auf 5700 Institute (1972).[58]

Es war Draheim nicht vergönnt, den erfolgreichen Abschluss seiner Ökonomisierungs- und Rationalisierungspolitik zu erleben. Als er am 24. August 1972 auf der Beerdigung seines Vorgängers Rudolf Hartmann eine Trauerrede hielt, nahm ihn dieses Erlebnis psychisch und physisch so stark mit, dass er einen Herzschlag erlitt. Draheim verstarb noch am gleichen Tag.[59] Obwohl Georg Draheim nicht so lange wie sein Vorgänger und mehrere seiner Nachfolger an der Spitze des genossenschaftlichen Zentralinstituts gestanden hatte, konnte er der Entwicklung ‹seines› Instituts einen wichtigen Modernisierungsschub geben. Sein visionäres Leitbild eines zweistufigen genossenschaftlichen Bankensektors hatte weit über das tragische Ende seiner Amtszeit hinaus Bestand.

Friederike Sattler

FELIX VIEHOFF (1919–1987)

Der genossenschaftliche Finanzverbund im Umbruch der 1970er-Jahre

Als Felix Viehoff im Februar 1973 das Amt als Vorstandsvorsitzender der Deutschen Genossenschaftskasse in Frankfurt am Main antrat, befand sich der genossenschaftliche Finanzverbund mitten in einem tief greifenden Wandel. Die 1949 als gemischtwirtschaftliche, öffentlich-rechtliche Nachfolgeeinrichtung der Deutschen Zentralgenossenschaftskasse gegründete Deutsche Genossenschaftskasse arbeitete zu dieser Zeit mit insgesamt noch elf regionalen Zentralbanken sowie rund 5800 lokalen Kreditgenossenschaften zusammen.[1] Doch nicht nur die Zahl der Zentralbanken hatte sich durch Fusionen von anfangs 18 auf elf reduziert, auch die Zahl der Genossenschaften war seit Mitte der 1960er-Jahre rückläufig, insbesondere auf dem Lande, während die durchschnittliche Betriebsgröße zugleich deutlich angestiegen war. Ursache dieses Konzentrationsprozesses, der erhebliche strukturelle Anpassungen des traditionsverbundenen, nur schwer ‹umzusteuernden› Finanzverbundes erforderlich machte, war das bundesdeutsche ‹Wirtschaftswunder›: Die außerordentliche Prosperität der Nachkriegszeit führte zu steigenden Einkommen und wachsendem Wohlstand in der Gesellschaft, sodass immer weitere Kreise der Bevölkerung zu umworbenen Bankkunden wurden. Dieser verschärfte Wettbewerb im Kreditgewerbe trieb nicht nur die wirtschaftliche Konzentration voran, er war für die Genossenschaftsbanken auch mit einer markanten Verschiebung ihrer Mitgliederstrukturen verbunden: Der Anteil der bis dahin stets dominierenden Selbstständigen aus Landwirtschaft, Gewerbe und Handel sowie den freien Berufen sank, der Anteil abhängig Beschäftigter, seien es höhere Facharbeiter, leitende Angestellte oder Beamte, die eben nicht nur als Kunden, sondern in der Regel auch als Mitglieder gewonnen wurden, stieg dagegen kräftig an. Die Verankerung der Kreditgenossenschaften in bestimmten Sozialmilieus begann sich entsprechend zu lockern. Als 1967 die Zins- und Wettbewerbsabkommen zwischen den verschiedenen Bankengruppen per Gesetz aufgehoben wurden, wie es der angestrebten Liberalisierung der Wirtschaftsordnung entsprach, verschärfte das den Wettbewerb weiter, und zwar sowohl zwischen als auch in den einzelnen Sparten. So machten sich nun auch die früher in verschiedenen, klar voneinander abgegrenzten Sozialmilieus verankerten gewerblichen und ländlichen Kreditgenossenschaften nicht selten gegenseitig Konkurrenz, statt sich im Sinne des Verbundgedankens gegenüber den beiden anderen Sparten des Kreditwesens, den Sparkassen und den großen Kreditbanken, wechselseitig zu stärken.[2]

Felix Viehoff, seit 1958 in verantwortlichen Positionen im genossenschaftlichen Bankwesen tätig, erkannte früh den Reformbedarf, der von diesem sozialökonomischen Strukturwandel für die Genossenschaften ausging. Nachdem er im September 1972 – nicht unvorhergesehen, aber doch schneller als geplant – als Nachfolger für den verstorbenen Präsidenten Georg Draheim in den Vorstand der Deutschen Genossenschaftskasse berufen worden war und zum 1. Februar 1973 das Amt des Vorsitzenden übernommen hatte, trieb er die von Draheim eingeleitete geschäftspolitische Anpassung des genossenschaftlichen Spitzeninstituts an den Strukturwandel energisch voran. Sein Ziel bestand darin, die Deutsche Genossenschaftskasse zu einer modernen Geschäftsbank mit möglichst breitem, ja universellem Leistungsangebot zu machen, um sie und die mit ihr zusammenarbeitenden Zentralbanken und Kreditgenossenschaften im Wettbewerb mit den Sparkassen wie den großen Kreditbanken besser zu positionieren, freilich ohne dabei Abstriche an der eigenen Kernaufgabe vorzunehmen: der Förderung des Genossenschaftswesens insgesamt.

Für Viehoff bestand kein Zweifel daran, dass sich die Neuausrichtung der Deutschen Genossenschaftskasse nicht isoliert vollziehen konnte, sondern nur in enger Abstimmung mit den Zentralbanken und den Kreditgenossenschaften vorzunehmen und einzubetten war in eine umfassende Reorganisation der genossenschaftlichen Verbandsstrukturen. Deren Entwicklung war nach dem Zweiten Weltkrieg von den beiden getrennten Verbänden für die gewerblichen beziehungsweise die ländlichen Genossenschaften geprägt worden: dem Deutschen Genossenschaftsverband (Schulze-Delitzsch) einerseits, dem Deutschen Raiffeisenverband andererseits. Bereits im April 1967 hatten beide Verbände, geleitet von Horst Baumann beziehungsweise Theodor Sonnemann, Gespräche über eine Fusion aufgenommen, mit der Rationalisierungspotenziale erschlossen werden sollten. Diese Gespräche verliefen jedoch alles andere als unproblematisch. Ein besonders kritischer Punkt war das Drängen des Raiffeisenverbands, die bei den meisten ländlichen Genossenschaften übliche und wirtschaftlich auch sinnvolle Verflechtung zwischen Kredit- und Warengeschäft zu erhalten, denn diese Forderung stand dem Ziel einer stärkeren Spezialisierung zum Zwecke der übergreifenden Rationalisierung entgegen. In einer später zu Recht als ‹Jahrhundertentscheidung› bezeichneten Einigung vereinbarten die beiden Verbände schließlich nach mehr als vierjährigen Verhandlungen im Oktober 1971, als ersten Schritt einen gemeinsamen Dachverband für sämtliche Genossenschaften zu gründen, den Deutschen Genossenschafts- und Raiffeisenverband. Dieses neue, gemeinsame Dach sollte von drei Säulen getragen werden: den nun tatsächlich stärker spezialisierten Spitzenverbänden erstens für die Genossenschaftsbanken, zweitens für die gewerblichen Großhandels- und Dienstleistungsunternehmen und drittens für die ländlichen Waren- und Dienstleistungsgenossenschaften. Die Vielfalt der regionalen Verbände sollte davon aber nicht beeinträchtigt werden. Der für die Genossenschaftsbanken gegründete Bundesverband der Deutschen Volksbanken und Raiffeisenbanken (BVR) nahm bereits im Januar 1972 seine Arbeit auf, doch die praktische Zusammenführung etwa der Prüfungsverbände, Sicherungseinrichtungen und regionalen Zentralbanken war damit noch keineswegs erreicht.[3]

Diesem übergeordneten Ziel, der tatsächlichen Zusammenführung der beiden traditionsreichen Richtungen des Genossenschaftswesens näher zu kommen, verschrieb sich Felix Viehoff voll und ganz. Spätestens nachdem er zum 1. Januar 1977 zusätzlich zum Vorstandsamt bei der aus der Deutschen Genossenschaftskasse hervorgegangenen DG BANK zugleich in Personalunion als Präsident an die Spitze des Bundesverbands der Deutschen Volksbanken und Raiffeisenbanken getreten war, entwickelte er sich zu einer herausragenden Integrationsfigur für den tief greifenden, wirtschaftlich-organisatorischen Umbruch im bundesdeutschen Genossenschaftswesen. Die folgende Annäherung an seine bisher noch weitgehend ungeschriebene Biografie geht der Leitfrage nach, was ihn dazu befähigte, eine solche integrative Rolle zu übernehmen: Waren es bestimmte individuelle Eigenschaften, die ihn dazu in die Lage versetzten, etwa seine von den Zeitgenossen immer wieder betonte Besonnenheit, Gradlinigkeit und Klarheit, sein ausgeprägter Pragmatismus in Verbindung mit der Fähigkeit zu Kompromiss und Konsens oder sein *«Mut zum Unpopulären»*, seine ganz *«natürliche Autorität»* und sein *«im besten Sinne ‹westfälisch› fundiertes Durchsetzungsvermögen»*?[4] Was ist von solchen Zuschreibungen bei näherem Hinsehen zu halten? Welche Rolle spielte der Umstand, dass Viehoff selbst keineswegs schon im Elternhaus mit den Genossenschaften in Kontakt gekommen war, sondern erst im Alter von fast 40 Jahren, nach einem Jurastudium und verschiedenen anderen beruflichen Stationen, eine leitende Funktion im genossenschaftlichen Bankwesen übernommen hatte? Wie kam er dennoch zu seiner offenbar starken ideellen Verankerung in der Genossenschaftsbewegung, die wohl als unabdingbare Voraussetzung für sein Wirken als Integrationsfigur in einer Zeit tief greifenden Wandels zu betrachten ist?

Herkunft, Ausbildung und erste Karrierestationen

Felix Viehoff kam am 26. Juni 1919 in Münster in Westfalen zur Welt.[5] Er war der Sohn des Lehrers Karl Viehoff und seiner Frau Maria, geborene Schlattmann, und wuchs in einer katholisch geprägten Familie auf. Von 1925 bis 1937 besuchte er in seiner Heimatstadt zunächst die Volksschule St. Antonius, dann das Schlaun-Gymnasium, an dem er 1937 seine Reifeprüfung ablegte. Gleich anschließend zum Reichsarbeitsdienst eingezogen, nahm er bis 1945 als Soldat und Offizier am Zweiten Weltkrieg teil, zuletzt im Rang eines Majors der Luftwaffe.[6] Er war im Flugmeldedienst tätig und wurde in internen Beurteilungen als eine *«ausgeprägte Persönlichkeit»* beschrieben, die bei Vorgesetzten und Kameraden gleichermaßen *«beliebt»* sei und von Untergebenen *«geachtet»* werde. In einer persönlichen Empfehlung zur Beförderung wurde ihm im November 1940 bescheinigt, *«restlos auf dem Boden des Nationalsozialismus»* zu stehen;[7] in einer allgemeinen ‹Kriegs-Beurteilung› vom September 1943 attestierte man ihm wesentlich zurückhaltender, «*durchaus Nationalsozialist*» zu sein, aber zur Widerrede zu neigen. Seine Fürsorge um die Truppe sei anerkennenswert, unter Kameraden sei er «*wegen seines ruhigen und ansprechenden Wesens beliebt*».[8] Aus diesen wenigen Versatzstücken kann man schlussfolgern, dass Viehoff kein glühender Nationalsozialist war, sondern ein Offizier mit Pflicht- und Verantwortungsgefühl. Die zusammenfassende Beurteilung seiner Vorgesetzten vom September 1943 lautete denn auch sehr nüchtern: «*Durchschnitt*».[9] Einen eigenen Aufnahmeantrag in die NSDAP hat Viehoff offenkundig nie gestellt; es liegt jedoch nahe, dass er als Offizier der NSDAP angehörte.[10] Bei Kriegsende wurde er von den Alliierten interniert, aber bereits Ende 1945 wieder entlassen.

So konnte Viehoff im Frühjahr 1946, im Alter von 27 Jahren, an der Westfälischen Wilhelms-Universität in Münster ein Studium der Rechts- und Staatswissenschaften aufnehmen. Anders als viele Altersgenossen, die kriegsbedingt erst spät mit einer akademischen Ausbildung beginnen konnten, legte Viehoff es offenbar nicht auf einen schnellen berufsqualifizierenden Abschluss an, wie er beispielsweise in Betriebswirtschaftslehre möglich gewesen wäre, sondern auf eine umfassende juristische Ausbildung mit hohem formalen Bildungsabschluss, die ihn für den Staatsdienst wie für die Wirtschaft qualifizierte: 1949 absolvierte er sein Referendariat, 1952 legte er eine vom Verwaltungsrechtler Hans Julius Wolff betreute Dissertationsschrift vor und wurde promoviert,[11] im Oktober 1953 schloss er das Studium mit dem Assessorexamen schließlich nach sieben Jahren als Volljurist ab.

Eine im November 1953 aufgenommene ‹informatorische Tätigkeit› bei der Ländlichen Centralkasse in Münster brachte ihn erstmals in Kontakt mit der Genossenschaftsbewegung.[12] Doch das erwies sich noch nicht als eine Weichenstellung, denn Viehoff entschied sich bald darauf – offenbar bestrebt, die berufspraktischen Erfahrungen nicht vorschnell auf nur einen Bereich der Kreditwirtschaft zu verengen – für den Eintritt in eines der Nachfolgeinstitute der Dresdner Bank, die als frühere Berliner Großbank von den Alliierten aufgegliedert worden war, sich inzwischen aber auf dem Weg ihrer Rezentralisierung befand.[13] Im Januar 1954 begann Viehoff in der Filiale Münster der Rhein-Ruhr-Bank mit Sitz in Düsseldorf und wechselte im Sommer 1955 zur Filiale Hagen in Westfalen, wo er bis zum September 1957 zunächst als Bevollmächtigter, dann als Prokurist tätig war. Bereits im September 1954, also kurz vor dem Wechsel von Düsseldorf nach Hagen, hatte Viehoff sich mit Gerda Heithorn verheiratet.[14] Warum genau er im September 1957 aus der Dresdner Bank ausschied, um ab Oktober 1957 für die im Aufbau befindliche Bundeswehrverwaltung als Rechtsberater tätig zu werden – eine Aufgabe, der er sich bis Ende Mai 1958 widmete (ab März 1958 im Range eines Regierungsrats) –, ist bisher ungeklärt. «*Der Versuch, Erkenntnisse aus der wissenschaftlichen Beschäftigung mit Staats-und Verfassungsrecht als Berater der jungen Bundeswehr zur Verfügung zu stellen, bleibt ein Zwischenspiel*», hielt Lorenz Falkenstein, der Vorsitzende des Verwaltungsrats der DG BANK, später dazu fest.[15] Viehoff kehrte jedenfalls nicht zur Dresdner Bank zurück, sondern trat im Juni 1958 in den Vorstand der Volksbank seiner Heimatstadt Münster ein, dem er bis zum Frühjahr 1965 angehören sollte.

Die Übernahme dieser Aufgabe kann als später Beginn der eigentlichen Karriere Viehoffs im Genossenschaftswesen betrachtet werden. Falkenstein interpretierte das später als den «*durch die Zeitläufte empfindlich verlängerten Anlauf des Suchens, der Suche nach dem lebenserfüllenden Wirkungskreis*».[16] Und tatsächlich scheint es so, als habe Viehoff mit dem Eintritt in die Volksbank Münster nun sein berufliches Element gefunden: Von Beginn an zeigte er hier nicht nur starkes Interesse an bankbetrieblichen Problemen, sondern auch an organisatorischen und konzeptionell-strategischen Fragen für das Genossenschaftswesen. Dass er auch praktisch mit ‹anpacken› konnte, bewies er beispielsweise, wenn es darum ging, mit den örtlichen Handwerksmeistern «*zugkräftige Werbebanderolen für die Volksbank Münster an den Umfassungsmauern heimischer Fußballstadien*» anzubringen, wie die Beteiligten gern in Erinnerung riefen.[17] Für Viehoffs weitere Laufbahn sicher wichtiger war der Umstand, dass er durch das Vorstandsamt bei der Volksbank Münster auch Aufgaben im Verbund der Genossenschaftsbanken übernahm: Seit Juni 1964 gehörte er zum Beispiel dem Aufsichtsrat der Zentralkasse westdeutscher Volksbanken an, die ihren Sitz ebenfalls in Münster hatte.

Im Juni 1965 vollzog Viehoff einen weiteren beruflichen Wechsel, der sich nun jedoch konsequent aus seinen vorausgehenden Tätigkeitsschwerpunkten ergab: Er war in den Vorstand des Deutschen Genossenschaftsverbandes mit Sitz in Bonn gewählt worden und übernahm hier an der Seite von Horst Baumann als Stellvertretender Anwalt des Verbandes die Betreuung des gesamten kreditgenossenschaftlichen Bereichs. In dieser Position dürfte er von Anfang an in die im April 1967 aufgenommenen Fusionsgespräche mit dem Raiffeisenverband einbezogen gewesen sein; doch in welcher Weise er sich hier einbrachte, ist bisher nicht näher ergründet worden. Als Vorstandsmitglied des Deutschen Genossenschaftsverbands wirkte Viehoff außerdem maßgeblich mit am Aufbau des Betriebswirtschaftlichen Instituts der deutschen Volksbanken, das sich der Erforschung von Problemen widmen sollte, die mit der verstärkten Nutzung der elektronischen Datenverarbeitung verbunden waren.[18] Auch dem Verwaltungsrat des Betriebswirtschaftlichen Instituts der deutschen Kreditgenossenschaften, das gemeinsam von Volksbanken und Raiffeisenbanken getragen wurde, gehörte er nun an.[19] Für Viehoff bestand kein Zweifel, dass die praktische Bewältigung der immer dichter und umfangreicher werdenden Ströme bankgeschäftlicher Beziehungen in absehbarer Zeit überhaupt nur noch mit den neuen EDV-Techniken geleistet werden könne.[20] Die ‹Bankautomation› war in seinen Augen aber keineswegs nur ein technisches Problem, sie brachte auch ganz neue Organisationsformen hervor und stellte damit zusammenhängende geschäftspolitische Herausforderungen, wie zum Beispiel die Schaffung eines spartenübergreifenden Bankleitzahlensystems. Viehoff war zwar überzeugt, dass der einzelne Volksbankleiter persönlich niemals zu ersetzen sein werde, er solle und müsse ‹König in seinem Reich› bleiben, aber er war dennoch sichtlich fasziniert von den neuen Möglichkeiten einer ‹elektronischen Unternehmensführung›, die sich bei der Entscheidungsvorbereitung in allen wichtigen Geschäftsbereichen auf eine bisher ungeahnt schnelle, umfassende und komplexe Informationsverarbeitung werde stützen können. Viehoffs starkes Interesse an der elektronischen Datenverarbeitung kommt auch darin zum Ausdruck, dass er Ende 1968 zum Präsidenten der Kommission für Bankbetrieb und Banktechnik des Verbandes der europäischen Volksbanken berufen wurde, der ‹Confédération Internationale du Crédit Populaire›, um entsprechende Aktivitäten in diesem Rahmen zu koordinieren.[21]

Zum Jahreswechsel 1969/70 vollzog Viehoff erneut einen Wechsel, der sein Hauptinteresse am Bankgeschäft, über die Verbandsarbeit hinaus, unterstreicht: Von dem aus Altersgründen ausscheidenden Eduard Petzold übernahm er das Amt des Vorstandsvorsitzenden der Zentralkasse nordwestdeutscher Volksbanken mit Sitz in Hannover und Hamburg, der späteren Norddeutsche Volksbanken AG – Zentralbank. Qua Amt gehörte er dadurch zugleich dem Verwaltungsrat, dem Verwaltungsausschuss und dem Kreditausschuss der Deutschen Genossenschaftskasse in Frankfurt am Main an.

Durch seine mehrfachen Wechsel, die auf den ersten Blick etwas unstet wirken, verschaffte sich Viehoff im Verlaufe der 1960er-Jahre Einblicke in die Geschäftstätigkeit einer Volksbank, zweier regionaler Zentralbanken und ansatzweise auch in die der Deutschen Genossenschaftskasse. Zudem machte er sich mit der genossenschaftlichen Verbandsarbeit vertraut, die in hohem Maße auch wirtschaftliche und unternehmerische Funktionen für die Kreditgenossenschaften erfüllte. Viehoff hatte sich auf diese Weise für die Übernahme einer herausgehobenen Position im genossenschaftlichen Bankwesen qualifiziert, und er wurde früh in die Gespräche über eine mögliche Nachfolge des langjährigen Präsidenten der Deutschen Genossenschaftskasse, Georg Draheim, einbezogen.[22] Als Draheim im August 1972 dann plötzlich verstarb, stand Viehoff allerdings nicht sofort zur Verfügung. Der Verwaltungsrat übertrug die Wahrnehmung der Amtsgeschäfte deshalb zunächst auf den bisherigen stellvertretenden Präsidenten Heinrich Birck; zum 1. Februar 1973 übernahm sie dann tatsächlich Felix Viehoff.

Viehoff an der Spitze der Deutschen Genossenschaftskasse beziehungsweise der DG BANK

Die Deutsche Genossenschaftskasse war, als Viehoff an ihre Spitze trat, trotz einer Satzungsänderung noch ganz von ihrer früheren Präsidialverfassung als Anstalt des öffentlichen Rechts geprägt. Viehoff, der sich schon als Vorstandsmitglied für die Änderung der Satzung stark gemacht hatte, um den unter Draheim eingeleiteten Wandel der Einrichtung von einer ‹Kasse› zur ‹Geschäftsbank› voranzubringen, verstand sich in seinem neuen Amt zwar nicht als alleiniger Führungskopf, sondern als Primus inter Pares, als ‹erster Sprecher› des Vorstands, dem mit dem deutlich jüngeren Helmut Guthardt zudem ein ‹zweiter Sprecher› zur Seite stand. Doch von seiner Persönlichkeit her, die mit ihrer großen, kräftigen Gestalt natürliche Autorität und Tatkraft ausstrahlte, ließ er wohl kaum Zweifel, dass er selbst künftig Richtung und Tempo vorzugeben gedachte. Für Vorstandskollegen und Mitarbeiter erwies er sich dabei rasch als ein stets sehr gut ‹organisierter› Vorsitzender, der sich auf Sitzungen vorbereitete und sich an abgesprochene Zeitpläne und Termine hielt.[23] Wichtiger als solche Fragen des Führungsstils war es für Viehoff aber zweifellos, die geschäftspolitische Neuausrichtung der Deutschen Genossenschaftskasse voranzutreiben: Er wollte sie in der Tat möglichst zügig zu einer modernen Geschäftsbank mit universellem Leistungsangebot für ihre Kunden ausbauen, die im Wettbewerb bestehen konnte, ohne genossenschaftliche Grundprinzipien aufzugeben.[24] Die wichtigsten Stichworte für den angestrebten Wandel des Geschäftsprofils waren die Ausweitung des Privat- und Industriekreditgeschäfts, die Verbesserung des Zugangs zu den internationalen Geld- und Kapitalmärkten sowie das Angebot weiterer spezieller Finanzdienstleistungen, etwa im Bereich des Leasing oder der Vermögensberatung. Die Rahmenbedingungen für die Umsetzung dieses Programms stellten sich nach Viehoffs Amtsübernahme allerdings nicht einfach dar: Denn infolge des Zusammenbruchs des Währungssystems von Bretton Woods und des ersten Ölpreisschocks hatte die Kreditwirtschaft insgesamt mit heftigen Turbulenzen zu kämpfen, die von der Bundesbank mit einer restriktiven Geld- und Kreditpolitik beantwortet wurden, was zu steigenden Kapitalmarktzinsen führte, ohne die Inflation wirksam bekämpfen zu können; gerade für die Deutsche Genossenschaftskasse, die an der Spitze eines auf den Liquiditätsausgleich angewiesenen Finanzverbundes stand, stellte das eine enorme Herausforderung dar.[25]

Zu einem zentralen Diskussionspunkt für die Neuausrichtung der Deutschen Genossenschaftskasse entwickelte sich in den folgenden Jahren die Frage, ob das genossenschaftliche Bankwesen durch Überleitung der bisher von den regionalen Zentralbanken wahrgenommenen Aufgaben auf das Spitzeninstitut von der Drei- zur Zweistufigkeit übergehen sollte.[26] Viehoff selbst hielt dies für geboten, aber nicht im Schnellverfahren erreichbar.[27] Zwischen der Deutschen Genossenschaftskasse und den prinzipiell fusionswilligen Zentralbanken fanden nun regelmäßige Konsultationen über denkbare Zukunftsszenarien statt. Dabei zeigte sich, dass erhebliche Befürchtungen wegen einer zu großen Machtballung bei der Deutschen Genossenschaftskasse bestanden, nicht nur bei den Zentralbanken, auch bei den Volks- und Raiffeisenbanken. Viehoff musste bald erkennen, dass sich seine Pläne zur Etablierung eines einheitlichen Spitzeninstituts, auch wenn es dezentral organisiert würde, nicht sehr zügig in die Praxis würden umsetzen lassen. Umso mehr setzte er sich offenbar für eine Neubestimmung der gesetzlichen Rahmenbedingungen ein: Im Dezember 1975 konnte das schon länger diskutierte ‹Gesetz über die DG BANK Deutsche Genossenschaftsbank› schließlich verabschiedet werden.[28]

Mit diesem Gesetz erhielt die Deutsche Genossenschaftskasse zum 1. Januar 1976 nicht nur einen neuen Namen. Sie verlor zugleich ihre bisherigen Steuerprivilegien als Anstalt des öffentlichen Rechts, denn sie war nunmehr eine Körperschaft des öffentlichen Rechts. Dafür wurde sie im Gegenzug mit der Befugnis ausgestattet, ihre Geschäftstätigkeit erheblich auszuweiten. Viehoff begrüßte und begründete das mit den wachsenden Ansprüchen der Kunden und Mitglieder der Kreditgenossenschaften, gerade in der mittelständischen Unternehmerschaft. Die DG BANK durfte künftig ‹Bankgeschäfte aller Art› tätigen, sofern diese der Förderung des gesamten Genossenschaftswesens dienten. Für den Erwerb von Beteiligungen mussten keine behördlichen Genehmigungen mehr eingeholt werden, die DG BANK durfte sowohl die Geschäfte regionaler Zentralbanken übernehmen als auch eigene Niederlassungen im In- und Ausland eröffnen. Das zulässige Emissionsvolumen für Schuldverschreibungen der DG BANK wurde vom Fünf- auf das Fünfzehnfache ihres haftenden Eigenkapitals angehoben. Die Höchstgrenze für die Beteiligung des Bundes und der Länder am Grundkapital der DG BANK wurde zugleich von maximal 50 auf maximal 25 Prozent abgesenkt, was allerdings faktisch bedeutungslos war, denn dieser Anteil, der 1950 noch bei etwa 40 Prozent gelegen hatte, betrug 1975 – infolge mehrerer, von den Genossenschaften selbst getragener Kapitalerhöhungen – lediglich noch 1,3 Prozent.[29]

Die DG BANK verzichtete darauf, eigene Niederlassungen im Inland zu eröffnen, um den Verbundunternehmen keine Konkurrenz zu machen. Auch zu der von Viehoff eigentlich angestrebten Übernahme regionaler Zentralbanken kam es zunächst nicht. Viehoff selbst hatte mit der Forderung nach einer baldigen ‹Kapitalanbindung› der Zentralbanken des Rhein-Main-Gebietes an die DG BANK für Verstimmung und Argwohn gesorgt.[30] In der zweiten Hälfte der 1970er-Jahre und in den frühen 1980er-Jahren fusionierten einige

Zentralbanken miteinander; so schlossen sich in Nordrhein-Westfalen gleich drei Institute zur Westdeutschen Genossenschafts-Zentralbank zusammen. Deren Vorstandsmitglied Eugen Bester zählte zu den schärfsten Kritikern der Idee Viehoffs, die DG BANK am Kapitalstock fusionierender Zentralbanken zu beteiligen, um dem Ziel der Zweistufigkeit sukzessive näher zu kommen. Viehoff musste einlenken und sein ursprüngliches, auf rasche Übernahme von Zentralbanken gerichtetes Konzept zurücknehmen. Er tat das mit klaren Worten: Ob ein zwei- oder ein dreistufiger Aufbau der Organisation besser sei, werde die Geschichte lehren, darüber habe nicht das Wunschdenken der Zeitgenossen zu befinden, auch nicht derjenigen in leitender Stellung, erklärte er im November 1977.[31] Für Viehoff ging es künftig darum, überhaupt weitere Fusionen auf der mittleren und unteren Ebene des Finanzverbundes zustande zu bringen.

Anders verhielt es sich mit dem Ausbau der Präsenz im Ausland, auf den Viehoff – hierin stark unterstützt von Helmut Guthardt – in den folgenden Jahren großen Wert legte, denn gerade hier boten sich Chancen, das Leistungsangebot der DG BANK weiter zu komplettieren. Die Deutsche Genossenschaftskasse war im Ausland zuvor lediglich durch zwei Mehrheitsbeteiligungen an westeuropäischen Gemeinschaftsgründungen vertreten gewesen, der LCB London & Continental Bankers in London und der Bank Europäischer Genossenschaftsbanken in Zürich.[32] Ausschlaggebend für diese ersten, vorsichtigen Auslandsinvestitionen war die Überlegung gewesen, den Genossenschaftsbanken und ihren Kunden zumindest indirekt den Zugang zu neuen Anlage- und Finanzierungsmöglichkeiten an den unregulierten Euromärkten zu eröffnen. Nach Änderung der gesetzlichen Grundlagen eröffnete die DG BANK nun jedoch sofort, das heißt noch 1976, eigene Vertretungen in New York und Hongkong, um in den beiden wichtigsten weltwirtschaftlichen Wachstumsregionen ganz unmittelbar präsent zu sein. Bereits 1977 wurde die Repräsentanz New York dann zu einer Filiale ausgebaut und die Repräsentanz Hongkong in eine Tochtergesellschaft, die DG Capital Company, umgewandelt. Zwischen 1978 und 1980 eröffnete die DG BANK in rascher Folge weitere Repräsentanzen in Los Angeles, in Rio de Janeiro, in Tokio und in Singapur.[33]

Parallel zum Ausbau der eigenen Auslandspräsenz bekräftigte der Vorstand allerdings auch seine Absicht zur Intensivierung der Kooperation mit anderen westeuropäischen Genossenschaftsbanken. So kündigte Viehoff im März 1977 die Gründung der ‹Unico-Banken› an, getragen von Partnern aus Finnland, Dänemark, den Niederlanden, Frankreich, Österreich und Deutschland.[34] Das Nebeneinander von ‹individueller› und ‹gemeinschaftlicher› Präsenz der genossenschaftlichen Spitzeninstitute im Ausland sprach er dabei nicht etwa als ein künftiges Entscheidungsproblem an. Er betonte vielmehr, dass dieses Nebeneinander dem übergeordneten Zweck diene, die Wettbewerbsposition der Genossenschaftsbanken insgesamt zu festigen: Das auf der nationalen Ebene vielfach bewährte Verbund-Prinzip werde nunmehr auf die internationale Ebene übertragen. Viehoff konnte selbstbewusst auf die Position der deutschen Genossenschaftsbanken verweisen: Zwischen 1965 und 1975 hatten sie ihren Anteil am Geschäftsvolumen sämtlicher Kreditinstitute der Bundesrepublik von gut neun auf knapp 14 Prozent gesteigert.[35] Ob sich das ‹Club-Banking› für die Genossenschaftsbanken tatsächlich erfolgreicher gestaltete als für die privaten Großbanken, die bald wieder von ihm Abstand nahmen, wurde bisher nicht systematisch untersucht.[36] Viehoff jedenfalls war davon überzeugt, dass es für die Genossenschaftsbanken die ideale Strategie zur Vernetzung und gemeinsamen Behauptung im internationalen Wettbewerb war: «*Some not too far-off day, the European systems may link up with the emerging cooperative banking systems in the Americas, notably the U. S. and Canada on the one hand, and in the Asia-Pacific Region, including Japan, on the other to form a global network*», bekundete er im Juni 1978 in einem Beitrag für den ‹American Banker›.[37]

Vom Ausland aus betrachtet, wirkte die DG BANK unter Viehoffs Führung in den 1970er-Jahren als «*Bannerträger und Motor der Internationalisierung*», wie es Hellmuth Klauhs, der Generalanwalt des Österreichischen Raiffeisenverbandes, im Juni 1979 in seiner Laudation formulierte, als Viehoff aus Anlass seines 60. Geburtstages in Anerkennung seiner Verdienste das Große Verdienstkreuz des Verdienstordens der Bundesrepublik Deutschland verliehen wurde.[38] Viehoff selbst begründete die verstärkte, von traditionsverbundenen Genossenschaftlern durchaus skeptisch betrachtete, direkte wie indirekte Auslandspräsenz der DG BANK in erster Linie mit den intensiven Außenhandelsbeziehungen und den vermehrten ausländischen Direktinvestitionen deutscher Unternehmen, gerade auch aus dem Bereich der mittelständischen Wirtschaft, von dem die Genossenschaftsbanken ja getragen wurden. Die DG BANK habe den gesetzlichen Auftrag, als Spitzeninstitut das gesamte Genossenschaftswesen zu fördern. Das lasse, anders als bei Banken ohne einen solchen Auftrag, «*keinen Spielraum für ‹Beliebigkeit› der Geschäftspolitik, auch in Bezug auf das Ausland*», hielt er Kritikern der Neuausrichtung entgegen.[39] Die DG BANK bemühe sich, eine «*gefährliche Lücke*» im Leistungsangebot der Volksbanken und Raiffeisenbanken gegenüber ihren mittelständischen Firmenkunden zu füllen: Denn diese selbst könnten sich gerade ihrer «*aktivsten, expansivsten und am stärksten zukunftsorientierten Firmenkunden*», die sich immer stärker dem internationalen Geschäft zuwenden müssten, auf Dauer nicht mehr sicher sein: «*Wollen wir* […] *diese Kunden behalten, so müssen wir ihnen auch im Auslandsgeschäft ausreichende Leistungen zur Verfügung stellen.*»[40] Viehoff verwies allerdings auch darauf, dass die Bank infolge der Verschiebung der Mitgliederstrukturen der Genossenschaftsbanken – von den Angehörigen des selbstständigen Mittelstandes immer stärker hin zu Facharbeitern, Angestellten und Beamten, bei denen die Spartätigkeit einen wesentlich höheren Stellenwert besaß als das Finanzierungsbedürfnis – über wachsende Liquidität verfügte, denn sie unterlag einem freiwilligen Kontrahierungszwang gegenüber den Volksbanken und Raiffeisenbanken. «*Die bei der Anlage dieser Beträge – sie summieren sich inzwischen zu einem zweistelligen Milliarden-Betrag – erforderliche Flexibilität gebot dem Institut den Schritt auch an die Auslandsmärkte*», erläuterte Viehoff. «*Somit erfüllen die Auslandsstützpunkte der DG Bank mehrere Funktionen zugleich*», fasste er zusammen: «*Sie stehen der mittelständischen Firmenkundschaft der Gruppe als Kontakt-, Vermittlungs- und Beratungsstellen zur Verfügung* [...] *und tragen zur Erweiterung der Liquiditätsausgleichsbasis bei*» – und zwar durch die vermehrte Anlage von Überschüssen des Verbundes an den internationalen Geld- und Kapitalmärkten, könnte man präzisierend ergänzen.[41] Wie viele traditionsbewusste Kritiker des eingeschlagenen Kurses, die den Förderungsauftrag der DG BANK konservativer auslegten, Viehoff mit seinen Argumenten überzeugen konnte, muss eine offene Frage bleiben. Der Vorstand stand ohne Frage hinter der strategischen Neuausrichtung der DG BANK, die man treffend als «*Universalisierung durch Internationalisierung*» bezeichnen kann.[42] Um von der internationalen Bankenwelt als Partner akzeptiert zu werden, wurde die DG BANK in der zweiten Hälfte der 1970er-Jahre an allen bedeutenden internationalen Finanzplätzen in allen dort wichtigen Geschäftsfeldern aktiv, mit Ausnahme des Privatkundengeschäfts.[43]

Die DG BANK entwickelte sich unter der Leitung von Felix Viehoff auf diese Weise zu einem der zehn größten Kreditinstitute der Bundesrepublik. Praktisch hieß das, dass zahlreiche Mitarbeiter neu gewonnen, Neubauten errichtet und Umzüge organisiert werden mussten – Aufgaben, die Viehoff mit viel Umsicht und einem nüchternen Blick für organisatorische Notwendigkeiten offenkundig ohne größere Probleme in den Griff bekam. Am Ende seiner Amtszeit im Juni 1981 konnte er auf eine Phase überaus kräftigen, ja überproportional starken Wachstums seines Hauses zurückblicken: Während sich das Geschäftsvolumen der deutschen Kreditwirtschaft insgesamt zwischen 1973 und 1980 in etwa verdoppelt hatte, war dem DG BANK-Konzern sogar eine Verdreifachung gelungen. Die Genossenschaftsbanken insgesamt besaßen nunmehr einen Marktanteil von rund 20 Prozent, während die Großbanken gut 30 Prozent und die Sparkassengruppe knapp 50 Prozent für sich beanspruchten.[44] Viehoff selbst betonte wiederholt, dass diese Entwicklung zwar als großer Erfolg zu werten, aber nur vor dem Hintergrund einer stark expansiven Dynamik an den internationalen Geld- und Kapitalmärkten zu verstehen sei, an der die DG BANK stärker partizipierte als andere deutsche Kreditinstitute. Für Viehoff stellte das Wachstum der DG BANK keinen

Selbstzweck dar, sondern ergab sich aus der Kombination des genossenschaftlichen Förderungsauftrags mit den Möglichkeiten der Märkte. *«Wachstum und Eigenkapital müssen in vernünftiger Relation bleiben. Wachstum um jeden Preis ist unvertretbar»*, mahnte er.[45] Unter seiner Leitung betrieb der Vorstand der DG BANK keine ungebremste Expansion, sondern auch die Konsolidierung des Erreichten, vorzugsweise durch Bildung von stillen Reserven.[46] Dennoch sank die Eigenkapitalquote der DG BANK schon in der Amtszeit Viehoffs immer weiter ab, bis Ende 1980 unter drei Prozent; mit dem Wachstum der Bilanzsumme, die 1981 bei 36,5 Milliarden D-Mark lag und in den folgenden Jahren weiter rasant ansteigen sollte, konnte das haftende Eigenkapital immer weniger mithalten.[47] Damit waren wachsende Risiken verbunden, die zunächst aber nicht offen zutage traten.[48] Ein erstes Warnsignal setzte die spektakuläre Pleite des Düsseldorfer Bauunternehmens Beton- und Monierbau AG im April 1979, denn die DG BANK war in dem Bemühen, ihr Großkreditgeschäft weiter auszubauen, zum zweitgrößten Gläubiger dieses Unternehmens herangewachsen – und saß nun auf einer offenen, kaum noch zu realisierenden Forderung von 55 Millionen D-Mark.[49]

Aufmerksame Beobachter der bundesdeutschen Kreditwirtschaft registrierten angesichts der fulminanten Entwicklung der DG BANK bereits in der zweiten Hälfte der 1970er-Jahre eine wachsende Diskrepanz.[50] Viehoff als Spitzenrepräsentant der Bank wurde zwar zu einem geschätzten Gesprächspartner der Bundesregierung, doch in den korporativen Gremien und personellen Netzwerken der Wirtschaft selbst schlug sich das gewachsene Gewicht der DG BANK weniger deutlich nieder. Dem Zentralen Kapitalmarktausschuss, der als korporative Einrichtung der Kreditwirtschaft über die Inanspruchnahme des Anleihemarktes entschied, gehörte die DG BANK beispielsweise weiterhin nicht an, obwohl die Deutsche Genossenschaftskasse bereits mit Emissionsrecht ausgestattet worden war. Auch im Bundesanleihekonsortium blieb die Quote der DG BANK weit hinter ihrer tatsächlich erreichten Platzierungskraft zurück.

Ein Blick auf die von Viehoff wahrgenommenen Mandate in den Aufsichts- und Verwaltungsräten anderer Unternehmen zeigt zudem, dass der Vorstandsvorsitzende der DG BANK fast ausschließlich in Unternehmen des Genossenschaftssektors vertreten war, es so gut wie keine derartigen Verbindungen zu anderen Industrie- oder Handelsunternehmen gab.[51] In anderen Worten: Die DG BANK war zwar zu einer großen, universell arbeitenden Bank herangewachsen, die unter anderem auch Großkredite vergab, aber sie wurde nicht in die bereits im Zuge der Industrialisierung entstandenen Netzwerke der wechselseitigen Personal- und Kapitalverflechtungen zwischen Banken, Versicherungen und industriellen Großunternehmen einbezogen, also in das, was man später die ‹Deutschland AG› nannte.[52] Die

DG BANK blieb vielmehr fest in den genossenschaftlichen Finanzverbund eingebunden, also in ihr eigenes spezifisches Netzwerk der Corporate Governance.[53]

Über seine Mandate in Genossenschaftsunternehmen hinaus bekleidete Viehoff eine stattliche Zahl von Positionen in genossenschaftlichen Verbänden des In- und Auslandes.[54] Darunter war seine Rolle als Präsident des Bundesverbandes der Deutschen Volksbanken und Raiffeisenbanken, das er im Januar 1977 zusätzlich zum hauptamtlichen Vorstandsvorsitz der DG BANK übernahm, sicher die bedeutendste, denn in dieser Funktion trug er maßgeblich zur weiteren Integration und konsequenten Modernisierung der Verbandsstrukturen von Volksbanken und Raiffeisenbanken bei.

Viehoff an der Spitze des Bundesverbands der Deutschen Volksbanken und Raiffeisenbanken

Mit der Berufung Felix Viehoffs zum alleinigen Präsidenten des Bundesverbands der Deutschen Volksbanken und Raiffeisenbanken, der zuvor von Horst Baumann und Lorenz Falkenstein gemeinsam geleitet worden war, bekam die im Oktober 1971 vereinbarte, bis Ende 1976 noch immer nicht abgeschlossene Verschmelzung der beiden Spitzenverbände der Volksbanken und Raiffeisenbanken einen kräftigen Schub. Dazu trug bei, dass Viehoff, der das Amt nicht angestrebt hatte, bei dessen Übernahme bestimmte Bedingungen stellte: Anders als Falkenstein und Baumann übernahm er die Leitung des Verbandes nur nebenamtlich und ließ sich nicht für die üblichen fünf, sondern nur für drei Jahre in die Pflicht nehmen.[55] Das erzeugte von Anfang an einen gewissen Handlungsdruck, den Viehoff nutzen konnte, sorgte aber auch für Kritik. Es gab erhebliche Zweifel, dass ein nebenamtlicher Präsident, der nur an zwei, drei Tagen in der Woche in seinem Büro in Bonn anwesend war, die anstehenden Aufgaben entscheidend voranbringen könne.[56] Doch dem an der Spitze der DG BANK bereits sehr profilierten, zudem nicht in der Wolle der einen oder der anderen Richtung gefärbten Viehoff gelang es rasch, sich als führungsstarke Integrationsfigur zu etablieren und dem Verband nicht nur mehr Einheitlichkeit, sondern auch mehr Schlagkraft zu verleihen.

Dies betraf in erster Linie die wirtschaftlichen Funktionen, die der Verband für den Finanzverbund insgesamt zu erfüllen hatte; besonders hervorzuheben ist hier die nach Viehoffs Amtsantritt zügig vorangebrachte Etablierung eines integrierten Sicherungssystems. Aber auch die Zusammenführung der Arbeitgeberverbände, der Aufbau eines einheitlichen, auf dem aktuellen Stand der Technik beruhenden internen Informationssystems, die Einrichtung zentraler Schulungszentren und der Übergang zur gemeinsamen Nachwuchsheranbildung zählten zu den praktischen Herausforderungen, mit denen die Integration vorangebracht werden sollte. Um die wirtschaftlichen wie die politischen Interessen der Genossenschaftsbanken auch nach außen, gegenüber Politik und Gesellschaft, wirksamer zu vertreten, strebte Viehoff außerdem – nach dem Vorbild der Großbanken – eine wesentlich aktivere Öffentlichkeitsarbeit an.[57]

Bereits im April 1977 stand die Entscheidung über eine gemeinsame ‹Sicherungseinrichtung› der Volksbanken und Raiffeisenbanken auf der Tagesordnung eines außerordentlichen Verbandstages. Seit dem Zusammenbruch der Herstatt-Bank im Juli 1974 besaß das Thema Einlagensicherung der Kreditinstitute politische und öffentliche Brisanz. Die Genossenschaften als traditionelle Selbsthilfeeinrichtungen hatten sich in den entsprechenden Debatten vehement dagegen ausgesprochen, eine gesetzliche Einlagensicherung zu schaffen; sie plädierten vielmehr dafür, auf freiwillige, verbesserte Sicherungssysteme der verschiedenen Bankengruppen zu vertrauen. Viehoff, der als Chef der DG BANK dabei immer wieder den Vorbildcharakter der bestehenden Sicherungseinrichtungen der Volksbanken wie der Raiffeisenbanken für die deutsche Kreditwirtschaft insgesamt hervorgehoben hatte, begriff die Einrichtung eines neuen gemeinsamen Sicherungssystems als wichtiges Instrument zur Förderung der Solidarität der Genossenschaftsbanken beider Richtungen untereinander – zugleich aber auch als Instrument zur schärferen Abgrenzung gegenüber den konkurrierenden Bankengruppen. In intensiven internen Diskussionen waren damit zusammenhängende strittige Punkte vor dem Verbandstag geklärt worden, zum Beispiel dass es auch künftig nicht nur um ‹Einlagensicherung› im Interesse der Kunden, sondern möglichst um vollen ‹Bankenschutz› gehen sollte. Allerdings waren nun wichtige Ausnahme vorgesehen: «*Wenn eine Volksbank oder eine Raiffeisenbank entgegen den Vorstellungen und Mahnungen des zuständigen Prüfungsverbandes und entgegen den Interessen des Verbundes in erheblichem Umfang bei organisationsfremden Banken Gelder aufgenommen und für verlustbringende Kreditengagements verwendet hat*», so erläuterte Viehoff, «*so ist es Recht und Pflicht der Organisation, nach gewissenhafter Prüfung möglicherweise nicht mehr in jedem Fall dafür einzustehen, dass die organisationsfremde Bank ihre Einlagen zurückbekommt.* […] *Wir sind eine Einheit, auch und gerade im Verbund. Es muss daher ein wirksamer Damm gegenüber anderen Kreditinstituten existieren, die sich bemühen oder denen es geradezu durch Aufforderung leicht gemacht wird, über die Passivseite in den Verbund der Volksbanken und Raiffeisenbanken einzudringen.*» Damit spielte Viehoff auf das ‹bewusste Fehlverhalten› von Bankleitern an, die im Kampf um neue Kunden eine grundsätzlich zwar zulässige, aber geschäftlich unter Umständen zu risikoreiche Verschuldung bei organisationsfremden Banken zuließen. Da dieser und andere strittige Punkte im Vorfeld geklärt worden waren, stand der Zustimmung zur Beschlussvorlage des Vorstands nichts mehr im Wege. Viehoff konnte das als einen ersten, wichtigen Erfolg für sich als BVR-Präsident verbuchen.[58]

Spätestens auf dem regulären Verbandstag im November 1977 in Berlin wurde deutlich, dass Viehoff der Öffentlichkeitsarbeit in der Tat einen hohen Stellenwert zumaß: «*Wir müssen unseren Standort* [...], *der unlösbar mit dem Mittelstand verknüpft ist, in der Öffentlichkeit transparenter machen*», proklamierte er und verwies auf die gemeinsam mit der DG BANK angestoßene Image- und Werbekampagne. Viehoff verstand es sowohl in seinem Amt an der Spitze der DG BANK als auch an der Spitze des Bundesverbands der Deutschen Volksbanken und Raiffeisenbanken als eine seiner zentralen Aufgaben, die Genossenschaftsidee in der Bevölkerung populärer zu machen und dem Mittelstand in der Politik stärkeres Gehör zu verschaffen. Nachdem er das Amt des BVR-Präsidenten übernommen hatte, verlagerte sich dieser Schwerpunkt stark zum Verband hin. Hier war im Oktober 1977 eine Public-Relations-Abteilung eingerichtet worden, die beanspruchte, für den gesamten Finanzverbund zu sprechen, was anfangs durchaus Reibungen mit einigen regionalen Zentralbanken verursachte. Darüber hinaus hatte Viehoff für die Einrichtung einer volkswirtschaftlichen Grundsatzabteilung gesorgt, um die Informationsbasis des Verbandes und damit zugleich dessen wirtschaftspolitische ‹Sprechbereitschaft› im Dialog mit Politik und Öffentlichkeit zu verbessern.[59] Bei der Besetzung beider Abteilungen bewies er gutes personalpolitisches Gespür und sorgte so für langfristig wirksame Weichenstellungen.[60]

Viehoff nutzte den Verbandstag, um im Beisein von Bundesfinanzminister Hans Apel den Anspruch des Bundesverbands der Deutschen Volksbanken und Raiffeisenbanken zu untermauern, für die Interessen des gesamten Mittelstandes einzutreten. Weil er nicht mit einer Stimme spreche, werde er von der Politik bisher nicht so gehört, wie es seiner wirtschaftlichen Bedeutung eigentlich zukomme, legte Viehoff dar. Das ‹Phänomen Mittelstand› sei bisher überhaupt noch nicht richtig erfasst worden. Es gebe noch nicht einmal eine «*auch nur annähernd ausreichende Mittelstandsstatistik*».[61] Dass Viehoff sich so stark zum Fürsprecher des Mittelstands machte, hatte sehr viel mit dem Wettbewerb innerhalb des Kreditgewerbes um Firmen- wie Privatkunden zu tun: Denn keine andere Bankengruppe konnte sich glaubwürdiger darauf berufen, eigentlich schon immer den Interessen des Mittelstandes gedient zu haben.

Viehoff erwarb nach seiner Berufung an die Spitze des Bundesverbands der Deutschen Volksbanken und Raiffeisenbanken in den Medien rasch das Image eines «*Großfürsten des deutschen Mittelstandes*».[62] Dazu trugen seine eigenen regen publizistischen Aktivitäten bei, in denen er die engen Verflechtungen zwischen den Genossenschaftsbanken und dem Mittelstand immer wieder hervorhob und zugleich betonte, dass der Mittelstand seiner Auffassung nach keineswegs nur die Selbstständigen in Handwerk, Gewerbe und Handel sowie den freien Berufen umfasse, sondern auch bestimmte Gruppen der abhängig Beschäftigten, vor allem höhere Facharbeiter, leitende Angestellte und Beamte.[63] Angesichts des sozialökonomischen Strukturwandels, der auch den Mittelstand erfasst hatte, gelte es, gerade sie, die Angehörigen des ‹Arbeitnehmermittelstands›, als neue Kunden und Mitglieder der Genossenschaftsbanken zu gewinnen – und, wo immer sinnvoll und möglich, zu animieren, sich selbstständig zu machen.[64] Im Herbst 1978 stellte Viehoff die ‹Kreditpolitische Tagung› des Bundesverbands der Deutschen Volksbanken und Raiffeisenbanken, ein Veranstaltungsformat, das er selbst ins Leben gerufen hatte, konsequenterweise unter das Motto ‹Selbstständig machen – Selbstständig bleiben›. Im Gespräch mit namhaften Vertretern aus Politik sowie fast allen Bereichen der mittelständischen Wirtschaft verlieh er seiner Forderung nach ‹neuen Gründerjahren› für die Bundesrepublik Nachdruck – und fand damit breite Resonanz und Zustimmung.[65]

Viehoff nutzte den zweiten von ihm geleiteten BVR-Verbandstag im Herbst 1978, um eine kritische Bilanz zu den erreichten Zielen und noch bevorstehenden Aufgaben bei der Neuausrichtung des Verbandes zu ziehen. Wie die informierte Presse zu berichten wusste, hielt er den Genossenschaftern in den internen Diskussionen vor, dass noch immer so manches ‹eingerostet› sei.[66] In seinen Augen hatten es die Volks- und Raiffeisenbanken jedenfalls noch nicht geschafft, ihre Kräfte so zu bündeln, dass sie den Wettbewerb mit den Sparkassen und den Großbanken in allen Bereichen bestehen konnten. Mit Blick auf das Wachstum der Bilanzsumme lag der genossenschaftliche Finanzverbund zu dieser Zeit zwar weit vor den anderen beiden Bankengruppen; doch gerade im lukrativen Industriekreditgeschäft hatten die Genossenschaftsbanken den Anschluss noch lange nicht gefunden. Viehoff war überzeugt, dass dies nur mit einer konsequent mittelstandsbezogenen Bankpolitik gelingen konnte.[67] Doch was hieß das konkret? Wo genau lagen die wirtschaftlichen Interessen dieser vom sozialökonomischen Strukturwandel ergriffenen Kunden- und Mitgliederzielgruppe?

Bezeichnend für Viehoffs Herangehensweise an das Problem ist, dass er diesem mit wissenschaftlichem Erkenntnisinteresse begegnete. So engagierte er sich nicht nur für verschiedene bank- und genossenschaftswissenschaftliche Einrichtungen und nahm rege an einschlägigen Konferenzen im In- und Ausland teil,[68] sondern publizierte auch Aufsätze in Fachzeitschriften und legte schließlich, gestützt auf eigene Vorarbeiten und die intensive Mitarbeit von Eckart Henningsen und Gunther Aschhoff in der Volkswirtschaftlichen Abteilung der DG BANK, ein umfassendes, dreibändiges Werk ‹Zur mittelstandsbezogenen Bankpolitik des Verbundes der Genossenschaftsbanken› vor.[69] Darin betonte er den historischen Wandel und die Vielschichtigkeit des nach wirtschaftlichen und soziologischen Kriterien zu bestimmenden, niemals rein quantitativ zu fassenden ‹Phänomens Mittelstand›, stellte seine wirtschaftliche Bedeutung für die Bundesrepublik heraus und trat für eine laufende Anpassung der Genossenschaftsbanken an die sich wandelnden Bedürfnisse dieser zentralen Kunden- und Mitgliederzielgruppe ein.[70] In der Genossenschaftsforschung löste er mit seiner starken Betonung einer nicht mitglieder-, sondern mittelstandsbezogenen Bankpolitik, die bewusst auch zukünftige, durch den sozialökonomischen Strukturwandel erst interessant werdende Mitglieder einschloss, einige heftige Diskussionen aus. Die insbesondere vom Münsteraner Genossenschaftsforscher Erik Boettcher geäußerte Befürchtung, eine so verstandene Bankpolitik laufe womöglich dem genossenschaftlichen Förderungsauftrag zuwider, verwässere ihn jedenfalls und leiste einer ‹nebulösen Mittelstandsförderung› Vorschub, fand aber keine nachhaltige Resonanz.[71] Denn Viehoff stellte, wie unvoreingenommene Leser schnell feststellen konnten, nicht etwa den Förderungsauftrag als solchen in Frage, sondern er fragte in seinem Werk – und das war der originelle Gedanke daran – nach den spezifischen Förderungsinteressen der aktuellen wie der potenziellen neuen Mitglieder, um auf diese Weise zu einer zeitgemäßen Interpretation und Operationalisierung des klassischen Förderungsauftrags beizutragen, worum in den Genossenschaftswissenschaften seiner Zeit heftig gerungen wurde. In der Praxis der Kreditgenossenschaften erwies sich Viehoffs grundsätzliche Standort- und Zielbestimmung als hilfreich und überzeugend.

Viehoff wurde auf dem BVR-Verbandstag im Oktober 1979 kurz vor seinem Ausscheiden als Präsident in Anerkennung seiner Verdienste durch den genossenschaftlichen Dachverband, den Deutschen Genossenschafts- und Raiffeisenverband, mit dessen höchster Auszeichnung geehrt, der Raiffeisen/Schulze-Delitzsch-Medaille in Gold.[72] Karlheinz Soesters, der Vorsitzende des Verbandsrates des BVR, würdigte die Leistungen Viehoffs in prägnanten Sätzen: Während seiner nur dreijährigen Amtszeit seien sämtliche noch offenen Auflagen des Kooperationsvertrages vom Oktober 1971 erfüllt worden. Viehoff habe ferner entscheidend dazu beigetragen, die Presse- und Öffentlichkeitsarbeit des Verbandes zu verbessern. Das Ansehen der genossenschaftlichen Bankengruppe sei merklich gestiegen, nicht zuletzt in der mittelständischen Wirtschaft selbst; das schlage sich in einem wachsenden Marktanteil nieder. In Politik und Wissenschaft werde wieder mehr über den genossenschaftlichen Förderungsauftrag nachgedacht und diskutiert. Dank seiner guten Kenntnis der genossenschaftlichen Organisation und seiner integrativen Kraft sei es Viehoff gelungen, die unterschiedlich gelagerten Interessen innerhalb des Finanzverbundes im Sinne der Subsidiarität aufeinander abzustimmen.[73] Dies fand breite Zustimmung.

Der so gelobte Viehoff selbst widmete sich nicht der Rück- und Nabelschau, sondern den Zukunftsperspektiven: Mit Blick auf die kommenden 1980er-Jahre plädierte er vehement für eine auch weiterhin wachstumsorientierte Wirtschaftspolitik, um Vollbeschäftigung und den sozialen Frieden der Gesellschaft zu sichern. Einen wichtigen Schlüssel hierzu sah er in der Unterstützung der zahlreichen kleinen und mittleren Unternehmen: Denn die Bundesrepublik brauche eine Renaissance des marktwirtschaftlichen Gedankens, der Risikobereitschaft und des Leistungswillens auf breiter Front. Es gelte Abschied zu nehmen vom trügerischen Vertrauen in die wirtschaftspolitische Omnipotenz des Staates. Wo es nur möglich sei, müsse die Selbst- und Eigenverantwortung gestärkt werden, gerade auch die der solidarischen Gemeinschaften von Menschen, sprich der Genossenschaften. «*Zusammenstehen und Festhalten an genossenschaftlichen und marktwirtschaftlichen Prinzipien sind Garanten dafür, dass wir die Herausforderungen der achtziger Jahre erfolgreich bestehen werden*», lautete Viehoffs Fazit.[74] Hier sprach in der Tat ein überzeugter Genossenschafter, kein neoliberaler Prophet des Marktes.

Ruhestand und Lebensabend

Nachdem Viehoff sein Amt als BVR-Präsident abgegeben hatte, stand er noch eineinhalb Jahre als Vorstandsvorsitzender an der Spitze der DG BANK. Bereits in dieser Zeit trat der stellvertretende Vorstandsvorsitzende und designierte Nachfolger Helmut Guthardt immer stärker als kommende Führungsperson in Erscheinung. In Presse und Medien war Guthardt durchaus umstritten, nicht zuletzt weil er den Expansions- und Wachstumskurs der Bank weiter zu forcieren versprach. Viehoff, der diesen Kurs selbst mit eingeleitet, wenn auch stets davor gewarnt hatte, Wachstum zum Selbstzweck zu erklären, stand offenkundig voll hinter dieser Nachfolgelösung, stellte sie jedenfalls öffentlich nicht in Frage. Er selbst hatte sich entschlossen, bereits mit 62 Jahren aus der aktiven Laufbahn auszuscheiden. Auf der Hauptversammlung im Juni 1981 wurde er im Beisein des Bundesbankpräsidenten Karl Otto Pöhl offiziell verabschiedet und bekam aus diesem Anlass die goldene Raiffeisen-Medaille des Österreichischen Raiffeisenverbandes verliehen.[75] Sein früher Rückzug warf Fragen auf, und schnell gab es die Vermutung, dass er schwer erkrankt sei. Er selbst erklärte sich dazu nicht, sondern gab im engeren Kreis seiner Mitarbeiter nur scherzhaft zum Besten, dass die drei Jahre seiner doppelten Belastung an der Spitze von Bank und Verband schließlich auch doppelt zählen würden, er die reguläre Pensionsgrenze von 65 Jahren also sehr wohl schon erreicht habe.[76] Bei seiner feierlichen Verabschiedung hob er nüchtern hervor, dass Positionsinhaber seiner Meinung nach immer nur auf Zeit berufene Sachwalter übertragener Aufgaben seien: «*Ich habe meine berufliche Tätigkeit immer als Teil eines Ganzen, als Teil der Gestaltung des Zusammenlebens von Menschen, als Teil genossenschaftlicher Arbeit gesehen. Dieser Teil hat auch einen Anfang und ein Ende. Die Sache aber, das Genossenschaftswesen, zu der ich meinen Teil der Arbeit beitragen durfte, ist zeitlos. Denn nach meiner Überzeugung gehört zum Idealzustand menschlichen Zusammenlebens, individuell wie gesellschaftspolitisch, eine vernünftig ausgewogene These von Freiheit und Bindung. Und diese findet in der Genossenschaft statt.*»[77]

Nach seinem Rücktritt von der Spitze der DG BANK zog sich Viehoff rasch auch aus allen anderen Ämtern zurück.[78] Nur für soziale Belange, darunter die SOS-Kinderdörfer des Hermann-Gmeiner-Fonds, engagierte er sich auch weiterhin.[79] Seinen 65. Geburtstag am 26. Juni 1984 beging er im engsten Kreise der Familie. Kontakte zu früheren Mitarbeitern suchte er kaum noch. Felix Viehoff verstarb am 15. September 1987 nach langer Krankheit in Murnau am Staffelsee (Oberbayern), wo er die letzten Jahre seines Lebens zurückgezogen verbracht hatte.[80] In einem Nachruf würdigte ihn Bernhard Schramm, sein Nachfolger an der Spitze des Bundesverbands der Deutschen Volksbanken und Raiffeisenbanken, als eine Persönlichkeit, die sich als ein engagierter Förderer ganz in den Dienst der Genossenschaftsbewegung gestellt habe und sich in seiner «*menschlich-bescheidenen, diskret-konsequenten Art*» treu geblieben sei. Seinem eigenen Wunsch entsprechend wurde Viehoff im engsten Familienkreis beigesetzt.[81]

Fazit

In Zeiten des Umbruchs, die vom beschleunigten sozialökonomischen Strukturwandel geprägt waren, der gerade im traditionsverbundenen Genossenschaftswesen erheblichen Anpassungsbedarf hervorrief, wirkte Felix Viehoff im genossenschaftlichen Finanzverbund als herausragende Integrationsfigur eines ebenso tief greifenden wie langwierigen Reformprozesses. In ganz verschiedenen Ämtern seiner relativ spät begonnenen Karriere im Genossenschaftswesen trug er mit dazu bei, dass dieser Prozess des geschäftspolitischen und organisatorischen Wandels in der zweiten Hälfte der 1960er-Jahre in Gang gesetzt und dann auch durchgehalten wurde, ohne allzu heftige Friktionen hervorzurufen oder ins Stocken zu geraten. Es war vor allem seine Bereitschaft, für einige Jahre die Doppelrolle als Vorstandsvorsitzender der

DG BANK und als Präsident des Bundesverbands der Deutschen Volksbanken und Raiffeisenbanken zu übernehmen, die ihm dabei half, den Reform- und Modernisierungsprozess energisch, aber doch in geordneten Bahnen voranzutreiben und bis zum Beginn der 1980er-Jahre im Wesentlichen auch an sein Ziel zu bringen. Bei Viehoffs Ausscheiden aus dem aktiven Berufsleben im Frühjahr 1981 konnte die angestrebte wirtschaftliche wie organisatorische Bündelung der Kräfte innerhalb des genossenschaftlichen Finanzverbundes im Wesentlichen als gelungen betrachtet werden. Dessen Wettbewerbsposition hatte sich erheblich verbessert, ohne Abstriche am Förderungsauftrag für das Genossenschaftswesen zu machen.

Viehoff hatte den Umbau der Deutschen Genossenschaftskasse zu einer modernen, international tätigen Geschäftsbank mit einem universellen Leistungsangebot ebenso energisch wie erfolgreich vorangetrieben, ohne dass die dabei fast unausweichlichen Konflikte mit den regionalen Zentralbanken und lokalen Kreditgenossenschaften eskalierten. Denn Viehoff war trotz klarer Zielvorstellungen kompromissbereit: Weil er den Grundgedanken genossenschaftlicher Demokratie, der Entscheidungsfindung von unten nach oben vorsah, voll akzeptierte, konnte er sich ohne größere Schwierigkeiten darauf einstellen, dass der Übergang von der Drei- zur Zweistufigkeit des genossenschaftlichen Finanzverbundes wesentlich langsamer ablief, als er selbst zunächst gehofft hatte. Das hielt ihn nicht davon ab, sich für eine Änderung der gesetzlichen Rahmenbedingungen für das genossenschaftliche Spitzeninstitut einzusetzen, sodass die DG BANK ab 1976 dennoch eine systematische Ausweitung ihrer Geschäftstätigkeit im In- und Ausland betreiben und einen expansiven Wachstumskurs einschlagen konnte. Sie profitierte dabei von den zu dieser Zeit stark expandierenden internationalen Geld- und Kapitalmärkten, zeigte allerdings im Vergleich zu anderen deutschen Kreditinstituten ein deutlich überproportionales Wachstum. Der DG BANK gelang es in der Amtszeit Viehoffs, sich unter den zehn größten Banken der Bundesrepublik zu etablieren. Viehoff selbst warnte zwar wiederholt vor Wachstum um jeden Preis und mahnte zur Konsolidierung des Erreichten. Doch zweifellos schuf er selbst wichtige Voraussetzungen dafür, dass der rasante Wachstumskurs der DG BANK von seinen Nachfolgern in den 1980er-Jahren nahtlos fortgesetzt werden konnte; dass dies ohne Aufbau eines adäquaten Risikomanagements geschah, wirft die Frage auf, ob hier bereits unter Viehoff ein stärkeres Fundament hätte geschaffen werden können und müssen.

Als Präsident des Bundesverbands der Deutschen Volksbanken und Raiffeisenbanken trug Viehoff maßgeblich dazu bei, dass die bereits 1971 eingeleitete, aber zunächst nur langsam vorankommende Integration der früher getrennten Verbandsstrukturen für Volksbanken und Raiffeisenbanken bis Ende 1979 tatsächlich weitgehend abgeschlossen werden konnte. Dies galt nicht nur mit Blick auf die wirtschaftlichen Funktionen, die der neue Verband für seine Mitglieder erfüllte, sondern auch für die gemeinsame Interessenvertretung der Volksbanken und Raiffeisenbanken gegenüber Politik und Öffentlichkeit. Zugleich machte Viehoff den Spitzenverband der Genossenschaftsbanken zu einem gut informierten und aktiven Gesprächspartner der Presse und der Medien. Mit einem klaren Blick für die Auswirkungen des sozialökonomischen Strukturwandels auf die eigene Kunden- und Mitgliederzielgruppe, trat er dabei besonders für die Ausrichtung am bundesdeutschen Mittelstand ein.

Fragt man abschließend noch einmal explizit danach, was Felix Viehoff dazu befähigte, die beschriebene integrative Rolle im Reform- und Modernisierungsprozess des genossenschaftlichen Finanzverbundes zu übernehmen, so gilt es hervorzuheben, dass es ihm keineswegs zum Nachteil gereichte, dass er nicht schon durch sein Elternhaus mit der Genossenschaftsbewegung in Berührung gekommen und hier entsprechend sozialisiert worden war. Im Gegenteil: Er scheint davon profitiert zu haben, von seinen Zeitgenossen nicht so stark als Vertreter einer bestimmten Traditionslinie des Genossenschaftswesens wahrgenommen zu werden. Bestimmte individuelle Eigenschaften kamen ihm bei seinen Aufgaben ganz sicher zu Hilfe: Seine Amtsführung in Bank und Verband war geprägt von seinem Charakter, von seiner natürlichen Autorität, die auf Besonnenheit, Gradlinigkeit und Klarheit beruhte und die sich, wenn nötig, Distanz zu verschaffen wusste, aber auch von seinem Blick für zeitliche und organisatorische Notwendigkeiten, also seinem Pragmatismus und seiner Fähigkeit zu Kompromiss und Konsens. Unabdingbare Voraussetzungen dafür, dass er die Aufgaben des Vorstandsvorsitzenden der DG BANK und des Präsidenten des Bundesverbands der Deutschen Volksbanken und Raiffeisenbanken übernehmen und erfolgreich umsetzen konnte, waren diese individuellen Eigenschaften aber nicht. Wie Viehoff selbst bei seiner Verabschiedung betonte: Er war ein auf Zeit berufener Sachwalter der ihm von der Genossenschaftsbewegung übertragenen Aufgaben. Nach ihm, so wie vor ihm, konnte auch ein anderer diese Aufgaben übernehmen. Die entscheidende Voraussetzung dafür war: von der Genossenschaftsidee selbst überzeugt zu sein. Auf den spätberufenen Felix Viehoff traf das hundertprozentig zu.

Stephan Paul

HELMUT GUTHARDT (1934–2001)

Von der Banklehre an die Spitze des Zentralinstituts

Helmut Guthardt wurde am 8. Juni 1934 im hessischen Breuna geboren – einer Gemeinde mit 1030 Einwohnern (1933) im (alten) Landkreis Wolfhagen am Nordwestrand des Habichtswalds, rund 30 Kilometer von Kassel entfernt.[1]

Dort besuchte Guthardt die Städtische Mittelschule und dirigierte später den Posaunenchor des Ortes.[2] Nach seiner Banklehre bei der Raiffeisen-Zentralkasse Kurhessen wurde er 1956 ins Angestelltenverhältnis übernommen und 1960 zum Handlungsbevollmächtigten ernannt. Zwei Jahre lang besuchte er die Weiterbildungseinrichtung Bankakademie in Frankfurt am Main (1958–1960). Vor seiner Berufung in den Vorstand der Deutschen Genossenschaftskasse (1970) war der als *«bienenfleißig»*[3] beschriebene Guthardt schon elf Jahre nach seiner Lehre – mit 30 Jahren – Mitglied im Vorstand der Raiffeisen-Zentralkasse Kurhessen, deren Leitung er im April 1966 als alleiniges geschäftsführendes Vorstandsmitglied übernahm. Wenige Jahre zuvor hatte Guthardt in Doppelfunktion die Geschäftsführung der Raiffeisen-Rechenzentrum GmbH in Kassel (1963) und den Vorstandsvorsitz der Gewerbe- und Landwirtschaftsbank Kurhessen eG (1964) übernommen. Nicht zuletzt dem Wirken Guthardts war es zu verdanken, dass das kurhessische Institut im Hinblick auf die Datenverarbeitung eine in der deutschen Raiffeisen-Organisation führende Rolle einnahm.[4] Darüber hinaus hatte er in der zweiten Hälfte der 1960er-Jahre maßgebliche Positionen in der kurhessischen Raiffeisen-Warenwirtschaft inne. Helmut Guthardt rückte insofern 1970 als Hoffnungsträger in den Vorstand der DG BANK ein, und als er 1973 zum Stellvertreter des damaligen Vorsitzenden, Felix Viehoff, ernannt wurde, war der erst 39-Jährige der erste Spitzenmanager des Hauses, der nicht mehr am Zweiten Weltkrieg teilgenommen hatte, und eine der schon damals ganz wenigen Führungspersönlichkeiten im deutschen Kreditgewerbe, die sich ohne Hochschulstudium ‹von der Pike auf› emporgearbeitet hatten.

Als Guthardt zur DG BANK kam, hatte das Haus bereits eine erste Modernisierungsphase hinter sich.[5] War das zuvor als Deutsche Genossenschaftskasse firmierende Institut in den 1950er-Jahren in erster Linie für den Liquiditätsausgleich des genossenschaftlichen Bankensektors verantwortlich (damals noch zu einem geringen Teil in öffentlichem Eigentum), hatte es sich in den 1960er-Jahren stärker dem langfristigen und großvolumigen Kreditgeschäft zugewandt und bis Anfang der 1970er-Jahre auch Kapitalmarktaktivitäten entfaltet sowie das Auslandsgeschäft aufgenommen. Rechtlich wurde der Weg zur Universalbank aber erst durch eine Gesetzesreform zum Jahresbeginn 1976 frei. Seither konnte sich das nun in DG BANK umbenannte Institut zwar als ‹normale› Geschäftsbank und weitgehend ohne öffentlichen Einfluss betätigen. Es blieb jedoch aufgrund seiner Unternehmenskultur zunächst ein Haus zwischen Tradition und Moderne, mit Wurzeln in der Organisation einerseits, aber andererseits mit dem Anspruch – auch Guthardts selbst –, sich auch darüber hinaus zu einer bedeutenden Großbank zu entwickeln. Ihrem Selbstverständnis nach hatte die Bank als Spitzeninstitut somit *«dem Verbund leistungsfähig zur Verfügung zu stehen»* in ihrer Rolle *«als Liquiditätszentrale einer Bankengruppe mit einem strukturell hohen Aufkommen an Spar- und Anlagekapital».*[6] Gleichzeitig strebte die Bank *«eine ‹Universalierung› ihrer Geschäftspolitik»* an, die die Intensivierung des *«Geschäft*[s] *mit ‹ersten Adressen› der Industrie und des Handels»* beinhaltete.[7]

Als *«universell und international arbeitende Geschäftsbank»*[8] bezeichnete sich das Haus ab 1978. An den neu eröffneten Auslandsstandorten wurden gerade solche Wertpapier-, Großkredit- und Handelsgeschäfte abgewickelt, die der Bank in ihrem bisherigen Leistungsspektrum fehlten. Helmut Guthardt führte 1975 für den Weg der (damals noch unter diesem Namen firmierenden) Deutschen Genossenschaftskasse ins Ausland vor allem drei Gründe ins Feld: die immer stärkere Interdependenz zwischen deutschem Geldmarkt und Euromarkt, die Auslandsaktivitäten des deutschen Mittelstands und den Zwang zu einer umfassenden Leistungspalette, um mit großen Industriekunden ins Geschäft zu kommen.[9] Der eingeschlagene Weg führte – so Guthardt 1979 – über drei Etappen: den Aufbau internationaler Stützpunkte (1974–1978), die Formung eines klaren und einprägsamen Images als international tätige Bank und zeitgleich eine breit angelegte Kampagne auf Ortsebene zur Akquisition von Auslandsgeschäften, *«um den geschaffenen Rahmen entsprechend auszufüllen»*. Dabei betonte er, *«dass die errungenen Marktanteile im Auslandsgeschäft nicht durch Konditionenzugeständnisse und durch das Eingehen höherer Risiken erkauft wurden».*[10]

Guthardt machte Wachstum insofern früh zu seinem Programm, wie ein Zitat aus dem Jahr 1974 zeigt: *«Der Drang und der Zwang zur Expansion haben seit Beginn des 19. Jahrhunderts die wirtschaftliche Entwicklung besonders in den vergangenen Jahrzehnten mit mächtigen Schritten vorangetrieben. Sie werden mit Sicherheit auch die Wirtschaftsentwicklung der letzten Jahrzehnte unseres Jahrhunderts bestimmen.»*[11] Und tatsächlich wuchs die DG BANK in den ersten Vorstandsjahren Guthardts rasant, wie die Entwicklung der Mitarbeiterzahlen[12] und der Bilanzsumme in diesem Zeitraum zeigt. Letztere stieg von 1973 bis 1980 um mehr als das Zehnfache – wobei sich die der gesamten deutschen Kreditwirtschaft im gleichen Zeitraum lediglich verdoppelte. Dennoch wurde diese Entwicklung in den 1970er-Jahren selbst vergleichsweise wenig wahrgenommen.[13]

Forcierung des Wachstums der DG BANK

Als Helmut Guthardt 1981 als ‹Vorsitzender des Vorstands (erster Sprecher)› die Führung der Bank in der Nachfolge von Felix Viehoff übernahm, hätte wohl kein Beobachter der Kreditwirtschaft vermutet, dass die DG BANK bei seinem Ausscheiden zehn Jahre später für «*Insider der Finanzszene*» als das «*seit Jahren [...] auffälligste deutsche Geldhaus*» gelten würde.[14] Immer stärker fiel die Bank durch ihr weit überdurchschnittliches Wachstum auf, das in der annähernden Vervierfachung der Bilanzsumme wie auch des Geschäftsvolumens von 36,5 Milliarden D-Mark beziehungsweise 41,1 Milliarden D-Mark (1981) auf 125,5 Milliarden D-Mark beziehungsweise 133,5 Milliarden D-Mark (1990) zum Ausdruck kam und sowohl innerhalb wie außerhalb des Verbunds erzielt wurde.

Während sich der Expansionskurs, soweit er auf den Verbund gerichtet war, in der Übernahme anderer Zentralbanken äußerte, war er ansonsten durch das Ausgreifen auf neue Standorte,[15] die Angebotserweiterung um neue Produkte[16] und das Eingehen zahlreicher Beteiligungen außerhalb des Verbundsektors gekennzeichnet.[17] Dieser Kurs wurde in erster Linie auf den Vorstandsvorsitzenden Guthardt zurückgeführt, der den Zusatz ‹erster Sprecher› 1985 ablegte. Anlässlich der Übernahme der Bayerischen Raiffeisen-Zentralbank im Dezember 1985 rückten die DG BANK und ihr Vorstandsvorsitzender erstmals nachhaltig in den Blickpunkt der Wirtschaftspresse. Das Bild, das dort von Guthardt gezeichnet wurde, war ambivalent. Seine Persönlichkeit wurde im Gegensatz zu den «*oft kühl-distanzierten*» Kollegen am Bankplatz Frankfurt als einnehmend, leutselig, ja kumpelhaft beschrieben. Insofern werde Guthardt häufig unterschätzt: «*Auch nach fast 20 Jahren in der Frankfurter Nadelstreifenwelt wirkt der Nordhesse immer noch wie der Vorsteher einer ländlichen Volksbank.*» Im Gegensatz dazu – oder gerade deshalb – sei er jedoch, so wurde kolportiert, von dem unbändigen Ehrgeiz getrieben, mit den Großbanken auf allen Gebieten mitzuhalten.[18] Angesichts des zu dieser Zeit üblichen, dezenten Umgangs mit dem Privatleben von Top-Managern ist ein Pressebericht über das Familienleben Guthardts, der in zweiter Ehe verheiratet war und zwei Töchter aus erster Ehe hatte, bemerkenswert: «*‹Das dankt einem keiner.› Frau Marga, früher Sekretärin: ‹Er arbeitet 17 Stunden am Tag.› Der zwölfjährige Florian schaut stolz hinterm Papa her, wenn er im grauen 560er abdüst.*» In diesem Zusammenhang ist erwähnenswert, dass nach der Ermordung des Siemens-Managers Karl Heinz Beckurts im Juli 1986 Plakate aufgetaucht waren, auf denen die Rote Armee Fraktion neben Franz-Josef Strauß, Johannes Rau, Alfred Herrhausen und den Flick-Erben auch Guthardt als «*Blutsauger des Volkes*» bezeichnete.[19]

In der Banker-Community in Frankfurt blieb Guthardt allerdings eher ein Außenseiter, der zum Beispiel nicht zu Privatkonzerten des Präsidenten des Bundesverbandes deutscher Banken, Hans-Christian Schroeder-Hohenwarth, eingeladen wurde.[20] Guthardt wurde als «*rastloser Wühler*» beschrieben, er sehe «*nur einen Sinn aller Aktivitäten: Wachstum*». Wie ein Kollege Guthardts aus dem Vorstand einer deutschen Großbank urteilte, war die DG BANK dadurch aber zum «*Koloss auf tönernen Füßen*» geworden. Angesichts dieser

Zwiespältigkeit entfuhr dem ehemaligen Chef der Westdeutschen Landesbank (WestLB) und Herausforderer der Deutschen Bank, Ludwig Poullain, ein eigenwilliges Lob: «*Herr Guthardt wird zum Poullain der 80er Jahre.*»[21] Um dies zu untermauern, wurden in der Presse zahlreiche Beispiele angeführt, denen zufolge ein ungesundes, weil nicht mit Blick auf Qualität betriebenes Wachstum forciert wurde beziehungsweise – wie ein Zeitgenosse es ausgedrückt hat – man einem «*Bilanzsummenfetischismus in der Aura des Gigantischen huldigte*». Als das Hamburger Nachrichtenmagazin DER SPIEGEL im Mai 1988 dem Haus erstmals eine ausführliche Story widmete, titelte es: «*DG Bank: ‹Die sind größenwahnsinnig›*» und führte aus: «*Die DG Bank, noch vor einem Jahrzehnt eine unbekannte Zentralkasse der Volks- und Raiffeisenbanken, hat sich zu einem Finanzkonzern entwickelt und an die Spitzengruppe der deutschen Kreditinstitute herangekämpft. Nun zeigt sich die Kehrseite des allzu raschen Wachstums: Die DG Bank ist zu große Risiken eingegangen.*»[22]

Tatsächlich hatte man sich zwar am Ende der 1980er-Jahre, der Größe nach bemessen, national auf den vierten Platz hinter Deutscher Bank, Dresdner Bank und Commerzbank vorgekämpft und lag damit vor der ähnlich ‹umtriebigen› WestLB und den beiden bayerischen Banken Bayerische Hypotheken- und Wechsel-Bank und Bayerische Vereinsbank. In dem Nachholprozess, in dem sich die DG BANK im Vergleich mit diesen Instituten aufgrund des erst später eingeschlagenen Wegs zur Universalbank befand, hatte sie Marktanteile jedoch nur durch das Eingehen höherer Risiken gewinnen können. Dies wäre möglicherweise – auch vor dem Hintergrund der in den 1960er- und 1970er-Jahren angesammelten stillen Reserven – verkraftbar gewesen, hätte man sukzessive ein adäquates Risikomanagement aufgebaut. Offenbar waren jedoch die ersten Alarmzeichen, die auf die Notwendigkeit eines systematischen Umgangs mit den eingegangenen Risiken (bis hin zu deren frühzeitiger Eindämmung) hinwiesen, fahrlässig übersehen oder sogar bewusst ignoriert worden. Drei Risikokategorien stechen dabei besonders hervor: Risiken aus Fusionen inner- und außerhalb des Verbundes, operationelle Risiken – speziell im Wertpapier-Bereich – und Adressausfallrisiken im Kreditgeschäft. Die ‹Ära Guthardt› der DG BANK lässt sich somit – für Krisen typisch – in zwei Phasen unterteilen. Vom Ende der 1970er-Jahre bis etwa 1987/88 wurden strukturelle Fehler und Versäumnisse begangen, die dann in den ‹Horrorjahren› 1989/90 in mehreren spektakulären Fällen kulminierten, die für die Öffentlichkeit sichtbar wurden und sowohl die wirtschaftliche Situation als auch die Reputation der Bank schwer beschädigten. Die Krisenherde flammten ausgerechnet in einem Zeitraum auf, in dem die Herausforderungen durch die Wiedervereinigung auch für die Kreditwirtschaft ohnehin besonders hoch waren.

Permanente Risikonahme als Schattenseite der Expansion

Der gewagte Umgang mit Risiken, den Guthardt offenbar bewusst in Kauf nahm, zumindest aber in letzter Instanz zu verantworten hatte, zieht sich als roter Faden durch zahlreiche Transaktionen seit Mitte der 1980er-Jahre. So wurden bei der Übernahme der Bayerischen Raiffeisen-Zentralkasse die Risiken des Immobilien-Finanzierungsgeschäfts in dramatischer Weise unterschätzt. Die Zentralkasse, die vom langjährigen Immobilienboom in München und seinem Umland profitiert hatte, dann jedoch von einem bis zu 50 Prozent betragenden Verfall der Grundstückspreise überrascht worden war, hatte, statt die finanzierten Objekte zwangsweise zu versteigern, vielfach den Beleihungsrahmen ausgeweitet oder Objekte unter der Kundschaft weitergereicht. Guthardt kalkulierte dennoch, diese Probleme *«innerhalb von drei Jahren»*[23] gelöst zu haben – eine erstaunliche Aussage vor dem Hintergrund, dass der DG BANK vonseiten der Bankenaufsicht ein Zeitfenster von gerade einmal 24 Stunden zur Prüfung der Bücher der Bayerischen Raiffeisen-Zentralbank eingeräumt und mit der Schließung der Bank gedroht worden war. Die Folge war, dass sich später in der Spitze ein Wertberichtigungsbedarf von fast zwei Milliarden D-Mark auftürmte, der die im Jahresabschluss 1986 getroffene Vorsorge bei Weitem überstieg. Damals war zum einen ein erheblicher – jedoch aufgrund der Rechnungslegungsvorschriften für Kreditinstitute nicht genau bezifferbarer – Betrag stiller Reserven gehoben worden. Die GuV-Position ‹Andere Erträge einschließlich der Erträge aus der Auflösung von Rückstellungen im Kreditgeschäft› stieg durch die *«Auflösung nicht mehr erforderlicher Wertberichtigungen des Kreditgeschäfts»* um 30 Millionen D-Mark.[24] 1988 rechnete man dann bereits mit einer sich bis zum Jahr 2000 hinziehenden Verwertung.[25]

Dass diese verbundinterne Übernahme demnach offenbar noch lange nicht verdaut war, hinderte Guthardt nicht daran, sich 1988 um die Übernahme der Versicherung Volksfürsorge zu bemühen.[26] Der seit Anfang 1987 amtierende neue Vorstandsvorsitzende der Gewerkschaftsholding Beteiligungsgesellschaft für Gemeinwirtschaft AG (BGAG), Hans Matthöfer (ehemals Finanzminister im Kabinett von Helmut Schmidt), war bestrebt, die zu den Beteiligungen der BGAG gehörende Volksfürsorge (mit einer Versicherungssumme von 70 Milliarden D-Mark einer der größten Lebens- und der zweitgrößte Hausratversicherer in Deutschland) zumindest in Teilen zu verkaufen, um damit die Verbindlichkeiten der BGAG nach dem Zusammenbruch des Wohnungsbauunternehmens Neue Heimat abzubauen. Nach anfänglichen Gesprächen mit der Sparkassenorganisation, in denen Matthöfer jedoch keine Übereinkunft erzielte, gab er im Herbst 1987 für die Öffentlichkeit völlig überraschend die weitgehende Einigung mit Guthardt bekannt.

Demnach sollten die DG BANK, die fünf genossenschaftlichen Zentralbanken und einige große Genossenschaften 50 Prozent plus eine Aktie der Volksfürsorge übernehmen. Die Genossenschaften hätten dadurch eine zweite Vertriebsschiene für Versicherungsprodukte erhalten, denn die R+V Versicherung verkaufte überwiegend über den Bankschalter, die Volksfürsorge auf Vertreterbasis. Und da der Verbund – zumindest formal – immer noch der Gemeinwirtschaft nahestand, wurden auch weniger ideologische Einwände befürchtet.

Mitte Juni 1988 stand der Verkauf im Volumen von etwa 1,5 Milliarden D-Mark unmittelbar vor dem Abschluss. Sowohl Matthöfer als auch Guthardt hatten jedoch den Widerstand des Volksfürsorge-Vorstands – und dabei insbesondere seines Vorsitzenden Wolfgang Schulz – unterschätzt. Dieser wollte sich seine unternehmerischen Handlungsspielräume nicht durch einen neuen Mehrheitseigentümer einschränken lassen und unterzeichnete daher einen Haustarifvertrag mit der Gewerkschaft Handel, Banken und Versicherungen (HBV), durch den weit über das Betriebsverfassungsgesetz hinausgehende Rechte des Betriebsrats verbrieft wurden. Guthardt wertete dies als mangelnde Bereitschaft von Vorstand, Aufsichtsrat und auch Betriebsrat der Volksfürsorge zur Kooperation und zog sein Angebot im Juli 1988 zurück. Zwar stand für ihn Schulz, der *«von Anfang an auf der Bremse gestanden»*[27] habe, als der Schuldige eindeutig fest, aber er gestand ein, die Widerstände bei der Volksfürsorge und auch in der eigenen Organisation falsch eingeschätzt zu haben.[28] Die misslungene Transaktion hing sowohl der DG BANK als auch ihrem Sprecher lange nach, sie wurde bei der Ankündigung seines Ausscheidens im November 1989 als Missgriff besonders hervorgehoben.[29]

Besonders expansiv verhielt sich die DG BANK unter der Führung Guthardts auch im Kapitalmarktgeschäft – ohne indes das Risikomanagement hierauf ausgerichtet zu haben. 1984 wurde aufgedeckt, dass ihr Devisenhändler Jörg Stumpf die DG BANK seit 1982 um mehr als acht Millionen D-Mark geprellt hatte.[30] Offenbar war dieser bekannt gewordene Fall jedoch nur die Spitze des Eisbergs. Nach einem Gutachten des Sachverständigen in Devisenhandelsfragen Helmut Theobald hatte die DG BANK jahrelang gegen die nach der Herstatt-Pleite vom Bundesaufsichtsamt für das Kreditwesen erlassenen ‹Mindestanforderungen für bankinterne Kontrollmaßnahmen bei Devisengeschäften› verstoßen, indem Händler Belege nachträglich geändert oder Positionen manipuliert hatten.[31] Den Kontrollinstanzen fielen diese Mängel ebenso wenig auf wie der aufwendige Lebensstil des Devisenhändlers,[32] da sowohl Kontrollpotenziale (Menschen) als auch -prozesse offenbar nicht mit dem Wachstum im Handelsbereich Schritt gehalten hatten. Insbesondere der zuständige Vorstand Karl-Herbert Schneider-Gädicke hatte den Bereich forciert,[33] indem er ‹hungrige› Devisenhändler von der Konkurrenz abwarb und den Devisenhandel «*innerhalb kurzer Zeit aus einer bislang völlig unbedeutenden Adresse* [zur] *Nummer zwei* [...] *hinter der Dresdner Bank machte.*» Statt die Kontrollen zu verstärken, wurde später der für die Kontrolle im Devisenhandel zuständige Prokurist entlassen, der auf einen Teil der Unregelmäßigkeiten hingewiesen hatte. Kurzfristig brach aufgrund des dadurch entstehenden Imageschadens der Ertrag des Devisenhandels 1987 ein, sodass die Wettbewerber urteilten: «*Aus der Bundesliga in die Kreisklasse abgestiegen*». Schwerer wog aber noch, dass die Bank infrastrukturell nur unzureichend auf das Management der Risiken in diesem boomenden Bereich vorbereitet war.

Auch in ihrem eigentlichen Kernbereich – dem Kreditgeschäft – fiel es der DG BANK auf ihrem Expansionskurs unter Guthardts Führung schwer, sich tatsächlich allein auf ‹erste Adressen› zu konzentrieren. Durch die Verbindung von Finanzierung, Anteilsbesitz, Aufsichtsratsmandaten und Vollmachtstimmrecht dominierten die historisch gewachsenen Beziehungen von großen Industrieunternehmen und Großbanken (‹Deutschland AG›), sodass sich für Newcomer kaum Marktanteile hinzugewinnen ließen. Auch die Emissionskonsortien (etwa für die von der Provisionsseite her besonders lukrativen Initial Public Offerings, kurz: IPOs) waren fest geschlossen – so klagte Guthardt[34] –, und selbst bei der Privatisierung öffentlicher Unternehmen oder der Ausgabe von Bundesanleihen kam die DG BANK angesichts ihrer Rechtsform (Körperschaft des öffentlichen Rechts) und im Vergleich zu ihrer Größe nur unterproportional zum Zuge. Aus dem Verbund heraus wurde gerade das Kreditgeschäft mit Problembranchen (Agrarhandel, Viehzucht, Molkereiwirtschaft) bei der DG BANK ‹abgeladen›, teilweise hatte man es sich auch durch die Übernahme der bayerischen Zentralbank selbst eingehandelt.

Bei zu dieser Zeit weitgehend ‹verteilten Märkten› konnte die Bank deshalb in nennenswertem Maße nur dadurch wachsen, dass sie das Kreditgeschäft mit bonitätsschwächeren Unternehmen ausbaute. So trat sie bereits 1979 als zweitgrößter Kreditgeber der Baufirma Beton- und Monierbau (BuM) auf. Der damals zuständige Helmut Guthardt wurde jedoch völlig davon überrascht, dass die WestLB dem kriselnden Unternehmen ihre Unterstützung entzog, dieses daraufhin Konkurs anmelden musste und die DG BANK eine offene Position von 55 Millionen D-Mark aufwies, und wetterte in Richtung Düsseldorf: «*Solch einen Alleingang hat es in der deutschen Bankgeschichte noch nicht gegeben.*»[35] Da die Umstände der ein Jahr zuvor bei der BuM durchgeführten Kapitalerhöhung stark umstritten waren (so bestand gegen die Konsortialbanken etwa der Verdacht der Konkursverschleppung), klagte der Insolvenzverwalter unter anderem gegen die WestLB und die DG BANK. Doch statt sich wie die WestLB im Rahmen eines Vergleichs zu einigen und die negativen Schlagzeilen zu beenden, setzte die DG BANK auf Weisung von Guthardt den Rechtsstreit bis in die 1990er-Jahre fort.[36]

In den späten 1970er-Jahren baute Guthardt Risikopositionen auf, die ihm später schaden sollten. Unter anderem knüpfte er Kontakte zum umstrittenen Münchener Filmhändler Leo Kirch, der sich selbst stets als ‹Spieler› bezeichnete und dessen ökonomische Potenz von den Großbanken kritisch eingestuft wurde. Gemeinsam mit Kirch gründete die DG BANK 1981 die PKS Programmgesellschaft für Kabel- und Satellitenrundfunk, um – insofern durchaus visionär – auf dem sich allmählich entwickelnden Markt für Privatfernsehen in Deutschland Fuß zu fassen. Nach Aussagen von Guthardt verfolgte er dabei die in der Satzung seines Hauses vorgegebenen Förderzwecke: «*Wir wollen die neuen Kommunikationsmöglichkeiten für eine so große Organisation wie den Deutschen Genossenschafts- und Raiffeisenverband mit seinen 11 Mio. Mitgliedern erproben.*»[37] Bis 1987 entwickelte sich die PKS zum Haupt-Programmlieferanten und größten Einzelgesellschafter (40 Prozent) des Fernsehsenders SAT1. Darüber hinaus finanzierte die DG BANK Leo Kirch 1987 mit 114 Millionen D-Mark den Kauf von zehn Prozent der Anteile am Verlagskonzern Axel Springer AG.[38] Unter Hinzurechnung der Filmfinanzierung wuchs das Engagement des Instituts bei Kirch bis auf 900 Millionen D-Mark an.[39]

Nimmt man diese Symptome zusammen, dann hatte sich in der DG BANK unter Guthardt bis Mitte 1988, als – wie dargesetellt – die Übernahme der Volksfürsorge gescheitert war, über mehrere Jahre hinweg durch den das Geschäftsmodell überdehnenden Wachstumskurs eine strukturelle Krisendisposition aufgebaut, deren Risiken trotz der dargestellten Fehlschläge mindestens unterschätzt wurden. Konkreter Auslöser für die bis dato schwerste Krise des Hauses waren die zwischen Herbst 1988 und Herbst 1990 unmittelbar aufeinander folgenden Skandale, vor allem diejenigen um die co op sowie die ‹Franzosengeschäfte›.

Akutes Krisenmanagement Ende der 1980er-Jahre

Bereits 1985 hatte die BGAG nach dem Neue-Heimat-Debakel beschlossen, sich von ihrer Beteiligung (39 Prozent) am Handelskonzern co op zu trennen. Die DG BANK, bei der der Vorstandsvorsitzende der co op, Dr. Bernd Otto, im Aufsichtsrat saß, erklärte sich im November bereit, das Paket zu übernehmen und an der Börse zu platzieren. Hiervon nahm Guthardt nach eingehender Buchprüfung aber wieder Abstand, weil «*ihn das vorgelegte Zahlenmaterial nicht überzeugt*»[40] hatte. Während die Börseneinführung der co op im Herbst 1987, die schließlich der Schweizerische Bankverein übernommen hatte, zunächst erfolgreich verlief, fühlte sich Guthardt nach dem Bekanntwerden erheblicher Veruntreuungen, Schieflagen des Konzerns und einem

Kurseinbruch der Aktie bestätigt (*«Genau das haben wir immer vermutet.»*[41]). Es stellt sich jedoch die Frage, warum die DG BANK dann mit zu dieser Zeit geschätzten etwa 73 Millionen D-Mark als Kreditgeber ins Obligo gegangen war.[42]

Die DG BANK zählte dadurch zusammen mit der Amsterdam-Rotterdam Bank (AMRO), der ‹Bank für Gemeinwirtschaft› (BfG), dem Schweizerischen Bankverein, der Svenska Handelsbanken und der Security Pacific National Bank zu den sechs am stärksten betroffenen Banken, die nach Aussetzen der Börsennotierung der co op-Aktie und der Abberufung des Vorstands unter der Führung von Otto Ende November 1988 ein erstes Sanierungspaket vorlegten. Es sah die Übernahme des Kapitals von den Altaktionären zu 70 Prozent, eine von DG BANK und BfG garantierte Kapitalerhöhung und die Ausgabe einer Wandelanleihe vor.[43] *«Aus dem Hause der DG Bank wurde dies* [die Beteiligung an der Sanierung, d. Verf.] *mit der mehrjährigen gemeinsamen Tradition im genossenschaftlichen Sektor begründet.»*[44]

Im Dezember 1988 wurde Dr. Hans Friderichs (vormals Wirtschaftsminister im Kabinett Helmut Schmidt und später Vorstandsvorsitzender der Dresdner Bank, dabei auch in die Sanierung der AEG eingebunden) zum Aufsichtsratsvorsitzenden der co op AG berufen. Er erhob zunächst den finanziellen Status quo der Gruppe und stieß dabei auf eine Gemengelage aus jahrelanger Bilanzfälschung, Unterschlagungen und einen in weiten Teilen maroden Konzern. Friderichs urteilte: Dies *«hat meine düsteren Erwartungen weit übertroffen»*.[45] Dennoch legte er im Februar 1989 einen Sanierungsplan vor – in erster Linie, um den bei einer Insolvenz drohenden Abbau von bis zu 50 000 Arbeitsplätzen zu vermeiden.[46] Nach seinen Vorstellungen übernahmen die insgesamt 150 Gläubigerbanken einen Sanierungsbeitrag durch Forderungsverzicht von insgesamt 1,7 Milliarden D-Mark[47] sowie, für 260 Millionen D-Mark, die BfG (mit offiziell 130 Millionen D-Mark Krediten engagiert) und die DG BANK je zur Hälfte die Industrie AG. *«Einen Zeitplan, wann man das einstige Produktionsunternehmen der co op-Gruppe an den Meistbietenden weiterverkaufe, gebe es nicht»*, so Guthardt.[48]

Da sich die Lage der co op jedoch weiter dramatisch verschlechterte,[49] musste am 13. September 1989 angesichts einer Überschuldung in der Bilanz 1988 von etwa 2,6 Milliarden D-Mark der Vergleichsantrag gestellt werden. Es wurde deutlich, dass für eine Rettung der Gesellschaft eine weitere Milliarde D-Mark aufzubringen sei, was einen Forderungsverzicht der Banken zwischen 75 und 80 Prozent notwendig gemacht hätte. In den darauffolgenden Tagen schlossen sich hochdramatische Verhandlungen zwischen den beteiligten Kreditinstituten an: *«Buchstäblich in letzter Minute machte sich die Deutsche Genossenschaftsbank zum Retter in der Not. Mit ‹hohem persönlichen Einsatz› und der ‹genossenschaftlichen Tradition verpflichtet› (so co op-*

Vorstandsberater Wolfgang Bernhardt), hatte Helmut Guthardt, der Chef der DG Bank, in der Nacht zum Dienstag ein neues Finanzkonzept entwickelt, das den [...] Gläubigerbanken wenigstens eines versprach: Sie mussten sich nicht ganz mit leeren Händen aus ihrem Engagement bei co op verabschieden. Statt bei einem Konkurs alles zu verlieren, können sie nun jedenfalls ein Viertel ihrer ungesicherten Kredite [...] retten. Schon am 30. September winkt Bares.»[50] So war das Presseecho einhellig: Die DG BANK hatte sich durch ihre Bereitschaft (gemeinsam mit der BfG, aber unter eigener Führung), mit einem Kredit von 560 Millionen D-Mark für die nach einem Schuldenschnitt von 75 Prozent verbleibenden 25 Prozent der ungesicherten Forderungen (die den Gläubigerbanken bis Monatsende ‹cash in die Hand› versprochen wurden) sowie im Rahmen einer notwendigen Kapitalerhöhung zur Verfügung zu stehen, als *«rettender Engel profiliert»*,[51] etwas für das Image der gesamten Bankenbranche getan und damit *«sicherlich Pluspunkte»* gesammelt. Die Illustrierte BUNTE bezeichnete Guthardt am 15. März 1990 als *«Vater Teresa der Finanzschwachen»*.[52]

Die co op-Rettung wurde insbesondere Guthardts Verhandlungsgeschick in den Auseinandersetzungen mit den anderen Kreditinstituten angerechnet. Er habe *«mit Zuckerbrot und Peitsche»*[53] agiert. Guthardt, nach eigener Aussage *«ein Mann, der keine großen Schnörkel mag»*, bedauerte seine Ruppigkeiten nicht: *«Wenn jemand in so einer Situation pokert, muss man deutlich werden.»* Er sei auch im größten Trubel ruhig geblieben, habe *«sich nicht in Hektik manövrieren lassen»*, zugleich mit *«offenen Karten und harten Bandagen gekämpft»*. Friderichs über Guthardt: *«Immer volle Pulle. Anders kann der gar nicht.»* Und in einer Würdigung wurde seine Fähigkeit betont, *«das im Augenblick Unerwünschte als nicht vorhanden einzustufen»*.[54]

In Teilen der Presse wurde allerdings darauf hingewiesen, dass dieser Einsatz der DG BANK nicht selbstlos gewesen sei. Vielmehr gefährde die co op-Krise auch zahlreiche Kunden der DG BANK, eine große Zahl von Lieferanten, Mittelständlern und Genossenschaften: *«Scheitert die Sanierung von co op, [...] könnte in diesem Gefolge eine regelrechte Konkurslawine die DG Bank überrollen. Noch mehr Geld wäre auf ewig verloren.»*[55] Dennoch stieß das finanzielle Engagement der DG BANK bei der co op, das sich schließlich auf Beträge zwischen 800 Millionen D-Mark[56] und einer Milliarde D-Mark belief,[57] bei vielen Warengenossenschaften sowie Volks- und Raiffeisenbanken auf Unverständnis.[58] Tatsächlich finden sich in den dürftigen Aktenbeständen zu dieser Thematik[59] einerseits zahlreiche Dankesbriefe aus der genossenschaftlichen Organisation sowie der Gewerkschaft Nahrung-Genuss-Gaststätten mit Blick auf die Rettung von Arbeitsplätzen. Andererseits wird in Briefen – so etwa vom Vorstand der EDEKA Bremen eG – sehr kritisch auf die Gefahr verwiesen, dass die co op durch die Rettung ihre als ruinös eingestuften Wettbewerbspraktiken fortsetzen und den *«Überlebenskampf»* anderer Lebensmittelketten erschweren könne.

Da die DG BANK sich schließlich gezwungen sah, ihre Anteile am co op-Unternehmen abzustoßen, wobei sie offenbar Verluste in Kauf nehmen musste, ist sehr zu bezweifeln, ob das Engagement tatsächlich ein gutes Geschäft war.[60] Berücksichtigt man auch die sich noch bis in das Jahr 1994 erstreckenden Rechtsstreitigkeiten, die zu nachlaufenden Belastungen für die DG BANK in Millionenhöhe führten, dann dürfte sich die co op für die DG BANK per Saldo wirtschaftlich nicht gerechnet, wohl aber in erheblichem Maße Management-Kapazität – nicht zuletzt bei Guthardt selbst – gebunden haben.

Nur fünf Monate nach der Einigung der Gläubigerbanken über die ‹co op-Rettung› flammte im Februar 1990 eine Affäre auf, die im Wertpapierhandel ihren Ausgangspunkt nahm.[61] In Finanzkreisen galt sie als *«neuer Beleg für eine [...] unkonventionelle Geschäftspolitik des DG Bank-Vorstands unter der Führung ihres Vorsitzenden, Helmut Guthardt»*.[62] Der Chef-Rentenhändler der DG BANK, Friedrich Steil,[63] und eine Gruppe von drei weiteren Händlern der DG BANK hatten ein System entwickelt, um einerseits den immer größeren Gewinnerwartungen an den Handelsbereich gerecht zu werden, vor allem aber, um sich selbst zu bereichern. Die mit mehreren französischen Partnern abgewickelten Transaktionen wurden zum Problem, als sich die Zinsstruktur, auf der die für beide Seiten zunächst lukrative Geschäftskonstruktion aufbaute, ins Gegenteil verkehrte und Differenzen darüber auftraten, wer das Kurswertrisiko zu übernehmen habe. Bei den Transaktionen handelte es sich um Verkäufe von Renten, meist lang laufenden Bundesanleihen per Kasse (also mit sofortiger Erfüllung des Geschäfts) und per Termin (Erfüllung erst zu einem späteren Zeitpunkt) an mehrere französische Partner (unter anderem die Banque Nationale de Paris und die Société Générale), wobei in der Regel weitere Makler zwischengeschaltet waren. Die kontrahierten Kurse wichen deutlich von den Marktpreisen ab.[64] Während die DG BANK davon ausging, dass das Risiko bei den französischen Partnern liege, beriefen sich diese wiederum auf eine Rücknahmeverpflichtung der DG BANK, die der Rentenhändler Steil in der Regel telefonisch, zum Teil aber auch schriftlich abgegeben haben solle.[65] Auch in weiteren Geschäften ähnlicher Machart bestritt die DG BANK eine Rücknahmepflicht.[66]

Noch undurchsichtiger wurden die ‹Franzosen-Geschäfte› insbesondere dadurch, dass während der Laufzeit der Termingeschäfte mit den Banken aus dem Nachbarland eine andere Gesellschaft – der Schweizer Treuhänder Profina – mit gleicher Vereinbarung als Endabnehmer in Erscheinung trat. Die auf Guernsey domizilierende Gesellschaft erwarb die zugrunde liegenden Wertpapiere auf der diskontierten Kursbasis, um sie wenige Tage später zum höheren Marktkurs an die DG BANK zurückzuveräußern. Die Profina gehörte zum Firmenimperium von Tito Tettamanti und wurde im Auftrag von Briefkastenfirmen in Panama tätig, deren Eigentümer wiederum unter anderem die vier Rentenhändler der DG BANK waren.[67] Die ursprünglichen Geschäfte mit den französischen Partnern wurden mit Papieren anderer Wertpapier-Kennnummern, aber gleicher Ausstattung wie zuvor fortgeführt.[68] Während die DG BANK im Februar 1990 zunächst mit einer Beurlaubung, später mit der Entlassung der beteiligten Personen reagierte, vertrat sie den französischen Banken gegenüber den Standpunkt, dass deren Rücknahmeforderungen der rechtlichen Grundlage entbehrten.[69] Diese Argumentation wurde von französischer Politik, Kreditwirtschaft und Öffentlichkeit indes scharf kritisiert. So forderte der französische Wirtschafts- und Finanzminister Pierre Bérégovoy *«ein energisches Eingreifen der deutschen Bankenaufsicht»*,[70] der Präsident des Bankenverbandes beklagte, die DG BANK könne sich im Außenverhältnis gegenüber Dritten nicht auf Unkenntnis von Operationen ihrer technischen Abteilungen berufen.[71] Weite Teile der französischen Presse sahen gar die Glaubwürdigkeit des deutschen Bankensystems insgesamt betroffen.[72]

Dabei mag auch eine Rolle gespielt haben, dass 1990 heftig um den künftigen Sitz der Europäischen Zentralbank (EZB) zwischen Deutschland und Frankreich gerungen wurde und daher Zweifel an der ‹Güte› des Finanzstandorts Frankfurt oder gar führender Notenbanker – der Vizepräsident der Bundesbank, Prof. Dr. Helmut Schlesinger, saß zu diesem Zeitpunkt im Verwaltungsrat der DG BANK – im Nachbarland durchaus gelegen kamen.[73] Guthardt sprach dementsprechend auch in einer Hausmitteilung von *«psychologischer Kriegsführung»*,[74] in Frankreich sei ein *«richtiger Finanzkrieg»* entfacht worden. Er führte dabei ein weiteres Argument in die Diskussion ein: Sämtliche Geschäfte seien von der DG BANK den Partnern gegenüber als ‹reinrassige› Kauf- beziehungsweise Verkaufs-Transaktionen dokumentarisch bestätigt worden, die Partnerbanken hätten der Geschäftsinterpretation der DG BANK nicht widersprochen.[75] Damit ließ sich jedoch die Kritik am Vorgehen des Hauses nicht mehr aufhalten. Heftig attackiert wurde die Bank nicht zuletzt aus den Reihen der Genossenschaftsorganisation selbst, die die umstrittenen Geschäfte der Bank als Folge mangelnder Kontrollmöglichkeiten durch die Basis ansah.[76] Die Politik stellte die Sonderbehandlung des öffentlich-rechtlichen Instituts bei der Körperschaftsteuer (privilegierter Satz von 46 statt 50 Prozent) in Frage,[77] und ‹BILD› berichtete, dass *«Millionen Sparer besorgt»* seien.[78]

Am 7. März kam es – wohl auch vor dem Hintergrund des öffentlichen Drucks – zu einer Einigung mit den französischen Banken. Die DG BANK verpflichtete sich unter Beibehaltung ihres Rechtsstandpunkts, die Geschäfte in dem Sinne abzuwickeln, wie sie ihre Partner verstanden hatten, das heißt, sie behielt die auf Termin verkauften Papiere im Bestand, die per Kasse veräußerten Effekten wurden von ihr zurückgenommen. Zugleich behielt sie sich das Recht vor, innerhalb der nächsten zwölf Monate Schadensersatzansprüche geltend zu machen.[79] Eine Woche später übernahm das für den Wertpapierbereich zuständige Vorstandsmitglied Schneider-Gädicke die ‹politische Verantwortung› für die Affäre und trat zurück, wies jedoch stets darauf hin, von den in Rede stehenden Geschäften nichts gewusst zu haben.[80] Es wurde aber unmittelbar die Frage gestellt, ob dieser Schritt ein «*Bauernopfer*» gewesen sei – insbesondere in einem Haus, in dem die Geschäfte und auch der Vorstand selbst so stark «*durch den Chef geprägt*» waren.[81]

Ein im Mai 1990 vorgelegtes Sondergutachten einer Wirtschaftsprüfungsgesellschaft zum Wertpapierhandelsgeschäft der DG BANK ließ die bisherige Lesart, dass man in erster Linie Opfer von «*kriminellen Machenschaften*» gewesen sei, kaum mehr zu und belastete den Vorstand schwer.[82] Das Gutachten betonte zunächst die hervorgehobene Stellung des Wertpapierhandels im Rahmen der Geschäftstätigkeit der Bank, die keine gleichwertige Entsprechung in der Entwicklung, Ausgestaltung und insbesondere auch Handhabung der internen Kontrollen erfahren habe. Guthardt sollte danach direkt Weisungen an seinen Chef-Rentenhändler gegeben haben, wenn Mittel aus einem Liquiditätsüberhang angelegt werden sollten, sodass sich die Mitarbeiter in den Abteilungen Wertpapierhandel, -abwicklung und -controlling an Sondergeschäfte mit Weisung aus dem Vorstand gewöhnten. Die Doppelverantwortung von Guthardt einerseits (Geldhandel und im Übrigen auch Interne Revision sowie Aufsichtsratsvorsitz bei der ebenfalls von solchen Geschäften betroffenen Bausparkasse Schwäbisch Hall) und Schneider-Gädicke andererseits (Wertpapiere)[83] sowie die daraus entstandene Verwirrung über die Verantwortlichkeiten bei Wertpapiertransaktionen hätten von den schließlich festgenommenen Mitarbeitern nach Ansicht der Prüfungsgesellschaft Treuverkehr offensichtlich für illegale Geschäfte ausgenutzt werden können. Abgesehen davon gab es schwere Mängel im Kontrollsystem der Bank.[84] Weiterhin wurden dem Controlling nicht sämtliche Informationen über die fraglichen Geschäfte zugestellt, es hatte sich wohl auch nicht darum bemüht.

Der Abgang – ‹ein unnötiger Wachwechsel›?

Angesichts dieser massiven Vorwürfe nutzte es Guthardt weder, dass er noch einmal seine Betroffenheit unterstrich («*Ich schäme mich regelrecht für diese Geschäfte.*»[85]), noch, dass er sich weiterhin auf Unwissenheit berief («*Was sich da jetzt herausstellt, habe ich nicht annähernd ahnen können.*»[86]). Letzteres ist auch kaum glaubwürdig, da – wie allerdings erst später bekannt wurde – in den Vorstandsprotokollen der Jahre 1987 bis 1989 nachträglich Passagen zum Thema Wertpapiere geschwärzt worden waren und der Vorstand unter Guthardts Vorsitz mit Blick auf die ‹Franzosen-Geschäfte› die Vernichtung von Daten angeordnet hatte.[87] Eine endgültige Aufklärung des Skandals in sämtlichen Facetten unterblieb. Im ersten 1993 eingeleiteten und 1995 eingestellten Verfahren war Guthardt noch Zeuge, der im Oktober 1994 seine Unwissenheit betonte. Im November 1997 leitete die Staatsanwaltschaft Frankfurt am Main dann gegen Guthardt ein Verfahren wegen des Verdachts auf Falschaussage ein, das jedoch bei seinem Tod 2001 noch nicht abgeschlossen war.[88]

Welche Verantwortung er letztlich auch direkt für die Affäre getragen haben mochte, Guthardt, der noch ein halbes Jahr zuvor als *«Gütesiegel unserer Organisation»*[89] bezeichnet worden war, galt nun in der Öffentlichkeit endgültig als Mann der *«Pleiten, Pech und Pannen»*.[90] Als im Sommer 1990 der Vorsitz im Verwaltungsrat von seinem Duzfreund Bernhard Schramm[91] (zu dem sich das Verhältnis in der Strukturdiskussion des Verbunds allerdings bereits abgekühlt hatte) auf Wolfgang Grüger als neuen Präsidenten des ‹Bundesverbands der Deutschen Volksbanken und Raiffeisenbanken› (BVR) überging, verlor er im Verwaltungsrat deutlich an Unterstützung; im Frühjahr wurde ihm nur noch hauchdünn mit 13 zu zwölf Stimmen[92] das Vertrauen ausgesprochen. Er kündigte daher im November 1990 an, sich mit Ende der Hauptversammlung 1991 vom Vorstandsvorsitz zurückzuziehen.[93] Guthardt selbst wies *«den Vorwurf, exzeptionelles Wachstum betrieben zu haben* [...,] *zurück. Dieses sei der DG Bank im Gegenteil über die Passivseite der vorgeschalteten Institute ins Haus geliefert worden»*.[94] Ohne Zweifel gab es Versäumnisse auch bei den Aufsichtsgremien, die Guthardt zu lange allein hatten gewähren lassen. Erst am Ende stimmte den Verwaltungsrat offenbar besonders bedenklich, *«daß sich die DG Bank mehr und mehr auf einen einzigen Mann, nämlich Guthardt, ausrichtet* [...] *und daß auch Kollegialentscheidungen allzusehr die Handschrift eines einzelnen tragen.»* Für die Börsen-Zeitung stand fest, dass sich damit *«die genossenschaftlichen Banker eines Talents beraubt»* hätten, *«das – in Bahnen gehalten – noch viel Gutes hätte stiften können»*.[95] Auch einige Jahre später betonte das Blatt, dass Guthardt *«ein exzellenter Banker und vor allem in den Dingen erfolgreich gewesen»* sei, *«die er selbst angefasst und in seinem entschlossenen, pragmatischen Handeln vorangebracht hat. Seine Schwächen hätten allerdings im Unternehmensmanagement, im Delegieren und letztlich im Controlling gelegen.»*[96] Guthardt selbst bezeichnete es rückblickend, anlässlich seines 60. Geburtstags 1994, als grundsätzliches Problem der Bank, *«ständig in den Verbund hineinsehen zu müssen und zum anderen voll dem Markt zugewandt zu sein. Da sei es manchmal schwierig gewesen, die Prioritäten so zu setzen, dass ein Ausgleich möglich gewesen wäre.»*[97]

Guthardt hatte offenbar selbst erkannt, dass er versäumt hatte, sich rechtzeitig hinreichender Unterstützung im Verbund zu vergewissern. Der wesentliche Grund hierfür war die Position der DG BANK und auch Guthardts persönlich in der ‹Strukturdebatte› über die Frage der Stufenzahl im genossenschaftlichen Bankensektor.[98] Schon Ende der 1960er-Jahre hatte er sich im Hinblick auf die Zahl der wettbewerbsfähigen Einheiten als Zentralist gezeigt: «*Auch hier gilt der Satz: weniger ist mehr.*»[99] Den damaligen Präsidenten der Bank, Georg Draheim, unterstützend, betrieb Guthardt dann 1972 die Eintragung der Deutsche Zentralgenossenschaftsbank AG in das Handelsregister – einer institutionellen Hülle, in die die Aktivitäten der Deutschen Genossenschaftskasse sowie der regionalen Zentralbanken überführt werden sollten. Eine derartige Bündelung der Kräfte scheiterte jedoch am Widerstand der sekundären Ebene.[100]

Nachdem die DG BANK 1985/86 die bayerischen Zentralbanken übernommen hatte, existierte im Verbund ein Nebeneinander aus Zweistufigkeit einerseits, Dreistufigkeit in den Gebieten der noch verbliebenen fünf Zentralbanken andererseits. Dadurch wurde die «*hitzige*»[101] Diskussion über die richtige organisatorische Aufstellung des Verbunds wieder entfacht: «*Der Konzeptionsstreit kulminierte gegen Ende der Achtzigerjahre in einer Studien- und Gutachterschlacht von Experten und Beratern*», in der die DG BANK «*sehr präsent*» war.[102] Von ihr wurden als Vorteile einer Zweistufigkeit vor allem Effizienzaspekte ins Feld geführt wie Abstimmungs- und Größenvorteile und die Vermeidung von Doppelarbeiten. Die Gegner auf der Zentralbankenebene argumentierten vor allem mit dem möglichen Verlust an Marktnähe und damit Wettbewerbsfähigkeit eines möglichen Bankkonzerns durch den Abbau von Kompetenz in der Fläche. Angesichts des in den Jahren zuvor zu beobachtenden Expansionskurses der DG BANK war in den vorgelegten Strategiepapieren aber zudem im-, teilweise auch explizit die Befürchtung vorherrschend, einer Dominanz der DG BANK nichts mehr entgegensetzen zu können.

In den wenigen verbliebenen Aktenbeständen Guthardts findet sich im Zusammenhang mit der Strukturdebatte ein seltener O-Ton in Form eines Aktenvermerks aus seiner Feder.[103] Darin nimmt er Mitte 1989 Stellung zu einem von den Zentralbanken in Auftrag gegebenen wissenschaftlichen Gutachten. Dort wurde argumentiert, dass in zahlreichen Geschäftsfeldern bereits eine Zweistufigkeit eingetreten sei, es also weiterer Fusionsanstrengungen nicht mehr bedürfe, die eher kontraproduktiv seien. Aufschlussreich nicht nur für Guthardts Haltung zur Strukturdebatte, sondern, wie es scheint, auch für sein Temperament, ist seine drastische Wortwahl mit Blick auf die Argumente des Gutachters: «*Verbund nicht verstanden*», «*tollkühnste Rechenmanipulation*», «*irreführend*», «*sinnentstellend*», «*an den Haaren herbeigezogen*», «*größte*[r]

Unsinn», «*alles durcheinander geworfen*», «*absolute Lüge*», «*ansonsten geht es durcheinander wie Kraut und Rüben*», «*total unverständlich*», «*Verfasser* [...] *ist* [...] *blutiger Anfänger*», «*Ignoranz*».[104]

Je länger die Strukturdiskussion andauerte, desto mehr geriet die DG BANK darin aufgrund ihrer eigenen Probleme in die Defensive. In der im Dezember 1989 «*einstimmig*» verabschiedeten «*Verbundkonvention*»[105] wurde die Frage der Selbstständigkeit der Zentralbanken letztlich ihren Eigentümern überlassen, sodass es zunächst bei paralleler Zwei- und Dreistufigkeit blieb. Noch unter Guthardts Ägide fusionierten 1989 indes sowohl die Norddeutsche Genossenschaftsbank als auch sein ‹Stammhaus›, die Raiffeisen-Zentralkasse Kurhessen, auf die DG BANK, sodass nur noch die WGZ BANK AG in Düsseldorf, die Südwestdeutsche Genossenschafts-Zentralbank AG sowie die Genossenschaftliche Zentralbank in Stuttgart (die beiden Letztgenannten fusionierten 2000 zur GZ-Bank AG), eigenständig blieben. – Im Übrigen übernahm die DG BANK in exakt diesem Zeitfenster auch die Zentralbankfunktion für die ostdeutschen Kreditgenossenschaften und investierte beträchtlich in die Ausweitung ihres dortigen Geschäftsbereichs.

Bilanz des Scheiterns bei und nach der DG BANK

Nach dem Ende der ‹Ära Guthardt› summierten sich bei der DG BANK die Belastungen. Die Konsequenzen aus dem Wertpapierskandal äußerten sich nicht nur in einem erheblichen Imageschaden, sondern schlugen sich vor allem auch im Zahlenwerk der Bank nieder. Zudem addierten sich zu den Wertkorrekturen infolge der ‹Franzosengeschäfte› weitere, vor allem für Problemengagements im Immobilien- und Beteiligungsbereich,[106] sodass sich der Gesamtabschreibungsbedarf der Bank für 1990 auf über eine Milliarde D-Mark belief.[107] Trotz der Belastungen durch die notwendigen Abschreibungen wurde das Ziel verfolgt, 1990 – wie in den Vorjahren auch – eine Dividende von fünf Prozent zu zahlen. Hierfür wurden zum einen stille Reserven aufgelöst.[108] Zum anderen realisierte man Sonderausschüttungen von Grundstücksgesellschaften (die ihren Grundbesitz in die an der Börse platzierte AGIMA eingebracht hatten), die Abgabe von 49 Prozent der Deutschen Genossenschafts-Hypothekenbank (DG Hyp) an eine neue ABV-Holding sowie den Verkauf der Beteiligungen an der Lampe-Bank und am Kirch-Imperium.[109] Insgesamt stiegen die Beteiligungserträge im Einzelabschluss 1990 von 268 Millionen D-Mark (1989) auf 830 Millionen D-Mark an (im Konzern 588 nach 52 Millionen D-Mark).[110] Wenn 1990 auch durch die Auflösung Stiller Reserven, den Verkauf von Beteiligungen und andere ‹Notmaßnahmen› das Ausschüttungsziel, das heißt die Zahlung einer Dividende von fünf Prozent, erreicht werden konnte, war die DG BANK doch zum Ende der ‹Ära Guthardt› *«ein Sanierungsfall geworden»*.[111]

Als Nachfolger von Guthardt trat am 11. Juni 1991 Dr. Bernd Thiemann sein Amt an. Am Vortag fand die feierliche Verabschiedung von Helmut Guthardt statt, bei der *«die allerhöchsten Spitzen der Kreditwirtschaft* [...] *nicht gesehen»* wurden. Die Presse hoffte, *«dass Guthardt mit seiner offenen, zupackenden Art nicht völlig in der Versenkung verschwindet. Dem grauen Bankenalltag fehlen nämlich farbige Typen wie er.»*[112] Mit Thiemann war im Vorfeld der Vertragsschließung vereinbart worden, dass es keine neue Diskussion um die Struktur im genossenschaftlichen Bankwesen geben dürfe und die DG BANK in den kommenden fünf bis sechs Jahren einen strikten Konsolidierungskurs einschlagen müsse; sie solle *«Abschied nehmen vom Gigantomaniedenken früherer Tage und sich wieder mehr als Servicestelle für die genossenschaftlichen Banken an der Basis etablieren.»*[113] Der erste akute Sanierungsschritt wurde in einer Sitzung des Verwaltungsrats am 14. November 1991 vereinbart. Hierzu zählte zuvorderst eine Verbundhilfe von 1,4 Milliarden D-Mark und zugleich eine strategische Neuausrichtung, von Integration, Straffung, Effizienzsteigerung und Risikoreduzierung geprägt, um die DG BANK als leistungsstarken Finanzdienstleister und Produktspezialisten im genossenschaftlichen Finanzverbund zu positionieren.[114]

Obwohl die meisten dieser Sanierungsideen noch von Helmut Guthardt stammten,[115] hatte dieser seine Reputation in der (Frankfurter) Bankenszene weitgehend eingebüßt. Insofern kam eine neue Tätigkeit in der Kreditwirtschaft für ihn – obwohl erst 57 Jahre alt – nicht in Betracht. Zudem machte sich bemerkbar, dass er im vergangenen Jahrzehnt mit seiner Gesundheit Raubbau betrieben hatte. Bei einer Würdigung im Jahre 1989 hieß es: *«Herr Guthardt hat, was die berufliche Belastbarkeit angeht, Maßstäbe des Ungewöhnlichen gesetzt, er hat von seiner Umgebung sehr viel verlangt, und ich bin mir sicher, das wird sich nicht ändern, er hat aber stets selbst noch mehr geleistet.»*[116] Allein ehrenamtliche Tätigkeiten hätten ihn (wenn auch sozialen Belangen gegenüber aufgeschlossen) seiner Ansicht nach kaum ausgelastet. Zwar war er Mitglied in verschiedenen hochkarätigen Gremien (zum Beispiel im Vorstand des Stifterverbandes für die Deutsche Wissenschaft, im Kuratorium der Stiftung Deutsche Sporthilfe sowie Mitglied des Verbands der Stiftung Diakonie), nahm sich aber angesichts seiner Beanspruchung bei der DG BANK selten die Zeit, an deren Sitzungen teilzunehmen, sodass er dort auch wenig verwurzelt war.[117] Und die breite Öffentlichkeit hatte Guthardt, wie angedeutet, schon während seiner Amtszeit gescheut (*«In Sachen Selbstdarstellung bin ich igelig.»*[118]), hochkarätige Einladungen (unter anderem des Bundespräsidenten) hatte er mehrfach ausgeschlagen.

Doch Leo Kirch, den mit Guthardt eine «*Männerfreundschaft*» verband, ließ ihn nicht fallen.[119] Guthardt wurde zum einen in seine Medienaktivitäten rund um den Sender ‹ProSieben› eingebunden. So nutzte er als seit 1995 agierender Aufsichtsrat der Gesellschaft seine Kontakte zum Vorstandschef der REWE-Gruppe, Hans Reischl, um diesen zum Einstieg in Höhe von 41,6 Prozent bei ProSieben im Rahmen eines Pre-IPO zu bewegen. Auch im Vorfeld des Börsengangs der Senderfamilie im Juli 1997 war Guthardt bei der Koordination des Platzierungskonsortiums aktiv. Zum anderen betreute Guthardt auch weitere Investitionsprojekte Kirchs – zum Beispiel den Bau einer Ferienanlage, die allerdings so wenig erfolgreich war, dass Kirch ihn gegen eine Abfindung hinauskomplimentieren musste. Hinzu kam, dass Guthardt offenbar auch Bauleistungen für eigene private Immobilienobjekte über das Kirch-Projekt abgerechnet hatte.[120] Aufgrund dieser und anderer missglückter unternehmerischer Aktivitäten galten Guthardts persönliche Finanzen um die Jahrtausendwende als zerrüttet. Er hatte in seiner Dienstzeit indes auch nie zu den Spitzenverdienern der Branche gehört und erhielt bei seinem Ausscheiden – so berichten es Anwesende der Gespräche – eine Abfindung in eher bescheidener Höhe.

Umso erstaunlicher ist es daher, dass Guthardt im Jahre 2000 dem ehemaligen Bundeskanzler Helmut Kohl finanziell unter die Arme griff. Dieser hatte für die CDU zwischen 1993 und 1998 Zahlungen in Höhe von 2,1 Millionen D-Mark von Spendern angenommen, deren Namen er nicht preisgeben wollte. Die CDU verlor dadurch den Anspruch auf staatliche Mittel in doppelter Höhe, sodass ihr ein Schaden von insgesamt 6,3 Millionen D-Mark entstand. Diesen Betrag erstattete Kohl seiner Partei im März 2000 durch eigene Gelder sowie die Hilfe von «*Freunden*», zu denen Leo Kirch (eine Million D-Mark) und eben auch Guthardt (200 000 D-Mark) zählten.[121]

Helmut Guthardt starb am 31. Oktober 2001 mit 67 Jahren in Wasserburg am Inn, wo er zuletzt zurückgezogen lebte. Wenige Wochen zuvor war die Fusion zwischen DG BANK und GZ-Bank zur DZ BANK als sechstgrößtem deutschen Kreditinstitut besiegelt worden. Bei seiner Beerdigung wurde sein Nach-Nachfolger und langjähriger Gegenspieler, Ulrich Brixner, gesehen. In der Pressemitteilung des Hauses wurde der Tod Guthardts indes nur vermeldet, eine Würdigung – wie 2009 beim Tode Brixners selbst – fand sich jedoch nicht. Dazu war der Kreis der Wohlgesinnten aufgrund seines Führungsstils, der als autoritär, streckenweise auch brutal und cholerisch beschrieben wird, wohl zu klein.

Von Joseph Alois Schumpeter stammt die bekannte Beschreibung der Aufgabe eines Unternehmers als «*schöpferische Zerstörung*». Insofern war der Bankunternehmer Helmut Guthardt ein Prototyp: stellenweise visionär und kreativ Neues anstoßend oder schaffend – wie die Modernisierung des Instituts und sein Ausbau zu einer internationalen Großbank, die Straffung des Verbunds, die Forcierung neuer Medien –, aber eben durch das expansive Eingehen zu vieler, zu großer Risiken in zu kurzer Zeit sich auch eines Großteils seines möglichen Erfolgs beraubend.

Paul Thomes

ULRICH BRIXNER (1941–2009)

Es ist immer eine besondere Herausforderung, sich biografisch einer Person der Zeitgeschichte zu nähern. Das gilt auch und gerade dann, wenn man sie nicht persönlich gekannt hat, keine direkte Begegnung mit ihr hatte, ihr nicht nahestand, während andere, die der Autor etwa als Gesprächspartner befragen konnte, über diese Art von Vorsprung verfügen – wenn es denn tatsächlich einer ist, im Sinne einer vorbehaltlosen Annäherung an die zu würdigende Person. Davon abgesehen setzt sich die biografische Skizze des Historikers – nicht mehr und nicht weniger will dieses Papier sein – fast zwangsläufig der Kritik von offensichtlich Näherstehenden aus, welcher doch wiederum zugleich ein gerüttelt Maß inhärenter Subjektivität innewohnt. Manche Facette offenbart sich eben erst aus einem gewissen Abstand, sei er zeitlich, räumlich oder anders definiert. So gesehen mag der distanziert-unpersönliche Zugang, im besten Fall als Emotionsfilter dienend, letztlich vielleicht doch zu einer zielführenderen Art der Annäherung führen.[1] Manche Unzulänglichkeit bleibt somit. Doch ließe sich die Mission des Projekts gleichwohl als erfüllt bezeichnen, wenn dessen ganz eigenes, hier vorliegendes Konstrukt, mag es sich bisweilen auch von der Person entfernen, zum hinterfragenden Nachdenken anregte und damit neben Erinnerung auch vordenkend Zukunft gestalten helfen würde. Wie dem auch sei: Wir haben uns daran gewagt, aus vergleichsweise kurzer und doch weiter Distanz einen Menschen zu würdigen, der die jüngere deutsche Geschichte des genossenschaftlichen Finanzsektors in verschiedenen Positionen entscheidend mitgestaltet hat.

Kindheit und Jugend – Kriegskind im beschaulichen Wirtschaftswunder

Als Ulrich Brixner am 6. Januar 1941, einem Montag mitten im Zweiten Weltkrieg, in München als zweiter von drei Söhnen des Ehepaars Hildegard (geborene Bürkle) und Walter Brixner das Licht der Welt erblickte, schien dieses gleich in mehrfacher Hinsicht wahrhaft frostig. Jener Januar war extrem kalt. Heftige Schneefälle brachten den Verkehr insbesondere im Süden quasi zum Erliegen; bis zum 5. Januar waren die Verkehrsverbindungen zwischen Bayern und dem Norden Deutschlands unterbrochen. Zeitgleich bombardierte die deutsche Luftwaffe britische Städte und setzte erstmals die propagandistisch hochstilisierten Sturzkampfflugzeuge des Typs ‹Junkers Stukas› ein.[2] Es herrschte eine angespannte Ungewissheit in Deutschland. Das Land, von den Machthabern in der ihnen eigenen Großspurigkeit seit 1933 als ‹Drittes Reich› bezeichnet, befand sich seit rund eineinhalb Jahren in einem von dem totalitären Regime begonnenen Krieg, legitimiert durch eine abstruse menschenverachtende Ideologie.[3]

Ulrichs Vater kämpfte derweil als Soldat in ebenjenem Krieg. Er stammte aus Stuttgart, war von Beruf, wie auch sein eigener Vater, Lehrer. Der Sohn sollte ihn nie bewusst kennenlernen, denn er fiel am 20. Dezember 1944, kurz bevor die Katastrophe endete; ein wahrlich unsinniger Tod. Aber nicht nur auf den Schlachtfeldern fielen Menschen, das Regime tötete zudem mutwillig ihm aus welchem Grund auch immer Missliebige in einem methodischen Wahn unmenschlichen Grauens.

An Ulrichs Geburtstag hatte Franklin D. Roosevelt als Präsident der Vereinigten Staaten ‹vier Freiheiten›, quasi als plakativen demokratischen Gegenentwurf zum NS-Terror, definiert: Meinungsfreiheit, Religionsfreiheit, Freiheit von Not und Freiheit von Furcht.[4] Ulrich sollte von der Entschlossenheit der Amerikaner, diese Ziele umzusetzen, ebenso profitieren wie das vom NS-Terror befreite Europa.

Unter normalen Umständen hätte sich schreiben lassen, Brixner sei in eine gutbürgerliche heile Welt geboren worden. So aber zog seine Mutter, als Witwe mit drei kleinen Kindern, nach Nürtingen, wo ihre Eltern eine Bäckerei-Konditorei betrieben. Der Krieg und der ihn begleitende zehrende Mangel waren hier doch vergleichsweise weit entfernt gewesen, und so mögen die Kinder die Zeit zwar nicht als unbeschwert, aber doch als wohlbehütet empfunden haben.

Nach Kriegsende blieb die Familie dort in der vertrauten Umgebung. Ulrich besuchte zunächst die Grundschule, damals noch Volksschule, und wechselte, nicht unbedingt selbstverständlich, aber vielleicht auch als eine Art Reminiszenz an den Vater, auf das Gymnasium, wo er 1960 unauffällig sein Abitur machte. Letzteres war damals in der Tat eine solide Basis für eine Karriere im ‹Wirtschaftswunder›-Deutschland. In gewisser Weise hatte sich der Halbwaise durchgeboxt, auch im wahrsten Wortsinn, denn eine Zeit lang versuchte er sich im Boxsport, gab diese Aktivitäten aber nach dem Abitur auf, wobei er sich das Interesse am Boxen bewahrte.[5]

Die Welt stand dem Jugendlichen also offen, während die bundesdeutsche Gesellschaft nach Jahrzehnten der Bevormundung zaghaft den ‹Nazi›-Alb abstreifte, sich von der braunen Indoktrination befreite und neben dem wiederaufbauenden Arbeiten auch das Konsumieren wieder in den Blick nahm.[6] Im Schwäbischen mag dieser Wandel durchdachter und kontrollierter abgelaufen sein als anderswo. Solidität und Bodenhaftung, verbunden mit Sparsamkeit, galten auch und gerade im Wirtschaftswunder viel. Und Ulrich nannte mit hoher Wahrscheinlichkeit und einigem Stolz, als er älter wurde, ein Sparbuch der örtlichen Volksbank sein Eigen. Sie begleitete ganz im Sinne von Schulze-Delitzsch das örtliche Gewerbe bereits seit 1863 in allen Finanzfragen, und der Betrieb der Großeltern Brixners gehörte zweifelsohne ebenfalls zu den Kunden.

Was nun tun als junger Abiturient in dieser Aufbruchsstimmung? Den Lehrberuf ins Auge fassen, wie der Großvater, Vater und ältere Bruder? Etwas anderes studieren, vielleicht im nahen Hohenheim oder Tübingen, oder aber schlicht eine Lehre beginnen angesichts der Traditionen mütterlicherseits? Nun, er entschied sich – soweit bekannt – ganz bewusst für etwas sprichwörtlich Naheliegendes und doch anderes. Denn er begann in Nürtingen eine Ausbildung zum Industriekaufmann bei der Gebrüder Heller GmbH, einem

1894 gegründeten Werkzeug- und Maschinenbauunternehmen. Die Firma befindet sich bis heute im Familienbesitz und ist mit rund 2700 Beschäftigten weltweit präsent – ein untrügliches Zeichen von beständiger Innovationskraft. So soll das Unternehmen unter anderem bereits vor dem Ersten Weltkrieg eine eigene Lehrwerkstatt betrieben haben. Als Ulrich Brixner seine Lehre absolvierte, begann gerade die Elektronik Einzug in die Fertigung und Steuerung von Maschinen zu halten.[7]

Inwieweit ihn solche Aspekte bewusst beeinflussten, wissen wir natürlich nicht. Dieses Umfeld vermittelte ihm aber fraglos die typische Erfolgskombination schwäbischen Unternehmertums von Beständigkeit und Innovation, die in seinem Berufsleben immer wieder begegnet. So gesehen war es auch recht konsequent, dass sich ein Studium anschloss, welches das praktisch-solide Berufsfundament um ein akademisches verbreiterte. Folgen wir der mündlichen Überlieferung, trat er die Ausbildung als Industriekaufmann bereits mit der Absicht an, studieren zu wollen: die Lehre nicht als Umweg zur Selbstfindung, sondern als bodenständige Entwicklungsbasis. Man mag darin bereits die Gradlinigkeit erkennen, welche seine Person im Übrigen ebenfalls durchgängig ausgezeichnet haben soll.

Ein junger Mann erschließt sich die Welt

Im Sommer 1962 vollzog er dann den Schritt in die akademische Welt, aber auch diesmal zunächst gemach, im 30 Kilometer entfernten Tübingen – die angesehene Universitätsstadt mit Heimatflair, nahe liegend und gut. Vorbild im Kreise der näheren Verwandtschaft könnte Friedrich Brixner gewesen sein, promoviert und zu dieser Zeit Direktor der landwirtschaftlichen Raiffeisen Zentralgenossenschaft Württemberg.[8] Als Fach wählte er Betriebswirtschaftslehre: einmal mehr konsequent angesichts der kaufmännischen Ausbildung und ein Gebiet, das im Wirtschaftswunder stark an Bedeutung gewann und sich gleichzeitig anschickte, eine Richtung zu finden zwischen Managementlehre und Wirtschaftstheorie.[9] Vielleicht ist dies neben persönlichen Beziehungen der Grund, weshalb Brixner zum Sommersemester 1963 nach Saarbrücken zur Universität des Saarlandes wechselte. Der Kontrast könnte kaum größer sein. An der jungen Universität im rußigen, aber boomenden Montanrevier hatte Günter Wöhe 1960 seine legendäre ‹Einführung in die allgemeine Betriebswirtschaftslehre› erstmals publiziert. Hier bewegte sich etwas. Und doch, lange blieb Brixner nicht, sondern wechselte erneut, sich vielleicht wieder stärker Richtung Heimat orientierend, zum Wintersemester 1963/64 nach Mannheim. Die dortige Wirtschaftshochschule erfuhr seinerzeit eine starke

Erweiterung – auch hier also Veränderung, Aufbruch.[10] Brixner schloss sein Studium im Sommersemester 1966 mit dem Diplomkaufmann ab – in der Regelstudienzeit übrigens – und deshalb noch, bevor die Hochschule 1967 zur Universität aufstieg.

Seine beiden Wahlgebiete waren übrigens Wirtschaftsgeografie und Genossenschaftswesen, Letzteres mit ‹sehr gut› abgeschlossen. Seine Diplomarbeit mit dem Titel ‹Die vertikale Integration in der Landwirtschaft› erhielt ebenfalls eine sehr gute Bewertung. Sie galt einem seinerzeit (wie heute in anderen Zusammenhängen) hochaktuellen Thema und dazu einem mit Bezug zum Genossenschaftswesen. Grob ging es um die Koordination unternehmerischer Entscheidungen von den Produktionsmittellieferanten über die Agrarerzeuger, Be- und Verarbeitungsbetriebe bis hin zum Handel. Diese Strukturen hatten sich im Handel bereits weit entwickelt und beschäftigten nun im Kontext der Marktintegration und sich beschleunigender Internationalisierung die sich bedroht fühlende Landwirtschaft.[11]

Bemerkenswert ist noch, dass Brixner während des Studiums mehrere Unternehmens-Auslandspraktika in Frankreich (Paris und Avignon) und in Großbritannien (London) absolvierte – seinerzeit durchaus ungewöhnlich und ein Indiz für die Zielstrebigkeit und Aufgeschlossenheit des jungen Mannes. Nicht zu vergessen ist schließlich sein Engagement als Tutor für ausländische Studenten. Der Job intensivierte das Gespür für Neues und anderes ebenso weiter, wie er Sprachkenntnisse förderte und nicht zuletzt half, das Studium zu finanzieren; in gewisser Weise ein Höchstmaß an – schwäbischer – Effizienz, gewachsen und wachsend mit den Herausforderungen, die sich ihm sukzessive stellten.

Diese Mischung muss es gewesen sein, die ihm half, unmittelbar nach der Diplomierung im November 1966 eine Stelle als Forschungsassistent an der Professur für Wirtschafts- und Sozialpolitik zu erlangen. Sein Chef war Hans Georg Schachtschabel,[12] ein Volkswirt mit interessanter Biografie. Er hatte sich bei Waldemar Mitscherlich in Halle 1940 habilitiert, mutierte dort vom NS-Unterstützer (SA-, SS-, NSDAP-Mitglied) zum Kritiker; 1941 folgten ein Berufsverbot und diverse Tätigkeiten, ehe er 1952 in Mannheim zunächst eine außerordentliche Professur erhielt, dort unter anderem auch Dogmen- und Wirtschaftsgeschichte las, auf die dann 1962 die obengenannte ordentliche Professur folgte. Schachtschabel war ein durch und durch politischer Mensch: seit 1946 SPD-Mitglied, Mannheimer Gemeinderat und seit 1969 Mitglied des Deutschen Bundestags. Da trennten sich die Wege, denn Ulrich Brixner promovierte just im Sommer dieses Jahres mit dem Prädikat ‹magna cum laude› zum ‹Dr. rer. pol.› Als Zweitgutachter fungierte Professor Fritz Philipp.[13] Das Thema der Arbeit lautete ‹Steuerungsfunktionen der Genossenschaft. Dargestellt am Beispiel landwirtschaftlicher Warengenossenschaften› und zeichnete den weiteren Weg vor. Inhaltlich ging es ihr darum, die Kommunikation zwischen Genossenschaftsleitung und Mitgliedern im Sinne «*möglichst wirklichkeitsnahe*[r] *Ergebnisse*« und vereinbar mit den genossenschaftlichen Prinzipien zu gestalten.[14]

Im Genossenschaftssektor – Wachsen mit den Aufgaben

Am 1. Oktober 1969 begann Brixner seine außeruniversitäre berufliche Laufbahn als Praktikant – heute würde man ihn wohl als Trainee bezeichnen – bei der Deutschen Genossenschaftskasse, dem damaligen Spitzeninstitut der genossenschaftlichen Kreditwirtschaft. Dazu musste er sich erstmals aus dem vertrauten Südwesten nach Norden bewegen, nach Frankfurt am Main, in das aufstrebende Banken- und Börsenzentrum der Bonner Republik. 1949 in Frankfurt am Main neu gegründet, war die Deutsche Genossenschaftskasse Funktionsnachfolger der 1895 als Zentralinstitut für genossenschaftliche Kreditinstitute errichteten legendären ‹Preußischen Central-Genossenschaftskasse› (kurz: ‹Preußenkasse›) und damit ein großer Spieler der genossenschaftlichen Kreditwirtschaft[15] – und fürwahr keine schlechte Adresse für einen Crashkurs in Genossenschaftsbanking, Zukunftsperspektiven inklusive.

Binnen 15 Monaten lernte Brixner die Genossenschaftskassenwelt in all ihren Facetten kennen. Und fast wie zur Vorbeugung von Entzugserscheinungen führte die erste Station für drei Monate zur Volksbank Offenburg: genossenschaftliche Tradition pur, seinerzeit bereits 105 Jahre alt und aus einer vom örtlichen Gewerbeverein gegründeten Vorschusskasse erwachsen. 1969 steigerte sie die Bilanzsumme um satte elf Prozent.[16] Von dort ging es wieder drei Monate eine Organisationsebene höher zur Raiffeisen-Zentralbank Baden in Karlsruhe. Sie war 1960 aus der badischen Landwirtschaftsbank hervorgegangen und sollte 1971 mit der ebenfalls in Karlsruhe ansässigen Zentralkasse südwestdeutscher Volksbanken zur Südwestdeutschen Genossenschaftszentralbank fusionieren.

Es waren aufregende und hektische Zeiten damals: Die Politik befeuerte die zu erlahmen drohende Wirtschaft mit Liquidität, auch die privaten Einkommen wuchsen, die Internationalisierung schritt mit nicht erwarteter Rasanz weiter voran, ebenso wie sich der Wettbewerb verschärfte. Die Kreditwirtschaft reagierte unter anderem mit Fusionen auf allen Ebenen, um den neuen Herausforderungen gegenüber gewappnet zu sein. Auch im Verbund arbeiteten ländliche und gewerbliche Institute jetzt endlich eng zusammen.[17]

Brixner machte sich in diesen Monaten insbesondere mit dem Kredit- und

Auslandsgeschäft sowie dem Rechnungswesen vertraut, wie er selbst in einem Lebenslauf formulierte. Personen jeglicher Couleur lernte er auf seiner Tour natürlich ebenfalls kennen. Sein später so wertvolles Netzwerk begann sich seinerzeit zu knüpfen. Und darüber hinaus brachte er neben einem ersten Hauch von Stallgeruch sicherlich auch ein gerüttelt Maß an Inspiration mit zurück nach Frankfurt. So gesehen gut gerüstet, durchlief er dort in einem halben Jahr sämtliche wichtigen Abteilungen der Bank und sozialisierte sich weiter.

Highlight des Trainee-Programms war fraglos ein dreimonatiger USA-Studienaufenthalt bei der Dachvereinigung der US-amerikanischen Kreditgenossenschaften (Credit Union National Association, kurz: CUNA).[18] Seine Erfahrungen fixierte Brixner in einer kleinen wissenschaftlichen Publikation, die 1971 erschien.[19] Der vergleichende Blick auf die USA schien ihm und anderen lohnend, denn die Situation ähnelte sich, während es an Informationen fehlte, wie er im Vorwort formulierte. Der Inhalt selbst kommt ohne große Umschweife direkt auf den Punkt. Der Autor analysiert sein Objekt nüchtern nach funktionalen und organisatorischen Aspekten und identifiziert folgende wesentliche Symptome beziehungsweise Handlungsfelder, die sich in weiten Teilen direkt auf die deutschen Verhältnisse übertragen ließen: rasches Wachstum, ausgesprochene lokale Eigenheiten, lethargisches Gruppenleben, Eigeninitiative und Kreativität hemmende Restriktionen, wettbewerbsgetriebener Zwang zu Kooperation beziehungsweise Fusionen, Reduzierung der Abhängigkeit von Banken außerhalb des Verbunds, einhergehend mit horizontaler und vertikaler Verbundintensivierung, sowie nicht zuletzt die Entwicklung einer eindeutigen Konzeption. Was not tat, waren Modernisierung und Vereinheitlichung unter stärkerer Beachtung wirtschaftlicher Notwendigkeiten, als das bisher zu geschehen brauchte.[20]

Bemerkenswert: Die kleine Schrift sollte eine neue Veröffentlichungsreihe der Deutschen Genossenschaftskasse begründen, die speziellen aktuellen Fragestellungen ein Forum schuf.[21] Sicherlich sollte sie auch als Signal des Aufbruchs nach innen wie außen wirken. Brixner persönlich bot sie zudem die Möglichkeit, sich zu profilieren, und war ein Türöffner, umgab sie ihn doch mit dem Flair des international bewanderten, jungen, wissenschaftlich ausgewiesenen Analytikers, von dem die bodenständige Genossenschaftsgruppe nur profitieren konnte angesichts der zu meisternden Umwälzungen.

Es mag, so gesehen, kaum erstaunen, dass das Praktikum zum 1. Februar 1971 in eine feste Anstellung mündete; und zwar nicht irgendwo in der Gruppe, sondern ganz nahe am Vorstand der Deutschen Genossenschaftskasse, an dessen Spitze seinerzeit mit Georg Draheim die reformaffine Identifikationsfigur der deutschen Kreditgenossenschaften schlechthin agierte. Er zog auch Brixner in seinen Bann und prägte sein künftiges Handeln entscheidend mit.[22]

1970 hatte der Vorstand ein neues Zentralkassenreferat geschaffen, das direkt an ihn berichtete und das Brixner nun verstärken sollte. Er arbeitete dort mit dem drei Jahre älteren Manfred Wächtershäuser zusammen, der nach einer Lehre bei der Deutschen Genossenschaftskasse ebenfalls studiert und an der Frankfurter Johann Wolfgang Goethe-Universität promoviert hatte.

Die Hauptaufgaben des jungen Teams bestanden darin, ein Konzept für die effizientere Kooperation zwischen der Deutschen Genossenschaftskasse und den regionalen Zentralkassen sowie – weitergehend – die Möglichkeit flacherer und intensiverer Verbundstrukturen zu evaluieren. Konkret ging es um die Reduktion der traditionell-typischen Dreistufigkeit – Lokalbank, Regionalbank, nationales Spitzeninstitut – zu einer bestenfalls ohne regionale Zwischenstufe auskommenden Zweistufigkeit; eine wahrhaft harte Nuss angesichts langer Traditionen und regionalen Anspruchsdenkens, die sich bekanntlich bis heute nicht gänzlich knacken ließ. Brixners Karriere sollte diese Aufgabe als permanente Herausforderung in ganz unterschiedlichen Umfeldern begleiten. Zunächst aber galt es, einmal systematisch die relevanten Daten zu erheben und zu bewerten, sei es unter Rentabilitäts-, Liquiditäts-, Rationalisierungs- oder Strukturgesichtspunkten.[23]

Zwei junge Leute machten sich also intensive Gedanken um den geeigneten Weg zu leistungsfähigen kreditgenossenschaftlichen Strukturen. Lokale Bedürfnisse und globale Erfordernisse waren zu synchronisieren, ohne die Prinzipien des erfolgreichen Geschäftsmodells aufzuweichen. Und man ging systematisch vor. Unter anderem entstand aus diesem Auftrag in Kooperation mit Karl Friedrich Hagenmüller,[24] Professor für Bankbetriebslehre an der Frankfurter Goethe-Universität und Leiter des dortigen Instituts für Genossenschaftswesen und Handwerkswirtschaft (später unter anderem auch Vorstand der Dresdner Bank), ein Gutachten, das modellhaft fünf regionale Zentralbanken als Zielgröße definierte.

Im Vorstand der Deutschen Genossenschaftskasse trieb derweil der ebenfalls junge Helmut Guthardt,[25] geboren 1934 und seit 1970 in dieser Position, die Dinge an der Seite Draheims voran, während das Zentralkassenreferat auch Vorstandsassistenzaufgaben, unter anderem die Vorbereitung und Protokollierung von Vorstandssitzungen, übernahm. Auf diese Weise konnte sich Brixner rasch mit Führungsaufgaben vertraut machen, ebenso wie er die Entscheider persönlich kennenlernte – und deren Wertschätzung gewann. Apropos Wertschätzung: Nun, da seine Existenz gesichert schien, schlug Brixner auch in der persönlichen Sphäre Pflöcke ein. Am 30. Juni 1972 heiratete er seine Marie-Rose, eine Elsässerin, mit der er bis zu seinem Tod verheiratet war; auch hier zeigt sich also die Facette von quasi selbstverständlicher Beständigkeit. Der Verbindung waren zwei Kinder beschieden. Im September 1973 machte die Tochter Veronika das junge Ehepaar zu Eltern, im Februar

1980 vervollständigte der Sohn Martin Alexander die Familie. Sie wohnten in Dreieich gut erreichbar – vielleicht war dies aber auch in anderer Hinsicht eine bewusste Entscheidung, denn der Taunus hätte möglicherweise zu seiner Disposition nicht gepasst.

Als der Vorsitzende Draheim im August 1972 überraschend starb, scheinen sich die Reformbestrebungen zunächst etwas entschleunigt zu haben. Schließlich war in der endlich geglückten Vereinigung der gewerblichen und agrarischen Genossenschaftsverbände zum Deutschen Genossenschafts- und Raiffeisenverband (DGRV) und der damit einhergehenden Gründung des gemeinsamen Bankenverbands BVR (Bundesverband der Deutschen Volksbanken und Raiffeisenbanken) eine Herkulesaufgabe abgeschlossen, die auch die Bank nicht unberührt ließ.[26] Jedenfalls übernahm das Zentralkassenreferat mehr und mehr Aufgaben des Vorstandssekretariats, wobei Wächtershäuser dem seit Anfang 1973 amtierenden neuen Vorstandsvorsitzenden und ‹Ersten Sprecher› Felix Viehoff zuarbeitete und Brixner dem zum stellvertretenden Vorsitzenden aufgestiegenen kommenden Mann Guthardt. In dieser Zeit entwickelte sich auch eine gewisse Rivalität zwischen den beiden Assistenten, wie sich Wächtershäuser erinnert und zugleich Guthardt anerkennend einen guten Griff bescheinigt.[27] «*Aufgrund seiner ausgezeichneten Leistungen*»[28] erhielt Brixner jedenfalls ab dem 1. Oktober 1972 auch Prokura nach Paragraf 49 des Handelsgesetzbuches. Diese stand offensichtlich im Zusammenhang mit der Übernahme der Geschäftsführung der Rationalisierungsgesellschaft genossenschaftlicher Zentralbanken GmbH, Frankfurt am Main, die sich in den Worten Brixners «*mit Fragen der Realisierung der Zweistufigkeit im genossenschaftlichen Verbund*» befasste, seiner Daueraufgabe.[29] In diesem Zusammenhang war er seit 1976 auch zeitweise stellvertretendes Verwaltungsratsmitglied der nun als DG BANK firmierenden Deutschen Genossenschaftskasse.

Aber noch einmal kurz zurück. Eine Dauerperspektive war die Assistenz nicht, außerdem galt es, sich zu profilieren. Nach einem knappen Jahr wandte sich Wächtershäuser dem Kreditgeschäft zu. Brixner entschied sich für das Auslandsgeschäft, bis dato nicht viel mehr als eine Abwicklungsabteilung, die nun aber im Zuge der unabdingbaren Internationalisierung gerade auch auf Wunsch der gewerblichen Kunden ausgebaut werden sollte und musste. Nicht zuletzt wegen seiner Fremdsprachenkenntnisse und der erfrischenden Unbekümmertheit, sie praktisch einnehmend einzusetzen, erwies er sich für diesen Bereich als geeignete Person, die überdies offensichtlich Freude an der Karriere entwickelte.

Seit dem 1. Juli 1973 fungierte Brixner als Leiter des Auslandssekretariats im Rang eines Abteilungsdirektors. Sein Aufgabenbereich erstreckte sich unter Guthardts Verantwortung im Wesentlichen auf die Gründung, Vorbereitung und geschäftliche Betreuung aller Auslandsstützpunkte der Deutschen Genossenschaftskasse beziehungsweise DG BANK, den Aufbau und die Entwicklung des Auslandskreditgeschäfts, die Betreuung der Korrespondenzbankbeziehungen und auf *«diverse Sonderaufgaben im Rahmen des Auslandsgeschäfts der Bank«*, wie Brixner es selbst in einem Lebenslauf formulierte. In anderen Worten: In dieser Funktion baute er maßgeblich das Auslandsgeschäft der Bank mit auf.

Hier fand er ein interessantes, ja aufregendes Betätigungsfeld in einer Phase, in der die privaten Einkommen stark wuchsen und Devisen- und Rohstoffmärkte gehörig durchgemischt wurden. Man denke nur an den Zusammenbruch von Bretton Woods oder die erste Ölpreiskrise, welche die heimische Wirtschaft in der Folge in die völlig neue Situation der so genannten Stagflation versetzte. Das ‹Wirtschaftswunder› klang seinerzeit aus, weshalb sich die Phase zu Recht als Zeitenwende bezeichnen lassen darf, und rückte auch in diesem Kontext die Auslandsmärkte als Chance in den Blick, selbst wenn mancher die Dinge mit einem gewissen Unbehagen als Zwang zur Größe empfunden haben mag. Ganz konkret organisierte Brixner den Aufbau von Kontakten und Stützpunkten auch vor Ort mit, der, noch von Draheim initiiert, 1973 mit der Gründung von London & Continental Bankers Ltd. als Joint Venture europäischer genossenschaftlicher Zentralbanken seinen Anfang nahm. Die hervorgehobene und dynamische Rolle Brixners in diesem Prozess spiegelt sich in seiner Laufbahn wider. Als die Deutsche Genossenschaftskasse ihrem neuen Anspruch als Universalbank entsprechend zum 1. Januar 1976 auch äußerlich durchaus radikal einige ihrer Traditionen modifizierte und fortan unter dem zeitgemäßen und inhaltlich angemessenen Namen DG BANK am Platz der Republik im neuen, weithin sichtbaren, Modernität und Zuversicht signalisierenden Hochhaus firmierte, wurde auch der verlässliche Organisator belohnt.[30] Just an diesem 1. Januar erfolgte seine Ernennung zum stellvertretenden Direktor und stellvertretenden Leiter des neu geschaffenen Auslandsbereichs mit Zuständigkeit für die Abteilungen Auslandskredit, Devisen- und Notenhandel sowie das Auslandssekretariat. 18 Monate später, am 1. Juli 1977, schloss sich nahtlos und konsequent die Beförderung zum Direktor an, mit Zuständigkeit für Asien, Nordamerika, Skandinavien, Schweiz, Griechenland, Israel und Südafrika sowie für das Auslandsgeschäft im Verbund einschließlich Filialen und Tochtergesellschaften.

Das Auslandsgeschäft umfasste seinerzeit insbesondere Eurofinanzierungen, Exportkredite aller Art, den Zahlungsverkehr, Inkassi, Dokumentenakkreditive und Garantien. In Brixners sachliche und administrative Zuständigkeit fielen unter anderem die Filialen New York und Cayman Islands sowie die Tochtergesellschaften Bank europäischer Genossenschaftsbanken in Zürich, gegründet unter Federführung der Deutschen Genossenschaftskasse, und die DG Capital Company, Hongkong, als 100-prozentige Tochter, die 1977 aus der Hongkong-Repräsentanz erwuchs und sich im Kreditgeschäft, Geld- und Devisenhandel, Zahlungsverkehr und Dokumentengeschäft betätigte. Dabei nahm Brixner unterschiedlichste Mandate wahr, so als Prokurist der DG BANK Holdings B.V., Amsterdam, Verwaltungsratsmitglied der BHF-Bank DGK International, Luxemburg, und der DG Capital Company, Hongkong, oder als Mitglied des Steuerungskomitees der Unico Banking Group, eines europäischen kreditgenossenschaftlichen Joint Venture, das 1977 36 000 Bankstellen mit einem Bilanzvolumen von 180 Milliarden US-Dollar betreute.[31] Ende der 1970er-Jahre war die DG BANK als Ergebnis eines ex ante nicht zu prognostizierenden fulminanten Veränderungsprozesses weltweit an allen relevanten Plätzen engagiert, sei es in Form von eigenen Auslandsvertretungen, Beteiligungen oder sämtlichen Arten von Finanzierungsgeschäften. Manch einen Genossen mag das Ergebnis mehr als verschreckt haben angesichts der lokalen Verwurzelung der Gruppe. Der Erfolg aber schien den weltgewandten Machern Recht zu geben.

Brixner hatte, nach wie vor direkt dem Vorstand unterstellt, an all diesen Aktivitäten maßgeblichen Anteil – von der Planung bis zur Umsetzung. Daneben blieb Zeit, um im Verbund mit Vorträgen und Seminaren für das internationale Engagement der Zentralbank zu werben, das sich, wie angedeutet, so gar nicht mit vielen Kerninhalten der Genossenschaftsidee deckte und in der Tat, wie sich später zeigen sollte, mit existenziellen Risiken belastet war. Fraglos kam ihm hier seine an der Universität erworbene Lehrerfahrung zugute, die sich zusammen mit einer bodenständigen Begeisterungsfähigkeit zu einer unaufdringlichen, gewinnenden Überzeugungskraft mischte. Dies gilt umso mehr, als Brixner auch inhaltlich überzeugte, hatte er sich doch inzwischen zum anerkannten Auslandsspezialisten entwickelt.

Die verfügbaren über ihn informierenden Quellen schreiben ihm alle einschlägigen Kenntnisse, Fähigkeiten und Eigenschaften zu: Engagement und Verantwortung, Durchsetzungs- und Motivationsvermögen, Initiative, Kreativität und Innovationsbereitschaft, Verhandlungsgeschick, ausgeprägte Auffassungsgabe, die Fähigkeit zur raschen Einarbeitung gepaart mit umfassender Lösungskompetenz – auch für konkrete Kundenprobleme, dabei korrekt und kostenbewusst. Als kompetenter Gesprächspartner war er ebenfalls geschätzt. Man könnte all dies nun als Verehrungsrhetorik abtun. Der konkrete Eindruck aber ist differenzierter. Die Äußerungen scheinen tatsächlich nicht alle überschwänglicher dienstbarer Lobhudelei entsprungen. Es findet sich jedenfalls keine verschriftlichte Andeutung eines Schattens in den zugänglichen Quellen.

Binnen neun Jahren war Brixner gleichwohl eher unauffällig – was als Kompliment gelten mag – zur anerkannten Führungspersönlichkeit gereift, ausgestattet mit einem umfänglichen Fachwissen, gepaart mit Gespür für Zurückhaltung und Vertraulichkeit: die Voraussetzung für höhere Weihen, für den Schritt in die erste Reihe. Er repräsentiert, wenn man so möchte, den unspektakulären Konterpart zur schillernd-glamourösen Karriere seines aktuellen Entwicklungsobjekts. Vom 17. Mai 1978 datiert ein aufschlussreicher Lebenslauf, der wohl im Zusammenhang mit der konsequenten und doch großen Veränderung gestanden haben könnte, die am 31. August 1978 zum vorläufigen Abschied aus dem vertrauten Kosmos führte.[32]

An der Spitze – Regionalität und Globalität

Am 1. September 1978 trat Brixner im Alter von 37 Jahren seine neue Aufgabe als Vorstand der Südwestdeutschen Genossenschafts-Zentralbank AG (SGZ-Bank) an, die gerade aus der Fusion der Genossenschaftlichen Zentralbank in Frankfurt am Main und der Südwestdeutschen Genossenschaftszentralbank AG mit Sitz in Karlsruhe hervorgegangen war, eine von noch neun regionalen Zentralbanken.[33] Beide Institute waren 1970/71 als Ergebnis des oben angedeuteten Bereinigungsprozesses ebenfalls Fusionsprodukte. Eine solche Karriere war auch damals durchaus ungewöhnlich, in normalen Verhältnissen ihren Ausgang nehmend. Sie spiegelt einerseits in gewisser Weise die durchlässig gewordene, mehr Demokratie wagende Gesellschaft, die Tüchtigkeit belohnte.[34] Andererseits war sie natürlich genossenschaftstypisch als quasi – wenn auch nicht ganz – von der Pike aus begonnen und lokal fest im Südwesten der Republik verwurzelt. Sein Dienstsitz befand sich im gleichnamigen SGZ-Hochhaus (heute ‹Park Tower›) im Frankfurter Westend schräg gegenüber der Alten Oper und im Zentrum der Finanzwelt gelegen. Mit seinen 96 Metern war es bei Fertigstellung 1972 für kurze Zeit das höchste Haus der Bankenmetropole.[35] Auch dies durchaus ein Symbol: Die Etablierten sollten ruhig sehen, dass man auf Augenhöhe prosperierte, zumal nach der Überwindung der anachronistischen genossenschaftlichen Zwei-Lager-Struktur, die agrarische und gewerbliche Verbände wie auch die entsprechend strukturierte genossenschaftliche basierte Kreditwirtschaft endlich zusammenführte.

Strategisch gesehen saß Brixner nun aus Sicht der Zentralbank auf der anderen Seite des Tisches, die regionale Mittelebene repräsentierend, die im

Sinne des von ihm mit ausgearbeiteten Strukturkonzepts letztlich ja zugunsten der Zweistufigkeit entfallen sollte. Einen ehemaligen Zentralbanker mit regionalem Stallgeruch in den Vorstand zu berufen, war sicherlich ein kluger Schachzug, zumal Brixner neben Kontakten über viel Auslandserfahrung verfügte, die eben auch auf regionaler Ebene zunehmend gefragt war im Zuge des sich internationalisierenden mittelständischen Kundengeschäfts.[36] Andererseits überlappten sich auch hier die Felder mit der DG BANK: eine durchaus knifflige Konstellation. Es brauchte jedenfalls ein gerüttelt Maß an Mut, Vertrauen und beharrlicher Überzeugungsarbeit, um zu reüssieren, zumal es neben den zahlreichen regional verorteten Bedenken – der SGZ-Bank-Vorstandsvorsitzende Arnold Kremer selbst war öfter in Karlsruhe als an seinem Dienstsitz in Frankfurt am Main anzutreffen – auch die immer noch offenen ideologischen Gräben zu überwinden galt. Man hätte Brixner durchaus als trojanisches Pferd des Spitzeninstituts desavouieren können.

Der Schritt bedeutete also fraglos ein Wagnis, der ihn nach einer Zeit der weiteren Bewährung und Profilierung aber bis an die absolute Spitze führen konnte. Brixners Disposition zu jenem Zeitpunkt kennen wir nicht, sei es, dass er eine wie auch immer definierte Strategie verfolgte oder nach dem Motto ‹Schauen, was geht› die Dinge auf sich zukommen ließ. Was wir wissen, ist, dass er auch diese Herausforderungen meisterte, wie die Ernennung zum Stellvertretenden Vorsitzenden des Vorstandes am 1. April 1986 dokumentiert. In diesem Jahr stärkte sich die SGZ-Bank gegen die DG BANK noch durch Integration der Zentralbank Saarländischer Genossenschaften.[37]

Als nächster in gewisser Weise folgerichtiger Karriereschritt folgte dann der Vorstandsvorsitz der SGZ-Bank am 1. Januar 1993. Arnold Kremer, der Patriarch, trat seinerzeit (endlich) in den Ruhestand. 15 Jahre war Brixner zu dieser Zeit quasi als sein allzeit verfügbarer Adlatus in der Bank aktiv; wahrlich nicht immer leichte Zeiten angesichts Kremers dominanter Persönlichkeit. Andererseits war er extrem kosten- und konditionenbewusst. Brixner, inzwischen fast 52 Jahre alt, übernahm ein geordnetes, ertrag- und kapitalstarkes Haus. Das Bleiben sollte ihm also leichtgefallen sein. Denn einer der glitzernden Shooting Stars, wie sie nun immer häufiger auf ihren oft kurzen Laufbahnen erratisch erschienen, war er nicht, sondern eine gediegen gereifte Persönlichkeit, unaufgeregt Erfahrung und Übersicht vereinend und damit bestens in die bodenständig-solide Genossenschaftswelt passend – wobei ein wenig Glamour nicht schaden konnte. Durchaus gängige Klischees bedienend, hatte Brixner zwischenzeitlich den Golfsport für sich entdeckt, bei dem er, nicht weit von seinem Wohnort entfernt, entspannen und seine ihm angeborene Offenheit vorbehaltlos ausleben konnte. Für Ski und Tennis begeisterte er sich ebenfalls. Die Balance zwischen Beruf, Familie und Ausgleich, wichtig für den kreativen langen Atem, scheint ihm gelungen.

Das heißt nicht, dass die lange Verweildauer als Vize gänzlich gewollt gewesen wäre. Denn tatsächlich hatte Brixner bereits 1991 den Vorstandsvorsitz seines früheren Instituts, der DG BANK, im Visier. An deren Spitze hatte seit 1981 sein früherer Chef Guthardt gestanden, der nach Jahren großer Erfolge Mitte 1991 aufgrund gehäufter geschäftlicher Fehlschläge und einem daraus resultierenden hohen Abschreibungsbedarf nicht wirklich freiwillig zurücktrat. Im zurückliegenden Jahrzehnt hatte er, für einige durchaus (zu) hemdsärmelig, nonkonformistisch und risikobereit, die Bank mit breiter interner Unterstützung weiter zu einem modernen Universal- und Spitzeninstitut umgeformt, das zeitweilig als viertgrößte deutsche Bank firmierte. Dies geschah durch Übernahme kleinerer regionaler Zentralbanken in Bayern, Norddeutschland und Kurhessen, zahlreiche Unternehmensbeteiligungen, die Expansion in die neuen Bundesländer sowie den dynamischen Ausbau des Auslands- und Wertpapiergeschäfts.[38]

Brixner machte sich nun als Eigengewächs durchaus berechtigte Hoffnungen auf die Nachfolge, und dies, obwohl neben dem damaligen Direktoriumsmitglied der Deutschen Bundesbank, Hans Tietmeyer, Karl Fehrenbach, der Stellvertreter Guthardts, sowie die Vorstandsvorsitzenden der Westdeutschen Genossenschafts-Zentralbank (WGZ) und der Badischen Beamtenbank gehandelt wurden. An der Spitze Letzterer stand mit Egon Kremer ein Bruder von Brixners Chef, der, selbst kurz vor der Pensionierung, Brixner wohl unterstützte. Die Drähte liefen jedenfalls heiß, die Gerüchteküche kochte, es wurde wild taktiert bis hin zu festen Zusagen an Brixner und Kremer, die als effiziente Zweierspitze agieren sollten. Nach Ansicht der Wochenzeitung DIE ZEIT bot die Genossenschaftsorganisation bei der erratischen Suche ein *«erbärmliches Bild«*.[39] Die skizzierte Konstellation macht zumindest ein gewisses Dilemma deutlich. Wenn einer der drei internen Kandidaten reüssieren würde, blieben zwei Enttäuschte zurück, und überdies ließ sich Guthardt ja durchaus als eine Art Mentor Brixners interpretieren, keine wirkliche Empfehlung in dieser delikaten Situation.

Am Ende stand eine wahre Volte. Überraschend machte ein ganz anderer das Rennen, der zudem noch von der Konkurrenz kam, ein wirklicher Schnitt also. Der Verwaltungsrat hatte sich übers Wochenende für Bernd Thiemann entschieden: einen ‹Sparkässler›, einen Juristen, zwei Jahre jünger als Brixner und bereits seit zehn Jahren Chef der expansiven NORD/LB, der es in den 1970er-Jahren zudem geschafft hatte, als Sparkassenchef zu promovieren; für manch einen beeindruckend und in vielerlei Hinsicht glänzend, karrierebewusst, flexibel – aber kein eingefleischter Genossenschaftsmensch: der Job als Durchgangsstation? Auch er stand für Expansion und Konzentration, hatte freilich eines seiner Zentralziele, die Reduzierung der Sparkassenverbände und Spitzeninstitute, nicht erreicht. Beim neuen Arbeitgeber durfte er das offiziell nicht für die nächsten Jahre. Das hatten die regionalen Unabhängigkeitsverfechter – Dissenter, wie sie genannt wurden – quasi als Preis für den Verzicht auf den Vorsitz durchgesetzt. Im Prinzip deckten sich Egos wie Ziele des gescheiterten Guthardts und seines ambitiösen Nachfolgers, dem bis dahin nur etwas mehr Glück beschieden war. Unter dieser Perspektive hätte der kompetent-verbindliche Brixner inhaltlich wohl für einen überzeugenderen Neuanfang gestanden.

Die Entscheidung, die während seines Urlaubs getroffen wurde, muss ihm selbst einer eiskalten Dusche gleichgekommen sein. Er mag sich gefühlt haben wie der sprichwörtliche Prophet, der nichts gilt im eigenen Land. Ihm Nahestehende glauben einen bleibenden Knacks im Verhältnis zur Organisation wahrgenommen zu haben. Sein Vertrauen hatte arg gelitten, gewissermaßen hatte man ihm die Qualifikation abgesprochen. Nach außen ließ er sich seine Gefühle kaum anmerken und wahrte im Verhältnis zum bisweilen geradezu provozierend umgänglichen Thiemann, der latenten Antipathie zum Trotz, die Form. Vielleicht relativierten die massiven Probleme der Zentrale zwischenzeitlich die Enttäuschung. Schließlich saß er im Aufsichtsrat der sanierungsbedürftigen DG BANK und erlebte die Entwicklung hautnah und kritisch mit. Er machte auf jeden Fall den angenehmeren Job in einer soliden Bank. Dass er warten konnte, ohne zu stagnieren, hatte er ja bereits bewiesen. Die Vorbehalte der Person gegenüber aber blieben. Auch das gehörte zu Brixners Wesen.

Davon abgesehen prallten hier auch zwei divergierende Kulturen aufeinander. Während sich der Thiemann-Vorstand nach angelsächsischem Vorbild – auch dies ein Zeichen – duzte und damit ein Bild von vertrauter Kollegialität vermittelte, blieb Brixner immer beim verbindlich-seriösen ‹Sie› und einer gewissen Distanz, selbst gegenüber engen Vertrauten, zu denen er über das Geschäftliche hinaus allenfalls ganz vereinzelt private Kontakte pflegte. Er trennte eben konsequent: sicher eines der Erfolgsrezepte seiner Philosophie und seine Geradlinigkeit ergänzend. Wie dem auch sei, es spricht für Brixner, dass er, anders als Fehrenbach, dem Verbund nach dem Nackenschlag nicht den Rücken kehrte; Gründe und Chancen hätte er sicherlich gehabt. Stattdessen arbeitete er prinzipientreu und beharrlich, wie seine Mitstreiter zu Protokoll gaben, weiter, um dann 1993 seinen langjährigen Chef Arnold Kremer zu beerben – ein verdienter und großer persönlicher Erfolg, nebenbei bemerkt.

Im Übrigen schwelte der verbundinterne Wettbewerb um Kunden und Marktanteile weiter, jetzt um eine pikante persönliche Komponente angereichert. Mit Sanieren und Konsolidieren gab sich der umtriebige Thiemann einschließlich seiner neuen Mannschaft nicht zufrieden; erst recht nicht, als das Zentralinstitut Mitte der 1990er-Jahre nach schmerzhafter Konsolidierung unter Inanspruchnahme des Sicherungsinstrumentariums des genossenschaftlichen Finanzverbunds wieder Fahrt aufnahm. Er hatte der DG BANK ein neues Geschäftsmodell mit drei Feldern verordnet: Zentral-, Geschäfts- und Investmentbank, wobei das Inlandsgeschäft einen hohen Stellenwert besaß angesichts der herben Auslandswertberichtigungen. Das heißt, das Spitzeninstitut nahm einerseits wieder stärker seine Zentralbankfunktion wahr und trug damit zum Erfolg der Primär- und Sekundärbanken bei, andererseits wucherte es aber ganz bewusst in den Interessengebieten der regionalen Zentralbanken. So kämpften im Mittelstandskredit und beim Geschäft mit kleineren Verbundbanken, welche die Konkurrenten übrigens gerne gegeneinander ausspielten, die DG BANK und die regionalen Schwesterbanken, wie Brixners SGZ-Bank, bisweilen mit harten Bandagen. Wenn es allerdings persönlich eng zu werden drohte, schickte Brixner auch schon einmal einen Vertrauten wie seinen Weggefährten Wächtershäuser, der unabhängig von ihm, aber gleichzeitig zur SGZ-Bank gewechselt war, voran, um die Kohlen ins Feuer zu werfen.

Derweil lief die Fusionswelle auf der Primärebene weiter. Der intensive Wettbewerb der 1990er-Jahre halbierte die Zahl der Genossenschaftsbanken fast, während die Marktanteile des Finanzverbunds litten und das Allfinanzkonzept die früher so ausgeprägte Identität verwässerte. Rationalisierung und Effizienz mussten in einem Balanceakt gleichwohl weiter vorangetrieben werden. Auch Brixner predigte ja von jeher die Notwendigkeit der Konsolidierung, lebte Solidität und Kostenbewusstsein in seiner eigenen Bank geradezu vorbildlich vor. Andererseits aber standen die Regionalfürsten des Westens und Südwestens in trauter Eintracht und mehr aus Prinzip, denn aus wirtschaftlicher Notwendigkeit fest zu ihrer existenzsichernden Dreistufigkeit, konsolidierten gleichzeitig selbst und hintertrieben in diesem Sinne gerne über ihren Einfluss im Aufsichtsrat der DG BANK Kapitalerhöhungen des Spitzeninstituts, was Thiemann wiederum provokant mit der Rabobank liebäugeln ließ[40] – ein zweifelhaftes Hickhack, das in ein kontinuierlich ausuferndes Spannungsverhältnis mündete. Weitblickend-nachhaltige, verbundorientierte Geschäftspolitik sieht jedenfalls anders aus. So gesehen waren die Neunzigerjahre in der Tat verlorene Jahre, wie es der Aufsichtsratsvorsitzende der DZ BANK Christopher Pleister einmal ernüchternd resümierend formulierte.[41]

2000 ergab sich (endlich) wieder einmal eine Profilierungsgelegenheit für Brixners SGZ-Bank. Im Jahr, in dem die platzende ‹Dot.com›-Blase die erste Interneteuphorie jäh beenden und auch die Finanzindustrie in ihren Strudel reißen sollte, fusionierte Brixner in einer Art Handstreich die Genossenschaftliche Zentralbank AG in Stuttgart. Hier brannte es offensichtlich, obwohl dort per definitionem keine Lampe umfallen konnte, so solide schien das Fundament. Brixner und sein damaliger Aufsichtsratsvorsitzender Rolf Hildner fädelten das Geschäft Anfang Januar, in der Ferienzeit, schnell und leise in einem Karlsruher Hotel ein. Handschriftliche Absichtserklärungen besiegelten den Deal. Finanziell bedeutete er trotz des hohen Volumens für die kapitalstrotzende und wohlausbalancierte SGZ-Bank eine leichte Übung, während der Bedeutungsgewinn für Bank und Vorstand beträchtlich war. Entsprechend selbstbewusst firmierte das fusionierte Institut unter Brixner – schlicht und trotzig zugleich – als Genossenschaftszentralbank, ohne regional einschränkenden Zusatz, auch eine Art Kampfansage an die DG BANK.

Auf dem Höhepunkt der Macht – schwierige, aber geglückte Restrukturierung der Genossenschaftszentralbank

Die Fusion im Süden mag denn durchaus als Auftakt zum Showdown zwischen beiden Rivalen gedeutet werden, der, für viele überraschend, schon im folgenden Jahr zum Aufgehen von DG BANK und Genossenschaftszentralbank in der Deutschen Zentral-Genossenschaftsbank (DZ BANK) führte; an ihrer Spitze stand erneut Brixner, während der bewusst von ihm aufgegriffene Firmenname signalisierte, dass die Bemühungen um ein gemeinsames Zentralinstitut gefruchtet hatten.[42]

Nach Jahren heftiger spekulationsgetriebener Expansion, hatte sich die ‹Dot.com›-Krise zur schwersten Finanz- und Wirtschaftskrise der Nachkriegszeit überhaupt ausgewachsen. Fehler von vor zehn Jahren waren im Spitzeninstitut offensichtlich wiederholt worden; die Zahl notleidender Kredite und Risiken im Portefeuille häuften sich 2000, denn auch die DG BANK war im IT-Sektor stark engagiert. Die Risikovorsorge wurde drastisch angehoben, das Ergebnis litt entsprechend. Zwei Vorstände des eingespielten Teams verließen die Bank. Was noch in der Luft lag, wusste keiner so genau – und diese Themen sollten das Institut dann über Jahre begleiten.[43] Brixner freilich konnte die Dinge vorerst, recht entspannt abwartend, im Aufsichtsrat beobachten, während Thiemann mit allen Mitteln versuchte, einen Verlustausweis und damit sein Scheitern abzuwenden. Denn kampflos aufzugeben war nicht sein Stil.[44]

Dass die Probleme auch die Konsolidierungs- beziehungsweise Fusionsdiskussion wieder entfachten, versteht sich fast von selbst. Nur wurde sie nun unter anderen Vorzeichen geführt, denn die mit einem Drittel der Bilanzsumme kleine, aber durch und durch gesunde Regionalbank – alle Bewertungsparameter waren im dunkelgrünen Bereich – saß zweifelsohne am längeren Hebel. Und inzwischen ebenfalls mit allen Wassern gewaschen, trickreich, gelegentlich auch listig, die Medien instrumentalisierend, agierte als deren Kopf Brixner nun quasi auf Augenhöhe mit Thiemann. Für Letzteren muss es wie ein Gang nach Canossa gewesen sein, die Übernahmegespräche in der Genossenschaftszentralbank zu führen.

Da saßen sie sich nun gegenüber, die Kontrahenten, und der Biograf hätte ihnen allzu gerne gelauscht. Davon abgesehen war eines klar: Die Ursache der Misere lag in Thiemanns Verantwortung, und nach allem, was wir wissen, verspürte Brixner nicht die geringste Neigung, ihn das nicht spüren zu lassen oder auch nur einen Zoll breit nachzugeben. Nicht dass Brixner vorrangig Genugtuung wollte. Es ging ihm als Vollblutgenossenschaftler zuallererst um die Organisation, aber der Vorsitz zählte zum Gesamtpaket. Und da ein Miteinander der ebenso starken wie gegensätzlichen Charaktere sich unter den gegebenen Voraussetzungen als illusorisch erwies, musste Thiemann gehen. Nach Brixner hatte er alles falsch gemacht.[45]

Umso mehr Druck lastete nun auf Brixner. 1991 hätte sich die Aufgabe fraglos leichter gestellt. So wartete in einer absoluten Ausnahmesituation ein extrem undankbarer Job auf ihn, der vielleicht erstmals in Brixners langer Karriere schmerzhafte Blessuren bei ihm selbst und vor allem bei anderen hinterlassen würde. Schrecken ließ er sich durch diese Aussichten nicht, hatte er doch lange und konsequent auf dieses Ziel hingearbeitet und es mit 60 Jahren als Chef der nun größenmäßig an sechster Stelle in Deutschland rangierenden Bank tatsächlich erreicht, ein Triumph der Beharrlichkeit.[46]

Umgehend begannen die Aufräumarbeiten, worüber die Euro-Umstellung fast zur Nebensache geriet.[47] Es half Brixner, dass er die Strukturen und das Geschäft der Bank gut kannte. Die verkleinernde Umbesetzung des Vorstands mit Vertrauten aus der Genossenschaftszentralbank zählte noch zu den leichtesten Aufgaben. Dass der Wechsel nicht radikal, sondern über zwei Jahre gleitend stattfand, zeugt vom Instinkt und Fingerspitzengefühl Brixners, Eigenschaften, die er schon in der Genossenschaftszentralbank bei der Rekrutierung junger Führungskräfte von innen und von außen immer wieder unter Beweis gestellt hatte. Wächtershäuser, sein verlässlicher Schatten, inzwischen 64, war weiter mit von der Partie, wenngleich wieder nur in zweiter Reihe, was jenen definitiv schmerzte, die Loyalität aber letztlich doch nicht zerstörte.

Ja, Brixner musste hart sein. Sonst hätte er die Bank nicht sanieren können. Mehr Kritiker als in diesen Jahren hatte er nie; in der Extremsituation traten die beiden Facetten seiner Persönlichkeit, Umgänglichkeit und Entschlossenheit, deutlicher denn je zutage. Es wird kolportiert, dass Angestellte erschrocken zurückwichen, wenn sich die Tür des Aufzugs öffnete und unversehens ihr Chef vor ihnen stand. Zeitweise herrschte ein eisiges Klima im Haus. Die Samthandschuhe blieben zugunsten des eisernen Besens allzu oft in der Schublade angesichts des mit der notwendigen Restrukturierung verbundenen umfänglichen Personalabbaus, der auch die Zentrale traf und zu mehr als einer heftigen Kontroverse mit dem Betriebsrat und bis vors Gericht führte. Von der Tiefe der Eingriffe zeugt exemplarisch die Tatsache, dass sämtliche Abteilungsleiterstellen neu ausgeschrieben wurden. Unter dem positiven Programmnamen ‹Building DZ BANK› drehte Brixner die Bank mit eiserner Führung und Kontrolle – inklusive derjenigen seiner Vorstände – durch den Fleischwolf.[48] Seine Anerkennung musste man sich hart erarbeiten.

Breite Sympathien brachte ihm dagegen die symbolträchtige Entscheidung, das vornehm-abgehobene Direktoren-Kasino zu liquidieren. Jede Art von Pracht verabscheute er. Brixner aß in der Mitarbeiterkantine: der identitätsstiftende, sparsame Schwabe, der doch zugleich ein vielleicht aus dem langjährigen Abhängigkeitsverhältnis zu Kremer erklärbares hierarchisch-formales Verhältnis zu den Mitarbeitern pflegte, so vertraut er sich gelegentlich auch geben konnte. Diesen Eindruck ergänzt, dass eine Anrede unter Verzicht auf den akademischen Titel wie überhaupt die Missachtung von Konventionen, dazu zählten auch Pünktlichkeit und korrekte Kleidung, ein ‹No Go› waren. Titel und Krawatten aber waren nicht alles. Vor allem war ‹Speed› gefragt, ein Lieblingswort von Brixner, dem *«Tempomacher«*[49] in Bezug auf die Umstrukturierung und die dazu notwendige Leistungserbringung; der ungeduldige Antreiber und Gehetzte in einer Person. Emotion und Geschwätz – eine Anspielung auf seine Vorgänger? – passten nicht in dieses Konzept. Es galt, den Weg in Richtung auf eine solide Bilanz und ein zukunftsfähiges Geschäftsmodell unter Einschluss des Auslandsgeschäfts, seine beiden Hauptziele, konzentriert im Blick zu halten.[50]

Dabei fand er im neuen Aufsichtsratsvorsitzenden Christopher Pleister, auch Präsident des Bundesverbands der Deutschen Volksbanken und Raiffeisenbank, einen vorbehaltlosen Unterstützer des Revirements, zugleich aber überdies eine Person, an der er sich trefflich reiben konnte. Brixner brauchte offensichtlich diese Konstellationen, während Pleister beste Voraussetzungen bot, die Funktion auszufüllen. Er hatte schließlich über Jahre mit Thiemann im Vorstand der DG BANK gewirkt; er war erfolgreich. Nicht zuletzt repräsentierte er auch in seinem Auftreten durchaus einen Gegensatz zu Brixner, der sein Aufsichtsratspendant deshalb wohl nie recht zu würdigen wusste.

Der von beiden verantwortete geglückte Verlauf der Sanierung ist an anderer Stelle ausführlich gewürdigt worden. Deshalb soll zum Schluss der Blick noch auf einige andere, Brixners Person und sein Wirken in der DZ BANK-Zeit akzentuierende Aspekte fallen. Was Brixner offensichtlich genoss, waren Auslandstermine, wenn er in zwangloser Umgebung seine Sprachkenntnisse und seine durchaus vorhandene Ungezwungenheit, wenn auch immer kontrolliert, ausleben und dabei auch, was er gerne getan haben soll, über den Tellerrand schauen konnte. Vielen galt er als inoffizieller ‹Außenminister› der Organisation. Bei einer dieser früheren Gelegenheiten, der Eröffnung der Repräsentanz in Singapur im Jahr 1998, begegnete ihm auch Wolfgang Kirsch, Chef der dortigen Niederlassung der Deutschen Bank – und sein späterer Nachfolger, aber das konnten beide damals nicht ahnen. Vielleicht ahnte er auch nicht, dass er als eher zurückhaltender Mensch seit 2000 verstärkt in den Blickpunkt der Medien rückte und zur öffentlichen Person wurde – eine Rolle, nach der er nicht drängte, die er freilich ausfüllte, aus Pflichtbewusstsein, aber auch weil sie bisweilen Vergnügen bereitete und nicht zuletzt Macht bedeutete. Medienpräsenz in jeder Form zählte für den Vorstandsvorsitzenden einer Krisenbank zum instrumentellen Alltag, wie die folgenden Schlagzeilen dokumentieren: «*Der Zentralbanker der Genossen*«, «*Identifikationsfigur der Genossen*«, «*Auch in schlechten Zeiten gern ein Banker*«, «*Brixner überall*«, «*Unsere Wertberichtigungen sind zu hoch*«, «*Die Bank trägt schwer an den Altlasten*«, «*Kauf der Commerzbank brächte keine Vorteile*«, «*Die Zentralisierung geht nicht zu Lasten der Ortsbanken*«, «*Ulrich Brixners Lebenswerk bleibt unvollendet*« und «*Gelungene und verhinderte Fusionen*«.[51]

Letztere Schlagzeile bezog sich auf sein Scheitern bei der Umsetzung der Zweistufigkeit, die er jetzt wieder in der Position des Spitzeninstitutschefs betrieb. Die Tricks und Kniffe in diesem Spiel kannte er allzu gut aus seiner Genossenschaftszentralbank-Zeit, in der er sich standhaft und wider besseres Wissen allen Fusionsversuchen widersetzte,[52] so wie jetzt die Westdeutsche Genossenschafts-Zentralbank als einzig noch verbliebene Regionalbank. Mehr als einmal stand die Fusion unmittelbar bevor, und doch zuckten die rheinisch-westfälischen Kreditgenossen im entscheidenden Moment immer wieder zurück – aus Angst vor der Courage oder dem befürchteten Machtverlust, bis heute. Brixner warb auf allen Ebenen für die direkte Verbindung von Subsidiarität und Verbundloyalität sowie die «*Revitalisierung der gemeinschaftsorientierten Einstellung*« zwecks effizienterer Marktdurchdringung. Zusammen geht tatsächlich mehr, das wusste er aus eigener Erfahrung nur zu gut. Zögerlichkeit mochte er nicht. Das Verhältnis zu Düsseldorf konnte schon deshalb nicht das beste sein.[53]

Als Akquisition in Richtung zurück zu den Wurzeln im Zuge der Restrukturierung des Geschäftsmodells mag der Erwerb der Norisbank im Jahr 2003 gelten. Er sollte ein ursprüngliches Kerngeschäftsfeld, den Personalkredit, revitalisieren und zugleich neue Kundenschichten erschließen. Mit dem neuen, Versicherungsleistungen einschließenden Produktformat ‹Easy Credit› als Ratenkredit-Läden, direkt beim Bedarf in Innenstädten und Einkaufszentren, machte man Furore und Gewinne.[54] 2006 integrierte man das erfolgreiche Konzept und fand in der Deutschen Bank einen Käufer für die Norisbank.[55]

Ein Glanzpunkt in diesen fordernden Jahren stellt sicherlich die Verleihung der Ehrendoktorwürde der Fakultät für Wirtschaftswissenschaften der TU Karlsruhe, am ursprünglichen Sitz der SGZ-Bank, im Jahr 2004 dar. Wer anders als sein Chef Kremer, ebenfalls mit einem Karlsruher ‹Dr. h.c.› geehrt, während sein jüngerer Bruder dort als Honorarprofessor titulierte, hatte die Verbindung vor zwei Jahrzehnten hergestellt. Seither existierte eine rege Beziehung, unter anderem in Form eines Fördervereins, an dessen Gründung Brixner beteiligt war. Sie mündete schließlich in eine Stiftungsprofessur ‹Financial Engineering und Derivate› und in das Ehrendoktorat als Würdigung der langjährigen Unterstützung.

Zuvor hatte Brixner überdies zwei Vorträge an der Universität gehalten, welche dezentrale Verbundsysteme im Internetzeitalter und die Zukunft des Finanzsektors aus Sicht von Banken und Versicherungen thematisierten. Sein Promotionsvortrag mag sich durchaus als verarbeitende Analyse seiner Erfahrungen und zugleich persönliche programmatische Erklärung verstanden wissen – unter der Überschrift ‹Moderne Bankenstrukturen unter besonderer Berücksichtigung von Macht, Markt und Moral› ein damals wie heute relevantes Thema.[56] Weggefährten, von denen er nur einige ganz wenige zu der Zeremonie einlud, sprachen von einem glücklichen Moment für Brixner, der ihn in gewisser Weise wieder zum universitären Ausgangspunkt seiner Karriere zurückführte und zugleich Anerkennung für die Genossenschaftsorganisation bedeutete.

Zu diesem Zeitpunkt stand die DZ BANK wieder auf sicherem Fundament, 2005 sollte gar als Rekordjahr in die Geschichte eingehen, weit übertroffen noch von 2006, als der Gewinn sich auf fast 1,9 Milliarden Euro verdreifachte.[57] Welch eine Genugtuung. Seine Kritiker hatte er Lügen gestraft. Vielfach war nun zu hören, Brixner sei im Verbund der einzige Geeignete für die Aufgabe gewesen, der die notwendige Mischung aus Stärke, Härte und Kompetenz in sich vereint habe. Wie dem auch sei, ungelegen kam ihm diese Bewertung gewiss nicht.

Aus Sicht Brixners war seine Mission, sein Lebenswerk erfüllt – ein perfektes Timing für einen Vorstandsvorsitzenden, in den Ruhestand zu gehen, der mit Vollendung des 65. Lebensjahrs 2006 anstand. Abschied bedeutet aber immer auch Anfang, und dazu die Weichen zu stellen stand ebenfalls noch in Brixners Lastenheft. Dass die Nachfolge geplant und geräuschlos über die Bühne ging, ist deshalb ebenfalls maßgeblich sein Verdienst, und dies unterstrich zugleich die neue Solidität seines Hauses. Zudem bewies er, wie sich rückblickend feststellen lässt, eine glückliche Hand.[58] Er stellte Wolfgang Kirsch bereits im April 2002 im Zuge des Vorstandsrevirements persönlich ein – als einen, der von außen kam, damit unbelastet, von der Deutschen Bank, von der Brixner übrigens eine hohe Meinung gehabt haben soll, und der sich im Ausland wie in der Zentrale bewährt hatte. Risikomanagement war sein Ressort.

Der erste Eindruck trog nicht – bei beiden. Es entwickelte sich im gegebenen Rahmen ein Vertrauensverhältnis, getragen von kontinuierlicher und offener Kommunikation. Brixner soll einmal gesagt haben, er brauche den täglichen Kontakt zu seinen Vorständen. Und er kam oft zu Kirsch, was viel über das Verhältnis und auch über Brixners Führungsstil aussagt. Er konnte auch fördern. Die Entscheidung pro Kirsch muss kontinuierlich gereift sein. Im Oktober 2005 machte er Kirsch zu seinem Stellvertreter, der Posten war zwei Jahre vakant gewesen. Am 15. September 2006 folgt jener Brixner an die Spitze des Vorstands; seine Anregung: *«Ideen liefern und das Tempo machen.«*[59] Der Chef hatte das Feld in der ihm eigenen Art geräuschlos, berechenbar und rational bestellt. Als er nach rund fünf Jahren an der Spitze das letzte Mal sein Büro verließ, ohne jedes Aufheben, als wäre es ein Tag wie jeder andere, brauchte sich niemand Sorgen zu machen.

So erfolgreich die Zeit in der DZ BANK war, ging sie doch nicht spurlos an Brixner vorüber. Zwar blieben die ihm eigene Beherztheit und kämpferische Zuversicht bis zuletzt ungebrochen, sonst hätte er sich an solch exponierter Position nicht halten können. Der empathische Teil seiner Persönlichkeit aber schien etwas unter dem Dauerstress gelitten zu haben. Manchen scheint es, er sei in jenen letzten Jahren vor dem Ruhestand auch dünnhäutiger geworden, was kein Gegensatz sein muss. Öfter als früher zeigte er Spuren von Emotionen, was ihn nicht unsympathischer machte, er reagierte aber auch immer empfindlicher auf Kritik.

Mit seinem geordneten, geräuschlosen, fast schon beängstigend undramatischen Abgang am letzten Tag der Vertragslaufzeit setzte er noch einmal eine bewusste Botschaft: Nicht die Person steht im Mittelpunkt, sondern die Organisation.[60] Als *«subsidiär bis auf die Knochen«* soll er sich einmal bezeichnet haben, zu Recht.[61] Sein Freund Rolf Hildner kommentierte: *«Er hat ein genossenschaftliches Spitzeninstitut geschaffen, das erstmals diesen Namen verdient«* – und stand mit dieser Meinung nicht allein. Ulrich Brixner hatte sich in 37 Jahren Berufsleben allgemeine Hochachtung erarbeitet.[62] Sein letzter großer öffentlicher Auftritt, beim Festakt zum 125-jährigen Jubiläum der DZ BANK am 4. Dezember 2008, dürfte allen, die ihn miterlebten, in Erinnerung geblieben sein. Nur wenig später verstarb er allzu früh mit 68 Jahren, am 15. Februar 2009, einem Sonntag. *«Ein ganz Großer»* der jüngsten deutschen Genossenschaftsbewegung war gegangen.[63]

ANHANG

SCHAUBILDER ZUR ENTWICKLUNG DER GENOSSENSCHAFTSORGANISATION

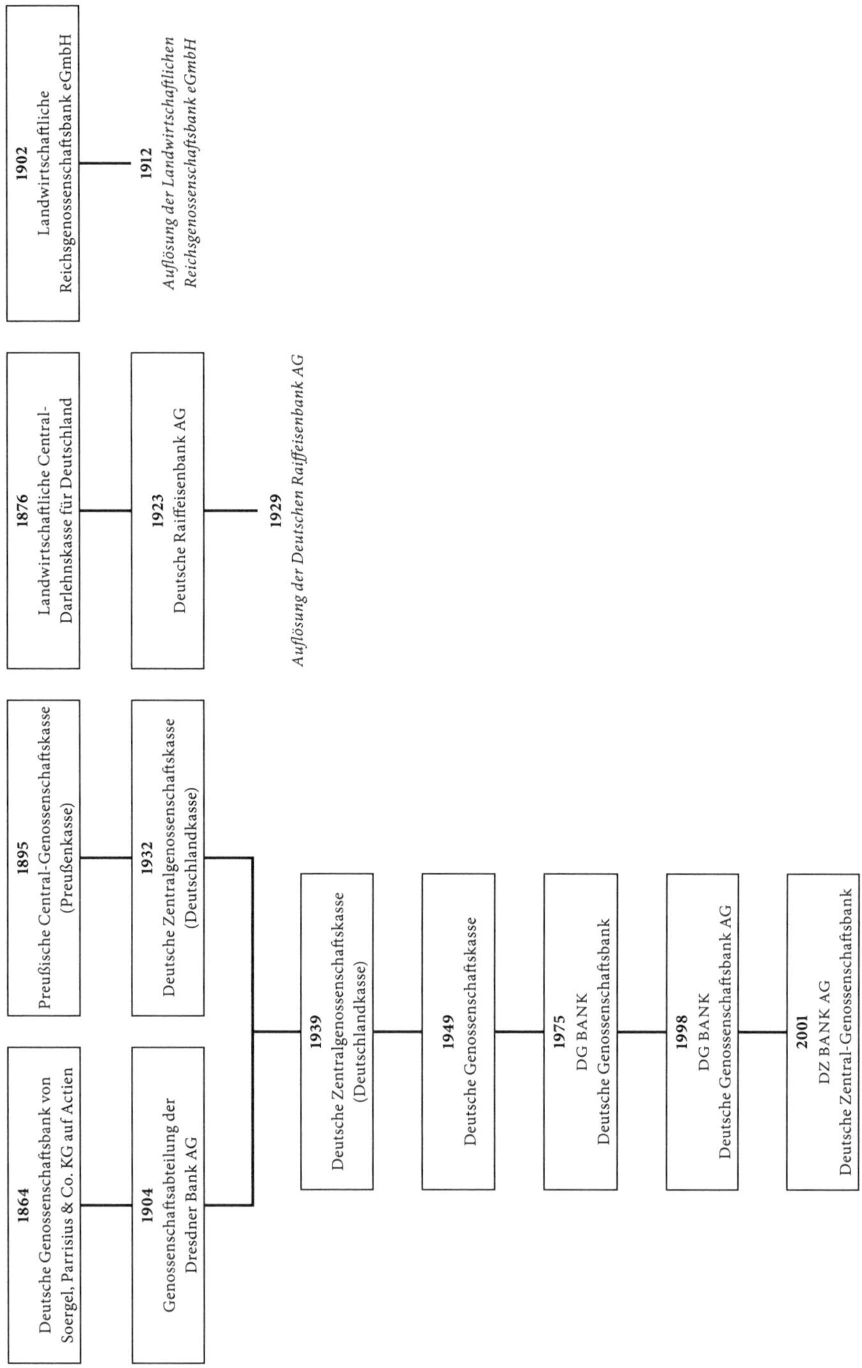

Die Spitzeninstitute der deutschen Kreditgenossenschaften

Quelle: INSTITUT FÜR BANKHISTORISCHE FORSCHUNG, Geschichte, passim.

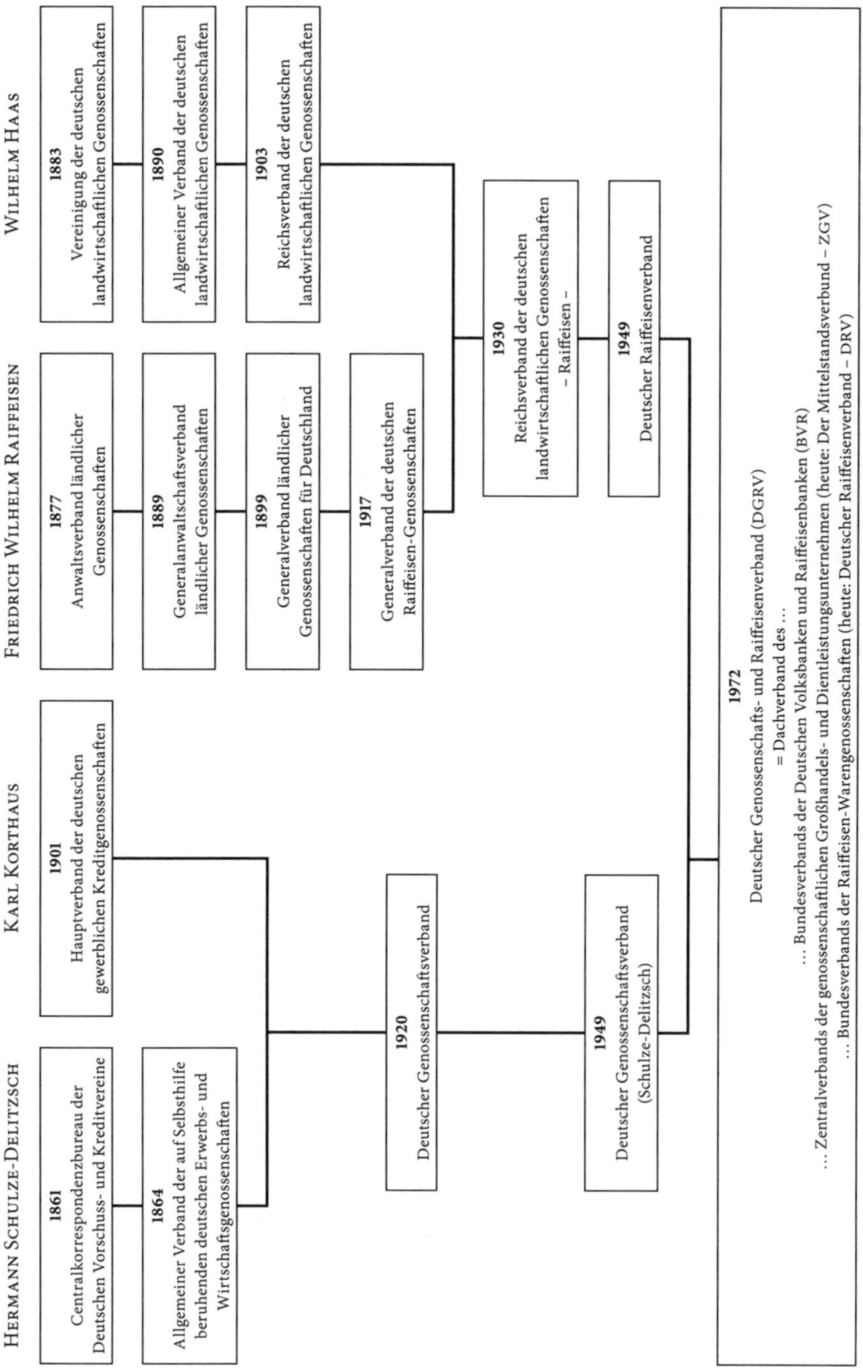

Die nationalen Genossenschaftsverbände

Quelle: Stappel, 125 Jahre, S. 12.

ABKÜRZUNGSVERZEICHNIS

Abt.	Abteilung
AB (publ)	Aktiebolag
ACDP	Archiv für Christlich Demokratische Politik, St. Augustin
ADAV	Allgemeiner Deutscher Arbeiterverein
ADCA	Allgemeine Deutsche Credit-Anstalt
AEG	Allgemeine Elektricitäts-Gesellschaft
AG	Aktiengesellschaft
AMRO	Amsterdam-Rotterdam Bank
Anm.	Anmerkung
Anm. d. Verf.	Anmerkung des Verfassers/der Verfasserin
Archiv HU Berlin	Archiv der Humboldt-Universität zu Berlin
BArch	Bundesarchiv
Bd.	Band
BdL	Bund deutscher Landwirte
BfG	Bank für Gemeinwirtschaft
BGAG	Beteiligungsgesellschaft der Gewerkschaften AG
BGBl.	Bundesgesetzblatt
BHF-Bank	Berliner Handels- und Frankfurter Bank
Bl.	Blatt
BRZ	Bayerische Raiffeisen-Zentralbank
BuM	Beton- und Monierbau Aktien-Gesellschaft
B. V.	Besloten vennootschap met beperkte aansprakelijkheid
BVR	Bundesverband der Deutschen Volksbanken und Raiffeisenbanken
CDU	Christlich Demokratische Union Deutschlands
CEA	Conféderation Européenne d'Agriculture
Co.	Compagnie
CUNA	Credit Union National Association
DDP	Deutsche Demokratische Partei

DDR	Deutsche Demokratische Republik
Ders.	Derselbe
DG Hyp	Deutsche Genossenschafts-Hypothekenbank
DGK	Deutsche Genossenschaftskasse
DGRV	Deutscher Genossenschafts- und Raiffeisenverband
DGV	Deutscher Genossenschaftsverband
Dies.	Dieselbe(n)
DLG	Deutsche Landwirtschaftsgesellschaft
D-Mark	Deutsche Mark
DNVP	Deutschnationale Volkspartei
DUT	Deutsche Umsiedlung Treuhand
DVP	Deutsche Volkspartei
ebd.	ebenda
Ed./Eds.	Editor/Editors
EDV	Elektronische Datenverarbeitung
eG	eingetragene Genossenschaft
eGmbH	eingetragene Genossenschaft mit beschränkter Haftung
e. V.	eingetragener Verein
EZB	Europäische Zentralbank
f./ff.	folgende [Seite]/folgende [Seiten]
GenG	Genossenschaftsgesetz
Gestapo	Geheime Staatspolizei
GIZ	Stiftung GIZ · Genossenschaftshistorisches Informationszentrum, Berlin
GmbH	Gesellschaft mit beschränkter Haftung
GStA PK	Geheimes Staatsarchiv Preußischer Kulturbesitz, Berlin
GStA PK/M	Geheimes Staatsarchiv Preußischer Kulturbesitz, vormals Außenstelle Merseburg
GuV	Gewinn- und Verlustrechnung
HAC	Historisches Archiv der Commerzbank AG, Frankfurt am Main
Halbbd.	Halbband
HBV	Gewerkschaft Handel, Banken und Versicherungen
Hrsg./hrsg.	Herausgeber/herausgegeben
HStA Düsseldorf	Landesarchiv Nordrhein-Westfalen – Hauptstaatsarchiv Düsseldorf
HStA Darmstadt	Hessisches Staatsarchiv, Darmstadt
HTO	Haupttreuhandstelle Ost
IFAP	International Federation of Agricultural Producers
IfZ München	Institut für Zeitgeschichte, München
IOS	Investors Overseas Services
IPO	Initial Public Offering
IT	Informationstechnik

KdD	Kreditanstalt der Deutschen
KG	Kommanditgesellschaft
LCB	London & Continental Bankers
Ltd.	Limited
Mio.	Million/Millionen
Mrd.	Milliarde/Milliarden
NL	Nachlass
NLA HA	Niedersächsisches Landesarchiv – Standort Hannover
NSKK	Nationalsozialistischer Kraftfahrerkorps
NSDAP	Nationalsozialistische Deutsche Arbeiterpartei
PKS	Programmgesellschaft für Kabel- und Satellitenrundfunk
P. Z.	Preußische Zentralgenossenschaftskasse
RB	Deutsche Raiffeisenbank
RGBl.	Reichsgesetzblatt
RLB	Reichslandbund
RGVA Moskau	Rossiskij Gosudarstvennyj Voennyj Archiv v Moskva (Russisches Staatliches Militärarchiv, Moskau)
S.	Seite
SA	Sturmabteilung
S. A.	Société Anonyme
SGZ-Bank	Südwestdeutsche Genossenschafts-Zentralbank AG
SPD	Sozialdemokratische Partei Deutschlands
SS	Schutzstaffel
StA Hamburg	Staatsarchiv Hamburg
UdSSR	Union der Sozialistischen Sowjetrepubliken
VDAV	Vereinigung Deutscher Arbeitervereine
vgl.	vergleiche
WGZ	Westdeutsche Genossenschafts-Zentralbank eG
WestLB	Westdeutsche Landesbank
Wipog	Wirtschaftspolitische Gesellschaft
zit. n.	zitiert nach

ANMERKUNGEN

Hermann Schulze-Delitzsch (1808–1883)

1 BERNSTEIN, Schulze-Delitzsch.

2 Zit. n. SCHOEPS, Aufklärung, S. 140, Anm. 81.

3 Vgl., auch zum Vorhergehenden, den Brief A. Bernsteins an Rudolf Virchow vom 8. Mai 1883 in SCHOEPS, Bernstein, S. 272 f.

4 Dies gilt auch für die zwischen 1909 und 1913 im Auftrag des Allgemeinen Genossenschaftsverbands erschienene fünfbändige Sammlung seiner weit verstreuten Schriften und Reden einschließlich einer weiteren Biografie. Diese Edition ist nach wie vor unverzichtbar, denn sie enthält teils schwer zugängliche, teils inzwischen verlorene Dokumente. Nicht nur Schulzes 100-jähriger Geburtstag war der Auslöser dieses großen Projekts, sondern auch das Bedürfnis, die Prinzipien, auf denen der Erfolg der Erwerbs- und Wirtschaftsgenossenschaften beruhte – Selbsthilfe und Unabhängigkeit –, gegen konkurrierende Unternehmungen wie die staatlich geförderte Preußische Zentralgenossenschaftskasse in Erinnerung zu bringen. Zudem hatte sich 1901 unter der Führung von Karl Korthaus der ‹Hauptverband deutscher gewerblicher Genossenschaften›, der ‹Staatshilfe› akzeptierte, abgespalten. Vgl. THORWART, Schriften I–V. Band V ist die von Thorwart verfasste Biografie.

5 Theodor Heuss hob 1948 in seiner Gedächtnisrede zu Schulze-Delitzsch auf dem Deutschen Genossenschaftstag in Frankfurt am Main in der Paulskirche besonders Schulzes «Bekenntnis einer bürgerlichen Gesinnung» als für den Aufbau der jungen deutschen Demokratie vorbildlich hervor. Vgl. HEUSS, Schulze-Delitzsch, S. 36. – Zur Suche nach Leitbildern gehört auch die Arbeit von Helmut Faust über Schulze-Delitzsch aus dem Jahre 1949, die den Auftakt zu weiteren, zahlreichen Studien zur Genossenschaftsbewegung bildete. Vgl. FAUST, Schulze-Delitzsch; ferner mit einem Überblick über die gedruckten Quellen sowie ältere Sekundärliteratur zur Genossenschaftsbewegung generell DERS., Geschichte. – Der letzte Anwalt des sich zu diesem Zeitpunkt wegen der Verbandsfusion in Liquidation befindenden Deutschen Genossenschaftsverbands (Schulze-Delitzsch) e. V. regte zu Beginn der 1980er-Jahre die Herausgabe einer umfassenden historischen, volkswirtschaftlichen und juristischen Würdigung Schulze-Delitzschs an, die 1987 erschien. Vgl. DEUTSCHER GE-

NOSSENSCHAFTSVERBAND (SCHULZE-DELITZSCH) E. V., Schulze-Delitzsch. – Bei dem in seiner Geburtsstadt Delitzsch verwahrten Nachlass (Museum Barockschloss Delitzsch) handelt es sich um die größte geschlossene Sammlung von über 300 Briefen Schulze-Delitzschs, die seit 2001 auch die zuvor beim Bundesverband der Deutschen Volksbanken und Raiffeisenbanken in Bonn verwahrte Sammlung enthält. Vgl. LOOSE, Museum, S. 158 f. – Ein Verzeichnis der ansonsten in anderen Nachlässen weit verstreuten Briefe sowie eine vollständige Bibliografie seiner Schriften befinden sich in ALDENHOFF, Schulze-Delitzsch, S. 249–258. – Vorstandsprotokolle oder sonstige handschriftliche Geschäftsunterlagen mit unmittelbarer Beteiligung von Schulze-Delitzsch sind nicht mehr erhalten. Ferner sind in jüngerer Zeit der Förderverein Hermann Schulze-Delitzsch und Gedenkstätte des deutschen Genossenschaftswesens (vgl. dazu LOOSE, Museum, S. 159) sowie der Historische Verein bayerischer Genossenschaften und der Genossenschaftsverband Bayern durch Veröffentlichungen zu Schulze-Delitzsch und zum Genossenschaftswesen hervorgetreten. Vgl. HISTORISCHER VEREIN BAYERISCHER GENOSSENSCHAFTEN E. V. / GENOSSENSCHAFTSVERBAND BAYERN E. V., Gründer; DIES., Schulze-Delitzsch. – Zur internationalen Einordnung der deutschen Genossenschaftsbewegung und Rezeption Schulze-Delitzschs erschienen FAIRBAIRN, Self-Help; GALLOWSKY, Ideen; KALTENBORN, Vision, S. 17–59.

6 So zuletzt OFFERMANN, Arbeiterbewegung.

7 Vgl. CONZE, Möglichkeiten.

8 ALDENHOFF, Schulze-Delitzsch; DIES., Selbsthilfemodell; DIES., Politiker; zuletzt ALDENHOFF-HÜBINGER, Schulze-Delitzsch; LANGEWIESCHE, Liberalismus.

9 Vgl. ALDENHOFF, Politiker, S. 14 f., DIES., Schulze-Delitzsch, S. 31 f.

10 WEHLER, Gesellschaftsgeschichte II, S. 642.

11 Vgl. zu Schulze-Delitzschs Position und Tätigkeit in der preußischen Nationalversammlung ALDENHOFF, Schulze-Delitzsch, S. 38–76; BERNSTEIN, Schulze-Delitzsch, S. 61–67.

12 FONTANE, Werke I, S. 56.

13 SCHULZE-DELITZSCH, Mitteilungen; DERS., Vorschußvereine.

14 SCHULZE-DELITZSCH, Assoziationsbuch; DERS., Klassen.

15 SCHULZE-DELITZSCH, Klassen, S. 235.

16 EBD., S. 239.

17 ALDENHOFF, Schulze-Delitzsch, S. 103–106.

18 Die auf dem Prinzip der Selbsthilfe der Beteiligten beruhenden deutschen Genossenschaften der Handwerker und Arbeiter, Jahresbericht für 1859, S. 30 zit. n. ALDENHOFF, Schulze-Delitzsch, S. 104.

19 Zum Folgenden vgl. ALDENHOFF, Politiker, S. 30–42, 46–50.

20 Vgl. dazu HINDELANG, Konservatismus.

21 Alle Angaben nach den Jahresberichten, hier zit. n. ALDENHOFF, Schulze-Delitzsch, S. 162 ff.

22 Kapitel SCHULZE-DELITZSCH, S. 133–173.

23 Ebd., S. 150 f., 155–158, 163.

24 Vgl. dazu ALDENHOFF, Schulze-Delitzsch, S. 165 f.

25 SCHNEIDER, Statistik, S. 169.

26 Zwei Drittel der Kreditvereine, die dem Verband ihre Abschlüsse eingereicht hatten, füllten auch den Fragebogen aus (459 von 735 Vorschussvereinen). Bei den Konsum-

vereinen war es die Hälfte (54 von 109 Vereinen), die sich beteiligte. Vgl. SCHNEIDER, Statistik, S. 170. – Zahlen der Vereine, die 1869 ihre Abschlüsse eingereicht hatten, auf der Basis der Jahresberichte, hier nach ALDENHOFF, Schulze-Delitzsch, S. 162 f.

27 Bei den Kreditvereinen machten selbstständige Handwerker mit 40 Prozent den größten Teil der Mitgliedschaft aus, gefolgt von selbstständigen Landwirten mit 20 Prozent und Kaufleuten und Händlern mit zehn Prozent. Fabrikarbeiter, Bergarbeiter und Handwerksgesellen machten 4,8 Prozent der Mitglieder aus. Zählt man dazu noch die 2,2 Prozent landwirtschaftlicher Arbeiter, so kommt man auf einen Anteil wirtschaftlich deutlich schwacher Mitglieder von sieben Prozent. Vgl. SCHNEIDER, Statistik, S. 174.

28 In ihnen dominierte eindeutig die Gruppe der Fabrikarbeiter, Bergarbeiter und Handwerksgesellen mit 38,5 Prozent, gefolgt von selbstständigen Handwerkern mit einem Anteil von 22,5 Prozent und der zu einer Gruppe zusammengefassten Ärzte, Apotheker, Lehrer, Künstler, Schriftsteller und Beamten mit 15,5 Prozent. Vgl. ebd.

29 Wie die weitere Aufschlüsselung der Mitgliedschaft zeigt, waren in den Kreditvereinen die mittlere und höhere Beamtenschaft vorrangig vertreten. In den Kreditvereinen waren außerdem nur fünf Prozent, in den Konsumvereinen fast neun Prozent der Mitglieder weiblichen Geschlechts. Vgl. ebd.

30 CHARLE, Vordenker, S. 103 f.

31 ALDENHOFF, Schulze-Delitzsch, S. 203–214.

32 Vgl. die Edition der Briefe von Hermann Schulze-Delitzsch und Eduard Pfeiffer an Franz Xaver Proebst in HISTORISCHER VEREIN BAYERISCHER GENOSSENSCHAFTEN E. V. / GENOSSENSCHAFTSVERBAND BAYERN E. V., Gründer, S. 209–281.

33 WEBER, Politik, S. 251 f.

34 SCHUBERT, Entstehung, S. 97.

35 Vgl. zur im Folgenden skizzierten Vorgeschichte in politischer Hinsicht ALDENHOFF, Schulze-Delitzsch, S. 189–197; in juristischer Hinsicht SCHUBERT, Entstehung, S. 97–101, 111–121.

36 Vgl. Anlage Nr. 55, in: Anlagen zu den Stenographischen Berichten des Hauses der Abgeordneten 1866/67 I, S. 251–264, hier S. 252, 256 ff.; § 35 zit. n. ebd., S. 258; in der endgültigen Fassung im ‹Gesetz, betreffend die privatrechtliche Stellung der Erwerbs- und Wirthschafts-Genossenschaften, vom 4. Juli 1868›, in: BUNDES-GESETZBLATT DES NORDDEUTSCHEN BUNDES (1868), S. 415–433, hier S. 424 f.

37 Hierzu und zum Folgenden GUINNANE, Selbsthilfe, S. 46–69.

38 Aufschluss darüber gibt [o. V.], Bürgschaftsverein.

39 Vgl. SCHULZE-DELITZSCH, Genossenschaftsbank; ferner zu Alwin Soergel und seinen besonderen Beziehungen zu Schulze-Delitzsch und der Genossenschaftsbewegung der Beitrag von Harald Wixforth in diesem Band.

40 Statut, § 1, in SCHULZE-DELITZSCH, Genossenschaftsbank, S. 19.

41 Vgl. zum Folgenden sowie weiteren Unterschieden zwischen Schulze-Delitzsch und Raiffeisen in Theorie und Praxis des Genossenschaftswesens GUINNANE, Selbsthilfe, S. 58 f., 70 f.; ferner zu Raiffeisen auch der Beitrag von Michael Kopsidis in diesem Band.

42 Vgl. zu Schulze-Delitzschs Argumentation im Einzelnen seine Reichstagsrede am 19. Januar 1876, in: THORWART, Schriften I, S. 734–744, hier S. 741 f.

43 ALDENHOFF, Schulze-Delitzsch, S. 168.

44 Brief an Troitzsch (Anfang 1871), in: THORWART, Schriften IV, S. 838 f.

45 Vgl. zum Folgenden ALDENHOFF, Schulze-Delitzsch, S. 228–237; ferner zum Sozialistengesetz ebd., S. 233 f.

46 Auf der Grundlage der Berechnungen Schulze-Delitzschs für den Jahresbericht 1880 (ohne Hypothekarkredite) hier nach ALDENHOFF, Schulze-Delitzsch, S. 167 f.; DIES., Selbsthilfemodell, S. 63.

47 Eine Übersicht zur Verbreitung der Rohstoff-, Magazin- und Produktivgenossenschaften findet sich in ALDENHOFF, Schulze-Delitzsch, S. 246 ff.

48 WEBER, Politik, S. 252.

Friedrich Wilhelm Raiffeisen (1818–1888)

1 Siehe die Beiträge in der zum 100. Todestag Raiffeisens herausgegebenen Broschüre MINISTERIUM FÜR LAND-, FORST- UND NAHRUNGSGÜTERWIRTSCHAFT DER DDR, Raiffeisen.

2 BENDIEK, Raiffeisen, S. 98.

3 MEYENSCHEIN, Geleit, S. VII.

4 Vgl. zum Leben Raiffeisens die neueren Beiträge KLEIN, Leben; SOÉNIUS, Raiffeisen; WINDBERGS, Raiffeisen; FAUST, Geschichte, S. 268–307; siehe vor allem auch die älteren ‹Klassiker› FASSBENDER, Raiffeisen; KREBS, Leben; SEELMANN-EGGEBERT, Raiffeisen.

5 KLEIN, Bankier, S. 13.

6 KLEIN, Leben, S. 15–45, 146.

7 WEHLER, Gesellschaftsgeschichte III, S. 380–384, 921–924; MOOSER, Erweckungsbewegung.

8 RAIFFEISEN, Judenfrage; DERS., Darlehnskassen-Vereine, S. 134 f.

9 KOCH, Raiffeisen, S. 78 f.; KLEIN, Leben, S. 91.

10 SEELMANN-EGGEBERT, Raiffeisen, S. 400–413; KLEIN, Leben, S. 92 f.

11 SEELMANN-EGGEBERT, Raiffeisen, S. 45.

12 Ebd., S. 50.

13 In den Worten von Raiffeisen: «*‹An ihren Früchten sollt ihr sie erkennen› sagt der Herr und Heiland. Auf dem wirthschaftlichen Gebiete, mit welchem wir es zu thun haben, kommt es lediglich auf diese Früchte, also auf die Erfolge einer christlichen Liebesthätigkeit, auf die praktische Bethätigung des Christentums im öffentlichen Leben an.*» Vgl. RAIFFEISEN, Darlehnskassen-Vereine, S. 3.

14 Eine Zusammenfassung des Raiffeisen'schen Entwicklungskonzeptes findet sich ebd., S. 12–15.

15 KLEIN, Bankier, S. 34 ff.

16 HAYAMI, Peasant; KOPSIDIS, Agrarentwicklung, S. 64–204.

17 So heißt es: «*Vorab kommt hierbei das Creditbedürfniß in Betracht, denn es müssen zunächst die zu einem intensiven Wirthschaftsbetriebe erforderlichen Geldmittel herbeigeschafft werden.*» Vgl. RAIFFEISEN, Darlehnskassen-Vereine, S. 15.

18 So schreibt Raiffeisen: «*Die directe Hülfe ohne Gegenleistungen der Bevölkerung hat sich indessen überall als höchst nachtheilig erwiesen* [...]. *Sodann erscheint es dringend nothwendig, daß aus öffentlichen Fonds die nöthigen Verkehrsanstalten, Eisenbahnen, Kanäle, Flußregulierungen, Wege u., ausgeführt, überhaupt diejenigen Einrichtungen getroffen werden, welche als die Vorbedingungen zur Hebung der Verhältnisse der länd-*

lichen Bevölkerung betrachtet werden müssen.» Vgl. RAIFFEISEN, Darlehnskassen-Vereine, S. 13.

19 KLEIN, Bankier, S. 28 f.; ARNOLD/LAMPARTER, Raiffeisen, S. 43, 73.

20 Eigene Berechnung nach bisher unveröffentlichten monatlichen Roggenpreisdaten der Stadt Koblenz aus dem Geheimen Staatsarchiv Preußischer Kulturbesitz zu Berlin.

21 SEELMANN-EGGEBERT, Raiffeisen, S. 62–65; SOMMERFELD, Raiffeisen; KLEIN, Bankier, S. 28–32; ARNOLD/LAMPARTER, Raiffeisen, S. 43, 71.

22 RAIFFEISEN, Darlehenskassen-Vereine, S. 6.

23 Ebd.

24 SEELMANN-EGGEBERT, Raiffeisen, S. 67; MEITZEN, Boden, S. 542. – Eine Kuh kostete in Wetzlar um 1860 35 bis 40 Taler. Vgl. ebd., S. 490.

25 SEELMANN-EGGEBERT, Raiffeisen, S. 65 ff.; KLEIN, Leben, S. 58–68; RAIFFEISEN, Darlehnskassen-Vereine, S. 6 f., 143.

26 SCHLÜTZ, Kredit, S. 17–24; BESLEY, Market Failures; ROBINSON, Microfinance.

27 Zahlen hierzu finden sich bei LEMCKE, Entwicklung, S. 46 f.

28 BONUS, Genossenschaft, S. 7 f., 15–19; VEREIN FÜR SOCIALPOLITIK, Wucher. – In der zeitgenössischen Wahrnehmung und auch bei Raiffeisen galt oft der ‹moralisch verderbte Wucherjude›, meistens in Gestalt des Viehhändlers, als der ‹Blutsauger›, der den Bauern schließlich durch Überschuldung um seinen Besitz brachte. Dieser antisemitische Standardtopos ignoriert allerdings, dass der weitaus größte Teil des ländlichen Personalkredits in den Händen wohlhabender Bauern gelegen haben dürfte, deren lokale Machtposition auch darauf beruhte, dass sie die Hauptgläubiger im Dorf waren. Regionale Unterschiede in der Organisation ländlicher Kreditmärkte und der je nach Gegend wohl sehr unterschiedlichen Rolle nichtjüdischer und jüdischer Viehhändler für die bäuerliche Kreditversorgung harren allerdings noch der Erforschung. Klar ist aber bereits jetzt, dass, wenn überhaupt, sich der ‹Wucher auf dem Lande› als Massenphänomen in einigen wenigen Gebieten konzentrierte und keine flächendeckende Erscheinung darstellte. Kleinbäuerliche Regionen, in denen ja auch Raiffeisen gewirkt hat, scheinen hierbei am ehesten betroffen gewesen zu sein. Anzumerken bleibt noch, dass nach dem Stand der historischen Forschung privater Kredit und Wucher nicht gleichgesetzt werden dürfen, da die Zinshöhe im Privatkredit in der Regel nicht sechs Prozent überstieg. Das Problem scheint vielmehr gewesen zu sein, dass wohl schon geringe Zinsen eine enorme Belastung darstellten. Vgl. BRACHT, Zeiten, S. 208.

29 SCHLÜTZ, Kredit, S. 124.

30 Nach Walter Hoffmann hat sich der deutsche landwirtschaftliche Kapitalbestand in konstanten Preisen von 1913 zwischen 1850 und 1913 mehr als verdoppelt von 24,5 Milliarden Mark auf 53,2 Milliarden Mark. Vgl. HOFFMANN, Wachstum, S. 229 f.

31 Für die von ihm gegründeten Vereine in Weyerbusch und Flammersfeld hatte dies aber zur Folge, dass sie kurz nach seinem Weggang aufgelöst wurden, vgl. die konzise Darstellung der frühen Gründungen Raiffeisens in KLUGE, Geschichte, S. 48–52.

32 KLEIN, Leben, S. 67–78; DERS., Bankier, S. 39–52.

33 So gab es bereits während der Hungersnot von 1817 im Kirchspiel Birnbach im Westerwald einen gemeinnützigen Brotverein in der Art, wie ihn Raiffeisen dann in Weyerbusch gründete; KLUGE, Geschichte, S. 49–50.

34 Auch wenn sich die meisten zentralen Raiffeisen-Grundsätze erstmals in der Satzung

des Heddesdorfer Darlehnsvereins von 1864 finden, so sind sie in den 1862 gegründeten Vereinen von Anfang an zur uneingeschränkten Anwendung beziehungsweise Erprobung gekommen. Vgl. SEELMANN-EGGEBERT, Raiffeisen, S. 84–88.

35 Raiffeisen zit. n. ebd., S. 72, 77.

36 Ebd., S. 84.

37 Ausführlich zu den vorhergehenden Ausführungen ebd., S. 68–92.

38 RAIFFEISEN, Darlehnskassen-Vereine, S. 136.

39 Zeitgenössische Schriften greifen dabei der modernen Transaktionskostentheorie durchaus vor. Vgl. KRAUS, Darlehnskassenvereine; LÖLL, Darlehnskassen-Vereine.

40 Vgl. hierzu BRACHT, Zeiten, S. 143–150.

41 Von den zahlreichen Veröffentlichungen von Timothy Guinanne zu diesem Thema sei besonders hervorgehoben GUINANNE, Cooperatives (2001).

42 WINKLER, Kreditgenossenschaften; GUINNANE, Cooperatives (2001). – Die wichtigsten Raiffeisen-Grundsätze sind neben (1.) Solidarhaft und (2.) Begrenzung des Vereinsbezirks noch (3.) der Verzicht auf Eintrittsgelder, (4.) der Verzicht auf jegliche Gewinnausschüttung, um riskante Geschäfte zu vermeiden, (5.) die Finanzierung eines Stiftungsfonds aus einbehaltenen Gewinnen, um gegebenenfalls Solidarhaft zu vermeiden und bei der eigenen Kreditvergabe von der Fremdfinanzierung unabhängig zu werden, und (6.) die ehrenamtliche Verwaltung. Vgl. SCHÜRMANN, Entwicklung, S. 24; ausführlich WINKLER, Kreditgenossenschaften, S. 59–62; SEELMANN-EGGEBERT, Raiffeisen, S. 106–205.

43 Nach Timothy Guinnane boten die Raiffeisenvereine im Kaiserreich nichtleihenden Mitgliedern in ländlichen Gebieten oft die einzige beziehungsweise günstigste Möglichkeit, ihre Ersparnisse anzulegen. Zusätzlich ermöglichten sie es dörflichen Eliten, die Vergabe von Krediten aus ihren Ersparnissen selbst zu kontrollieren. Vgl. GUINANNE, Cooperatives (2001), S. 371 f.

44 Vgl. insbesondere RAIFFEISEN, Darlehnskassen-Vereine, S. 18–31, 70 ff. – Der Grundsatz der Solidarhaftung stellte bei kleinen Vereinsbezirken insbesondere in der schwierigen Anfangsphase eine gebieterische Notwendigkeit dar, um als genossenschaftlicher Verein bei anderen Banken als kreditwürdig zu gelten.

45 Ebd., S. 70 f.

46 In einer zeitgenössischen Bilanz existierten im Jahr 1872 von 257 als bedeutend eingeschätzten Banken nach dem ‹Gründerkrach› nur noch 157 im Jahr 1875. Vgl. WEHLER, Gesellschaftsgeschichte III, S. 102.

47 LEMCKE, Entwicklung, S. 7, 21, 70. – Gerade in den frühen Jahren waren aber nicht alle Darlehenskassenvereine automatisch Mitglied des Generalverbandes.

48 KRAUS, Darlehnskassenvereine I, S. 38.

49 1875 hatten von den bei zehn Darlehenskassenvereinen insgesamt 645 eingetragenen Darlehen nur elf Prozent (71) eine Laufzeit von unter einem Jahr, 69 Prozent (442) zwischen einem und fünf Jahren und 20 Prozent (132) zwischen fünf und zehn Jahren. Die Höhe der Kredite bewegte sich in einer breiten Spanne zwischen 15 Mark und 4500 Mark. Vgl. LÖLL, Darlehenskassen-Verein, S. 29, 48. – 1897 wurden von den vergebenen Krediten in Höhe von knapp über 56 Millionen Mark bei fast 1700 berichtenden Vereinen zwölf Prozent der Summe mit unter einem Jahr Laufzeit vergeben, 69 Prozent mit von bis zu einer bis zehn Jahren und 19 Prozent sogar mit einer Laufzeit von mehr als zehn Jahren. Vgl. LEMCKE, Entwicklung, S. 45.

50 Vgl. KOPSIDIS, Growth. – Im größten Teil Deutschlands fällt der Durchbruch zum

modernen landwirtschaftlichen Wachstum, definiert als ein vornehmlich auf Produktivitätssteigerungen beruhendes, in diese Zeit. Doch harren die ökonomischen Effekte der ländlichen Kreditgenossenschaften, die aber zumindest für die Landwirtschaft bedeutsam ausgefallen sein dürften, immer noch der Erforschung.

51 GUINANNE, Monitors, S. 81.

52 KLUGE, Geschichte, Tabellen 4 und 6.

53 In keiner preußischen Provinz war der Flächenanteil unter-, klein- und mittelbäuerlicher Betriebe zwischen null und 20 Hektar an der gesamten landwirtschaftlichen Betriebsfläche so hoch wie im Rheinland. Die Spitze aller preußischen Regierungsbezirke hielt hierbei Koblenz, der Wirkungskreis von Raiffeisen (siehe Tabelle). Diese Betriebe mit eher schlechtem Kreditzugang hielten auch das Gros des Viehbestandes. Ein nachfragebedingt enormes Potenzial auch und gerade für Kleinproduzenten bot dabei die hochprofitable, aber mit kostspieligen Investitionen verbundene Intensivierung der tierischen Veredelungswirtschaft. Vgl. KOPSIDIS/WOLF, Productivity; KOPSIDIS/HOCKMANN, Change; KOPSIDIS, Germany; DERS., Growth; DERS., Agrarentwicklung. – Der bäuerliche Kreditbedarf im Rheinland dürfte somit seit Mitte des 19. Jahrhunderts in großen Schritten gewachsen sein, nicht wegen der angeblich immer bedrohlicheren ländlichen Not, sondern aufgrund der zunehmend sicheren und hohen Gewinnerwartungen landwirtschaftlicher Investitionen auch und gerade in der Viehwirtschaft.

Anteil der Betriebe von null bis 20 Hektar am Viehbestand (Rheinland)

Betriebsgrößen	Pferde	Rindvieh	Schweine	Schafe	Ziegen
1882: 0–20 ha	71,5 %	85,1 %	87,6 %	65,5 %	99,5 %
1925: 0–20 ha	69,5 %	84,0 %	85,0 %	80,9 %	99,4 %

Anteil an der gesamten landwirtschaftlichen Betriebsfläche

Betriebsgröße	Koblenz*	Rheinland**	Preußen***
1882: 0–20 ha	91,2 %	76,5 %	34,7 %

* = Regierungsbezirk Koblenz, ** = Provinz Rheinland, *** = Königreich Preußen.

Quelle: für 1882 eigene Berechnung nach Preußische Statistik 76,3 (1884), S. 2–48; für 1925 Landwirtschaftskammer, Landwirtschaft, S. 21.

54 SEELMANN-EGGEBERT, Raiffeisen, S. 221–227; KLUGE, Geschichte, S. 50 f.

55 LEMCKE, Entwicklung, S. 7.

56 FASSBENDER, Raiffeisen, S. 22–28; KLEIN, Leben, S. 68 ff., 96 f.; KLEIN, Bankier, S. 52–57, 67.

57 Ausführlich auch zum Folgenden SEELMANN-EGGEBERT, Raiffeisen, S. 206–399; GUINANNE, Selbsthilfe, S. 43–74.

58 SEELMANN-EGGEBERT, Raiffeisen, S. 242 f.

59 Zit. n., ebd., S. 357.

60 Eine Kurzübersicht zu den Charakteristika der verschiedenen Typen von Kreditgenossenschaften im deutschen Kaiserreich bietet GUINANNE, Cooperatives (2011), S. 85.

61 Ebd.; MURDOCH, Promise.

1 Vgl. GUINNANE, Selbsthilfe, S. 46–56; DERS., Raiffeisen-Kreditgenossenschaften; GLEBER, Oehringer Privatspar- und Leih-Kasse; ferner als ältere Studie KLUGE, Geschichte.

2 Vgl. GUINNANE, Selbsthilfe, S. 46 ff.; DERS., Raiffeisen-Kreditgenossenschaften, S. 120 ff.; ferner ALDENHOFF, Schulze-Delitzsch, sowie den Beitrag von Rita Aldenhoff-Hübinger zu Schulze-Delitzsch in diesem Band.

3 KNAPE, Soergel, S. 87; NICKEL, Soergel, S. 1 ff.

4 PARISIUS, Schulze-Delitzsch, S. 48–51; KNAPE, Soergel; S. 87; NICKEL, Soergel, S. 2.

5 Vgl. zur wirtschaftlichen und politischen Entwicklung in Deutschland während des ‹Vormärzes› WEHLER, Gesellschaftsgeschichte II, S. 641 ff.; HACHTMANN, Berlin; TILLY, Zollverein.

6 PARISIUS, Schulze-Delitzsch, S. 68–79; KNAPE, Soergel, S. 87; NICKEL, Soergel, S. 2.

7 LANGEWIESCHE, Handlungsbedingungen; MOMMSEN, 1848.

8 HACHTMANN, Berlin, S. 45–67.

9 [o. V.], Der Abgeordnete Ober-Landes-Gerichts-Assessor Parrisius, in: Rückblicke auf die Preußische Nationalversammlung von 1848 und ihre Koryphäen. Berlin 1849, S. 58 f.; Flugblatt ‹Abdankung des Ministeriums Camphausen›. – Die rheinischen Bankiers und liberalen Politiker David Hansemann und Ludolf Camphausen erhielten nach den Unruhen im März 1848 den Auftrag, eine neue ‹Reformregierung› zu bilden. Sie konnten weder die Rückendeckung des neuen Parlaments noch die des preußischen Königs erreichen, sodass ihre Regierung schließlich scheiterte. Vgl. dazu ausführlich SIEMANN, Revolution; HERDEPE, Verfassungsfrage; SOENIUS, Camphausen.

10 PARISIUS, Schulze-Delitzsch, S. 23.

11 NICKEL, Soergel, S. 5; KNAPE, Soergel, S. 87.

12 PARISIUS, Schulze-Delitzsch, S. 8 f., S. 74 ff.; ‹Erfolgreicher Banker aus der Lutherstadt›, in: Mitteldeutsche Zeitung vom 25.Mai 2005; KNAPE, Soergel, S. 87.

13 PARISIUS, Schulze-Delitzsch, S. 9–12; KNAPE, Soergel, S. 87; NICKEL, Soergel, S. 6 f. – Zur Person und zu den Aktivitäten Schulze-Delitzschs während und nach der Revolution von 1848 siehe den Aufsatz von Rita Aldenhoff-Hübinger in diesem Band sowie ALDENHOFF, Schulze-Delitzsch.

14 PARISIUS, Schulze-Delitzsch, S. 22 f.; KNAPE, Soergel, S. 87; NICKEL, Soergel, S. 7.

15 PARISIUS, Schulze-Delitzsch, S. 25.

16 Vgl. ebd.; ferner zur Geschichte der ADCA in dieser Zeit LIEBMANN, Jahrzehnte.

17 PARISIUS, Schulze-Delitzsch, S. 27 f.; NICKEL, Soergel, S. 7.

18 ALDENHOFF, Schulze-Delitzsch, S. 34–56; NICKEL, Soergel, S. 7; THORWART, Deutsche Genossenschaftsbank von Soergel, Parrisius & Co., S. 2–6.

19 PARISIUS, Schulze-Delitzsch, S. 16; NICKEL, Soergel, S. 7; KNAPE, Soergel, S. 25/26.

20 Geschäftsbericht der Eislebener Disconto-Gesellschaft für 1856, hier zitiert nach KNAPE, Soergel, S. 25.

21 PARISIUS, Schulze-Delitzsch, S. 16; SCHULZE-DELITZSCH, Vorschuss- und Kreditvereine, S. 192. – Nicht zu klären ist, inwieweit die Disconto-Gesellschaft aus Berlin, eine der ersten großen Universalbanken in Preußen, bei der Umgründung Pate gestanden hat. Zu ihrer Geschichte siehe DISCONTO-GESELLSCHAFT, Disconto-Gesellschaft.

22 PARISIUS, Schulze-Delitzsch, S. 17.

23 Vgl. ebd., S. 18; NICKEL, Soergel, S. 7 f.; ferner zur Entwicklung und Geschäftspolitik der Commerz- und Privatbank nach dem Ersten Weltkrieg KRAUSE, Commerz- und Disconto-Bank, S. 294–299.

24 Zur Geschichte dieses Instituts steht nur vergleichsweise wenig Quellenmaterial zur Verfügung. Zu vermuten ist, dass bei der Dresdner Bank, die das Institut 1905 übernahm und als Genossenschaftsabteilung weiterführte, zu Beginn der 1930er-Jahre eine große Aktenkassation stattfand, wobei offenbar auch Quellenmaterial zu dieser Bank vernichtet wurde. Zudem sind weitere Verluste durch den Bombenkrieg im Zweiten Weltkrieg und durch die Verlagerung der Dresdner Bank an Ausweichstandorte nach Kriegsende nicht auszuschließen. Vgl. ausführlich zur Aktenüberlieferung bei der Dresdner Bank JURK, Archiven.

25 Bei dem Institut aus Frankfurt handelte es sich um das Privatbankhaus Siebert & Co., bei dem Institut aus Elbing um die Elbinger Disconto-Gesellschaft Phillips & Co. Vgl. THORWART, Deutsche Genossenschaftsbank von Soergel, Parrisius & Co., S. 8 f.

26 Ebd., S. 2–8.

27 Zit. n. ebd., S. 8.

28 Zit. n. ebd., S. 12 f.; vgl. auch KNAPE, Soergel, S. 87.

29 Vgl. GUINNANE, Selbsthilfe, S. 64–70; siehe auch die Einschätzung dieser Entwicklung durch Schulze-Delitzsch, abgedruckt in: THORWART, Deutsche Genossenschaftsbank von Soergel, Parrisius & Co., S. 14 f.

30 GUINNANE, Selbsthilfe, S. 62 f.; THORWART, Deutsche Genossenschaftsbank von Soergel, Parrisius & Co., S. 16 f.

31 Zit. n. THORWART, Deutsche Genossenschaftsbank von Soergel, Parrisius & Co., S. 19.

32 Zit. n. ebd., S. 17.

33 Ebd., S. 19.

34 Auch die Berliner Handelsgesellschaft zählte zu den frühen großen Aktienbanken, die sich vor allem auf die Industriefinanzierung konzentrierte. Vgl. LÜKE, Berliner Handelsgesellschaft.

35 THORWART, Deutsche Genossenschaftsbank von Soergel, Parrisius & Co., S. 20–23, GUINNANE, Selbsthilfe, S. 66 ff.

36 THORWART, Deutsche Genossenschaftsbank von Soergel, Parrisius & Co., S. 24–27, GUINNANE, Selbsthilfe, S. 67.

37 Zit. n KNAPE, Soergel, S. 27; vgl. ferner THORWART, Deutsche Genossenschaftsbank von Soergel, Parrisius & Co., S. 79–82.

38 THORWART, Deutsche Genossenschaftsbank von Soergel, Parrisius & Co., S. 28.

39 Vgl. ebd., S. 30 ff.; ferner zur dynamischen Entwicklung des Finanzplatzes Berlin dieser Zeit BERGHOFF, Kapitalmarkt, S. 63–71; BUCHHEIM, Finanzmetropole, S. 104–125.

40 THORWART, Deutsche Genossenschaftsbank von Soergel, Parrisius & Co., S. 34.

41 Die Gründung neuer Zentralkassen war die Folge der von einer Reihe von Einzelgenossenschaften immer wieder kritisierten Geschäftspolitik der Deutschen Genossenschaftsbank. Die während der 1870er-Jahre gegründeten Zentralkassen bestanden jedoch allesamt nur kurz. Erst mit der Gründung der Preußischen Zentralgenossenschaftskasse im Jahr 1895 entstand ein Institut, das sich dauerhaft behaupten konnte. Vgl. GUINNANE, Selbsthilfe, S. 77 f.

42 KNAPE, Soergel, S. 87; THORWART, Deutsche Genossenschaftsbank von Soergel, Parrisius & Co., S. 32; SCHULZE-DELITZSCH, Nachruf.

43 Vgl. THORWART, Deutsche Genossenschaftsbank von Soergel, Parrisius & Co., S. 34 ff.;

ferner HAC, Bestand 500, Akte 130732, Geschäftsberichte der Deutschen Genossenschaftsbank für 1894, 1896 und 1898; siehe zur Stellung der Deutschen Genossenschaftsbank im Preußenkonsortium REITMAYER, Bankiers, S. 393.

44 Institut für Stadtgeschichte Frankfurt am Main, Bestand Bauaufsicht, Akte 520, Bau eines Geschäftshauses der Deutschen Genossenschaftsbank von Soergel, Parrisius & Co.

45 MEYEN, 120 Jahre, S. 37; POHL, Manfred: Entstehung und Entwicklung des Universalbanksystems (Schriftenreihe des Instituts für bankhistorische Forschung 7). Frankfurt am Main 1986, S. 69.

46 Zit. n. HAC, Bestand 500, Akte 130732, Geschäftsbericht der Deutschen Genossenschaftsbank für das Geschäftsjahr 1900; siehe auch Geschäftsberichte der Deutschen Genossenschaftsbank für die Geschäftsjahre 1898 und 1899.

47 Im Geschäftsbericht der Bank für das Geschäftsjahr 1901 hieß es etwa: «*Das Geschäftsjahr 1901 hat einen unerfreulichen Verlauf genommen und uns wie vielen anderen Banken wenig befriedigende Erträgnisse gebracht.*» Vgl. HAC, Bestand 500, Akte 130732, Geschäftsbericht der Deutschen Genossenschaftsbank für das Geschäftsjahr 1901; im Geschäftsbericht für das darauffolgende Jahr hieß es: «*... dass uns in unserem Berliner Geschäfte außergewöhnliche Verluste getroffen haben, deren Umfang und Ursachen wir unseren Aktionären alsbald nach deren Feststellung und vor Ablauf des statuarischen Geschäftsjahres offen zu legen wünschen*». Vgl. Geschäftsbericht der Deutschen Genossenschaftsbank für 1902.

48 Vgl. HAC, Bestand 500, Akte 130732, Geschäftsberichte der Deutschen Genossenschaftsbank für die Geschäftsjahre 1902 und 1903; ferner GUINNANE, Selbsthilfe, S. 67 f.

49 Vgl. HAC, Bestand 500, Akte 135, Acta betr. Fusionsvertrag mit der Deutschen Genossenschaftsbank von Soergel, Parrisius & Co. AG.; ferner GUINNANE, Selbsthilfe, S. 67; MEYEN, 120 Jahre, S. 38; WIXFORTH, Geschichte, S. 126 f.

Johannes von Miquel (1828–1901)

1 Die DZ BANK sieht ihre älteste Wurzel in der 1883 gegründeten Landwirtschaftlichen Genossenschaftsbank AG in Darmstadt, einem Verbund der hessischen Spar- und Darlehenskassen. Diese Bank war jedoch nicht, wie die Preußenkasse, in einem dreistufigen Aufbau die Zentralkasse von Zentralkassen; und sie besorgte ihren überregionalen Liquiditätsausgleich ab 1895 auch über die Preußenkasse. Vgl. STAPPEL, 125 Jahre, S. 7.

2 Vgl. zum Beispiel die entsprechenden Abschnitte in den jüngeren großen Gesamtdarstellungen NIPPERDEY, Geschichte; WEHLER, Gesellschaftsgeschichte III; MOMMSEN, Bürgerstolz; WINKLER, Weg.

3 MOMMSEN, Bürgerstolz, S. 101.

4 RÖHL, Wilhelm II. II, S. 426; ähnlich NIPPERDEY, Geschichte II, S. 700.

5 HERZFELD, Miquel II, S. 483.

6 Vgl. die jüngeren Darstellungen HANSEN, Konsequenzen; THIER, Steuergesetzgebung; KASSNER, Steuerreformer; MATHIAK, Einkommensteuergesetz.

7 HILLRINGHAUS, Preußische Zentralgenossenschaftskasse; BUSCHE, Gründungsgeschichte; ENGELHARDT, Gründung; FEHL/ZÖRCHER, Ringen; und – umfassend – GUINNANE, Selbsthilfe.

8 Eine komprimierte Darstellung ist ALDENHOFF, Miquel.

9 Vgl. GStA PK, I. HA, Rep. 151 (Finanzministerium); I. HA, Rep. 87 (Landwirtschaftsministerium). Zwei der dort befindlichen Konferenzprotokolle sind auch veröffentlicht: das Protokoll der Agrarkonferenz vom 28. Mai bis 2. Juni 1894 (Agrarkonferenz) und das Protokoll der Sachverständigen-Anhörung am 18. Mai 1895 (Vorgeschichte). Die Akten der Preußischen Centralgenossenschaftskasse, die ebenfalls im Geheimen Staatsarchiv Preußischer Kulturbesitz liegen, waren, da noch nicht bearbeitet, nicht zugänglich.

10 SCHULZE/THIMME, Reden I–IV.

11 Stenographische Berichte über die Verhandlungen des Preußischen Abgeordnetenhauses, verschiedene Jahrgänge; Stenographische Berichte über die Verhandlungen des Preußischen Herrenhauses, verschiedene Jahrgänge. Die Stenographischen Berichte über die Verhandlungen des Preußischen Abgeordnetenhauses 1895 IV und 1899 I sowie die Anlagen zu den Stenographischen Berichten über die Verhandlungen des Preußischen Abgeordnetenhauses 1895 V sind in der Universitätsbibliothek Halle eingesehen worden.

12 Zwei Bände decken den Zeitraum von 1867 bis 1901 ab. Die ersten vier Lebensjahrzehnte Miquels beschreibt die Biografie MOMMSEN, Miquel.

13 NIPPERDEY, Geschichte II, S. 102.

14 MOMMSEN, Miquel, S. 22–36; HERZFELD, Miquel I, S. 10.

15 HERZFELD, Miquel I, S. 11–16; MOMMSEN, Miquel, S. 37–41, 50 ff., 65–75.

16 MOMMSEN, Miquel, S. 98–111.

17 HERZFELD, Miquel I, S. 207–224, 36–380; ferner zu Geschäftsprinzipien und Geschäftsorganisation der Disconto-Gesellschaft in dieser Zeit DAHLEM, Professionalisierung, S. 128–138.

18 HERZFELD, Miquel I, S. 230.

19 Ebd., S. 187–207, 380–407, 509–550.

20 Ebd., S. 313–340.

21 Ebd., S. 68 f.

22 Ebd., S. 292–304.

23 Ebd., S. 363, 411, 423 ff., 443 f.

24 Ebd., S. 504–508; HERZFELD, Miquel II, S. 11; TOBER, Liberalismus, S. 46 f.

25 HERZFELD, Miquel I, S. 35 f. (zur Zustimmung zum Abbau des Kulturkampfes), S. 263–272 (zu Miquels sehr begrenzter Zustimmung zu den Kulturkampfgesetzen 1871–1874).

26 HERZFELD, Miquel II, S. 37–47. – Miquel war Mitbegründer des Deutschen Kolonialvereins (1884).

27 Ebd., S. 93–102.

28 Bei den Reichstagswahlen am 26. Februar 1890 erlitten die Kartellparteien eine deutliche Niederlage. Vgl. ebd., S. 173.

29 Ebd., S. 175–185. – Im Kartell selbst konnte sich Miquel außerdem mit seinem Programm zur Mittelstandsförderung nicht durchsetzen. Vgl. ebd., S. 105 f.

30 BORN, Preußen, S. 35.

31 HERZFELD, Miquel II, S. 257.

32 RÖHL, Wilhelm II. III, S. 142; HERZFELD, Miquel II, S. 623–626, sieht Miquel nur bis 1897 in der persönlichen Gunst des Kaisers.

33 BORN, Preußen, S. 32.

34 Herzfeld, Miquel II, S. 438 f.; Röhl, Wilhelm II. III, S. 802. – Vorher (1893–1895) waren erhebliche Anstrengungen Miquels gescheitert, mit einer Reichsfinanzreform die Haushalte des Reiches und der Bundesstaaten voneinander unabhängiger zu machen. Vgl. Herzfeld, Miquel II, S. 350–372.

35 Born, Preußen, S. 35.

36 Herzfeld, Miquel II, S. 512–518.

37 Wehler, Gesellschaftsgeschichte III, S. 1017.

38 Herzfeld, Miquel II, S. 636–639; Nipperdey, Geschichte II, S. 724; Mommsen, Bürgerstolz, S. 204; Röhl, Wilhelm II. III, S. 150.

39 So zutreffend Herzfeld, Miquel II, S. 482.

40 Vorgeschichte, S. 62; GStA PK, I. HA, Rep. 87, Nr. 9884, Sitzung des Staatsministeriums am 1. Juni 1895, S. 3; Abgeordnetenhaus, 18. Juni 1895, in: Schulze/Timme, Reden IV, S. 173.

41 Auf der Agrarkonferenz im Mai/Juni 1894 hatte Miquel sich noch nicht auf die genossenschaftliche Richtung festgelegt, sondern nur davon gesprochen, dass eine Neuorganisation besonders des Personalkredits notwendig sei. Vgl. Agrarkonferenz, S. 58.

42 Der Antrag wurde im Abgeordnetenhaus am 3. Mai 1895 verhandelt, auf seine Weiterverfolgung aber verzichtet, da Miquel ein einschlägiges Gesetzesvorhaben ankündigte.

43 Heiligenstadt, Preußische Central-Genossenschafts-Kasse, S. 15.

44 Huene hatte sich noch Mitte 1894 skeptisch gegenüber staatlicher Mitwirkung beim ländlichen Personalkredit gezeigt: «*die Hand, die arbeiten kann, soll man nicht krumm machen*». Vgl. Agrarkonferenz, S. 341.

45 Herzfeld, Miquel II, S. 481.

46 GStA PK, I. HA, Rep. 151C, Nr. 10268, Hammerstein-Loxten an Miquel am 9. April 1895.

47 GStA PK, I. HA, Rep. 151C, Nr. 10268, ‹Skizze, betreffend die Errichtung einer Anstalt zur Beförderung des genossenschaftlichen Personalkredites›; ‹Grundzüge für die zur Förderung des genossenschaftlichen Personalkredites zu errichtenden Anstalt›.

48 GStA PK, I. HA, Rep. 151C, Nr. 10268, Hammerstein an Miquel am 7. Mai 1895.

49 GStA PK, I. HA, Rep. 87, Nr. 9884. – In der Sitzung am 27. Mai 1895 hatte das Staatsministerium es abgelehnt, die Vorlage (wie von Miquel vorgeschlagen) – sozusagen im Schnelldurchgang – im Umlaufverfahren zu erledigen.

50 Bericht der Budgetkommission vom 28. Juni 1895, in: Anlagen zu den Stenographischen Berichten über die Verhandlungen des Preußischen Abgeordnetenhauses 1895 V, Nr. 288.

51 Das gilt für die an Miquel herangetragenen Vorschläge des Agrarökonomen Gustav Ruhland (BArch Berlin, R 2501/110, ‹Zur Entstehungsgeschichte der ‹Preußenkasse››) ebenso wie für die in der Literatur (Crüger, Staat, S. 307–310; Faust, Geschichte, S. 40; Busche, Gründungsgeschichte, S. 83 ff.; Engelhardt, Gründung, S. 16 f.; Guinnane, Selbsthilfe, S. 47; ders., State Support, S. 216) vielfach als geistige Wegbereitung der Preußenkasse bezeichneten Vorstellungen des Freiherrn Friedrich Adolf von Broich von einer ‹sozialreformatorischen› Genossenschaftsbewegung, deren Spezifikum eine sozialreformatorische Reichsbank (und nicht nur allgemein die Ergänzung der Selbsthilfe durch Staatshilfe) war. Bezeichnenderweise findet sich bei Herzfeld auch kein Bezug auf Broich.

52 Zur mangelnden Eignung der Seehandlung vgl. Miquel bereits im Abgeordnetenhaus

am 6. Februar 1985 (Stenographische Berichte über die Verhandlungen des Preußischen Abgeordnetenhauses 1895 I, S. 378). Zum Problem der Genossenschafts- und Preußenkassefinanzierung durch die Reichsbank s. unten, Abschnitt ‹Aufsicht›.

53 Die Kasse erhielt so «*ein den Gläubigern der Anstalt haftbares Aktivum*», das eine ausgedehntere Geschäftstätigkeit ermöglichte; vgl. Begründung des Gesetzentwurfs vom 7. Juni 1895, in: Anlagen zu den Stenographischen Berichten über die Verhandlungen des Preußischen Abgeordnetenhauses 1895 V, Nr. 288, S. 2892.

54 Bericht der Budgetkommission vom 28. Juni 1895, in: Anlagen zu den Stenographischen Berichten über die Verhandlungen des Preußischen Abgeordnetenhauses 1895 V, Nr. 288, S. 3353 f.

55 Miquel in der Sitzung des Staatsministeriums am 1. Juni 1895. Vgl. GStA PK, I.HA, Rep. 87, Nr. 9884 (S. 4 f., 17 f.); Rheinbaben in der Sitzung des Abgeordnetenhauses am 2. Juli 1895 (Stenographische Berichte über die Verhandlungen des Preußischen Abgeordnetenhauses 1895 IV, S. 2631).

56 GStA PK, I. HA, Rep. 87, Nr. 9884, Sitzung des Staatsministeriums am 1. Juni 1895, S. 6 f.

57 Vorgeschichte, S. 48 f.; Sitzung des Abgeordnetenhauses am 18. Juni 1895, in: SCHULZE/THIMME, Reden IV, S. 179; Bericht der Budgetkommission vom 28. Juni 1895, in: Anlagen zu den Stenographischen Berichten über die Verhandlungen des Preußischen Abgeordnetenhauses 1895 V, Nr. 288, S. 3348 ff.; HEILIGENSTADT, Preußische Central-Genossenschafts-Kasse, S. 71.

58 GUINNANE, Selbsthilfe, S. 79 f. – Als Beleg dient eine Äußerung Miquels im Abgeordnetenhaus am 1. April 1897, er wünsche sich in jeder Gemeinde der Monarchie eine Darlehenskasse (Vgl. Stenographische Berichte über die Verhandlungen des Preußischen Abgeordnetenhauses 1897 III, S. 1953).

59 Vgl. Vorgeschichte, S. 39, 59; beide Quellen der Mittelbeschaffung sind auch in den ‹Grundzügen› vom 17. April 1895 betont (GStA PK, I. HA, Rep. 151C, Nr. 10268, Punkte 11 und 12); ähnlich auch die Begründung des Gesetzentwurfs vom 7. Juni 1895 (Bericht der Budgetkommission vom 28. Juni 1895, in: Anlagen zu den Stenographischen Berichten über die Verhandlungen des Preußischen Abgeordnetenhauses 1895 V, Nr. 288, S. 2889).

60 So schon in der ‹Skizze› vom 17. April 1895 (GStA PK, I. HA, Rep. 151C, Punkt 3). An dieser Zweckbestimmung änderte nichts, dass angesichts der nur niedrigen Zinsen, welche die Preußenkasse für zufließende Gelder gewähren wollte, der Geldausgleich mit Illusionen behaftet sein mochte.

61 GStA PK, I. HA, Rep. 87, Nr. 9884. – Der Zusatz auf S. 10 f. war auf Wunsch des Landwirtschaftsministeriums in das Gesetz eingefügt worden, um zu großen Kreditansprüchen an das Institut einen Riegel vorzuschieben. Er war aber – in einer konkreteren Formulierung – schon in der ‹Skizze› des Finanzministeriums vom 17. April 1895 enthalten.

62 Begründung des Gesetzentwurfs vom 7. Juni 1895, in: Anlagen zu den Stenographischen Berichten über die Verhandlungen des Preußischen Abgeordnetenhauses 1895 V, Nr. 288, S. 2889.

63 Vorgeschichte, S. 49 (dort auch: «*wahre Anarchie*»); Bericht der Budgetkommission vom 28. Juni 1895, in: Anlagen zu den Stenographischen Berichten über die Verhandlungen des Preußischen Abgeordnetenhauses 1895 V, Nr. 288, S. 3349.

64 Sitzung des Abgeordnetenhauses am 18. Juni 1895, in: SCHULZE/THIMME, Reden IV,

S. 175; Begründung des Gesetzentwurfs vom 7. Juni 1895, in: Anlagen zu den Stenographischen Berichten über die Verhandlungen des Preußischen Abgeordnetenhauses 1895 V, Nr. 288, S. 2892.

65 Sitzung des Abgeordnetenhauses am 18. Juni 1895, in: SCHULZE/THIMME, Reden IV, S. 172 f.; Begründung des Gesetzentwurfs vom 7. Juni 1895, in: Anlagen zu den Stenographischen Berichten über die Verhandlungen des Preußischen Abgeordnetenhauses 1895 V, Nr. 288, S. 2890, 2892.

66 Bericht der Budgetkommission vom 28. Juni 1895, in: Anlagen zu den Stenographischen Berichten über die Verhandlungen des Preußischen Abgeordnetenhauses 1895 V, Nr. 288, S. 3353 f.

67 Vorgeschichte, S. 44.

68 Bericht der Budgetkommission vom 28. Juni 1895, in: Anlagen zu den Stenographischen Berichten über die Verhandlungen des Preußischen Abgeordnetenhauses 1895 V, Nr. 288, S. 3351. – Miquel: Der Reichsbankdiskont könne in dem einen oder anderen Falle für die Preußenkasse zu hoch, im fiskalischen Interesse des Staates zu niedrig sein.

69 GStA PK, I. HA, Rep. 87, Nr. 9884, Hammerstein an Miquel am 7. Mai 1895, Punkt 2.

70 Universitätsbibliothek Halle, Nr. 288, Bericht der Budgetkommission vom 28. Juni 1895, Anlagen, Bd. V, S. 3353.

71 So Rheinbaben im Abgeordnetenhaus am 2. Juli 1895. Vgl. Stenographische Berichte über die Verhandlungen des Preußischen Abgeordnetenhauses 1895 IV, S. 2637.

72 GStA PK, I. HA, Rep. 151C, Nr. 10323, Miquel an das Direktorium der Preußenkasse am 15. November 1897.

73 Nicht zu verwechseln mit dem Direktor des Verbandes rheinpreußischer landwirtschaftlicher Genossenschaften (Haas'sche Genossenschaften) Gustav Havenstein, der dem Ausschuss der Preußenkasse von 1895 bis 1913 angehörte. Vgl. zu Gustav Havenstein SCHLÜTZ, Kredit, S. 181 ff.

74 Zahlen entnommen aus Begründung zur Kapitalerhöhung vom 24. April 1896, in: Anlagen zu den Stenographischen Berichten über die Verhandlungen des Preußischen Abgeordnetenhauses 1896 III, Nr. 161, S. 2164; Berichterstatter von Graß zur Grundkapitalerhöhung der Preußenkasse am 29. März 1898 (Stenographische Berichte über die Verhandlungen des Preußischen Herrenhauses 1898 I, S. 134).

75 GUINNANE, Selbsthilfe, S. 142.

76 Vgl. generell zum misslungenen Geldausgleich ebd.

77 Eugen Richter im Abgeordnetenhaus am 15. Februar 1898 (Stenographische Berichte über die Verhandlungen des Preußischen Abgeordnetenhauses 1898 I, S. 665 f.).

78 Miquel im Abgeordnetenhaus am 8. Februar 1896 (Stenographische Berichte über die Verhandlungen des Preußischen Abgeordnetenhauses 1898 I, S. 420).

79 Miquel im Abgeordnetenhaus am 1. April 1897 (Stenographische Berichte über die Verhandlungen des Preußischen Abgeordnetenhauses 1897 III, S. 1958); ähnlich Miquel in der Sitzung des Ausschusses Ende Mai 1896 (GStA PK, I. HA, Rep. 151C, Nr. 10312, Sitzung des Ausschusses der Preußenkasse am 28. Mai 1896, S. 6).

80 GStA PK, I. HA, 151C, Nr. 10286, Miquel an den Präsidenten der Preußenkasse von Huene am 11. Januar 1896.

81 GStA PK, I. HA, Rep. 151C, Nr. 10324, Miquel an den Vorsitzenden der Landwirtschaftskammer für die Provinz Pommern von Schwerin-Löwitz vom 21. März 1899, S. 4.

82 In der Sitzung des Ausschusses am 27. November 1895 mahnte er diese Solidarität, besonders bei den Genossenschaften in den preußischen Westprovinzen, an. Vgl. GStA PK, I. HA Rep. 151C, Nr. 10312.

83 Miquel im Abgeordnetenhaus am 30. April 1896 (Stenographische Berichte über die Verhandlungen des Preußischen Abgeordnetenhauses 1896 III, S. 1931); ähnlich Havenstein (ebd., S. 1914); ferner Begründung zur Kapitalerhöhung vom 24. April 1896, in: Anlagen zu den Stenographischen Berichten über die Verhandlungen des Preußischen Abgeordnetenhauses 1896 III, Nr. 161, S. 2165; GStA PK, I. HA, Rep. 151C, Nr. 10324, Miquel an den Vorsitzenden der Landwirtschaftskammer für die Provinz Pommern von Schwerin-Löwitz vom 21. März 1899, S. 4.

84 Miquel im Abgeordnetenhaus am 28. Februar 1900 (Stenographische Berichte über die Verhandlungen des Preußischen Abgeordnetenhauses 1900 II, S. 2034).

85 GStA PK, I. HA, Rep. 151C, Nr. 10322, Miquel an Huene am 6. Juli 1897; Miquel im Herrenhaus 29. 03. 1898 (Stenographische Berichte über die Verhandlungen des Preußischen Herrenhauses 1898 I, S. 139).

86 Gesetze vom 8. Juni 1896 und 20. April 1898.

87 GStA PK, I. HA, Rep. 151C, Nr. 10286, Miquel an Huene am 18. Januar 1896; Nr. 10287, Miquel an Huene am 3. Juli 1897.

88 GStA PK, I. HA, Rep. 151C, Nr. 10287, Miquel an Huene vom 3. Juni 1897; Miquel im Abgeordnetenhaus am 1. April 1897 (Stenographische Berichte über die Verhandlungen des Preußischen Abgeordnetenhauses 1897 III, S. 1953). – Huene hatte geltend gemacht, dass 20 Millionen Mark Grundkapital nicht ausreichten, um die Risiken von 31 Millionen Mark Haftsummenkredit abzudecken. Vgl. GStA PK, I. HA, Rep. 151C, Nr. 10312, Sitzung des Ausschusses am 20. Mai 1897. Den Antrag auf Grundkapitalerhöhung stellte Huene in einem Schreiben an Miquel vom 1. Juni 1897; vgl. GStA PK, I. HA, Rep. 151C, Nr. 10287, Huene an Miquel am 1. Juni 1897.

89 Eugen Richter vermutete dies in der Sitzung des Abgeordnetenhauses am 15. Februar 1898. Vgl. Stenographische Berichte über die Verhandlungen des Preußischen Abgeordnetenhauses 1898 I, S. 663.

90 Vgl. Guinnane, State Support, S. 221; zum Sparkassenverkehr der Preußenkasse allgemein ders., Selbsthilfe, S. 113–116.

91 GStA PK, I. HA, Rep. 151C, Nr. 10312, Miquel an Huene am 9. April 1896.

92 GStA PK, I. HA, Rep. 151C, Nr. 10312, Sitzung des Ausschusses am 28. Mai 1896; Nr. 10322, Bemerkungen zu der Geschäftslage und Zinspolitik der Central-Genossenschaftskasse, 30. Juni 1897; Miquel im Abgeordnetenhaus am 15. Februar 1898 (Stenographische Berichte über die Verhandlungen des Preußischen Abgeordnetenhauses 1898 I, S. 678 f.).

93 Klersch, Sparkasse, S. 125–128.

94 So Havenstein im Ausschuss. Vgl. GStA PK, I. HA, Rep. 151 C, Nr. 10287, Sitzung des Ausschusses am 20. Mai 1897, S. 3–16; Havenstein im Abgeordnetenhaus am 15. Februar 1898 (Stenographische Berichte über die Verhandlungen des Preußischen Abgeordnetenhauses 1898 I, S. 682).

95 Vgl. dazu GStA PK, I. HA, Rep. 151C, Nr. 10322, Schriftverkehr zwischen Miquel und Huene vom März/April 1896.

96 GStA PK, I. HA, Rep. 151C, Nr. 10322, Miquel an Huene am 17. April 1896; vgl. ferner Miquel im Ausschuss (Nr. 10312, Sitzung des Ausschusses am 28. Mai 1896).

97 GStA PK, I. HA, Rep. 151C, Nr. 10322, Miquel an Huene am 6. Juli 1897; Erlass des Di-

rektoriums, 3. Juli 1897. – Die Maßnahmen waren offenbar in einer Besprechung am 2. Juli bereits besprochen worden. Zu den ab 1. April 1897 geltenden Geschäftsbedingungen siehe auch Deutsche Volkswirtschaftliche Correspondenz vom 18. August 1897.

98 Wie zu allen Geschäftsvorgängen wird auch hier Genaueres wohl nur gesagt werden können, wenn der Aktenbestand der Preußenkasse im Geheimen Staatsarchiv Preußischer Kulturbesitz (GStA PK, I. HA Rep. 177, 171 laufende Meter) erschlossen und benutzbar ist.

99 So Huene im Ausschuss. Vgl. GStA PK, I. HA, Rep. 151C, Nr. 10312, Sitzung des Ausschusses am 12. Mai 1899.

100 Dieser Zusammenhang ist in der damaligen Diskussion wie auch in der Literatur immer wieder hervorgehoben worden. Vgl. die Äußerungen Miquels dazu im Abgeordnetenhaus am 18. Juni 1895 (Schulze/Thimme, Reden IV, S. 176); ferner Vorgeschichte, S. 36.

101 GStA PK, I. HA, Rep. 87, Nr. 9884, Hammerstein an Miquel vom 9. Mai 1895; Rheinbaben im Abgeordnetenhaus am 2. Juli 1895 (Stenographische Berichte über die Verhandlungen des Preußischen Abgeordnetenhauses 1895 IV); Bericht der Budgetkommission vom 28. Juni 1895, in: Anlagen zu den Stenographischen Berichten über die Verhandlungen des Preußischen Abgeordnetenhauses 1895 V, Nr. 288, S. 2625; Heiligenstadt, Preußische Central-Genossenschafts-Kasse, S. 37 f.

102 Die Kreditbestimmungen der Preußischen Bank beziehungsweise der Reichsbank für die Genossenschaften von 1868 bis 1903 sind in der Rundverfügung der Reichsbank Nr. 1241 (1903) zusammengestellt. Archiv der Deutschen Bundesbank, Rbk-1-Drs. 1.

103 GStA PK, I. HA Rep. 87, Nr. 9884, Miquel im Staatsministerium am 1. Juni 1895, S. 4 f.; Bericht der Budgetkommission vom 28. Juni 1895, in: Anlagen zu den Stenographischen Berichten über die Verhandlungen des Preußischen Abgeordnetenhauses 1895 V, Nr. 288, S. 3350 f.

104 An die Stelle der in solchen Fällen üblichen Verpfändung des Getreides gegen Lombardkredit trat die Ausstellung von Depotwechseln, welche die Reichsbank rediskontierte. Für die Genossenschaften verband sich dabei der Vorteil des (im Vergleich zum Lombardkredit) billigeren Diskontkredits mit dem Vorteil des Lombardkredits, das Darlehen jederzeit zurückzahlen zu können.

105 Der Schriftverkehr zur Finanzierung der Kornhausgenossenschaften zwischen Miquel, dem Direktorium der Preußenkasse, dem Landwirtschaftsminister und der Reichsbank zwischen September 1897 und März 1898 findet sich in GStA PK, I. HA, Rep 151C, Nr. 10 324 und 10325; vgl. ferner zur Spezifizierung der Kreditgrenze GStA PK, I. HA, Rep 151C, Nr. 10324, Miquel an Schwerin-Löwitz am 21. März 1899. – Ab September 1900 verzichtete man allerdings auf die Ausstellung von Depotwechseln zugunsten der direkten Verpfändung der Getreidebestände; fast niemand hatte die Depotwechsel unterschreiben wollen (GStA PK, I. HA, Rep 151C, Nr. 10325, Heiligenstadt an Miquel am 15. September 1900). Die Kreditlinie bei der Reichsbank lief weiter als «*nicht beschränkter Diskontkredit gegen Sicherstellung durch Weiterverpfändung*» der an die Preußenkasse verpfändeten Getreidebestände (GStA PK, I. HA, Rep. 151C, Nr. 10326, Heiligenstadt an Rheinbaben am 8. August 1901).

106 GStA PK, I. HA, Rep 151C, Nr. 10326, Heiligenstadt an Koch am 20. Mai 1901, Koch an Heiligenstadt vom 25. Juni 1901, Heiligenstadt an Rheinbaben am 8. August 1901. – Heiligenstadt hatte die Rücksichtnahme der Reichsbank auf die Haftpflicht der Genossenschaften bei der Kreditbemessung noch 1897 als mit dem Liquiditätsbedürfnis einer

Notenbank unvereinbar verworfen, dann aber 1899 als damit durchaus vereinbar gefordert. Vgl. HEILIGENSTADT, Central-Genossenschafts-Kasse, S. 27, 38 f.; Heiligenstadt in der Sitzung des Reichstages am 8. Februar 1899 (http://www.reichstagsprotokolle.de/Blatt_k10_bsb00002777_00749.html; zuletzt abgerufen am 5. Juni 2015).

107 GStA PK, I. HA, Rep. 151C, Nr. 10287, Miquel an Huene am 3. und 28. Juni 1897; Nr. 10322, Bemerkungen zu der Geschäftslage und Zinspolitik der Preußenkasse, 30. Juni 1897.

108 Miquel im Herrenhaus am 29. März 1898 (Stenographische Berichte über die Verhandlungen des Preußischen Herrenhauses 1898 I, S. 139).

109 GStA PK, I. HA, Rep. 151C, Nr. 10322, Miquel an Huene am 6. Juli 1897.

110 GStA PK, I. HA, Rep. 151C, Nr. 10323, Miquel an das Direktorium der Preußenkasse am 15. November 1897.

111 Der Schriftwechsel über diesen Streit zwischen den Verbandskassen (besonders Wilhelm Haas), Miquel und Huene März–Mai 1898 findet sich in GStA PK, I. HA, Rep. 151C, Nr. 10324.

112 Zur Ausschließlichkeitsverpflichtung und dem Problem ihrer Durchsetzung zuletzt GUINNANE, Selbsthilfe, S. 105–113.

113 GStA PK, I. HA, Rep. 151C, Nr. 10323, Miquel an das Direktorium der Preußenkasse am 15. November 1897.

114 Miquel im Abgeordnetenhaus am 1. April 1897 (Stenographische Berichte über die Verhandlungen des Preußischen Abgeordnetenhauses 1897 III, S. 1953).

115 Huene im Abgeordnetenhaus am 15. Februar 1898 (Stenographische Berichte über die Verhandlungen des Preußischen Abgeordnetenhauses 1898 I, S. 674). – Die Buchkassen waren ein besonderes Anliegen Huenes (GStA PK, I. HA, Rep. 151C, Nr. 10326, Heiligenstadt an Rheinbaben am 8. August 1901). Miquel akzeptierte sie offenbar. Die Abweichung von den Gründungsprinzipien betonte unter anderem Eugen Richter im Abgeordnetenhaus am 15. Februar 1898 (Stenographische Berichte über die Verhandlungen des Preußischen Abgeordnetenhauses 1898 I, S. 665). – Im Jahr 1901 verloren die Verbandskassen die Auflage, lediglich Buchkassen zu sein, wieder, da dies mit ihrem wachsenden Inkasso-, Scheck- und Giroverkehr (mit der Reichsbank) nicht mehr vereinbar war (GStA PK, I. HA, Rep. 151C, Nr. 10326, Heiligenstadt an Rheinbaben am 8. August 1901).

116 Berichterstatter der Budgetkommission Bockelberg im Abgeordnetenhaus am 1. April 1897 (Stenographische Berichte über die Verhandlungen des Preußischen Abgeordnetenhauses 1898 III, S. 1951); Havenstein im Abgeordnetenhaus am 15. Februar 1898 (Stenographische Berichte über die Verhandlungen des Preußischen Abgeordnetenhauses 1898 I, S. 681).

117 GStA PK, I. HA, Rep. 151C, Nr. 10324, Miquel an Schwerin-Löwitz am 21. März 1899.

118 Problemdiskussion bei GUINNANE, Selbsthilfe, S. 105–113, 116.

119 Crüger im Abgeordnetenhaus am 28. Februar 1900 (Stenographische Berichte über die Verhandlungen des Preußischen Abgeordnetenhauses 1900 II, S. 2022).

120 Miquel auf dem Nationalliberalen Parteitag am 14. April 1884 (SCHULZE/THIMME, Reden III, S. 120); ähnlich auf dem nationalliberalen Delegiertentag in Thale am 8. August 1885 (ebd., S. 136 ff.).

121 Miquel im Abgeordnetenhaus am 18. Juni 1895 (SCHULZE/THIMME, Reden IV, S. 173).

122 GStA PK, I. HA, Rep. 151C, Nr. 10268, ‹Skizze, betreffend die Errichtung einer Anstalt zur Beförderung des genossenschaftlichen Personalkredites›.

123 HERZFELD, Miquel II, S. 11–14, 105 f.

124 Zit. n. HERZFELD, Miquel I, S. 394; vgl. auch WINKLER, Marx, S. 32.

125 ‹Heidelberger Erklärung› nationalliberaler Parteimitglieder, 23. 03. 1884, abgedruckt in SCHULZE/THIMME, Reden III, S. 115 f.; ferner Agrarkonferenz, S. 84; Miquel im Herrenhaus am 8. Juli 1895 (SCHULZE/THIMME, Reden IV), S. 182; Sitzung des Herrenhauses am 16. Februar 1898 (Stenographische Berichte über die Verhandlungen des Preußischen Herrenhauses 1898 I, S. 37).

126 TORP, Herausforderung, S. 193 f.

127 So ebd., S. 194.

128 So HESS, Lage, S. 160 f., 170 f.

129 Ebd., S. 163.

130 GStA PK, I. HA, Rep. 87B, Nr. 9936.

131 Agrarkonferenz, S. 54 f., 58. – Der Landwirtschaftsminister von Heyden hatte diese Schätzung der bäuerlichen Verschuldung (ein Drittel des Bodenwertes) schon vorher abgegeben und hinzugefügt: «*Wird diese Bewegung nicht aufgehalten, so muss sie in absehbarer Zeit zur Erschütterung einer der wesentlichen Grundlagen des preußischen Staates führen.*» Vgl. GStA PK, I. HA, Rep. 87 B, Nr. 9936, Heyden an Miquel am 3. Juni 1893.

132 HERZFELD, Miquel I, S. 32 f.; ähnlich MOMMSEN, Biographie, S. 535 ff.

133 Vgl. HERZFELD, Miquel II, S. 33, 36.

134 Vortrag ‹Die Regulierung der Preise und Löhne› vom 15. Februar 1866, in: SCHULZE/THIMME, Reden I, S. 166, 169 f.

135 HERZFELD, Miquel I, S. 25, 64 f.

136 Ebd., S. 312.

137 Gesetz gegen die gemeingefährlichen Bestrebungen der Sozialdemokratie in der Fassung vom 21. Oktober 1878 (http://de.wikisource.org/wiki/Gesetz_gegen_die_gemeingefährlichen_Bestrebungen_der_Sozialdemokratie_Sozialistengesetz; zuletzt abgerufen am 5. Juni 2015); BORN, Reichsgründung, S. 221.

138 HERZFELD, Miquel I, S. 431 f., 487 f., 490, 541; DERS., Miquel II, S. 167; ‹Heidelberger Erklärung› nationalliberaler Parteimitglieder vom 23. März 1884 (SCHULZE/THIMME, Reden III, S. 116). – Der Münchener Nationalökonom Lujo Brentano berichtet von einer Tagung des Vereins für Socialpolitik in den 1880er-Jahren, dass Miquel beim Glase Wein gesagt habe: Das infamste Gesetz, das Gesetz, das uns um dreißig Jahre zurückgeworfen hat, ist das Sozialistengesetz. Dann aber: «*Wenn aber einer sich darauf beruft, dass ich dies gesagt habe, so leugne ich es.*» Vgl. BRENTANO, Leben, S. 122.

139 Miquel an Hohenlohe-Langenburg am 7. Juli 1885 zit. n. HERZFELD, Miquel II, S. 33; ähnlich bei der Beurteilung des westfälischen Bergarbeiterstreiks im Frühjahr 1889 (vgl. ebd., S. 138 f.).

140 Ebd., S. 139 f., 193 ff., 289 f.; KÖHNE, Nationalliberale, S. 232; ausführlich zur Sozialpolitik des ‹Neuen Kurses› BORN, Staat, S. 90–112.

141 Speziell setzte Miquel sich für obligatorische, vorher mit Arbeiterausschüssen zu beratende Arbeitsordnungen und für erweiterte Aufgaben der paritätischen Gewerbegerichte ein; Miquel im preußischen Staatsrat am 27. und 28. Februar 1890 (Teilabdruck in RUDLOFF, Quellensammlung III/4, S. 1 f., 4 f., 9 ff.); ‹Gesetz betr. die Gewerbegerichte›, abgedruckt ebd., S. 79.

142 Rede Miquels im Reichstag vom 17. Mai 1890 (SCHULZE/THIMME, Reden III, S. 292 f.); vgl. auch das Urteil NIPPERDEYS, Geschichte II, S. 530 (weitreichende sozialpolitische

Pläne innerhalb eines im Ganzen konservativen Programms), ähnlich S. 699 f.; vgl. ferner SCHMOLLER, Gedenkrede, S. 13; TOBER, Liberalismus, S. 71, hebt Miquels Lavieren zwischen Sozialreform und Unternehmerinteresse hervor.

143 Vgl. GStA PK, I. HA, Rep. 151HB, Nr. 820, Sitzung des Staatsministeriums am 13. Juli 1891, S. 6; ferner HERZFELD, Miquel II, S. 289 f.

144 BORN, Staat, S. 114 f.; DERS., Reichsgründung, S. 274 f.; KÖHNE, Nationalliberale, S. 238.

145 Eine Ausnahme war die am 17. Juli 1898 erlassene Lex Arons, die das preußische Staatsministerium ermächtigte, sozialdemokratischen Privatdozenten die akademische Lehrtätigkeit zu entziehen; Miquel hatte sich im Staatsministerium für dieses Gesetz eingesetzt. Vgl. LINDENLAUB, Richtungskämpfe, S. 72 f.

146 HERZFELD, Miquel II, S. 375 f., 462 ff. (Zitat S. 463). – Den ersten Anlass zu diesen Überlegungen hatte die Ablehnung des Miquel'schen Reichsfinanzreformplans im Jahr 1894 gegeben; weitere Anlässe gaben das Scheitern der Umsturzvorlage (1895) und der Hamburger Hafenarbeiterstreik (1897).

147 BORN, Reichsgründung, S. 275; vgl. zur Haltung Miquels GStA PK, I. HA, Rep. 151, Sitzungen des Staatsministeriums am 19. Oktober 1894, 31. Oktober 1894, 9. April 1895 und 20. April 1895.

148 BORN, Reichsgründung, S. 275; DERS., Staat, S. 123, 139 f.; KÖHNE, Nationalliberale, S. 108–116; zu Miquel HERZFELD, Miquel II, S. 458 ff.; GStA PK, I. HA, Rep. 151HB, Nr. 821, Sitzung des Staatsministeriums am 13. Februar 1895; Miquel im Abgeordnetenhaus am 24. Juli 1897 (SCHULZE/THIMME, Reden IV, S. 283–294).

149 GStA PK, I. HA, Rep 151HB, Nr. 821, Sitzung des Staatsministeriums am 2. Februar 1895; auch abgedruckt in RUDLOFF, Quellensammlung III/4, S. 203 f.

150 Vgl. HERZFELD, Miquel II, S. 536 f., der allerdings besonders die Skepsis Miquels gegen das Gesetz hervorhebt; ferner allgemein zur Zuchthausvorlage BORN, Staat, S. 146–166; KÖHNE, Nationalliberale, S. 248–271.

151 Vgl. zu Miquels Sammlungspolitik HERZFELD, Miquel II, S. 519–528; NIPPERDEY, Geschichte II, S. 721 f.; WEHLER, Gesellschaftsgeschichte III, S. 660 f., 1006 ff., 1138; ZACHAU, Kanzlerschaft, S. 388–391; WINKLER, Weg, S. 268–274; TORP, Coalition, S. 418 f., 423–426; ALDENHOFF-HÜBINGER, Agrarpolitik, S. 171 f.

152 Vgl. allgemein BORN, Reichsgründung, S. 274.

153 Miquel im Abgeordnetenhaus am 1. April 1897 (Stenographische Berichte über die Verhandlungen des Preußischen Abgeordnetenhauses 1897 III, S. 1954); ähnlich Miquel im Abgeordnetenhaus am 18. Juni 1895 (SCHULZE/THIMME, Reden IV, S. 173).

154 Vgl. etwa Miquel im Abgeordnetenhaus am 24. Juli 1897 (SCHULZE/THIMME, Reden IV, S. 288).

155 Das Protokoll ist abgedruckt in Agrarkonferenz.

156 Sozialdemokratischer Parteitag in Frankfurt am Main vom 21. bis 27. Oktober 1894, S. 142–152 (http://library.fes.de/parteitage/pdf/pt-jahr/pt-1894.pdf; zuletzt abgerufen am 5. Juni 2015).

157 Miquel an den Kaiser und König am 10. November 1894 (GStA PK, I. HA, Rep. 89H), abgedruckt in PUHLE, Interessenpolitik, S. 329 f.

158 Im Abgeordnetenhaus rechtfertigte Miquel am 21. 01. 1896 die Ausgaben des Staates für die Preußenkasse damit, dass es im Interesse nicht nur «*der Gerechtigkeit und des sozialen Ausgleichs*», sondern auch «*der politischen Lage des Staates von der höchsten Bedeutung*» sei, der Landwirtschaft als einem «*kranken Glied*» der Gesellschaft zu

helfen. Vgl. Stenographische Berichte über die Verhandlungen des Preußischen Abgeordnetenhauses 1896 I, S. 37.

159 HERZFELD, Miquel II, S. 334, 476.

160 So lehnte er zum Beispiel in den 1880er-Jahren das von Bismarck unablässig geforderte staatliche Tabakmonopol ab. Vgl. HERZFELD, Miquel I, S. 470 f.

161 HERZFELD, Miquel II, S. 542 f.

162 Ebd., S. 543 ff.; GStA PK, I. HA, Rep. 151HB, Nr. 1275, Miquel an Posadowsky-Wehner am 21. Oktober 1898.

163 KARDORFF, Wilhelm von Kardorff, S. 326 f.

164 GStA PK, I. HA, Rep. 151 HB, Nr. 1603, Sitzung des Staatsministeriums am 4. Februar 1895; ‹Votum des Finanzministers betreffend die Hebung und Befestigung des Silberwerths›, 1.Oktober 1895; vgl. auch HERZFELD, Miquel II, S. 477.

165 HERZFELD, Miquel II, S. 15 f., 28 f.

166 Ebd., S. 327 ff.

167 Vgl. ebd., S. 328 f.; ferner allgemein zu den Einfuhrscheinen ALDENHOFF-HÜBINGER, Agrarpolitik, S. 187–189; TORP, Herausforderung, S. 208.

168 Vgl. HERZFELD, Miquel II, S. 585–596; ferner ausführlich zu den zollpolitischen Vorstellungen der verschiedenen Regierungsstellen TORP, Herausforderung, S. 251–296; MOMMSEN, Bürgerstolz, S. 205–212.

169 HERZFELD, Miquel I, S. 345 ff., 351–355; DERS., Miquel II, S. 422 f.

170 HERZFELD, Miquel I, S. 351 f.; DERS., Miquel II, S. 425 f.

171 Miquel im Abgeordnetenhaus am 10. Februar 1899 (Stenographische Berichte über die Verhandlungen des Preußischen Abgeordnetenhauses 1899 I, S. 461).

172 Miquel im Lande-Oekonomie-Kollegium am 23. Januar 1879. Vgl. VEREIN FÜR SOCIALPOLITIK, Kolonisation, S. 82 f.; vgl. ferner Miquel im Abgeordnetenhaus am 10. Februar 1899 (Stenographische Berichte über die Verhandlungen des Preußischen Abgeordnetenhauses 1899 I, S. 461; Miquel im Abgeordnetenhaus am 26. April 1901 (SCHULZE/THIMME, Reden IV, S. 452).

173 Zum Beispiel Miquel im Abgeordnetenhaus am 4. Dezember 1873 (SCHULZE/THIMME, Reden II, S. 178); Miquel im Abgeordnetenhaus am 21. Januar 1874 (ebd., S. 189); Miquel im Abgeordnetenhaus am 6. Februar 1875 (ebd., S. 226); Miquel im Abgeordnetenhaus am 10. Februar 1899 (Stenographische Berichte über die Verhandlungen des Preußischen Abgeordnetenhauses 1899 I, S. 461).

174 So Miquel auf der Agrarkonferenz 1895. Vgl. Agrarkonferenz, S. 56 f., 86.

175 Zum Beispiel Miquel im Abgeordnetenhaus am 23. April 1894 (SCHULZE/THIMME, Reden IV, S. 128); Miquel im Abgeordnetenhaus am 28. März 1896 (ebd., S. 198 f.).

176 Miquel im Abgeordnetenhaus am 23. März 1896 (Stenographische Berichte über die Verhandlungen des Preußischen Abgeordnetenhauses 1896 II, S. 1572).

177 Miquel im Abgeordnetenhaus am 24. April 1894 (SCHULZE/THIMME, Reden IV, S. 127 f.); Agrarkonferenz, S. 56 f.

178 Vgl. die Ausführungen Miquels zum Prinzip im Herrenhaus am 28. März 1889 (SCHULZE/THIMME, Reden III, S. 239–243); Miquel im Abgeordnetenhaus am 15. Mai 1899 (DIES., Reden IV, S. 364 f.); Miquel im Abgeordnetenhaus am 26. April 1901 (ebd., S. 453); vgl. auch Miquel bereits in den Verhandlungen des Vereins für Socialpolitik am 9. Oktober 1882 (VEREIN FÜR SOCIALPOLITIK, Verhandlungen 1882, S. 34 f.).

179 Zum Prinzip vgl. Miquel in Agrarkonferenz, S. 253; Miquel im Herrenhaus am 20. Januar 1896 (SCHULZE/THIMME, Reden IV, S. 185–190).

180 Prägnant Miquel in einem Schreiben an Albert Schäffle vom 8. September 1894: «*Ein in vielen Richtungen beschränktes Eigentum kann allein das Eigentum retten*» (zit. n. DAMASCHKE, Geschichte, S. 355); vgl. dazu auch HOFER, Freiheit, S. 264 ff., die Miquel besonders als Rechtspolitiker herausstellt, der den Vertragsfreiheitsgedanken vertreten habe: die Freiheit nämlich, zum Beispiel auch Verträge abzuschließen, die (wie die Erbpacht) die Verfügung über das Eigentum einschränkten.

181 HERZFELD, Miquel I, S. 349 f. – Ähnliches erreichte er 1879 für die Provinz Westfalen. In den Folgejahren wurden auch für andere Provinzen höferechtliche Gesetze erlassen; vgl. HERMES/WYGODZINSKI, Anerbenrecht, S. 294. – Intestat-Anerbenrecht heißt: Das Anerbenrecht tritt ein, wenn der Eigentümer sich nicht ausdrücklich anders entscheidet.

182 Miquel im Abgeordnetenhaus am 6. Februar 1875 (SCHULZE/THIMME, Reden II, S. 225 f.); HERZFELD, Miquel I, S. 353 f.

183 Vgl. zu Miquels Mitwirkung HERZFELD, Miquel II, S. 73–83; BERNHARD, Gemeinwesen, S. 116–122.

184 KRAUSE, Rentengüter, S. 21.

185 Miquel auf der Generalversammlung des Vereins für Socialpolitik am 09. 10. 1882, Schriften des Vereins für Socialpolitik, Bd. 21, S. 35; Miquel im Abgeordnetenhaus am 24. April 1894 (Stenographische Berichte über die Verhandlungen des Preußischen Abgeordnetenhauses 1894 III, S. 1740); HERMES/WYGODZINSKI, Anerbenrecht, S. 295.

186 GStA PK, I. HA, Rep. 87B, Nr. 9936, Sitzungen des Staatsministeriums am 8. Dezember 1893 und 10. Januar 1894; Miquel im Abgeordnetenhaus am 23. April 1894 (SCHULZE/THIMME, Reden IV, S. 130); Miquel im Abgeordnetenhaus am 24. April 1894 (Stenographische Berichte über die Verhandlungen des Preußischen Abgeordnetenhauses 1894 III, S. 1740 f.); ferner allgemein zu den Landwirtschaftskammern ALDENHOFF-HÜBINGER, Agrarpolitik.

187 Miquel im Herrenhaus am 20. Januar 1896 (SCHULZE/THIMME, Reden IV, S. 185–190); Miquel im Abgeordnetenhaus am 23. März 1896 (SCHULZE/THIMME, Reden IV, S. 197–203).

188 Diese Erbabfindungen sind allerdings kaum in Anspruch genommen worden. Vgl. SCHULTE, Rentenbanken, S. 18.

189 HERZFELD, Miquel II, S. 489 f.

190 KRAUSE, Kolonisation, S. 448.

191 Miquel im Abgeordnetenhaus am 15. Mai 1899 (SCHULZE/THIMME, Reden IV, S. 366); Miquel im Abgeordnetenhaus am 26. April 1901 (ebd., S. 454); KRAUSE, Kolonisation, S. 455.

192 Hintergrund war die starke Abwanderung aus den Ostprovinzen; während von 1895 bis 1900 675 000 Personen in die westlichen und mittleren Provinzen Preußens zuzogen, verloren die östlichen Provinzen 473 000 Personen. Vgl. BADE, ‹Preußengänger›, S. 96.

193 Miquel im Abgeordnetenhaus am 10. Februar 1899 (Stenographische Berichte über die Verhandlungen des Preußischen Abgeordnetenhauses 1899 I, S. 461); Miquel im Abgeordnetenhaus am 15. Mai 1899 (SCHULZE/THIMME, Reden IV, S. 366 f.).

194 Miquel im Abgeordnetenhaus am 10. Februar 1899 (Stenographische Berichte über die Verhandlungen des Preußischen Abgeordnetenhauses 1899 I, S. 459).

195 Vgl. zum Wandel von Miquels Polenpolitik HERZFELD, Miquel II, S. 497 f., 573–580; ferner Miquel im Abgeordnetenhaus am 15. Januar 1901 (SCHULZE/THIMME, Re-

den IV, S. 431): «*Glauben Sie* [die Polen], *daß es jemals gelingen wird, diese polnischen Landesteile, schon halb deutsch, einige Tagesmärsche von Berlin belegen, dem preußischen Staat wieder zu entreißen? Das wird und kann nicht gelingen, solange Preußen und Deutschland bestehen*».

196 Clemens Delbrück im Herrenhaus am 29. März 1898 (Stenographische Berichte über die Verhandlungen des Preußischen Herrenhauses 1898 I, S. 144).

197 HERZFELD, Miquel II, S. 575; Miquel im Herrenhaus am 29. März 1898 (Stenographische Berichte über die Verhandlungen des Preußischen Herrenhauses 1898, S. 157): «*ich habe nun schon über diese Frage in den letzten Tagen fünf Mal gesprochen*».

198 Vgl. zum Beispiel die Etatdebatte im Abgeordnetenhaus am 15. Januar 1901 (SCHULZE/THIMME, Reden IV, S. 427–434).

199 Miquel im Abgeordnetenhaus am 27. März 1897 (SCHULZE/THIMME, Reden IV, S. 267 ff.); Miquel im Abgeordnetenhaus am 20. Januar 1898 (ebd., S. 297–305); Miquel im Herrenhaus am 29. März 1898 (Stenographische Berichte über die Verhandlungen des Preußischen Herrenhauses 1898, S. 156 ff.); Miquel im Abgeordnetenhaus am 16. März 1900 (Stenographische Berichte über die Verhandlungen des Preußischen Abgeordnetenhauses 1900 II, S. 3251 ff.); Miquel im Abgeordnetenhaus am 15. Januar 1901 (SCHULZE/THIMME, Reden IV, S. 427–435).

200 Vgl. zum Beispiel die Voten Serings (Agrarkonferenz, S. 9, 15–18), Miquels (ebd., S. 55, 84), Kanitz-Podangens (ebd., S. 188 f.) und Schmollers (ebd., S. 265 f.).

201 BRENTANO, Agrarpolitik, S. 136.

202 ALTROCK, Entschuldung, S. 763.

203 Dies zum Beispiel auf der Agrarkonferenz im Mai/Juni 1894 gegen den ausdrücklichen Widerspruch des Nationalökonomen Johannes Conrad, der die Umwandlung der schwebenden Schuld «*auf die faule Brücke des Realkredits*» als die Hauptursache der Realkreditverschuldung ausmachte. Vgl. Agrarkonferenz, S. 69 f.

204 Miquel im Abgeordnetenhaus am 18. Juni 1895 (SCHULZE/THIMME, Reden IV, S. 174). – Zu den Einsatzmöglichkeiten von Real- und Personalkredit vgl. auch die Äußerungen Miquels im Abgeordnetenhaus am 3. Mai 1895 (Stenographische Berichte über die Verhandlungen des Preußischen Abgeordnetenhauses 1895 III, S. 1927); Begründung des Gesetzentwurfs vom 6. Juli 1895 in: Anlagen zu den Stenographischen Berichten über die Verhandlungen des Preußischen Abgeordnetenhauses 1895 V, Nr. 288, S. 2888; Miquel im Herrenhaus am 8. Juli 1895 (SCHULZE/THIMME, Reden IV, S. 133); GStA PK, I. HA, Rep. 151C, Nr. 10312, Sitzung des Ausschusses der Preußenkasse am 27. November 1895; Miquel im Herrenhaus am 29. März 1898 (Stenographische Berichte über die Verhandlungen des Preußischen Herrenhauses 1898, S. 140).

205 Siehe oben, S. 112.

206 HERZFELD, Miquel II, S. 486; Miquel im Abgeordnetenhaus am 23. April 1896 (SCHULZE/THIMME, Reden IV, S. 206–212); RITTER, Kornspeicher, S. 891 f.

207 Miquel gelang die Rediskontierung dieser Wechsel bei der Reichsbank (siehe oben, S. 114).

208 GStA PK, I. HA, Rep. 151 C, Nr. 10324, Miquel an das Direktorium der Preußenkasse vom 18. September 1897, Miquel an den Minister für Landwirtschaft am 18. September 1897 und 9. Dezember 1897 (Zitat), Erlass des Ministers für Landwirtschaft an die Oberpräsidenten vom 24. September 1897.

209 GStA PK, I. HA, Rep. 151C, Nr. 10322, Korrespondenz von Hammerstein, Miquel,

Oberpräsident Provinz Posen, Direktorium Preußenkasse zwischen Juni 1896 und Juni 1897; BERNHARD, Gemeinwesen, S. 228–231, 295 f.; GUINNANE, Selbsthilfe, S. 136.

210 Miquel im Herrenhaus am 28. März 1889 (SCHULZE/THIMME, Reden III, S. 241 f.); ähnlich Miquel im Verein für Socialpolitik 1882, Schriften des Vereins für Socialpolitik 21, S. 52 f.

211 Vgl. etwa: Miquel im Abgeordnetenhaus, 13. 11. 1877, Reden II, S. 382; Miquel im Verein für Socialpolitik 1882 (VEREIN FÜR SOCIALPOLITIK, Verhandlungen (1882), S. 52); Miquel im Herrenhaus am 28. März 1889 (SCHULZE/THIMME, Reden III, S. 241 f.); Miquel in der Sachverständigenanhörung am 18. Mai 1895 (Vorgeschichte, S. 37); Miquel im Abgeordnetenhaus am 24. Juli 1897 (SCHULZE/THIMME, Reden IV, S. 289).

212 Die amtliche Statistik unterschied ab 1882 kleinbäuerliche (bis fünf Hektar Nutzfläche), mittelbäuerliche (fünf bis 20 Hektar) und großbäuerliche (20 bis 100 Hektar) Betriebe. Betriebe ab 100 Hektar galten als Großgrundbesitz. Vgl. WAGNER, Bauern, S. 406 f. – Der regelmäßige Verkauf von Roggen begann ab einer Betriebsfläche von fünf Hektar, der von Weizen ab drei Hektar. Vgl. HARNISCH, Agrarstaat, S. 45; ähnlich SCHMOLLER, Worte, S. 242.

213 Vgl. Miquel in der 2. Hannoverschen Kammer am 7. Mai 1864 (SCHULZE/THIMME, Reden I, S. 85–88); MOMMSEN, Miquel, S. 128 f., 147 f., 152 ff., 158 ff.; HERZFELD, Miquel I, S. 32.

214 Vgl. etwa Miquel im Abgeordnetenhaus am 13. November 1877 (SCHULZE/THIMME, Reden II, S. 382); Miquel im Verein für Socialpolitik 1882 (VEREIN FÜR SOCIALPOLITIK, Verhandlungen 1882, S. 52); Miquel im Verein für Socialpolitik 1886 (VEREIN FÜR SOCIALPOLITIK, Verhandlungen 1886, S. 124 f.); Miquel auf dem Nationalliberalen Delegiertentag am 8. August 1885 (SCHULZE/THIMME, Reden II, S. 141, 144); Miquel im Herrenhaus am 28. März 1889 (SCHULZE/THIMME, Reden III, S. 241 f.); Miquel in der Sachverständigenanhörung am 18. Mai 1895 (Vorgeschichte, S. 36); Miquel im Ausschuss der Preußenkasse (GStA PK, I. HA, Rep. 151C, Nr. 10312, Sitzung des Ausschusses der Preußenkasse am 27. November 1895); Miquel im Abgeordnetenhaus am 15. Februar 1898 (Stenographische Berichte über die Verhandlungen des Preußischen Abgeordnetenhauses 1898 I, S. 679); GStA PK, I. HA, Rep. 151C, Nr. 10271, Miquel an Korthaus vom 4. Mai 1899.

215 Miquel im Abgeordnetenhaus am 23. April 1896 (SCHULZE/THIMME, Reden IV, S. 206–212).

216 Miquel im Abgeordnetenhaus am 15. Februar 1898 (Stenographische Berichte über die Verhandlungen des Preußischen Abgeordnetenhauses 1898 I, S. 677); ähnlich Vortrag im Verein für Kunst und Wissenschaft in Hamburg am 29. Oktober 1878 (SCHULZE/THIMME, Reden III, S. 19).

217 Miquel prägnant zur Behandlung der Arbeiterfrage anlässlich der Gründung des Vereins für Socialpolitik: «*Es kommt alles darauf an, daß die Frage der Staatsintervention und ihrer Ausdehnung nicht prinzipiell, sondern im einzelnen Falle durch Proposition einzelner praktischer Maßregeln berührt wird*»; Miquel an Schmoller vom 20. August 1872, abgedruckt in STREMMEL/TENNSTEDT/FLECKENSTEIN, Quellensammlung I/8, S. 350 f.

218 Vgl. etwa: Miquel 23. 01. 1879 vor dem Landes-Oekonomie-Kollegium, Schriften des Vereins für Socialpolitik, Bd. 32, S. 84; Miquel im Abgeordnetenhaus am 15. Februar 1898 (Stenographische Berichte über die Verhandlungen des Preußischen Abgeordne-

tenhauses 1898 I, S. 677); Miquel im Abgeordnetenhaus am 28. Februar 1900 (Stenographische Berichte über die Verhandlungen des Preußischen Abgeordnetenhauses 1900 II, S. 2035).

219 Miquel zu Parisius in der Sachverständigenanhörung am 18. Mai 1895 (Vorgeschichte, S. 38) sowie im Abgeordnetenhaus am 1. April 1897 (Stenographische Berichte über die Verhandlungen des Preußischen Abgeordnetenhauses 1897 II, S. 1961); ferner zu Richter Miquel im Abgeordnetenhaus am 23. April 1894 (SCHULZE/THIMME, Reden IV, S. 132) sowie im Abgeordnetenhaus am 15. Februar 1898 (Stenographische Berichte über die Verhandlungen des Preußischen Abgeordnetenhauses 1898 I, S. 677).

220 MOMMSEN, Biographie, S. 549 f.; HERZFELD, Miquel I, S. 6; DERS., Miquel II, S. 416–421 (Begriff der ‹konservativen Wendung›, S. 420).

221 Der Anteil der von der Landwirtschaft lebenden Bevölkerung an der Gesamtbevölkerung ging im Deutschen Reich von 42,5 Prozent (1882) auf 35,8 Prozent (1895) und 28,6 Prozent (1907) zurück. Zahlen nach HENTSCHEL, Wirtschaft, S. 44; HARNISCH, Agrarstaat, S. 36, 47, gibt einen Überblick über die Debatte der Jahrhundertwende, ob Deutschland vorrangig ein Agrarstaat bleiben oder ein Industriestaat werden solle.

222 Diese Aktivitäten standen im Gegensatz zu dem ‹gelassenen Fatalismus› des Reichskanzlers Hohenlohe, der meinte, es gebe keine Mittel mehr, die Landbevölkerung wieder zu stärken, nachdem Deutschland nun einmal ein Industriestaat geworden sei. Vgl. HERZFELD, Miquel II, S. 437; Hohenlohes Meinung wird zitiert und als realistisch beurteilt von HARNISCH, Agrarstaat, S. 37 f.

223 Miquel im Abgeordnetenhaus am 24. April 1894 (Stenographische Berichte über die Verhandlungen des Preußischen Abgeordnetenhauses 1894 III, S. 1741).

224 HERZFELD, Miquel II, S. 452 f.; Miquels Vorschlag wurde nur abgeschwächt Gesetz; die Handwerksordnung von 1897 sah nur gebietsweise Zwangsinnungen vor. In den 1860er-Jahren hatte Miquel Zwangsinnungen abgelehnt.

225 HERZFELD, Miquel II, S. 452.

226 Miquel im Abgeordnetenhaus am 15. Mai 1899/Schulze/Thimme, Reden IV, S. 365).

227 So am – erfolgreichen – Beispiel des Zuckerzolls; Miquel im Abgeordnetenhaus am 28. April 1896 (SCHULZE/THIMME, Reden IV, S. 210 f.).

228 So Miquel bei der Beratung des Etats der Preußenkasse im Abgeordnetenhaus am 1. April 1897 (Stenographische Berichte über die Verhandlungen des Preußischen Abgeordnetenhauses 1897 III, S. 1961); ferner Miquel über Kornhäuser im Abgeordnetenhaus am 28. April 1896 (SCHULZE/THIMME, Reden IV, S. 210 f.).

229 HERZFELD, Miquel I, S. 413 ff.; DERS., Miquel II, S. 146, 350–372; ULLMANN, Steuerstaat, S. 72–76.

230 Miquel im Abgeordnetenhaus am 25. November 1896 (SCHULZE/THIMME, Reden IV, S. 235 f.).

231 Ebd., S. 237 ff.; HERZFELD, Miquel II, S. 470 f.

232 HERZFELD, Miquel II, S. 568 ff.

233 Die preußische Finanzverwaltung hat in den Rechnungsjahren 1895/96 bis 1900 Überschüsse erzielt. Vgl. KASSNER, Steuerreformer, S. 211, 235.

234 Neueste, umfassende Darstellungen (aus einer Vielzahl älterer Studien) sind THIER, Steuergesetzgebung (auf Archivstudien fußend); KASSNER, Steuerreformer; MATHIAK, Einkommensteuergesetz; ferner die steuersystematische Analyse HANSEN, Konsequenzen; vgl. unter den Gesamtdarstellungen zur deutschen Geschichte NIPPERDEY, Geschichte II, S. 174–177.

235 Gesetz zur Aufhebung der direkten Staatssteuern und Kommunalabgabengesetz. – Die Einkommensteuer blieb allerdings die wichtigste Gemeindesteuer. Vgl. Ullmann, STEUERSTAAT, S. 69 f.; KASSNER, Steuerreformer, S. 216–219.

236 Diese letztere Kritik zieht sich – mit unterschiedlicher Schärfe – durch viele neuere Darstellungen.

237 Zahlenvergleiche bei HENTSCHEL, Wirtschaft, S. 157–160.

238 Vgl. zum Beispiel KASSNER, Steuerreformer, S. 109; THIER, Steuergesetzgebung, S. 453–456.

239 Diesen Systemunterschied erörtert nur Reginald Hansen. Vgl. HANSEN, Beitrag, S. 20–23, 28–32; DERS., Konsequenzen, S. 74–82.

240 HANSEN, Beitrag, S. 30 f.; MATHIAK, Einkommensteuergesetz, S. 137.

241 Ausführliche Darstellung bei THIER, Steuergesetzgebung, S. 594–623.

242 1895 wurde der Steuersatz bei der Vermögensteuer von 0,5 auf 5,26 Promille erhöht, weil der Steuerertrag – vermutlich wegen der fehlenden Selbstanzeigeverpflichtung – zu niedrig ausgefallen war. Vgl. KASSNER, Steuerreformer, S. 215; ferner zur Steuervermeidung bei Einkommen- und Vermögensteuer die Darstellung der Veranlagungspraxis bis 1901 bei MATHIAK, Einkommensteuergesetz, S. 321–352; zu den legalen Steuervermeidungspraktiken, die das dem Quellenprinzip verpflichtete Einkommensteuergesetz ermöglichte, HANSEN, Konsequenzen, S. 81–96.

243 THIER, Steuergesetzgebung, S. 533, 540, 550 f.; WEHLER, Gesellschaftsgeschichte III, S. 888 f.

244 Miquel schrieb in seiner Denkschrift vom 28. Mai 1892, dass die öffentlichen Lasten der Gutsbezirke noch zunähmen (zit. n. THIER, Steuergesetzgebung, S. 547); ähnlich Bennigsen in einem Schreiben an Miquel vom 25. Juni 1892 (ONCKEN, Bennigsen, S. 567).

245 THIER, Steuergesetzgebung, S. 438 f.

246 Ebd., S. 518. – Es waren diese beiden Reformteile, bei denen Miquel die stärksten Widerstände zu überwinden hatte. Er versah zum Beispiel die Entwürfe beider Gesetze auch mit eigenhändig verfassten Begründungen. Vgl. ebd., S. 436 f., 520, 522 f.; HERZFELD, Miquel II, S. 267 ff.

247 Ausführlich zum Gang des Gesetzgebungsverfahrens THIER, Steuergesetzgebung, S. 520–529 (zur Begründung der Realsteuerdezentralisierung), 544–551 (zur Frage der Gutsbezirke). – Die *«entschiedene Hinwendung zu den Interessen des Grundbesitzes»* seit Mitte der 1880er-Jahre dürfte allerdings nicht, wie THIER, Steuergesetzgebung, S. 550 f., vermutet, Miquel die Inkaufnahme der gutsbezirklichen Sonderstellung erleichtert haben; die Fürsorge Miquels in dieser Zeit galt dem bäuerlichen Mittelstand, nicht dem Großgrundbesitz.

248 So auch das Gesamturteil bei THIER, Steuergesetzgebung, S. 456, 530 ff., 568.

249 MOMMSEN, Miquel, S. 90 f.; SCHMOLLER, Gedenkrede, S. 18.

250 Miquel entnahm der Konferenz tatsächlich allgemeine Zustimmung zu seinem Projekt (GStA PK, I. HA, Rep. 87, Nr. 9884, Sitzung des Staatsministeriums am 27. Mai 1895), wobei offenbar keine genossenschaftliche Richtung (absichtlich) von der Teilnahme ausgeschlossen worden war. Auch Wilhelm Haas, der später mit der strengen Führung der Preußenkasse in Streit geriet, hatte anfängliche Bedenken fallen gelassen (Vorgeschichte, S. 39). Grundsätzlich opponiert (Ablehnung von Staatseingriffen) hatte nur Ludolf Parisius vom Allgemeinen Verband der Schulze-Delitzsch'schen Genossenschaften (Vorgeschichte, S. 37 f.); ein weiterer Vertreter des Allgemeinen

Verbandes, Friedrich Schenck, war ebenfalls eingeladen worden, konnte aber krankheitshalber nicht teilnehmen. Auch in Einzelfragen sah Miquel sich durch die abweichenden Voten einzelner Teilnehmer nicht zu einer Änderung des in die Konferenz eingebrachten Konzepts veranlasst; er blieb zum Beispiel dabei, den Direktverkehr mit den Einzelgenossenschaften nicht, die Kapitalbeteiligung der Verbände und die Einbeziehung der Sparkassen in den Geschäftskreis nicht sofort vorzusehen. Der Gesetzentwurf blieb in der Anhörung der alte.

251 GStA PK, I. HA, Rep 87B, Nr. 9936, Sitzung des Staatsministeriums am 22. Dezember 1893.

252 Überblick bei GORGES, Sozialforschung, S. 159–163.

253 SCHMOLLER, Gedenkrede, S. 12 f. – Die Begründung zum Preußenkasse-Gesetz vom 6. Juli 1895 verwies ausdrücklich auf die Untersuchungen des Vereins (VEREIN FÜR SOCIALPOLITIK, Wucher), die den existenzgefährdenden Mangel an vorübergehenden ländlichen Krediten nachgewiesen hätten (Bericht der Budgetkommission vom 28. Juni 1895, in: Anlagen zu den Stenographischen Berichten über die Verhandlungen des Preußischen Abgeordnetenhauses 1895 V, Nr. 288, S. 2888).

254 HERZFELD, Miquel I, S. 486; DERS., Miquel II, S. 409; SCHMOLLER, Gedenkrede, S. 13.

255 So in einem Schreiben an Schmoller 1897, in dem er diesem für die Übersendung seiner Mittelstandsschrift dankte. Vgl. HERZFELD, Miquel II, S. 536. – Schmoller hatte in dieser Schrift unter anderem – gegen die marxistisch-orthodoxe Sozialdemokratie (und ganz im Sinne Miquels) – ausgeführt, dass der bäuerliche Mittelbetrieb gegenüber dem Großbetrieb lebensfähig bleibe; die Wirtschafts-, Handels- und Kreditpolitik sowie die ländlichen Genossenschaften müssten allerdings dabei helfen. Vgl. SCHMOLLER, Mittelstande, S. 148 f.

256 Schmoller nahm jedoch – und das rückte ihn nach 1895 ein Stück von Miquel ab – die gefühlte Umsturzgefahr dieser Jahre nicht zum Anlass, aus der Arbeiter-Sozialpolitik scharfe Repressionspolitik zu machen. Nichts wäre falscher, appellierte er im September 1894 an den Verein für Socialpolitik, als wenn auch *«in unserem Kreise die Furcht vor anarchistischen Verbrechen, vor der nahenden sozialdemokratischen Revolution platzgriffe und unsere Thätigkeit lähmte»*; sogar ein vorübergehender Sieg der Revolution dürfe *«nicht davon abhalten, das Berechtigte in der Arbeiterbewegung anzuerkennen»*. Vgl. VEREIN FÜR SOCIALPOLITIK, Verhandlungen (1893), S. 132 f.

257 Vgl. zur Abgrenzung Schmollers gegen Brentano und Wagner LINDENLAUB, Richtungskämpfe, S. 88 f., 94 f., 112–115, 126 ff., 197 f.; HANSEN, Schmoller, S. 117–120, 123–126, 131, 138, 148 f.

258 Vgl. HERZFELD, Miquel II, S. 260 f.; SCHMOLLER, Theorie, S. 430 f.; ferner zum allgemeinen Meinungsbild in der Nationalökonomie THIER, Steuergesetzgebung, S. 525 ff.

259 Diese Darstellung folgt HANSEN, Beitrag. Sie zeigt, wie wenig (wie HERZFELD, Miquel II, S. 210, es tut) Wagner und Schmoller in einen steuerpolitischen Topf geworfen werden können und dass Wagner nicht ohne Weiteres der *«auch für Miquel wichtigste Kopf dieser Generation»* (ebd., S. 212; HERZFELD, Miquel I, S. 486) gewesen ist. – Schmoller hatte seinen steuerlich relevanten Einkommensbegriff zuerst 1863 formuliert. Vgl. SCHMOLLER, Lehre.

260 In einem Brief an Miquel vom 26. 09. 1892; zit. bei THIER, Steuergesetzgebung, S. 525, 600.

261 BRENTANO, Erbrechtspolitik, S. 322; DERS., Leben, S. 173.

262 Bis zur Ablösung der Renten durften die Rentengutsbesitzer das Gut weder teilen noch veräußern.

263 BRENTANO, Agrarpolitik, S. 99–138; DERS., Erbrechtspolitik, S. 321–355; DERS., Leben, S. 172–177, 181. – Zur Preußenkasse hat sich Brentano augenscheinlich nicht öffentlich geäußert.

264 Anlässlich der Beratungen des Anerbengesetzes für die Provinz Westfalen im Herrenhaus am 16. Februar 1898 (Stenographische Berichte über die Verhandlungen des Preußischen Herrenhauses 1898, S. 36); ebenso im Abgeordnetenhaus am 23. Februar 1898 (vgl. BRENTANO, Erbrechtspolitik, S. 359).

265 Vgl. zu Miaskowski ALDENHOFF, Miaskowski. Miaskowski brachte seine – offenbar – einflussreichen agrarpolitischen Reden und Aufsätze 1889 in einem Sammelband heraus. Vgl. MIASKOWSKI, Zeit- und Streitfragen (dort, S. 21 f., 35 f., auch ein Votum für den Ausbau des ländlichen Personalkredits 1888). Vgl. ferner zu Sering ALDENHOFF-HÜBINGER, Sering; zu Max Weber die verschiedenen in WEBER, Landarbeiterfrage, abgedruckten Aufsätze (unter anderem auch zur Agrarkonferenz 1894) und die dazu gehörenden editorischen Bemerkungen; außerdem RADKAU, Weber, S. 13 f., 138, 141.

266 SCHMOLLER, Vorschläge, S. 148 f.; VEREIN FÜR SOCIALPOLITIK, Verhandlungen (1893), S. 222; SERING, Arbeitsverfassung, S. 142. – Schmoller stand der Herleitung der rentenpolitischen Vorschläge aus dem Kapitalbegriff (landwirtschaftliche Grundstücke seien kein Kapital) und auch den doktrinären staatssozialistischen Lehren des Rodbertus jedoch ablehnend gegenüber. Vgl. SCHMOLLER, Grundriß I, S. 97; DERS., Grundriß II, S. 191 f.; vgl. zur inneren Verwandtschaft Miquels mit Rodbertus, obwohl er sich nie ausdrücklich auf diesen bezog, auch HERZFELD, Miquel I, S. 342, und HOFER, Freiheit, S. 269; ferner zur Kritik an Rodbertus BRENTANO, Agrarpolitik, S. 105–112, 120 ff.; Brentano konnte mit einigem Recht sagen (ebd., S. 120), dass über der Agrarkonferenz von 1894 *«der Geist des Rodbertus wie der eines Schutzpatrons geschwebt habe»*. – Die aufsehenerregende Schrift von Rodbertus ist RODBERTUS-JAGETZOW, Erklärung.

267 Siehe das Referat über die ‹innere Kolonisation mit Rücksicht auf die Erhaltung und Vermehrung des mittleren und kleineren ländlichen Grundbesitzes› in den Verhandlungen des Vereins für Socialpolitik 1886. Vgl. VEREIN FÜR SOCIALPOLITIK, Verhandlungen (1887), S. 91–101.

268 SCHMOLLER, Worte, S. 622–629.

269 Miquel in den Verhandlungen des Vereins für Socialpolitik 1886. Vgl. VEREIN FÜR SOCIALPLITIK, Verhandlungen (1887), S. 121–125; ferner HERZFELD, Miquel II, S. 474 f.; GStA PK, NL Schmoller, Nr. 187, Miquel an Schmoller vom 13. April 1895. – Die Radikalität des Schmoller'schen Ankaufsplans von einer Million Hektar in zwei bis drei Jahren wird deutlich, wenn man diesen Plan mit den aufgrund der Rentengutsgesetze von 1890/91 getroffenen Maßnahmen vergleicht; bis Anfang 1895 waren erst Stellen mit 74 000 Hektar geschaffen worden (vgl. SCHMOLLER, Worte, S. 62).

270 Schmoller auf der Agrarkonferenz 1894. Vgl. Agrarkonferenz, S. 53; ferner SCHMOLLER, Grundriß I, S. 411.

271 GStA PK, I. HA, Rep. 87B, Nr. 9936, Votum Metz, Schmoller, Zedlitz, Paasche, 2. Juni 1894.

272 Schmoller auf der Agrarkonferenz 1894. Vgl. Agrarkonferenz, S. 266; siehe auch ebd., S. 53. – Die falschen Anreize des Realkredits hatte bereits einer der Referenten im

Landwirtschaftsministerium, Geheimrat Hugo Thiel, 1886 im Verein für Socialpolitik in Gegenwart Miquels (und Schmollers) angeprangert: Er verführe «*zu mangelnder wirtschaftlicher Fürsorge*» und zum Beispiel auch zum Verzicht auf kaufmännische Buchführung. Der Personalkredit dagegen habe einen positiven erzieherischen Wert. Man frage immer: «*Was ist der Mann werth, nicht, was ist das Grundstück werth?*» Vgl. Verein für Socialpolitik, Verhandlungen (1887), S. 118 f.; ähnlich in Sering, Arbeiterverfassung, S. 210 f.

273 Schmoller, Grundriß II, S. 871 f.

274 GStA PK, I. HA, Rep. 151C, Nr. 10313, Ausschusssitzungen am 12. Mai 1899 und 11. Mai 1901.

275 Die Geschichte der agrarpolitischen Wirksamkeit des Vereins für Socialpolitik und seiner Mitglieder ist noch nicht geschrieben worden. Gemeinhin wird den Kathedersozialisten nur ein geringer Einfluss auf die praktische Politik (mit Ausnahme der Sozialpolitik) zugeschrieben. Vgl. zuletzt Plumpe, Gründerkrach, S. 34 f. Dabei wird jedoch die preußische Agrargesetzgebung ganz außer Acht gelassen. Grimmer-Solem, Rise, S. 229–235, der die Vorschläge Schmollers und Miaskowskis zur Stabilisierung des agrarischen Mittelstandes beschreibt, deutet nur flüchtig einen möglichen Einfluss auf die Rentengutsgesetze von 1890/91 an. Eine systematische Untersuchung müsste die Wirkungskanäle zwischen Vereinsmitgliedern und ministeriellen und parlamentarischen Entscheidungsträgern verfolgen (zum Beispiel die Rolle Hugo Thiels, eines der wichtigsten Mitarbeiter des Landwirtschaftsministeriums und gleichzeitig einem höchst aktiven Vereinsmitglieds) und Stellungnahmen und Pläne Jahr für Jahr miteinander vergleichen. Vermutlich müsste dann dem Verein eine größere politische Wirksamkeit als bisher angenommen bescheinigt werden.

276 Schmoller, Grundriß I, S. 411; ders., Grundriß II, S. 871 f. (zur Preußenkasse).

277 Schreiben Miquel an seine Tochter Elisabeth und seinen Schwiegersohn Rudolf von Scheliha, 08. 07. 1895, zit. n. Herzfeld, Miquel II, S. 394.

278 Rede auf dem Nationalliberalen Parteitag am 2. Februar 1890 (Schulze/Thimme, Reden III, S. 273); vgl. auch Herzfeld, Miquel II, S. 170 f., 189.

279 Vgl. Miquel im Abgeordnetenhaus am 18. Juni 1895 (Schulze/Thimme, Reden IV, S. 178); Miquel im Abgeordnetenhaus am 30. April 1896 (Stenographische Berichte über die Verhandlungen des Preußischen Abgeordnetenhauses 1896 III, S. 1920); ferner Miquel an Schäffle am 23. September 1894 (zit. n. Damaschke, Geschichte, S. 355): «*Wenn ich mir auch keine Illusionen über die großen Schwierigkeiten einer durchgreifenden Agrarreform mache, so habe ich doch die Hoffnung, daß wir Schritt für Schritt weiterkommen.*»

280 Nipperdey, Geschichte II, S. 699, zu Miquel 1890: «*… der alte Nationalliberale, konservativer werdend, aber voll Witterung für die Probleme der Zeit und voll Originalität*»; siehe auch ebd., S. 722. – Im Grunde ähnlich ist das Gesamturteil Herzfelds.

281 Mommsen, Miquel, S. 103, 166 ff.; ders., Biographie, S. 548 f.

282 Wehler, Gesellschaftsgeschichte III, S. 816; Steinmetz, Social, S. 79.

283 Herzfeld, Miquel I, S. 23 f., 34 f., 491; ders., Miquel II, S. 180, 407 f., 410 ff.; Schmoller, Gedenkrede, S. 11 f.: «*Außer bei Bismarck, war es niemals so still im Reichstage und in den anderen parlamentarischen Körperschaften, als wenn Miquel sprach.*»

284 Miquel im Herrenhaus am 8. Juni 1895 (Schulze/Thimme, Reden IV, S. 183).

285 Herzfeld, Miquel II, S. 581 f.

286 Vgl. ebd., S. 657. – Bennigsen an Hamacher am 9. Mai 1901: Miquel scheide «*unter*

dem Mißtrauen aller Parteien aus dem Amt». Zit. n. ONCKEN, Bennigsen, S. 630. – Vgl. ferner ZEDLITZ-NEUKIRCH, Miquel, S. 10, 13.

287 Zit. n. HERZFELD, Miquel II, S. 402.

288 So auch schon die Absichtserklärung Miquels in der Sitzung des Staatsministeriums Anfang Juni 1895. Vgl. GStA PK, I. HA, Rep. 87, Nr. 9884, Sitzung des Staatsministeriums am 1. Juni 1895.

289 So MOMMSEN, Biographie, S. 547 f., der sich diesem Urteil anschließt.

290 SCHMOLLER, Gedenkrede, S. 11; ähnlich HERZFELD, Miquel I, S. 37 f.; DERS., Miquel II, S. 411.

291 Bismarck zum Finanzminister Scholz, 09. 03. 1886, zit. n. HERZFELD, Miquel II, S. 31.

292 SCHMOLLER, Gedenkrede, S. 11.

293 Herzfeld führt zum Beispiel das Urteil des Grafen Waldersee, des Reichskanzlers Hohenlohe und des Nationalliberalen Abgeordneten Kulemann an. Vgl. HERZFELD, Miquel II, S. 180, 397, 414, 512. – Als Paradebeispiel für das politische Lavieren zum Zwecke des politischen Machterhalts gilt Miquels Verhalten beim Scheitern des Schulgesetzentwurfs des Kultusministers von Zedlitz-Trützschler 1892, der eine stark konfessionell geprägte Schulordnung vorsah: Miquel hatte den Entwurf des Staatsministeriums, obwohl er ihn inhaltlich ablehnte, mitunterzeichnet, bestärkte dann aber den Kaiser, der das Gesetz nicht ohne die Zustimmung der widerstrebenden Nationalliberalen machen wollte, in der Ablehnung des Entwurfs. Damit fiel er dem Staatsministerium in den Rücken; Zedlitz und Caprivi (als Ministerpräsident) demissionierten, nicht aber Miquel. Vgl. ebd., S. 294–302.

294 MOMMSEN, Miquel, S. 76, 372 f.; DERS., Biographie, S. 548 f.

295 KASSNER, Steuerreformer, S. 222–230; vgl. ferner zur späteren Geltung des Miquel'schen Verbrauchsgesichtspunktes im deutschen Einkommensteuerrecht HANSEN, Konsequenzen, S. 38–43.

296 Die Landwirtschaftskammern waren schon seinerzeit effektive Instrumente landwirtschaftlicher Modernisierung (vgl. ALDENHOFF-HÜBINGER, Agrarpolitik, S. 204 ff.) und nicht, wie WINKLER, Marx, S. 34, meint, (ebenso wie die Handwerkskammern) einfach Elemente der *«Refeudalisierung»*, die *«deutlich die Signatur der Miquelschen ‹Sammlungspolitik›»* tragen: die Delegation staatlicher Befugnisse an Gruppen der Kapitaleigentümer und Diskriminierung der Arbeitnehmerseite.

297 KRAUSE, Kolonisation, S. 457; SCHULTZE, Ansiedlungsgesetzgebung, S. 348.

298 Miquel selber sah die bis 1900 vorliegenden (entsprechend geringeren) Zahlen günstiger; wenn man ihre Wirkungen auf die Bekämpfung der Leutenot beurteilen wolle, müsse man sie, da hinter ihnen ganze Dörfer und Familien stünden, mit zehn multiplizieren; Miquel im Abgeordnetenhaus am 15. Mai 1900 (Stenographische Berichte über die Verhandlungen des Preußischen Abgeordnetenhauses 1900 III, S. 365).

299 KRAUSE, Kolonisation, S. 457.

300 WAGNER, Bauern, S. 407.

301 WEHLER, Gesellschaftsgeschichte III, S. 964.

302 MAI, Tradition, S. 423 f.

303 KRAUSE, Kolonisation, S. 453, 457; SCHULTZE, Ansiedlungsgesetzgebung, S. 343 f.; BÜTTNER, Weimar, S. 215 f.; TOOZE, Ökonomie, S. 215 f.

304 Deutsches Notarinstitut, Gutachten Nr. 13 224 vom 2. Dezember 2008 (www.dnoti.de/gutachten/pdf/bfb98bbb-7983-453d-ad55-ade703aab4ac/13224.pdf, zuletzt abgerufen am 5. Juni 2015).

305 Herzfeld, Miquel II, S. 484.
306 Sering, Agrarpolitik, S. 81 f.; Münkel, Interessen; Tooze, Ökonomie, S. 219–226.
307 So Miquels Urteil über die überkommene Form des Fideikommisses. Vgl. Miquel im Herrenhaus am 8. Juli 1895 (Schulze/Thimme, Reden IV, S. 183).
308 Vgl. zur gegenwärtigen Situation Mönig, Sondererbrecht, S. 3–6, 13–16, 29–31, 283.
309 Herzfeld, Miquel II, S. 483.
310 So zum Beispiel in der neueren Literatur Fehl/Zörcher, Ringen, S. 45 ff.
311 Einige Beispiele führt Guinnane, Selbsthilfe, S. 138 f., auf, der im Übrigen der ausgedehnten Gründungspraxis nach 1895 kritisch gegenübersteht.
312 Sering, Agrarpolitik, S. 96–99; Bormann/Scholtyseck/Wixforth, Zentralinstitute, S. 185.
313 Sering, Agrarpolitik, S. 103 f.; Herzfeld, Miquel II, S. 484; Bormann/Scholtyseck/Wixforth, Zentralinstitute, S. 250 f.
314 Diese Leistung betont besonders Guinnane, Selbsthilfe, S. 143 f.
315 Miquel in der Anhörung am 18. Mai 1895. Vgl. Vorgeschichte, S. 38.

Karl Korthaus (1859–1933)

1 Burhop, Wirtschaftsgeschichte, S. 31–48.
2 Ebd., S. 49.
3 Korthaus, Zeitbilder, S. 186.
4 Ibscher, Korthaus, S. 977 f.
5 Ebd., S. 977; vgl. auch Korthaus' Rückblick in ders., Zeitbilder, S. 24–76.
6 Faust, Geschichte, S. 279.
7 GStA PK, XVI. HA, Rep. 30, Nr. 1889, Statutentwürfe, Berlin im Februar 1896.
8 GStA PK, XVI. HA, Rep. 30, Nr. 1889, Bericht: Oberpräsident der Provinz Posen an Regierungspräsidenten in Bromberg am 22. November 1896.
9 GStA PK, XVI. HA, Rep. 30, Nr. 1889, Oberpräsident der Provinz Posen an Regierungspräsidenten in Bromberg, 12. April 1897.
10 Wehler, Gesellschaftsgeschichte III, S. 62.
11 Ebd., S. 681.
12 Ibscher, Korthaus, S. 977.
13 Korthaus, Zeitbilder, S. 182, 184; Guinnane, Selbsthilfe, S. 131.
14 Lukas, Genossenschaftsverband, S. 30.
15 Guinnane, Selbsthilfe, S. 77–80.
16 Korthaus, Zeitbilder, S. 187.
17 Faust, Geschichte, S. 280.
18 Ibscher, Korthaus, S. 977.
19 Korthaus, Zeitbilder, S. 214.
20 Faust, Geschichte, S. 280.
21 Lukas, Genossenschaftsverband, S. 29; Faust, Geschichte, S. 281.
22 Faust, Geschichte, S. 275.
23 Ebd., S. 281.
24 Lukas, Genossenschaftsverband, S. 30.
25 Korthaus, Zeitbilder, S. 204 f.
26 Vgl. GStA PK, I. HA, Rep. 151 Ic, Nr. 10346, fol. 267–280, Heiligenstadt, Präsident der

Preußischen Centralgenossenschaftskasse, an den Preußischen Finanzminister und das Ministerium für Handel und Gewerbe, Heiligenstadt-Denkschrift vom 14. März 1904; ferner GUINNANE, Selbsthilfe, S. 132.

27 GStA PK, I. HA, Rep. 151 Ic, Nr. 10346, Korthaus, fol. 321–325r, Hauptverband deutscher gewerblicher Genossenschaften, an die Preußischen Minister für Finanzen sowie für Handel und Gewerbe am 12. Februar 1903.

28 Vgl. KORTHAUS, Zeitbilder, S. 214 f.; ferner ausführlich zu den Spannungen GUINNANE, Selbsthilfe, S. 131–134.

29 IBSCHER, Korthaus, S. 978.

30 HINTZE, Soziologie, S. 68.

31 KORTHAUS, Förderung, S. 14.

32 Ebd., S. 13.

33 KOCKA, Klassengesellschaft, S. 65–95.

34 KORTHAUS, Förderung, S. 16; WEHLER, Gesellschaftsgeschichte IV, S. 80, beziffert die Zahl der Schließungen auf ein Drittel der Gesamtzahl.

35 KOCKA, Klassengesellschaft, S. 86.

36 KORTHAUS, Förderung, S. 21.

37 FAUST, Geschichte, S. 281.

38 BORMANN/SCHOLTYSECK/WIXFORTH, Zentralinstitute, S. 152 f.

39 Erwähnt in IBSCHER, Korthaus, S. 977.

40 GUINNANE, Selbsthilfe, S. 134.

41 IBSCHER, Korthaus, S. 978.

42 KORTHAUS, Zeitbilder, S. 218.

43 FAUST, Geschichte, S. 281.

44 Vgl. Korthaus' Redebeitrag in [o. V.], Protokoll des 57. Allgemeinen Genossenschaftstags, S. 181.

45 KORTHAUS, Zeitbilder, S. 256.

46 Vgl. Korthaus' Redebeitrag in [o. V.], Protokoll des 57. Allgemeinen Genossenschaftstags, S. 181.

47 KORTHAUS, Bedeutung, S. 408.

48 Ebd., S. 409.

49 Ebd., S. 408.

50 BURHOP, Wirtschaftsgeschichte, S. 156; KORTHAUS, Bedeutung des Genossenschaftswesens, S. 408.

51 [o. V.], Bericht (1924), S. 380.

52 Vgl. hierzu und als Beleg für die beiden folgenden Abschnitte GIZ, Abt. A-DG-13, Teil 2, Akte Genossenschaftstag Dortmund, 21.–24. August 1932.

53 [o. V.], Bericht (1924), S. 382.

54 GIZ, Abt. A-DG-13, Teil 2, Akte Genossenschaftstag Dortmund, 21.–24. August 1932.

55 [o. V.], Bericht (1924), S. 382.

56 Ebd., S. 406.

57 KORTHAUS, Macht, S. 63.

58 Ebd., S. 68.

59 Ebd., S. 65.

60 Ebd., S. 70.

61 Ebd., S. 71.

62 GIZ, Abt. A NL-Kubista-22, Notizen über die Sitzung des engeren Ausschusses des DGV, 11. Februar 1932.
63 KORTHAUS, Schicksalswende, S. 157.
64 Ebd., S. 158.
65 KORTHAUS, Genossenschaft, S. 54.
66 KORTHAUS, Schicksalswende, S. 158 f.
67 KORTHAUS, Genossenschaft, S. 49.
68 Ebd., S. 50.
69 Ebd., S. 52.
70 Ebd., S. 56.
71 GIZ, Abt. A NL-Kubista-22, Fünfstündige Sitzung des Gesamtausschusses des DGV Berlin, Roter Saal der Handwerkskammer, 6. April 1933.
72 [o. V.], Bericht (1933), S. 545.
73 Ebd., S. 565.
74 Ebd., S. 565–568.
75 FAUST, Geschichte S. 308.
76 Blätter für Genossenschaftswesen 81 (1934), S. 905.

Hans Crüger (1859–1927)

1 FAUST, Geschichte, S. 261.
2 HASSELMANN, Konsumgenossenschaften, S. 239.
3 Vgl. FAUST, Geschichte, S. 252 ff., 363 f.; LUKAS, Genossenschaftsverband, S. 27 f.
4 ULLMANN, Interessenverbände, S. 68–123.
5 GESIS Parlamentarier-Portal (BIOPARL), Eintrag Hans Crüger (http://zhsf.gesis.org/ParlamentarierPortal/biorabkr_db/biorabkr_db.php?id=415; zuletzt abgerufen am 23. Oktober 2014).
6 Universitätsarchiv Halle, Rep. 11, PA 5222, Bl. 2 f., Personalblatt Hans Crüger [ohne Datum, vermutlich 1911]; das Parlamentarier-Portal nennt als Dienstgrad allerdings ‹Hauptmann›.
7 GESIS Parlamentarier-Portal (BIOPARL), Eintrag Hans Crüger (http://zhsf.gesis.org/ParlamentarierPortal/biorabkr_db/biorabkr_db.php?id=415; zuletzt abgerufen am 23. Oktober 2014).
8 Zu Schenck siehe FAUST, Geschichte, S. 248 ff.
9 Vgl. Festschrift, S. 46.
10 LUKAS, Genossenschaftsverband, S. 32, 127 f.
11 BArch Berlin, R 8034-III-72, Bl. 78, ‹Prof. Dr. Hans Crüger gestorben›, in: Vorwärts vom 9. Januar 1927.
12 Dieses Detail: ‹Professor Hans Crüger †›, in: Vossische Zeitung vom 9. Januar 1927, BArch Berlin, R 8034-III-72, Bl. 78.
13 GESIS Parlamentarier-Portal (BIOPARL), Eintrag Hans Crüger (http://zhsf.gesis.org/ParlamentarierPortal/biorabkr_db/biorabkr_db.php?id=415; zuletzt abgerufen am 23. Oktober 2014).
14 BArch Berlin, R 8034-III-72, Bl. 90, ‹Wichtige politische Tagesfragen›, in: Berliner Börsen Courier [Datum unleserlich, vermutlich 1910 oder 1911]; ‹Die Reichstagskandidatur in Hagen›, in: W.a. M. vom 3. April 1911.

15 Dieses Detail: BArch Berlin, R 8034-III-72, Bl. 78, ‹Professor Hans Crüger †›, in: Vossische Zeitung vom 9. Januar 1927.
16 Universitätsarchiv Halle, Rep. 11, PA 5222, Bl. 2 f., Personalblatt Hans Crüger [ohne Datum, vermutlich 1911].
17 Crüger, Stellung, S. 395.
18 Crüger, Verbands- und Genossenschaftstage, S. 43.
19 Crüger, Erwerbs- und Wirthschafts-Genossenschaften; Crüger, Genossenschafts-Kongresse.
20 Exemplarisch Crüger, Einführung, S. 1 ff., 10, 13.
21 Crüger, Erwerbs- und Wirthschafts-Genossenschaften, S. IV.
22 Kluge, Bankgenossenschaften, S. 106.
23 Crüger, Vereins- und Genossenschaftstage.
24 Guinnane, Raiffeisen-Kreditgenossenschaften, S. 121–126.
25 Crüger, Einführung, S. 13, 18; BArch Berlin, R 8034-III-72, Bl. 79, Crüger, ‹Von den Berliner Kreditgenossenschaften›, in: Berliner Lokal-Anzeiger vom 14. Mai 1914.
26 Crüger, Stand, S. 9.
27 Crüger, Haftpflicht, S. 661 f.
28 Crüger, Vorschuß- und Kreditvereine, S. 6.
29 Crüger, Bemerkungen, S. 14 ff. [Zitat S. 14.].
30 BArch Berlin, R 8034-III-72, Bl. 79, ‹Der Genossenschaftsanwalt Dr. Crüger als Gegner der genossenschaftlichen Demokratie›, in: Pfalz Post vom 17. Juli 1914.
31 Guinnane, Raiffeisen-Kreditgenossenschaften, S. 125–128.
32 Crüger, Stand, S. 7.
33 Kluge, Bankgenossenschaften, S. 106; Hasselmann, Konsumgenossenschaften, S. 279.
34 BArch Berlin, R 8034-III-72, Bl. 79, Crüger, ‹Von den Berliner Kreditgenossenschaften›, in: Berliner Lokal-Anzeiger vom 14. Mai 1914.
35 Crüger, Einführung, S. 16 f.
36 BArch Berlin, R 8034-III-72, Bl. 86, Freisinnige Zeitung vom 30. Dezember 1911.
37 BArch Berlin, R 8034-III-72, Bl. 86, Freisinnige Zeitung vom 1. Dezember 1907.
38 BArch Berlin, R 8034-III-72, Bl. 83, ‹Keine Politik im Genossenschaftswesen›, in: Korrespondenz des Bundes der Landwirte vom 20. August 1907; ‹Freisinnige Unverschämtheit›, in: Das Reich vom 28. November 1907.
39 Crüger, Einführung, S. 16 f.
40 Crüger, Grundriß, S. 12.
41 BArch Berlin, R 8034-III-72, Bl. 81 f., Crüger, ‹Gewerbliche Genossenschaft›, in: Vossische Zeitung vom 14. März 1914.
42 Für eine zeitgenössische Übersicht über die unterschiedlichen Typen siehe Crüger, Einführung, S. 254–320.
43 Vgl. Organisches Statut des Allgemeinen Verbandes der auf Selbsthülfe beruhenden deutschen Erwerbs- und Wirtschaftsgenossenschaften, in: Lukas, Genossenschaftsverband, S. 177–182; ferner Parisius/Crüger, Reichsgesetz (1899), S. XIII.
44 Crüger, Vereins- und Genossenschaftstage, S. 28.
45 Parisius/Crüger, Reichsgesetz (1893), S. III, XL–XLV.
46 Korreferat von Gerichtsassessor Dr. Crüger, in: Verein für Socialpolitik, Verhandlungen, S. 155–184.
47 Debatte, in: Verein für Socialpolitik, Verhandlungen, S. 193–260, hier S. 199–205.

48 Ebd., S. 256 f.
49 CRÜGER, Urtheil [Zitat S. 3].
50 LAVES, Besprechung, S. 217.
51 § 8, Gesetz, betreffend die Erwerbs- und Wirthschaftsgenossenschaften vom 1. Mai 1889, in: RGBl. I 1889, S. 55–93, hier S. 57 f.; PARISIUS/CRÜGER, Reichsgesetz (1893), S. 59 f., 67 ff.
52 CRÜGER, Verbands- und Genossenschaftstage, S. 26–35 [Zitat S. 31].
53 Ebd., S. 34–43.
54 Umfassend dazu CRÜGER, Angriffe.
55 CRÜGER, Verbands- und Genossenschaftstage, S. 38–43 [Zitat S. 38 f.].
56 GUINNANE, Selbsthilfe, S. 77–80.
57 CRÜGER, Centralgenossenschaftskasse, besonders S. 400–406.
58 CRÜGER, Haftpflicht, S. 670.
59 CRÜGER, Centralgenossenschaftskasse; DERS., Staat.
60 GUINNANE, Selbsthilfe, S. 131–134.
61 BArch Berlin, R 8034-III-72, Bl. 89, ‹Mit der Entschuldungsfrage›, in: Deutsche Tageszeitung vom 15. August 1903.
62 GUINANNE, Selbsthilfe, S. 66–69, 129 ff.
63 BArch Berlin, R 8034-III-72, Bl. 81 f., CRÜGER, ‹Gewerbliche Genossenschaft›, in: Vossische Zeitung vom 14. März 1914 [Zitat]; CRÜGER, ‹Der Einfluß der Preußenkasse auf das Genossenschaftswesen›, in: Frankfurter Zeitung vom 15. November 1913.
64 FAUST, Geschichte, S. 252 ff.
65 LUKAS, Genossenschaftsverband, S. 29 ff.
66 Exemplarisch CRÜGER, Stand, S. 6 f., 17, 59 f.; CRÜGER, Stellung, S. 398.
67 ULLMANN, Interessenverbände, S. 154 ff.
68 CRÜGER, Genossenschaften, S. 15 f. [Zitat S. 16].
69 Hierzu mit Beispielen GUINNANE, Selbsthilfe, S. 128 f., 137–140.
70 CRÜGER, Genossenschaften, S. 7–12 [Zitat S. 11].
71 BArch Berlin, R 703/43, Bl. 10, von Sydow an die Aufsichtsbehörden der Handwerkskammern, 23. September 1916.
72 BArch Berlin, R 703/43, Bl. 6, 12 f., Crüger an von Payer am 30. April 1918; Crüger an von Payer am 4. Juli 1918.
73 LUKAS, Genossenschaftsverband, S. 32, 127 f.
74 ULLMANN, Interessenverbände, S. 154 f.
75 Festschrift, S. 47 f.
76 FAUST, Geschichte, S. 254 f.
77 CRÜGER, Vereins- und Genossenschaftstage, S. 57.
78 HASSELMANN, Konsumgenossenschaften, S. 281 ff.
79 CRÜGER, Handel, S. 14 f.
80 HIERHOLZER, Nahrung, S. 302–319; HASSELMANN, Konsumgenossenschaften, S. 268–276.
81 Sitzung des Reichstags, 18. Februar 1903 (http://www.reichstagsprotokolle.de/Blatt_k10_bsb00002797_00469.html; zuletzt abgerufen am 23. Oktober 2014).
82 BArch Berlin, R 8034-III-72, Bl. 78, ‹Prof. Dr. Hans Crüger gestorben›, in: Vorwärts vom 9. Januar 1927.
83 LUKAS, Genossenschaftsverband, S. 29, 34.

84 CRÜGER, Grundriß, S. 112 f.; 118 f.; eigene Berechnungen.
85 PARISIUS/CRÜGER, Gesellschaften (1893); DIES., Gesellschaften (1926).
86 CRÜGER, Haftpflicht, S. 665 f.
87 Zum Beispiel CRÜGER, Kreditgenossenschaften, DERS., Erwerbs- und Wirtschaftsgenossenschaften.
88 CRÜGER/SCHULZE-DELITZSCH, Vorschuß- und Kreditvereine.
89 SCHMOLLER, Besprechung, S. 1446 f. [Zitat S. 1446].
90 Kölnische Zeitung zit. n. BArch Berlin, R 8034-III-72, Bl. 83, ‹Keine Politik im Genossenschaftswesen›, in: Korrespondenz des Bundes der Landwirte vom 20. August 1907.; ferner Festschrift, S. 42.
91 ULLMANN, Interessenverbände, S. 94–104.
92 Exemplarisch CRÜGER, Getreide-Absatz-Genossenschaften, S. 9–13.
93 BArch Berlin, R 8034-III-72, Bl. 83, CRÜGER, ‹Mittelstandsförderung›, in: Vossische Zeitung vom 16. März 1913.
94 BArch Berlin, R 8034-III-72, Bl. 90, ‹Liberale Winkelzüge und Bekenntnisse›, in: Correspondenz des Bundes der Landwirte vom 2. Februar 1910.
95 CRÜGER, Genossenschaften in Posen; GUINNANE, Selbsthilfe, S. 135 ff.
96 BArch Berlin, R 8034-III-72, Bl. 88, CRÜGER, ‹Innere Kolonisation›, in: Vossische Zeitung vom 24. August 1911.
97 BArch Berlin, R 8034-III-72, Bl. 85, CRÜGER, ‹Politik die den Charakter verdirbt›, in: Straßburger Post vom 25. November 1911.
98 Sitzung des Reichstags, 30. Januar 1902 (http://www.reichstagsprotokolle.de/Blatt_k10_bsb00002793_01027.html; zuletzt abgerufen am 23. Oktober 2014).
99 Zur Argumentation BArch Berlin, R 8034-III-72, Bl. 79, 86 f., CRÜGER, ‹Die Entwicklung der Sparkassen›, in: Vossische Zeitung vom 23. April 1912; DERS., ‹Von den Berliner Kreditgenossenschaften›, in: Berliner Lokal-Anzeiger vom 14. Mai 1914; ferner Sitzung des Reichstags, 24. März 1903 (http://www.reichstagsprotokolle.de/Blatt_k10_bsb00002798_00370.html; zuletzt abgerufen am 23. Oktober 2014).
100 BArch Berlin, R 8034-III-72, Bl. 79, Deutsche Tages-Zeitung Nr. 381 vom 15. [?] 1915; ‹Ein verständiger Freispruch›, in: Berliner Tagblatt vom 24. März 1915.
101 Sitzung des Reichstags, 26. Februar 1903 (http://www.reichstagsprotokolle.de/Blatt_k10_bsb00002797_00703.html; zuletzt abgerufen am 23. Oktober 2014). Vgl. BArch Berlin, R 8034-III-72, Bl. 87 f., CRÜGER, ‹Verstaatlichung der Lebensversicherung?›, in: Vossische Zeitung vom 29. Juli 1911.
102 Sitzung des Reichstags, 6. Februar 1902 (http://www.reichstagsprotokolle.de/Blatt_k10_bsb00002794_00150.html; zuletzt abgerufen am 23. Oktober 2014).
103 Sitzung des Reichstags, 22. April 1902 (http://www.reichstagsprotokolle.de/Blatt_k10_bsb00002795_00091.html; zuletzt abgerufen am 23. Oktober 2014).
104 BArch Berlin, R 8034-III-72, Bl. 79 f., ‹Der wirtschaftliche Einfluß des Kriegs›, in: Vossische Zeitung vom 17. Oktober 1914; Hans CRÜGER, ‹Hilfe für den deutschen Grundbesitz›, in: Fränkischer Kurier vom 10. August 1915.
105 BArch Berlin, R 8034-III-72, Bl. 80, ‹Der ‹kleine Mann› nach der Heimkehr›, in: Fränkischer Kurier vom 4. Oktober 1915.
106 BArch Berlin, R 8034-III-72, Bl. 77, CRÜGER, ‹Wiederaufbau des Handwerks›, in: Frankfurter Zeitung vom 3. Oktober 1917.
107 Vgl. die Personalakte Hans Crügers (Archiv HU Berlin, UK Personalia C 064), die aber für die Tätigkeit des Genossenschafters Crüger ähnlich wenig ergiebig sein

dürfte wie die Personalakte in Halle (Universitätsarchiv Halle, Rep. 11, PA 5222). Vgl. Auskunft von Claudia Hilse an den Verfasser vom 1. Oktober 2014.

108 Hierzu Universitätsarchiv Halle, Rep. 11, PA 5222, Hans Crüger, Bl. 55–58, Universität Halle-Wittenberg an den Minister für Wissenschaft, Kunst und Volksbildung, 14. Mai 1920.

109 Vgl. Festschrift, S. 40.

Wilhelm Haas (1839–1913)

1 Raiffeisen-Informationsblatt vom 15. Oktober 1989.

2 Reichsverband der deutschen landwirtschaftlichen Genossenschaften zu Berlin, Taschenbuch, S. 245.

3 Ebd., S. 245. – Die umfassendsten biografischen Darstellungen wurden von Rudolf Maxeiner, Hugo Tillmann und Adalbert Feineisen verfasst. Grundlage ist vielfach ein Manuskript von Dr. Willy Krebs, einem Weggefährten von Haas. Vgl. Krebs, Leben; siehe ferner Maxeiner, Vertrauen; Feineisen, Haas. Alle anderen Veröffentlichungen zu Haas basieren weitgehend auf diesen Darstellungen (meist fehlen jedoch Belege). Eine darüber hinausgehende breit angelegte Auswertung zeitgenössischer Zeitschriften nahm Finis vor (Finis, Beweggründe).

4 Zeitschrift für das gesamte Kreditwesen vom 15. November 1989.

5 Siehe etwa Raiffeisenverband Rhein-Main e. V., Pressemitteilung vom 6. Februar 1973; Maxeiner, Rudolf: ‹Gedenken an einen Großen. Wilhelm Haas›, in: Raiffeisen-Rückschau vom 3. März 1979.

6 Raiffeisenverband Rhein-Main e. V., Pressemitteilung vom 6. Februar 1973.

7 ‹Darmstadt gedenkt eines großen Sohnes der Stadt›, in: Zeitschrift des Ländlichen Genossenschaftsverbandes Frankfurt am Main e. V. vom 15. Februar 1963.

8 Maxeiner, Haas, Sp. 922.

9 ‹Wilhelm Haas – Zeittafel›, in: Das Hessenland vom 5. Juni 1956.

10 Maxeiner, Vertrauen, S. 24.

11 Gennes, Haas, S. 434.

12 Tillmann, Haas; Krebs, Leben, S. 2.

13 Ebd.

14 Maxeiner, Vertrauen, S. 24.

15 Tillmann, Haas.

16 ‹Wilhelm Haas – Zeittafel›, in: Das Hessenland vom 5. Juni 1956.

17 http://www.uni-giessen.de/cms/ueber-uns/jlu/geschichtejlu/das-19-jahrhundert [zuletzt abgerufen am 8. April 2015].

18 Ebd.

19 Kroll, Geschichte, S. 50.

20 Tillmann, Haas.

21 ‹Der Vizegroßherzog von Hessen. Menschliche Züge des Herrn Geheimrat Wilhelm Haas. Darmstadt gedenkt eines großen Sohnes der Stadt›, in: Zeitschrift des Ländlichen Genossenschaftsverbandes vom 15. Februar 1963.

22 Gleber, Pietismus, S. 143; Brüdermann, Studenten, S. 126 f.

23 ‹Der Vizegroßherzog von Hessen. Menschliche Züge des Herrn Geheimrat Wilhelm Haas. Darmstadt gedenkt eines großen Sohnes der Stadt›, in: Zeitschrift des Ländlichen Genossenschaftsverbandes vom 15. Februar 1963.

24 Ebd.
25 ‹Wilhelm Haas – Zeittafel›, in: Das Hessenland vom 5. Juni 1956.
26 Ebd.
27 Maxeiner, Vertrauen, S. 25.
28 Geboren am 14. Juni 1843, gestorben 1927. Vgl. ebd., S. 25.
29 Ruppel/Gross, Abgeordnete, S. 120.
30 Krebs, Leben, S. 5.
31 ‹Viktoria Haas zum 80. Geburtstag›, in: Das Hessenland vom 19. März 1955.
32 Tillmann, Haas, S. 22.
33 ‹Wilhelm Haas – Zeittafel›, in: Das Hessenland vom 5. Juni 1956.
34 Gennes, Haas, S. 434.
35 Schlütz, Kredit, S. 109–116.
36 Tillmann, Jahr, S. 185.
37 Ebd.; siehe auch Tillmann, Hugo, ‹Unser ältester Landesverband. Eine 100-Jahr-Erinnerung an Wilhelm Haas›, in: Genossenschaftliche Mitteilungen des Saarländischen Genossenschaftsverbandes e. V. 9/1973.
38 ‹Wilhelm Haas – Zeittafel›, in: Das Hessenland vom 5. Juni 1956.
39 Krebs, Leben, S. 15.
40 Ebd., S. 28.
41 Tillmann, Haas.
42 Gennes, Haas, S. 434.
43 Finis, Beweggründe, S. 231.
44 Gennes, Haas, S. 435.
45 Kroll, Geschichte, S. 53.
46 Eiler, Hessen, S. 8.
47 ‹Wilhelm Haas – Zeittafel›, in: Das Hessenland vom 5. Juni 1956; http://saebi.isgv.de/biografie/Karl_von_Langsdorff_(1834–1912) [zuletzt abgerufen am 8. April 2015].
48 Reichsverband der deutschen landwirtschaftlichen Genossenschaften zu Berlin, Taschenbuch, S. 251.
49 Tillmann, Landesverband.
50 ‹Dem Andenken von Geheimrat Haas›, in: Deutsche landwirtschaftliche Genossenschaftspresse 1913 (Sondernummer).
51 Reichsverband der deutschen landwirtschaftlichen Genossenschaften zu Berlin, Taschenbuch, S. 251. – Hier wird Haas anlässlich des 25-jährigen Verbandsjubiläums zitiert. Siehe auch ‹Verband der hessischen landwirtschaftlichen Konsumvereine›, in: Das Hessenland vom 5. Juni 1956.
52 ‹Wilhelm Haas – Zeittafel›, in: Das Hessenland vom 5. Juni 1956.
53 Raiffeisenverband Rhein-Main e. V., Pressemitteilung vom 6. Februar 1973.
54 Henzler, Genossenschaften, S. 498 f. – 18 dieser Vereinigungen bestanden zu diesem Zeitpunkt in Hessen, die älteste wurde 1852 in Kirch-Brombach (Odenwald) gegründet.
55 Kluge, Agrarwirtschaft, S. 2.
56 Finis, Beweggründe, S. 284.
57 Zit. n. Reichsverband der deutschen landwirtschaftlichen Genossenschaften zu Berlin, Taschenbuch, S. 252.
58 Reichsverband der deutschen landwirtschaftlichen Genossenschaften zit. n. Henzler, Genossenschaften, S. 498.

59 Reichsverband der deutschen landwirtschaftlichen Genossenschaften zu Berlin, Taschenbuch, S. 253.

60 Tillmann, Hugo, ‹Wilhelm Haas. Zum 50. Todestag eines verdienten Mannes›, in: Das Hessenland vom 1. Februar 1963.

61 Siehe hierzu etwa Seidl, Agrargeschichte, S. 195–200.

62 ‹Wilhelm Haas – Zeittafel›, in: Das Hessenland vom 5. Juni 1956.

63 Guinnane, Selbsthilfe, S. 71.

64 ‹Wilhelm Haas – Zeittafel›, in: Das Hessenland vom 5. Juni 1956.

65 Zit. n. ‹Zum siebzigsten Geburtstag des Generalanwalts›, in: Deutsche landwirtschaftliche Genossenschaftspresse vom 26. Oktober 1909 (Festnummer).

66 Ausführlich bei Guinnane, Selbsthilfe, S. 41–144.

67 ‹Wilhelm Haas – Zeittafel›, in: Das Hessenland vom 5. Juni 1956.

68 Hier rückte Haas offenbar kurzzeitig von seiner eigentlichen Überzeugung ab. Bei der Delegiertenversammlung der hessischen Konsumvereine am 13. Dezember 1876 hatte Haas noch die Aufnahme nicht-hessischer Genossenschaften abgelehnt, da dies die weitere Entwicklung und die Gründung eines eigenen Verbandes ausbremsen würde. Vgl. ‹Zum siebzigsten Geburtstag des Generalanwalts›, in: Deutsche landwirtschaftliche Genossenschaftspresse vom 26. Oktober 1909 (Festnummer). – Mit der Gründung weiterer Kreditgenossenschaften in Baden, Nassau und Westfalen wurden dort eigene Regionalverbände gegründet, zunächst 1883 in Baden.

69 ‹Wilhelm Haas – Zeittafel›, in: Das Hessenland vom 5. Juni 1956.

70 Ebd.

71 Reichsverband der deutschen landwirtschaftlichen Genossenschaften zu Berlin, Taschenbuch, S. 254. – Formal erfolgte dieser Zusammenschluss durch den Beitritt der Verbände der Kreditgenossenschaften und der Molkereien zum Verband der Konsumvereine. Zeitgleich wurde der zentrale Einkauf in eine besondere Zentralgenossenschaft, die Zentralgenossenschaft der hessischen landwirtschaftlichen Konsumvereine, ausgegliedert.

72 Zit. n. Reichsverband der deutschen landwirtschaftlichen Genossenschaften zu Berlin, Taschenbuch, S. 255; siehe auch ‹Zur Geschichte des Verbandes Vereinigung deutscher landwirtschaftlicher Genossenschaften (Reichsverband)›, in: Das Hessenland vom 5. Juni 1956.

73 Gennes, Haas, S. 436 f.

74 Im Aufruf zur Gründung des Verbandes hieß es: «*Überall sind die gleichen Hindernisse zu überwinden, und sehr oft auch sind die ersten Anfänge von Mißerfolgen begleitet, welche ihre Erklärung in fehlerhaftem Betriebe oder fehlerhafter Organisation finden, und keiner jungen Genossenschaft wird die Erfahrung erspart bleiben, daß ihrer Tätigkeit im Anfang überall Feindseligkeiten aller Art entgegenstehen. Erwägt man daneben, daß es innerhalb der gewerblichen Tätigkeit* […] *wohl kein Gewerbe gibt, welches* […] *mehr der praktischen Erfahrung bedarf als die Landwirtschaft, bedenkt man ferner, daß sich kein Zweig des landwirtschaftlichen Betriebes der Schablone fügt, sondern eine ganz besondere, seinem Wesen entsprechende Behandlung erfordert, so wird man erkennen, daß auch das Genossenschaftswesen auf landwirtschaftlichem Gebiete mit größeren Schwierigkeiten zu kämpfen hat als auf anderen Gebieten.*» Zit. n. Reichsverband der deutschen landwirtschaftlichen Genossenschaften zu Berlin, Taschenbuch, S. 257.

75 Tillmann, Hugo ‹Wilhelm Haas. Zum 50. Todestag eines verdienten Mannes›, in: Das Hessenland vom 1. Februar 1963.

76 Reichsverband der deutschen landwirtschaftlichen Genossenschaften zu Berlin, Taschenbuch, S. 260. – Der Landwirtschaftliche Verein für Rheinpreußen hatte für die Verbreitung der Genossenschaftsidee von Raiffeisen besondere Bedeutung, seine Leitung entschied sich dennoch, 1889 einen Genossenschaftsverband in Bonn zu gründen und diesen dem Reichsverband anzuschließen. Vgl. Schlütz, Kredit, S. 114 ff., 156–164.

77 Petersen, ‹Bericht über die Internationale Landwirtschaftliche Tierausstellung in Hamburg 1883›, auszugsweise abgedruckt in: Milch-Zeitung 1883, S. 27–42.

78 ‹Wilhelm Haas – Zeittafel›, in: Das Hessenland vom 5. Juni 1956.

79 ‹Dem Andenken von Geheimrat Haas›, in: Deutsche landwirtschaftliche Genossenschaftspresse 1913 (Sondernummer).

80 Maxeiner, Rudolf, ‹Der Dritte im Bund der Genossenschaftsgründer. Zum 150. Geburtstag von Wilhelm Haas›, in: Forum 10/89.

81 Ebd.

82 Raiffeisen starb 1888, das Genossenschaftsgesetz in seiner heutigen Grundstruktur wurde 1889 erlassen.

83 1889 beantragte der Verwaltungsausschuss die Änderung des Verbandsnamens in Reichsverband der deutschen landwirtschaftlichen Genossenschaften. Der Antrag wurde abgelehnt: «*Erst nachdem die Neuwieder Organisation, nicht ganz drei Monate später, ein neues Statut herausbrachte, wonach sie die Bezeichnung ‹Generalanwaltschaftsverband ländlicher Genossenschaften für Deutschland› annahm, genehmigte der Vereinstag vom 21. August 1890 den Namen ‹Allgemeiner Verband der landwirtschaftlichen Genossenschaften des deutschen Reiches›.*» Vgl. ‹Vereinigung deutscher landwirtschaftlicher Genossenschaften (Reichsverband)›, in: Das Hessenland vom 5. Juni 1956.

84 Reichsverband der deutschen landwirtschaftlichen Genossenschaften zu Berlin, Taschenbuch, S. 262.

85 Die weiteren Organe waren der Gesamtausschuss, bestehend aus den Vertretern der angeschlossenen Verbände, Vertretern der Sonderausschüsse, je einem Vertreter der Zentralgeschäftsanstalten, dem Präsidenten und zugleich Vorsitzenden des Gesamtausschusses, dem Anwalt, der den Verband gerichtlich und außergerichtlich nach innen sowie nach außen vertrat, und schließlich dem Verwaltungsrat. Die Zeitschrift des Verbandes ‹Deutsche Landwirtschaftliche Genossenschaftspresse› informierte seit 1889 (zuvor als ‹Der Fortschritt›) regelmäßig über gesetzliche Neuerungen, gab Hilfestellungen für die praktische Arbeit der Vorstände, Aufsichtsräte und Rendanten vor Ort und anderes mehr. Sie war zunächst Organ des Verbandes der hessischen Genossenschaften, ab 1883 dann des Allgemeinen Verbandes. Umfangreiches statistisches Material veröffentlichte der Verband jährlich in seinen Jahrbüchern. Ausführlich dazu Gennes, Reichsverband, S. 720–729.

86 Des Weiteren wurde mit dem Genossenschaftsgesetz von 1889 die Rechtsform der eGmbH eingeführt. Aufgrund der beschränkten Haftung konnten nun auch zentrale Stellen, wie Zentralkassen und Einkaufszentralen, in der Rechtsform der Genossenschaft gegründet werden, ohne dass die Mitglieder der Primärgenossenschaften zur Haftung für die Geschäftslage der Zentralkassen herangezogen werden konnten.

87 Reichsverband der deutschen landwirtschaftlichen Genossenschaften zu Berlin, Taschenbuch, S. 264.
88 Ebd.
89 ‹Vereinigung deutscher landwirtschaftlicher Genossenschaften (Reichsverband)›, in: Das Hessenland vom 5. Juni 1956.
90 Reichsverband der deutschen landwirtschaftlichen Genossenschaften zu Berlin, Taschenbuch, S. 265.
91 Guinnane, Selbsthilfe, S. 57.
92 Guinnane/Schlütz, Operations, bes. Appendix.
93 Guinnane, Selbsthilfe, S. 74.
94 Ebd., S. 80. Dort auch detailliert zur Entwicklung der Preußenkasse.
95 Guinnane/Schlütz, Operations, S. 14.
96 Zit. n. Guinnane, Selbsthilfe, S. 97.
97 Ebd., S. 97.
98 Ebd., S. 117.
99 Ebd.
100 Ebd.
101 Ebd., S. 118.
102 Ebd.
103 Ebd., S. 124 f.
104 Ebd., S. 119–127.
105 Ebd., S. 123.
106 Ebd., S. 125.
107 ‹Wilhelm Haas – Zeittafel›, in: Das Hessenland vom 5. Juni 1956; Reichsverband der deutschen landwirtschaftlichen Genossenschaften zu Berlin, Taschenbuch, S. 337–378.
108 ‹Errichtung von genossenschaftlichen Erholungsheimen›, in: Das Hessenland vom 10. März 1913.
109 ‹Zum Gedenken an Wilhelm Haas›, in: Das Hessenland vom 7. Juli 1956.
110 ‹Darmstadt gedenkt eines großen Sohnes der Stadt›, in: Zeitschrift des Ländlichen Genossenschaftsverbandes Frankfurt am Main e. V. vom 15. Februar 1963.
111 Maxeiner, Rudolf, ‹Der Dritte im Bund der Genossenschaftsgründer. Zum 150. Geburtstag von Wilhelm Haas›, in: Forum 10/89.
112 Guinnane/Schlütz, Operations, bes. Appendix.
113 Maxeiner, Rudolf, ‹Der Dritte im Bund der Genossenschaftsgründer. Zum 150. Geburtstag von Wilhelm Haas›, in: Forum 10/89.
114 Kluge, Agrarwirtschaft, S. 2.
115 Ebd.
116 Au, Creditgenossenschaften; Torp, Herausforderungen, S. 98 ff.; Aldenhoff-Hübinger, Agrarpolitik, S. 29–32.
117 Krebs, Leben, S. 27.
118 Geboren 1802, gestorben 1877.
119 Ruppel/Gross, Abgeordnete, S. 163.
120 Krebs, Leben, S. 27.
121 Kalkoff, Parlamentarier, S. 81. – Von den 50 Mandaten gehörten 39 Abgeordnete den Nationalliberalen an. Siehe KREBS, Leben, S. 27.
122 Kroll, Geschichte, S. 46. – Bis 1849 bestand die Zweite Kammer aus sechs Abgeordneten des Adels, zehn Abgeordneten der acht bevorrechtigten Städte (darunter Mainz

und Darmstadt mit je zwei Sitzen) und 34 Vertretern der Wahlkreise außerhalb dieser Städte. Gewählt wurde in einem dreistufigen Verfahren, die Legislaturperiode dauerte sechs Jahre. Vgl. http://www.wahlen-in-deutschland.de/klHessen.htm [zuletzt abgerufen am 8. April 2015].

123 Gennes, Haas, S. 434.

124 Tillmann, Hugo, ‹Unser ältester Landesverband. Eine 100-Jahr-Erinnerung an Wilhelm Haas›, in: Genossenschaftliche Mitteilungen des Saarländischen Genossenschaftsverbandes e. V. 9/1973.

125 Hessisches Staatsarchiv Darmstadt (HStA), Protokolle Zweite Kammer, 1881–1884, Protokolle I 3, S. 3, I 13, S. 26–29, Beilagen I 29, S. 1, I 56, S. 172–175; siehe auch Interpellation die Landesculturgesetze betreffend – Protokolle I 2 Seite 4, 5 Seite 12–13, Beilagen I 26, S. 1 f.

126 HStA Darmstadt, Protokolle Zweite Kammer, 1881–1884, Antrag der Abgeordneten Haas und Schröder, die Aufbesserung der Pensionen der Witwen beziehungsweise hinterlassenen pensionsberechtigten Kinder der Volksschullehrer (Schullehrer-Witwenkasse) betreffend – I 3, S. 3, I 13, S. 46–51, Beilagen I 30, S. 1, I 56, S. 182–185.

127 HStA Darmstadt, Protokolle Zweite Kammer, 1885–1888, Antrag desselben betr. Unterstützung der höheren Bürgerschulen seitens des Staats (Schulangelegenheiten) – IV 44, S. 2, Beilage III 277, S. 1.

128 HStA Darmstadt, Protokolle Zweite Kammer, 1891–1894, Antrag, die Erbauung einer Nebenbahn von Gernsheim nach Pfungstadt (Eisenbahn – Nebenbahnen) betreffend – Beilagen III 257, S. 1, Protokolle I 3, S. 2, IV 37, S. 8, IV 47, S. 3, V 54, S. 2 ff., VI 59, S. 3 f., Beilagen I 22, S. 1, III 257, S. 1, IV 354, S. 1 f.; 1897–1900, Interpellation Bahn Gernsheim-Pfungstadt P II 59, S. 1401, Beilage ii 256, S. 1, Beilage VI 677, S. 1 f.

129 Gemeinden Reichenbach i.O., Rohrbach bei Reichelsheim i.O., Wiebelsbach, Winterkasen und Zwingenberg (Provinz Starkenburg), Allendorf a. d. Lahn, Büßfeld, Echzell, Erbenhausen, Freien-Steinau, Glauberg, Gleimenhain, Hoch-Weisel, Kesenrod, Nieder-Ofleiden, Villingen und Wertterfeld (Provinz Oberhessen).

130 HStA Darmstadt, Protokolle Zweite Kammer, 1891–1894, Antrag zu der Eingabe von 17 Gemeinden um Errichtung von Lagerhäusern für landwirtschaftliche Produkte (Landwirtschaft), Beilage IV 347, S. 1, Protokolle II 28, S. 3, IV 37, S. 25, IV 37, S. 65–74, IV 38, S. 7–46,V 55, S. 9, Beilagen III 298, S. 1–5, Antrag Haas zu derselben Eingabe (unerledigt) – Beilage IV 347, S. 1.

131 HStA Darmstadt, Protokolle Zweite Kammer, 1891–1894, Sitzung 31. Januar 1893, S. 67.

132 Torp, Herausforderung, S. 137–178.

133 Henning, Landwirtschaft, S. 120 f.

134 Gessner, Agrarverbände, S. 29.

135 Torp, Herausforderung, S. 179–197; Kellenbenz, Wirtschaftsgeschichte, S. 239.

136 Puhle, Agrarbewegungen, S. 63–68; Flemming, Interessen, S. 31 f.

137 Ziegler, Zeitalter, S. 252; Flemming, Interessen, S. 28–48.

138 HStA Darmstadt, Protokolle Zweite Kammer, 1891–1894, Dringender Antrag Haas, die Notlage des hessischen Winzerstandes betreffend – Drucksache II 294, S. 1, Drucksache IV 477, S. 1–12, Protokoll II 60, S. 1636–1650.

139 Gennes, Haas, S. 434.

140 Krebs, Leben, S. 28.

141 Finis, Beweggründe, S. 230.

142 Siehe hierzu auch die Liste aller beteiligten Sachverständigen mit biografischen Angaben in SCHUBERT, Entstehung (1989), S. 32 f.
143 Ebd., S. 44.
144 Ebd.
145 Ebd., S. 52.
146 Beratungen der Genossenschaftsrechtskommission – Sitzung vom 15. November 1887, in: INSTITUT FÜR GENOSSENSCHAFTSWESEN DER WESTFÄLISCHEN WILHELMS-UNIVERSITÄT/SCHUBERT, Jahre, S. 142 f.
147 Ebd., S. 143.
148 Beratungen der Genossenschaftsrechtskommission – Sitzung vom 16. November 1887, in: INSTITUT FÜR GENOSSENSCHAFTSWESEN DER WESTFÄLISCHEN WILHELMS-UNIVERSITÄT/SCHUBERT, Jahre, S. 144.
149 SCHLÜTZ, Kredit, S. 235–240.
150 Schulze-Delitzsch schrieb in diesem Zusammenhang an Haas: «*Besten Dank für die Übersendung der Zustimmungsadresse des Verbandstages der landwirtschaftlichen Konsumvereine zu den von uns geplanten Revisionsbestrebungen* [...]. *Ist doch diese Zustimmung für uns von hohem Wert und Zeugnis der Gesundheit der genossenschaftlichen Bewegung, die in den von Ihnen und unseren Freunden geleiteten Kreisen herrscht.*» Zit. n. MAXEINER, Vertrauen, S. 68.
151 Beratungen der Genossenschaftsrechtskommission – Sitzung vom 19. November 1887, in: INSTITUT FÜR GENOSSENSCHAFTSWESEN DER WESTFÄLISCHEN WILHELMS-UNIVERSITÄT/SCHUBERT, Jahre, S. 151.
152 SCHLÜTZ, Kredit, S. 239 f.
153 Beratungen der Genossenschaftsrechtskommission – Sitzung vom 19. November 1887, in: INSTITUT FÜR GENOSSENSCHAFTSWESEN DER WESTFÄLISCHEN WILHELMS-UNIVERSITÄT/SCHUBERT, Jahre, S. 151.
154 § 54 GenG; siehe ferner SCHLÜTZ, Kredit, S. 238 ff.
155 Bei diesen ‹Vereinen› machte sich jedoch «*der Mangel des erforderlichen festen Bestandes, der zur Geschäftsführung unerläßlichen rechtlichen Stellung, der finanziellen Unterlage in einer Weise fühlbar, die zu der Überzeugung drängt, daß man auf diesem halben Wege mit der Organisation der genossenschaftlichen Arbeit der Landwirte nicht stehen bleiben dürfe*». Vgl. TILLMANN, Hugo, ‹Wilhelm Haas. Zum 50. Todestag eines verdienten Mannes›, in: Das Hessenland vom 1. Februar 1963.
156 Beratungen der Genossenschaftsrechtskommission – Sitzung vom 17. November 1887, in: INSTITUT FÜR GENOSSENSCHAFTSWESEN DER WESTFÄLISCHEN WILHELMS-UNIVERSITÄT/SCHUBERT, Jahre, S. 146.
157 http://www.reichstagsprotokolle.de [zuletzt abgerufen am 9. April 2015].
158 HStA Darmstadt, R 13 W, Nr. 42, Wahlplakate.
159 Zit. n. MAXEINER, Vertrauen, S. 38.
160 MAXEINER, Haas, Sp. 927.
161 Zit. n. TILLMANN, Hugo, ‹Unser ältester Landesverband. Eine 100-Jahr-Erinnerung an Wilhelm Haas›, in: Genossenschaftliche Mitteilungen des Saarländischen Genossenschaftsverbandes e. V. 9/1973.
162 MAXEINER, Rudolf, ‹Gedenken an einen Großen. Wilhelm Haas›, in: Raiffeisen-Rückschau vom 3. März 1973.
163 TILLMANN, Hugo, ‹Wilhelm Haas privat›, in: Bayerischer Raiffeisenkalender 1976.
164 FINIS, Beweggründe, S. 283.

165 ‹Der Vizegroßherzog von Hessen. Menschliche Züge des Herrn Geheimrat Wilhelm Haas. Darmstadt gedenkt eines großen Sohnes der Stadt›, in: Das Hessenland – Zeitschrift des Ländlichen Genossenschaftsverbandes Frankfurt/Main vom 15. Februar 1963.
166 Ebd.
167 MAXEINER, Rudolf, ‹Der Dritte im Bund der Genossenschaftsgründer. Zum 150. Geburtstag von Wilhelm Haas›, in: Forum 10/89.
168 Ebd.
169 Ebd.
170 TILLMANN, Hugo, ‹Wilhelm Haas. Zum 50. Todestag eines verdienten Mannes›, in: Das Hessenland vom 1. Februar 1963.
171 Ebd.
172 ‹Dem Andenken von Geheimrat Haas›, in: Deutsche landwirtschaftliche Genossenschaftspresse 1913 (Sondernummer).

Carl Heiligenstadt (1860–1920)

1 GStA PK, I. HA., Rep. 151 IC, Nr. 10297, Heiligenstadt an Miquel am 12. Juli 1895.
2 GStA PK, I. HA., Rep. 151 IC, Nr. 10297, Miquel an Heiligenstadt am 3. April 1895; Staatsministerium an Wilhelm II. am 27. März 1896.
3 GStA PK, I. HA., Rep. 151 HB, Nr. 2399, Preußisches Staatsministerium an Wilhelm II. am 29. Mai 1900.
4 GStA PK, I. HA., Rep. 151 IC, Nr. 10298, Heiligenstadt an Rheinbaben am 21. April 1902.
5 GUINNANE, Selbsthilfe, S. 87.
6 REIBEL, Handbuch I.1, S. 126.
7 Berliner Tageblatt vom 14. Februar 1909.
8 Ebd.
9 HEILIGENSTADT, Beiträge I. – Dieser Vorwurf wurde regelmäßig und auch nicht nur von englischer Seite erhoben. Vgl. SEEGER, Politik, S. 27 f.
10 HEILIGENSTADT, Beiträge I, S. 848; WITTE, Golde, S. 48.
11 HEILIGENSTADT, Beiträge I, S. 825 f.; WITTE, Golde, S. 37; SEEGER, Politik, S. 29 f.
12 HEILIGENSTADT, Beiträge II, S. 193–243.
13 Offenmarktpolitik und Devisenpolitik spielten erst ab der Jahrhundertwende eine Rolle. Vgl. MOSBACHER, Reichsbank, S. 26.
14 HEILIGENSTADT, Beiträge III, S. 343–368.
15 Ebd., S. 367.
16 HEILIGENSTADT, Goldbewegungen, S. 502.
17 HEILIGENSTADT, Geldmarkt. – Heiligenstadt hatte zuvor seine Ansichten schon gegenüber Zeitungen zum Ausdruck gebracht. Vgl. BArch Berlin, R 8034 III/184, Pressebericht [nicht identifizierte Zeitung], 19. September 1907.
18 Vgl. Reichstagsrede Heiligenstadts vom 8. Februar 1899 (http://www.reichstagsprotokolle.de/Blatt_k9_bsb00002777_00750.html, abgerufen am 20. März 2015); ferner zum Hintergrund WÜHLE, Geld- und Währungspolitik, S. 101–122.
19 Vgl. Reichstagsrede Heiligenstadts vom 8. Februar 1899 (http://www.reichstagsprotokolle.de/Blatt_k9_bsb00002777_00749.html, abgerufen am 20. März 2015); ferner zum Kontext BURHOP, Wirtschaftsgeschichte, S. 130.
20 HEILIGENSTADT, Geldmarkt, S. 85.

21 Ebd., S. 85 f., 85 (Zitat).

22 Vgl. Reichstagsrede Kochs vom 7. Februar 1899 (http://www.reichstagsprotokolle.de/Blatt_k9_bsb00002777_00725.html, abgerufen am 20. März 2015); Reichstagsrede des Vizekanzlers und Staatssekretärs des Innern, Arthur von Posadowsky-Wehner, vom 7. Februar 1899 (http://www.reichstagsprotokolle.de/Blatt_k9_bsb00002777_v00705.html, abgerufen am 20. März 2015).

23 Reichstagsrede Heiligenstadts vom 8. Februar 1899 (http://www.reichstagsprotokolle.de/Blatt_k9_bsb00002777_00750.html, abgerufen am 20. März 2015).

24 Vgl. Heiligenstadt, Geldmarkt, S. 85; ferner zu den Girokonten bei der Reichsbank Burhop, Wirtschaftsgeschichte, S. 124 f., 134 f. – Ein Mindestguthaben auf den Girokonten wurde bereits 1906 eingefordert.

25 Frankfurter Zeitung vom 1. November 1907.

26 Ebd. – Weitere Kritik kam vom Berliner Tageblatt. Vgl. ‹Ein Retter in der Not?›, in: Berliner Tageblatt vom 12. September 1907; ‹Ein kommender Mann?›, in: Berliner Tageblatt vom 26. November 1907.

27 Reichstagsrede von Hans von Kanitz vom 14. Januar 1908 (http://www.reichstagsprotokolle.de/Blatt_k12_bsb00002839_00724.html, abgerufen am 20. März 2015).

28 Reichstagsrede Carl Wilhelm August Webers vom 14. Januar 1908 (http://www.reichstagsprotokolle.de/Blatt_k12_bsb00002839_00729.html, abgerufen am 20. März 2015).

29 Reichstagsrede Rudolf Havensteins, 14. Januar 1908 (http://www.reichstagsprotokolle.de/Blatt_k12_bsb00002839_00735.html, abgerufen am 20. März 2015).

30 ‹Ein kommender Mann?›, in: Berliner Tageblatt vom 26. November 1907.

31 Vgl. Heiligenstadt, Preußische Central-Genossenschafts-Kasse; Heiligenstadt zur Auftragsvergabe durch Miquel vor dem preußischen Abgeordnetenhaus am 2. März 1907, in: Stenographische Berichte über die Verhandlungen des Preußischen Hauses der Abgeordneten, 20. Legislaturperiode, III. Session 1907 II, Sp. 1780; ferner zum besonderen Vertrauensverhältnis Frankfurter Zeitung vom 24. August 1898.

32 Heiligenstadt, Preußische Central-Genossenschafts-Kasse, S. 1 f., 14.

33 Thiess, Rezension, S. 702 f. – Thiess gestand aber zu, dass die Preußenkasse für die gestellten Aufgaben besonders geeignet gewesen sei.

34 Heiligenstadt vor dem Preußischen Abgeordnetenhaus am 15. März 1912, in: Stenographische Berichte über die Verhandlungen des Preußischen Hauses der Abgeordneten, 21. Legislaturperiode, V. Session 1912/13 III; Sp. 2828.

35 GStA PK, I. HA., Rep 151, IC, Nr. 10319, Heiligenstadt auf der Ausschusssitzung der Preußischen Zentralgenossenschaftskasse vom 20. Mai 1915.

36 Ebd.

37 GStA PK, I. HA., Rep. 151 IC, Nr. 10316, Protokoll des Gesamtausschusses der Preußischen Zentralgenossenschaftskasse vom 26. Mai 1908. – Das Verhältnis zu den Handwerkergenossenschaften war wiederholt auch Thema im Preußischen Abgeordnetenhaus. Vgl. die Debatte vom 23. April 1902, in: Stenographische Berichte über die Verhandlungen des Preußischen Hauses der Abgeordneten, 19. Legislaturperiode, IV. Session 1902 IV, Sp. 4776 ff.; Debatte vom 2. März 1907, in: Stenographische Berichte über die Verhandlungen des Preußischen Hauses der Abgeordneten, 20. Legislaturperiode, II. Session 1905/06 IV, Sp. 1778.

38 GStA PK, I. HA., Rep. 151 IC, Nr. 10334, Landesgenossenschaftsbank für Brandenburg, Pommern und Mecklenburg an den preußischen Finanzminister vom 31. Januar 1911.

39 GStA PK, I. HA., Rep. 151, IC, Nr. 10342, Protokoll der Verhandlungen zwischen der Preußenkasse und der Reichsgenossenschaftsbank vom 25. Juni 1904.
40 GStA PK, I. HA., Rep. 151 IC, Nr. 10314, Protokoll der Sitzung des Ausschusses der Preußischen Zentralgenossenschaftskasse vom 10. Mai 1904.
41 Heiligenstadt vor dem Preußischen Abgeordnetenhaus am 10. Februar 1908, in: Stenographische Berichte über die Verhandlungen des Preußischen Hauses der Abgeordneten, 20. Legislaturperiode, IV. Session 1907/08 II, Sp. 1929.
42 Guinnane, Selbsthilfe, S. 129 ff.
43 Ausführlich zu den Beziehungen der beiden Institute ebd., S. 119–127.
44 Faust, Geschichte, S. 397.
45 Zum Beispiel GStA PK, I. HA., Rep. 151 IC, Nr. 10329, Vorstand der Pommerschen Landesgenossenschaftskasse an den preußischen Finanzminister vom 12. November 1904.
46 GStA PK, I. HA., Rep. 151 IC, Nr. 10342, Haas an die Zentralkassen am 11. Dezember 1904.
47 Vgl. die Erklärung des Reichsverbandes der deutschen landwirtschaftlichen Genossenschaften, in: Kölnische Zeitung vom 20. November 1904.
48 GStA PK, I. HA., Rep. 151 IC, Nr. 10342, Memorandum Carl Heiligenstadts zu einer Erklärung des Gesamtausschusses des Reichsverbandes der deutschen landwirtschaftlichen Genossenschaften vom 31. Oktober 1914, S. 1 f.
49 Ebenda, S. 2; GStA PK, I. HA., Rep. 151, IC, Nr. 10342, Auszug aus dem Protokoll der 9. Sitzung des Gesamt-Ausschusses der Preußischen Zentralgenossenschaftskasse vom 19. Mai 1903.
50 GStA PK, I. HA., Rep. 151, IC, Nr. 10342, Protokoll der Verhandlungen zwischen der Preußenkasse und der Reichsgenossenschaftsbank vom 25. Juni 1904.
51 GStA PK, I. HA., Rep. 151 IC, Nr. 10342, Memorandum Carl Heiligenstadts zu einer Erklärung des Gesamtausschusses des Reichsverbandes der deutschen landwirtschaftlichen Genossenschaften vom 31. Oktober 1914, S. 3.
52 GStA PK, I. HA., Rep. 151, IC, Nr. 10342, Heiligenstadt an den preußischen Finanzminister am 12. August 1903.
53 Ausführlich dazu Guinnane, Selbsthilfe, S. 105–113.
54 GStA PK, I. HA., Rep. 151 IC, Nr. 10329, Rundschreiben des Direktoriums der Preußischen Zentralgenossenschaftskasse, abgedruckt in der Berliner Korrespondenz vom 31. Oktober 1904.
55 GStA PK, I. HA., Rep. 151 IC, Nr. 10329, Beschwerde des Vorstandes der Pommerschen Landesgenossenschaftskasse an den preußischen Finanzminister vom 12. November 1904.
56 Guinnane, Selbsthilfe, S. 127.
57 GStA PK, I. HA., Rep. 151 IC, Nr. 10348, fol. 4–7, Vereinbarung über die Abgrenzung der Interessensphäre und Beteiligung bei der Preußischen Genossenschaftskasse vom 9. Dezember 1904.
58 GStA PK, I. HA., Rep. 151 IC, Nr. 10348, fol. 74 ff., Heiligenstadt an den preußischen Finanzminister am 24. Juni 1912.
59 GStA PK, I. HA., Rep. 151 IC, Nr. 10348, fol. 78, Heiligenstadt an den preußischen Finanzminister am 24. Juni 1912.
60 GStA PK, I. HA., Rep. 151 IC, Nr. 10348, fol. 79, Heiligenstadt an den preußischen Finanzminister am 24. Juni 1912.

61 GStA PK, I. HA., Rep. 151 IC, Nr. 10348, fol. 79, Heiligenstadt an den preußischen Finanzminister am 24. Juni 1912.
62 Vgl. dazu auch Guinnane, Selbsthilfe, S. 127 ff.
63 GStA PK, I. HA., Rep. 151 IC, Nr. 10329, Aufzeichnung Rechnungsrat Albrecht, Preußenkasse, vom 18. Juli 1904.
64 GStA PK, I. HA., Rep. 151 IC, Nr. 10348, fol. 11–16, Vereinbarung zur Schaffung einer engeren Interessengemeinschaft der Preußenkasse und der Landwirtschaftlichen Central-Darlehnskasse vom 11. April 1905.
65 Berliner Tageblatt vom 13. Juli 1905.
66 GStA PK, I. HA., Rep. 151, IC Nr. 10356, Heiligenstadt an den preußischen Finanzminister am 25. Januar 1911.
67 GStA PK, I. HA., Rep. 151, IC Nr. 10356, Heiligenstadt an den preußischen Finanzminister am 25. Januar 1911.
68 GStA PK, I. HA., Rep. 151, IC Nr. 10356, Heiligenstadt an den preußischen Finanzminister am 10. Februar 1911.
69 Siehe zu diesen Vorgängen die verschiedenen Schriftstücke aus dem ersten Halbjahr 1911 in GStA PK, I. HA., Rep. 151, IC Nr. 10356.
70 Faust, Geschichte, S. 553 f.
71 GStA PK, I. HA., Rep. 151, IC Nr. 10318, Protokoll der Sitzung des Ausschusses der Preußischen Zentral-Genossenschaftskasse vom 26. September 1911.
72 GStA PK, I. HA., Rep. 151, IC Nr. 10318, Heiligenstadt an den preußischen Finanzminister am 18. November 1913.
73 GStA PK, I. HA., Rep. 151, IC Nr. 10319, Heiligenstadt vor dem Gesamtausschuss der preußischen Zentralgenossenschaftskasse am 24. Mai 1916.
74 Vgl. GStA PK, I. HA., Rep. 87 B, Nr. 9893, Heiligenstadt an den preußischen Finanzminister am 9. Dezember 1917; ferner Bormann/Scholtyseck/Wixforth, Zentralinstitute, S. 158 f.
75 GStA PK, I. HA., Rep. 151, IC Nr. 10319, Heiligenstadt vor dem Gesamtausschuss der preußischen Zentralgenossenschaftskasse vom 28. Mai 1918.
76 GStA PK, I. HA., Rep. 151, IC Nr. 10319, Heiligenstadt vor dem Gesamtausschuss der preußischen Zentralgenossenschaftskasse vom 3. Juni 1919.

Otto Klepper (1888–1957)

1 Topf, Grüne Front, S. 90; ders., Napoleon, S. 467.
2 GStA PK, I. HA, Rep. 84 A, Nr. 11150, Bl. 1.
3 Wygodzinski/Müller, Genossenschaftswesen, S. 170.
4 BArch Koblenz, N 1509, Auskunft Kleppers an das Entschädigungsamt Berlin in der Wiedergutmachungssache Emil Pahlke [Verwaltungsrechtsrat in der Preußenkasse] vom 4. April 1955.
5 Boyens, Geschichte II, S. 173.
6 HStA Düsseldorf, PrLT, 366. Sitzung am 26. März 1928, Sp. 26094.
7 Faust, Zentralbank, S. 41.
8 BArch Koblenz, N 1509, Briefe Kleppers an die Kinder und Bericht von Madame Degon.
9 Erste und Zweite Hattenheimer Resolution, in: Mitteilungen der Wirtschaftspolitischen Gesellschaft, Juni und August 1948.

10 Klepper, Wahrheit, S. 7.
11 GStA PK, I. HA, Rep. 84 A, Nr. 11150, Bl. 1; Rep. 84 A, Nr. 11157, Bl. 92; Rep. 87, Nr. 2971, Bl. 75 ff. Der Vizepräsident der Preußenkasse wurde Mitglied des Aufsichtsrates der Domänenbank.
12 GStA PK, I. HA, Rep. 87, Nr. 2971, Bl. 101.
13 Faust, Geschichte, S. 566.
14 Topf, Grüne Front, S. 89 f.
15 Faust, Geschichte, S. 566.
16 Achterberg/Lanz, Lexikon, S. 1323.
17 Fiederlein, Osten, S. 35 f.; Hanau, Aereboe, passim. Klepper wurde zudem von Heinrich v. Thünen (1783–1850) und dessen ‹Standorttheorie› beeinflusst.
18 GStA PK, I. HA, Rep. 203, Nr. 177, Klepper an den Preußischen Finanzminister vom 29. November 1928; Klepper, ‹Ostprogramm›, in: Der deutsche Volkswirt vom 25. April 1930.
19 Boyens, Geschichte II, S. 26.
20 Tägliche Rundschau vom 16. Januar 1928.
21 Deutsche Tageszeitung vom 13. Januar 1928.
22 HStA Düsseldorf, PrLT, 366. Sitzung am 26. März 1928, Sp. 26 091 ff. (Hermann Hillger, DNVP).
23 HStA Düsseldorf, PrLT, 366. Sitzung am 26. März 1928, Sp. 26 106 (Eugen Leidig, DVP).
24 HStA Düsseldorf, PrLT, 264. Sitzung am 16. Dezember 1931, Sp. 23172.
25 ‹Reorganisation der Preußenkasse›, in: Berliner Tageblatt vom 13. Januar 1928.
26 Vgl. Vossische Zeitung vom 16. Januar 1928.
27 Topf, Grüne Front, S. 87.
28 GStA PK, I. HA, Rep. 84 A, Nr. 11150, Bl. 194 ff.
29 Infocenter der DZ BANK AG, Signatur 10892, Konrad Engelmann, Otto Klepper zum Gedächtnis. New York, NY 1965 [maschinenschriftlich], S. 16; BArch Koblenz, N 1509, Fritz Werzat an Klepper vom 8. März 1951.
30 GStA PK, I. HA, Rep. 84 A, Bl. 136–151, Gesetzentwurf Nr. 9017; HStA Düsseldorf, PrLT, 366. Sitzung ff., 26. bis 30. März 1928.
31 Blätter für Genossenschaftswesen 75 (1928), S. 126.
32 GStA PK, I. HA, Rep. 151 IC, Nr. 10366/67.
33 Ebd. – Nach dem Liquidationsvertrag zwischen der Preußenkasse und der Deutschen Raiffeisenbank wurden Die Filialen der Raiffeisenbank entweder zu selbstständigen Bezirkszentralkassen oder mit solchen des Reichsverbands vereinigt. Vgl. Faust, Geschichte, S. 419 f.; Puhle, Interessenpolitik, S. 306.
34 GStA PK, I. HA, Rep. 169 D, Nr. 33, Bd. 2, Bl. 113 ff. – Nach dem Urantrag der KPD zur ‹Kreditpolitik der Preußenkasse seit 1924› vom 8. März 1929 forderte auch die SPD am 16. Mai 1929 einen Untersuchungsausschuss zur ‹Kreditgewährung der Preußenkasse an die Raiffeisengenossenschaften›. Vgl. Rep. 151 HB, Nr. 42, Bl. 2, Drucksache des Preußischen Landtags Nr. 2207 vom 11. April 1929.
35 Preußens Argument war, dass es trotz der insgesamt 24 außerpreußischen Verbandskassen, die der Preußenkasse angeschlossenen waren, Hauptträger des Grundkapitals sei. Die Stammeinlagen verteilten sich folgendermaßen: Preußische Verbandskassen, ländliche 476,3 Millionen Reichsmark und gewerbliche 32,0 Millionen Reichsmark; außerpreußische Verbandskassen, ländliche 64,8 Millionen Reichsmark und gewerb-

liche 25,7 Millionen Reichsmark. Die Stammeinlagen der Genossenschaften betrugen nur 35,1 Millionen Reichsmark, von denen 19,1 Millionen Reichsmark eingezahlt worden waren. Vgl. GStA PK, I. HA, Rep. 84 A, Nr. 11150, Bl. 136, 151.

36 GStA PK, I. HA, Rep. 84 A, Nr. 11150, Bl. 187 ff.

37 Zit. n. Krebs, Entstehung, S. 576.

38 Infocenter der DZ BANK AG, Signatur 10892, Konrad Engelmann, Otto Klepper zum Gedächtnis. New York, NY 1965 [maschinenschriftlich], S. 15 ff.

39 Archiv HU Berlin, Akte Karl Brandt und das Institut für Landwirtschaftliche Marktforschung, Bl. 31 f., 56; Preußische Zentralgenossenschaftskasse, Geschäftsbericht 1929. Hans Wilbrandt, stellvertretender Institutsleiter, bezeichnete Klepper ausdrücklich als ‹Gründer› des Instituts und sprach vom ‹Klepper-Brandt-Kurs›. Vgl. BArch Koblenz, N 1509, Wilbrandt an Klepper vom 4. April 1954 und 14. April 1954.

40 Kämpffer, Preußenkasse, S. 330 ff.

41 Drucksachen des Preußischen Landtags, 3. Wahlperiode 1928 bis 1930, Nr. 4778 A, Erster Teilbericht des 20. Ausschusses – Untersuchungsausschuß zur Nachprüfung der Vorgänge bei der Kreditgewährung der Preußenkasse.

42 BArch Koblenz, N 1509, Exposé II ‹Die Reorganisation des landwirtschaftlichen Genossenschaftswesens›, S. 38 f.

43 GStA PK/M, VNL-K, Nr. 181, Bl. 144, Niederschrift über die 115. Sitzung des Verwaltungsrats des Reichsverbandes der deutschen landwirtschaftlichen Genossenschaften am 23. November 1928.

44 Zit. n. Faust, Geschichte, S. 418 ff.

45 BArch Koblenz, N 1509, Exposé II ‹Die Reorganisation des landwirtschaftlichen Genossenschaftswesens›, S. 37 f.

46 GStA PK/M, VNL-K, Nr. 181, Bl. 73 f., Gennes an die Mitglieder des Verwaltungsrates des Reichsverbandes (vertraulich) vom 18. Mai 1928.

47 GStA PK/M, VNL-K, Nr. 181, Bl. 96 ff.; ferner Puhle, Interessenpolitik, S. 37 ff.

48 Topf, Grüne Front, S. 108; Faust, Zentralbank, S. 45; ders., Geschichte, S. 419 f; Meulenbergh, Jahren, S. 179.

49 GStA PK/M, VNL-K, Nr. 184, Bl. 136 f.

50 BArch Koblenz, N 1509, Exposé II ‹Die Reorganisation des landwirtschaftlichen Genossenschaftswesens›, S. 94 ff.

51 Weber, Chronik, S. 114.

52 Hertz-Eichenrode, Politik, S. 337.

53 RGBl. I 1929, S. 97.

54 GStA PK, I. HA, Rep. 90, Nr. 1073.

55 Vgl. zur Person beziehungsweise Auswahl Rönneburgs Hertz-Eichenrode, Politik, S. 285 ff. Die Einführung eines Staatskommissars wurde endgültig geregelt im Reichsgesetz vom 18. Mai 1929. Vgl. RGBl. I 1929, S. 97.

56 Klepper, ‹Ostprogramm›, in: Der deutsche Volkswirt vom 25. April 1930.

57 HStA Düsseldorf, PrLT, 366. Sitzung am 14. Dezember 1928, Sp. 1556.

58 GStA PK, I. HA, Rep. 87, Nr. 2501, Bl. 16, 64 ff.

59 Vgl. Fiederlein, Osten, S. 61 ff., der *«die Ideologie des Agrarkonservativismus»* genau erörtert und Schieles Agrarprogramm zuordnet.

60 Aufzeichnung vom 28. Mai 1930, in: Pünder, Poltik, S. 52.

61 Vgl. Gesetz über Hilfsmaßnahmen für die notleidenden Gebiete des Ostens (Osthilfe-

gesetz) vom 31. März 1931, in: RGBl. I 1931, S. 117 ff.; Borcke-Stargordt, Landbau, S. 117 ff.

62 BArch Berlin, R 43 I/678, Bl. 132 ff.

63 Erlaß des Reichspräsidenten über die Bestellung eines Reichskommissars für die Osthilfe vom 5. November 1931, in: RGBl. I 1931, S. 665; Verordnung des Reichspräsidenten zur Sicherung der Osthilfe vom 6. November 1931, in: ebd.; Verordnung des Reichspräsidenten zur Sicherung der Ernte und der landwirtschaftlichen Entschuldung im Osthilfegebiet› vom 17. November 1931, in: ebd., S. 675; Verordnung zur Änderung der Durchführungsverordnungen zum Osthilfegesetz vom 14. November 1931, in: ebd., S. 681; Borcke-Stargordt, Landbau, S. 126 ff.

64 Schlange-Schöningen wurde am 9. November 1931 Reichsminister ohne Geschäftsbereich und Reichskommissar für die Osthilfe. Vgl. Schlange-Schöningen, Tage, S. 50–53.

65 Muth, Agrarpolitik, S. 327–331, 338 ff., 350 ff.

66 Oscar Hergt an Erich Rogge vom 27. Oktober 1923 und Schlange an Hergt vom 3. Dezember 1923, zit. n. Pufendorf, Mut, S. 63.

67 Maurer/Wengst, Staat, S. 106: «*Die katastrophale Krise im Jahre 1931, der sogar bedeutende Großbanken zum Opfer fielen, wurde von der Preußenkasse ohne fremde Hilfe (Staatsstützung) überwunden.*»

68 Infocenter der DZ BANK AG, Signatur 10892, Konrad Engelmann, Otto Klepper zum Gedächtnis. New York, NY 1965 [maschinenschriftlich], S. 33.

69 Kleine Anfrage Nr. 2938 des DNVP-Abgeordneten v. Rohr im Preußischen Landtag vom 17. November 1931.

70 Infocenter der DZ BANK AG, Signatur 10892, Konrad Engelmann, Otto Klepper zum Gedächtnis. New York, NY 1965 [maschinenschriftlich], S. 33 f.

71 Ministerbesprechung vom 11. Juli 1932, in: Erdmann/Mommsen/Vogel, Akten, Nr. 57.

72 Mommsen, Schatten, S. 555.

73 Bracher, Dualismus, S. 544, 547.

74 Vgl. Klepper, ‹Erinnerung an den 20. Juli 1932›, in: Neues Tagebuch vom 22. Juli 1933, S. 91; ferner Grzesinski an Otto Wels vom 2. August 1932, abgedruckt als Dok. Nr. 14 in Matthias/Morsey, Ende, S. 226: «*Der Ausgang des 20. Juli 1932 hat Nazis und Papenregierung zuversichtlich gemacht.*»

75 GStA PK, I. HA, Rep. 151 HB, Nr. 46.

76 Brecht, Reichsreform, S. 145 ff.

77 Einige Gelder liefen auch über ein Konto des Verlegers Bermann-Fischer, deshalb musste er im April 1934 in der Verhandlung gegen Klepper als Zeuge in Moabit erscheinen, was für ihn äußerst gefährlich war. Vgl. Bermann-Fischer, Weg, S. 89 f.

78 Brecht, Reichsreform, S. 143 ff.

79 Otto Strasser erklärt den Namen in seinem Buch ‹Exil› wie folgt: «*Wir waren die überall vorhandene, die schattenhafte, die geheime Front. Deshalb nannten wir uns ‹Schwarze Front›.*» Klepper an Meyers: «*Ich habe die erforderlichen Verhandlungen mit dem damaligen Beauftragten der Reichsregierung, Dr. Spiecker, geführt.*»

80 Löwenstein, Tragödie, S. 90 ff.; Brecht, Reichsreform, S. 100, berichtet, dass Klepper die Arbeiter aufrufen wollte.

81 Pufendorf, Mut, S. 100.

82 Infocenter der DZ BANK AG, Signatur 10892, Konrad Engelmann, Otto Klepper zum Gedächtnis. New York, NY 1965 [maschinenschriftlich], S. 36; WINKLER, Weg, S. 658.
83 Schäffer im Gespräch mit Reiner am 22. Juli 1932. Vgl. IfZ München, ED 210, Tagebuch Schäffer, Bd. 21, S. 676.
84 Vgl. OLDEN, Marxisten, S. 80; ferner zur Einstellung der SPD ILSAR, Streit, darin auch viele Aussagen von Sozialdemokraten.
85 PUFENDORF, Mut, S. 75 ff.
86 EHNI, Bollwerk, S. 11 ff.; BRACHER, Dualismus, S. 544 ff; FRIEDENSBURG, Lebenserinnerungen, S. 211.
87 Vgl. dazu den Kommentar in Vorwärts Nr. 379 vom 13. August, 1932, 2. Beilage.
88 FAUST, Zentralkasse, S. 46 ff.; RGBl. I 1932 (Nr. 70, 25. Oktober 1932); RGBl. I 1933 (Nr. 148, 29. September 1933); GStA PK, I. HA, Rep. 84 A, Nr. 11150, Bl. 239.
89 FAUST, Zentralkasse, S. 46.
90 Pariser Tageszeitung vom 11. Januar 1940 und 7. Februar 1940.
91 BArch Berlin, R 58/236, Bl. 90, 245.
92 Jaeger nennt nur Höpker-Aschoff, Klepper, August Weber und eine große *«Zahl der demokratischen Journalisten»*. Vgl. IfZ München, ED 210, Tagebuch Schäffer, Bd. 32, Bl. 407.
93 BArch Berlin, N 2290, Bl. 77, Klepper an Spiecker vom 24. Januar 1936.
94 BArch Koblenz, N 1089/33, Brandt an Brecht vom 5. November 1940; Brecht an New England Committee for Refugees, Cambridge vom 3. November 1940.
95 Infocenter der DZ BANK AG, Signatur 10892, Konrad Engelmann, Otto Klepper zum Gedächtnis. New York, NY 1965 [maschinenschriftlich], S. 38; BArch Koblenz, N 1509, Bericht von Rechtsanwalt Kurt Stange, Berlin vom 28. März 1936.
96 KLEPPER, ‹Gedanken über Finnland›, in: Die Zukunft Nr. 8 vom 23. Februar 1940, S. 5.
97 KLEPPER, ‹Der Umschwung in Deutschland 1933›, in: Göteborgs Handels- och Sjöfarts-Tidning Juli/August 1933.
98 BArch Koblenz, N 1509, Gutachten Kleppers in Akte China; BRAUER, Exil, S. 25 f., 37 ff.
99 Kleppers Aussage nach dem Krieg, bezeugt von Gernot Gather.
100 StA Hamburg, 622–1, Nr. 74, Bd. 1, Frau Klepper (Plainfield/NJ) an Elsbeth Weichmann (New York, NY) vom 3. November 1941. – Die Fahrt bis Lissabon und auch Zuschüsse zum Leben der Familie auf Mallorca wurden von Dina Bowden, die eine große selbstlose Arbeit für das ‹American Friends Service Committee› leistete, finanziert.
101 Die Zukunft vom 9. Juni 1939.
102 Die Zukunft Nr. 17 vom 28. April 1939 (Titelseite: ‹Bekanntmachung der Deutsch-Französischen Union mit allen Unterschriften französischer und deutscher Journalisten, Schriftsteller und Politiker›).
103 Die Zukunft Nr. 17 vom 19. Mai 1939 (Titelseite: ‹Aufruf an alle Vertreter des geistigen und politischen Lebens in Frankreich›).
104 FRY, Surrender; BÉNÉDITE, Filière.
105 BArch Koblenz, N 1509, Klepper an Tochter Renate vom 30. Oktober 1943.
106 TOPF, Grüne Front, S. 113.
107 ACDP, 01-090-004.
108 BArch Koblenz, N 1509, Klepper an Lübke vom 26. Mai 1955; Klepper an Lauffer vom 2. Mai 1955.

109 BArch Koblenz, N 1509, Endgültiger Bescheid über die Ablehnung der Ansprüche Kleppers durch Lübke, Februar 1957.
110 BArch Koblenz, N 1216/42, Bl. 334, Böhm an Lübke vom 31. Mai 1957.
111 BArch Koblenz, N 1509, Klepper an Lauffer vom 9. April 1955.
112 BArch Koblenz, N 1216/42, Bl. 79, Klepper an Lübke vom 26. Juni 1956.
113 Kersten, Kurt, ‹Otto Klepper gestorben. Ein Demokrat und Nonkonformist›, in: Aufbau vom 24. Mai 1957.

Hans Helferich (1891–1945)

1 So zum Beispiel der Karriereverlauf von Vorstandsmitgliedern der Reichs-Kredit-Gesellschaft und der Deutschen Girozentrale – Deutschen Kommunalbank –, vgl. dazu WAGNER-BRAUN, Deutsche Girozentrale; WIXFORTH, Folgen, S. 167–171; DERS., Bankenkrise.
2 [o. V.], Präsident Dr. Hans Helferich, S. 1; [o. V.], Landrat Dr. Helferich, S. 37.
3 [o. V.], Präsident der Preußenkasse, S. 253; [o. V.], Präsident Dr. Hans Helferich, S. 1; [o. V.] Präsident Dr. Hans Helferich, S. 1; Genossenschaftsblatt Posen-Westpreußen Nr. 17 vom 1. September 1932.
4 Ausführlich zur Tätigkeit Helferichs in Harburg [o. V.], Landrat Dr. Helferich, S. 37–40; vgl. auch FAUST, In memoriam Dr. Hans Helferich, S. 67 ff.; ACHTERBERG, Preußenkasse, S. 1; ferner zur Lage der Landwirtschaft in der Weimarer Republik HERTZ-EICHENRODE, Politik.
5 Ausführlich dazu [o. V.], Landrat Dr. Helferich, S. 38 ff.; ferner FAUST, In memoriam Dr. Hans Helferich, S. 67; ACHTERBERG, Preußenkasse, S. 1 f.
6 [o. V.], Präsident Dr. Hans Helferich, S. 2; FAUST, In memoriam Dr. Hans Helferich, S. 67. – Die Entwicklung und Geschichte des Kreditwesens in der Freien Staat Danzig während der Zwischenkriegszeit ist noch immer ein Desiderat der Forschung. Eine zentrale Rolle im Bankwesen der ehemaligen Provinz Posen spielte vor allem die Deutsche Landesgenossenschaftsbank in Posen, die ihrerseits an einigen weiteren Banken beteiligt war. Vgl. dazu WIXFORTH, Bank, S. 18–21.
7 Die Freie Staat Danzig besaß mit dem Danziger Gulden eine eigene Währung, die von der Bank von Danzig herausgegeben und kontrolliert wurde. Im Aufsichtsrat des Instituts saßen in erster Linie Repräsentanten der Danziger Kreditwirtschaft, aber auch Vertreter der Reichsbank und der großen deutschen Privatbanken. Siehe dazu den Schriftverkehr in HAC, Bestand 500, Akte 30932–2001.
8 [o. V.], Präsident der Preußenkasse; [o. V.], Landrat Dr. Helferich, S. 40; FAUST, In memoriam Dr. Hans Helferich, S. 67 f.; ACHTERBERG, Preußenkasse, S. 1 f.
9 Auf die Ereignisse, die im Sommer 1931 zum Kollaps des deutschen Bankensystems und zur Verhängung von Bankfeiertagen führten, kann hier nicht näher eingegangen werden. Siehe dazu BORN, Bankenkrise; BÄHR, Bankenkrise (2011); ferner zur Krise bei den Kreditgenossenschaften und ihren Zentralinstituten BORMANN/SCHOLTYSECK/WIXFORTH, Zentralinstitute, S. 185–217; zur Krise in der Sparkassenorganisation FISCHER, Landesbank; WIXFORTH, Folgen, S. 95–107.
10 Ausführlich dazu BORMANN/SCHOLTYSECK/WIXFORTH, Zentralinstitute, S. 217–224.
11 Vgl. dazu den Beitrag von Astrid v. Pufendorf in diesem Band.
12 [o. V.], Präsident der Preußenkasse; ACHTERBERG, Preußenkasse, S. 2; Nachrichten-

dienst Nr. 173 betr. Präsident Dr. Helferich vom 30. Juli 1932; [o. V.], Präsident Dr. Hans Helferich, S. 2. – Auf die Tätigkeit und die Reformanstrengungen Kleppers ist an dieser Stelle nicht näher einzugehen. Siehe dazu Bormann/Scholtyseck/Wixforth, Zentralinstitute, S. 194–210; vgl. ferner zur Person Kleppers Pufendorf, Klepper, sowie den Aufsatz derselben Autorin zu Klepper in diesem Band.

13 Bormann/Scholtyseck/Wixforth, Zentralinstitute, S. 226 ff. – Allerdings wollte auch Helferich nicht zur Praxis der großzügigen Kreditvergabe an landwirtschaftliche Betriebe aus der Ära vor Klepper zurückkehren.

14 Siehe etwa ACDP, 01-090-003/4, Vertrauliches Schreiben Helferichs an den Reichsminister für Ernährung und Landwirtschaft vom 14. September 1932, S. 1 f.

15 Vgl. zur Lage der Landwirtschaft Hertz-Eichenrode, Politik; ferner speziell zur Osthilfe Gömmel, Osthilfe, S. 257–268.

16 ACDP, 01-090-003/4, Vertrauliches Schreiben Helferichs an den Reichsminister für Ernährung und Landwirtschaft vom 14. September 1932, S. 6–9.

17 ACDP, 01-090-003/4, Vertrauliches Schreiben Helferichs an den Reichsminister für Ernährung und Landwirtschaft vom 14. September 1932, S. 15–21.

18 ACDP, 01-090-003/4, Vertrauliches Schreiben Helferichs an den Reichsminister für Ernährung und Landwirtschaft vom 14. September 1932, S. 28 f.

19 Vgl. zur Rolle der Genossenschaftsabteilung der Dresdner Bank in der deutschen Genossenschaftsorganisation bis zur Bankenkrise von 1931 Bormann/Scholtyseck/Wixforth, Zentralinstitute, S. 175–184, 217–222.

20 ACDP, 01-090-003/4, Vertrauliches Schreiben Helferichs an den Reichsminister für Ernährung und Landwirtschaft vom 14. September 1932, S. 28 ff.; Krebs, Entstehung, S. 560–578.

21 Zu den einzelnen Schritten bei dieser Maßnahme siehe den Schriftverkehr in BArch Berlin, R 43 I/675; vgl. ferner Bormann/Scholtyseck/Wixforth, Zentralinstitute, S. 223 ff.; Krebs, Entstehung, S. 570–578; Achterberg, Preußenkasse, S. 2.

22 Der im Sommer 1932 amtierende Finanzminister Hermann Dietrich bezifferte die Verluste des Reichs aus der Bankensanierung zu diesem Zeitpunkt mit rund 338 Millionen Reichsmark, dazu kamen noch Steuerausfälle infolge nicht gezahlter Steuern durch die Kreditwirtschaft in Höhe von 200 Millionen Reichsmark. Angesichts dieser Belastungen sah sich Dietrich außerstande, umfangreiche Finanzhilfen an die Genossenschaftsorganisation zu leisten. Vgl. BArch Koblenz, N 1004/38, Bl. 28, Hermann Dietrich, Die Verluste und Verbindlichkeiten aus der Bankenkrise [letzte Reichstagsrede]; siehe ferner Bähr, Bankenkrise (2011), S. 107 f.

23 Vgl. Verordnung des Reichspräsidenten über Maßnahmen zur Erhaltung der Arbeitslosenhilfe und der Sozialversicherung sowie auf dem Gebiet der Reichsversorgung vom 14. Juni 1932, in: RGBl. I (1932), S. 284; Bähr, Bankenkrise (2011), S. 103.

24 Deumer, Kreditgenossenschaftswesen, S. 304–311.

25 Vgl. zu einer möglichen Aufspaltung der Dresdner Bank HAC, Bestand 170, Akte 117049, Memorandum ‹Vorschlag zur Umgestaltung des deutschen Bankensystems mit Hilfe einer organischen Zerlegung der Dresdner Bank› vom 22. Oktober 1931; ferner Bormann/Scholtyseck/Wixforth, Zentralinstitute, S. 218 f.; Wixforth, Bankenkrise, S. 80–88; zu Friedrich Ernst, der im Herbst 1931 zum Reichskommissar für das Bankgewerbe ernannt wurde, Born, Bankenkrise, S. 162 f.

26 RGVA Moskau, Fond 1458, Findbuch 12, Akte 22, Entwurf eines Gesetzes über den Aufbau des Reichsstandes des deutschen Bank- und Kreditgewerbes; Akte 10, Akten-

notiz von Staatssekretär Hans Posse vom 11. Mai 1934; ferner allgemein dazu KOPPER, Marktwirtschaft.

27 Vgl. BArch Berlin, R 2/31205, Protokoll der Sitzung des Personal- und Organisationsausschusses der Deutschen Zentralgenossenschaftskasse vom 10. Januar 1934; ferner ausführlich dazu BORMANN/SCHOLTYSECK/WIXFORTH, Zentralinstitute, S. 242 f. – Nach Angaben Helferichs aus dem Jahr 1936 wurden seit der so genannten Machtergreifung mehr als 300 Stellen bei der Deutschlandkasse abgebaut. Zum Stellenabbau und zur ‹Entjudung› bei der Belegschaft der privaten Banken siehe ZIEGLER, Dresdner Bank, S. 11–68; JAMES, Deutsche Bank, S. 39 ff., 51–62; WEIHE, Verdrängung, S. 45–53.

28 Ausführlich dazu BORMANN/SCHOLTYSECK/WIXFORTH, Zentralinstitute, S. 245 ff.; vgl. ferner BArch Berlin, R 2/31208, Protokolle der Ausschusssitzungen der Deutschen Zentralgenossenschaftskasse vom 30. September 1938 und 27. Februar 1939.

29 Vgl. BArch Berlin, R 2/31027, Brief Helferichs an Schacht vom 23. Juli 1936; ferner BORMANN/SCHOLTYSECK/WIXFORTH, Zentralinstitute, S. 247 f.

30 Vgl. BArch Berlin, R 2/31027, Protokolle der Ausschusssitzungen der Deutschen Zentralgenossenschaftskasse vom 13. März 1936, 23. Juni 1936 und 2. Oktober 1936; ferner BORMANN/SCHOLTYSECK/WIXFORTH, Zentralinstitute, S. 248 f.

31 Der langjährige Leiter der Genossenschaftsabteilung der Dresdner Bank, Wilhelm Kleemann, musste im Zuge der Umbildung des Vorstands nach der Bankenkrise sein Amt aufgeben und emigrierte in die USA. Sein Nachfolger auf diesem Posten, Emil Meyer, war zwar als überzeugter Nationalsozialist ein wichtiger ‹Netzwerker› zwischen Kreditwirtschaft und Politik, erreichte aber weder als Bankier noch als strategischer Vordenker für die Genossenschaftsbewegung das Standing Helferichs. Vgl. zu Meyer KOPPER, Bankiers, S. 83–98; BÄHR, Dresdner Bank, S. 477–489. – Eine umfassende Studie, die alle Facetten in der beruflichen Tätigkeit Meyers behandelt, fehlt jedoch bisher.

32 Siehe zum Beispiel HELFERICH, Kreditgenossenschaften.

33 Siehe etwa zu Karl Rasche KOPPER, Bankiers, S. 99–119; AHRENS, Rasche, S. 343–355; DERS., Der Exempelkandidat. Die Dresdner Bank und der Nürnberger Prozess gegen Karl Rasche, in: Vierteljahrshefte für Zeitgeschichte 52 (2004), S. 637–670; zu Emil Georg von Stauß JAMES, Deutsche Bank, S. 85–99; KOPPER, Bankiers, S. 135–149; WIXFORTH, von Stauß, S. 403–415, zu Friedrich Döhlemann aus dem Vorstand der Bayerischen Gemeindebank BÄHR, Bankenkrise (2009), S. 143–150.

34 Zum Verhalten und zu den Erwägungen der Führungskräfte aus der privaten Kreditwirtschaft siehe WIXFORTH, Errichtung.

35 HELFERICH, Kreditgenossenschaften; DERS., Bedeutung, S. 50–75.

36 Ausführlich dazu BORMANN/SCHOLTYSECK/WIXFORTH, Zentralinstitute, S. 254–259.

37 Ebd., S. 262–265; ferner HAC, Bestand 500, Akte 109422, Notiz des Vorstands der Dresdner Bank vom 7. September 1933.

38 Zur Geschäftsentwicklung und Geschäftspolitik der Dresdner Bank von 1933 bis 1939 siehe BÄHR, Dresdner Bank, S. 169–253.

39 GIZ, A-I-20-00005, Vertrag über die Auflösung der Genossenschaftsabteilung der Dresdner Bank und deren Überführung auf die Deutsche Zentralgenossenschaftskasse (1939).

40 VOLKMANN, Ökonomie; BOLDORF, Wege.

41 Vgl. zur Umgestaltung der Kreditwirtschaft in den jeweiligen abhängigen oder besetzten Gebieten siehe WIXFORTH, Expansion; DERS., Banken.

42 Vgl. BArch Berlin, R 2/15013, Helferich an das Reichswirtschaftsministerium am 21. April 1938; Helferich an Arthur Seyß-Inquart am 20. April und 3. Mai 1938; R 2/31028, Niederschriften über die Sitzungen des Ausschusses der Deutschen Zentralgenossenschaftskasse vom 30. Juni 1938, 10. Oktober 1938 und 16. Januar 1939; Bormann/Scholtyseck/Wixforth, Zentralinstitute, S. 272–277.

43 Ausführlich zur Umgestaltung der Kreditwirtschaft im Sudetenland Wixforth, Auftakt; ferner BArch Berlin, R 2/31028, Niederschriften über die Sitzungen des Ausschusses der Deutschen Zentralgenossenschaftskasse vom 10. Oktober 1938 und 16. Januar 1939.

44 Vgl. zur Rolle der Kreditanstalt der Deutschen in der Kreditwirtschaft des Sudetenlandes während der Ersten Tschechoslowakischen Republik vor allem Kubů, Kreditanstalt der Deutschen.

45 BArch Berlin, R 2/31028, Niederschriften über die Sitzungen des Ausschusses der deutschen Zentralgenossenschaftskasse vom 26. Juni und 5. Dezember 1939; GIZ, A-I-20-11, Auszug aus den Ausführungen des Präsidenten Helferich auf der Hauptversammlung der Deutschen Zentralgenossenschaftskasse vom 29. April 1943.

46 GIZ, A-I-20-11, Auszug aus den Ausführungen des Präsidenten Helferich auf der Hauptversammlung der Deutschen Zentralgenossenschaftskasse vom 29. April 1943; Deutsche Genossenschaftszentralbank, Geschäftsberichte 1940–43; BArch Berlin, R 2/31208, Niederschriften über die Sitzungen des Ausschusses der Deutschen Zentralgenossenschaftskasse vom 26. Juni 1939.

47 BArch Berlin, R 2/31028, Niederschrift über die Sitzungen des Ausschusses der Deutschen Zentralgenossenschaftskasse vom 8. März 1940; Deutsche Zentralgenossenschaftskasse, Geschäftsberichte 1939–40; vgl. ferner zur Rolle der Landesgenossenschaftsbank AG in Posen als genossenschaftliches Zentralinstitut in Posen während der Zwischenkriegszeit und nach der Umgestaltung der Kreditwirtschaft im neuen Gau Wartheland Wixforth, Bank, S. 15–42.

48 Vgl. BArch Berlin, R 2/31028, Niederschriften über die Sitzungen des Ausschusses der deutschen Zentralgenossenschaftskasse vom 6. Dezember 1939 und 8. März 1940; ferner zu den Zielsetzungen der Germanisierungspolitik und den Aktivitäten der DUT und der HTO Heinemann, Rasse; Rosenkötter, Treuhandpolitik; Loose, Kredite.

49 Vgl. BArch Berlin, R 2/31028, Niederschriften über die Sitzungen des Ausschusses der deutschen Zentralgenossenschaftskasse vom 6. Dezember 1939 und 8. März 1940; ferner zum Verhalten anderer Bankiers Wixforth, Bank, S. 19–26.

50 Bormann/Scholtyseck/Wixforth, Zentralinstitute, S. 286 f.

51 Bähr, ‹Bankenrationalisierung›.

52 Vgl. Deutsche Zentralgenossenschaftskasse, Geschäftsbericht 1943; GIZ, A-I-20-11, Auszug aus den Ausführungen des Präsidenten Dr. Helferich auf der Hauptversammlung der Deutschen Zentralgenossenschaftskasse am 29. April 1943; ferner Bormann/Scholtyseck/Wixforth, Zentralinstitute, S. 291 f.

53 Auch in der einschlägigen Literatur zu Goerdeler wird Helferichs Name ebenso wenig erwähnt wie eine mögliche Funktion in einem Kabinett unter der Führung des Leipziger Oberbürgermeisters. Vgl. Reich, Goerdeler.

54 Bormann/Scholtyseck/Wixforth, Zentralinstitute, S. 257 f.; Achterberg, Preußenkasse, S. 2 f.; [o. V.], Landrat Dr. Helferich, S. 41; Faust, In memoriam Dr. Hans Helferich, S. 68 f.

55 Bormann/Scholtyseck/Wixforth, Zentralinstitute, S. 258.

56 Damit ähnelte Helferichs Verhalten dem anderer Vorstandsvorsitzender großer öffentlicher Kreditinstitute, wie etwa Max Sentz von der Deutschen Girozentrale – Deutschen Kommunalbank –, vgl. WIXFORTH, Folgen, S. 167–171.

57 Vgl. GIZ, A-I-20–11, Helferich an Swart am 1. Februar 1945. Hiernach war zunächst Schwerin als Hauptausweichstelle für die Deutsche Zentralgenossenschaftskasse vorgesehen, doch rückte man von diesem Plan wieder ab. Swart war in den 1930er-Jahren Präsident der Landesgenossenschaftsbank in Posen gewesen und kannte Helferich daher wohl sehr gut.

58 [o. V.], Landrat Dr. Helferich, S. 41; [o. V.], Präsident Dr. Hans Helferich, S. 69; FAUST, In memoriam Dr. Hans Helferich, S. 3.

59 Vgl. zur Situation der privaten Großbanken nach dem Zusammenbruch des NS-Regimes AHRENS, Dresdner Bank, S. 133–193; DERS., Exempelkandidat; HOLTFRERICH, Deutsche Bank, S. 409–454; KRAUSE, Filialen.

60 Unklar ist, um welches Lager es sich dabei konkret handelte.

61 Bericht des Präsidenten der Landwirtschaftlichen Rentenbank in Frankfurt a. M., Dr. Fritz Lübke über seine letzten Zusammenkünfte mit Helferich, in: [o. V.], Landrat Dr. Helferich, S. 41 f.; ferner [o. V.], Präsident Dr. Hans Helferich, S. 3; Achterberg, Preußenkasse, S. 4.

Andreas Hermes (1878–1964)

1 Hermes ist umfassend biografisch gewürdigt worden, zum Beispiel in der frühen Studie REICHARDT, Hermes; zentrale Einsichten aus der Familienperspektive bietet HERMES, Leben; weitere wichtige Aspekte finden sich in verschiedenen Beiträgen seines Sohnes Peter Hermes (HERMES, Zusammenführen; DERS., Rückblicke; DERS., Zeitgeschichte); unerlässlich für die Beurteilung seiner Landwirtschaftspolitik ist die grundlegende Studie BARMEYER, Hermes; siehe ferner MORSEY, Hermes; BUCHSTAB, Mitte; DERS., Hermes (2002); DERS., Hermes (1994); DERS./KAFF/KLEINMANN, Demokraten; TREUE, Hermes (1989).

2 Aufzeichnung des Lebensganges, S. 37 f. (http://www.kas.de/upload/dokumente/2012/hermes/hermes_dokumentenverzeichnis.pdf; abgerufen am 28. April 2015).

3 Zit. n. ebd., S. 41.

4 Ebd., S. 59.

5 Ebd., S. 107.

6 Ebd., S. 65.

7 Ebd., S. 70.

8 ALDENHOFF-HÜBINGER, Agrarpolitik, S. 64 f.

9 HAUSHOFER/RECKE, Jahre, S. 13; MORSEY, Hermes, S. 131.

10 FISCHART, Hermes, S. 310.

11 Zit. n. TOPF, Grüne Front, S. 110.

12 FELDMAN, Disorder; WIRSCHING, Weimarer Republik, S. 70.

13 FELDMAN, Disorder, S. 385–452; BÜTTNER, Weimar, S. 169.

14 GEYER, Welt, S. 383.

15 Eindrucksvolle Beispiele bei KNORTZ, Wirtschaftsgeschichte, S. 68–75, 66 (Zitat).

16 JOHN, Befragungen, S. 22–25.

17 TOPF, Grüne Front, S. 110.

18 Ebd., S. 111 f.
19 Vgl. zu den Ursprüngen SCHLÜTZ, Kredit, S. 411–433.
20 JACOBS, Schorlemer, S. 48–57.
21 Vgl. BORMANN/SCHOLTYSECK/WIXFORTH, Zentralinstitute, S. 213; ferner kritisch zur Verantwortung von Hermes als Aufsichtsratsmitglied PUFENDORF, Klepper, S. 58 f.
22 BORMANN/SCHOLTYSECK/WIXFORTH, Zentralinstitute, S. 210–216, 210 (Zitat).
23 Zit. n. ebd., S. 214.
24 Zit. n. PUFENDORF, Klepper, S. 68 f.
25 Zit. n. BARMEYER, Hermes, S. 140.
26 Zit. n. ebd., S. 140.
27 Ebd., S. 133 f.
28 Topf bemängelte, Klepper habe Hermes in seine Position *«hineingeschoben»*, und dieser habe nichts dagegen gehabt, dass er *«den widerstrebenden Genossenschaften in aller Form aufoktroyiert wurde»*. Vgl. Topf, Grüne Front, S. 113. – Klepper war rückblickend ausgesprochen kritisch. Hermes, so ließ er Heinrich Lübke im Mai 1955 wissen, habe bei den Verhandlungen über die Genossenschaftskasse *«viel versprochen und nichts gehalten»*. Zit. n. PUFENDORF, Klepper, S. 72, Anm. 119. Die Animosität war gegenseitig. Möglicherweise war Hermes auch deswegen immer noch schlecht auf Klepper zu sprechen, weil dieser ihm einst *«den fetten Bissen der Preußenkasse-Präsidentschaft* [...] *vor der Nase wegeschnappt»* hatte. Vgl. TOPF, Grüne Front, S. 104.
29 Ebd., S. 141.
30 Zit. n. BARMEYER, Hermes, S. 137.
31 FAUST, Geschichte, S. 424.
32 Ebd.
33 Ebd., S. 418 f.
34 BORMANN/SCHOLTYSECK/WIXFORTH, Zentralinstitute, S. 214.
35 FAUST, Geschichte, S. 419.
36 BARMEYER, Hermes, S. 138.
37 Ebd., S. 157.
38 Zit. n. ebd. S. 142.
39 Ebd., S. 142–145; FIEDERLEIN, Osten, S. 59–127.
40 BARMEYER, Hermes, S. 80–128.
41 PUHLE, Interessenpolitik, S. 307.
42 BARMEYER, Hermes, S. 157.
43 Zit. n. ebd., S. 45; vgl. auch ebd., S. 122.
44 HERMES, Leben, S. 83.
45 Zit. n. TEN HAAF, Kreditgenossenschaften, S. 237 f.
46 HERMES, Leben, S. 83.
47 Zit. n. BARMEYER, Hermes, S. 145.
48 Zit. n. ebd., S. 145 f.
49 PUFENDORF, Klepper, S. 72, Anm. 120, S. 294, Anm. 341.
50 REICHARDT, Hermes, S. 137–151.
51 BARMEYER, Hermes, S. 146 f.
52 FRAENKEL, Doppelstaat.
53 MORSEY, Hermes, S. 134.
54 FAUST, Geschichte, S. 427.
55 TUCHEL, Strick.

56 Aufzeichnung des Lebensganges, S. 238 (http://www.kas.de/upload/dokumente/2012/hermes/hermes_dokumentenverzeichnis.pdf; abgerufen am 28. April 2015).
57 MAUCH, Schattenkrieg, S. 285.
58 Aufzeichnung des Lebensganges, S. 268 f. (http://www.kas.de/upload/dokumente/2012/hermes/hermes_dokumentenverzeichnis.pdf; abgerufen am 28. April 2015).
59 HERMES, Versuch.
60 Einen guten Überblick bietet MORSEY, Hermes, S. 138–143; daneben HERMES, Christlich-Demokratische Union, S. 86–96, sowie BAUERKÄMPER, Junkerland.
61 MORSEY, Gründung, S. 48.
62 Zit. n. HEITZER, CDU, S. 264.
63 MORSEY, Hermes, S. 145 f.
64 SCHOLTYSECK, Kräften.
65 MORSEY, Hermes, S. 147 f.
66 HERMES, Leben, S. 257.
67 FELDMAYER, Karl, ‹Unbequeme Erinnerung. Wie die CDU Andreas Hermes würdigt›, in: Frankfurter Allgemeine Zeitung vom 15. Juli 2003.
68 SONNEMANN, Adenauer, S. 268.
69 TREUE, Hermes (1970), S. 393.
70 BARMEYER, Hermes, S. 155.
71 PAUL/THEURL, Zentralbankwesen, S. 316.
72 JOHN, Hermes, S. 13.
73 PAUL/THEURL, Zentralbankwesen, S. 339.
74 PRITZKOLEIT, Herren, S. 237.
75 PAUL/THEURL, Zentralbankwesen, S. 309.
76 FAUST, Geschichte, S. 431.
77 ‹Hermes. Der bäuerliche Heroismus›, in: DER SPIEGEL vom 24. März 1954, S. 12.
78 PAUL/THEURL, Zentralbankwesen, S. 316.
79 PRITZKOLEIT, Männer, S. 55.
80 THIEMEYER, ‹Pool vert›, S. 89–94.
81 PRITZKOLEIT, Männer, S. 56.
82 THIEMEYER, ‹Pool vert›, S. 91.
83 ‹Hermes. Der bäuerliche Heroismus›, in: DER SPIEGEL vom 24. März 1954, S. 12.
84 DEUTSCHER RAIFFEISENVERBAND, Hermes, S. 27 f.
85 FAUST, Geschichte, S. 424.

Georg Draheim (1903–1972)

1 KREITZ, Draheim.
2 NLA HA, Nds. 171, Nr. 13920, Entnazifizierungsakte Draheim, Lebenslauf Draheims für den Entnazifizierungsantrag, 9. Dezember 1946.
3 Vgl. zur Geschichte der Preußenkasse bis 1914 GUINNANE, Selbsthilfe, S. 77–144. – Die Genossenschaftsabteilung der Dresdner Bank, die seit 1904 einigen gewerblichen Genossenschaftsbanken als Spitzeninstitut diente, kann hier unberücksichtigt bleiben, da sie 1939 an die Deutschlandkasse abgegeben wurde. Vgl. BÄHR, Dresdner Bank, S. 218–221.
4 BORMANN/SCHOLTYSECK/WIXFORTH, Zentralinstitute, S. 198.

5 Ebd., S. 161.

6 KREITZ, Draheim, S. 81.

7 Vgl. SCHNEIDER, Nicklisch, S. 199 f.; ferner zu Draheim als Wissenschaftler ENGELHARDT, Unternehmensgestalter.

8 DRAHEIM, Spitzenorganisationen. – Draheims Doktorvater Friedrich Leitner war der Verfasser eines Standardlehrbuchs zur Bankbetriebslehre, ‹Bankbetrieb und Bankgeschäft›. Siehe hierzu VODRAZKA, Leitner, S. 170 f.

9 KREITZ, Draheim, S. 84; GLEBER, Macher, S. 75–78; NLA HA, Nds. 171, Nr. 13920, Entnazifizierungsakte Draheim, Lebenslauf Draheims für den Entnazifizierungsantrag, 9. Dezember 1946.

10 BORMANN/SCHOLTYSECK/WIXFORTH, Zentralinstitute, S. 199–203.

11 Ebd., S. 222 f.

12 Ebd., S. 242 f.

13 BArch Berlin, NSDAP-Zentralkartei, Karteikarte Georg Draheim; R 9361 I/575, Fragebogen Draheims bei der Parteistatistischen Erhebung der NSDAP, 1939.

14 BORMANN/SCHOLTYSECK/WIXFORTH, Zentralinstitute, S. 256.

15 NLA HA, Nds. 171, Nr. 13920, Entnazifizierungsakte Draheim, Entnazifizierungsfragebogen der Militärregierung, 14. Dezember 1946.

16 NLA HA, Nds. 171, Nr. 13920, Entnazifizierungsakte Draheim, Lebenslauf Draheims für den Entnazifizierungsantrag, 9. Dezember 1946; Draheim an den Vorsitzenden des Entnazifizierungsausschusses der Landwirtschaftskammer Hannover am 15. April 1947.

17 LOEST, Deutsche Zentralgenossenschaftskasse, S. 520–535.

18 KREITZ, Draheim, S. 85 f.; BORMANN/SCHOLTYSECK/WIXFORTH, Zentralinstitute, S. 289.

19 So die These von KREITZ, Draheim, S. 86.

20 PAUL/THEURL, Zentralbankwesen, S. 303–317.

21 Siehe die biografischen Angaben in WEISSER, Genossenschaften, S. 624; NLA HA, Nds. 171, Nr. 13920, Entnazifizierungsakte Draheim, Lebenslauf Draheims für den Entnazifizierungsantrag, 9. Dezember 1946.

22 NLA HA, Nds. 171, Nr. 13920, Entnazifizierungsakte Draheim, Stellungnahme des Entnazifizierungsausschusses des Regierungsbezirks Hannover, 30. Juli 1947.

23 GLEBER, Macher.

24 Schriftliche Auskunft von Dr. Ulrich Hunger (Universitätsarchiv Göttingen) vom 18. November 2013.

25 DRAHEIM, Genossenschaft.

26 DRAHEIM, Genossenschaften, S. 125 ff.; Nachdruck in DERS., Ökonomisierung, S. 12–37.

27 Der Aufsatz BONUS, Cooperative Association, basiert auf Draheims Antrittsvorlesung als Direktor des Instituts für Genossenschaften an der Universität Münster.

28 DRAHEIM, Ökonomisierung, S. 122–170; ferner zur stabilen Zahl der Kreditgenossenschaften in den 1950er-Jahren PAUL/THEURL, Zentralbankwesen, S. 443.

29 DRAHEIM, Entwicklungsgesellschaften; Nachdruck in DERS., Ökonomisierung, S. 224–238.

30 GLEBER, Macher.

31 Schriftliche Auskunft von Dr. Ulrich Hunger (Universitätsarchiv Göttingen) vom 18. November 2013. Die Akte über seine Berufung wurde vor einigen Jahren bei einem Brand im Göttinger Fakultätsgebäude vernichtet. GLEBER, Macher, erwähnt zwei

weitere Rufe auf wirtschaftswissenschaftliche Lehrstühle (1957 TU Berlin, 1960 Universität Hamburg), die von den dortigen Universitätsarchiven mangels überlieferter Akten jedoch nicht verifiziert werden konnten.

32 PAUL/THEURL, Zentralbankwesen, S. 295–496.

33 Ebd., S. 317; FAUST, Zentralbank, S. 69, 73.

34 PAUL/THEURL, Zentralbankwesen, S. 453; FAUST, Zentralbank, S. 81.

35 PAUL/THEURL, Zentralbankwesen, S. 329 ff.

36 FAUST, Zentralbank, S. 76.

37 PAUL/THEURL, Zentralbankwesen, S. 339.

38 Ebd., S. 454 f.

39 Ebd., S. 341–345.

40 DRAHEIM, Genossenschaften.

41 DRAHEIM, Grundsatzprobleme.

42 DRAHEIM, Betriebsgröße.

43 DRAHEIM, Entwicklungstendenzen.

44 PAUL/THEURL, Zentralbankwesen, S. 458.

45 DRAHEIM, Entwicklungstendenzen.

46 DRAHEIM, Kooperation.

47 PAUL/THEURL, Zentralbankwesen, S. 321.

48 Ebd., S. 474.

49 KUBISTA, Neuordnung.

50 PAUL/THEURL, Zentralbankwesen, S. 464 f.

51 DRAHEIM, Kreditgenossenschaften.

52 PAUL/THEURL, Zentralbankwesen, S. 465.

53 DRAHEIM, Verbund.

54 DRAHEIM, Kreditgenossenschaften.

55 PETZOLD, Steigerung, S. 277 ff.

56 PAUL/THEURL, Zentralbankwesen, S. 466 f.

57 Ebd., S. 465.

58 Ebd., S. 458.

59 ENGELHARDT, Unternehmensgestalter, S. 7.

Felix Viehoff (1919–1987)

1 Vgl. zur Gründung der Deutschen Genossenschaftskasse PAUL/THEURL, Zentralbankwesen, S. 297–322.

2 KLUGE, Geschichte, S. 472 f.; GLEBER, Wurzeln, S. 39–43.

3 KUBISTA, Volksbanken.

4 Vgl. SCHRAMM, Felix Viehoff; ähnliche Zuschreibungen finden sich in [o. V.], Viehoff.

5 Vgl. für die wichtigsten Lebensdaten und Karrierestationen die Webseiten zu Felix Viehoff in Munzinger Online (http://www.munzinger.de/document/00000015620, zuletzt aufgerufen am 2. April 2014); ‹Dr. jur. Felix Viehoff – Lebenslauf und Mandate›, in: DG BANK, Rückblende [unpaginiert]; HAHN, Viehoff.

6 BArch, Abt. Militärarchiv, Freiburg i. Br., Pers 6/188368, Personalakte Felix Viehoffs.

7 BArch, Abt. Militärarchiv, Freiburg i. Br., Pers 6/188368, Vorschlag zur Beförderung zum Leutnant betr. Felix Viehoff vom 11. November 1940.

8 BArch, Abt. Militärarchiv, Freiburg i. Br., Pers 6/188368, Kriegs-Beurteilung für Offiziere zum 1. 10. 1943 betr. Felix Viehoff vom 14. September 1943.

9 BArch, Abt. Militärarchiv, Freiburg i. Br., Pers 6/188368, Kriegs-Beurteilung für Offiziere zum 1. 10. 1943 betr. Felix Viehoff vom 14. September 1943.

10 Eine entsprechende Recherche beim Bundesarchiv erbrachte keine Hinweise auf eine NSDAP-Mitgliedschaft Felix Viehoffs. Da die dortigen Unterlagen nicht vollständig sind, ist das allerdings kein Beweis für eine Nicht-Mitgliedschaft.

11 Viehoff, Gewalt.

12 Zit. n. ‹Dr. jur. Felix Viehoff – Lebenslauf und Mandate›, in: DG BANK, Rückblende [unpaginiert].

13 Ahrens, Dresdner Bank.

14 Aus dieser Ehe gingen drei Söhne hervor: Thomas, Michael und Volker.

15 ‹Rede Lorenz Falkensteins (Vorsitzender des Verwaltungsrats der DG Bank)›, in: Rückblende [unpaginiert].

16 Ebd.

17 ‹Rede Paul Schnitkers (Vorsitzender des Gemeinschaftsausschusses der Deutschen Gewerblichen Wirtschaft/Präsident des Zentralverbandes des Deutschen Handwerks)›, in: Rückblende [unpaginiert].

18 Viehoff, Volksbanken, S. 42.

19 Vgl. zu dessen Gründung Viehoff, Kooperation. – Ab Januar 1970 amtierte Viehoff als Vorsitzender des Verwaltungsrats und Mitglied des Verwaltungsausschusses des Betriebswirtschaftlichen Instituts der deutschen Kreditgenossenschaften.

20 Viehoff, Volksbanken, S. 38.

21 Viehoff, Erfahrungen, Ders., Geschäftspolitik.

22 Vgl. ‹Rede Helmut Guthardts (Stellvertretender Vorsitzender des Vorstandes der DG Bank)›, in: DG BANK, Rückblende [unpaginiert].

23 Vgl. das Gespräch der Verfasserin mit Eckart Henningsen, 19. September 2014. – Eckart Henningsen, der Volkswirtschaft studiert hatte und zunächst für die Dresdner Bank tätig gewesen war, kam im April 1976 zu der gerade aus der Deutschen Genossenschaftskasse hervorgegangenen DG BANK. Er übernahm hier in der Volkswirtschaftlichen Abteilung die Aufgabe, für den Vorstandsvorsitzenden Felix Viehoff wirtschafts- und geldpolitische Statements vorzubereiten. Nachdem Viehoff im Januar 1977 zusätzlich das Amt des BVR-Präsidenten übernommen hatte, wurde dieses Aufgabengebiet zum Bundesverband der Deutschen Volksbanken und Raiffeisenbanken verlagert. Henningsens Tätigkeitsschwerpunkt bei der DG BANK verschob sich auf Wunsch Viehoffs nun stärker auf die wissenschaftliche Arbeit. Im Mittelpunkt stand dabei die Untersuchung der mittelstandsbezogenen Bankpolitik des Verbundes der Genossenschaftsbanken.

24 Faust, Geschichte, S. 617.

25 Viehoff, Ansprache (1973); ders., Banken; Deutsche Genossenschaftskasse, Geschäftsbericht 1974.

26 Ausführlich hierzu Paul/Theurl, Zentralbankwesen, S. 337–361.

27 Viehoff, Ansprache (1973).

28 Vgl. Gesetz über die DG Bank Deutsche Genossenschaftsbank vom 22. Dezember 1975, in: BGBl. I (1975), S. 3171; ferner zu den Neuregelungen im Einzelnen Faust, Geschichte, S. 629 f.; die im Pressekommentar ‹Kraftakt. Genossenschaftsbanken auf Expansionskurs›, in: Capital 5/1978, S. 84 f., angesprochene aktive Rolle Viehoffs

beim Zustandekommen des Gesetzes ist bisher freilich nicht näher beleuchtet und auf empirischer Quellenbasis belegt worden.

29 DEUTSCHE GENOSSENSCHAFTSKASSE, Geschäftsberichte 1949/50–1975; PAUL/THEURL, Zentralbankwesen, S. 348 ff.

30 ‹Kraftakt. Genossenschaftsbanken auf Expansionskurs›, in: Capital 5/1978, S. 85.

31 VIEHOFF, Geschäftsbericht, S. 18 f.

32 Ferner hielt sie eine Minderheitsbeteiligung an der BHF Bank DGK International S. A. in Luxemburg.

33 VIEHOFF, Deutsche Genossenschaftskasse; DERS., Schritt; DG BANK, Geschäftsberichte 1977–1980; PAUL/THEURL, Zentralbankwesen, S. 352–356.

34 Beteiligt waren die Okobank in Helsinki, die Andelsbanken in Kopenhagen, die Centrale Rabobank in Utrecht, die Caisse Nationale de Crédit Agricole in Paris, die Genossenschaftliche Zentralbank in Wien und die DG BANK in Frankfurt am Main.

35 VIEHOFF, Genossenschaftsbanken.

36 BATTILOSSI/CASSIS, Banks, passim.

37 VIEHOFF, Felix, ‹Cooperative Banks' Market Share Continues to Grow in West Germany›, in: The American Banker vom 9. Juni 1978.

38 [o. V.], Viehoff, S. 14.

39 VIEHOFF, Genossenschaftsbanken.

40 VIEHOFF, Ansprache (1977), S. 13.

41 Zit. n. VIEHOFF, Genossenschaftsbanken.

42 So PAUL/Theurl, Zentralbankwesen, S. 352.

43 VIEHOFF, Schritt.

44 VIEHOFF, Felix, ‹Cooperative Banks' Market Share Continues to Grow in West Germany›, in: The American Banker vom 9. Juni 1978.

45 ‹Die Scheuklappen zur Seite schieben. Interview mit Felix Viehoff›, in: Wirtschaftswoche vom 22. Juli 1977.

46 DG BANK, Geschäftsberichte 1976, S. 20; 1980, S. 26.

47 PAUL/THEURL, Zentralbankwesen, S. 352.

48 Hierzu ausführlich ebd., S. 364–380.

49 ‹Schwere Entscheidung›, in: DER SPIEGEL vom 9. April 1979; ‹Plötzlich fehlten 200 Millionen›, in: Die Zeit vom 13. April 1979. – Ein langwieriger Rechtsstreit um diese Forderung wurde erst 1989 beigelegt. Vgl. ‹BuM-Ende›, in: Wirtschaftswoche vom 3. November 1989.

50 Vgl. exemplarisch SALCHOW, Burkhart, ‹Draußen vor der Tür›, in: Deutsche Zeitung vom 22. Juni 1979.

51 1979 amtierte Viehoff als Vorsitzender des Aufsichtsrates der Bausparkasse Schwäbisch Hall AG, der Deutschen Genossenschafts-Hypothekenbank AG und des dg Verlages Deutscher Genossenschaftsverlag eG. Außerdem war er Stellvertretender Vorsitzender des Aufsichtsrates der Center-Werbung GmbH, der Raiffeisendruckerei GmbH sowie der R+V Allgemeinen Versicherung AG. Ferner gehörte er dem Aufsichtsrat der DG BANK Finance Company BV in Amsterdam und den Verwaltungsräten der BHF-Bank Berliner Handels- und Frankfurter Bank, der Kreditanstalt für Wiederaufbau, der Lastenausgleichsbank und der Liquiditäts-Konsortialbank GmbH an. Darüber hinaus war er Mitglied des Steering Committee der UNICO Banking Group. Vgl. ‹Dr. jur. Felix Viehoff – Lebenslauf und Mandate›, in: DG BANK, Rückblende [unpaginiert].

52 Ahrens/Gehlen/Reckendrees, ‹Deutschland AG›, passim.
53 Ausführlich hierzu Paul/Theurl, Zentralbankwesen, S. 436–495.
54 So war er im Jahr 1979 Mitglied des Vorstandes des Deutschen Genossenschafts- und Raiffeisenverbandes, Präsident des Verbandsausschusses des Deutschen Genossenschaftsverbandes, Mitglied des Präsidiums des Deutschen Raiffeisenverbandes, Mitglied des Verwaltungsrates des Zentralverbandes der genossenschaftlichen Groß- und Dienstleistungsunternehmen (Zentgeno), Mitglied des Handwerksrates des Zentralverbandes des Deutschen Handwerks. Außerdem amtierte er als Vizepräsident der Confédération Internationale du Crédit Populaire (CICP) in Paris und war Mitglied des Zentralausschusses der Confédération Internationale du Crédit Agricole (CICA) in Paris sowie des Leitenden Ausschusses der Spar- und Kreditgenossenschaften der EWG in Brüssel. Vgl. ‹Dr. jur. Felix Viehoff – Lebenslauf und Mandate›, in: DG BANK, Rückblende [unpaginiert].
55 Vgl. das Gespräch der Verfasserin mit Eckart Henningsen, 19. September 2014.
56 Vgl. dazu den ‹Stimmungsbericht› vom BVR-Verbandstag am 10./11. November 1977 in Berlin Zink, Franz, ‹Weichenstellung in Berlin›, in: Börsen-Zeitung vom 12. November 1977.
57 Vgl. das Gespräch der Verfasserin mit Eckart Henningsen, 19. September 2014.
58 Viehoff, Ansprache (1977).
59 Viehoff, Geschäftsbericht, S. 13.
60 Vgl. das Gespräch der Verfasserin mit Eckart Henningsen, 19. September 2014.
61 Viehoff, Kraft, S. 77.
62 Vgl. ebd.; ferner Salchow, Burkhart, ‹Alle Macht nur noch in einer Hand?›, in: Deutsche Zeitung vom 26. November 1976.
63 Auf diese umfassende Definition von Mittelstand, die nicht dem gängigen Verständnis des gewerblichen, unternehmerischen Mittelstands entsprach, der in der Politik eine große Rolle spielte, legte Viehoff größten Wert. Vgl. das Gespräch der Verfasserin mit Eckart Henningsen, 19. September 2014.
64 Schramm, Viehoff.
65 Grüger, Geschäftsbericht, S. 27 f.; ‹Rede Josef Ertls (Bundesminister für Ernährung, Landwirtschaft und Forsten)›, in: DG BANK, Rückblende [unpaginiert].
66 ‹Kraftakt. Genossenschaftsbanken auf Expansionskurs›, in: Capital 5/1978, S. 84.
67 Viehoff, Bankpolitik (1978).
68 1979 amtierte Viehoff als Vorsitzender des Verwaltungsrates der Akademie Deutscher Genossenschaften in Montabaur (Berufsbildungsstätte) und als Vorsitzender des Kuratoriums des Fonds zur Förderung der wissenschaftlichen Forschung und Lehre auf dem Gebiet des Genossenschaftswesens (Professor Dr. Dr. h.c. Georg Draheim-Stiftung) in Frankfurt am Main. Außerdem gehörte er den Kuratorien der Gesellschaft für Kapitalmarktforschung, des Instituts für bankhistorische Forschung und des Stifterverbandes für die deutsche Wissenschaft an. Ferner war er Korrespondierendes Mitglied der Arbeitsgemeinschaft Genossenschaftswissenschaftlicher Institute (AGI) in Gießen und Mitherausgeber der Zeitschrift für das gesamte Kreditwesen. Vgl. ‹Dr. jur. Felix Viehoff – Lebenslauf und Mandate›, in: DG BANK, Rückblende [unpaginiert].
69 Vgl. Viehoff, Bankpolitik (1978–1980). – Vgl. zur Arbeit an dem gemeinsamen Buchprojekt, das Klausurbesprechungen in Viehoffs privater ‹Kate› in Schleswig-Holstein einschloss, das Gespräch der Verfasserin mit Eckart Henningsen, 19. September 2014.

70 Viehoff präsentierte die Ergebnisse der Untersuchung auch in verschiedenen Vorträgen. Vgl. etwa GIZ Berlin, A-III-40, Nr. 13, ‹Die mittelstandsbezogene Bankpolitik des Verbundes der Genossenschaftsbanken›, Vortrag Felix Viehoffs, gehalten am 10. November 1980 vor dem Forschungsinstitut für Genossenschaftswesen an der Universität Erlangen-Nürnberg.

71 Vgl. zu dieser Diskussion ASCHHOFF, Bankpolitik; ferner das Gespräch der Verfasserin mit Eckart Henningsen, 19. September 2014.

72 Vgl. Ansprache Willi Crolls (Präsident des Deutschen Genossenschafts- und Raiffeisenverbandes), in: BUNDESVERBAND DER DEUTSCHEN VOLKSBANKEN UND RAIFFEISENBANKEN, BVR-Verbandstag (1979), S. 8–11.

73 Vgl. Ansprache Karlheinz Soesters (Vorsitzender des Verbandsrates des BVR), in: BUNDESVERBAND DER DEUTSCHEN VOLKSBANKEN UND RAIFFEISENBANKEN, BVR-Verbandstag (1979), S. 11 ff.

74 VIEHOFF, BVR.

75 [o. V.], Viehoff.

76 Gespräch der Verfasserin mit Eckart Henningsen, 19. September 2014.

77 [o. V.], Viehoff, S. 15.

78 HAHN, Sonnemann.

79 SCHRAMM, Viehoff.

80 Vgl. die Traueranzeigen der Familie, der DG BANK und anderer genossenschaftlicher Unternehmen, in: Frankfurter Allgemeine Zeitung vom 21. September 1987.

81 SCHRAMM, Viehoff.

Helmut Guthardt (1934–2001)

1 In öffentlich zugänglichen Archiven findet sich kaum Material über Helmut Guthardt, insbesondere fehlt solches, das seine private Seite zeigt. Die nachfolgenden Ausführungen greifen deshalb häufig auf Presseberichte zurück und lassen Einschätzungen von Zeitzeugen einfließen, mit denen Interviews geführt wurden. Zudem basieren Teile der Passagen, die die Entwicklung der DG BANK beschreiben, auf PAUL/THEURL, Zentralbankwesen.

2 ‹Vom Dirigenten zum Chef einer der größten Banken›, in: Hamburger Abendblatt vom 1. Juli 1981.

3 Ebd.; FAUST, Geschichte, S. 617.

4 GUTHARDT, Analyse, S. 99.

5 Vgl. zur Nachkriegsentwicklung der Bank ausführlich PAUL/THEURL, Zentralbankwesen, S. 297–322.

6 Darauf baue «*ihre bedeutende Stellung insbesondere auf dem Geldmarkt, im Kreditgeschäft, im Emissions-, Schuldschein- und Konsortialgeschäft sowie im Wertpapierhandel auf*». Vgl. DG BANK, Geschäftsbericht 1976, S. 36 ff.

7 DG BANK, Geschäftsbericht 1976, S. 38.

8 DG BANK, Geschäftsbericht 1978, S. 2.

9 GUTHARDT, Genossenschaftskasse, S. 75.

10 GUTHARDT, Auslandsgeschäfte, S. 27 (beide Zitate).

11 GUTHARDT, Aktivitäten.

12 Die Zahl der Mitarbeiter war von 161 (1965) auf 676 (1974) gestiegen und verdoppelte

sich anschließend nahezu auf 1281 (Ende 1980). Vgl. PAUL/THEURL, Zentralbankwesen, S. 352.

13 WOLF, Nachkriegsentwicklung, S. 132; PAUL/THEURL, Zentralbankwesen, S. 359.

14 ‹Das 600-Millionen-Ding›, in: DER SPIEGEL 10/1990, S. 120.

15 Es wurde besonders das Geschäft in den Wachstumsmärkten Asiens (Malaysia 1981, China 1985, Singapur 1986), dem sich allmählich öffnenden Osteuropa (UdSSR 1987 und 1989, Polen und Bulgarien 1988 sowie Prag 1989) sowie an den traditionellen westeuropäischen Plätzen (London 1984, Paris 1989) ausgebaut. Vgl. PAUL/THEURL, Zentralbankwesen, passim.

16 Die Bank nahm Finanzinnovationen wie Floater (1981), Kredite mit Zinsbegrenzung (Caps), Zinsaustauschvereinbarungen (Swaps) oder Optionen (sämtlich 1988) in ihre Angebotspalette auf. Vgl. ebd.

17 Darunter fielen zum Beispiel Beteiligungen beim Deutschen Börsenfernsehen 1987 sowie an einer neuen Gesellschaft für Mergers & Acquisitions und Management Buy-outs. Vgl. ebd.

18 ‹Schillernder Kreis›, in: DER SPIEGEL 51/1985, S. 42.

19 ‹Hetzparolen der RAF im Taunus›, in: Frankfurter Neue Presse vom 17. Juli 1986.

20 ‹Cäsar auf der Kippe›, in: Stern vom 8. März 1990.

21 ‹Schillernder Kreis›, in: DER SPIEGEL 51/1985, S. 42.

22 ‹DG BANK: ‹Die sind größenwahnsinnig››, in: DER SPIEGEL 22/1985, S. 104–109.

23 ‹Schillernder Kreis›, in: DER SPIEGEL 51/1985, S. 46.

24 DG BANK, Geschäftsbericht 1986, S. 38 f. – Zum anderen wurde die Risikovorsorge mit 245 Millionen D-Mark (nach 44 Millionen D-Mark im Vorjahr) dotiert, *«für den Fall, dass sich eine marktschonende Abwicklung der von der BRZ übernommenen Immobilienengagements über einen längeren Zeitraum erstrecken sollte, als ursprünglich angenommen.»* Vgl. ebd.

25 ‹DG BANK: ‹Die sind größenwahnsinnig››, in: DER SPIEGEL 22/1988, S. 107.

26 Vgl. zum Folgenden ABELSHAUSER, Wirtschaftswunder, S. 610–623.

27 ‹Auf der Bremse›, in: DER SPIEGEL 27/1988, S. 79.

28 ABELSHAUSER, Wirtschaftswunder, S. 620.

29 ‹Ein unnötiger Wachwechsel bei der DG Bank›, in: Süddeutsche Zeitung vom 15. November 1989.

30 Stumpf arbeitete dabei mit einem Devisenmakler aus Düsseldorf zusammen, der ihm zum Vorteil anderer Banken absichtlich Verlustgeschäfte anbot. Absprachegemäß akzeptierte Stumpf die Verluste für die DG BANK und erhielt dafür einen Anteil an den Provisionen des Düsseldorfer Maklers. Unter Banken wurde dieses Vorgehen als *«Methode Aschenputtel»* bezeichnet: *«Die Guten kommen auf das eigene Konto, die Schlechten gehen zu Lasten der Bank.»* Vgl. ‹Methode Aschenputtel›, in: DER SPIEGEL 25/1984, S. 56, wo auch auf Kontrollmängel in den Handelsabteilungen anderer deutscher Banken zu dieser Zeit hingewiesen wird.

31 ‹DG BANK: ‹Die sind größenwahnsinnig››, in: DER SPIEGEL 22/1988, S. 106.

32 ‹Methode Aschenputtel›, in: DER SPIEGEL 25/1984, S. 56.

33 ‹DG BANK: ‹Die sind größenwahnsinnig››, in: DER SPIEGEL 22/1988, S. 104 (dort auch die folgenden Zitate).

34 Ebd., S. 106.

35 Guthardt zit. n. ‹Schwere Entscheidung›, in: DER SPIEGEL 15/1979, S. 73.

36 ‹BuM-Ende›, in: WirtschaftsWoche vom 3. November 1989.

37 ‹Kampf um den Kanal›, in: manager magazin 4/1984, S. 22.

38 ‹Wie Kirch einen Teil seiner Springer-Aktien finanziert›, in: Süddeutsche Zeitung vom 10. August 1987.

39 ‹Die DG-Bank drängt auf eine baldige Bereinigung›, in: Westfälische Rundschau vom 29. September 1989.

40 ‹co op – umgebaut und ausgehöhlt›, in: DER SPIEGEL 42/1988, S. 151.

41 ‹co op: ‹Da wächst schnell Gras drüber››, in: DER SPIEGEL 43/1988, S. 118 f.

42 ‹Die Gläubigerbanken des co op-Konzerns›, in: Süddeutsche Zeitung vom 28. Februar 1989. – Wie sich in den späteren Verhandlungen über einen Forderungsverzicht zeigte, war das tatsächliche Engagement vermutlich wesentlich höher. Vgl. ‹Zwei deutsche Banken übernehmen das Kapital der Co op›, in: Frankfurter Allgemeine Zeitung vom 2. Dezember 1989.

43 ‹Bankenkonsortium will die Co op AG umstrukturieren›, in: Frankfurter Allgemeine Zeitung vom 23. November 1988.

44 ‹Bankenkonferenz berät über co op-Zukunft›, in: Börsen-Zeitung vom 24. November 1988.

45 ‹Hochseilakt ohne Netz›, in: Industriemagazin 6/1989, S. 28.

46 ‹Warum kein Konkurs?›, in: Börsen-Zeitung vom 20. Mai 1989.

47 ‹Konzessionen sollen das Überleben sichern›, in: Handelsblatt vom 22. Februar 1989; ‹Gläubigerbanken einigen sich auf Co op-Sanierung›, in: Frankfurter Allgemeine Zeitung vom 27. Februar 1989.

48 ‹Co op Industrie für die DG Bank ein ‹durchlaufender Posten››, in: Frankfurter Allgemeine Zeitung vom 24. Mai 1989.

49 ‹Es hängt am seidenen Faden›, in: DER SPIEGEL 38/1989, S. 120 f.

50 Freese, Gunhild, ‹Poker um Milliarden›, in: DIE ZEIT vom 15. September 1989.

51 Cramer, Ulla, ‹In letzter Minute›, in: Mannheimer Morgen vom 19. September 1989.

52 ‹Vater Teresa der Finanzschwachen›, in: BUNTE vom 15. März 1990.

53 ‹Banker mit Biß›, in: manager magazin 12/1989 (dieses und die folgenden Zitate).

54 ‹Helmut Guthardt ausgezeichnet›, Genossenschaftsforum 7/1989.

55 Holzmüller, Jörg, ‹Für die DG Bank geht es um mehr als ‹nur› um co op›, in: Badische Zeitung vom 14. September 1989.

56 ‹Zwei deutsche Banken übernehmen das Kapital der co op›, in: Frankfurter Allgemeine Zeitung vom 2. Dezember 1989.

57 ‹Immer volle Pulle›, in: DER SPIEGEL 23/1990, S. 107 f.

58 ‹Genossen kritisieren ihr Spitzeninstitut›, in: Bremer Nachrichten vom 1. November 1989.

59 Vgl. hierzu und zu Folgendem GIZ, Abt. AI-DG-459, passim.

60 Nachdem auch in den Folgemonaten bei den co op-Restunternehmen weitere Verluste anfielen, ein Teil des neu zugeführten Eigenkapitals bereits wieder aufgezehrt worden war, und die DG BANK auch auf anderen Feldern steigenden Belastungen ausgesetzt war, stieg der Verkaufsdruck. Da erste Verhandlungen mit der REWE-Gruppe gescheitert waren, gaben die DG BANK und die BfG per Anfang 1991 ihr gemeinsames Engagement von 90 Prozent am co op-Grundkapital für rund 800 Millionen D-Mark an die ASKO (später Deutsche SB-Kauf AG, dann METRO AG). Vgl. ‹Immer volle Pulle›, DER SPIEGEL, 23/1990, S. 107 f.

61 ‹Dicker Vorwurf›, in: DER SPIEGEL 20/1990, S. 126: «*Die DG Bank bleibt im Gerede*».

62 ‹Umstrittene Aktivitäten einer der größten deutschen Banken›, in: Frankfurter Allgemeine Zeitung vom 27. Februar 1990.

63 Steil war Ende der 1970er-Jahre schon einmal in einen Effektenskandal des Hauses verwickelt. Damals war das Verfahren nach dem Tod des Hauptbeschuldigten eingestellt worden. Vgl. ‹Wort gegen Wort›, in: Stuttgarter Zeitung vom 15. März 1990.

64 Die dahinterliegende Logik sei anhand eines Termingeschäfts verdeutlicht: Vereinbart wurde die Abnahme der Papiere zu einem fest definierten Zeitpunkt sowie die Vorfinanzierung für den französischen Käufer durch die DG BANK auf Monatsgeldbasis. Zwischen 1987 und Ende 1988 bestanden zeitweise erhebliche Zinsunterschiede zwischen mittel- bis längerfristigen Wertpapieren einerseits und den Geldmarktzinsen andererseits. Diese ‹Marge› wurde unter den Beteiligten geteilt, für den französischen Partner sank durch seinen Anteil der monatlich festgesetzte Abnahmekurs der Wertpapiere mit der Zeit immer deutlicher unter das Marktniveau. Als die Zinsstrukturkurve 1989 jedoch eine inverse Gestalt annahm, konnte keine Kurswertreserve mehr kreiert werden – im Gegenteil: Mit immer weiter steigendem Zinsniveau am kurzen Ende (allein zwischen Januar und Dezember 1989 nahm der Geldmarktsatz von 5,6 auf acht Prozent zu) entstand ein zunehmendes Kurswertrisiko. Vgl. ‹DG Bank: Prüfer wurden fündig›, in: Börsen-Zeitung vom 18. April 1990.

65 Die beiden im Kern der Affäre stehenden Transaktionen wären insofern Wertpapier-Pensionsgeschäfte gewesen, mit denen sich dann im Übrigen auch entsprechende Mindestreserveverpflichtungen verbunden hätten. Vgl. ‹Das 600-Millionen-Ding›, in: DER SPIEGEL 10/1990, S. 120 ff.

66 Bei einem Terminverkaufsgeschäft über drei Milliarden D-Mark weigerten sich die französischen Partner, die zugrunde liegenden Wertpapiere abzunehmen (denn sie konnten sie nicht mehr rückübertragen). Bei einem Wertpapierkassaverkauf in gleicher Höhe forderten sie ebenfalls die Erfüllung des vermeintlichen Rücknahmeversprechens, als sich die Zinslandschaft Ende 1989/Anfang 1990 geändert hatte und sie mit immer weiteren Kursverlusten konfrontiert wurden. Ähnlich gelagert war eine Wertpapier-Transaktion mit der Bausparkasse Schwäbisch Hall, bei der die DG BANK einen Verkauf über 1,2 Milliarden D-Mark gebucht hatte, die Konzerntochter aber (analog den französischen Banken) von einem Wertpapier-Pensionsgeschäft mit Rücknahmeverpflichtung ausging. Vgl. ebd.

67 ‹Dicker Vorwurf›, in: DER SPIEGEL 20/1990, S. 126 f.

68 ‹DG Bank: Prüfer wurden fündig›, in: Börsen-Zeitung vom 18. April 1990.

69 In denjenigen Fällen, in denen Steil und Kollegen mündlich oder schriftlich Bestätigungen über eine Rücknahmepflicht abgegeben hatten, hätte die Partnerbank sofort erkennen müssen, dass diese dazu keine Kompetenz besessen hätten. Steil selbst war allerdings der französischen Sprache gar nicht mächtig. Vgl. Obertreis, Rolf, ‹Das Zaudern der DG Bank›, in: Stuttgarter Nachrichten vom 10. März 1990.

70 ‹Auch Bérégovoy attackiert die DG Bank›, in: Börsen-Zeitung vom 2. März 1990.

71 ‹Die DG Bank hat Ärger mit französischen Banken›, in: Frankfurter Allgemeine Zeitung vom 24. Februar 1990. – ‹Le Monde› kommentierte, die einzige Todsünde, die ein Banker begehen könne, sei, seine schriftlichen oder mündlichen Zusagen nicht einzuhalten. Vgl. dazu ‹Staatsanwalt sieht ‹Skandale› bei der DG Bank›, in: Frankfurter Allgemeine Zeitung vom 28. Februar 1990.

72 ‹In Paris wird die Glaubwürdigkeit des ganzen deutschen Bankensystems in Frage gestellt›, in: Handelsblatt vom 28. Februar 1990.

73 ‹Angst vor der Macht am Main›, in: DIE ZEIT vom 30. März 1990; SCHNEIDER/DECKER/REINECKE, ‹Der doppelte Bankier am Main›, in: Forbes 4/1990.

74 ‹Information intern› des Personalbereichs vom 26. Februar 1990; ‹In dem ‹richtigen Finanzkrieg› mit Paris beharrt DG Bank auf ihrem Standpunkt›, in: Handelsblatt vom 28. Februar 1990.

75 MÜLLER/HIRSCHBIL/OTZEN, ‹Sündenböcke gesucht›, in: WirtschaftsWoche, 11/1990, S. 214–224.

76 In den Leserbriefspalten äußerten sich betroffene Genossen, so in der Frankfurter Allgemeine Zeitung ein ‹Vertreter einer Basis-Genossenschaft›: «*Aufgrund der besonderen rechtlichen Grundlage muss der Begriff ‹Spitzeninstitut› der genossenschaftlichen Finanzorganisation doch wohl in ein anderes Licht gestellt werden. Anders als anderswo, wo die Basis die Spitze wählt, wurde hier aus historischen Gründen die Spitze der Basis per Gesetz aufgezwungen, ohne daß je eine anderen Organisationsformen eigene Machtkontrolle der Basis über die Spitze möglich gewesen wäre. Die Liste der Verwaltungsratsmitglieder liest sich wie das Who's who des Polit- und Genossenschaftsklüngels; irgendwie demokratisch legitimierte Vertreter der Eigentumswerte sind dort nicht zu finden. Wie wäre es sonst auch zu erklären, dass die, gelinde gesagt, merkwürdigen Geschäftchen der letzten Jahre – Raiffeisen-Zentralbank Bayern (wo sind eigentlich die Immobilien seinerzeit geblieben?), Co-op-Verluste, Kirch-Springer-Streit, Dugena usw. – nicht schon längst Konsequenzen nach sich gezogen haben. Mit anderer Leute Geld lässt es sich leicht freigiebig sein. Und ob es der Wunsch der Basis ist, dass ausgerechnet die DG Bank eine zunehmend stärkere Stellung in der Gruppe einnehmen darf, darf ja wohl mindestens angezweifelt werden. Die Basis des Genossenschaftswesens sind die Genossen. [...] Wenn man einmal addiert, welche Milliardenwerte von der DG Bank bereits vernichtet oder in Gefahr gebracht worden sind, darf man wohl eher behaupten, jeder Genosse, der etwas vergleichbares angestellt hätte, wäre schon längst aus der Genossenschaft ausgeschlossen worden. Als wäre das Ansehen der Bank in letzter Zeit nicht bereits schon zur Genüge strapaziert worden – ich erinnere an die diversen Urteile zur Tilgungsverrechnung und zur Wertstellungspraxis –, nein, es muss hier noch eins drauf gesattelt werden nach dem Motto ‹Nebenabreden bedürfen der Schriftform› (reine Formsache! Natürlich gilt mein Wort) – wir wissen von nichts! Aber wie heißt es denn so schön: ‹Ist der Ruf erst ruiniert, lebt sich's völlig ungeniert›. Das (noch) lebende Fossil DG Bank gehört geschlachtet, sonst wird das ganze genossenschaftliche Finanzsystem daran zerbrechen. Wir brauchen eine starke Spitze, das ist sicher wahr, aber bitte von unten nach oben, nicht umgekehrt.*» Vgl. «‹Spitzeninstitut› ohne Kontrolle der Basis›, in: Frankfurter Allgemeine Zeitung vom 16. März 1990.

77 ‹Verärgerung in der CDU/CSU›, in: Handelsblatt vom 15. März 1990.

78 ‹BVR: Einlagen bei Volksbanken sicher›, in: Tagesspiegel vom 1. März 1990. – Interessanterweise machte damit gerade eine Zeitung des Springer-Verlags Stimmung gegen Guthardt, der Kirch in seinem Übernahmekampf gegen Springer unterstützte.

79 ‹DG Bank: Einigung mit französischer Seite›, in: Börsen-Zeitung vom 9. März 1990. – Im November 1991 entschied die DG BANK, keine Regressansprüche mehr zu stellen. Vgl. ‹DG Bank einigt sich mit Paris›, in: Börsen-Zeitung vom 26. November 1991.

80 ‹Der Rücktritt bedeutet kein Schuldanerkenntnis›, in: Handelsblatt vom 14. März 1990. – Später tauchten jedoch weitere Hinweise auf die fragwürdige Rolle Schneider-Gädickes insbesondere durch Privatgeschäfte bei der Schweizer DG BANK-Tochter

auf, bei der er im Verwaltungsrat saß. Vgl. dazu ‹Kein gewöhnlicher Kunde›, in: WirtschaftsWoche 29/1994, S. 40. – Die DG BANK einigte sich mit ihm 1993 in einem Vergleich auf eine Kürzung seiner Altersansprüche um 600 000 D-Mark. Vgl. ‹Entlastung bleibt fraglich›, in: Handelsblatt vom 8. Juni 1993.

81 ERLENBACH, Erich, ‹Die Verantwortung des Chefs›, in: Frankfurter Allgemeine Zeitung vom 15. März 1990.

82 Diese waren – wie dargestellt – auch tatsächlich ein Aspekt der Affäre. Nach langem Prozess wurden die Rentenhändler der Bank sowie ein Frankfurter Makler, die sich insgesamt um rund 50 Millionen D-Mark bereichert hatten, zu Freiheitsstrafen verurteilt. Vgl. ‹Staatsanwalt: In der DG Bank einer der schwersten Fälle von Wirtschaftskriminalität›, in: Frankfurter Allgemeine Zeitung vom 1. April 1992.

83 ‹Herr Guthardt wußte Bescheid›, in: Frankfurter Allgemeine Zeitung vom 14. März 1990.

84 Diese führten dazu, dass bei Transaktionen zu deutlich von den Marktkursen abweichenden Preisen oder Rückbestätigungen der französischen Seite, in denen von Rücknahmeverpflichtungen der DG BANK die Rede war, die Alarmglocken stumm blieben.

85 ‹Für die DG Bank stehen 600 Millionen im Feuer›, in: Süddeutsche Zeitung vom 28. Februar 1990.

86 ‹DG Bank: Vorstands-Chef Guthardt wußte mehr›, in: DER SPIEGEL 11/1990, S. 128.

87 Auf «*Anregung von Herrn Prof. Dr. von Schimmelmann*» (Leiter des Controllings) wurde am 18. Dezember 1989 mit Blick auf die ‹Franzosen-Geschäfte› beschlossen, bis zum 28. Februar 1990 «*eine Bereinigung von Daten innerhalb der Datenbanken mit Hilfe der Innenrevision*» vorzunehmen. Die Bereichsleiter wurden beauftragt, «*die genaue Einhaltung des Termins zu überwachen und Nicht-Beachtung an den zuständigen Dezernenten weiterzuleiten*». Vgl. ‹Bis ins Detail›, in: DER SPIEGEL 50/1994, S. 99; ‹Vorstand drängte auf Bereinigung von Daten›, in: Handelsblatt vom 13. Dezember 1994. – Angesichts der nur ganz dürftigen Aktenbestände, die heute noch in der DZ BANK beziehungsweise dem GIZ über/von Helmut Guthardt vorhanden sind, liegt die Vermutung nahe, dass während seiner Amtszeit nicht nur elektronische Daten vernichtet wurden.

88 Vgl. BUCHHOLZ, Angelika, ‹Urteil ohne Antwort›, in: SÜDDEUTSCHE ZEITUNG vom 23. Oktober 1996: «*Daß der DG-Bank-Skandal in all seinen Dimensionen nie systematisch durchleuchtet wurde, hinterlässt einen schalen Nachgeschmack.*»; ferner zum Gerichtsverfahren PELLINGHAUSEN, Walter, ‹Verdeckt ausgleichen›, in: WirtschaftsWoche vom 30. Oktober 1997; ‹Ermittlungen gegen Ex-Chef›, in: WirtschaftsWoche vom 20. November 1997.

89 ‹Helmut Guthardt ausgezeichnet›, in: Genossenschaftsforum 7/1989.

90 ‹Helmut Guthardts Pleiten, Pech und Pannen›, in: Frankfurter Rundschau vom 1. März 1990. – Pikanterweise wurde ihm just im Sommer 1990 die Ehrendoktorwürde für Agrarwissenschaft der Justus-Liebig-Universität Gießen verliehen. Die DG BANK unterstützte das dortige Institut für ländliches Genossenschaftswesen mit jährlich 100 000 D-Mark. Vgl. die entsprechende Nachricht unter ‹Personalia› in: DER SPIEGEL 29/1990, S. 167.

91 Er amtierte seit 1980 und war zuvor Vorstandsvorsitzender der DG Hyp.

92 ‹Sein letzter Coup›, in: DIE ZEIT vom 23. November 1990; in ‹Ich laufe nicht weg›, in: manager magazin vom 1. Juli 1990, S. 52–57, hier S. 57, wird von zehn, in anderen Quellen von elf Gegenstimmen gesprochen.

93 ‹Mängel im System›, in: DER SPIEGEL 47/1990, S. 141 f.; ‹Guthardt – der bullige Banker wirft enttäuscht das Handtuch›, in: Die Welt vom 15. November 1990.

94 ‹DG Bank: Operatives Ergebnis halbiert›, in: Börsen-Zeitung vom 28. Mai 1991.

95 ‹Ein unnötiger Wachwechsel bei der DG Bank›, in: Süddeutsche Zeitung vom 15. November 1990.

96 ‹Helmut Guthardt 60›, in: Börsen-Zeitung vom 7. Juni 1994.

97 Ebd.

98 Vgl. ausführlich PAUL/THEURL, Zentralbankwesen, S. 479 ff.

99 GUTHARDT, Analyse, S. 86.

100 PAUL/THEURL, Zentralbankwesen, S. 467 f., 487.

101 RECKINGER, Gabriele, ‹In der hitzigen Bonner Runde stand die Leistungsfähigkeit auf dem Prüfstand›, in: Handelsblatt vom 19. September 1988.

102 Zitate aus PAUL/THEURL, Zentralbankwesen, S. 479; vgl. ferner die Darstellung unterschiedlicher in diesem Zusammenhang vorgelegter Konzepte bei LÜRIG, Synergie.

103 GIZ AI-DG-968, Aktenvermerk Guthardts vom 19. Juni 1989.

104 Zum anderen wird auch seine Haltung gegenüber der Vorgehensweise der WGZ ungeschminkt deutlich: «*Das ist alles WGZ-Geschwafel* [...]. *Dies ist auch eine alte* WGZ-*Diskriminierungsphrase.*»; «*... ist unerträglich, denn auf diese Weise könnte etwa der Eindruck entstehen, als sei etwa die WGZ mit ihrer unüberschaubaren Geschäftspolitik und ihrem merkwürdigen Geschäftsgebaren besonders aktiv. Dies würde die allgemeine Auffassung auf den Kopf stellen, wonach das Geschäft der WGZ am wenigsten plausibel transparent ist und nach allgemeiner Auffassung auch die größten Risiken birgt* [...]. *Die dauernden Extratouren, die insbesondere die WGZ reitet, stören die einheitliche Darstellungsform des Verbundes*».

105 ‹BVR-Verbund-Konvention einstimmig verabschiedet›, in: BankInformation 1/1990, S. 6 f.

106 Über die bereits genannten Fälle hinaus machte 1990 die Verbindung zur Akkumulatorenfabrik Sonnenschein besondere Schlagzeilen. Über ihre Beteiligungsgesellschaft für mittelständische Unternehmen hatte sich die DG BANK mit 37 Prozent am Kommanditkapital der Gesellschaft beteiligt, bei der sie Hausbank war und die zuvor im Alleinbesitz der Familie von Bundespostminister Dr. Christian Schwarz-Schilling stand. Dieser hatte wiederum die Aktivitäten Leo Kirchs im Privatfernsehen unterstützt. Von diesem Kontakt versprach man sich nicht zuletzt auch einen Weg in das Konsortium der von der Post vergebenen, heiß umkämpften Lizenz für den privaten Mobilfunk. Zu spät erkannte man jedoch, dass Sonnenschein im gnadenlosen Preiswettbewerb der Branche aufgrund seiner Kostenstruktur kaum noch mithalten konnte und saniert werden musste. In der Spitze summierten sich die zweifelhaft gewordenen Kredite sowie die Beteiligungspositionen der DG BANK auf 170 Millionen D-Mark. Vgl. Platow Brief vom 19. September 1990 und 4. Oktober 1990.

107 ‹DG Bank: NordLB-Chef Thiemann wird Nachfolger von Guthardt›, in: Frankfurter Allgemeine Zeitung vom 21. Januar 1991.

108 ‹DG Bank muss in die Reserven greifen›, in: Süddeutsche Zeitung vom 17. Dezember 1990.

109 ‹DG Bank überlässt Kirch bei Sat 1 das Feld›, in: VWD Nachrichten vom 12. April 1990. – Guthardt legte in diesem Zusammenhang sein Aufsichtsratsmandat bei Sat1 nieder. Im Frühjahr 1990 war es ihm gelungen, Kirch von einem Verkauf eines größe-

ren Filmpakets an Otto Beisheim zu überzeugen und damit die Wahrscheinlichkeit für eine Rückzahlung der Kredite der DG BANK zu erhöhen.

110 ‹DG Bank: Operatives Ergebnis halbiert›, in: Börsen-Zeitung vom 28. Mai 1990; ‹DG Bank braucht Geld›, in: DER SPIEGEL 46/1990, S. 160.

111 ‹Helmut Guthardt 60›, in: Börsen-Zeitung vom 7. Juni 1994.

112 Beide Zitate aus Olsen, Peter, ‹DG Bank – ein Staffettenwechsel in freundlicher Atmosphäre›, in: Frankfurter Neue Presse vom 11. Juni 1991.

113 ‹DG Bank: NordLB-Chef Thiemann wird Nachfolger Guthardts›, in: Frankfurter Allgemeine Zeitung vom 21. Januar 1991.

114 DG BANK, Geschäftsbericht 1991, S. 28.

115 ‹Sein letzter Coup›, in: DIE ZEIT vom 23. November 1990.

116 ‹Helmut Guthardt ausgezeichnet›, in: Genossenschaftsforum 7/1989.

117 Vgl. die Ablage Guthardts in GIZ, AI-DG-457–460, passim.

118 ‹Banker mit Biß›, in: manager magazin 12/1989.

119 Vgl. hierzu Jakobs, Jürgen, ‹Die sieben Leben des Leo Kirch›, in: Süddeutsche Zeitung vom 6. Februar 2002; Mussler, Hanno, ‹Das Vorläuferinstitut DG Bank war Kirchs Hausbank und in den achtziger Jahren selbst bei Sat1 engagiert›, in: Frankfurter Allgemeine Zeitung vom 1. April 2003.

120 Derartiges würde man von einer «*ehrliche*[n] *Haut*» (‹Helmut Guthardt 65 Jahre›, in: Börsen-Zeitung vom 5. Juni 1999), die sich «*wie kaum ein anderer mit der genossenschaftlichen Idee identifiziert*[e]» (Kutscher, Gerhard, ‹Eine Karriere frei von Schablonen›, in: Handelsblatt vom 16. Dezember 1987), nicht erwarten.

121 Vgl. hierzu Deupmann, Ulrich, ‹Der Marktwert des Dr. Helmut Kohl›, in: Berliner Zeitung vom 10. März 2000; Bauer, Georg, ‹Kohls Scheck-Pott›, in: FOCUS vom 13. März 2000.

Ulrich Brixner (1941–2009)

1 Die Studie basiert zum einen auf gedruckten Informationen unterschiedlichster Provenienz, darunter auch die mit Fortschreiten der Karriere des Protagonisten sich verdichtenden Äußerungen seiner selbst. Zum anderen war es dem Autor vergönnt, sich ausgiebig mit Personen aus seinem Umfeld zu unterhalten, die ihn über weite beziehungsweise entscheidende Strecken seines Berufslebens begleiteten und die gedruckte Information aus verschiedenen Blickwinkeln bereicherten. Der Autor dankt an dieser Stelle – in alphabetischer Reihenfolge und bewusst ohne akademische Titel – ausdrücklich den Herren Hildner, Kirsch, Lambert, Roth, Wächtershäuser und Wittkowski für ihre freigiebige Auskunftsbereitschaft, ihre Geduld und Zeit, ohne die das Porträt sicher matter und vorläufiger erschiene. Außerordentlich gefreut hat den Autor die Bereitschaft der Familie, vertreten durch Martin Brixner, an dem Projekt mitzuwirken.

2 https://www.youtube.com/watch?v=zwaKad2tZUUv (zuletzt abgerufen am 21. April 2015); http://www.wagneropera.net/Themes/Wagner-In-Movies-Stukas-1941.htm (zuletzt abgerufen am 21. April 2015).

3 Vgl. zum NS-Terror allgemein Hildebrand, Dritte Reich; Wehler, Gesellschaftsgeschichte IV.

4 http://de.wikipedia.org/wiki/Four_Freedoms (zuletzt abgerufen am 21. April 2015); Wehler, Gesellschaftsgeschichte IV.

5 Das Klischee des austeilenden und einsteckenden Boxers wurde ihm später von den Medien gerne und unwidersprochen zugewiesen.

6 Vgl. dazu und zum Folgenden allgemein ABELSHAUSER, Wirtschaftsgeschichte; ANDERSEN, Traum; MORSEY, Bundesrepublik Deutschland; WEHLER, Gesellschaftsgeschichte V; ZINN, Marktwirtschaft.

7 http://www.heller.biz/unternehmen/historie/ (zuletzt abgerufen am 21. April 2015).

8 http://www.spiegel.de/spiegel/print/d-46172770.html (zuletzt abgerufen am 21. April 2015).

9 http://www.economia48.com/deu/d/geschichte-der-betriebswirtschaftslehre-bwl/geschichte-der-betriebswirtschaftslehre-bwl.htm (zuletzt abgerufen am 21. April 2015); BROCKHOFF, Geschichte.

10 http://de.wikipedia.org/wiki/August_Marx (zuletzt abgerufen am 21. April 2015).

11 http://www.zeit.de/1961/34/vertikale-integration-erobert-das-land (zuletzt abgerufen am 21. April 2015).

12 http://de.wikipedia.org/wiki/Hans_Georg_Schachtschabel (zuletzt abgerufen am 21. April 2015).

13 Datum der mündlichen Prüfung: 8. Juli 1969.

14 BRIXNER, Steuerungsfunktionen, S. 2 f.

15 FAUST, Geschichte, S. 583 ff.; PAUL/THEURL, Zentralbankwesen, passim.

16 Ausführlich zur Geschichte der Bank https://www.volksbank-offenburg-1864.de/Chronik-Volksbank-Offenburg.pdf (zuletzt abgerufen am 21. April 2015).

17 PAUL/THEURL, Zentralbankwesen, S. 458 ff.; WEHLER, Gesellschaftsgeschichte V.

18 http://www.cuna.org (zuletzt abgerufen am 21. April 2015).

19 BRIXNER, Credit Unions.

20 Ebd., S. 97–104.

21 Es blieb in der Folge bei diesem einen Heft der Reihe ‹Veröffentlichungen der Deutschen Genossenschaftskasse›.

22 Vgl. zu Draheim den Beitrag von Christopher Kopper in diesem Band; ferner FAUST, Geschichte, S. 599 ff., 612 ff.; DRAHEIM, Ökonomisierung.

23 PAUL/THEURL, Zentralbankwesen, S. 341–358.

24 http://www.frankfurt.de/sixcms/detail.php?id=771635&_ffmpar%5B_id_inhalt%5D=5622044 (zuletzt abgerufen am 21. April 2015).

25 http://www.munzinger.de/search/portrait/Helmut+Guthardt/0/16552.html_(zuletzt abgerufen am 21. April 2015); https://www.dzbank.de/internet_static/history/index.html (zuletzt abgerufen am 21. April 2015).

26 BLEY/GLEBER/KUBISTA, Jahre, passim; PAUL/THEURL, Zentralbankwesen, S. 341 ff., 464 ff.

27 FAUST, Geschichte, S. 616 ff., 620 f.

28 Zit. n. HA DZ BANK, NL Brixner, Arbeitszeugnis und eigener Lebenslauf vom 16. Mai 1978.

29 Vgl. dazu näher PAUL/THEURL, Zentralbankwesen, S. 466.

30 Ebd., S. 348 f., 468 ff.; FAUST, Geschichte, S. 623 ff.

31 Vgl. hierzu und zum Folgenden PAUL/THEURL, Zentralbankwesen, S. 355 ff.

32 HA DZ BANK, NL Brixner, Lebenslauf vom 17. Mai 1978; Zeugnis Vorstand DG BANK vom 31. August 1978.

33 Vgl. das Fusionsdiagramm und die kurze Zusammenfassung der Entwicklung in PAUL/THEURL, Zentralbankwesen, S. 465 ff.

34 Allgemein dazu ABELSHAUSER, Wirtschaftsgeschichte; WEHLER, Gesellschaftsgeschichte IV.

35 Vgl. http://www.feat.nl/examples/foundation/ex_foundation.pdf (zuletzt abgerufen am 21. April 2015); http://www.harald-reportagen.de/SGZ-Bank/SGZ-Bank.php (zuletzt abgerufen am 21. April 2015).

36 BRIXNER, Stellenwert.

37 PAUL/THEURL, Zentralbankwesen, S. 465.

38 Einzelheiten dazu und zum Folgenden in ebd., S. 384 ff.; vgl. ferner den Artikel zu Guthardt von Stephan Paul in diesem Band.

39 http://www.zeit.de/1991/05/manager-und-maerkte (zuletzt abgerufen am 21. April 2015).

40 Dazu ausführlich PAUL/THEURL, Zentralbankwesen, S. 478 ff.

41 Ebd., S. 416.

42 Vgl. programmatisch dazu [o. V.], DZ Bank; auch PAUL/THEURL, Zentralbankwesen, S. 487.

43 Ausführlich dazu ebd., S. 396–418; speziell S. 404 ff. mit einer aufschlussreichen Skizze der Zusammenhänge, S. 409, 415 ff.

44 Den Verlust wies dann Brixner aus, «*Trauerarbeit ob des fürchterlichen Zahlenwerks*» war angesagt. Vgl. ebd., S. 422. Die umkämpfte Fusion versorgte die Medien fast zwei Jahre lang mit Stoff. Vgl. dazu unter anderem WITTKOWSKI, ‹Thiemanns Verzicht›, in: Börsen-Zeitung vom 7. März 2001.

45 Die umfangreiche Kunstsammlung hätte Brixner wohl nicht angelegt.

46 Rückwirkend zum 1. Januar 2001 wurde die neue DZ BANK am 18. September 2001 ins Handelsregister eingetragen.

47 Allgemein dazu HOLTFRERICH/JAMES/POHL, Requiem.

48 ‹Genossenschaftsbanken. Herr der Ruinen›, in: Wirtschaftswoche vom 18. Juli 2002.

49 WITTKOWSKI, ‹Tempomacher›, in: Börsen-Zeitung vom 31. Dezember 2004.

50 PAUL/THEURL, Zentralbankwesen, S. 415; SPERLIN, Tor, S. 20 ff.; WITTKOWSKI, ‹Genossen wollen jetzt Trumpfkarte Allfinanz richtig ausspielen›, in: Börsen-Zeitung vom 17. August 2001; DERS., ‹Konzernstrukturen im Verbund›, in: Börsen-Zeitung vom 3. August 2002.

51 Schlagzeilen aus den Jahren 2003 und 2004 zit. n. PAUL/THEURL, Zentralbankwesen, S. 566.

52 BRIXNER, Bankenlandschaft, S. 24 ff.

53 HEUMANN, DZ-Bank; BRIXNER, DZ Bank, S. 20 ff., [o. V.], Vergangenheit, S. 19 ff. (Zitat); PAUL/THEURL, Zentralbankwesen, S. 418, WITTKOWSKI, ‹Wir haben die Zeit mit Missgunst und Rivalitäten verplempert›, in: Börsen-Zeitung vom 31. Dezember 2004.

54 BRIXNER, Bankenlandschaft, S. 24 f.

55 Heute wird easyCredit von der DZ BANK-Tochter TeamBank über die Volksbanken Raiffeisenbanken vermittelt.

56 Näheres in der gedruckten Version des Promotionsvortrages vom 4. November 2004 (HA DZ BANK, NL Brixner), dort auch eine Auflistung seiner insgesamt sieben Publikationen; Themen waren das Auslandsgeschäft und der Verbund.

57 PAUL/THEURL, Zentralbankwesen, S. 422; ZUCHIATI, Ergebnis; BRIXNER, Kooperation, S. 6 f.; vgl. ferner die prägnante Überblicksanalyse bei WITTKOWSKI, ‹Wie die Kreditgenossen aus der Not eine Tugend machten›, in: Börsen-Zeitung vom 21. Juli 2007.

58 Vgl. die Meldung ‹Wolfgang Kirsch zum EUROPEAN BANKER OF THE YEAR 2013 gewählt› im Internetportal der Maleki Group (http://www.malekigroup.com/de/MalekiGroup.html?sub=news&newsId=139; zuletzt abgerufen am 21. April 2015).

59 ‹Wachtwechsel für die Volksbanken›, in: Frankfurter Allgemeine Zeitung vom 8. September 2006; Frühauf, ‹Wolfgang Kirsch. Kurz entschlossen zu den Kreditgenossen›, in: Frankfurter Allgemeine Zeitung vom 13. Dezember 2010; Wittkowski, ‹Stabwechsel bei der DZ Bank›, in: Börsen-Zeitung vom 12. September 2006; ders., ‹Das Spitzeninstitut muss Ideen liefern und das Tempo machen›, in: Börsen-Zeitung vom 19. August 2006.

60 Auch der allgemein üblichen großen Feier zum 65. Geburtstag hatte er sich entzogen.

61 Wittkowski, ‹Ulrich Brixner›, in: Börsen-Zeitung vom 20. Februar 2009; ders., ‹Nach Brixner›, in: Börsen-Zeitung vom 6. Dezember 2005.

62 Hildner, Macher, S. 6.

63 Hildner, Nachruf, S. 15; https://www.dzbank.de/content/dzbank_de/de/home/dz-bank/presse/news-archiv.2009.24_02_2009_dz_banktrauertu mlangjaehrigenvorstandsvorsitzendendru.html (zuletzt abgerufen am 21. April 2015).

QUELLEN- UND LITERATURVERZEICHNIS

1. Unveröffentlichte Quellen

Archiv der Humboldt-Universität zu Berlin (Archiv HU Berlin)
  Akte Karl Brandt und das Institut für Landwirtschaftliche Marktforschung
  UK Personalia C 064 (Personalakte Hans Crüger)
Archiv der Martin-Luther-Universität Halle-Wittenberg (Universitätsarchiv Halle)
  Rep. 11, PA 5222 (Personalakte Hans Crüger)
Archiv für Christlich Demokratische Politik, St. Augustin (ACDP)
  01–090 – Nachlass Hermes
Bundesarchiv Berlin-Lichterfelde (BArch Berlin)
  NSDAP-Zentralkartei
  R 2 – Reichsfinanzministerium
  R 2501 – Deutsche Reichsbank
  R 43 I – Reichskanzlei
  R 58 – Reichssicherheitshauptamt
  R 703 – Stellvertreter des Reichskanzlers (Friedrich von Payer)
  R 8034 III – Reichslandbund-Pressearchiv, Personalia
  R 9361 I – Sammlung Berlin Document Center
Bundesarchiv Koblenz (BArch Koblenz)
  N 1004 – Nachlass Hermann Dietrich
  N 1089 – Nachlass Arnold Brecht
  N 1509 – Nachlass Otto Klepper
  N 2290 – Nachlass Karl Spiecker
Bundesarchiv, Abt. Militärarchiv, Freiburg i. Br. (BArch, Abt. Militärarchiv)
  PERS 6 – Angehörige der Wehrmacht und ihrer Vorläufer sowie der Waffen-SS
Geheimes Staatsarchiv Preußischer Kulturbesitz, Berlin (GStA PK)
  I. HA, Rep. 84 – Justizministerium zur Revision der Gesetzgebung; Gesetzkommissionen; Großkanzler- und Ministerbüro
  I. HA, Rep. 87 – Ministerium für Landwirtschaft, Domänen und Forsten
  I. HA, Rep. 90 – Staatsministerium
  I. HA, Rep. 151 – Finanzministerium

I. HA, Rep. 169 – Preußischer Landtag
I. HA, Rep. 203 – Ostpreußische Vertretung beim Reichs- und Staatsministerium
XVI. HA, Rep. 30 – Regierung zu Bromberg
Geheimes Staatsarchiv Preußischer Kulturbesitz, vormals Außenstelle Merseburg (GStA PK/M)
VNL-K – Vorläufig registrierter Nachlass Otto Klepper
Hessisches Staatsarchiv, Darmstadt (HStA Darmstadt)
Protokolle Zweite Kammer, 1881–1884
Protokolle Zweite Kammer, 1885–1888
Protokolle Zweite Kammer, 1891–1894
R 13 – Wahlen
Historisches Archiv der Commerzbank AG, Frankfurt am Main (HAC)
Bestandsgruppe Dresdner Bank, Bestand 170 – Direktionskabinett
Bestandsgruppe Dresdner Bank, Bestand 500 – Volkswirtschaftliche Abteilung
Historisches Archiv der Deutschen Bundesbank, Frankfurt am Main
RBK/DRS – Drucksachen der Reichsbank
Historisches Archiv der DZ BANK, Frankfurt am Main (HA DZ BANK)
Nachlass Brixner
Infocenter der DZ BANK AG, Frankfurt am Main
Engelmann, Konrad, Otto Klepper zum Gedächtnis. New York, NY 1965 [maschinenschriftliches Manuskript, Signatur 10892].
Institut für Stadtgeschichte, Frankfurt am Main
Bestand Bauaufsicht
Institut für Zeitgeschichte, München (IfZ München)
ED 210 – Hans Jäger
Landesarchiv Nordrhein-Westfalen – Hauptstaatsarchiv Düsseldorf (HStA Düsseldorf)
PrLT – Sitzungsberichte des Preußischen Landtags
Niedersächsisches Landesarchiv – Standort Hannover (NLA HA)
Nds. 171 – Land Niedersachsen, Polizeibehörden, Verfassungsschutz, Entnazifizierung
Russisches Staatliches Militärarchiv, Moskau (Rossiskij Gosudarstvennyj Voennyi Archiv v Moskva – RGVA Moskau)
Fond 1458 – Reichswirtschaftsministerium
Staatsarchiv Hamburg (StA Hamburg)
622–1 – Familie Weichmann
Stiftung GIZ · Genossenschaftshistorisches Informationszentrum, Berlin (GIZ)
GIZ, Altarchiv, Abt. DZ Bank, A-III
GIZ, Archiv, Abt. DZ Bank, A-DG-13
GIZ, Archiv, Abt. Nachlässe, A-NL-Kubista-22

2. *Veröffentlichte Quellen und Literatur*

Abelshauser, Werner, Nach dem Wirtschaftswunder. Der Gewerkschafter, Politiker und Unternehmer Hans Matthöfer. Bonn 2009.
Abelshauser, Werner, Deutsche Wirtschaftsgeschichte. Von 1945 bis zur Gegenwart. München ²2011.
Achterberg, Erich, Die Preußenkasse und ihr letzter Präsident, in: Beiträge zur Bankengeschichte 5 (1968), Beilage 1.

Achterberg, Erich/*Lanz*, Karl (Hrsg.), Enzyklopädisches Lexikon für das Geld-, Bank- und Börsenwesen. Frankfurt am Main 1975.

Adams, Thomas (Ed.), Philanthropy, Patronage, and Civil Society. Experiences from Germany, Great Britain, and North America. Bloomington, IN 2004.

Die *Agrarkonferenz* vom 28. Mai bis 2. Juni 1894. Bericht über die Verhandlungen der von Seiner Exzellenz des Königlich Preußischen Ministers für Landwirtschaft, Domänen und Forsten zur Erörterung agrarpolitischer Maßnahmen einberufenen Konferenz, (Landwirtschaftliche Jahrbücher XXIII, Ergänzungsband 2). Berlin 1894.

Ahrens, Ralf, Der Exempelkandidat. Die Dresdner Bank und der Nürnberger Prozess gegen Karl Rasche, in: Vierteljahrshefte für Zeitgeschichte 52 (2004), S. 637–670.

Ahrens, Ralf, Die Dresdner Bank 1945–1957. Konsequenzen und Kontinuitäten nach dem Ende des NS-Regimes. München 2007.

Ahrens, Ralf, Karl Rasche (1892–1951), in: *Pohl*, Bankiers, S. 343–355.

Ahrens, Ralf (Hrsg.), Umbrüche und Kontinuitäten in der mitteleuropäischen Kreditwirtschaft nach dem Zweiten Weltkrieg (Geld und Kapital 9). Stuttgart 2008.

Ahrens, Ralf/*Gehlen*, Boris/*Reckendrees*, Alfred (Hrsg.), Die ‹Deutschland AG›. Historische Annäherungen an den bundesdeutschen Kapitalismus. Essen 2013.

Aldenhoff, Rita, Schulze-Delitzsch. Ein Beitrag zur Geschichte des Liberalismus zwischen Revolution und Reichsgründung (Schriften der Friedrich-Naumann-Stiftung. Wissenschaftliche Reihe). Baden-Baden 1984.

Aldenhoff, Rita, Das Selbsthilfemodell als liberale Antwort auf die soziale Frage im 19. Jahrhundert. Schulze-Delitzsch und die Genossenschaften, in: *Holl/Trautmann/Vorländer*, Liberalismus, S. 57–69.

Aldenhoff, Rita, Der Politiker Schulze-Delitzsch. Vorkämpfer der parlamentarischen Demokratie, in: *Deutscher Genosssenschaftsverband (Schulze-Delitzsch) e. V.*, Schulze-Delitzsch, S. 11–57.

Aldenhoff, Rita, Miaskowski, August von, in: *Historische Kommission bei der Bayerischen Akademie der Wissenschaften*, Neue Deutsche Biographie XVII, S. 415 f.

Aldenhoff, Rita, Miquel, Johannes von, in: *Historische Kommission bei der Bayerischen Akademie der Wissenschaften*, Neue Deutsche Biographie XVII, S. 553 f.

Aldenhoff-Hübinger, Rita, Agrarpolitik und Protektionismus. Deutschland und Frankreich im Vergleich 1879–1914 (Kritische Studien zur Geschichtswissenschaft 155). Göttingen 2002.

Aldenhoff-Hübinger, Rita, Schulze-Delitzsch, Franz Hermann, in: *Historische Kommission bei der Bayerischen Akademie der Wissenschaften*, Neue Deutsche Biographie XXIII, S. 731 f.

Aldenhoff-Hübinger, Rita, Sering, Max, in: *Historische Kommission bei der Bayerischen Akademie der Wissenschaften*, Neue Deutsche Biographie XXIV, S. 267 f.

Altrock, Walther v., Entschuldung des Grundbesitzes, in: *Elster/Weber/Wieser*, Handwörterbuch III, S. 760–772.

Andersen, Arne, Der Traum vom guten Leben. Alltags- und Konsumgeschichte vom Wirtschaftswunder bis heute. Frankfurt am Main 1999.

Anlagen zu den Stenographischen Berichten über die Verhandlungen des Hauses der Abgeordneten während der 1. Session der 9. Legislatur-Periode 1866–1867, Bd. I: No. 1–76. Berlin 1866; … während der II. Session der 18. Legislatur-Periode, Bd. V: No. 162–324. Berlin 1895; … während der III. Session der 18. Legislatur-Periode, Bd. III: No. 56–259. Berlin 1896.

Aretz, Jürgen/*Morsey*, Rudolf/*Rauscher*, Anton (Hrsg.), Zeitgeschichte in Lebensbildern, Bd. 6. Mainz 1994.
Armendáriz de Aghion, Beatriz/*Labie*, Marc (Eds.), Handbook of Microfinance. Singapore 2011.
Arnold, Walter/*Lamparter*, Fritz H., Friedrich Wilhelm Raiffeisen. Einer für alle – alle für einen. Neuhausen-Stuttgart 1985.
Aschhoff, Gunther, Zur mittelstandsbezogenen Bankpolitik des Verbundes der Genossenschaftsbanken. Anmerkungen zu der dreibändigen Veröffentlichung von Dr. Felix Viehoff, in: Zeitschrift für das gesamte Genossenschaftswesen 31 (1991), S. 13–19.
Au, Juliusz, Die Creditgenossenschaften in ihrer Bedeutung für Stadt und Land und in ihren Beziehungen zur socialen Frage. Heidelberg 1869.

Backhaus, Jürgen, Gustav von Schmoller und die Probleme von heute. Berlin 1993.
Bade, Klaus J., ‹Preußengänger› und ‹Abwehrpolitik›. Ausländerbeschäftigung, Ausländerpolitik und Ausländerkontrolle auf dem Arbeitsmarkt in Preußen vor dem Ersten Weltkrieg, in: Archiv für Sozialgeschichte 24 (1984), S. 91–162.
Bähr, Johannes, Die Dresdner Bank in der Wirtschaft des Dritten Reiches (Die Dresdner Bank im Dritten Reich 1). München 2006.
Bähr, Johannes (Hrsg.), Wirtschaftssteuerung durch Recht im Nationalsozialismus. Studien zur Entwicklung des Wirtschaftsrechts im Interventionsstaat des ‹Dritten Reichs›. Frankfurt am Main 2006.
Bähr, Johannes, Bankenkrise, Drittes Reich und Nachkriegszeit (1930–1960), in: *Ders./Drecoll/Gotto*, Geschichte, S. 143–150 [zitiert als *Bähr*, Bankenkrise (2009)].
Bähr, Johannes, Die deutsche Bankenkrise 1931, in: *Bähr/Rudolph*, Finanzkrisen, S. 15–144 [zitiert als *Bähr*, Bankenkrise (2011)].
Bähr, Johannes/*Drecoll*, Axel/*Gotto*, Bernhard, Die Geschichte der BayernLB. München 2009.
Bähr, Johannes/*Rudolph*, Bernd, 1931 – Finanzkrisen – 2008. München 2011.
Barmeyer, Heide, Andreas Hermes und die Organisation der deutschen Landwirtschaft. Christliche Bauernvereine, Reichslandbund, Grüne Front, Reichsnährstand 1928–1933. Stuttgart 1971.
Battilossi, Stefano/*Cassis*, Youssef (Eds.), European Banks and the American Challenge. Competition and Cooperation in International Banking under Bretton Woods. Oxford 2002.
Bauerkämper, Arnd (Hrsg.), ‹Junkerland in Bauernhand›? Durchführung, Auswirkungen und Stellenwert der Bodenreform in der Sowjetischen Besatzungszone. Stuttgart 1996.
Becker, Winfried (Hrsg.), Lexikon der Christlichen Demokratie in Deutschland. Paderborn 2002.
Beckmann, Fritz (Hrsg.), Deutsche Agrarpolitik im Rahmen der inneren und äußeren Wirtschaftspolitik, Bd. II: Die deutsche Agrarpolitik im Rahmen einer organischen Förderung der deutschen Gesamtwirtschaft (Veröffentlichungen der Friedrich-List-Gesellschaft 6). Berlin 1932.
Bendiek, Wilhelm, Friedrich Wilhelm Raiffeisen, in: Rheinisch-Westfälische Wirtschaftsbiographien 4 (1941), S. 82–102.
Bénédite, Daniel, La filière Marseillaise, un chemin vers la liberté. Paris 1984.
Berghoff, Hartmut, Der Berliner Kapitalmarkt im Aufbruch (1830–1870), in: *Pohl*, Geschichte, S. 53–102.

Bericht über die Verhandlungen des 46. Verbandstages des Niedersächsischen Genossenschaftsverbandes e. V. zu Hannover am 5. und 6. Mai 1928 in Oldenburg i. O. Hannover 1928.

Bermann-Fischer, Gottfried, Der Weg eines Verlegers. Frankfurt am Main 1967.

Bernhard, Ludwig, Das polnische Gemeinwesen im preußischen Staat: die Polenfrage. Leipzig 1907.

Bernstein, Aaron, Schulze-Delitzsch. Leben und Wirken. Berlin 1879.

Besley, Timothy J., How do Market Failures justify Interventions in Rural Credit Markets?, in: *Eicher/Staatz*, Development, S. 370–389.

Bley, Andreas/*Gleber*, Peter/*Kubista*, Bernd, 40 Jahre genossenschaftliche FinanzGruppe Volksbanken Raiffeisenbanken. Wiesbaden 2012.

Blumenwitz, Dieter/*Gotto*, Klaus/*Meier*, Hans (Hrsg.), Konrad Adenauer und seine Zeit. Politik und Persönlichkeit des ersten Bundeskanzlers, Bd. I: Beiträge der Weg- und Zeitgenossen. Stuttgart 1976.

Bonus, Holger, Die Genossenschaft als Unternehmungstyp (Arbeitspapiere des Institutes für Genossenschaftswesen der Westfälischen Wilhelms-Universität Münster 6). Münster 1985.

Bonus, Holger, The Cooperative Association as a Business Empire. A Study in the Economics of Transactions, in: *Furubotn/Richter*, New Institutional Economics, S. 171–200.

Borcke-Stargordt, Henning Graf von, Der Ostdeutsche Landbau zwischen Fortschritt, Krise und Politik. Ein Beitrag zur Agrar- und Zeitgeschichte. Würzburg 1957.

Bormann, Patrick/*Scholtyseck*, Joachim/*Wixforth*, Harald, Die kreditgenossenschaftlichen Zentralinstitute vom Beginn des Ersten Weltkriegs bis zur bedingungslosen Kapitulation des NS-Staates (1914–1945), in: *Institut für bankhistorische Forschung*, Geschichte, S. 145–294.

Born, Karl Erich, Staat und Sozialpolitik seit Bismarcks Sturz. Ein Beitrag zur Geschichte der innenpolitischen Entwicklung des Deutschen Reiches 1890–1914. Wiesbaden 1957.

Born, Karl Erich, Von der Reichsgründung bis zum ersten Weltkrieg, in: *Grundmann*, Gebhardt III, S. 194–313.

Born, Karl Erich, Die deutsche Bankenkrise von 1931. München 1967.

Born, Karl Erich, Preußen im deutschen Kaiserreich 1871–1918. Führungsmacht des Reiches und Aufgehen im Reich, in: *Büsch/Neugebauer*, Handbuch III, S. 15–145.

Boyens, Wilhelm Friedrich, Die Geschichte der ländlichen Siedlung 1919–1939, Bd. II. Berlin 1960.

Bracher, Karl Dietrich, Dualismus oder Gleichschaltung. Der Faktor Preußen in der Weimarer Republik, in: *Bracher/Funke/Jacobsen*, Weimarer Republik, S. 535–551.

Bracher, Karl Dietrich/*Funke*, Manfred/*Jacobsen*, Hans-Adolf (Hrsg.), Die Weimarer Republik 1918–1933. Politik, Wirtschaft, Gesellschaft. Düsseldorf 1987.

Bracht, Johannes, Geldlose Zeiten und überfüllte Kassen. Sparen, leihen und vererben in der ländlichen Gesellschaft Westfalens (1830–1866). Stuttgart 2013.

Brauer, Max, Im Exil. Briefe und Reden aus den Jahren 1933 1946. Hamburg 1994.

Brecht, Arnold, Reichsreform. Warum und Wie? Berlin 1931.

Brentano, Lujo, Agrarpolitik. Ein Lehrbuch. I. Teil: Theoretische Einleitung in die Agrarpolitik. Stuttgart 1897.

Brentano, Lujo, Erbrechtspolitik, alte und neue Feudalität. Stuttgart 1899.

Brentano, Lujo, Mein Leben im Kampf um die soziale Entwicklung Deutschlands. Jena 1931.

Brixner, Ulrich, Steuerungsfunktionen der Genossenschaft. Dargestellt am Beispiel landwirtschaftlicher Warengenossenschaften. Frankfurt am Main 1969.

Brixner, Ulrich, Credit Unions in den USA. Struktur Funktionen Probleme (Veröffentlichungen der Deutschen Genossenschaftskasse, Zentralbank der Genossenschaften 1). Frankfurt am Main 1971.

Brixner, Ulrich, DZ Bank als verbundorientierte Zentralbank, in: Zeitschrift für das gesamte Kreditwesen 54 (2001), S. 20 ff.

Brixner, Ulrich, Die Bankenlandschaft braucht neue Lösungen, in: Bankmagazin 11/ 2003, S. 24 ff.

Brixner, Ulrich, Geschäftspolitischer Stellenwert des Auslandsgeschäfts der Volksbanken und Raiffeisenbanken, in: *Guthardt*, Aspekte, S. 225–231.

Brixner, Ulrich, Kooperation im Finanzverbund, in: BankInformation 10/2006, S. 6 f.

Brockhoff, Klaus (Hrsg.), Geschichte der Betriebswirtschaftslehre. Wiesbaden ²2002.

Brüdermann, Stefan, Göttinger Studenten und akademische Gerichtsbarkeit im 18. Jahrhundert (Göttinger Universitätsschriften 15). Göttingen 1990.

Buchheim, Christoph, Deutsche Finanzmetropole von internationalem Rang, in: *Pohl*, Geschichte, S. 103–156.

Buchstab, Günter, Andreas Hermes (1878–1964), in: *Aretz/Morsey/Rauscher*, Zeitgeschichte, S. 102–114 [zitiert als *Buchstab*, Hermes (1994)].

Buchstab, Günther, Politische Mitte und nationale Einheit. Andreas Hermes 1878–1964. Sankt Augustin 1994.

Buchstab, Günther, Andreas Hermes, in: *Becker*, Lexikon, S. 271 f. [zitiert als *Buchstab*, Hermes (2002)].

Buchstab, Günter/*Kaff*, Brigitte/*Kleinmann*, Hans-Otto (Hrsg.), Christliche Demokraten gegen Hitler. Aus Verfolgung und Widerstand zur Union. Freiburg i. Br./Basel/Wien 2004.

Bundes-Gesetzblatt des Norddeutschen Bundes 1868. Berlin 1868.

Bundesverband der Deutschen Volksbanken und Raiffeisenbanken e. V. (Hrsg.), Außerordentlicher Verbandstag Bonn 1977. [Bonn 1977].

Bundesverband der Deutschen Volksbanken und Raiffeisenbanken e. V. (BVR) (Hrsg.), BVR-Verbandstag 1977. Protokoll. Bonn [1977] [zitiert als *Bundesverband der Deutschen Volksbanken und Raiffeisenbanken*, BVR-Verbandstag (1977)].

Bundesverband der Deutschen Volksbanken und Raiffeisenbanken e. V. (BVR) (Hrsg.), BVR-Verbandstag 1978. Protokoll. Bonn [1978] [zitiert als *Bundesverband der Deutschen Volksbanken und Raiffeisenbanken*, BVR-Verbandstag (1978)].

Bundesverband der Deutschen Volksbanken und Raiffeisenbanken e. V. (BVR) (Hrsg.), BVR-Verbandstag 1979 in Hamburg. Protokoll. Bonn [1979] [zitiert als *Bundesverband der Deutschen Volksbanken und Raiffeisenbanken e. V.*, BVR-Verbandstag (1979)].

Bundesverband der Deutschen Volksbanken und Raiffeisenbanken e. V./Stiftung GIZ – Genossenschaftshistorisches Informationszentrum (Hrsg.), 40 Jahre Genossenschaftliche FinanzGruppe. Wiesbaden 2012.

Burhop, Carsten, Wirtschaftsgeschichte des Kaiserreichs 1871–1918. Göttingen 2011.

Büsch, Otto/*Neugebauer*, Wolfgang (Hrsg.), Handbuch der preußischen Geschichte, Bd. III: Vom Kaiserreich zum 20. Jahrhundert und große Themen der Geschichte Preußens. Berlin 2001.

Busche, Manfred, Zur Gründungsgeschichte der Preußischen Zentralgenossenschaftskasse, in: Tradition. Zeitschrift für Firmengeschichte und Unternehmerbiographie 13 (1968), S. 81–89.

Büttner, Ursula, Weimar, die überforderte Republik 1918–1933. Leistung und Versagen in Staat, Gesellschaft, Wirtschaft und Kultur (Schriftenreihe der Bundeszentrale für politische Bildung 729). Bonn 2008.

Charle, Christophe, Vordenker der Moderne. Die Intellektuellen im 19. Jahrhundert. Frankfurt am Main 1997.
Conrad, Johannes (Hrsg.), Handwörterbuch der Staatswissenschaften, Bd. III. Jena [3]1909.
Conrad, Johannes/*Elster*, Ludwig/*Lexis*, Wilhelm/*Loening*, Edgar (Hrsg.), Handwörterbuch der Staatswissenschaften, Bd. IV. Jena 1892.
Conze, Werner, Möglichkeiten und Grenzen der liberalen Arbeiterbewegung in Deutschland. Das Beispiel Schulze-Delitzschs (1965), in: *Varain*, Interessenverbände, S. 85–102.
Crüger, Hans, Das Urtheil des Herrn Dr. v. d. Borght in den Verhandlungen des Vereins für Sozialpolitik über die Consumvereine. Leipzig 1889.
Crüger, Hans, Die Erwerbs- und Wirthschafts-Genossenschaften in den einzelnen Ländern. Jena 1892.
Crüger, Hans, Kreditgenossenschaften, in: *Conrad/Elster/Lexis/Loening*, Handwörterbuch IV, S. 880–886.
Crüger, Hans, Die Angriffe gegen die Konsumvereine und die Mittel zur Abwehr derselben. Vortrag gehalten auf den Allgemeinen Genossenschaftstagen deutscher Erwerbs- und Wirthschaftsgenossenschaften zu Gotha. Charlottenburg 1894.
Crüger, Hans, Getreide-Absatz-Genossenschaften (Volkswirthschaftliche Zeitfragen 136). Berlin 1896.
Crüger, Hans, Der heutige Stand des Genossenschaftswesens (Volkswirthschaftliche Zeitfragen, Heft 153–155). Berlin 1898.
Crüger, Hans, Die preußische Centralgenossenschaftskasse, in: Archiv für öffentliches Recht 14 (1899), S. 385–419.
Crüger, Hans, Haftpflicht und Kredit, in: Jahrbücher für Nationalökonomie und Statistik, III. Folge, 17 (1899), S. 661–670.
Crüger, Hans, Die internationalen Genossenschafts-Kongresse in Paris im Jahre 1900 (Genossenschaftliche Zeit- und Streitfragen 5). Berlin 1901.
Crüger, Hans, Handel und Genossenschaftswesen. Nach dem in der Volkswirthschaftlichen Gesellschaft in Berlin am 12. März 1902 gehaltenen Vortrag (Volkswirthschaftliche Zeitfragen 192). Berlin 1902.
Crüger, Hans, Einführung in das deutsche Genossenschaftswesen (Handbibliothek für das deutsche Genossenschaftswesen, Band 9). Berlin 1907.
Crüger, Hans, Kritische Bemerkungen zu den Entwickelungstendenzen im Deutschen Genossenschaftswesen (Genossenschaftliche Zeit- und Streitfragen 8). Berlin 1909.
Crüger, Hans, Erwerbs- und Wirtschaftsgenossenschaften, in: *Conrad*, Handwörterbuch III, S. 734–760.
Crüger, Hans, Die wirtschaftliche Stellung der Genossenschaften, in: Hochbau. Amtsblatt der Bayerischen Baugewerks-Berufsgenossenschaft 2 (1910), S. 395–400.
Crüger, Hans (Hrsg.), Die ersten fünfzig Vereins- und Genossenschaftstage des Allgemeinen Verbandes der auf Selbsthilfe beruhenden deutschen Erwerbs- und Wirtschaftsgenossenschaften e. V. (Genossenschaftliche Zeit- und Streitfragen 9). Berlin 1910.
Crüger, Hans, Der Staat und das Genossenschaftswesen, in: Jahrbuch für Gesetzgebung, Verwaltung und Volkswirtschaft im Deutschen Reich 36 (1912), S. 305–323.
Crüger, Hans, Die Schulze-Delitzschen Genossenschaften in Posen als ein Bollwerk des

Deutschtums, in: Schmollers Jahrbuch für Gesetzgebung, Verwaltung und Volkswirtschaft 31 (1913), S. 281–296.

Crüger, Hans, Die deutschen Genossenschaften während des Kriegs, in: Jahrbücher für Nationalökonomie und Statistik, Band 105 (1915), S. 1–24, 145–182.

Crüger, Hans, Grundriß des deutschen Genossenschaftswesen. Leipzig [2]1922.

Crüger, Hans/*Schulze-Delitzsch*, Hermann, Vorschuß- und Kreditvereine als Volksbanken. Praktische Anweisungen zu deren Einrichtung und Gründung (Handbibliothek für das deutsche Genossenschaftswesen). Berlin [8]1915.

Dahlem, Markus, Die Professionalisierung des Bankbetriebs. Studien zur institutionellen Struktur deutscher Banken im Kaiserreich 1871–1914. Essen 2009.

Damaschke, Adolf, Geschichte der Nationalökonomie. Eine erste Einführung. Jena [2]1910.

Deumer, Robert, Das deutsche Kreditgenossenschaftswesen, in: *Untersuchungsausschuss für das Bankwesen 1933*, Untersuchung, S. 245–331.

Deutsche Genossenschaftskasse, Geschäftsberichte 1949/50–1975.

Deutscher Genossenschaftsverband (Schulze-Delitzsch) (Hrsg.), Deutscher Genossenschaftstag 1965 Baden-Baden. Bericht über die Tagung der gewerblichen Genossenschaften vom 13. bis 15. Oktober 1965 in Baden-Baden. Wiesbaden 1965 [zitiert als *Deutscher Genossenschaftsverband (Schulze-Delitzsch)*, Deutscher Genossenschaftstag (1965)].

Deutscher Genossenschaftsverband (Schulze-Delitzsch) (Hrsg.), Deutscher Genossenschaftstag 1967 Dortmund. Bericht über die Tagung der gewerblichen Genossenschaften vom 27. bis 29. September 1967 in Dortmund. Wiesbaden 1967 [zitiert als *Deutscher Genossenschaftsverband (Schulze-Delitzsch)*, Deutscher Genossenschaftstag (1967)].

Deutscher Genossenschaftsverband (Schulze-Delitzsch) (Hrsg.), Schulze-Delitzsch, ein Lebenswerk für Generationen. Wiesbaden 1987.

Deutscher Raiffeisenverband (Hrsg.), Andreas Hermes, 80 Jahre. Bericht über die Feier am 16. Juli 1958. Neuwied 1958.

DG BANK, Geschäftsberichte 1976–2000.

DG BANK (Hrsg.), Rückblende. Dr. Felix Viehoff zum 60. Geburtstag. Frankfurt am Main 1979.

Disconto-Gesellschaft (Hrsg.), Die Disconto-Gesellschaft 1851–1901. Denkschrift zum 50-jährigen Bestehen. Berlin 1901.

Draheim, Georg, Spitzenorganisationen im genossenschaftlichen Kreditwesen. Systematische Untersuchung über das Problem der Gestaltung, insbesondere der Vereinheitlichung. Diss. Berlin 1927.

Draheim, Georg, Die Genossenschaft als Unternehmenstyp. Göttingen 1952.

Draheim, Georg, Genossenschaften und Erwerbsunternehmung. Versuch einer Abgrenzung, in: Zeitschrift für das gesamte Genossenschaftswesen 4 (1954), S. 125 ff.

Draheim, Georg, Zentrale Entwicklungsgesellschaften der Genossenschaften, in: Archiv für öffentliche und freigemeinschaftliche Unternehmen 5 (1960), S. 97 ff.

Draheim, Georg, Zur Ökonomisierung der Genossenschaften. Göttingen 1967.

Draheim, Georg, Die optimale Betriebsgröße der Genossenschaften. Vortrag auf der Feier zum 75jährigen Bestehen der Württembergischen Landesgenossenschaftsbank eGmbH am 11. 6. 1968, in: *Ders.*, Grundfragen, S. 42–55.

Draheim, Georg, Entwicklungstendenzen der genossenschaftlichen Geld- und Kreditwirtschaft. Vortrag anlässlich des 75jährigen Bestehens der Raiffeisen-Zentralkasse Kurhessen eGMbH am 9. 12. 1968, in: *Ders.*, Grundfragen, S. 56–68.

Draheim, Georg, Genossenschaften im Wandel. Rede vor der Festversammlung anlässlich des 100jährigen Bestehens des Badischen Genossenschaftsverbandes am 26. 5. 1967, in: *Ders.*, Grundfragen, S. 15–28.

Draheim, Georg, Grundfragen des Genossenschaftswesens. Reden und Aufsätze. Frankfurt am Main 1983.

Draheim, Georg, Aktuelle Grundsatzprobleme des Genossenschaftswesens. Vortrag zum 25jährigen Bestehen des Instituts für Genossenschaftswesen an der Universität Marburg am 14. 6. 1972, in: *Ders.*, Grundfragen, S. 147–162.

Draheim, Georg, Kooperation und Konzentration im Genossenschaftswesen. Vortrag vor dem Forschungsinstitut für Genossenschaftswesen an der Universität Wien am 8. 3. 1968, *Ders.*, Grundfragen, S. 29–41.

Draheim, Georg, Haben die Kreditgenossenschaften noch eine Zukunft? Referat auf der 18. Kreditwirtschaftlichen Fachtagung für Leiter von Kreditgenossenschaften am 4. 10. 1971, in: *Ders.*, Grundfragen, S. 128–141

Draheim, Georg, Der bankwirtschaftliche Verbund im Bereich der Kreditgenossenschaft (1970), in: *Ders.*, Grundfragen, S. 107–117.

Ehni, Hans-Peter, Bollwerk Preußen? Preußen-Regierung, Reich-Länder-Problem und Sozialdemokratie 1928–32. Bonn 1975.

Eicher, Carl K./*Staatz*, John M. (Eds.), International Agricultural Development (The Johns Hopkins Studies in Development). Baltimore, MD/London ³1998.

Eiler, Klaus (Hrsg.), Hessen im Zeitalter der industriellen Revolution. Text- und Bilddokumente aus hessischen Archiven beschreiben Hessens Weg in die Industriegesellschaft während des 19. Jahrhunderts. Frankfurt am Main 1984.

Elster, Ludwig/*Weber*, Adolf/*Wieser*, Friedrich, Handwörterbuch der Staatswissenschaften, Bd. I. Jena ⁴1923; Bd. III. Jena ⁴1926; Bd. V. ⁴1923; Bd. VII. Jena ⁴1926.

Engelhardt, Werner, Unternehmensgestalter und Unternehmensmorphologe. Göttingen 1975.

Engelhardt, Werner W., Die Gründung der ‹Preußischen Central-Genossenschaftskasse› und deren Tätigkeit. Ein Beispiel für erfolgreiche, uneigennützige Staatshilfe im Genossenschaftsbereich, in: Zeitschrift für das gesamte Genossenschaftswesen 1995/2, S. 11–31.

Erdmann, Karl Dietrich/*Mommsen*, Wolfgang/*Vogel*, Walter (Hrsg.), Akten der Reichskanzlei. Weimarer Republik. Das Kabinett von Papen, 1. Juni bis 3. Dezember 1932. Boppard am Rhein 1989.

Fairbairn, Brett, Self-Help and Philanthropy. The Emergence of Cooperatives in Britain, Germany, the United States, and Canada from Mid-Nineteenth to Mid-Twentieth Century, in: *Adams*, Philanthropy, S. 55–78.

Faßbender, Martin, F. W. Raiffeisen in seinem Leben, Denken und Wirken im Zusammenhang mit der Gesamtentwicklung des neuzeitlichen Genossenschaftswesens in Deutschland. Berlin 1902.

Faust, Helmut, Schulze-Delitzsch und sein genossenschaftliches Werk (Veröffentlichung des Instituts für Genossenschaftswesen an der Philipps-Universität Marburg/Lahn). Marburg (Lahn) 1949.

Faust, Helmut, In memoriam Dr. Hans Helferich, in: Raiffeisen-Genossenschaftskalender 48 (1955), S. 67 ff.

Faust, Helmut, Die Zentralbank der Deutschen Genossenschaften. Vorgeschichte, Aufbau, Aufgaben und Entwicklung der Deutschen Genossenschaftskasse. Frankfurt am Main 1967.

Faust, Helmut, Geschichte der Genossenschaftsbewegung. Ursprung und Aufbruch der Genossenschaftsbewegung in England, Frankreich und Deutschland sowie ihre weitere Entwicklung im deutschen Sprachraum. Frankfurt am Main [3]1977.

Festschrift zur 100-Jahrfeier des Deutschen Genossenschaftsverbandes (Schulze-Delitzsch) e.V. Bonn 1959.

Fehl, Ulrich/*Zörcher*, Jürgen, Das Ringen um eine wettbewerbliche Ordnung des Geldmarktzugangs und das Scheitern. Die Haltung des Allgemeinen Verbandes in der Zentralkassenfrage, in: Zeitschrift für das gesamte Genossenschaftswesen 1995/2, S. 32–55.

Feineisen, Adalbert, Wilhelm Haas. Gestalter einer großen Idee. Neuwied 1956.

Feldman, Gerald D., The Great Disorder. Politics, Economics and Society in the German Inflation, 1914–1924. Oxford 1993.

Fiederlein, Friedrich Martin, Der deutsche Osten und die Regierung Brüning, Papen, Schleicher. Würzburg 1966.

Finis, Beate, Beweggründe mittelständischer Genossenschaftspioniere des landwirtschaftlichen Bereichs am Beispiel von F. W. Raiffeisen und W. Haas. Zur Integration der Beweggründe in eine empirische Genossenschaftstheorie und in Theorien der Sozial- und Wirtschaftspolitik. Diss. Köln 1979.

Fischart, Johannes [= *Dombrowski*, Erich], Andreas Hermes, in: *Ders.*, System IV, S. 306–316.

Fischart, Johannes [= *Dombrowski*, Erich], Das alte und das neue System. Die politischen Köpfe Deutschlands, Bd. IV: Neue Köpfe. Berlin 1925.

Fischer, Albert, Die Landesbank der Rheinprovinz. Aufstieg und Fall zwischen Wirtschaft und Politik (Wirtschafts- und sozialhistorische Studien 6). Köln/Weimar/Wien 1997.

Flemming, Jens, Landwirtschaftliche Interessen und Demokratie. Ländliche Gesellschaft, Agrarverbände und Staat 1890–1925. Bonn 1978.

Flugblatt ‹Abdankung des Ministeriums Camphausen›. Berlin 1848 (http://sammlungen.ub.uni-frankfurt.de/download/pdf/2233358?name=Abdankung%20des%20Mini steriums%20Camphausen%20In%20der%20heutigen%20Sitzung%20der%20National-Versa, zuletzt abgerufen am 24. Februar 2015).

Fontane, Theodor, Sämtliche Werke. Aufsätze, Kritiken, Erinnerungen, Bd. I: Aufsätze und Aufzeichnungen. München 1969.

Fraenkel, Ernst, Der Doppelstaat. Hamburg 2001.

Franz, Günther/*Haushofer*, Heinz (Hrsg.), Große Landwirte. Frankfurt am Main 1970.

Frey, Varian, Surrender on Demand. New York, NY 1945.

Friedensburg, Ferdinand, Lebenserinnerungen. Frankfurt am Main 1969.

Furubotn, Eirik/*Richter*, Ralf (Eds.), The New Institutional Economics. A Collection of Articles from the Journal of Institutional and Theoretical Economics. Tübingen 1991.

Gallowsky, Silvia Lolli, Die Ideen Schulze-Delitzschs und die internationale Ausbreitung am Beispiel Italien, Frankreich und Kanada, in: *Hofinger/Karner/Weiß*, Erinnerung, S. 45–60.

Gennes, Otto, Wilhelm Haas, in: *Totomianz*, Handwörterbuch I, S. 434–437.

Gennes, Otto, Reichsverband der deutschen landwirtschaftlichen Genossenschaften, in: *Totomianz*, Handwörterbuch II, S. 720–729.

Gessner, Dieter, Agrarverbände in der Weimarer Republik. Wirtschaftliche und soziale Voraussetzungen agrarkonservativer Politik vor 1933. Düsseldorf 1976.
Geyer, Martin H., Verkehrte Welt. Revolution, Inflation und Moderne. Göttingen 1988.
Gierden, Karlheinz (Hrsg.), Das Rheinland – Wiege Europas? Köln 2011.
Gleber, Peter, Ein Macher des Machbaren. Georg Draheim – genossenschaftlicher Wirtschaftsführer und Hochschullehrer, in: BankInformation 4/2006, S. 75–78.
Gleber, Peter, Pietismus und Pragmatismus. Lebensbilder der ländlichen Genossenschaftsgründer Friedrich Wilhelm Raiffeisen und Wilhelm Haas, in: *Heinrich-Kaufmann-Stiftung des Zentralverbandes deutscher Konsumgenossenschaften e. V.*, Genossenschaften, S. 141–146.
Gleber, Peter, Viele Wurzeln – ein Gedanke. Entstehung der Volksbanken und Raiffeisenbanken bis zur Zusammenführung, in: *Bundesverband der Deutschen Volksbanken und Raiffeisenbanken/Stiftung GIZ – Genossenschaftshistorisches Informationszentrum*, Jahre, S. 7–45.
Gleber, Peter, Die Oehringer Privatspar- und Leih-Kasse von 1843. Der Mittelstand greift zur Selbsthilfe, in: *Lindenlaub/Burhop/Scholtyseck*, Schlüsselereignisse, S. 105–119.
Gömmel, Rainer, Die Osthilfe für die Landwirtschaft unter der Regierung der Reichskanzler Müller und Brüning, in: *Schulz*, Landwirtschaft, S. 253–274.
Gorges, Irmela, Sozialforschung in Deutschland 1872–1914. Gesellschaftliche Einflüsse auf Themen- und Methodenwahl des Vereins für Socialpolitik. Königstein 1980.
Grimm, Brigitte/*Loewy*, Ernst/*Nagel*, Helga (Hrsg.), Exil. Literarische und politische Texte aus dem deutschen Exil 1933–1945, Bd. I: Mit dem Gesicht nach Deutschland. Frankfurt am Main 1981.
Grimmer-Solem, Erik, The Rise of Historical Economics and Social Reform in Germany, 1864–1894. Oxford 2003.
Grundmann, Herbert (Hrsg.), Gebhardt. Handbuch der deutschen Geschichte, Bd. III: Von der Französischen Revolution bis zum Ersten Weltkrieg. Stuttgart 1960.
Guinanne, Timothy W., Delegated Monitors, large and small: Germany's Banking System, 1800–1914, in: Journal of Economic Literature 40 (2002), S. 73–124.
Guinanne, Timothy W., Cooperatives as Information Machines. German Rural Credit Cooperatives, 1883–1914, in: Journal of Economic History 61 (2001), S. 366–389 [zitiert als *Guinanne*, Cooperatives 2006].
Guinanne, Timothy W., The Early German Credit Cooperatives and Microfinance Organizations Today. Similarities and Differences, in: *Armendáriz de Aghion/Labie*, Handbook, S. 77–100 [zitiert als *Guinanne*, Cooperatives 2011].
Guinnane, Timothy W., State Support for the German Cooperative Movement, in: Central European History 45 (2012), S. 208–232.
Guinnane, Timothy W., Zwischen Selbsthilfe und Staatshilfe. Die Anfänge genossenschaftlicher Zentralbanken in Deutschland (1864–1914), in: *Institut für bankhistorische Forschung*, Geschichte, S. 41–76.
Guinnane, Timothy W., Die Raiffeisen-Kreditgenossenschaften 1864. Die Expansion des genossenschaftlichen Kredits im 19. Jahrhundert, in: *Lindenlaub/Burhop/Scholtyseck*, Schlüsselereignisse, S. 120–135.
Guinnane, Timothy W./*Schlütz*, Frauke, The Operations of Cooperative ‹Centrals› in Germany in the Decades before World War I (Paper, European Business History Association). Paris 2012.

Guthardt, Helmut, Analyse und Ausblick – Im Zeichen wachsender Aufgaben, in: *Raiffeisen-Zentralkasse Kurhessen*, 75 Jahre, S. 83–102.
Guthardt, Helmut, Aktivitäten der Deutschen Genossenschaftskasse, in Eurépargne. Revue économique et financière européenne 9/1974, S. 20–23.
Guthardt, Helmut, Deutsche Genossenschaftskasse, in: Zeitschrift für das gesamte Kreditwesen 28 (1975), S. 261 f.
Guthardt, Helmut, Auslandsgeschäfte im Verbund der Genossenschaftsbanken, in: *Süchting*, Semesterbericht (1979), S. 23–27.
Guthardt, Helmut (Hrsg.), Aspekte bankwirtschaftlicher Forschung und Praxis. 100 Jahre genossenschaftliche Zentralbanken in Südwestdeutschland. Frankfurt am Main 1985.

Hachtmann, Rüdiger, Berlin 1848. Eine Politik- und Gesellschaftsgeschichte der Revolution. Berlin 1997.
Hahn, Oswald, Felix Viehoff – 60 Jahre, in: Zeitschrift für das gesamte Genossenschaftswesen 29 (1979), S. 154 f.
Hahn, Oswald, Dr. Dr. h.c. Theodor Sonnemann (2. 9. 1900–6. 9. 1987) und Dr. Felix Viehoff (26. 6. 1919–15. 9. 1987), in: Zeitschrift für das gesamte Genossenschaftswesen 37 (1987), S. 270 f.
Hanau, Arthur (Hrsg.), Friedrich Aereboe. Gedenkschrift. Würdigung und Auswahl aus seinen Werken aus Anlaß der 100. Wiederkehr seines Geburtstages. Hamburg 1965.
Hansen, Reginald, Gustav Schmollers Beitrag zur allgemeinen Steuerlehre, in: *Strümpel*, Beiträge, S. 1–69.
Hansen, Reginald, Gustav von Schmoller und die Sozialpolitik von heute, in: *Backhaus*, Schmoller, S. 111–182.
Hansen, Reginald, Die praktischen Konsequenzen des Methodenstreits. Eine Aufarbeitung der Einkommensbesteuerung. Berlin 1996.
Harnisch, Hartmut, Agrarstaat oder Industriestaat. Die Debatte um die Bedeutung der Landwirtschaft in Wirtschaft und Gesellschaft Deutschlands an der Wende vom 19. und 20. Jahrhundert, in: *Reif*, Agrargesellschaft, S. 33–50.
Hasselmann, Erwin, Geschichte der deutschen Konsumgenossenschaften. Frankfurt am Main 1971.
Haushofer, Heinz/*Recke*, Hans-Joachim, Fünfzig Jahre Reichsernährungsministerium – Bundesernährungsministerium. Bonn 1969.
Hayami, Yujiro, The Peasant in Economic Modernization, in: *Eicher/Staatz*, Development, S. 300–315.
Heiligenstadt, Carl, Beiträge zur Lehre von den auswärtigen Wechselkursen. I.: Die Goldbewegungen zwischen England und Deutschland, in: Jahrbücher für Nationalökonomie und Statistik 3 (1892), S. 817–851; II.: Goldbewegungen und Bankpolitik, in: Jahrbücher für Nationalökonomie und Statistik 3 (1893), S. 193–243; III: Die englisch-deutsche Zahlungsbilanz, in: Jahrbücher für Nationalökonomie und Statistik 3 (1893), S. 343–368.
Heiligenstadt, Carl, Die internationalen Goldbewegungen, ihre Ursachen, ihre Richtungen und die Stellung der Bankpolitik ihnen gegenüber, in: Jahrbuch für Gesetzgebung, Verwaltung und Volkswirtschaft im Deutschen Reich, N. F. 18 (1894), S. 453–518.
Heiligenstadt, Carl, Die Preußische Central-Genossenschafts-Kasse. Jena 1897.
Heiligenstadt, Carl, Der deutsche Geldmarkt, in: Jahrbuch für Gesetzgebung, Verwaltung und Volkswirtschaft 31 (1907), S. 71–105.

Heinrich-Kaufmann-Stiftung des Zentralverbandes deutscher Konsumgenossenschaften e. V. (Hrsg.), Ländliche Genossenschaften. Beiträge zur 5. Tagung zur Genossenschaftsgeschichte (2010). Norderstedt 2012.

Heitzer, Horstwalter, Die CDU in der britischen Zone. Düsseldorf 1988.

Helferich, Hans, Die Bedeutung der landwirtschaftlichen Kreditgenossenschaften für die Kreditversorgung der Bauernwirtschaft (Sonderdruck aus: Das deutsche Genossenschaftswesen der Gegenwart). Leipzig 1936.

Helferich, Hans, Die Kreditgenossenschaften in der deutschen Kreditwirtschaft – ihre Aufgaben in Gegenwart und Zukunft (Kleine genossenschaftliche Beiträge 3). Stuttgart/Berlin 1937.

Henning, Friedrich-Wilhelm, Landwirtschaft und ländliche Gesellschaft in Deutschland, Bd. II: 1750–1976. Paderborn 1978.

Hentschel, Volker, Wirtschaft und Wirtschaftspolitik im wilhelminischen Deutschland. Organisierter Kapitalismus und Interventionsstaat? Stuttgart 1978.

Henzler, Reinhold, Ländliche Genossenschaften. Das Lebenswerk von Friedrich Wilhelm Raiffeisen und Wilhelm Haas, in: *Keune*, Männer, S. 498–499.

Herbst, Ludolf/ *Weihe*, Thomas (Hrsg.), Die Commerzbank und die Juden 1933–1945. München 2004.

Herdepe, Klaus, Die preußische Verfassungsfrage 1848. Neuwied 2002.

Hermens, Ferdinand A./*Schieder*, Theodor (Hrsg.), Staat, Wirtschaft und Politik in der Weimarer Republik. Festschrift für Heinrich Brüning. Berlin 1967.

Hermes, Andreas/ *Wygodzinski*, Willy, Anerbenrecht, in: *Elster/ Weber/ Wieser*, Handwörterbuch I, S. 292–299.

Hermes, Anna, «*Und setzet ihr nicht das Leben ein*». Andreas Hermes – Leben und Wirken. Nach Briefen, Tagebuchaufzeichnungen und Erinnerungen. Stuttgart 1971.

Hermes, Peter, Die Christlich-Demokratische Union und die Bodenreform in der Sowjetischen Besatzungszone Deutschlands im Jahre 1945. Saarbrücken 1963.

Hermes, Peter, Rückblicke und Einsichten, 1933–1950. Hrsg. von der Konrad-Adenauer-Stiftung. Sankt Augustin 1966.

Hermes, Peter, Ein Versuch mit den Sowjets. Berlin im Mai 1945, in: Die politische Meinung 105/1995, S. 63–73.

Hermes, Peter, Zusammenführen und Maßhalten. Andreas Hermes (1878 bis 1964) zum 125. Geburtstag, in: Die politische Meinung 404/2003, S. 74–80.

Hermes, Peter, Meine Zeitgeschichte 1922–1987. Paderborn 2007.

Hertz-Eichenrode, Dietrich, Politik und Landwirtschaft in Ostpreußen 1919–1930. Untersuchung eines Strukturproblems in der Weimarer Republik. Köln 1969.

Herzfeld, Hans, Johannes von Miquel. Sein Anteil am Ausbau des Deutschen Reiches bis zur Jahrhundertwende, Bd. I: Johannes von Miquel und die Bismarcksche Reichsschöpfung von 1866 bis 1884. Detmold 1939; Bd. II: Konservative Wendung und staatsmännisches Wirken 1884–1901. Detmold 1939.

Hess, Klaus, Junker und bürgerliche Großgrundbesitzer im Kaiserreich. Landwirtschaftlicher Großbetrieb, Großgrundbesitz und Familienfideikommiss in Preußen 1867/71–1914. Stuttgart 1990.

Hess, Klaus, Zur wirtschaftlichen Lage der Großagrarier im ostelbischen Preußen 1867/71 bis 1914, in: *Reif*, Agrargesellschaft, S. 157–171.

Heumann, D., DZ-Bank Eine Frage der Zeit, in: Sparkasse 11/2004.

Heuss, Theodor, Schulze-Delitzsch. Leistung und Vermächtnis. Für den Druck erweiterte

Gedächtnisrede auf dem Deutschen Genossenschaftstag in Frankfurt am Main am 28. Oktober 1948, Paulskirche. Tübingen 1956.
Hierholzer, Vera, Nahrung nach Norm. Regulierung von Nahrungsmittelqualität in der Industrialisierung 1871–1914 (Kritische Studien zur Geschichtswissenschaft 190). Göttingen 2010.
Hildebrand, Klaus, Das Dritte Reich (Oldenbourg Grundriss der Geschichte 17). München ^{7}2009.
Hildner, R., Der visionäre Macher geht von der Kommandobrücke, in: BankInformation 9/2006, S. 6.
Hildner, R., Ein ganz Großer. Nachruf für Ulrich Brixner, in: BankInformation 4/2009, S. 15.
Hillringhaus, August, Die Preußische Zentralgenossenschaftskasse. Ihre Aufgabe und ihr Wirken aus 25jähriger Tätigkeit. Berlin 1922.
Hindelang, Sabine, Konservatismus und soziale Frage. Viktor Aimé Hubers Beitrag zum sozialkonservativen Denken im 19. Jahrhundert. Frankfurt am Main 1983.
Hintze, Otto, Soziologie und Geschichte. Gesammelte Abhandlungen zur Soziologie, Politik und Theorie der Geschichte. Göttingen ^{2}1964.
Historische Kommission bei der Bayerischen Akademie der Wissenschaften (Hrsg.), Neue deutsche Biographie, Bd. XIV. Berlin 1985; Bd. XVII. Berlin 1994; Bd. XIX. Berlin 1999; Bd. XXI. Berlin 2003; Bd. XXIII. Berlin 2007; Bd. XXIV. Berlin 2010.
Historischer Verein bayerischer Genossenschaften e. V./Genossenschaftsverband Bayern e. V. (Hrsg.), ‹Gründer und Gründungen›. Beiträge und ausgewählte Dokumente zur Genossenschaftsbewegung (Schriftenreihe zur Genossenschaftsgeschichte 7). München 2006.
Historischer Verein bayerischer Genossenschaften e. V./Genossenschaftsverband Bayern e. V. (Hrsg.), Hermann Schulze-Delitzsch zum 200sten und Friedrich Wilhelm Raiffeisen zum 190sten Geburtstag. Verwirklichung einer Idee. Beiträge zur Genossenschaftsgeschichte (Schriftenreihe zur Genossenschaftsgeschichte 9). München 2009.
Hofer, Sibylle, Freiheit ohne Grenzen? Privatrechtstheoretische Diskussionen im 19. Jahrhundert. Tübingen 2001.
Hoffmann, Walter, Das Wachstum der deutschen Wirtschaft seit der Mitte des 19. Jahrhunderts. Berlin 1965.
Hofinger, Hans/*Karner*, Andrea/*Weiß*, Peter (Hrsg.), Aus Erinnerung wird Zukunft. Zum 200. Geburtstag von Hermann Schulze-Delitzsch (1808–1883) (Schulze-Delitzsch Schriftenreihe 31). Wien 2009.
Holl, Karl/*Trautmann*, Günter/*Vorländer*, Hans (Hrsg.), Sozialer Liberalismus. Göttingen 1986.
Holtfrerich, Carl-Ludwig/*James*, Harold/*Pohl*, Manfred, Requiem auf eine Währung. Die Mark 1873–2001. Stuttgart/München 2001.

Ibscher, Otto, Karl Korthaus, in: *Totomianz*, Handwörterbuch I, S. 977 f.
Ilsar, Yehiel, Im Streit für die Weimarer Republik. Stationen im Leben des Hermann Badt. Berlin 1992.
Institut für bankhistorische Forschung e. V. (Hrsg.), Die DekaBank seit 1918. Liquiditätszentrale – Kapitalanlagegesellschaft – Asset Manager. Stuttgart 2008.
Institut für bankhistorische Forschung e. V. (Hrsg.), Die Geschichte der DZ BANK. Das genossenschaftliche Zentralbankwesen vom 19. Jahrhundert bis heute. München 2013.

Institut für Genossenschaftswesen der Westfälischen Wilhelms-Universität/Schubert, Werner (Hrsg.), 100 Jahre Genossenschaftsgesetz. Quellen zur Entstehung und jetziger Stand. Tübingen 1989.

Jacobs, Ferdinand, Von Schorlemer zur Grünen Front. Zur Abwertung des berufsständischen und politischen Denkens. Düsseldorf 1957.

James, Harold, Die Deutsche Bank im Dritten Reich. München 2003.

John, Antonius, Andreas Hermes und der Deutsche Bauernverband, bearbeitet nach den Unterlagen des Deutschen Bauernverbandes. Bonn 1978.

John, Antonius, Befragungen. Politiker, Staatsmänner, Zeitgenossen 1950–1980. Hennef 1980.

Jokisch, Jens/*Adami*, Manfred J. (Hrsg.), Finanz-, Bank- und Kooperationsmanagement. Beiträge zur Betriebswirtschaftslehre nationaler und internationaler Unternehmungen. Festschrift zum 65. Geburtstag von Helmut Lipfert. Frankfurt am Main 1989.

Jurk, Michael, Von Archiven und Pseudo-Archiven, in: *Ders./Lege*, Garage, S. 11–43.

Jurk, Michael/*Lege*, Kathrin, In bester Lage. Geschichte eines Quartiers an der Berliner Behrenstraße. Dresden 2011.

Jurk, Michael/*Lege*, Katrin (Hrsg.), Die Garage des Zühlener Pfarrers. Beiträge zur Geschichte und Struktur der Dresdner Bank Überlieferung im Historischen Archiv der Commerzbank. Dresden 2014.

Kämpffer, Ewald, Die Preußenkasse und ihre Reorganisation, in: Bankwissenschaft 5 (1928/29), S. 321–332.

Kalkoff, Hermann, Nationalliberale Parlamentarier 1867–1917 des Reichstages und der Einzellandtage. Berlin 1917.

Kaltenborn, Wilhelm, Vision und Wirklichkeit. Beiträge zur Idee und Geschichte von Genossenschaften. Berlin 2012.

Kardorff, Siegfried von, Wilhelm von Kardorff, ein nationaler Parlamentarier im Zeitalter Bismarcks und Wilhelms II. Berlin 1936.

Kassner, Thorsten, Der Steuerreformer Johannes von Miquel. Leben und Werk. Zum 100. Todestag des preußischen Finanzministers. Ein Beitrag zur Geschichte des Steuerrechts. Osnabrück 2001.

Kellenbenz, Hermann, Deutsche Wirtschaftsgeschichte, Bd. II: Vom Ausgang des 18. Jahrhunderts bis zum Ende des Zweiten Weltkriegs. München 1981.

Keune, Otto (Hrsg.), Männer, die Nahrung schufen. Hannover 1952.

Klein, Michael, Leben, Werk und Nachwirkung des Genossenschaftsgründers Friedrich Wilhelm Raiffeisen. Köln 1999.

Klein, Michael, Bankier der Barmherzigkeit. Friedrich Wilhelm Raiffeisen. Neukirchen-Vluyn 2012.

Klepper, Otto, Die bittere Wahrheit. Nachdenkliches zur deutschen Frage (Schriftenreihe der wirtschaftspolitischen Gesellschaft von 1947 2). Stuttgart 1952.

Klersch, Joseph, Die Sparkasse der Stadt Köln und ihre Stellung im rheinischen Sparkassenwesen. Hundert Jahre Rheinischer Sparkassenentwicklung. Köln 1930.

Kluge, Arnd Holger, Geschichte der deutschen Bankgenossenschaften. Zur Entwicklung mitgliederorientierter Unternehmen (Schriftenreihe des Instituts für bankhistorische Forschung 17). Frankfurt am Main 1991.

Kluge, Ulrich, Agrarwirtschaft und ländliche Gesellschaft im 20. Jahrhundert (Enzyklopädoe Deutscher Geschichte 73). München 2005.

Knape, Rosemarie, Alwin Soergel, in: *Noack*, Mansfeld-Südharz, S. 87.
Knortz, Heike, Wirtschaftsgeschichte der Weimarer Republik. Eine Einführung in Ökonomie und Gesellschaft der ersten Deutschen Republik. Göttingen 2010.
Koch, Walter, F. W. Raiffeisen. Dokumente und Briefe 1818–1888. Wien 1988.
Koch, Walter (Hrsg.), Raiffeisen-Dokumente. Das Landwirthschaftliche Genossenschaftsblatt 1879–1888, Bd. IV, Teil 2 B: F. W. Raiffeisens Aufsätze im Landwirthschaftlichen Genossenschaftsblatt. Chronologische Darstellung. Dachau 1993.
Kocka, Jürgen, Klassengesellschaft im Krieg. Göttingen ^{2}1978.
Köhne, Renate, Nationalliberale und Koalitionsrecht. Struktur und Verhalten der nationalliberalen Reichstagsfraktion 1890–1914. Frankfurt am Main 1977.
Kopper, Christopher, Zwischen Marktwirtschaft und Dirigismus. Bankenpolitik im Dritten Reich. Bonn 1995.
Kopper, Christopher, Bankiers unterm Hakenkreuz. München 2005.
Kopsidis, Michael, Agrarentwicklung. Historische Agrarrevolutionen und Entwicklungsökonomie. Stuttgart 2006.
Kopsidis, Michael, North-west Germany 1750–2000, in: *Van Molle/Segers*, Agro-food Market, S. 292–328.
Kopsidis, Michael, Agricultural Growth, Farming Systems and Land Use in Northwest Germany 1750–2000. From Remote Hinterland to a Centre of Industrial Agriculture, in: *Thoen/Soens*, Struggling [im Druck].
Kopsidis, Michael/*Hockmann*, Heinrich, Technical Change in Westphalian Peasant Agriculture and the Rise of the Ruhr, circa 1830–1880, in: European Review of Economic History 14 (2010), S. 209–237.
Kopsidis, Michael/*Wolf*, Nikolaus, Agricultural Productivity across Prussia during the Industrial Revolution. A Thünen Perspective, in: Journal of Economic History 72 (2012), S. 634–670.
Korthaus, Karl, Die Förderung der Erwerbstätigkeit der in die Heimat zurückgekehrten Kriegsteilnehmer aus dem gewerblichen Mittelstande. Berlin 1916.
Korthaus, Karl, Die Bedeutung des Genossenschaftswesens für Gegenwart und Zukunft, in: Blätter für Genossenschaftswesen 71 (1924), S. 408 f.
Korthaus, Karl, Zeitbilder aus der Geschichte des deutschen Genossenschaftswesens, für die Mitglieder der Verwaltungsorgane der Genossenschaften und den jugendlichen Nachwuchs zusammengestellt. Berlin 1927.
Korthaus, Karl, Die sittliche und wirtschaftliche Macht des Deutschen Genossenschaftsgedankens, in: *Bericht über die Verhandlungen des 46. Verbandstages des Niedersächsischen Genossenschaftsverbandes.*
Korthaus, Karl, Die Genossenschaft im Wandel der Zeit, in: Ansprachen und Vorträge, gehalten anlässlich des Niedersächsischen Genossenschaftstages 51 (1933), S. 49–54.
Korthaus, Karl, Schicksalswende, in: Blätter für Genossenschaftswesen 80 (1933), S. 157 f.
Kraus, Theodor, Die Raiffeisen'schen Darlehnskassenvereine in der Rheinprovinz, Hefte I und II. Berlin 1876.
Krause, Detlef, Die Commerz- und Disconto-Bank 1870–1920/23. Bankgeschichte als Systemgeschichte. Stuttgart 2004.
Krause, M., Innere Kolonisation, in: *Elster/Weber/Wieser*, Handwörterbuch V, S. 446–462.
Krause, M., Rentengüter, in: *Elster/Weber/Wieser*, Handwörterbuch VII, S. 18–23.
Krebs, Wilhelm, Aus dem Leben Friedrich Wilhelm Raiffeisens. Neuwied 1925.
Krebs, Willy, Leben und Persönlichkeit Wilhelm Haas [unveröffentlichtes Manuskript].

Krebs, Willy, Zur Entstehung der Deutschen Zentralgenossenschaftskasse. Ein Rückblick, in: Jahrbücher für Nationalökonomie und Statistik 13 (1933), S. 560–578.

Kreitz, Regine, Georg Draheim (1903–1972), in: *Pohl*, Bankiers, S. 79–95.

Kroll, Frank-Lothar, Geschichte Hessens. München 2006.

Kubista, Bernd, Volksbanken und Raiffeisenbanken: seit 40 Jahren eine Finanzgruppe, in: *Bundesverband der Deutschen Volksbanken und Raiffeisenbanken/Stiftung GIZ – Genossenschaftshistorisches Informationszentrum*, Jahre, S. 47–81.

Kubista, Bernd, Die Neuordnung der Genossenschaftsverbände 1972, in: *Lindenlaub/Burhop/Scholtyseck*, Schlüsselereignisse, S. 387–401.

Landwirtschaftskammer für die Rheinprovinz (Hrsg.), Die rheinische Landwirtschaft. Bonn 1930.

Langewiesche, Dieter, Gesellschafts- und verfassungspolitische Handlungsbedingungen und Zielvorstellungen europäischer Länder in den Revolutionen von 1848, in: *Schieder*, Liberalismus, S. 341–362.

Langewiesche, Dieter, Sozialer Liberalismus in Deutschland. Herkunft und Entwicklung im 19. Jahrhundert, in: *Lehnert*, Sozialliberalismus, S. 35–50.

Laves, Theodor, Besprechung von ‹Hans Crüger, Das Urtheil des Herrn Dr. van der Borght in den Verhandlungen des Vereins für Socialpolitik über die Consumvereine. Leipzig 1889›, in: Jahrbücher für Nationalökonomie und Statistik 53 (1889), S. 217.

Lehnert, Detlef (Hrsg.), Sozialliberalismus in Europa. Herkunft und Entwicklung im 19. und frühen 20. Jahrhundert (Historische Demokratieforschung. Schriften der Hugo-Preuß-Stiftung und der Paul-Löbe-Stiftung 4). Wien/Köln/Weimar 2012.

Lemcke, Ernst, Die Entwicklung der Raiffeisen-Organisation in der Neuzeit. Karlsruhe 1913.

Liebmann, Arthur, Acht Jahrzehnte im Dienste der Wirtschaft. Ein Lebensbild der Allgemeinen Deutschen Credit-Anstalt in Leipzig. Leipzig 1938.

Lindenlaub, Dieter, Richtungskämpfe im Verein für Sozialpolitik. Wissenschaft und Sozialpolitik im Kaiserreich vornehmlich vom Beginn des ‹Neuen Kurses› bis zum Ausbruch des Ersten Weltkrieges (1890–1914), 2 Bde. Wiesbaden 1967.

Lindenlaub, Dieter/*Burhop*, Carsten/*Scholtyseck*, Joachim (Hrsg.), Schlüsselereignisse der deutschen Bankengeschichte. Stuttgart 2014.

Loest, Johannes, Die Deutsche Genossenschaftskasse. Zweigstelle Gotha im Jahre 1945, in: *Weisser*, Genossenschaften, S. 520–535.

Löll, Louis, Die bäuerlichen Darlehnskassen-Vereine nach Raiffeisen und die gewerblichen Creditvereine, Würzburg 1878.

Loose, Karola, Das Museum Hermann Schulze-Delitzsch. Über 100 Jahre Traditionspflege in seiner Heimatstadt Delitzsch, in: *Historischer Verein bayerischer Genossenschaften/Genossenschaftsverband Bayern*, Schulze-Delitzsch S. 144–165.

Löwenstein, Prinz Hubertus zu, Die Tragödie eines Volkes. Deutschland 1918–1934. Amsterdam 1934.

Lukas, Klaus, Der Deutsche Genossenschaftsverband. Entwicklung, Struktur und Funktion (Untersuchungen über Gruppen und Verbände 10). Berlin 1972.

Lüke, Rolf E., Die Berliner Handelsgesellschaft in einem Jahrhundert. Frankfurt am Main 1956.

Lürig, Rolf, Mehr Synergie im kreditgenossenschaftlichen Verbund durch Zweistufigkeit?, in: *Jokisch/Adami*, Finanz-, Bank- und Kooperationsmanagement, S. 191–206.

Mai, Uwe, Gesteuerte Tradition. Recht als Lenkungsmittel in der Agrar- und Siedlungspolitik während des Nationalsozialismus, in: *Bähr*, Wirtschaftssteuerung, S. 413–441.
Mändle, Eduard (Hrsg.), Handwörterbuch des Genossenschaftswesens. Wiesbaden 1980.
Mathiak, Walther, Das preußische Einkommensteuergesetz von 1891 im Rahmen der Miquelschen Steuerreform von 1891/93. Vorgeschichte, Entstehung, Begleitgesetze, Durchführung. Berlin 2011.
Matthias, Erich/*Morsey*, Rudolf (Hrsg.), Das Ende der Parteien 1933. Düsseldorf 1960.
Mauch, Christof, Schattenkrieg gegen Hitler. Das Dritte Reich im Visier der amerikanischen Geheimdienste 1941–1945. Stuttgart 1999.
Maurer, Ilse/*Wengst*, Udo (Bearb.), Staat und NSDAP 1930–1932 (Quellen zur Geschichte des Parlamentarismus und der politischen Parteien, Reihe 3: Die Weimarer Republik 3). Düsseldorf 1977.
Maxeiner, Rudolf, Vertrauen in die eigene Kraft. Wilhelm Haas. Sein Leben und Werken. Wiesbaden 1976.
Maxeiner, Rudolf, Haas, in: *Mändle*, Handwörterbuch, Sp. 922.
Meitzen, August, Der Boden und die landwirthschaftlichen Verhältnisse des Preussischen Staates nach dem Gebietsumfange vor 1866, Bd. II. Berlin 1869.
Meulenbergh, Gottfried, Vor 25 Jahren, in: Raiffeisen-Rundschau 8/1955, S. 179 ff.
Meyen, Hans E., 120 Jahre Dresdner Bank. Frankfurt am Main 1992.
Meyenschein, Adam, Zum Geleit, in: *Raiffeisen*, Darlehenskassenvereine, S. V–VII.
Miaskowski, August von, Agrarpolitische Zeit- und Streitfragen. Vorträge, Referate und Gutachten. Leipzig 1889.
Ministerium für Land-, Forst- und Nahrungsgüterwirtschaft der DDR (Hrsg.), Friedrich Wilhelm Raiffeisen 1818–1888. Berlin 1988.
Mommsen, Hans, Der lange Schatten der untergehenden Republik. Zur Kontinuität politischer Denkhaltungen von der späten Weimarer zur frühen Bundesrepublik, in: *Bracher/Funke/Jacobsen*, Weimarer Republik, S. 552–586.
Mommsen, Wilhelm, Johannes Miquel. Stuttgart 1928.
Mommsen, Wilhelm, Zur Biographie Johannes von Miquel's, in: Historische Zeitschrift 164 (1941), S. 529–552.
Mommsen, Wolfgang J., Bürgerstolz und Weltmachtstreben. Deutschland unter Wilhelm II. 1890–1918 (Propyläen Geschichte Deutschlands 7,2). Berlin 1995.
Mommsen, Wolfgang J., 1848. Die ungewollte Revolution, Frankfurt am Main 1998.
Mommsen, Wolfgang J./*Schluchter*, Wolfgang (Hrsg.), Max Weber-Gesamtausgabe, Bd. I/17. Tübingen 1992.
Mönig, Christoph, Landwirtschaftliches Sondererbrecht im Lichte von Verfassungsrecht und Rechtspolitik. Eine Untersuchung unter besonderer Berücksichtigung der Rechtsposition der weichenden Erben. Köln 2008.
Mooser, Josef, Erweckungsbewegung und Gesellschaft, in: *Ders./Krull/Hey/Gießelmann*, Volk, *S. 10–14*.
Mooser, Josef/*Krull*, Regine/*Hey*, Bernd/*Gießelmann*, Roland (Hrsg.), Frommes Volk und Patrioten. Erweckungsbewegung und soziale Frage im östlichen Westfalen 1800 bis 1900. Bielefeld 1989.
Morsey, Rudolf, Andreas Hermes, Ein christlicher Demokrat in der ersten und zweiten Demokratie, in: Historisch-Politische Mitteilungen 10 (2003), S. 129–149.
Morsey, Rudolf, Die Bundesrepublik Deutschland. Entstehung und Entwicklung bis 1969. München ^{5}2007.

Morsey, Rudolf, Gründung und Gründer der christlichen Demokratie aus dem Widerstand, in: *Scholtyseck/Schröder*, Überlebenden, S. 41–54.
Mosbacher, Wolfgang, Reichsbank und Bank von England im Goldstandard vor 1914, in: Bankhistorisches Archiv 1 (1975), S. 20–52.
Münkel, Daniela, Bäuerliche Interessen versus NS-Ideologie. Das Reichserbhofgesetz in der Praxis, in: Vierteljahrshefte für Zeitgeschichte 44 (1996), S. 549–580.
Murdoch, Jonathan, The Microfinance Promise, in: Journal of Economic Literature 37 (1999), S. 1569–1614.
Muth, Heinrich, Agrarpolitik und Parteipolitik im Frühjahr 1932, in: *Hermens/Schieder*, Staat, S. 317–360.

Nickel, Bodo, Alwin Soergel – ein Eisleber Achtundvierziger, in: Mansfelder Land. Heimatblatt 7 (1954), S. 1 ff.
Nipperdey, Thomas, Deutsche Geschichte 1866–1918. Bd. I: Adelswelt und Bürgergeist. München 1990; Bd. II: Machtstaat und Demokratie. München 1992.
Noack, Heinz (Hrsg.), Unterwegs in Mansfeld-Südharz, zwischen Thyra und Saale. Clenze 2012.
North, Michael (Hrsg.), Deutsche Wirtschaftsgeschichte. Ein Jahrtausend im Überblick. München ²2005.

Offermann, Toni, Arbeiterbewegung und liberales Bürgertum in Deutschland 1850–1863 (Forschungsinstitut der Friedrich-Ebert-Stiftung, Reihe: Politik- und Gesellschaftsgeschichte 5). Bonn 1979.
Olden, Rudolf, Warum versagten die Marxisten?, in: *Grimm/Loewy/Nagel*, Exil, S. 66–85.
Oncken, Hermann, Rudolf von Bennigsen. Ein deutscher liberaler Politiker, nach seinen Briefen und hinterlassenen Papieren. Bd. II: Von 1867 bis 1902. Stuttgart 1902.
[o. V.], Der Abgeordnete Ober-Landes-Gerichts-Assessor Parrisius, in: Rückblicke auf die Preußische Nationalversammlung, S. 58 f.
[o. V.], Bürgschaftsverein zu Berlin, in: Der Arbeiterfreund. Zeitschrift des Centralvereins in Preußen für das Wohl der arbeitenden Klassen 1 (1863), S. 252 f.
[o. V.], Protokoll des 57. Allgemeinen Genossenschaftstags/1. Genossenschaftstag des Deutschen Genossenschaftsverbandes zu Bad Nauheim 20.–23. April 1920, in: Blätter für Genossenschaftswesen 67 (1920), S. 181.
[o. V.], Bericht über den 61. Deutschen Genossenschaftstag in Hannover 11. bis 13. September 1924, in: Blätter für Genossenschaftswesen 71 (1924), S. 380–406 [zitiert als *[o. V.]*, Bericht (1924)].
[o. V.]; Der neue Präsident der Preußenkasse, in: Schlesische ländliche Genossenschafts-Zeitung 9/1932, S. 253.
[o. V.], Bericht 69. Deutscher Genossenschaftstag zu Berlin, in: Blätter für Genossenschaftswesen 80 (1933), S. 545–568 [zitiert als *[o. V.]*, Bericht (1933)].
[o. V.], Präsident Dr. Hans Helferich, in: G enossenschaftliche Mitteilungen des Verbandes ländlicher Genossenschaften Hannover-Braunschweig e. V. und der genossenschaftlichen Zentralanstalten 137/1954, S. 1 f.
[o. V.], Landrat Dr. Helferich, in: Harburger Kreiskalender 1954, S. 37–40.
[o. V.], Dr. Felix Viehoff ist in den Ruhestand getreten, in: BankInformation 7/1981, S. 14 f.
[o. V.], Vergangenheit bewältigen – Zukunft gestalten – die DZ Bank im Jahre 2002, in: Zeitschrift für das gesamte Kreditwesen 55 (2002), S. 19 ff.

[o. V.], DZ Bank. Das neue Zentralinstitut stellt sich vor: Verstärkt – Konzentriert – weniger Ballast, in: BankInformation 1/2002, S. 32–36.

Parisius, Ludolf, Schulze-Delitzsch und Alwin Soergel. Beiträge zur Geschichte der deutschen Genossenschaftsbewegung. Berlin 1899.
Parisius, Ludolf/*Crüger*, Hans, Das Reichsgesetz betreffend die Gesellschaften mit beschränkter Haftung vom 20. April 1892. Systematische Darstellung und Kommentar nebst Entwürfen von Gesellschaftsverträgen und praktischer Anleitung für die Registerführung. Berlin 1893 [zitiert als *Parisius/Crüger*, Reichsgesetz (1893)].
Parisius, Ludolf/*Crüger*, Hans, Das Reichsgesetz betreffend die Erwerbs- und Wirthschaftsgenossenschaften. Kommentar zum praktischen Gebrauch für Juristen und Genossenschaften. Berlin ³1899 [zitiert als *Parisius/Crüger*, Reichsgesetz (1899)].
Parisius, Ludolf/*Crüger*, Hans, Das Reichsgesetz, betreffend die Gesellschaften mit beschränkter Haftung. Textausgabe mit Anmerkungen und Sachregister, bearb. von Hans Crüger und Adolf Crecelius. Berlin ¹⁷1926 [zitiert als *Parisius/Crüger*, Reichsgesetz (1926)].
Paul, Stephan/*Theurl*, Theresia, Das genossenschaftliche Zentralbankwesen auf dem Weg in die Zweistufigkeit, in: *Institut für bankhistorische Forschung*, Geschichte, S. 295–495.
Petzold, Eduard, Steigerung der Leistungsfähigkeit durch Festigung des Verbunds, in: Mitteilungen der Deutschen Genossenschaftskasse 18 (1969), S. 277 ff.
Plumpe, Werner, Der Gründerkrach, die Krise des liberalen Paradigmas und der Aufstieg des Kathedersozialismus, in: *Ders./Scholtyseck*, Staat, S. 17–42.
Plumpe, Werner/*Scholtyseck*, Joachim, Der Staat und die Ordnung der Wirtschaft. Vom Kaiserreich bis zur Berliner Republik. Stuttgart 2012.
Pohl, Hans (Hrsg.), Geschichte des Finanzplatzes Berlin. Frankfurt am Main 2002.
Pohl, Hans (Hrsg.), Deutsche Bankiers des 20. Jahrhunderts. Stuttgart 2008.
Pohl, Manfred, Entstehung und Entwicklung des Universalbanksystems (Schriftenreihe des Instituts für bankhistorische Forschung 7). Frankfurt am Main 1986.
Pritzkoleit, Kurt, Die neuen Herren. Die Mächtigen in Staat und Wirtschaft. Wien/München/Basel 1955.
Pritzkoleit, Kurt, Männer, Mächte Monopole. Hinter den Türen der westdeutschen Wirtschaft. Düsseldorf 1963.
Pufendorf, Astrid v., Otto Klepper, 1888–1957. Deutscher Patriot und Weltbürger. München 1997.
Pufendorf, Astrid v., Mut zur Utopie. Otto Klepper – ein Mensch zwischen den Zeiten. Frankfurt am Main 2014.
Puhle, Hans-Jürgen, Agrarische Interessenpolitik und preußischer Konservativismus im wilhelminischen Reich (1893–1914). Bad Godesberg 1966.
Puhle, Hans-Jürgen, Politische Agrarbewegungen in kapitalistischen Industriegesellschaften (Kritische Studien zur Geschichtswissenschaft 16). Göttingen 1975.
Pünder, Hermann, Politik in der Reichskanzlei. Aufzeichnungen aus den Jahren 1929–1932. Stuttgart 1961.

Radkau, Joachim, Max Weber. Die Leidenschaft des Denkens. München 2005.
Raiffeisen, Friedrich Wilhelm, Die Darlehenskassen-Vereine. Unveränderter Nachdruck der 5. Auflage von 1887. Neuwied 1923.

Raiffeisen, Friedrich Wilhelm, Zur Judenfrage, in: *Koch*, Raiffeisen-Dokumente IV/2B, S. 17–20.
Raiffeisen-Zentralkasse Kurhessen (Hrsg.), 75 Jahre Raiffeisen-Zentralkasse Kurhessen. Kassel 1968.
Reibel, Carl-Wilhelm (Bearb.), Handbuch der Reichstagswahlen 1890–1918. Bündnisse – Ergebnisse – Kandidaten, Bd. I,1. Düsseldorf 2007.
Reichardt, Fritz, Andreas Hermes. Neuwied am Rhein 1953.
Reichsverband der deutschen landwirtschaftlichen Genossenschaften zu Berlin (Hrsg.), Taschenbuch für landwirtschaftliche Genossenschaften. Berlin 1926.
Reif, Heinz (Hrsg.), Ostelbische Agrargesellschaft im Kaiserreich und in der Weimarer Republik. Agrarkrise, junkerliche Interessenpolitik, Modernisierungsstrategien. Berlin 1994.
Reitmayer, Morten, Bankiers im Kaiserreich. Sozialprofil und Habitus der deutschen Hochfinanz. Göttingen 1999.
Ritter, Kurt, Kornspeicher, in: *Elster/Weber/Wieser*, Handwörterbuch V, S. 887–895.
Robinson, Marguerite S., Microfinance. The Paradigm Shift from Credit Delivery to Sustainable Financial Intermediation, in: *Eicher/Staatz*, Development, S. 390–415.
Rodbertus-Jagetzow, Carl von, Zur Erklärung und Abhilfe der heutigen Credithnot des Grundbesitzes. I. Die Ursachen der Noth, II. Zur Abhilfe. Jena 1869.
Rödder, Andreas, Die Bundesrepublik Deutschland 1969–1990. München 2003.
Röhl, John C. G., Wilhelm II., Bd. II: Der Aufbau der persönlichen Monarchie 1888–1900. München 2001; Bd. III: Der Weg in den Abgrund 1900–1941. München 2008.
Rückblicke auf die Preußische Nationalversammlung von 1848 und ihre Koryphäen. Berlin 1849 (http://sammlungen.ub.uni-frankfurt.de/download/pdf/2174535?name=R%C3%BCckblicke%20auf%20die%20Preu%C3%9Fische%20National-Versammlung%20von%201848%20und%20ihre%20Koryph%C3%A4en, zuletzt abgerufen am 24. Februar 2015).
Rudloff, Wilfried (Bearb.), Quellensammlung zur Geschichte der deutschen Sozialpolitik 1867 bis 1914, Abteilung III: Ausbau und Differenzierung der Sozialpolitik seit Beginn des Neuen Kurses (1890–1904), Bd. IV: Arbeitsrecht. Mainz 2011.
Ruppel, Hans Georg/*Groß*, Birgit, Hessische Abgeordnete 1820–1933. Biographische Nachweise für die Landstände des Großherzogtums Hessen (2. Kammer) und den Landtag des Volksstaates Hessen (Darmstädter Archivschriften 5). Darmstadt 1980.

Schieder, Wolfgang (Hrsg.), Liberalismus in der Gesellschaft des deutschen Vormärz. Göttingen 1983.
Schlange-Schöningen, Hans, Am Tage danach. Hamburg 1946.
Schlütz, Frauke, Ländlicher Kredit. Kreditgenossenschaften in der Rheinprovinz (1889–1914) (Schriftenreihe des Instituts für Bankhistorische Forschung 25). Stuttgart 2013.
Schmoller, Gustav, Die Lehre vom Einkommen in ihrem Zusammenhang mit den Grundprinzipien der Steuerlehre, in: Zeitschrift für die gesamte Staatswissenschaft 19 (1863), S. 1–86.
Schmoller, Gustav, Theorie und Praxis der deutschen Steuerreform in Reich, Staat und Gemeinde, in: Jahrbuch für Gesetzgebung, Verwaltung und Volkswirtschaft im Deutschen Reich 5 (1881), S. 421–487.
Schmoller, Gustav, Die Vorschläge zur Beseitigung oder Einschränkung des ländlichen

Hypothekarkredits, in: Jahrbuch für Gesetzgebung, Verwaltung und Volkswirtschaft im Deutschen Reich 11 (1887), S. 571–585.

Schmoller, Gustav, Einige Worte zum Antrag Kanitz, in: Jahrbuch für Gesetzgebung, Verwaltung und Volkswirtschaft im Deutschen Reich 19 (1895), S. 611–629.

Schmoller, Gustav, Besprechung von ‹Hans Crüger, Vorschuß- und Kredit-Vereine als Volksbanken, von Schulze-Delitzsch, 6. Aufl, neu bearbeitet, Breslau 1897›, in: Jahrbuch für Gesetzgebung, Verwaltung und Volkswirtschaft 21 (1897), S. 1446 f.

Schmoller, Gustav, Was verstehen wir unter dem Mittelstande? Hat er im 19. Jahrhundert zu- oder abgenommen? Vortrag auf dem 8. Evangelisch-sozialen Kongreß in Leipzig am 11. Juni 1897. Göttingen 1897.

Schmoller, Gustav, Gedenkrede auf Johannes von Miquel, in: *Verein für Socialpolitik*, Verhandlungen (1902), S. 10–13.

Schmoller, Gustav, Grundriß der Allgemeinen Volkswirtschaftslehre, 2 Teile. München/Leipzig 1923.

Schneider, Dieter, Heinrich Nicklisch, in: *Historische Kommission bei der Bayerischen Akademie der Wissenschaften*, Neue Deutsche Biographie XIX, S. 199 f.

Schneider, Friedrich, Eine Statistik der Mitgliedschaft der Genossenschaften nach Berufsklassen, in: Blätter für Genossenschaftswesen 5 (1870), S. 169–174, 177–180.

Schoeps, Julius Hans, Bürgerliche Aufklärung und liberales Freiheitsdenken. A. Bernstein in seiner Zeit (Studien zur Geistesgeschichte 14). Stuttgart/Bonn 1992.

Schoeps, Julius Hans, A. Bernstein in seiner Zeit. Briefe und Materialien. Hildesheim/Zürich/New York 2010.

Scholtyseck, Joachim, *«Mit alten Kräften und im alten Stile»*? Die Überlebenden des Widerstands gegen Hitler und der politische Neubeginn in der Bundesrepublik, in: *Ders./Schröder*, Überlebenden, S. 11–32.

Scholtyseck, Joachim/*Schröder*, Stephen (Hrsg.), Die Überlebenden des deutschen Widerstandes und ihre Bedeutung für Nachkriegsdeutschland (Schriftenreihe der Forschungsgemeinschaft 20. Juli 1944 6). Münster 2005.

Schramm, Bernhard, Felix Viehoff, in: Genossenschaftsforum 10/1987, S. 476.

Schubert, Werner, Zur Entstehung der Genossenschaftsgesetze Preußens und des Norddeutschen Bundes (1863–1868), in: Zeitschrift der Savigny-Stiftung für Rechtsgeschichte, Germanistische Abteilung 105 (1988), S. 97–121 [zitiert als *Schubert*, Entstehung (1988)].

Schubert, Werner, Die Entstehung des Genossenschaftsgesetzes von 1889, in: *Institut für Genossenschaftswesen der Westfälischen Wilhelms-Universität/Schubert*, Genossenschaftsgesetz, S. 21–56 [zitiert als *Schubert*, Entstehung (1989)].

Schulte, F., Rentenbanken, in: *Elster/Weber/Wieser*, Handwörterbuch VII, S. 16 ff.

Schultze, W., Ansiedlungsgesetzgebung, in: *Elster/Weber/Wieser*, Handwörterbuch I, S. 342–350.

Schulz, Günther (Hrsg.), Von der Landwirtschaft zur Industrie. Wirtschaftlicher und gesellschaftlicher Wandel im 19. und 20. Jahrhundert. Festschrift für Friedrich-Wilhelm Henning zum 65. Geburtstag. Paderborn 1996.

Schulze, Walter/*Thimme*, Friedrich (Hrsg.), Johannes von Miquels Reden 1911–1914, Bd. I: 1860–1869. Halle 1911; Bd. II: 1870–1878. Halle 1912; Bd. III: 1878–1891. Halle 1913; Bd. IV: 1892–1901. Halle 1914.

Schulze-Delitzsch, Hermann, Assoziationsbuch für deutsche Handwerker und Arbeiter (1853), in: *Thorwart*, Schriften I, S. 19–102.

Schulze-Delitzsch, Hermann, Vorschuss- und Kreditvereine als Volksbanken. Berlin 1859.

Schulze-Delitzsch, Hermann, Kapitel zu einem deutschen Arbeiterkatechismus. 6 Vorträge vor dem Berliner Arbeiterverein. Leipzig 1863.

Schulze-Delitzsch, Hermann, Die deutsche Genossenschaftsbank, in: Die Innung der Zukunft 3/1864, S. 17–23.

Schulze-Delitzsch, Hermann, Nachruf auf Alwin Soergel, in: Blätter für Genossenschaftswesen 22 (1875).

Schulze-Delitzsch, Hermann, Die arbeitenden Klassen und das Assoziationswesen in Deutschland als Programm zu einem deutschen Kongreß (1858), in: *Thorwart*, Schriften I, S. 191–266.

Schulze-Delitzsch, Hermann, Mitteilungen über gewerbliche und Arbeiter-Assoziationen (1850), in: *Thorwart*, Schriften I, S. 1–18.

Schulze-Delitzsch, Hermann, Vorschußvereine als Volksbanken. Praktische Anweisung zu deren Gründung und Einrichtung (1855), in: *Thorwart*, Schriften I, S. 112–162.

Schürmann, A., Die Entwicklung der Raiffeisenbewegung in Deutschland (1846–1933), in: *Stiftungsgemeinschaft des Reichsverbandes der Deutschen landwirtschaftlichen Genossenschaften – Raiffeisen e. V./Institut für Genossenschaftswesen an der Johann-Wolfgang-Goethe-Universität Frankfurt a. M.*, Raiffeisen, S. 19–60.

Seeger, Manfred. Die Politik der Reichsbank von 1876–1914. Berlin 1968.

Seelmann-Eggebert, Erich Lothar, Friedrich Wilhelm Raiffeisen. Sein Lebensgang und sein genossenschaftliches Werk. Stuttgart 1928.

Seidl, Alois, Deutsche Agrargeschichte. Frankfurt am Main 2006.

Sering, Max, Deutsche Agrarpolitik auf geschichtlicher und volkskundlicher Grundlage. Leipzig 1934.

Siemann, Wolfram, Die deutsche Revolution 1848/49. Darmstadt 1985.

Soénius, Ulrich S., Ludolf Camphausen und David Hansemann. Rheinische Unternehmer, Politiker, Bürger, in: *Gierden*, Rheinland, S. 235–257.

Soénius, Ulrich S., Friedrich Wilhelm Raiffeisen, in: *Historische Kommission bei der Bayerischen Akademie der Wissenschaften*, Neue deutsche Biographie XXI, S. 115 f.

Sommerfeld, Dieter, 1845–1848, Friedrich Wilhelm Raiffeisen. Bürgermeister im Amt Weyerbusch und die Dörfer seines Wirkungskreises. Altenkirchen 2000.

Sonnemann, Theodor, Adenauer und die Bauern, in: *Blumenwitz/Gotto/Meier*, Adenauer I, S. 260–269.

Sozialdemokratische Parteitage (1890–1959). Protokolle über die Verhandlungen der Parteitage der Sozialdemokratischen Partei Deutschlands. Online-Edition der Bibliothek der Friedrich-Ebert-Stiftung (http://library.fes.de/parteitage/).

Sperlin, F., Tor geöffnet, in: BankInformation 9/2005, S. 20 ff.

Stappel, Michael, 125 Jahre DZ Bank – zur Geschichte der Verbundidee. Frankfurt am Main 2008.

Steinmetz, George, Regulating the Social. The Welfare State and Local Politics in Imperial Germany. Princeton, NJ 1993.

Stenographische Berichte über die Verhandlungen durch die Allerhöchste Verordnung vom 26. Dezember 1893 einberufenen beiden Häuser des Landtages. Haus der Abgeordneten, Bd. III: Von der 47. Sitzung am 12. April 1894 bis zur Schlußsitzung der vereinigten beiden Häuser des Landtages am 31. Mai 1894. Berlin 1894.

Stenographische Berichte über die Verhandlungen durch die Allerhöchste Verordnung vom 30. Dezember 1894 einberufenen beiden Häuser des Landtages. Haus der Abgeordneten, Bd. I: Von der Eröffnungssitzung der vereinigten beiden Häuser des Landtages am

15. Januar 1895 bis zur 25. Sitzung am 21. Februar 1895. Berlin 1895; Bd. III: Von der 52. Sitzung am 30. März 1895 bis zur 76. Sitzung am 17. Juni 1895. Berlin 1895; Bd. IV: Von der 77. Sitzung am 18. Juni 1895 bis zur Schlußsitzung der vereinigten beiden Häuser des Landtages am 10. Juli 1895. Berlin 1895.

Stenographische Berichte über die Verhandlungen durch die Allerhöchste Verordnung vom 23. Dezember 1895 einberufenen beiden Häuser des Landtages. Haus der Abgeordneten, Bd. I: Von der Eröffnungssitzung der vereinigten beiden Häuser des Landtages am 15. Januar 1896 bis zu 26. Sitzung am 24. Februar 1896. Berlin 1896; Bd. II: Von der 27. Sitzung am 25. Februar 1896 bis zur 50. Sitzung am 14. April 1896. Berlin 1896; Bd. III: Von der 51. Sitzung am 15. April 1896 bis zur Schlußsitzung der vereinigten beiden Häuser des Landtages am 20. Juni 1896. Berlin 1896.

Stenographische Berichte über die Verhandlungen durch die Allerhöchste Verordnung vom 26. Oktober 1896 einberufenen beiden Häuser des Landtages. Haus der Abgeordneten, Bd. II: Von der 29. Sitzung am 10. Februar 1897 bis zur 53. Sitzung am 18. März 1897. Berlin 1897; Bd. III: Von der 54. Sitzung am 19. März 1897 bis zur 79. Sitzung am 8. Mai 1897. Berlin 1897.

Stenographische Berichte über die Verhandlungen durch die Allerhöchste Verordnung vom 22. Dezember 1897 einberufenen beiden Häuser des Landtages. Haus der Abgeordneten, Bd. I: Von der Eröffnungssitzung der vereinigten beiden Häuser des Landtages am 11. Januar 1898 bis zur 28. Sitzung am 22. Februar 1898. Berlin 1898; Bd. II: Von der 29. Sitzung am 23. Februar 1898 bis zur 55. Sitzung am 24. März 1898. Berlin 1898.

Stenographische Berichte über die Verhandlungen durch die Allerhöchste Verordnung vom 16. Dezember 1898 einberufenen beiden Häuser des Landtages. Haus der Abgeordneten, Bd. I: Von der Eröffnungssitzung der vereinigten beiden Häuser des Landtages am 16. Januar 1899 bis zur 25. Sitzung am 21. Februar 1899. Berlin 1899, Bd. III: Von der 49. Sitzung am 20. März 1899 bis zur 70. Sitzung am 6. Juni 1899. Berlin 1899.

Stenographische Berichte über die Verhandlungen durch die Allerhöchste Verordnung vom 13. Dezember 1899 einberufenen beiden Häuser des Landtages. Haus der Abgeordneten, Bd. I: Von der Eröffnungssitzung der vereinigten beiden Häuser des Landtages am 9. Januar 1900 bis zur 26. Sitzung am 16. Februar 1900. Berlin 1900; Bd. II: Von der 27. Sitzung am 17. Februar 1900 bis zur 52. Sitzung am 22. März 1900. Berlin 1900; Bd. III: Von der 53. Sitzung am 23. März 1900 bis zur Schlußsitzung der vereinigten beiden Häuser des Landtages am 18. Juni 1900. Berlin 1900.

Stenographische Berichte über die Verhandlungen des Preußischen Hauses der Abgeordneten. 19. Legislaturperiode, IV. Session 1902, Bd. IV: Von der 54. Sitzung am 9. April 1902 bis zur 72. Sitzung am 2. Mai 1902. Berlin 1902; 20. Legislaturperiode, II. Session 1905/06, Bd. II: Von der 21. Sitzung am 13. Februar 1906 bis zur 38. Sitzung am 7. März 1906. Berlin 1906; 20. Legislaturperiode, III. Session 1907, Bd. II: Von der 22. Sitzung am 1. Februar 1908 bis zur 38. Sitzung am 25. Februar 1908. Berlin 1908; 20. Legislaturperiode, IV. Session 1907/08, Bd. II: Von der 20. Sitzung am 26. Februar 1907 bis zur 39. Sitzung am 21. März 1907. Berlin 1907; 21. Legislaturperiode, V. Session 1912/13, Bd. III: Von der 36. Sitzung am 14. März 1912 bis zur 52. Sitzung am 20. April 1912. Berlin 1912.

Stenographische Berichte über die Verhandlungen durch die Allerhöchste Verordnung vom 16. Dezember 1898 einberufenen beiden Häuser des Landtages. Herrenhaus, Bd. I: Von der Eröffnungssitzung der vereinigten beiden Häuser des Landtages am 16. Januar 1899 bis zur 25. Sitzung am 21. Februar 1899. Berlin 1899.

Stiftungsgemeinschaft des Reichsverbandes der Deutschen landwirtschaftlichen Genossenschaften – Raiffeisen e. V./Institut für Genossenschaftswesen an der Johann-Wolfgang-Goethe-Universität Frankfurt a. M. (Hrsg.), F. W. Raiffeisen zum Gedächtnis. Neuwied 1938.

Strasser, Otto, Exil. München 1958.

Stremmel, Ralf/*Tennstedt*, Florian/*Fleckenstein*, Gisela (Bearb.), Quellensammlung zur Geschichte der deutschen Sozialpolitik 1867 bis 1914, Abteilung I: Von der Reichsgründungszeit bis zur Kaiserlichen Sozialbotschaft (1867–1881), Bd. VIII: Grundfragen der Sozialpolitik in der öffentlichen Diskussion: Kirchen, Parteien, Vereine und Verbände. Mainz 2006.

Strümpel, Burkhard (Hrsg.), Beiträge zur Wirtschaftswissenschaft in Berlin. Geschichte und Gegenwart. Berlin 1990.

Süchting, Joachim (Hrsg.), Semesterbericht des instituts für kredit- und finanzwirtschaft an der Ruhr-Universität Bochum, Sommersemester 1979. Bochum 1979.

ten Haaf, Hermann-Josef, Kreditgenossenschaften im ‹Dritten Reich›. Bankwirtschaftliche Selbsthilfe und demokratische Selbstverwaltung in der Diktatur. Ostfildern ^{2}2013.

Thiemeyer, Guido, Vom ‹Pool vert› zur Europäischen Wirtschaftsgemeinschaft. Europäische Integration, Kalter Krieg und die Anfänge der gemeinsamen europäischen Agrarpolitik 1950–1970. München 1999.

Thier, Andreas, Steuergesetzgebung und Verfassung in der konstitutionellen Monarchie. Staatssteuerreformen in Preußen 1871–1893. Frankfurt am Main 1999.

Thiess, Karl, Rezension zu ‹Carl Heiligenstadt, Die Preußische Central-Genossenschafts-Kasse, Jena 1897›, in: Jahrbücher für Nationalökonomie und Statistik 3 (1898), S. 701–704.

Thoen, Erik/*Soens*, Tim (Eds.), Struggling with the Environment. Land Use and Productivity (Rural economy and Society in North-Western Europe, 500–2000 4). Turnhout 2015.

Thorwart, Friedrich (Hrsg.), Hermann Schulze-Delitzsch's Schriften und Reden, Bd. I–V. Berlin 1909–13.

Thorwart, Friedrich, Die Deutsche Genossenschaftsbank von Soergel, Parrisius & Co. und der Giroverband der Deutschen Genossenschaften. Ein Beitrag zu den Fragen des genossenschaftlichen Großbankkredits und der genossenschaftlichen Zentralkassen (Genossenschaftliche Zeit- und Streitfragen 11). Berlin 1911.

Tillmann, Hugo, Das Büdinger Jahr des Wilhelm Haas. Ein Organisationstalent wird sichtbar, in: Büdinger Geschichtsblätter 8 (1974/75), S. 185.

Tillmann, Hugo: Wilhelm Haas privat, in: Bayerischer Raiffeisenkalender 1976, S. 19–26.

Tilly, Richard H., Vom Zollverein zum Industriestaat. München 1990.

Tober, Holger J., Deutscher Liberalismus und Sozialpolitik in der Ära des Wilhelminismus. Anschauungen der liberalen Parteien im parlamentarischen Entscheidungsprozess und in der öffentlichen Diskussion. Husum 1999.

Tooze, Adam, Ökonomie der Zerstörung. Die Geschichte der Wirtschaft im Nationalsozialismus. München 2007.

Topf, Erwin, Der Napoleon der Preußenkasse, in: Die Weltbühne 25 (1929), S. 466–471.

Topf, Erwin, Die Grüne Front. Der Kampf um den deutschen Acker. Berlin 1933.

Torp, Cornelius, Die Herausforderungen der Globalisierung. Wirtschaft und Politik in

Deutschland 1860–1914 (Kritische Studien zur Geschichtswissenschaft 168). Göttingen 2005.

Torp, Cornelius, The ‹Coalition of Rye and Iron› under the Pressure of Globalization. A Reinterpretation of Germany's Political Economy before 1914, in: Central European History 43 (2010), S. 401–421.

Totomianz, Vachan Fomič (Hrsg.), Internationales Handwörterbuch des Genossenschaftswesens, 2 Bde. Berlin 1928.

Treue, Wilhelm, Andreas Hermes (1878–1964), in: *Franz/Haushofer*, Landwirte, S. 378–393 [zitiert als *Treue*, Hermes (1970)].

Treue, Wilhelm, Andreas Hermes (1878–1964), in: *ders.*, Unternehmens- und Unternehmergeschichte, S. 319–334 [zitiert als *Treue*, Hermes (1989)].

Treue, Wilhelm, Unternehmens- und Unternehmergeschichte aus fünf Jahrzehnten (Zeitschrift für Unternehmensgeschichte, Beiheft 50). Stuttgart 1989.

Tuchel, Johannes, «*... und ihrer aller wartete der Strick*». Das Zellengefängnis Lehrter Straße 3 nach dem 20. Juli 1944. Berlin 2014.

Ullmann, Hans-Peter, Interessenverbände in Deutschland. Frankfurt am Main 1988.

Ullmann, Hans-Peter, Der deutsche Steuerstaat. Geschichte der öffentlichen Finanzen vom 18. Jahrhundert bis heute. München 2005.

Untersuchungsausschuss für das Bankwesen 1933 (Hrsg.), Untersuchung des Bankwesens 1933, I. Teil: Vorbereitendes Material – Ansprachen und Referate. Berlin 1933.

Van Molle, Leen/*Segers*, Yves (Eds.), The Agro-food Market. Production, Distribution and Consumption (Rural economy and Society in North-Western Europe, 500–2000 3). Turnhout 2013.

Varain, Heinz Josef (Hrsg), Interessenverbände in Deutschland. Köln 1973.

Verein für Socialpolitik (Hrsg.), Verhandlungen der Generalversammlung am 9. und 10. Oktober 1882 (Schriften des Vereins für Socialpolitik 21). Leipzig 1882 [zitiert als *Verein für Socialpolitik*, Verhandlungen (1882)].

Verein für Socialpolitik (Hrsg.), Die innere Kolonisation in Deutschland (Schriften des Vereins für Socialpolitik 32). Leipzig 1886.

Verein für Socialpolitik (Hrsg.), Verhandlungen der Generalversammlung am 24. und 25. September 1886 (Schriften des Vereins für Socialpolitik 33). Leipzig 1887 [zitiert als *Verein für Socialpolitik*, Verhandlungen (1887)].

Verein für Socialpolitik, Der Wucher auf dem Lande (Schriften des Vereins für Socialpolitik 35). Leipzig 1887.

Verein für Socialpolitik, Verhandlungen der am 28. und 29. September 1888 in Frankfurt a. M. abgehaltenen Generalversammlung des Vereins für Socialpolitik über den ländlichen Wucher, die Mittel zu seiner Abhülfe, insbesondere die Organisation des bäuerlichen Kredits und über Einfluß des Detailhandels auf die Preise und etwaige Mittel gegen eine ungesunde Preisbildung (Schriften des Vereins für Socialpolitik 38). Leipzig 1889 [zitiert als *Verein für Socialpolitik*, Verhandlungen (1889)].

Verein für Socialpolitik (Hrsg.), Verhandlungen der Generalversammlung am 20. und 21. März 1893 (Schriften des Vereins für Socialpolitik 61). Leipzig 1893 [zitiert als *Verein für Socialpolitik*, Verhandlungen (1893)].

Verein für Socialpolitik (Hrsg.), Verhandlungen des Vereins für Socialpolitik über die Wohnungsfrage und die Handelspolitik. Verhandlungen der Generalversammlung in

München, 23., 24. u. 25. Sept. 1901 (Schriften des Vereins für Socialpolitik 98). Leizig 1902 [zitiert als *Verein für Socialpolitik*, Verhandlungen (1902)].

Verhandlungen des Reichstages. Stenographische Berichte (Reichstagsprotokolle). Online-Edition (http://www.reichstagsprotokolle.de).

Viehoff, Felix, Die verfassunggebende Gewalt. Diss. Münster 1952.

Viehoff, Felix, Volksbanken und Organisationsprobleme, in: *Deutscher Genossenschaftsverband (Schulze-Delitzsch)*, Deutscher Genossenschaftstag (1965), S. 37–44

Viehoff, Felix, Erfahrungen mit der modernen betriebswirtschaftlichen Entwicklung der Volksbanken in Deutschland, in: Die gewerbliche Genossenschaft 3–4/1967, S. 341–344.

Viehoff, Felix, Geschäftspolitik und Information bei Volksbanken, in: Deutscher Genossenschaftsverband (Schulze-Delitzsch), Deutscher Genossenschaftstag (1967), S. 40–46.

Viehoff, Felix, Kooperation auf betriebswirtschaftlichem Gebiet zwischen Raiffeisen- und Volksbankenorganisation, in: Der Volksbank-Betriebswirt 5–6/1968, S. 33 f.

Viehoff, Felix, Ansprache auf der Hauptversammlung der DGK am 28. Juni 1973, in: DGK-Mitteilungen 7/1973, S. 169–173 [zitiert als *Viehoff*, Ansprache (1973)].

Viehoff, Felix, Banken in schwierigen Zeiten, in: DGK-Mitteilungen 4/1974, S. 1 f.

Viehoff, Felix, Die Deutsche Genossenschaftskasse. Struktur – Aufgaben – Leistungen, in: BankInformation 1/1974, S. 3 f.

Viehoff, Felix, Ansprache, in: *Bundesverband der Deutschen Volksbanken und Raiffeisenbanken e. V.* (Hrsg.), Außerordentlicher Verbandstag Bonn 1977. [Bonn 1977], S. 7–15 [zitiert als *Viehoff*, Ansprache (1977)].

Viehoff, Felix, Westeuropas Genossenschaftsbanken intensivieren internationale Zusammenarbeit, in: West-Ost-Journal 1/1977.

Viehoff, Felix, Geschäftsbericht des Präsidenten (erstattet auf dem Verbandstag am 10. 11. 1977 in Berlin), in: *Bundesverband der Deutschen Volksbanken und Raiffeisenbanken*, BVR-Verbandstag (1977), S. 11–22.

Viehoff, Felix, Die gestaltende Kraft der Genossenschaftsidee (Vortrag des Präsidenten auf der Öffentlichen Kundgebung anlässlich des BVR-Verbandstages am 11. 11. 1977 in Berlin), in: *Bundesverband der Deutschen Volksbanken und Raiffeisenbanken*, BVR-Verbandstag (1977), S. 70–79.

Viehoff, Felix, Der Schritt nach New York, in: DZ Bank-Mitteilungen 2/1977, S. 21.

Viehoff, Felix, Genossenschaftliche Bankpolitik, in: *Bundesverband der Deutschen Volksbanken und Raiffeisenbanken*, BVR-Verbandstag (1978), S. 39–60 [zitiert als *Viehoff*, Bankpolitik (1978)].

Viehoff, Felix, Zur mittelstandsbezogenen Bankpolitik des Verbundes der Genossenschaftsbanken, Teil I (unter Mitarbeit von Eckart Henningsen): Zum Begriff und zur wirtschaftlichen Bedeutung des Mittelstandes (Veröffentlichungen der DG Bank Deutsche Genossenschaftsbank 11). Frankfurt am Main 1978; Teil II (unter Mitarbeit von Gunther Aschhoff): Wirtschaftlicher Mittelstand und genossenschaftliche Bankpolitik (Veröffentlichungen der DG Bank Deutsche Genossenschaftsbank 12). Frankfurt am Main 1979; Teil III: Zum Zusammenwirken in der kreditgenossenschaftlichen Organisation (Veröffentlichungen der DG Bank Deutsche Genossenschaftsbank 13). Frankfurt am Main 1980 [zitiert als *Viehoff*, Bankpolitik (1978–1980)].

Viehoff, Felix, Der BVR zur Wirtschaftspolitik an der Schwelle der achtziger Jahre, in: *Bundesverband der Deutschen Volksbanken und Raiffeisenbanken*, BVR-Verbandstag (1979), S. 65–73.

Vodrazka, Karl, Friedrich Leitner, in: *Historische Kommission bei der Bayerischen Akademie der Wissenschaften*, Neue deutsche Biographie XIV, S. 170 f.

Zur *Vorgeschichte* der Preußischen Central-Genossenschafts-Kasse. Protokoll einer Sachverständigen-Anhörung am 18. Mai 1895 im preußischen Finanzministerium zu dem Vorhaben, den genossenschaftlichen Personalkredit durch die Errichtung eines Spitzeninstituts zu fördern. Mit einer Einleitung von Prof. Dr. Walter Hamm (Beihefte zum Bankhistorischen Archiv, Sonderheft). Frankfurt am Main 1995.

Wagner, Patrick, Bauern, Junker und Beamte: lokale Herrschaft und Partizipation im Ostelbien des 19. Jahrhunderts. Göttingen 2005.

Wagner-Braun, Margarete, Die Deutsche Girozentrale als Antwort auf Finanzprobleme des frühen 20. Jahrhunderts. Vorgeschichte und erste Geschäftsjahre 1918–1931, in: *Institut für bankhistorische Forschung*, DekaBank, S. 13–86.

Weber, Max, Landarbeiterfrage, Nationalstaat und Volkswirtschaftspolitik. Schriften und Reden 1892–1899, Halbbd. II. Tübingen 1993.

Weber, Max, Politik als Beruf (1919), in: *Mommsen/Schluchter*, Max Weber-Gesamtausgabe I/17, S. 157–252.

Weber, Wilhelm, Chronik – Das Gesamtsystem der deutschen Agrarpolitik 1914–1932, in: *Beckmann*, Agrarpolitik, S. 93–135.

Wehler, Hans-Ulrich, Deutsche Gesellschaftsgeschichte, Bd. II: Von der Reformära bis zur industriellen und politischen ‹Deutschen Doppelrevolution› 1815–1845/49. München 1987; Bd. III: Von der ‹Deutschen Doppelrevolution› bis zum Beginn des Ersten Weltkrieges 1845/49–1914. München 1995; Bd. IV: Vom Beginn des Ersten Weltkriegs bis zur Gründung beider deutscher Staaten 1914–1949. München 2003; Bd. V: Bundesrepublik Deutschland und DDR 1949–1990. München 2008.

Weihe, Thomas, Die Verdrängung der jüdischen Mitarbeiter und der Wettbewerb um Kunden im Nationalsozialismus, in: *Herbst/Weihe*, Commerzbank, S. 43–75.

Weisser, Gerhard (Hrsg.), Genossenschaften und Genossenschaftsforschung. Strukturelle und ablaufanalytische, historische und systematische Aspekte der Genossenschaften des 19. und 20. Jahrhunderts. Festschrift zum 65. Geburtstag von Georg Draheim. Göttingen 1968.

Windbergs, Monika, Friedrich Wilhelm Raiffeisen (1818–1888), in: Rheinische Lebensbilder 16 (1997), S. 121–138.

Winkler, Heinrich August, Zwischen Marx und Monopolen: der deutsche Mittelstand vom Kaiserreich zur Bundesrepublik Deutschland. Frankfurt am Main 1991.

Winkler, Heinrich August, Der lange Weg nach Westen. Bd. I: Deutsche Geschichte vom Ende des Alten Reiches bis zum Untergang der Weimarer Republik. München 2002.

Winkler, Horst, Die landwirtschaftlichen Kreditgenossenschaften und die Grundsätze Raiffeisens, in: Jahrbücher für Nationalökonomie und Statistik, III. Folge 83 (1933), S. 59–76.

Wirsching, Andreas, Die Weimarer Republik. Politik und Gesellschaft. München 2000.

Witte, Andreas, «*Zum Golde drängte alles*»? – Die Genese des klassischen Goldstandards, diskretionäre Notenbankpolitik und das Klischee von Mythos versus Realität, in: Bankhistorisches Archiv 37 (2011), S. 1–61.

Wixforth, Harald, Eine Bank zwischen zwei Zäsuren. Die Ostbank vom Ende des Ersten bis zum Ende des Zweiten Weltkriegs, in: *Ahrens*, Umbrüche, S. 15–46.

Wixforth, Harald, Die langfristigen Folgen der Bankenkrise und die Zeit des Nationalsozialismus 1931–1945, in: *Institut für bankhistorische Forschung*, DekaBank, S. 87–174.

Wixforth, Harald, Emil Georg von Stauß (1877–1942), in: *Pohl*, Bankiers, S. 403–415.
Wixforth, Harald, Bankenkrise und Bankenrettung. Die Reichs-Kredit-Gesellschaft in der Banken- und Finanzkrise des Jahres 1931, in: Jahrbuch für Wirtschaftsgeschichte 2011/2, S. 75–94.
Wixforth, Harald, Die Geschichte der Dresdner Bank – Das Unternehmen von 1872 bis 1945, in: *Jurk/Lege*, Lage, S. 117–139.
Wixforth, Harald, Die Errichtung der Reichsgruppe Banken 1934. Gleichschaltung, Anpassung und Mittäterschaft der Banken im NS-Regime, in: *Lindenlaub/Burhop/Scholtyseck*, Schlüsselereignisse, S. 283–296.
Wolf, Herbert, 30 Jahre Nachkriegsentwicklung im deutschen Bankwesen. Mainz 1980.
Wühle, Matthias, Geld- und Währungspolitik der Reichsbank 1875–1914. Der Transformationsprozess der deutschen Geldverfassung. München 2011.
Wygodzinski, Willi/*Müller*, August, Das Genossenschaftswesen in Deutschland. Leipzig 1929.

Zachau, Olav, Die Kanzlerschaft des Fürsten Hohenlohe 1894–1900. Politik unter dem ‹Stempel der Beruhigung› im Zeitalter der Nervosität. Hamburg 2007.
Zedlitz-Neukirch, Octavio von, Miquel als Finanz- und Staatsminister, in: Preußische Jahrbücher 105 (1901), S. 1–18.
Ziegler, Dieter, Das Zeitalter der Industrialisierung 1815–1914, in: *North*, Wirtschaftsgeschichte, S. 192–281.
Ziegler, Dieter, Die Dresdner Bank und die deutschen Juden (Die Dresdner Bank im Dritten Reich 2). München 2006.
Zinn, Karl Georg, Soziale Marktwirtschaft. Idee, Entwicklung und Politik der bundesdeutschen Wirtschaftsordnung. Mannheim 1992.
Zuchiati, T., Bestes Ergebnis in der Geschichte, in: BankInformation 3/2006.

VERZEICHNIS DER PERSONEN, UNTERNEHMEN UND INSTITUTIONEN

BILDNACHWEISE

DZ BANK AG Deutsche Zentral-Genossenschaftsbank, Frankfurt am Main 347

Lutherstadt Eisleben 79 (links)

Stiftung GIZ · Genossenschaftshistorisches Informationszentrum, Berlin 37, 59, 97, 151, 171, 191, 213, 229, 251, 271, 289, 305, 327

Universitätsbibliothek Gießen 79 (rechts, Signatur: A27-07)

DIE AUTOREN

Rita Aldenhoff-Hübinger ist außerplanmäßige Professorin für Neuere und Neueste Geschichte an der Kulturwissenschaftlichen Fakultät der Europa-Universität Viadrina Frankfurt (Oder).

Marcel Boldorf ist Professor für Deutsche Geschichte (professeur de civilisation allemande) an der Université Lumière Lyon 2.

Patrick Bormann ist Wissenschaftlicher Mitarbeiter am Institut für Geschichtswissenschaft der Rheinischen Friedrich-Wilhelms-Universität Bonn.

Gerald Braunberger ist verantwortlicher Redakteur für den Finanzmarkt der Frankfurter Allgemeinen Zeitung.

Boris Gehlen ist Privatdozent am Institut für Geschichtswissenschaft, Abteilung Verfassungs-, Sozial- und Wirtschaftsgeschichte der Rheinischen Friedrich-Wilhelms-Universität Bonn.

Christopher Kopper ist außerplanmäßiger Professor an der Fakultät für Geschichtswissenschaft, Philosophie und Theologie der Universität Bielefeld.

Michael Kopsidis ist Außerplanmäßiger Professor an der Juristischen und Wirtschaftswissenschaftlichen Fakultät der Martin-Luther-Universität Halle-Wittenberg und Senior Researcher am Leibniz-Institut für Agrarentwicklung in Transformationsökonomien (IAMO) in Halle (Saale).

Dieter Lindenlaub war bis 2002 Leiter der Abteilung ‹Bibliothek, Archive, Notenbankgeschichte› der Deutschen Bundesbank in Frankfurt am Main und ist außerplanmäßiger Professor für Wirtschafts- und Sozialgeschichte an der Goethe-Universität Frankfurt am Main. Er ist Mitglied des Wissenschaftlichen Beirats des Instituts für bankhistorische Forschung e. V., Frankfurt am Main.

Stephan Paul ist Professor für Betriebswirtschaftslehre und Inhaber des Lehrstuhls für Finanzierung und Kreditwirtschaft an der Fakultät für Wirtschaftswissenschaft der Ruhr-Universität Bochum und Mitglied des Wissenschaftlichen Beirats des Instituts für bankhistorische Forschung, Frankfurt am Main.

Astrid v. Pufendorf studierte Politische Wissenschaften, Geschichte und Literatur in Oxford, München, Freiburg im Breisgau und Frankfurt am Main. Sie ist auf vielfältige Weise publizistisch tätig und veröffentlichte Bücher über die Familie Planck und Otto Klepper.

Bernd Rudolph ist emeritierter Professor für Betriebswirtschaftslehre an der Ludwig-Maximilians-Universität München und Vorsitzender des Wissenschaftlichen Beirats des Instituts für bankhistorische Forschung und des Deutschen Aktieninstituts, beide Frankfurt am Main.

Friederike Sattler ist Lehrbeauftragte für Wirtschafts- und Sozialgeschichte am Historischen Seminar der Goethe-Universität Frankfurt am Main.

Frauke Schlütz hat im Fach Wirtschafts- und Unternehmensgeschichte an der Ruhr-Universität Bochum promoviert. Ihre Dissertation ‹Ländlicher Kredit. Kreditgenossenschaften in der Rheinprovinz (1889–1914)› erschien 2013 als Band 25 der Schriftenreihe des Instituts für bankhistorische Forschung e. V. Sie ist Referentin der Geschäftsführung der compentus/ gmbh, Stuttgart.

Joachim Scholtyseck ist Professor für Neuere und Neueste Geschichte am Institut für Geschichtswissenschaft der Rheinischen Friedrich-Wilhelms-Universität Bonn und Stellvertretender Vorsitzender des Wissenschaftlichen Beirats des Instituts für bankhistorische Forschung, Frankfurt am Main.

Paul Thomes ist Universitäts-Professor für Wirtschafts-, Sozial- und Technologiegeschichte an der Fakultät für Wirtschaftswissenschaften der RWTH Aachen und Mitglied des Wissenschaftlichen Beirats des Instituts für bankhistorische Forschung, Frankfurt am Main.

Harald Wixforth ist Lehrbeauftragter im Fachbereich Geschichtswissenschaften der Universität Bremen, wissenschaftlicher Mitarbeiter am Lehrstuhl für Wirtschafts- und Unternehmensgeschichte der Ruhr-Universität Bochum und Geschäftsführer der Gesellschaft für mitteleuropäischen Banken- und Sparkassengeschichte, Bielefeld.